Christiane

Sigrid Bauschinger
DIE CASSIRERS

Sigrid Bauschinger

DIE CASSIRERS
Unternehmer, Kunsthändler, Philosophen

BIOGRAPHIE EINER FAMILIE

VERLAG C.H.BECK

Mit 41 Abbildungen

© Verlag C.H.Beck oHG, München 2015
Satz: Fotosatz Amann, Memmingen
Druck und Bindung: CPI – Ebner & Spiegel, Ulm
Gedruckt auf säurefreiem, alterungsbeständigem Papier
(hergestellt aus chlorfrei gebleichtem Zellstoff)
Printed in Germany
ISBN 978 3 406 67714 4

www.beck.de

INHALT

Vorwort: Familiengeschichten und Familiengeschichte   7

Einleitung: Schlesische Ursprünge   9

1. KAPITEL
Die erste Generation: Handel und Industrie   17
Max Cassirer (1857–1943)   22

2. KAPITEL
Die zweite Generation: Kunst und Wissenschaft   51
Fritz Cassirer (1871–1926)   57
Paul Cassirer (1871–1926)   74
Bruno Cassirer (1872–1941)   118
Die Cassirers und andere Berliner Kunstsammler   126
Ernst Cassirer (1874–1945)   131

3. KAPITEL
Sozialarbeit und Pädagogik:
Edith Geheeb-Cassirer (1885–1982)   178

4. KAPITEL
Familie und Judentum   210
Die Cassirers als Familie   210
Die Cassirers und das Judentum   227

5. KAPITEL
Die Familie Cassirer im Exil   242
*Ernst Cassirer in England, Schweden und den
USA (1933–1945)*   243

Edith Geheeb-Cassirer und die Ecole d'Humanité in der
Schweiz (1934–1982) 277
Max Cassirer in der Schweiz und in England (1938–1943) 294
Bruno Cassirer in Oxford (1938–1941) 303
Die dritte Generation im Exil 308
W. David Falk (1906–1991) in England, Australien
und den USA 310
Henry Cassirer (1911–2004) in England, den USA
und Frankreich 313
Wilfred Cass (geb. 1924) in England 323

6. KAPITEL
Drei Frauen 326
Tilla Durieux (1880–1971) 327
Eva Cassirer-Solmitz (1885–1974) 359
Nadine Gordimer (1923–2014) 389

Nachwort 414

Siglen 417
Anmerkungen 419
Generationenverzeichnis 445
Bildnachweis 450
Personenregister 452

VORWORT

Familiengeschichten und Familiengeschichte

Familiengeschichte entsteht aus Familiengeschichten. Eltern erzählen Kindern und Enkeln von ihrer eigenen Kindheit, von ihren Eltern und Großeltern, und was diese ihnen erzählt haben. Sie schreiben ihre Erinnerungen für die Nachkommen auf, sie sammeln Fotografien, Familienbriefe, Tagebücher, Schulzeugnisse und Urkunden und legen Stammbäume an. Aus Erinnertem, Erzähltem und Bewahrtem erwächst so eine in den Einzelheiten nicht belegbare Geschichte mit märchenhaften Episoden und Familienlegenden. Angesichts von Verfolgung, Flucht und Zerstreuung auf vier Kontinente kommt es einem Wunder gleich, dass in der Familie Cassirer von den Nachkommen eines kinderreichen jüdischen Stammvaters aus dem heute polnischen Oberschlesien nur wenige eines gewaltsamen Todes starben und selbst Kinder und Kindeskinder hatten, die wiederum Dokumente der Familie sammeln und erhalten konnten.

Familiengeschichten erzählen jedoch nie eine ganze Familiengeschichte. Von den Leistungen der einzelnen Familienmitglieder können Anekdoten und Erinnerungen nur wenig überliefern. Wenn hier der Versuch unternommen wird, einen Überblick über die gänzlich verschiedenen Talente in der Familie Cassirer zu geben, so ist das verwegen. Die Cassirers waren in Industrie und Technik, in der Medizin und Philosophie, im Verlagswesen und Kunsthandel, in Musik und Erziehung tätig. Viele von ihnen waren prominent, einer weltberühmt. Über einige Cassirers hat sich besonders viel Material erhalten, schon weil sie selbst viel geschrieben haben, weshalb auch über sie viel geschrieben wurde; von anderen ist kaum etwas überliefert. Zudem muss sich die Geschichte einer so großen Familie wie der der Cassirers auf eine Auswahl beschränken. Hier wird die zeitliche Grenze bei den letzten noch in Deutschland Geborenen gezogen, die in fremden Ländern und oft allein, ohne den Rückhalt der Familie, Erstaunliches geleistet haben. Die Fülle des Materials lädt dazu ein, an einzelnen Stellen in die Tiefe zu gehen. Dort gibt es noch viel zu entdecken.

Die nach Talent und Temperament oft grundverschiedenen Cassirers waren eins in ihrem Familiensinn und Familienstolz. Sie waren Familienmenschen, und als Bürger und Staatsbürger ließen sie keinen Zweifel an ihrer Herkunft aufkommen: In Deutschland geboren, war ihre Muttersprache Deutsch. Sie besuchten deutsche Schulen und studierten an deutschen Universitäten. Sie leisteten ihren Wehrdienst in der Armee des Deutschen Reiches und meldeten sich 1914 freiwillig an die Front. Bis zu ihrer Vertreibung durch den Nationalsozialismus lebten und arbeiteten die Cassirers in Deutschland und waren, kurz gesagt, eine deutsche Familie.

EINLEITUNG

Schlesische Ursprünge

Die ältesten Überlieferungen der Cassirers stammen aus Schlesien. Dort fanden sie in Dörfern wie Bujakow und Schwientochlowitz in der Umgebung von Kattowitz oder in Städten wie Gleiwitz, Glogau und Kattowitz ihr Einkommen als Brauer, Gastwirte, Webstuhl- und Tuchproduzenten oder Holzhändler. In der Mitte des 19. Jahrhunderts zog Marcus Cassirer, der Stammvater aller später in Berlin zu Ruhm gelangten Nachkommen, nach Breslau. Diese Stadt hat die Cassirers in vieler Hinsicht geprägt, so wie die Familie umgekehrt Berlin in mancher Hinsicht geprägt hat.

Die Geschichte Breslaus verläuft in ihrem Wechsel von Aufstieg und Niedergang ähnlich der Geschichte ihrer jüdischen Gemeinde. Diese ist im heutigen Wrocław seit dem 12. Jahrhundert belegt. Wie an vielen anderen Orten ist es eine mühsame Entwicklung: Einem langsamen Wachstum stehen plötzliche Katastrophen wie Hungersnot oder Pest gegenüber und Beschuldigungen, bei denen den Juden Brunnenvergiftung oder Hostienraub vorgeworfen wurde. Letztere Anklage führte nach einer lateinischen (!) Predigt des Franziskanerpredigers Johann Capestrano zum Feuertod von 41 Juden am 4. Juli 1453 auf dem Salzmarkt, dem heutigen Rynek. Wiederholte Vertreibung und Rückkehr kennzeichnen die Geschichte der Juden in Breslau.[1] Die Stadt bot für Handel, Handwerk und Industrie schon durch ihre Lage an der Oder mit regem Schiffsverkehr bis zur Ostsee viele Wirkungsmöglichkeiten. Sie lag nahe den Steinkohlebergwerken Oberschlesiens und in einer Region, die reich an Schafzucht war; diese machte Schlesien zum ersten Wollproduzenten der Welt, ehe Australien ihm den Rang ablief.

Der wirtschaftliche Aufschwung Breslaus verlief nicht ohne Unterbrechung. Nach dem Siebenjährigen Krieg wurde durch die absolutistische Staatsführung in Berlin besonders unter Friedrich II. der Handel durch Vorschriften und Regulierungen «stranguliert».[2] Die Stadt verarmte. Goethe fand 1770 «das lärmende, schmutzige, stinkende Breslau» vor.[3] Erst nachdem Napoleon die Stadtmauern sprengen ließ und der düsteren Festungsstadt ein natürliches Wachstum ermöglichte, nachdem 1808 die Stein'schen Reformen den Juden das kommunale Bürgerrecht gewährten[4] und nachdem 1811 die Gewerbefreiheit eingeführt wurde, begann in Breslau auch für die Juden eine neue Epoche.

Zwar ging die große Zeit als Handelsmetropole zu Ende, bedingt durch russische Einfuhrzölle und den österreichischen Verschluss der Märkte in den Kronländern und im «Freistaat Krakau». Aber die Gründung und Entwicklung neuer Industrieunternehmen im Maschinenbau, die unter anderem Dampfmaschinen für den Bergbau, Web- und Spinnmaschinen herstellten, machten den Verlust mehr als wett, und die Stadt wuchs rapide. Zwischen 1841 und 1891 verdreifachte sich die Bevölkerung auf 330 000. Breslau besaß drei Bahnhöfe, darunter den ersten Hauptbahnhof in Deutschland, und die erste Großstadtstraßenbahn. 80 Banken und andere Geldinstitute förderten das Wirtschaftsleben der Stadt.

Die kulturelle Entwicklung stand dem nicht nach. Die Universität, die aus der Vereinigung der Universität von Frankfurt an der Oder mit den Resten der Jesuitischen Hochschule Leopoldina hervorgegangen war, war eine fortschrittliche Hochschule, die erste, an der sowohl katholische als auch protestantische Theologie gelehrt wurde. Viele akademische Karrieren begannen in Breslau, so die von Wilhelm Dilthey, Theodor Mommsen und Ferdinand Sauerbruch. Zu den Breslauer jüdischen Gelehrten von Rang gehörten der Botaniker Ferdinand Julius Cohn, der erste jüdische Professor in Preußen, und zwei Nobelpreisträger, der Physiker Max Born und der Chemiker Fritz Haber. Der weit über Breslau bekannte jüdische Augenarzt Hermann Cohn änderte die Namen seiner Kinder: Sein Sohn Emil Ludwig wurde mit historischen Romanen einer der erfolgreichsten Schriftsteller seiner Generation.

Bereits in den 1830er Jahren hatte das als Opernhaus neu erbaute Stadttheater eröffnet. 1852, noch vor München, wurde Wagners *Tannhäuser* in Breslau aufgeführt. Im Stadttheater trat auch die junge Tilla Durieux auf, die später Paul Cassirer heiratete. Es gab mehrere Orchester und in der zweiten Hälfte des 19. Jahrhunderts insgesamt 62 Musikvereine sowie ein Museum für moderne Kunst. Vor allem nach der Reichsgründung erlebte Breslau eine kulturelle Blütezeit, in deren Genuss auch das jüdische Bürgertum kam.

1821 jedoch hatte der Breslauer Tabakverein Juden ausgeschlossen. Darauf wurde auch hier die Gesellschaft der Freunde gegründet, die im Familienleben der Cassirers eine wichtige Rolle spielen sollte.[5] Es gab Debattierclubs, eine Tanzschule, einen Tenniskreis. Andere Vereine wie die Breslauer Dichterschule hatten sogar jüdische Gründungsmitglieder. Im Humboldtverein für Volksbildung saßen Juden im Vorstand. In ganz Preußen waren sie jedoch von Freimaurerlogen ausgeschlossen. In den 1880er Jahren verstärkte sich die antisemitische Stimmung in der Stadt, und als ein erklärter Antisemit in den Vorstand des örtlichen Alpenvereins gewählt wurde, traten die jüdischen Mitglieder, immerhin 30 Prozent der Mitgliedschaft, aus. Niemand aus der Familie Cassirer scheint eine prominente Rolle in diesen Vereinen gespielt zu haben, lediglich Lisbeth Cassirer, die Frau des Sägewerkbesitzers Martin, taucht 1928 auf einem Gruppenbild des Jüdischen Frauenbundes auf.[6]

Breslau war eine liberale, für Erneuerung und Reformen aufgeschlossene Stadt, was sich auch in den verschiedenen Konfessionen zeigt. So schlossen sich die Anhänger des Kaplans Johannes Ronge, der anlässlich einer Wallfahrt zum Heiligen Rock in Trier gegen den Reliquienkult revoltierte, zur ersten Gemeinde des Deutschkatholizismus zusammen. Aus der jüdischen Gemeinde Breslaus ging eine große Reformbewegung hervor, die weltweit zum Vorbild wurde. Ihr Bahnbrecher Abraham Geiger, Mitbegründer der Wissenschaft des Judentums, wirkte als Rabbiner in Breslau, wo er mit dem orthodoxen Rabbiner Salomon Tiktin um die Durchsetzung seines Modells eines liberalen Judentums rang, bis sich beide Gemeinden vereinigten.

Seit dem Bau der Synagoge zum Weißen Storch 1829 ging die Zahl der kleinen Synagogen und Bethäuser in Breslau zurück. 1879 wurde die Neue Synagoge, die zweitgrößte in Deutschland, eingeweiht – Breslau war, nach Berlin und Frankfurt, die Stadt mit der drittgrößten jüdischen Gemeinde geworden. Das von Zacharias Fraenkel 1854 begründete Jüdisch-Theologische Seminar, an dem Heinrich Graetz lehrte, Verfasser der klassischen *Geschichte der Juden*, war das Zentrum jüdischer Gelehrsamkeit in der ganzen Welt, dessen Tradition heute vom Union Theological Seminary in New York fortgeführt wird.

Vom religiösen Leben Breslaus wurden die Cassirers allerdings offenbar wenig berührt. Auch in ihrer Familie vollzog sich die Säkularisierung innerhalb von zwei bis drei Generationen. Das *Anekdotenbüchlein*, das Toni Cassirer im schwedischen Exil 1937 zu Max Cassirers 80. Geburtstag zusammenstellte, berichtet von dem Ahnherrn Moses ben Loebel, dass seine Söhne Marcus und Siegfried ihn einmal porträtieren lassen wollten. Er aber hielt sich als frommer Jude an das Gebot, dass der Mensch sich kein Abbild mache «von dem was droben im Himmel oder auf der Erde unten oder im Wasser unter der Erde ist».[7] Die Söhne luden daher einen befreundeten Maler ein, den Vater von einem Nebenraum aus zu skizzieren. Das merkte der alte Herr und rief: «Kinder, ich glaube, der malt mich.»[8] Ein Porträt des Moses ben Loebel Cassirer existiert bis heute, und keiner seiner vielen Nachkommen, die von berühmten Malern porträtiert wurden, hatte deshalb Gewissensbisse. Die Säkularisierung wurde in vielen jüdischen Familien Breslaus vor allem durch das Erziehungswesen und das kulturelle Leben befördert. Das höhere Schulwesen wurde dank des hartnäckig liberalen Magistrats nach erfolgreichem Kampf gegen Staat und Kirchen 1872 durch die Gründung des paritätischen humanistischen Johannesgymnasiums bereichert.[9]

Am 11. März 1812 war in Preußen «nach Jahren unermüdlichen Kampfes» das Edikt zur Emanzipation der Juden erlassen worden. In 39 Paragraphen wurden die Rechte und Pflichten der jüdischen Bevölkerung festgeschrieben. Voraussetzung der Staatsbürgerschaft – unter zahlreichen Einschränkungen – war die Annahme feststehender Familiennamen. Sie musste innerhalb von sechs Monaten und gegen Entrichtung einer je nach Vermögen unterschiedlich hohen Gebühr geschehen.[10] In diesem Jahr nahmen auch die Cassirers ihren Namen an. Einer Familienlegende nach leitet sich der Name vom portugiesischen Cáceres ab, dem Namen eines kleinen Ortes nahe der spanischen Grenze, aus dem die jüdische Bevölkerung im Zuge einer großen Vertreibung 1497 geflohen war. Die Legende entspricht dem allgemein unter Juden verbreiteten Stolz auf sephardische Vorfahren, gleichsam ein jüdisches Adelsprädikat. Eine andere, wahrscheinlichere Erklärung findet sich in der

Bezeichnung Cassirer für den Kollekten- und Steuereinnehmer in jüdischen Gemeinden.[11]

Moses ben Loebel ist auf all den unvollständigen Stammbäumen der Familie, die bisher erstellt wurden, der zweitälteste Vorfahre. Sein Vater, Loebel Moses Cassirer (1738–1808/9), und dessen Ehefrau Sara (Zerchen) Ruben (1743–1809) werden als die Ältesten aufgeführt. Moses ben Loebel hatte zahlreiche Kinder, darunter mindestens sieben Söhne. Bemerkenswert ist, dass sie alle biblische Namen tragen: Abraham, Marcus, Joseph, Jochem, Loebel, Jacob – bis auf den Jüngsten, den 1812 geborenen Siegfried.[12]

Marcus Cassirer, der zweite Sohn, war 1809 etwa 35 Kilometer südlich von Kattowitz in Bujakow geboren worden, seine fünf Jahre jüngere Frau Jeanette geb. Steinitz in Gleiwitz. Dort sind auch Moses ben Loebel Cassirer und seine Gattin Pesel bat Salomon begraben, die 1852 innerhalb von zwei Wochen beide im Alter von 81 Jahren starben. «Die sich im Leben liebten, verließen sich auch im Tode nicht», steht auf ihrem Grabstein. Marcus, der zwischen 1857 und 1860 nach Breslau zog, ließ sich zunächst in Königshütte, heute Chorzów bei Kattowitz, nieder. Das älteste seiner zehn Kinder, Leopold, gen. Louis, hatte 1839 noch in Gleiwitz das Licht der Welt erblickt. Es folgten, anfangs in kurzem Abstand: Julius 1841, Eduard 1843, Rosalie 1845, Simon gen. Salo 1847, Ludwig ca. 1849, Isidor 1851, Moritz 1856 und schließlich die beiden Jüngsten, Max, geboren 1857 in Schwientochlowitz, und Julie, geboren 1860 in Breslau. Bis auf den bereits 1878 verstorbenen Ludwig erreichten fast alle ein für die Zeit hohes Alter. In Königshütte wurden 1869 mehrere kleinere Orte, darunter Schwientochlowitz, ein Dorf von 4000 Seelen, eingemeindet. Daher finden sich unter den Geburtsorten der Kinder von Marcus Cassirer sowohl Königshütte als auch das bei einem Steinkohlebergwerk, der späteren Bismarckhütte, gelegene Schwientochlowitz. Dort stellte Marcus Cassirer Webstühle her und handelte mit Stoffen.[13] Auch einen Laden soll er betrieben haben, in dem seine Frau Jeanette waltete.

Breslau bot nicht nur größere wirtschaftliche Möglichkeiten als das Dörfchen Schwientochlowitz, sondern auch bessere Schulen für die Kinder als die kleineren Städte Kattowitz oder Gleiwitz. Neuankömmlinge in der jüdischen Gemeinde hatten genügend Vorbilder, denen sie nacheifern konnten. Während 1829 noch die Hälfte der 900 jüdischen Familien so arm war, dass sie die 6 Taler Gemeindesteuer nicht aufbringen konnte, waren 1861 in Breslau bereits 30 Prozent der ersten Klasse von Steuerzahlern nach dem preußischen Dreiklassenwahlrecht Juden, obwohl nur 7 Prozent der Gesamtbevölkerung jüdisch waren.[14] Zehn Jahre später lebten 60 Prozent der jüdischen Bevölkerung in gesicherten bürgerlichen Verhältnissen. Fast alle waren sie «Wirtschaftsbürger», Besitzer mittelständischer Unternehmen, nur 2 Prozent fanden in akademischen Berufen ihr Auskommen. Allerdings lebten noch immer 30 Prozent der Breslauer Juden von niedrigen Einkommen, im Durchschnitt 1200 Mark im Jahr.

Im Wirtschaftsleben Breslaus prosperierten jüdische Firmen im Wagen- und Maschinenbau, außerdem Stofffabrikanten, Kürschner, Besitzer von Mühlen, Konfektions- und Bankhäusern, Hersteller von Möbeln und Likören wie dem «Breslauer Dom». In dieser Branche war auch die Marcus Cassirer & Co Liqueurfabrik im Breslauer Handelsregister eingetragen. 1866 sind die Söhne Louis und Julius als Prokuristen vermerkt. Louis machte sich jedoch schon 1861, mit 22 Jahren, am zentralen Blücherplatz 16 mit einer Textil- und Webstuhlmanufaktur selbständig. Eine weitere Geschäftsadresse lautete Fürstenstraße 6, die Privatadresse in einer vornehmen Wohngegend Friedrich-Wilhelm-Straße 12.

Marcus war jedoch nicht der Erste aus der weitverzweigten Familie, der sich in Breslau niederließ. Schon im ersten Breslauer Adressbuch von 1832 sind drei Firmen unter dem Namen Cassirer verzeichnet, eine Schnittwarenhandlung, ein Geschäft mit Gold- und Silberwaren und L. und M. Cassirer Söhne, Cattun- und Wollwaren en gros. Die Einträge mehren sich mit den Jahren, 1843 sind es bereits 43. Alle Firmen liegen in den Straßen westlich vom Blücherplatz, dem ehemaligen Salzplatz, der heute wieder Plac Solny heißt: der Reuschestraße (Ul. Ruska), der Antonienstraße (Ul. św. Antoniego) und der Nikolaistraße (Ul. św. Mikołaja). Es war das Viertel, in dem sich jüdische Unternehmen gerne niederließen. Blücherplatz 12 war seit 1835 eine Cassirer-Adresse, wo die Schnittwarenhandlung C. J. Cassirer ansässig war und 1861 Joel Cassirer Manufakturwaren vertrieb. Vier Häuser weiter etablierte sich, wie bereits erwähnt, der junge Louis, der älteste der Söhne von Marcus, ebenfalls mit einer Manufakturwarenhandlung.

1872 begann der eigentliche Aufstieg der Cassirers mit dem Holzgeschäft Cassirer Söhne in der Brüderstraße 9, das der 29-jährige Kaufmann Eduard Cassirer, der dritte Sohn von Marcus, leitete. Die Familie wohnte in der Vorwerkstraße 9, außerhalb des Walls, wo nun neue Straßenzüge mit stattlichen Wohnhäusern und Villen entstanden. Vater Marcus betrieb weiter die Rum-Sprit und Liqueurfabrik, an der Louis und Julius beteiligt waren, bevor er sich als «Particulier» in der Vorwerkstraße 7 zur Ruhe setzte. 1874 zog Eduards Holzhof in die Vorwerkstraße 59, wo auch Bruder Salo als Teilhaber verzeichnet ist. Die Firma Dampfsägewerk und Holzhandlung Cassirer Söhne in der Schönstraße, als deren Inhaber Salo und Eduard zeichneten, existierte in Breslau noch bis 1929, obwohl die beiden Brüder längst nach Berlin gezogen waren. Sie wurde von Eduards Söhnen Martin und Ludwig geleitet, deren Bruder Ernst als Professor der Philosophie dem Namen Cassirer zu Weltruhm verhalf.

Die Cassirers gehörten in Breslau keineswegs zu den reichsten Bürgern. Sie gelangten dort zu Wohlstand, aber mit einem Unternehmer wie Julius Schottländer, Besitzer einer Zementfabrik, einer Immobilien AG und von mindestens sechs Gütern, konnte niemand mithalten.[15] In den Büchern über die Geschichte der Breslauer Juden erscheinen die Cassirers nicht. Breslau war für die meisten von ihnen eine wichtige Durchgangsstation, auf der sie ihre Firmen gründeten und ihre Kinder auf gute Schulen schickten. Diese wiederum wählten für ihr Studium Universitäten in Berlin, München, Freiburg oder Heidelberg.

Viele Töchter aus Breslauer jüdischen Familien besuchten höhere Schulen. Vor allem die Viktoriaschule ist ein Beispiel dafür, welchen Wert das jüdische Bürgertum der Stadt auf die Erziehung der Töchter legte. Die Philosophin Edith Stein gibt davon ein eindrückliches Bild in ihren Lebenserinnerungen.[16] In den 1880er Jahren waren in Breslau 39 Prozent der Schülerinnen höherer Schulen jüdisch. Dass die beiden Töchter von Marcus, sein viertes Kind Rosalie und das zehnte und jüngste, Julie, eine gründliche Ausbildung erhielten, entweder in Privatunterricht oder in einer allgemeinen Schule, ist anzunehmen. Unter den «Beitragenden Mitgliedern» der 1801 gegründeten Industrieschule für israelitische Mädchen finden sich zwischen 1880 und 1885 Bertha, Ernestine, Jenny und Natalie Cassirer. Ob sie ehemalige Schülerinnen waren, ist nicht zu erkennen. Die Industrieschule war, ihrem Namen zum Trotz, eine allgemeinbildende Lehranstalt für die ersten vier Volksschulklassen, in der Lesen, Rechnen, die deutsche Sprache, die biblische Geschichte und «Anschauung» unterrichtet wurden. Cassirer-Töchter könnten auch die private Herzberg-Schule für Mädchen besucht haben. Die überwiegende Zahl jüdischer Kinder war im gesamten Reich in öffentliche Schulen eingeschrieben

Um 1890 war Breslau mit 335 000 Einwohnern die achtgrößte Stadt im Reich. Doch viele junge Breslauer Unternehmer und Intellektuelle zogen gen Westen, entweder mit Zwischenstationen oder direkt zu dem Magneten, auf den sich alles hinbewegte, nach Berlin.

I. KAPITEL

Die erste Generation: Handel und Industrie

Breslau war, bei allen Chancen, die es Unternehmern, Wissenschaftlern und Künstlern bot, keine Stadt, in der die Begabtesten und Ehrgeizigsten bleiben wollten. Schon vor der Reichsgründung 1871 hatte die Abwanderung eingesetzt. Der Maschinenfabrikant August Bosch, der Historiker Theodor Mommsen wie der Maler Adolph Menzel, sie alle zogen nach Berlin. Drei Söhne von Marcus Cassirer erreichten die Hauptstadt nicht auf direktem Weg. Louis, der Älteste, und sein Bruder Isidor verlegten ihre Holzhandlung nach Görlitz, einer nach 1871 sich ebenfalls rapide vergrößernden Stadt. Beide sind 1874 unter derselben Adresse, Jacobstraße 22, nachgewiesen, ihre ältesten Kinder wurden noch in Breslau geboren. Zwei der Söhne von Louis, Hugo und Richard, besuchten die Höhere Bürgerschule in Görlitz, ehe sie nach dem Umzug nach Berlin auf das dortige Leibniz-Gymnasium wechselten. Max folgte den Brüdern über Danzig 1886 nach.

Julius Cassirer, der um zwei Jahre jüngere Bruder von Louis, heiratete 1868 seine Kusine Julie, eine der beiden Töchter seines Onkels Siegfried Cassirer. Dieser lebte in Oberglogau, heute Głogówek, im Südwesten Schlesiens nahe der tschechischen Grenze als Pächter der Brauerei des Grafen von Oppersdorff. Er stellte auch den «Kaffee-Likör Magus aus reynen Kreuttern bereydtet» her, der noch 1914 mit der Feldpost an die Front geschickt wurde. Ein Rezept mit den Namen von 13 Kräutern von Enzian bis Bitterklee und der Zubereitung der Maische mit 90 Prozent Spiritus und später Zuckerwasser hat sich erhalten.[1] Siegfried, in der Familie «der Glogauer» genannt, liebte aber vor allem Bücher und besaß eine große Bibliothek. Enkel und Großneffen wie der zukünftige Philosoph Ernst und der spätere Kapellmeister Fritz sowie Paul, später Verleger und Kunsthändler, wurden in den Sommerferien von Breslau nach Oberglogau geschickt und vergruben sich dort förmlich in Bücher. Siegfried war ein allseits geachteter Mann. Da er und seine Frau Henriette geb. Fischer nur zwei Töchter hatten, erwies er sich als Wohltäter der Familie seines mit vielen Kindern gesegneten Bruders Marcus. Die Ehe von Siegfrieds Tochter Julie mit Marcus' Sohn Julius war eine der vielen Ehen zwischen Vettern und Kusinen innerhalb der Familie Cassirer. Julius' Bruder Eduard heiratete die zweite Tochter von Onkel Siegfried, Jenny.

Marcus Cassirer starb am 20. Oktober 1879. Er hatte für seine große Familie vorgesorgt und hinterließ seinen Besitz nach dem am 27. Januar 1874 aufgesetzten Testament – einem eindrucksvollen Dokument – zu gleichen Teilen seinen neun überlebenden Kindern. Seiner Ehefrau wurde die lebenslange Nutznießung überlassen, ohne dass sie dafür ihren Kindern Rechenschaft zu geben hatte. Die Teilung des Nachlasses durfte erst nach ihrem Tod erfolgen. Für die beiden damals noch minderjährigen Max und Julie war ihr ältester Bruder Leopold als Vormund vorgesehen und die Summe von 15 000 Talern als Aussteuer für Julie festgesetzt worden. Der Eheschließung der Tochter hätte die Mutter zustimmen müssen.[2]

Anfang der 1880er Jahre zogen Louis und Julius in das rapide wachsende Berlin, wo eine enorme Nachfrage nach Bauholz bestand. «Die Bauherren wirtschafteten mit Krediten, und die Holzhändler mussten sich gegen eventuelle Zahlungsunfähigkeit mit Hypotheken sichern, die bereits während des Baus eingetragen wurden. War dann ein Bauherr tatsächlich unfähig, das bereits gelieferte Material zu bezahlen, übernahmen die Holzhändler die oft unfertigen Bauten. In vielen Fällen verfügten die Brüder Cassirer gemeinsam über genügend Kapital, um die Häuser fertigzustellen. So wurden aus den Holzhändlern die Besitzer von Miethäusern, deren Wert in dem Jahrzehnt vor 1900, besonders wenn es sich um Grundstücke in günstiger Lage handelte, erheblich stieg.»[3] Zunächst arbeiteten die Brüder ihrem Alter gemäß als Partner zusammen: Louis und Julius, Eduard und Salo, dann stieß Isidor zu ihnen und zuletzt Max. Schliesslich ließen sich alle sechs Brüder in Charlottenburg nieder. Diese damals noch selbständige Stadt wuchs ebenso rasch wie Berlin – 1890 zählte sie 77 000 Einwohner, fünf Jahre später 160 000 – und entwickelte sich zu einem Zentrum von Wissenschaft, Wirtschaft und Industrie.

1. Die erste Generation: Handel und Industrie

Über Julius Cassirer ist dank einer Akte im Landesarchiv Berlin relativ viel zu erfahren.[4] Anlässlich des Kaisermanövers 1912 wurde er für den Titel eines Königlichen Kommerzienrats vorgeschlagen. Die Empfehlungsschreiben an den Preußischen Innenminister informieren über seine Verdienste und die Entwicklung der Firma Gebr. Cassirer Bau- und Nutzholzhandlung, Berlin-Wilmersdorf, Mecklenburgische Straße. Wann genau Julius Cassirer nach Charlottenburg zog, geht allerdings auch aus diesen Unterlagen nicht hervor. Bis in die 1870er Jahre führte er jedenfalls mit seinem Bruder Isidor in Görlitz die Firma Cassirer und Söhne. Beide Brüder zogen nach Charlottenburg, Isidor schied 1890 aus der Firma aus. Julius war dann Teilhaber der 1896 gegründeten Kabelfabrik Dr. Cassirer & Co., die sich nach Anfängen im Hinterhof der Schönhauser Allee 62 in der Charlottenburger Keplerstraße 5–6 etablierte. Als Inhaber sind außerdem seine Neffen Dr. Hugo und Alfred Cassirer aufgeführt. Die Firma zählte «zu den ersten der Branche» und wuchs rasch. 1912 beschäftigte sie 150 Arbeiter und Angestellte, 1914 waren es schon 630. Das Betriebskapital dieses innovativen Unternehmens – «eine der hervorragendsten Firmen des Weltmarktes» – betrug nun 5 Millionen Mark, der Jahresumsatz 10 Millionen. 1912 versteuerte Julius ein Jahreseinkommen von 375–380 000 Mark, sein Vermögen belief sich auf über dreieinhalb Millionen. Als Beteiligungen werden aufgeführt: die Verkaufsstelle Vereinigter Fabriken isolierter Leitungsdrähte Berlin GmbH; die Linear Gummiwarenfabrik, Berlin; die Oberschlesische Telefongesellschaft.

Julius Cassirer war damals 71 Jahre alt und residierte in der Fasanenstraße 12. Er galt als «bestens berufener, angesehener Mann», der sich «stets einwandfrei geführt» habe. «In politischer Beziehung war Anlass zu Klagen nicht gegeben.» Er war Mitglied der Handelskammer Berlin sowie der Kommission für Zoll-, Steuer- und Handelsangelegenheiten. Außerdem war er in den Kommissionen für Rechtliche und Verkehrsfragen, im Börsenvorstand und von 1904 bis 1908 Handelsrichter.

Über Julius heißt es in der Akte, er habe «reiche Wohltätigkeit ausgeübt». Er stiftete 100 000 Mark für seine von Invalidität betroffenen Arbeiter und schloss für sie eine Unfallversicherung ab; 1914 spendete er 20 000 Mark für über 50 Jahre alte notleidende Frauen; und 1910 hat er der Stadt Charlottenburg den von August Gaul geschaffenen Schwanenkükenbrunnen mit Bronzeskulpturen geschenkt, der am Kurfürstendamm/Ecke Leibnizstraße steht. Der Verfasser eines Empfehlungsschreibens (gez. Reise), das zwar viele Verdienste Julius Cassirers aufführt, kam allerdings nicht umhin zu bemerken, die Stiftung eines Brunnens für 20 000 Mark «als einzige Leistung eines dreieinhalbfachen Millionärs zeugt nicht für Großzügigkeit». Er konnte als einziger Gutachter auch nicht den Hinweis auf die Religion des Kandidaten vermeiden. Der Berliner Polizeipräsident schrieb eine sehr positive Empfehlung, und am 23. April 1914 erhielt Julius Cassirer den Titel eines Kommerzienrats.

Das Familiennetzwerk und wirtschaftliche Erfolgsmodell glich dem der Bondys in Wien, mit welchen die Cassirers durch die Heirat von Marcus Cassirers Tochter Julie und Otto Bondy verbunden wurden. Für den Namen Bondy wurde ebenfalls eine sephardische Wurzel gefunden, das katalanische *Bon Dia*, lateinisch *bonus dies*. Eine Familie Bondia lebte im 12. Jahrhundert in Aragón. Otto Bondy hatte sich 1888 mit einer Kabel- und Posamentenfabrik in Penzing bei Wien selbständig gemacht. Wie viele österreichische Betriebe produzierte Bondy steuerbegünstigt in Ungarn, ehe er 1900 in Wien-Meidling die Kabelfabrik und Drahtindustrie AG Wien errichtete.

Inzwischen hatte Louis' Sohn Hugo Cassirer als Erster in der Familie in Berlin ein Universitätsstudium absolviert und 1892 den Doktortitel in Chemie erworben. Bei seinem Onkel Otto Bondy machte er sich in der Kabelherstellung, besonders der mit Gummi überzogenen Metallkabel, kundig und ging auch nach England, das führende Land in der Kabelfabrikation. Danach trat er in die von Louis mit Julius als stillem Teilhaber gegründeten Kabel- und Gummiwerke Dr. Cassirer & Co. in Charlottenburg ein, die sehr erfolgreich auf diesem jungen Wachstumsmarkt operierten. Man produzierte nicht nur für die Industrie, sondern auch für den Endverbraucher. Das bekannteste Produkt der Kabelwerke war in den zwanziger Jahren das *Cassirer Störschutzkabel* für «einen störungsfreien, klangreinen Radioempfang». Nach Hugos frühem Tod 1920 übernahm sein Bruder Alfred, der Jura studiert hatte und auch ein begabter Ingenieur war, die Leitung der Firma und ließ ein neues, von dem Breslauer Architekten Hans Poelzig entworfenes Kabelwerk in Berlin-Spandau an der Ecke Rauchstraße und Maselakeweg errichten, ein Modell moderner Industriearchitektur.[5]

Der zweite Industriezweig, in dem die Cassirers zu erfolgreichen Unternehmern wurden, war die Sulfit-Cellulose-Herstellung, gleichsam der nächste Schritt nach dem Holzhandel. Eduard Cassirer und sein Bruder Salo, dritter und vierter Sohn von Marcus, gründeten bereits 1885 eine Sulfit-Cellulose-Fabrik im schlesischen Ziegenhals.

Nur der zweitjüngste Sohn von Marcus, der 1856 geborene Moritz, besaß nicht die geschäftliche Unternehmungslust seiner Brüder. Das Einzige, was von dem jungen Mann in der Familie berichtet wird, ist seine Leidenschaft für das Kartenspiel. So wurde das schwarze Schaf, wie damals üblich, mit einer Startsumme nach Amerika geschickt. Dort wurde Moritz im Fleischhandel tätig und ließ sich mit seiner Frau Henriette geb. Retfeld und den beiden Töchtern Lucy und Jeanette in Manhattan nieder. Er erwarb ein Haus in der 120. Straße und besuchte mit Frau und Töchtern die Berliner Verwandten mehrmals. Den Erinnerungen seines 1915 geborenen Enkels David Franz Schoenbrun zufolge musste das Kind, Sohn von Moritz' Tochter Lucy und dem Juwelier Max Schoenbrun, auf den Knien des Großvaters auf Deutsch den Stammbaum der Cassirers rezitieren. Moritz war sehr stolz auf den klugen Enkel und schickte dessen Aufsätze an Verwandte und Freunde nach Deutschland. David hatte jedoch die französische Sprache viel lieber, wurde mit 19 Jahren Französischlehrer, später Auslandskorrespondent in Frankreich und Autor mehrerer Bücher, darunter *The Three Lives of Charles de Gaulle*, den er mehrmals interviewt hat. Er erntete mehrere französische Auszeichnungen und unterrichtete zuletzt an der New School for Social Research in New York.[6]

Die beiden Schwestern der acht Söhne von Marcus Cassirer heirateten standesgemäß. Rosalie blieb in Schlesien und wurde die Gattin des Holzhändlers Abraham Goldstein in Kattowitz. Julie heiratete, wie erwähnt, den Wiener Kabelfabrikanten Otto Bondy. Der Erfolg der Berliner «Gründerväter» des Cassirer'schen Familienimperiums beruhte nicht nur auf dem Talent und Fleiß dieser Männer, sondern auch auf ihrer engen Zusammenarbeit, wie sie sich am Beispiel der Zentralfigur Max Cassirer zeigen lässt.

Max Cassirer (1857–1943)

Den Aufzeichnungen seines Sohnes Kurt zufolge scheinen Kindheit und Jugend und besonders die Schulzeit Max Cassirers eine Leidenszeit gewesen zu sein. «Er sprach fast nie von kindlichen Spielen und Streichen, von der oberschlesischen Landschaft, von Schulkameraden.»[7]

Da es in Schwientochlowitz keine höhere Schule gab, wurden die Cassirer-Söhne nach Kattowitz, Gleiwitz und Breslau «in Pension gegeben». Sie lebten in einer Familie, besuchten ein Gymnasium und schlossen die Schule mit dem Einjährigen-Zeugnis ab, da keiner eine akademische Laufbahn anstrebte, wozu das Abitur erforderlich war. Studium und Etablierung in einem freien Beruf, etwa als Arzt oder Anwalt, hätten die finanziellen Mittel von Marcus nicht erlaubt. Der höhere Staatsdienst und das Offizierspatent waren Bürgern mosaischen Glaubens verwehrt. Der etwa 16-jährige Max verließ also die Schule und begann eine kaufmännische Lehre, obwohl sein Herz an der Medizin hing. Doch dann ermöglichte ihm sein Onkel Siegfried in Oberglogau nicht nur, seinen Militärdienst bei den Grünen Husaren im nahegelegenen Leobschütz abzuleisten, sondern auch das Gymnasium bis zum Abitur zu besuchen. Er war wohl Schüler des Friedrichs-Gymnasiums in Breslau, wie sein Sohn Kurt berichtet, aber das Abitur bestand er erst im zweiten Anlauf in Kattowitz, wie die Immatrikulationsdokumente der Breslauer und der Friedrich-Wilhelms-Universität in Berlin 1880 und 1881 zeigen. Diese Prüfung muss ein so traumatisches Erlebnis gewesen sein, dass der alte Herr noch mit 85 Jahren «tief verstimmt» zum Frühstück erscheinen und berichten konnte: «Ich habe heute wieder vom Abitur geträumt, es war furchtbar!!»

Was Max Cassirer allein vom Lateinunterricht erzählte, war in der Tat niederschmetternd. Der Lateinlehrer endete schließlich im Irrenhaus. Der Mathematiklehrer Adolf Anderssen nahm während der Ferien an bedeutenden Schachturnieren in aller Welt teil und stand mehrmals auf Platz eins der Weltrangliste. Als Lehrer überforderte er viele seiner Schüler. Erst in Privatstunden zeigte er «sein warmes Herz». Auch andere Familienmitglieder wurden von der Abitur-Tortur in Mitleidenschaft gezogen, berichtet das *Anekdotenbüchlein*. Julie Bondy, die Lieblingsschwester von Max, wurde von ihrer Tochter Toni über ihr erstes schweres Ehejahr befragt, als ihr Kind bei der Geburt starb. «Warst du darüber nicht ganz verzweifelt?», fragte Toni. «Weißt du», antwortete die Mutter, «kurz vorher war doch das Maxl durchs Abitur gefallen, und das war so schrecklich für mich, daß mich nichts *noch mehr* erschüttern konnte.»[8]

Max Cassirer hatte die Qualen des Gymnasiums auf sich genommen, weil er, wieder mit Hilfe von Onkel Siegfried, Medizin studieren wollte, und begann im Wintersemester 1880 das Studium in Breslau. Im Sommersemester 1881 war er an der Universität in Berlin immatrikuliert, hatte sich inzwischen jedoch in die 18-jährige Hedwig Freund verliebt und mit ihr verlobt. Sie war Waise und lebte bei ihrem älteren Bruder, dem Rechtsanwalt Georg Freund in Breslau. Max' Bruder Salo war bereits mit Hedwigs Schwester Natalie verheiratet. Eine Ehe war für Studenten jedoch so gut wie ausgeschlossen. In einer launigen Rede zum 70. Geburtstag von Max 1927 erzählt sein inzwischen zum Justizrat ernannter Schwager Georg Freund, dass es Max «gar nicht in den Kram gepasst» habe, sich «sein flottes Studentensein und alle Liebesgedanken» aus dem Kopf zu schlagen. «Und was tat er, als ich ihm vorhielt, dass meine Schwester nicht fünf Jahre warten könnte, bis er sie als Arzt ohne Praxis zu heiraten in der Lage sein würde? Er hängte das Medizinstudium an den Nagel, wurde Kaufmann und heiratete meine Schwester.»[9]

Max Cassirer als Schüler

Auf der Hochzeit von Max und Hedwig, die vermutlich im Dezember 1882 stattfand, wurde ein Sketch aufgeführt, an den sich der damals achtjährige Ernst, inzwischen Professor der Philosophie in Hamburg, bei eben dieser 70. Geburtstagsfeier von Max erinnerte. Das Stück spielt im Haus des jungvermählten Paares. «Tante Hedwig» ist allein, als drei Bekannte von «Onkel Max» erscheinen. Einer ist Kavallerieoffizier, der

Max Cassirers Frau Hedwig

andere hat Medizin studiert und der dritte ist Holzhändler. Jeder ist von der glänzenden Karriere des jungen Ehemanns überzeugt. Der Kavallerist nimmt an, Max sei Rittmeister geworden, der Mediziner denkt, er sei ein großer Arzt und der Dritte schwört darauf, Max müsse erfolgreicher Holzhändler sein.[10]

Nach der Hochzeit standen die Brüder, alle erfahrene Holzhändler, Max mit Rat und Tat zur Seite. Auch er etablierte sich im Holzgeschäft, jedoch nicht in Breslau, sondern in dem ebenso günstig gelegenen Danzig. Gutes Holz wurde in angrenzenden Gebieten, hauptsächlich in Polen, gekauft und auf der Weichsel nach Danzig-Weichselmünde geflößt. Die Abnehmer saßen in Deutschland und England, wo bei der Eisenbahn große Nachfrage nach Eichen-Schwellenholz bestand. Die sogenannten Sleeper wurden von Danzig auf Schiffen weitertransportiert.

Im Januar 1883 informierte Max Cassirer die Danziger Kaufmannschaft in französischer Sprache über seine Absicht, eine Holzexportfirma zu eröffnen: «J'ai l'honneur des vous informer que je viens d'installer dans cette place une maison de commerce pour l'exportation de bois», unter Angabe des Schlesischen Bankvereins und der Messieurs Delbrück, Sen. & Cie, banquiers, Berlin als Referenzen. Bereits am 30. März 1882 wurde er im Firmenregister von Danzig aufgeführt und am 19. April gegen eine Gebühr von 106 Mark in die Kaufmannschaft aufgenommen.

Max und Hedwig bezogen in der Langgasse 67 eine Wohnung in einem alten Giebelhaus, in das Hedwigs Klavier – sie war eine leidenschaftliche Pianistin – mit einem Kran hinaufgezogen und durch ein Fenster in ein Zimmer befördert wurde. Hier erhielt das junge Paar einen mit seinen besorgten, liebevollen Ermahnungen für die Familienkorrespondenz der Cassirers charakteristischen Brief von Onkel Siegfried:

«Ober-Glogau den 12/2/83.

Meine Lieben.

Wahrscheinlich dauern die Flitterwochen in Danzig so wie hier 6 Wochen und ich kann daher annehmen, daß noch kein trübes Lüftchen Euer Glück unterbrochen. Ich hoffe und wünsche, daß es fort und fort so blühe; aber meine Lieben, wo viel Licht ist ist auch viel Schatten und es kommen gerade in den schönsten Tagen die häufigsten Gewitter. Meine Erfahrungen die ich in meinem Leben gemacht, haben mich überzeugt, daß jeder Streit in der Ehe aus Rechthaben wie der üblen Laune entsteht. Darum merket Euch, keiner ist unfehlbar. Niemand darf glauben, daß seine Auffassung die richtige ist. Habet Ihr einmal irgendeinen Streit, irgend ein Wortwechsel, so merket Euch die Ursache oder der Vergeßlichkeit wegen, schreibet Ihr sie auf, und ich wette eins gegen Hunderth, daß, seid Ihr ruhig geworden, Ihr selbst über den unnöthigen Streit, und damit verbundene Aufregung lachen werdet.

Überlegt auch wozu der Streit wozu das Schmollen, Ihr müßt ja doch wieder gut werden; besser also kein Streit kein Schmollen, Ihr erspart Euch dadurch viele trübe Stunden.

Wir sind über 42 Jahre verheirathet, und ich denke nicht daß da eine Zeit war, wo wir Streit gehabt oder geschmollt haben.

Nicht etwa, daß nichts schwergefallen wäre sondern, hielt ich etwas für nicht recht sagte ich es frei und offen und habe ich es gefragt, habe ich es auch offen gesagt eben so ist es umgekehrt. Noch eines merket Euch. Weder meine Kinder noch unser Dienstpersonal haben je ein scharfes Worth zwischen mir und der Tante gehört. Unser gutes Einverständniß rührt nicht etwa von der Engelhaftigkeit der Tante, denn sie plagt mich genug, aber G. s. D. nur durch ihre übertriebene Ängstlichkeit mir gegenüber.

Dir lieber Max sage ich, habe Geduld und Nachsicht, die Frauen haben vieles zu leiden, wovon der Mann verschont ist und es ist folglich unrecht darauf keine Rücksicht zu nehmen.

Ich bin müde. Lebet glücklich und zufrieden. Suchet und findet damit Glück in Eurer Häuslichkeit, verlangt von der Welt nicht allzuviel. Möge jeder Kummer der ja im menschlichen Leben niemals fehlt, rasch vorübergehen und möget Ihr im Großen und Ganzen nur glückliche Tage erleben. Seid stets zufrieden, auch dann noch wenn es nicht nach Euren Wünschen geht. Zu kurzsichtig ist der Mensch, nie kann er beurtheilen was ihn freuet, was gut oder böse für ihn ist. Er sieht nur die Gegenwart, danach urtheilt er und oft wird das unvermeidliche Böse gut.

Euer Euch liebender Siegfried»

Siegfrieds Wünsche sind in Erfüllung gegangen. Max und Hedwig Cassirer führten eine überaus glückliche Ehe. In den Danziger Jahren wurden ihre drei Kinder geboren: Kurt Hans 1883, Edith Johanna 1885 und Franz Otto Konrad 1886. Max war in dieser Zeit schon frühmorgens auf dem Holzplatz zu finden, ehe er sich in sein Büro begab und am späten Vormittag «im schwarzen Rock und Cylinder» zur Börse. Währenddessen wuchs Berlin. Immer mehr Mietshäuser entstanden, immer mehr Bauholz wurde gebraucht. Max Cassirer folgte dem Beispiel seiner Brüder, und bald nach der Geburt des dritten Kindes zog die Familie 1886 in die Reichshauptstadt und mietete eine Wohnung in der Lutherstraße.

Nicht weit vom Holzplatz der Brüder Louis und Julius pachtete Max ein Terrain für sein eigenes Holzlager, das bis 1896 bestand. Insgesamt gehörten den sechs Cassirers vier Holzfirmen. Konkurrenz machten sie einander nicht. «Im Gegenteil, die Brüder trafen sich täglich, nachdem sie am Morgen die Tagesgeschäfte eingeleitet hatten, beim Frühschoppen im Stadtzentrum (bei Siechen in der Friedrichstraße), wohin man zuerst mit der Pferdebahn, später mit der Equipage fuhr. Dort wurden die Geschäfte besprochen, dort wurde dem jungen Max manch guter Rat erteilt – und dort wurden Geschäfte, die für den einzelnen zu groß und zu gewagt schienen, oft genug von zwei oder gar mehr Firmen übernommen.»[11]

Bei Siechen wurde wohl auch der Plan für eine zweite Zellstoff-Fabrik diskutiert, und zwar dort, von wo das meiste Holz bezogen wurde, in Russisch-Polen an der Weichsel. Vier Brüder, Salo, Eduard, Isidor und Max, «stellten 1899 wirklich aus eigenen Mitteln, ohne Hilfe von Bankkrediten eine für damalige Verhältnisse große Fabrik hin». Die Włocławeker Sulfit-Cellulose-Fabrik J. & M. Cassirer, die ihr Büro in Charlottenburg, Augsburger Straße 65 hatte und als deren Hauptgeschäftsführer und Aufsichtsratsvorsitzender Max Cassirer fungierte, war das größte Werk dieser Art und das einzige in Russland. Mit den Kabel- und Gummiwerken Dr. Cassirer & Co. bildete es die Grundlage des Familienvermögens.

Nun konnte Max seiner Leidenschaft frönen, «etwas hinzustellen», wie sein Sohn es nennt. Er konnte bauen. Max war für die Errichtung der Fabrik und die Verhandlungen mit der russischen Regierung sowie den oft tief in Russland lebenden Kunden zuständig. Allerdings unterlief dem Fabrikanten ein schwerer Fehler. Das Werk wurde oberhalb von Włocławek errichtet, und die Abwässer flossen durch die ganze

Stadt in die Weichsel. Ein Protest der Stadtverwaltung und ein Prozess, den die Regierung anstrengte, bereiteten dem Unternehmen fast ein frühes Ende. Nach schwierigen Verhandlungen in St. Petersburg wurden die Abwässer unterirdisch aus dem Werk herausgeleitet und für die ganze Stadt eine bis dahin fehlende Kanalisation angelegt.

Die Włocławeker Cellulose-Fabrik war ein für das Zeitalter der Industrialisierung typischer Betrieb mit langen Arbeitszeiten und wenig sozialer Sicherheit. In dem in Russland von Pogromen, Attentaten und Aufständen gekennzeichneten Revolutionsjahr 1905 blieb auch Włocławek nicht verschont. Dort wurde in einer Tag- und einer Nachtschicht von je zwölf Stunden gearbeitet, am Wochenende 24 Stunden lang. So kam es zum Streik, der jedoch nicht wie andernorts vom Militär niedergeschlagen wurde. Max Cassirer eilte herbei und hielt vor der Belegschaft auf deutsch eine Rede, während sich hinter ihm eine Kosaken-Schwadron aufbaute. Die Arbeitszeit wurde verkürzt. Ob es andere Forderungen gab, ist nicht bekannt.

Max musste viele weite Reisen nach Polen und Russland unternehmen. Die Kunden des Cellulosewerks wohnten oft nicht an Bahnstationen. Stundenlange Schlittenfahrten brachten den Reisenden aus Charlottenburg in tiefer Nacht an sein Ziel, wo «der Herr Baron» um Mitternacht zum Nachtessen bitten ließ. Danach begannen die Geschäftsverhandlungen, die bis in die Morgenstunden dauerten. Auch hohe Beamte und Minister in St. Petersburg konnte der Frühaufsteher Max erst in den späten Abendstunden besuchen. Danach wurde er in Restaurants eingeladen, wo «Zigeunerkapellen und -tänzer» die Gäste bis in den Morgen unterhielten.

Die gute Konstitution Max Cassirers ließ ihn diese Reisen schadlos überstehen und seinen zahlreichen Pflichten in Charlottenburg ohne Unterbrechung nachkommen. Die Leitung der Włocławeker Fabrik und die Tätigkeit als Teilhaber der Kabelwerke Dr. Cassirer & Co. lasteten ihn nicht aus. Schon 1891 hatte er das Amt des Waisenrats von Charlottenburg übernommen, das erste seiner ehrenamtlichen kommunalen Ämter. 1893 übertrug man ihm das Feuerwehr-Dezernat, bald darauf dasjenige für die städtische Gasanstalt und damit auch für das «Erleuchtungswesen». Dieses Dezernat war für die Stadt von besonderer Bedeutung, da es Charlottenburg viel Geld einbrachte, weshalb

1. Die erste Generation: Handel und Industrie

man es einem erfahrenen Kaufmann und keinem Beamten überließ. Am 22. März 1905 erhielt Max die Bestallung zum Handelsrichter: «Urkundlich haben Wir diese Bestallung Allerhöchst Selbst vollzogen und mit Unserem Königlichen Insiegel versehen lassen. – Wilhelm R.» Seine Majestät hatte ihn zum Handelsrichter am Landgericht II in Berlin vom 1. April 1905 bis dahin 1908 zu ernennen geruht. Von diesem Amt trat Cassirer jedoch im November 1906 zurück, denn inzwischen nahm ihn seine Tätigkeit als Stadtverordneter, die er 1893 aufgenommen hatte, voll in Anspruch. Am 6. Januar 1909 wurde er zum Stadtrat gewählt und immer wieder in diesem Amt bestätigt, das letzte Mal 1919. Am 18. Februar 1920 trat er als Stadtrat zurück, weil Charlottenburg durch die Bildung von Groß-Berlin seine Eigenständigkeit verlor, kümmerte sich jedoch als Mitglied der neugegründeten Bezirksverordnetenversammlung weiter um die Belange Charlottenburgs. Den Titel «Stadtrat» trug er mit Stolz, und neben dem Philosophieprofessor Ernst war der Stadtrat Max das Familienmitglied, das alle Cassirers mit der größten Bewunderung erfüllte und den sie am meisten liebten.

Die Arbeit für die Stadt bedeutete lange Sitzungen im Magistrat, die auch trotz der weiten Reisen nach Polen und Russland nicht versäumt wurden. So musste Max Cassirer einmal eine 48 Stunden lange Reise nach Kiew unternehmen, dort in vier Stunden seine Geschäfte abwickeln, den Zug in Richtung Berlin besteigen und nach weiteren 48 Stunden zur Magistratssitzung erscheinen.

Max Cassirer gehörte keiner Partei an, «galt aber in der damaligen Presse als Freisinniger und Gegner des national-liberal orientierten Flügels der Stadtverordneten Versammlung». Der Freisinn – eine auf Fortschritt und die bürgerlichen Freiheiten setzende Ausprägung des Liberalismus im Kaiserreich – erwies sich «dauerhaft resistent für antisemitische Tendenzen» und galt als Partei der kommunalen Sozialreform.[12] Die Schwiegertochter erinnert sich kaum, Max «von *Parteizugehörigkeit*» je sprechen gehört zu haben. «Sein Charakter war geprägt von den preussisch-deutschen Wertungen der zweiten Hälfte des 19. Jahrhunderts, verbunden mit dem dieser Zeit eigenen optimistischen Zukunftsglauben. Aufbauen, Wirken für das allgemeine Wohl, *das* hieß für ihn Politik.»[13]

Zu Max' Ämtern in der Charlottenburger Stadtverwaltung kamen im

Lauf der Jahre zahlreiche weitere in Industrie- und Unternehmerverbänden hinzu. So war er Mitglied des Aufsichtsrats der Terrain-Gesellschaft Berlin Halensee, im Ausschuss der Industrie- und Handelskammer und in der Zulassungsstelle der Berliner Börse. Er war Vorsitzender des Kartells des Sulfit-Zellulose-Verbands der deutschen Industrie, im Vorstand des Vereins deutscher Cellulose-Fabrikanten und Mitglied des Hauptausschusses des Reichsverbandes der deutschen Industrie. Noch 1929 wird er im *Deutschen Wirtschaftsführer* als Aufsichtsratsvorsitzender der Kabelwerke Dr. Cassirer & Co. AG und der Homsdorfer Bau AG genannt.

Max Cassirer engagierte sich überdies in verschiedenen Wohltätigkeitsorganisationen, beginnend mit dem Charlottenburger Verein Jugendheim, in dessen ersten Vorstand er 1894 berufen wurde. Das städtische Jugendheim war 1883 als private Stiftung des Unternehmerpaars Georg und Hedwig Heyl anlässlich des 50-jährigen Jubiläums der Heylschen Farbenfabrik für die Kinder der Belegschaft gegründet worden, die oft nach der Schule sich selbst überlassen blieben, wenn beide Eltern arbeiteten oder eine verwitwete Mutter die einzige Verdienerin war. Die Kinder verwahrlosten, und Hedwig Heyl begann, neben ihren eigenen Kindern auch andere zu betreuen. Dann wurde aus der privaten eine städtische Einrichtung, der Hedwig Heyl weiterhin vorstand. Ein Tagesheim wurde eröffnet, ein Kindergarten angeschlossen, Koch- und Haushaltsunterricht von Gewerbeschullehrerinnen erteilt. Neben diesen gab es viele ehrenamtliche Helferinnen. Den Erziehungsidealen Friedrich Wilhelm Fröbels folgend wies Hedwig Heyl jedem Kind bestimmte Aufgaben zu und machte die älteren zu Helfern jüngerer. Das Jugendheim wurde zu einem weit über Berlin hinaus bekannten Modell bis zu seiner zwangsweisen Schließung 1934.[14]

Im Charlottenburger Jugendheim machte Max Cassirer zum ersten Mal Bekanntschaft mit Jugendarbeit und Pädagogik. Wie sich Kurt Cassirer erinnert, erreichte sein Vater im Magistrat größere finanzielle Beteiligung der Stadt an den sozialen Einrichtungen. Weil die Mittel für das Jugendheim nie ausreichten, veranstaltete man Wohltätigkeitsfeste im großen Restaurant des Zoologischen Gartens, deren Planung und Durchführung Max mit Leidenschaft betrieb. Der Stadtrat wird auch unter den Mitgliedern des Charlottenburger *Hauspflegevereins* aufgeführt. Der Verein wurde 1898 gegründet, um «in Zeiten der Krankheit zu helfen und das gefährdete Familienleben zu erhalten». Besonders Arbeiterfamilien, in denen Mütter oft schlecht ernährt und zu früh nach dem Wochenbett wieder zu arbeiten begannen, erhielten Hilfe von Hauspflegerinnen. Im Jahr 1907 kamen 1093 Familien in den Genuss dieser Hilfe.[15] Für sein vorbildliches bürgerschaftliches Engagement erhielt Max bereits früh Anerkennung und Auszeichnungen, zuerst «mittels allerhöchsten Erlasses den Roten Adler-Orden vierter Klasse».

Trotz all dieser beruflichen und ehrenamtlichen Aktivitäten kam die Familie nicht zu kurz. Die Wohnung in der Augsburger Straße, wo auch die Büroräume untergebracht waren und blieben, lag in unmittelbarer Nähe des Holzplatzes zwischen Nürnberger, Augsburger und Geisbergstraße. Der Sohn Kurt berichtet von diesem wahren Kinderparadies, wo Pferde die Holzbalken herbeizogen und eine handbetriebene Lore auf Gleisen herumfuhr. Um 1895 wurde eine größere – nach Meinung der Mutter und der drei Kinder zu große – Wohnung in der Joachimsthaler Straße 9 bezogen. Der Vater fuhr von dort zum Büro und zum Rathaus stets mit öffentlichen Verkehrsmitteln – während des Krieges mit dem Fahrrad. Im Sommer widmete sich der Mitbegründer des Lawn-Tennis-Turnier-Clubs Berlin, der bald unter dem Namen «Rot-Weiß» bekannt wurde, abends mit den Kindern dem Tennisspiel. Seine Frau brachte einen Korb voller belegter Brote und Soleier, nach deren Verzehr die Tennisspieler hochzufrieden heimradelten. Am Sonntagmorgen ging es nach Grünheide, «einem von den Berlinern neu entdeckten Schwimmparadies», wie sich ein Schulkamerad von Kurt erinnert. «Ich sehe den Stadtrat noch an der Spitze unserer Kavalkade radeln – grüner Lodenanzug, Wadenstrümpfe, gelbe Stiefel, Rucksack mit unendlichen Butterbroten auf seinem Humberrad, dem Traum aller Gymnasiasten.»[16]

Die Kinder Max Cassirers besuchten Berliner Schulen mit unterschiedlichem Erfolg. Kurt, der Älteste, war ein guter Schüler am Joachimsthal'schen Gymnasium. Der zukünftige Kunsthistoriker bestand das Abitur problemlos. Seine um zwei Jahre jüngere Schwester Edith, Liebling des Vaters, machte in der ihr «verhassten» Dörstling'schen Privat-Mädchenschule offenbar, wie einst ihr Vater, eine Leidenszeit durch: «zum Teil durch Unverstand der Lehrer und Lehrerinnen, zum Teil durch schwere Hemmnisse, die in Edith gelegen haben müssen», wie ihr

Bruder Kurt meint. «Das eine aber ist sicher, diese Erfahrungen haben sie später in der Zusammenarbeit mit Paul Geheeb befähigt, in der Odenwaldschule die Führung auch von schwierigen und bedrohten Kindern zu übernehmen.»[17]

Franz, der Jüngste der drei, war das Sorgenkind. Er war ein munterer Bursche, «der sich in einem Königlichen Preußischen Gymnasium mit den Anforderungen an Ordnung und Gehorsam nur schwer einfügen konnte». In diesem Fall ließ Vater Max, der für die Streiche und Eskapaden seines Jüngsten wenig Verständnis hatte, Strenge walten. Auch Franz musste das Gymnasium bis zum Abitur besuchen, das er nach mehrmaligem Schulwechsel bestand. Dann leistete er seinen Militärdienst als fescher Husar in Danzig-Langfuhr. Zwischen 1904 und 1906 schickte er die lustigsten Karten und Briefe an seine Schwester, sein «liebstes Dittel». Nach ihrer Heirat nennt er sie «liebes Geheebchen». Es ist kein Wunder, dass die beiden, die so sehr in und an ihren Schulen gelitten hatten, sich gut verstanden.

Franz versuchte sich kurz an der Universität, was sich laut Bruder Kurt «von der Schullaufbahn mit ihren wechselnden Ereignissen kaum unterschied». 1907 gab er ein kurzes Gastspiel in München, wo er sich im Februar als «cand. jur.» in den städtischen Meldebogen eintrug, aber seine Wohnung in der Schellingstraße 38 bereits am 13. März aufgab. Danach ist in München nichts mehr über ihn bekannt. Zum Erstaunen der ganzen Familie zeigte er aber plötzlich in Berlin «große Begabung und überraschende Fähigkeiten zu ausdauernder Arbeit» als Bankkaufmann bei der Berlin-Anhaltischen Maschinenbau Aktiengesellschaft, kurz Bamag genannt, die bereits Leuchttonnen für den Suezkanal produziert hatte. Es trieb Franz jedoch in die Ferne. Er reiste 1910 nach Amerika, besuchte seinen Onkel Moritz in Manhattan und fuhr danach nach Argentinien, wo er in Buenos Aires an einer Bank arbeitete. Am 26. Mai 1912 starb er dort nach einer Blinddarmoperation. Die ausführlichen Briefe der beiden Direktoren des Bankhauses Plaut & Co. an die Eltern berichten von Franz' Beliebtheit, Fleiß und Talent. Sie beschreiben seine letzten Tage, die Bemühungen der Ärzte und die gute, aber vergebliche Pflege im Krankenhaus.

Max ließ seinen jüngsten Sohn nach Deutschland überführen. Mit Frau und Tochter fuhr er zur Einäscherung nach Hamburg, dann brach-

Max Cassirers Haus in Berlin-Wilmersdorf, Kaiserallee 182

ten sie die Urne nach Berlin. Die Skizze eines Grabmals von August Gaul lässt vermuten, dass Max Cassirer es 1912 für ein Grab auf dem Friedhof in Friedrichsfelde in Auftrag geben hat und dass Franz dort bestattet wurde, ehe er nach dem Tod seiner Mutter auf den Friedhof an der Heerstrasse umgebettet wurde, wohin auch der Grabstein versetzt worden ist.[18] Das dreiteilige Monument schmücken auf der rechten und linken Seite im oberen Viertel je ein Halbrelief mit weidenden Ziegen. In der Mitte wurden die Inschriften angebracht. Der Tod von Franz war der erste Schatten, der auf das Leben von Max und den Seinen fiel. Der Vater trauerte sehr um seinen Jüngsten, der die schwierigen Jugendjahre überwunden und sich inzwischen bewährt hatte. «Euer unglücklicher und tief betrübter Vater» unterschrieb er am 6. Juni 1912 seinen Brief an Tochter Edith und Schwiegersohn Paul Geheeb, in dem er ihnen die traurige Nachricht mitteilte.

Damals lebte die Familie bereits sieben Jahre in dem Haus, das nach langer Suche gefunden wurde. Es lag in Wilmersdorf an der Kaiserallee, hatte einen Garten und war nach Aussage von Kurt «völlig verbaut». In der großen Cassirer-Familie fand sich aber auch ein Architekt – Max

Interieur von Max Cassirers Haus in Berlin-Wilmersdorf, Kaiserallee 182

Goldstein, ein Sohn von Max Cassirers Schwester Rosalie in Kattowitz –, der in enger Zusammenarbeit mit seinem Onkel die vielen kleinen Zimmer in helle große Räume umwandelte, sodass das Haus den Interessen und Neigungen seiner Besitzer entsprach. Diese waren Hedwigs Liebe zur Musik, Maxens wachsende Bilder- und Büchersammlung und die für alle Cassirers charakteristische Gastfreundschaft und Geselligkeit. Außerdem war Max zu einem leidenschaftlichen Gärtner geworden. Im Musikzimmer gab es Platz für zwei Flügel und Kammermusikensembles. «Die Trio-, Quartett- und Quintettabende, ja zweimal sogar das Oktett von Schubert, bleiben noch lange in Erinnerung», schreibt Kurt. Er selbst wurde ein begeisterter Kammermusiker und musizierte auch oft mit seiner Mutter.

Die Interieurs der Kaiserallee 182/183 sind auf zahlreichen Fotografien gut dokumentiert. Sie zeigen im Stil der Jahrhundertwende eingerichtete Räume mit schwerem Mobiliar. Bis zur halben Höhe holzgetäfelte Wände tragen auf Gesimsen Sammlungen kleiner Skulpturen und Zinnteller, holländische und italienische Fayencen. Ein Baldachin hängt über einer reich verzierten Kommode, auf der eine Schatulle und auf dieser eine Statue steht. Neben einer Vitrine mit Porzellangeschirr hängt eine Bischofsmitra samt Stola. Teppiche bedecken das Parkett, Lüster hängen von den Decken. Dennoch bilden alle Objekte ein harmonisches Ganzes. Sie sind mit Liebe ausgewählt und aufgestellt, woran sicher auch Hedwig beteiligt war.

Der Einfluss der Kunsthändler Paul und Bruno Cassirer, Neffen von Max, auf die Sammlungen der Familienmitglieder steht ganz außer Zweifel. Sie berieten ihre Onkel und Tanten, Vettern und Kusinen, die selbstverständlich die Zeitschrift *Kunst und Künstler* aus dem Bruno Cassirer Verlag lasen und durch Käufe im Salon Cassirer die jungen Galeristen unterstützten. Als Max Cassirer 1917 Nachlassverwalter seines Bruders Isidor wurde, beriet er sich ausführlich mit seinem Neffen Paul über Isidors Sammlung, aus der er selbst Werke erwarb.

Die Bildersammlung und die Skulpturen in der Kaiserallee zeigen Max und seine Frau als Kenner und Liebhaber zeitgenössischer, aber nicht avantgardistischer Kunst. Historienmalerei, wie sie der offizielle akademische Kunstbetrieb auch in Berlin förderte, lag Max Cassirer fern. Seine Lieblingsmaler waren Max Liebermann, ein Freund des Hauses, und Max Slevogt, von dem sich der Hausherr 1907 zu seinem 50. Geburtstag malen ließ. Das Porträt zeigt ihn auf der Höhe seiner Schaffenskraft. Er steht in seinem vor zwei Jahren bezogenen Haus und strahlt zukunftsgläubigen Optimismus und selbstbewusste Gelassenheit aus.

Max Cassirers Lieblingsbild war Liebermanns *Bauer mit Kuh*. Von dem Künstler besaß er außerdem eine Mappe mit zwölf Zeichnungen und ein Pastell, *Wannseegarten*, vielleicht ein Geschenk zu Cassirers 70. Geburtstag von den Hauptaktionären der Sulfit-Cellulose-Fabrik Tillgner & Co. AG in Ziegenhals – hauptsächlich Neffen und Nichten des Jubilars –, deren Vorstandsvorsitzender er war.[19] Zu seiner Sammlung gehörten Zeichnungen von Käthe Kollwitz, ein *Grunewaldsee* von Walter Leistikow, zwei Landschaftsbilder von Hans Purrmann, der mit seinem Sohn Kurt befreundet war, und als wohl wertvollstes Stück ein heute verschollenes Gemälde von Renoir. Ebenfalls verschollen ist Olaf Gulbranssons Zeichnung des vierjährigen Enkels Thomas.

Max liebte Tiere, eine für alle Cassirers charakteristische Eigenschaft. Sie zeigt sich in seiner Sammlung von Tierplastiken, etwa der Bronzeplastik *Mann, Pferd zur Schwemme reitend* von Constantin Meunier, die er wie fast alle Kunstwerke seiner Sammlung im Salon seines Neffen

Max Cassirer, Porträt von Max Slevogt (1907)

Paul erworben hatte. Vor allem aber erwarb er Werke des in Berlin wirkenden August Gaul. Im Garten der Kaiserallee stand dessen Schwanenkükenbrunnen, im Musikzimmer eine zweite Serie der Schwanenküken und in den Zimmern verteilt nahezu ein kleiner Zoo mit Löwin, Widdern, Rehen und Schafen. Einen großen Auftrag erhielt Gaul, als auch Max Cassirer 1911 der Stadt Charlottenburg einen Tierbrunnen stiftete. «Für den Bildhauer bedeutete dies den endgültigen Durchbruch in Berlin.»[20] Der mit finanzieller Unterstützung von Kurt Cassirer restaurierte Entenbrunnen steht an der Ecke Hardenberg- und Knesebeckstraße vor dem Renaissancetheater und ist in der Tat größer als der Schwanenkükenbrunnen, den Julius Cassirer Charlottenburg gestiftet hatte. Gauls Tierplastiken waren so beliebt, dass sie unentwegt gestohlen wurden, selbst die Skulptur von seinem eigenen Grabmal. Für eine der Enten, die auf dem Brunnenrand sitzen, musste ein Nachguss angefertigt werden. Leider wurde trotz der Bitte Kurt Cassirers kein Hinweis auf den Stifter auf dem Brunnen angebracht.[21]

In der Bibliothek der Kaiserallee hing ein schönes Porträt, das vermutlich Onkel Siegfried, den Glogauer Ehrenbürger, zeigt. Dort standen die Werke der klassischen deutschen Literatur, eine Ausgabe der Werke Voltaires in 65 Bänden und die *Encyclopédie française* in 58 Bänden sowie viele Bücher zur Kunst und Ausstellungskataloge.[22]

«Der grosse Garten, das Treibhaus, in dem der so tüchtige Gärtner Sikora waltete, waren unsere ganze Wonne», schreibt Kurt. Das Dach des ehemaligen Stallgebäudes erhielt viel mehr Sonnenlicht als das Wohnhaus, und so entstand dort ein herrlicher Blumengarten. Im Treibhaus wurden Pflanzen gezogen, im Wintergarten Blumen für die Wohnräume. Sorgfältig ausgewählte Bäume wie Zierkirschen, Gingko biloba, aber auch Obstbäume wurden gepflanzt. Ein hoher Gang war im Frühling «ein violettes Blütenmeer von Glycinien». In bis zu vier Seiten langen Briefen an seine Tochter konnte Max die Pracht seines Gartens beschreiben. Jede Blume, jede Blüte an Baum und Busch erregte sein Entzücken.

Sobald Söhne und Tochter das Elternhaus verließen, sei es zum Studium, zur Arbeit oder zu Ferienreisen, setzte ein reger Brief- und Postkartenverkehr ein. Max erwartete von seinen Kindern, dass sie ihm regelmäßig schrieben, und er schrieb ihnen, wie er mit seiner in Wien verheirateten Schwester Julie korrespondiert hatte. «Ich erwartete ihre Briefe samstags wie Liebesbriefe», teilte er am 26. September 1907 seiner Tochter mit. Er lobte den Sohn Kurt – «schreibt täglich». Von Franz berichtete er, dass er «die Säbelmensur hinter sich hat» und sich seit einem Jahr im Geschäft bewährt. Er beschrieb seinen eigenen Tageslauf, der morgens um sieben mit einem Ausritt begann, «in angenehmer Gesellschaft, nämlich allein».

Die Cassirers waren passionierte Briefschreiber und sie hoben alles auf. Gerettet wurde dank Edith viel von dem, was sie und ihr Mann Paul Geheeb im Lauf ihres langen Lebens erhielten und selbst geschrieben haben, weit mehr als nur Familienbriefe der Cassirers. Die im Geheeb-Archiv der Ecole d'Humanité, Hasliberg-Goldern, Schweiz aufbewahrten über 40 000 Briefe sind ein Kulturerbe sondergleichen, das ständig wächst und noch gar nicht ausgeschöpft ist.

Die Heirat seiner Tochter Edith mit Paul Geheeb am 18. Oktober 1909 und die Errichtung der Odenwaldschule eröffneten Max einen neuen Aufgabenbereich, in den er sich förmlich hineinstürzte. Seine Schwiegertochter Eva hat in ihrem Porträt *Der Stadtrat* die atemberaubende Energie beschrieben, die er für dieses Projekt aufwandte:

«Er tat es der Zeit nach nur ‹nebenbei›, reiste fast immer nachts, um 2 bis 3 Tage in der Odenwaldschule zu sein. Dies waren dann anstrengende Tage; er selber schien die Anstrengung allerdings kaum zu fühlen, aber seine Tochter, die Hausdame, der Garten- und Wirtschaftsverwalter. Er besprach die Baupläne und kletterte auf dem Bau herum; er brachte seine Sekretärin mit, um die kaufmännische Ordnung, die Bilanz zu kontrollieren. Als die Häuser dann standen, ging er mit Tochter und Hausdame durch jedes Zimmer, um alle Betten nachzusehen, alle Schäden festzustellen und für ihre Reparaturen zu sorgen.

Dazwischen war er bei den Kindern, spielte im Speisesaal mit ihnen ‹die Reise nach Jerusalem›, seine Frau am Klavier. Besonders die kleinen Kinder liebte er um sich; sie waren voller Zutraulichkeit zu ihm. Er ging zu den Bauern. Und ich weiß noch, wie die alte Bauersfrau Mitsch sagte, als die Erregung vor der Wahl von Hindenburg zum Präsidenten groß war: ‹Ich weiß, wen ich wählen würde – den Stadtrat.›»[23]

Die Arbeit für die im April 1910 eröffnete Odenwaldschule war natürlich wieder mit zahlreichen, seitenlangen Briefen verbunden, die von Berlin nach Ober-Hambach geschickt wurden und nicht nur die Finanzen betrafen. Bis zum Ersten Weltkrieg hatte Max Cassirer 550 000 Mark in das Internat investiert.

Der Kriegsausbruch am 1. August 1914 erschütterte auch das Leben der Familie Cassirer. Max' Sohn Kurt, seit vier Jahren mit Eva verheiratet, befand sich gerade in England und kehrte sofort nach Berlin zurück, um als Leutnant der Reserve mit seinem Kavallerieregiment von Rathenow an die Westfront zu ziehen. Viele seiner Vettern eilten zu den Fahnen. Der 43-jährige Paul und der 42-jährige Bruno meldeten sich freiwillig. Max' Bruder Salo verlor den einzigen Sohn, Erwin, der Chemie studiert hatte und die Fabrik des Vaters übernehmen sollte, bereits in den ersten Kriegswochen. Hans Bondy, der älteste Sohn der Lieblingsschwester Julie, nahm sich 1917 als Soldat das Leben.

Max Cassirer, der deutsche Patriot, hatte am 28. August 1914 an seine Tochter geschrieben: «Wir werden und müssen siegen, aber unsere Opfer werden unermesslich sein.» Er dachte an seinen jüngsten Sohn Franz, der, tollkühn wie er war, vielleicht schon sein Leben als Soldat verloren hätte. Plötzlich stand die Cellulose-Fabrik in Włocławek in Feindesland. Sie bildete nicht nur die Existenzgrundlage der Cassirers in der Kaiserallee, sondern auch die der vor vier Jahren gegründeten Odenwaldschule sowie der Familie seines Sohnes Kurt, wie aus einer alarmierenden Nachricht von dessen Frau Eva an Rainer Maria Rilke hervorgeht. Sie hatte dem Dichter gerade eine Schenkung von 10 000 Goldmark gemacht – das Hochzeitsgeschenk ihres Vaters –, die in vierteljährlichen Raten von 900 Mark überwiesen werden sollte. Das schien nun nicht mehr möglich. «Geld haben wir jetzt alle nicht.» So heißt es am 7. August in Panik, und auch elf Tage später steht es noch «wirklich schlimm um's Geld».[24] Die Lage besserte sich jedoch, Eva konnte Rilke die versprochene Summe überlassen. Laut Familiengenealogie war es Max und seinem Bruder Isidor gelungen, die Fabrik an ein amerikanisches Konsortium zu verkaufen.[25]

Kurt und Eva hatten 1914 ihre Wohnung in Nikolassee aufgegeben und waren mit dem dreijährigen Heiner (Henry) zu Max und Hedwig in die Kaiserallee gezogen. Einen Teil des Jahres verbrachten sie vor und nach dem Krieg in Rom, wo Kurt seinen Forschungen nachging und seit 1922 für seinen Vetter Paul im Kunsthandel tätig war. Damals musste er, wie Eva an Rilke schrieb, «einen Gelderwerb haben, und so entschloss er sich, in den Kunsthandel zu gehen, in das zu begründende römische Geschäft seines Vetters Paul».[26]

Im Verein mit den überlebenden Brüdern Julius und Isidor – Louis war 1904 gestorben, Salo 1917 – übernahm Max nach Kriegsende die Leitung der Sulfit-Cellulose-Fabrik Tillgner & Co. AG in Schlesien, die er praktisch im Alleingang führte. Sein Neffe Martin, der einzige Unternehmer der Familie, der als Sägewerksbesitzer in Breslau geblieben war, reiste einmal mit dem weit über 60-jährigen Onkel nach Ziegenhals, wo Max sich in einer kleinen Wohnung selbst versorgte. Martin, eigentlich kein Frühaufsteher, stellte den Wecker auf sechseinhalb Uhr. Beim Aufwachen fand er einen Zettel auf dem Nachttisch: «Das Frühstück ist bereit, das Bad eingelassen, erwarte Dich in der Fabrik. Max.»[27]

Während des Krieges wurde Max mit einer ebenso wichtigen wie delikaten Aufgabe betraut. Er wurde als Treuhänder der englischen Gasanstalt in Berlin bestellt. Die Imperial Contintental Gas Association war das größte ausländische Unternehmen, das während des Krieges im Deutschen Reich enteignet und einem Treuhänder überlassen wurde. Cassirer löste diese Aufgabe für beide Seiten so gut, dass ihm dafür in Deutschland weitere Ehren zuteil wurden. In England vergaß man den ehemaligen Treuhänder ebenfalls nicht. 1939 nahm man dort den Flüchtling mit Sohn und Schwiegertochter auf.

Am 24. April 1917 erhielt Max «auf allerhöchsten Befehl seiner Majestät des Königs» das Verdienstkreuz für Kriegshilfe und buchstäblich in letzter Minute am 21. Oktober 1918 die höchste Auszeichnung, die ihm im Königreich Preußen zuteil wurde, den «Charakter als Kommerzienrat». Allerdings scheint die Verleihung solcher Titel auch eine Einnahmequelle für den Staat gewesen zu sein. Als der Minister für Handel und Gewerbe dem solchermaßen Ausgezeichneten seinen Glückwunsch übersandte, ersuchte er zugleich «Euer Hochwohlgeboren den Betrag des zur Ausfertigung des Patents erforderlichen Stempels von 3000 M (dreitausend Mark) an die Bürokasse meines Ministeriums, hier W. 9, Leipzigerstraße 2 einzusenden». Auf dem Patent, geziert mit dem preußischen Adler, tun «Wir Wilhelm, von Gottes Gnaden König von Preußen kund und fügen zu wissen, daß Wir allergnädigst geruht haben, dem Fabrikbesitzer Max Cassirer in Charlottenburg den Charakter als Kommerzienrat zu verleihen. Es ist dies in dem Vertrauen geschehen, daß der nunmehrige Kommerzienrat Cassirer Uns und Unserem Königlichen Hause in unverbrüchlicher Treue ergeben bleiben und fortfahren werde, nach Kräften zum allgemeinen Besten beizutragen, wogegen er sich Unseres Allerhöchsten Schutzes bei den mit seinem gegenwärtigem Charakter verbundenen Rechten zu erfreuen haben soll.» Der Freude war nur eine kurze Dauer beschieden. Keine drei Wochen später dankte der deutsche Kaiser und König von Preußen ab. Am 5. November 1918 hatte sich Max bei dem Minister in zwei wohl formulierten Sätzen für die «Bestätigung» seiner Tätigkeit «im Interesse des deutschen Wirtschaftslebens» bedankt und hinzugefügt, so «gewährt diese Anerkennung mir eine Genugtuung».[28]

Eine größere Genugtuung und große Freude war jedoch die Ehrung, die seine Stadt Charlottenburg Max Cassirer 1920 zukommen ließ, als Magistrat, Stadtverordnete und Oberbürgermeister ihm die Ehrenbürgerrechte verliehen. «Herr Stadtrat Cassirer», heißt es in dem Ehrenbürgerbrief, «hat in hingebender Treue mit dem freien Blick eines vorurteilslosen, aufrechten, charakterfesten Mannes, mit nie ermüdendem Arbeitseifer seinen klugen welterfahrenen Rat und seine schöpferische Tatkraft während mehr als 25 seiner besten Mannesjahre in den Ehrendienst der Stadt gestellt.»[29]

1928 traf Max Cassirer das größte Unglück seines Lebens. Am 13. Mai 1928 starb seine über alles geliebte Frau Hedwig, sie erlag wie der Sohn Franz den Folgen einer Blinddarmoperation. «Die Sonne meines Lebens ist untergegangen», schrieb der Untröstliche an seine Tochter Edith.[30] Trauer lastete schwer auf dem Haus in der Kaiserallee. Der fünfjährige Enkel Thomas, der noch mit weit über 80 Jahren von seinem Großvater sagen sollte, «ich vermisse ihn immer noch», wich dem Witwer nicht von der Seite in dem sicheren Gefühl, ihn trösten zu müssen. Max erwarb eine Grabstätte auf dem Friedhof an der Heerstraße. 1929 wurde der Sohn Franz dorthin umgebettet und der von Gaul entworfene Grabstein mit den Reliefs der weidenden Ziegen aufgestellt.[31] Max besuchte das Grab jeden Tag.

Sieben Monate nach dem Tod seiner Frau verlor Max seinen 70-jährigen Bruder Isidor, den letzten der Brüder, mit denen er so eng zusammengearbeitet hatte, «nach einem aufregenden, ruhelosen Leben».[32] Trotz dieser Verluste war Max Cassirers Arbeitseifer ungebrochen. Sein Sohn Kurt erinnert sich staunend an die Leistungsfähigkeit seines Vaters. So leitete er mit weit über 70 Jahren eine Sitzung des Zellstoffvereins «etwa 12 Stunden lang. Er ließ sein Bureau wissen, dass die Sekretärinnen noch des Abends gebraucht würden, diktierte bis Mitternacht einen Beschluss, den er am nächsten Morgen bei der Fortsetzung der wichtigen Sitzung dem Verein vorlegen wollte – und brachte seinen Vorschlag am Morgen durch. Dann lud er die massgebenden Herren zu einem Essen in seinem Haus ein.» Solche Einladungen wurden oft im letzten Augenblick telefonisch der Kaiserallee mitgeteilt, und auch seine Frau Hedwig hatte es stets fertiggebracht, dass das Essen bereitstand, wenn die Gäste erschienen. Der dankbare Zellstoffverein schenkte seinem Vorsitzenden 1933 eine Löwin von August Gaul. Max räumte der

Bronzestatue «einen Ehrenplatz ein und umgab sie mit Zeichnungen Menzels und Liebermanns».[33]

Cassirers unverminderter Arbeitsenthusiasmus wurde auch weiterhin mit Ehrungen belohnt. Die Technische Hochschule zu Berlin ernannte ihn 1928 auf Antrag der Fakultät für Stoffwirtschaft zum Ehrensenator. Zu seinem 75. Geburtstag am 18. Oktober 1932 erhielt er, wie schon fünf Jahre früher zu seinem 70., herzliche Gratulationsbriefe. In dem langen Schreiben der Berliner Industrie- und Handelskammer wird Max als «Vorkämpfer der Charlottenburger Kaufmannschaft» gerühmt, der den Anschluss an den Berliner Kammerbezirk gefördert und fast zwei Jahrzehnte die Auswahl der von ihm in die Kammer entsandten Vertreter klug beeinflusst habe. «Dass Sie selbst zu Gunsten Ihres unvergesslichen Bruders Julius Cassirer, der von der ersten Wahl bis zu seinem Hinscheiden unser Kollegium zierte, auf eine eigene Kandidatur verzichteten, hat Sie nicht gehindert, der Kammer bereitwillig Ihre Dienste zu widmen, wann und wo immer sie gebraucht wurden, vor allem auch als Mitglied der Zulassungsstelle an der Berliner Börse, die sich seit 1921 Ihrer durch umfassende Kenntnisse und Erfahrungen wie durch strenge Sachlichkeit und – nicht zuletzt – durch persönliche Liebenswürdigkeit gleich ausgezeichneten Mitarbeit erfreute.»

Nach Aufzählung der vielen Verdienste Cassirers als Stadtverordneter, Stadtrat, Verwalter der englischen Gasanstalt und wichtiger Wirtschaftsführer der deutschen Cellulose-Industrie folgt «die höchste Auszeichnung», die die Industrie- und Handelskammer zu vergeben hat, die «Goldene Medaille für hervorragende Leistungen», verbunden mit dem «aufrichtigen Wunsch, dass es Ihnen noch lange Zeit vergönnt sei, auf unüberschrittenem Gipfel bewundernswerter geistiger Frische und körperlicher Rüstigkeit Ihr bedeutsames Lebenswerk in unverminderter Tatkraft erfolgreich fortzusetzen».

Das war kaum mehr drei Monate lang möglich, obwohl Cassirers vielseitige Tätigkeiten mit dem 30. Januar 1933 nicht zu einem abrupten Ende kamen. Am 12. Juli 1933 ernannte der Verein deutscher Zellstoff-Fabrikanten «Herrn Stadtrat Max Cassirer, seinen langjährigen Vorsitzenden zum Ehrenvorsitzenden» und bedachte ihn «mit einem Ehrengeschenk aus Künstlerhand» – der bereits erwähnten Löwin von Gaul.

Zwei Jahre später jedoch löste sich der Verein nach 55-jährigem Bestehen auf und wurde in die Fachgruppe Zellstofferzeugung überführt. Max nahm an dieser letzten Hauptversammlung am 23. November 1935 nicht mehr teil. «Leider war es den fast vollzählig versammelten Mitgliedern des V. D. Z. nicht vergönnt», schrieben ihm Direktor Bracht und Doktor Lejeune-Jung, «den verehrten Ehrenvorsitzenden des Vereins bei dieser Gelegenheit anwesend zu sehen. So musste sich die Hauptversammlung damit bescheiden, noch einmal in Ihrer Abwesenheit den unbegrenzten Dank zum Ausdruck zu bringen, den sie Ihnen wegen Ihrer hingebungsvollen Tätigkeit für das Wohl der ganzen deutschen Zellstoffindustrie schuldig ist.» In seinem Dankschreiben heißt es: «Mit schmerzlichen Empfindungen und Gefühlen blieb ich von der letzten Hauptversammlung fern.» Er gedenke «dankbaren Herzens» seiner Ernennung zum Ehrenvorsitzenden, «einer Auszeichnung, auf die ich mit berechtigtem Stolz bis zu meinem letzten Atemzug zurückblicken werde».

Zwei Wochen später gab Max das Ehrenamt als Mitglied der Zulassungsstelle an der Berliner Börse auf, dem Schreiben der Zulassungsstelle vom 10. Dezember 1935 zufolge mit Rücksicht auf sein hohes Alter. «Mit vorbildlicher Treue und Gewissenhaftigkeit» hatte er auch diese Aufgabe erfüllt. Den Dank des Kollegiums verbindet der Verfasser des Briefes mit den besten Wünschen für Gesundheit und ferneres Wohlergehen und der Bitte, «uns ein freundliches Andenken zu bewahren».

Sein enormes Arbeitspensum auch im Alter konnte Max nur vollbringen, weil er ein kerngesunder Mann war und gesund lebte. Nirgends findet sich ein Hinweis auf eine Krankheit. Seit seiner Zeit bei den Grünen Husaren in Leobschütz liebte er das Reiten und hielt sich ein Pferd. Er spielte Tennis und schwamm, aber sein Lieblingssport war das Bergsteigen. Schon 1893 wurde er Mitglied des Deutschen und Österreichischen Alpenvereins, Sektion Berlin, der ihm im März 1918 «in ehrender Anerkennung fünfundzwanzigjähriger Mitgliedschaft» das Diplom über das Ehrenzeichen verlieh. «Streng genommen ist diese Verleihung eine Alterserscheinung», schreibt Max in seinem Dankesbrief vom 14. Mai 1918. «Für mich bedeutet sie aber mehr und deshalb schätze ich sie hoch ein.» Durch den Verein sei er mit Männern in Verbindung gekommen, die seine «Liebe zur Natur und den Bergen gefördert haben.

Meine Wanderungen und Bergbesteigungen, die ich in deren Gemeinschaft unternommen habe, werden mir unvergesslich bleiben; unvergesslich auch das Zusammenarbeiten mit meinen lieben Tiroler Führern, von denen einige meine Freunde geworden sind.» Zum Schluss bittet der leidenschaftliche Bergsteiger «den verehrlichen Vorstand» den Betrag von «Mk. 1000.– als Beihilfe zum Unterstützungsfonds entgegen zu nehmen».[34]

Die Ferien verbrachte Max immer mit Frau und Kindern, später mit den Enkeln, in den Tiroler Bergen und den Dolomiten. Colfosco war ein bevorzugter Ausgangspunkt für Hochtouren, die er in frühen Jahren gern mit Edith unternahm. Noch als 80-Jähriger bewältigte er im Tessin Anstiege von vier Stunden.

Selbstverständlich war Max stets bereit, wenn es um die Familie ging. Das begann mit dem Blumenschmuck für den 50. Geburtstag seiner Schwester Julie, wofür er genaue schriftliche Anweisungen gab, damit der Tisch so aussah, wie er ihn selber in ihrer Jugend immer geschmückt hatte.[35] Als der Tisch in ihr Zimmer getragen wurde, war sie unbeschreiblich gerührt, wie sie ihrer Tochter Toni berichtete, und fügte hinzu: «Ja, die Brüder, an die soll mir keiner tippen, und allen voran Onkel Max, ein Mensch, wie es wenige, sehr wenige auf der Welt gibt.»[36]

Wenn ein Familienmitglied schwer erkrankte wie seine elfjährige Nichte Toni, ließ Max in Berlin alles stehen und liegen und eilte nach Wien, um bei der Krankenpflege zu helfen. Als Eva Cassirer 1917 nach der Totgeburt ihres zweiten Kindes tagelang in einem Krankenhaus nahe der Odenwaldschule zwischen Tod und Leben schwebte und ihr Mann nicht sofort Urlaub erhielt, war Max als Erster zur Stelle.

Am 28. Juli 1934, seinem 60. Geburtstag, hatte der Philosoph Ernst Cassirer Deutschland schon seit mehr als einem Jahr verlassen. Er hatte in Oxford einen Lehrauftrag erhalten, war aber während der Ferien mit seiner Frau nach Österreich gereist, um den Geburtstag im Familienkreis zu begehen. Kurz zuvor war der österreichische Bundeskanzler Dollfuß ermordet worden und eine maßlose Angst befiel die Cassirers und Bondys, die sich zusammengefunden hatten. «Was konnte dieser Mord bedeuten? Er ließ nur eine Erklärung zu: Hitler war auf dem Weg nach Österreich.» So erinnert sich Ernst Cassirers Frau Toni. Da erschien «völlig unerwartet» Ernsts Sohn Georg «mit dem Seniorchef unserer Familie, dem sogenannten ‹Onkel Max› bei uns. Wie die beiden die Erlaubnis erhalten hatten, gerade in einem so aufregenden Augenblick nach Österreich einzureisen, habe ich vergessen. Ernst war tief gerührt, als er den Sohn und den schon 76jährigen Onkel ankommen sah».[37] Offiziell, schreibt Toni, war die Ausreise aus Deutschland zu nicht-kommerziellen Zwecken verboten und wurde nur gegen eine Gebühr von 1000 Mark genehmigt.

Max wohnte 1933 weiterhin in seinem Haus an der Kaiserallee. Notwendigkeit zu emigrieren sah er nicht. Seine vielen Verdienste und die zahlreichen Ehrungen verliehen ihm ein trügerisches Gefühl der Sicherheit. «Aufbauen, Wirken für das allgemeine Wohl – das hieß für ihn Politik», schreibt seine Schwiegertochter Eva, «den speziellen politischen Fragen stand er fast kindlich gegenüber – was ihn auch nie Entstehung und Entwicklung des Nationalsozialismus verstehen ließ.»[38]

Die politischen Ereignisse hat Max allerdings genau beobachtet. In seinen Briefen an Tochter und Schwiegersohn kann man in etwa seine politischen Vorstellungen erkennen. Lange Zeit war er gelassen. Am 17. Juni 1931 schreibt er an Edith und Paul Geheeb, dass das zielbewusste Auftreten Brünings «in den wirtschaftlichen und politischen großen Aufregungen» die größte Gefahr für den Augenblick beseitigt hätte. Nach der Reichstagswahl am 31. Juli 1932 war die NSDAP die stärkste Partei geworden, jedoch besaß sie keine Mehrheit. Der optimistische Pragmatiker Max meinte, die Nationalsozialisten «müssen mal ans Ruder kommen, ehe sie die Mehrheit haben». Dann würden sie, um mit dem Zentrum zu koalieren, ihr Programm ändern und dabei diejenigen ihrer Anhänger verlieren, «die Radikalismus wünschen». Das wäre dann der Anfang vom Ende der NSDAP.[39]

Cassirer blieb Hauptaktionär der Sulfit-Cellulose-Fabrik in Ziegenhals. Kurt und Eva waren aus Rom zurückgekommen. Die Arbeit für den Salon Cassirer wurde beendet, da die Galerie in Berlin schließen musste. Am 7. Dezember 1937 schrieb Max an Paul Geheeb, nun seien alle an Tillgner & Co. beteiligten Familienmitglieder außer ihm und Bruno Cassirer entschlossen, das Land zu verlassen. Er selbst blieb in Berlin, «um den jüngeren Mitgliedern der Familie bei der Auswanderung und Umstellung am besten dienen zu können».[40]

Einen solchen Dienst erwies Max der zehnjährigen Urenkelin seines 1917 verstorbenen Bruders Salo. Ihre Mutter Illi, Enkelin Salos, hatte in zweiter Ehe Rudolf Guttmann geheiratet. Beide emigrierten nach Bolivien. Illis Tochter Margrit blieb als Pflegekind bei Max in der Kaiserallee, bis er mit ihr Deutschland verließ. In seinem Brief vom 20. September 1938 an Ernst und Toni Cassirer berichtet Max von seiner Hilfsaktion für die Guttmanns. Er habe Mittel «von einigermaßen kapitalkräftigen Familienmitgliedern herbeigeholt. Leicht war es nicht, Bruno hierzu zu bewegen, obgleich er es doch am leichtesten könnte. Es gibt Menschen, die sich von nichts schwerer trennen, als vom Gelde, das aber die Menschen doch sicherlich nicht glücklich macht.»

Seinen 80. Geburtstag am 18. Oktober 1937 verbrachte Max mit seinem Sohn Kurt und dessen Familie in Italien. Sie fuhren von Rom nach Neapel und Capri. Er berichtet Edith von einer «herrlichen Reise» einschließlich der fünftägigen Autofahrt zurück nach Berlin, wo er weiterhin in seinem Haus lebte.

Als Unternehmer hatte Max jedoch «die Zeichen der Zeit noch rechtzeitig erkannt und sich Anfang 1938 zum Verkauf des [Sulfit-Cellulose-]Werks an die Weihendorfer Zuckerfabrik GmbH in Schlesien entschlossen. Er erhielt sogar noch einen halbwegs akzeptablen Preis von 1 Million Mark, wovon er schließlich ein paar Tausend im nächsten Jahr ins Exil mitnehmen konnte.» Am 29. April 1938 berichtet Max seiner Tochter, die Mitbesitzerin der Fabrik gewesen war, von seinem letzten Besuch in dem Werk: «Ich war gestern in Ziegenhals, vielleicht das letzte Mal in meinem Leben. Ich hatte aber den Wunsch, mich von den dortigen Angestellten zu verabschieden. [...] Man merkt es den Leuten an, wie schwer sie die Trennung empfinden. Es wurde viel geheult.»

Im folgenden Monat verließ Max das Haus, in dem er 33 Jahre gelebt hatte, und zog mit einem kleinen Teil seiner Kunstwerke in eine Vierzimmerwohnung in die nahegelegene Tharandter Straße 5, wo er noch zwei Monate verbrachte. Wie das gelingen konnte, ist nahezu rätselhaft. «Er weiß noch gar nicht wohin», schrieb sein Schwiegersohn Paul Geheeb vor dem Umzug an Adolphe Ferrière, «denn den arischen Menschen ist es verboten, jüdische Mieter aufzunehmen, und den Juden ist es verboten, selbst Häuser zu besitzen.»[41]

Um 1938 die «Judenvermögensabgabe» als sogenannte Sühneleistung für das Attentat auf einen deutschen Diplomaten in der Pariser Botschaft zu entrichten, musste auch Max Cassirer ein Viertel seines Vermögens aufgeben, für die Reichsfluchtsteuer im folgenden Jahr noch einmal so viel. Das erforderte den Verkauf des Hauses an der Kaiserallee, das das japanische Kaiserreich erwarb und als Residenz seines Marineattachés nutzte. Nur ein Beispiel für viele ähnliche Fälle wäre das der Schwiegereltern von Thomas Mann, Hedwig und Alfred Pringsheim in München: Zwangsverkauf des Hauses, Umzug in eine kleinere Wohnung mit einigen Kunstwerken, die vor der späteren Emigration ausgelagert und in alle Winde zertreut wurden.[42]

Weder die Kaiserallee noch das Haus Nr. 182/83 gibt es heute noch. Der Straßenzug heißt nun Bundesallee, nur die Spur des Schwanenkükenbrunnens ist auf dem Gelände noch zu erkennen.

Was mit Max Cassirers Besitz, den Kunstwerken, Büchern und dem gesamten Hausrat geschah, wurde aufs Genaueste recherchiert und dokumentiert.[43] Edith kam aus dem schweizerischen Versoix, der zweiten Station auf der zwölfjährigen Odyssee der Ecole d'Humanité, und half, mit ihrem Bruder Kurt das Haus zu räumen, während sie «viele verzweifelte Menschen» traf, wie sie später erzählte. Neben Edith und Kurt war es Max Cassirers langjährige Sekretärin, Prokuristin und seit 1939 «Generalbevollmächtigte» Martha Heinrich, die den Aus- und Umzug aus dem riesigen Haus und vor allem die Auslagerung des Inventars bewerkstelligte. Zusammen schafften sie es, in drei Wochen den Inhalt des Hauses in der Kreuzberger Spedition Silberstein einzulagern.

Im Februar 1939 mussten jüdische Haushalte ihr Silber bei städtischen Pfandleihen für den Zwangspreis von 2 Pfennigen pro Gramm abliefern. Martha Heinrich ließ das Silber aus der Spedition kommen, verpackte es neu und konnte einen Teil «nach einer riskanten Bahnfahrt nach München» der Familie von Max' Schwiegersohn übergeben. Es waren die Angehörigen des im selben Jahr verstorbenen Bruders von Paul Geheeb, dem langjährigen *Simplicissimus*-Redakteur und zuletzt Leiter des Albert Langen Verlags Reinhold Geheeb. Immerhin wog der abgelieferte Rest – das Tafelsilber für 72 Personen – 16,5 kg, wofür 325 Mark einem Sperrkonto gutgeschrieben wurden.

Die Ausbürgerung Max Cassirers trat am 15. November 1941 in Kraft. Als Gründe vermerkt die Akte des Reichsministers des Inneren:

«Cassirer war marxistischer Stadtrat in Berlin und stand der KPD nahe. Er war Eigentümer der Odenwaldschule in Ober-Hambach bei Heppenheim. Die Odenwaldschule war bis zur Machtübernahme als KPD-Hochburg bekannt. Die Privatschüler, vorwiegend aus Berlin, haben mit Billigung des Cassirer und des Schulleiters Geheeb in der Umgebung an Kundgebungen und Umzügen der KPD teilgenommen und teilweise Druckmaterial der KPD an die bäuerliche Bevölkerung verteilt.» Weiterhin vermerkt die Akte, dass auch «gegen den Sohn Cassirers, Kurt Hans Israel», ein Ausbürgerungsvorschlag vorgelegt wurde und ein solcher Vorschlag gegen den Schwiegersohn «Geheeb, Paul» folgen werde.[44]

Die Ausbürgerung machte den Weg frei für den Einzug der ausgelagerten Kunstwerke und des gesamten Hausrats. Das Umzugsgut aus der Tharandter Straße wurde in das Lager des Oberfinanzpräsidenten am Kottbusser Ufer gebracht, begutachtet und bewertet. Von dort ging es an das Auktionshaus Lange, wo am 16. Januar 1942 der Einzelverkauf zu den Schätzpreisen begann, die viel niedriger waren als die bei der Auktion am 20. Januar erzielten Preise. Ein wahres Sammelsurium bot sich den Besuchern der Vorbesichtigung. «So steht Max Slevogts Porträt von Max Cassirer zwischen ‹Personenwaage› und ‹Kühlschrank›. [...] Der Hausrat wurde bis zum kleinsten Stück ausverkauft, über die Federbetten, Unter-, Ober- und Nachthemden bis zu 1 kl. Korb m. Kleiderbügel, Wäscheklammern usw.»

Von besonderem Interesse ist die Geschichte des Porträts Max Cassirers von Max Slevogt. «Der künstlerische Wert der Porträts bedeutender Künstler war durch die Verachtung des Dargestellten eingeschränkt, damit auch der Marktwert.» Das Auktionshaus Lange reichte das Gemälde weiter. Es wurde als «Ölbild aus dem Besitz von Max Israel Cassirer» von dem Auktionshaus Edgar Lach am 11. März 1943 für 2400 Reichsmark an einen Hamburger Sammler verkauft.

Max hatte seine Sammlung nach 1933 nicht ins Ausland gebracht. Nur den Renoir hinterlegte er in weiser Voraussicht bei einem Schweizer Anwalt, dem Fürsprech Guggenheim in Baden, als Sicherheit für seine mit der neu gegründeten Internatsschule Ecole d'Humanité emigrierte Tochter Edith Geheeb, was die kleine Schar zeitweise vor Hunger bewahrte. Von vielen Werken hat sich jede Spur verloren. Andere tauchen bei Auktionen und in Museumsdepots auf. Liebermanns

Bauer mit Kuh wurde nach seiner Rückkehr aus Südamerika 2009 in London versteigert. Der Erlös kam nach den testamentarischen Verfügungen von Ediths Neffen Henry und Thomas der Ecole d'Humanité zugute.[45]

Das jämmerliche Ende seiner Sammlung hat Max nicht mit ansehen müssen. Er hatte vor seiner Emigration den Verlust seiner Unternehmen und seines Hauses mit unglaublichem Gleichmut ertragen. Mit der Wohnung in der Tharandter Straße war er zufrieden. Das Haus hatte einen Aufzug und eine Dachterrasse. «Hunderttausend geht es ebenso oder schlechter», schrieb er am 8. Oktober 1938 an Edith. «Kein Mensch tut mir was.» Und noch am 14. Oktober heißt es, Auswanderung sei «ein ernster Schritt, den ich nur im äussersten Notfall gehen möchte». So dachten Unzählige in dieser Zwangslage. Emigration war nur gegen Entrichtung der Reichsfluchtsteuer möglich, die sich auf ein Viertel des Vermögens belief. 1938 wurde auch Max die «Judenvermögensabgabe» oder «Sühneleistung» auferlegt, die ein weiteres Viertel des Vermögens betrug. Juden durften das durch Verkauf von Immobilien, Einrichtungsgegenständen und anderen Dingen erzielte Geld – im Fall von Notverkäufen lag die Summe fast immer deutlich unter dem letzten geschätzten Steuerwert – nicht ins Ausland transferieren, sondern mussten es auf ein «Auswanderersperrmark-Konto» einzahlen. Der Verkauf von Sperrmark gegen Devisen war sehr verlustreich. Bis Anfang 1935 zahlte die Reichsbank 50 Prozent des offiziellen Marktkurses, ab September 1939 nur noch 25 Prozent. So fand eine «scheinbar legale Enteignung statt».[46]

Für Max war der Verlust seines Vermögens nicht entscheidend. Er wollte bis zu seinem Tod in Berlin bleiben und an der Seite seiner Frau begraben werden. Ihren Verlust hat er nie überwunden. «Kurt und Eva sind lieb und gut zu mir», schrieb er noch 1939 an Edith, «aber niemand ist im Stande, Ersatz zu bieten für das, was ich verloren habe und um das ich täglich trauere.»[47] Nun waren auch Sohn und Tochter nicht mehr bei ihm. Am 20. September 1938 schrieb er an Ernst und Toni Cassirer, Toni habe gemeint, «dass das Schicksal mich nicht besiegen kann. Darin irrst Du Dich. Was jetzt auf mich einstürmt ist zu viel. Die Trennung von den Kindern ist unerträglich. Wirtschaftlich habe ich gar nichts zu ertragen.»

Am 27. Juli 1938 hatte Max einen über fünf Seiten langen Brief an den Berliner Polizeipräsidenten geschrieben und gebeten, in Berlin bleiben zu dürfen:

«Sehr geehrter Herr Polizeipräsident!
Im Nachstehenden gestatte ich mir, dem Herrn Polizeipräsidenten eine Bitte vorzutragen. Zur Begründung derselben beehre ich mich vorweg Folgendes anzuführen:
Ich habe das 80. Lebensjahr bereits überschritten. Während meines langen Lebens bin ich stets ein aufrichtiger und treuer Diener meines Vaterlandes gewesen. Den Grundsatz, dass Gemeinnutz dem Eigennutz vorauszugehen hat, habe ich von jeher zu dem meinigen gemacht. Schon im Jahre 1893 – also vor 45 Jahren – habe ich meine Tätigkeit im Ehrenamt der Stadt Charlottenburg in uneigennütziger und selbstloser Weise aufgenommen.
Aktiv politisch habe ich mich niemals betätigt. Niemals bin ich Mitglied einer Freimaurerloge gewesen. Meiner Pflicht als Staatsbürger habe ich stets gewissenhaft entsprochen. Ich war immer ein Widersacher und Gegner marxistischer und kommunistischer Bestrebungen. Meine Tätigkeit als Stadtverordneter und Stadtrat der aufblühenden Stadt Charlottenburg fand hohe Anerkennung. Durch Beschluss der städtischen Körperschaften von Charlottenburg wurde mir die hohe Auszeichnung der

Ernennung zum Ehrenbürger der
Stadt Charlottenburg

zuteil.
Dieser Beschluss erfolgte auf Antrag des damaligen Oberbürgermeisters Dr. *Scholz*, des späteren Reichswirtschaftsministers. An meiner Wahl beteiligten sich nicht die Kommunisten, weil ihnen bekannt war, dass ich stets ein Gegner ihrer politischen Einstellung gewesen bin.»

Im Folgenden zitiert Max aus der Ehrenbürgerurkunde und erinnert an seine vielen Aufgaben und Verdienste als Magistratsmitglied der Stadt Charlottenburg und an die zahlreichen Ehrungen, die ihm zuteil geworden waren. Seines hohen Alters wegen habe er am «grossen Weltkrieg» nicht teilnehmen können, aber sein Sohn habe vom ersten bis zum letzten Tag des Krieges gekämpft. Schließlich erklärt er, dass er alle «Forderungen der Nationalsozialistischen Deutschen Arbeiterpartei» erfüllt habe. Die Sulfit-Cellulose-Fabrik Tillgner & Co. AG wurde unter seiner Mitwirkung durch Verkauf arisiert. «Bei meinem Ausscheiden aus dem

Unternehmen sind mir von allen leitenden Persönlichkeiten – die durchweg Arier sind – Schreiben zugegangen, in welchen sie stets betonten, dass sie in ihrer zum Teil jahrzehntelangen Tätigkeit stets mit Wohlwollen und Vertrauen von mir behandelt worden sind und immer voller Dankbarkeit und Verehrung auf diese Tätigkeit zurückblicken werden.» Sein Villengrundstück in der Kaiserallee habe er an das Japanische Marineministerium veräußert und den Erlös in Reichsanleihen angelegt. Seinem Gärtner hatte Max Cassirer ein Grundstück und einen «angemessenen Betrag» zur Errichtung eines eigenen Hauses geschenkt. «Ich kann daher für mich in Anspruch nehmen, für das Wohl meiner Mitarbeiter stets gesorgt zu haben.»

Die in dem langen Brief aufgezählten Verdienste und Ehrungen des Bittstellers und seine Befolgung aller staatlichen Forderungen und Vorschriften hatten nur die Erfüllung eines Wunsches zum Ziel: «Ich möchte in dem Lande, in dem ich geboren bin, auch mein Leben beenden.» Max Cassirer war jedoch realistisch genug, um mit der Möglichkeit einer Ablehnung seiner Bitte zu rechnen. Deshalb fragt er, ob nicht in Anbetracht seines Alters sein Reisepass «für das In- und Ausland», der bis zum 1. April 1939 gültig war, zu verlängern wäre, damit er in die Nähe seiner «Kinder und Kindeskinder» reisen könne. Auszuwandern gedenke er nicht. Er habe aber «unaufgefordert eine evtl. Reichsfluchtsteuer von RM 150 000 beim Finanzamt Wilmersdorf-Süd eingestellt».[48]

Ob Max Cassirer eine Antwort erhielt, ist nicht bekannt. Sechs Tage nach der sogenannten «Kristallnacht» überquerte er am 15. November 1938 mit seinem Pflegekind Margrit die Schweizer Grenze. «Ausser seinem Regenschirm und einem kleinen Handkoffer hatte er nichts bei sich.»[49] Es war ihm auch nicht mehr möglich gewesen, sich mit Bargeld zu versorgen. Der «äusserste Notfall» war eingetreten. Max Cassirer ging ins Exil.

2. KAPITEL

Die zweite Generation: Kunst und Wissenschaft

Nicht alle Gründerväter des Cassirer'schen Familienimperiums hatten Söhne, die ihnen als Unternehmer folgten. Ihre Interessen richteten sich auf andere Gebiete: Medizin, Musik, Kunst und Philosophie.

Louis Cassirer, der älteste der Gründergeneration, bildet insofern eine Ausnahme, als zwei seiner vier Söhne erfolgreiche Industrielle wurden und ebenfalls eng zusammenarbeiteten. Der schon mit 50 Jahren verstorbene Chemiker Hugo leitete mit seinem Bruder Alfred – er war promovierter Jurist, aber auch ein begabter Ingenieur und besaß mehrere Patente – die Kabelwerke Dr. Cassirer & Co. in Berlin. Beide hinterließen bedeutende Kunstsammlungen. An deren Zustandekommen war vor allem ihr Bruder, der Kunsthändler und Verleger Paul, beteiligt. Louis' ältester Sohn Richard studierte Medizin. Tochter Margaret heiratete den Arzt Arthur Meyer, Else ihren Vetter Bruno.

Richard Cassirer wurde einer der bedeutendsten Neurologen seiner Zeit. Nach der Promotion in Berlin 1891 ging er zu Richard Krafft-Ebing nach Wien, dem Begründer der modernen Psychopathologie, um dessen neue Heilverfahren zu studieren. 1895 wurde er Assistent von Hermann Oppenheim in der Berliner Poliklinik für Nervenkranke, die er nach dessen Tod 1912 zusammen mit Robert Hirschfeld leitete. Richard Cassirer habilitierte sich in Berlin und wurde Professor an der Friedrich-Wilhelms-Universität, außerdem war er einer der leitenden Ärzte eines Sanatoriums im Grunewald. 1908 konsultierten ihn die mit ihm befreundeten Eltern der 17-jährigen Nelly Sachs – ihr Vater Georg Sachs stammte ebenfalls aus Breslau –, als ihre Tochter «nach einer unerfüllten Liebe» jede Nahrungsaufnahme verweigerte und dem Tod nahe war.[1] Mit großer Einfühlung behandelte er das junge Mädchen, wahrscheinlich in dem Sanatorium im Grunewald. Er hatte, wie er

*Der Chemiker und Fabrikant
Hugo Cassirer (um 1910)*

sagte, nie einen solchen Fall erlebt, der so sehr Heines Gedicht bestätigte: «und mein Stamm sind jene Asra, welche sterben, wenn sie lieben.»[2] Als er dann ihre Gedichte las, «schöpfte er Hoffnung für sie» und ermutigte sie zu schreiben. «Er sah in ihr schon damals eine echte Dichterin.»[3]

In einem Nachruf auf Richard Cassirer von Richard Henneberg heißt es: «Ihm war es gegeben, durch Einfühlung in die Seele der Menschen zu schauen. Für psychopathische Persönlichkeiten hatte er von jeher besonderes Interesse. Vielen derselben hat er als kluger, mitfühlender Berater zur Seite gestanden. Sie fanden von seinem Rat und seinem Einfluß ihr ferneres Lebensschicksal abhängig.»[4] So rettete er auch das Leben einer großen Dichterin.

Zu Richards zahlreichen Arbeiten gehörten Untersuchungen über multiple Sklerose (1905) und über *Die vasomotorisch-trophischen Neurosen* (1912). Im selben Jahr beschrieb er eine Kreislauferkrankung, hervorgerufen durch eine Unregelmäßigkeit des vegetativen Nervensystems, das nach ihm benannte Cassirer-Syndrom. «Seine stilistisch musterhaften Abhandlungen» über klinische Neurologie und Anatomie des zentralen Nervensystems waren für die Diagnose und Lokalisierung von Gehirn- und Rückenmarkstumoren wegweisend. «Ungewöhnliche Intelligenz, kritischer Verstand und ein mit künstlerischer Intuition verbundener Scharfblick waren seine Gaben.»[5]

Als Kapazität auf dem Gebiet der Psychiatrie war Richard Sachverständiger in dem Prozess gegen Salomon Teilirian vor dem Schwurgericht des Berliner Landgerichts. Teilirian, ein 24-jähriger armenischer Student, hatte auf offener Straße den türkischen Innenminister Talaat Pascha erschossen. Traumatische Erfahrungen hatten ihn zu dem Attentat befähigt. Der Dichter Armin T. Wegner, der als Sanitätsoffizier im

Fritz Cassirer 53

Der Neurologe Richard Cassirer und seine Frau Hedwig (um 1892)

türkischen Heer und Krankenpfleger des Roten Kreuzes Augenzeuge der «planmässigen Ausrottung eines ganzen Menschenstammes» geworden war, hat der Verhandlung beigewohnt und ein Vorwort zu dem stenographischen Gerichtsprotokoll geschrieben. Der Bericht enthält auch das Gutachten Cassirers. Teilirian hatte ihn zweimal in seiner Sprechstunde aufgesucht, weil er häufig an Anfällen litt, die Professor Cassirer zunächst als von einer «echten Epilepsie» herrührend diagnostizierte. Erst während der Verhandlung erfuhren Cassirer wie auch die anderen Sachverständigen, die Geschworenen und der ganze Gerichtssaal und, wie Wegner berichtet, die deutsche Öffentlichkeit von der «systematischen Niedermetzelung eines ganzen Volkes durch die jungtürkische Regierung». Teilirian hatte dem Arzt nichts von seinen Erlebnissen berichtet: dass er mit seiner Familie und allen armenischen Bewohnern 1915 aus der Stadt Erzyngian hinausgetrieben worden war und hatte zusehen müssen, wie seine Schwester weggeschleppt und vergewaltigt, seinem Bruder der Schädel mit einem Beil gespalten und seine

Mutter erschossen wurde. Cassirer änderte daraufhin seine Diagnose und sagte aus, dass der Angeklagte «durch den Eindruck der allerschwersten seelischen Erschütterungen, die für einen Menschen überhaupt denkbar sind», in einen Zustand der «dauernden Psychasthemie» und «schweren Störung des seelischen Gleichgewichts» geraten war. Der Neurologe befand nun in Übereinstimmung mit den anderen medizinischen Sachverständigen, dass «die freie Willensbestimmung» des Angeklagten «nicht vollständig ausgeschlossen war», als er den Innenminister erschoss. Pascha hatte in vielen Erlassen «betreffend der Behandlung deportierter Armenier deren Ausrottung befohlen». Teilirian wurde freigesprochen. Das Protokoll hält fest: «Große Bewegung im Saal. Händeklatschen.»[6]

Seinem Wesen nach war Richard das Gegenteil seines extrovertierten, impulsiven, nervösen Bruders Paul, der den verschlossenen, wortkargen, aber keineswegs humorlosen Neurologen umso mehr liebte und ihn zu seinem 50. Geburtstag von Max Liebermann malen ließ. Der Tod Richards, bereits sieben Jahre später, versetzte Paul in so tiefe Trauer, wenn nicht Depression, dass sein eigener Tod nur ein Jahr später auch auf den Verlust des Bruders zurückgeführt wurde.

Fast alle Söhne dieser Generation und der nachfolgenden studierten und promovierten. Die von einem Mitglied der Familie Cassirer verfassten Dissertationen reichen von Hugos *Beiträgen zur Kenntniss des Orthocyanbenzylchlorids*, mit der er 1892 an der Friedrich-Wilhelms-Universität promoviert wurde, zu Reinhold Cassirers *Beziehungen zwischen Kapital und Arbeit in England. Die Mond-Turner-Konferenz 1928–1930*, die das Institut für Sozial- und Staatswissenschaften in Heidelberg 1933 veröffentlichte. Diese Arbeit und die Dissertation von Werner Falk, einem Enkel von Isidor Cassirer, *Das Werturteil. Eine logische Grundfrage der Wirtschaftswissenschaft*, die ihm 1932, ebenfalls in Heidelberg, ein *magna cum laude* eintrug, waren die letzten deutschen Doktorarbeiten eines Mitglieds dieser Familie. Ernst Cassirer legte 1899 mit einer Arbeit über Descartes' Kritik an mathematisch-naturwissenschaftlicher Erkenntnis in Marburg, die als *opus eximium* ausgezeichnet wurde, das Fundament zu seinem monumentalen wissenschaftlichen Gesamtwerk. Kurt Cassirers Berliner Dissertation über *Die ästhetischen Hauptbegriffe der französischen Architektur-Theoretiker von 1630–1780* erschien 1909 und Erich Cassirers Arbeit über *Die allgemeinen Voraussetzungen des Berkleyschen Systems* 1913 in Marburg. In vielen Fächern, besonders den naturwissenschaftlichen, genügten knappe Berichte über neue Forschungsergebnisse, in juristischen die klare Darstellung eines Sachverhalts wie *Die rechtliche Natur des Eintritts in den Staatsdienst bzw. der Übertragung eines Staatsamts* auf 48 Seiten, mit der Alfred Cassirer 1906 in Breslau den begehrten Doktortitel erlangte. Die erste Frau aus der Cassirer-Familie, die promoviert wurde, war 1929 eine Enkelin von Julius Cassirer, Anne-Marie Loewenberg, wie ihr Vater eine Medizinerin. Alfreds 1920 geborene Tochter Eva konnte keine deutsche Universität mehr besuchen. Sie studierte Philosophie und Astronomie in den USA und England und promovierte 1957 an der Universität London.

Ein weiterer Nachkomme des Stammvaters Marcus wurde ein bedeutender Nervenarzt. Rosalie, eine seiner zwei Töchter, die den Holzhändler Abraham Goldstein geheiratet hatte, blieb bis zum Tod ihres Mannes 1902 in Schlesien. Dann zog auch sie von Kattowitz nach Berlin, dem Zentrum der Familie. Rosalie Goldstein war die Mutter von acht Kindern, darunter der Apotheker Fritz, der Architekt Max und der Neurologe und Psychiater Kurt. Er gilt als Pionier der Neuropsychologie und war einer der wenigen Cassirers, die in Breslau studierten. Schon als Student richtete sich sein Interesse auf die Folgen von Gehirnverletzungen, das Spezialgebiet von Carl Wernicke an der Breslauer Universität. Goldstein wurde 1914 von Ludwig Edinger an das Senckenbergische Neurologische Institut in Frankfurt am Main berufen, dessen Leitung er nach Edingers Tod 1918 übernahm, bis er 1930 einem Ruf als Honorarprofessor an die Friedrich-Wilhelms-Universität zu Berlin folgte.

Im Vorwort zu seinem wichtigsten Werk, *Der Aufbau des Organismus. Einführung in die Biologie unter besonderer Berücksichtigung der Erfahrungen am kranken Menschen*, berichtet er, dass der Plan dazu bis in jene Zeit zurückreicht, «als ich während des Krieges vor der Aufgabe stand, Menschen mit Verletzungen des Gehirns ärztlich zu behandeln». Erst «die unfreiwillige Musse des letzten Jahres» – das war 1934 – gab ihm die Zeit, den *Aufbau des Organismus* zu verfassen. Allerdings ohne «die gastliche Aufnahme Hollands» und die Unterstützung durch den holländischen Academischen Steunfonds sowie besonders die Rockefeller-Stiftung wäre es nicht möglich gewesen, «die äussere Not zu überwinden».[7]

Kurt Goldstein war sofort nach der nationalsozialistischen Machtübernahme 1933 in Berlin verhaftet und nur unter der Bedingung aus der Haft entlassen worden, Deutschland sofort und auf immer zu verlassen. Das Buch, eine der ersten Veröffentlichungen der Exilwissenschaft, erschien bei Martinus Nijhoff in Den Haag. Die bisherige Forschung «biologischer Anschauungen» hatte von den «untersten Stufen der Lebewesen» ausgehend versucht, die höheren zu verstehen. Goldstein ging dagegen vom Menschen aus und versuchte, «von da aus das Verhalten anderer Lebewesen zu begreifen». Er tat das nicht so sehr, weil er Arzt war, sondern weil ihm von jeher nichts komplizierter erschien als der Begriff der Einfachheit. Deshalb nahm er in seinen Forschungen den Ausgang von pathologischen Erscheinungen und schritt von dort zu den normalen vor.[8]

Das erste Kapitel widmet sich daher den «Beobachtungen an hirngeschädigten Menschen. Charakterisierung einiger allgemeiner Gesetze der Tätigkeit des Organismus» und seiner Tendenzen unter anderem zu Höchstleistungen. Goldstein hat immer den gesamten Organismus, das gesamte Nervensystem im Blick und entwickelt eine «Ganzheitstheorie des Organismus». Das führt jedoch auch «zu Spezifitäten», zu Sinnesvorgängen und psycho-physischen Problemen wie dem Phänomen der Angst. Im zehnten Kapitel kommt er dann zu dem Begriff, mit dem sein Name bis heute verbunden bleibt, der Gestaltpsychologie, aus der sich durch die Arbeit von Fritz Stern, der ein Jahr Goldsteins Assistent in Berlin war, und dessen späterer Frau Lotte Posner die Gestalttherapie entwickelte, die bis heute in den USA von nachhaltigem Einfluss ist. *Der Aufbau des Organismus* erlebte zuletzt 2014 eine Neuauflage[9].

Goldsteins Analyse des Organismus gipfelt in der Erkenntnis eines durch die Methode empirischer Forschung belegten «biologischen Grundgesetzes», das den Organismus sich nach einem «Urbild» formen sieht, so wie Goethe den Ursprung der pflanzlichen Differenzierung in der «Urpflanze» erkannte. Man ist versucht zu sagen, bei den Cassirers führen alle Wege zu Goethe. Ob der Philosoph Ernst, der Kapellmeister Fritz, der Neurologe Kurt, sie alle hatten eine genaue Kenntnis der

Werke Goethes und bezogen aus ihnen Inspiration zu ihren grundverschiedenen Forschungen. Bei den Verlegern Paul und Bruno erscheint Goethe, oft im Verein mit bildenden Künstlern, immer wieder im Verlagsprogramm. In der Generation von Richard Cassirer und Kurt Goldstein waren der Einfluss der kultivierten Elternhäuser und der humanistischen Erziehung an den königlich-preußischen Gymnasien sowie die kulturellen Angebote in den Großstädten Breslau und Berlin entscheidend. So sahen die Väter, die im Lauf weniger Jahrzehnte sich durch enormen Fleiß, kaufmännische Begabung und enge Zusammenarbeit große Vermögen erarbeitet hatten, Söhne mit anderen Talenten heranwachsen. Vor allem Julius Cassirer muss mit einem gewissen Neid auf seinen Bruder Louis geblickt haben, dessen Söhne Hugo und Alfred sich als Chemiker und Ingenieure, Erfinder und Industrielle bewährten, während sein Sohn Bruno mit dem Vetter Paul einen Kunstsalon gründete und Verleger wurde. Fritz ergab sich der Musik. Die Tochter Elise heiratete, wie mehrere Cassirer-Töchter, einen Arzt, Max Loewenberg.

Fritz Cassirer (1871–1926)

Der älteste Sohn von Julius, der 1871 in Breslau geborene Friedrich Leopold, genannt Fritz, studierte zunächst Philosophie in Freiburg und dann Musik in München bei Hans Pfitzner. Er scheint im Vergleich zu seinen Vettern, selbst dem Kunsthistoriker Kurt, der sein Leben lang auf die Unterstützung des Vaters Max für sich und seine Familie angewiesen war, wenigstens zeitweise ein armer Schlucker gewesen zu sein. Als er sich «wie üblich in Geldnot befand», musste er seinen kostbarsten Besitz, Partituren, verkaufen, um sich neu einzukleiden. Zum allgemeinen Erstaunen erschien Fritz in einem neuen, aber altmodischen Cutaway bei einem Familientreffen. Darauf wurde er von seinem Wiener Vetter, dem Maler Walter Bondy, in rüder Weise gerügt, worauf er verzweifelt ausrief: «Es handelt sich ja um die Matthäuspassion!» Darauf herrschte noch größere Verwunderung, bis der Träger des Cut erklärte, er habe seine geliebte Bach-Ausgabe verkaufen müssen und der Garderobe die Namen der verlorenen Bände gegeben. «So hieß der Cut nun Matthäuspassion.»[10]

Schon früher hatte Max seinem Bruder Julius ins Gewissen geredet.

«Man läßt seine Kinder nicht auf seinen Tod warten», ermahnte er ihn.[11] Das machte Eindruck auf Julius, und er übergab Fritz ein großes Wertpapierpaket, «wie er es noch nie gesehen hatte.» Fritz nahm sich vor, die Gelder sorgsam anzulegen und zu vermehren. Unbegabt, wie er dafür war, verlor er alles und behielt nur das leere Safe, das sein Vater für ihn gemietet hatte und für das der Neurologe Richard die Vollmacht übernahm, als Fritz 1915 als Landsturmmann eingezogen und an die russische Front geschickt wurde.

Fritz Cassirer hatte sein Musikstudium in Berlin am Stern'schen Konservatorium begonnen und in München bei Hans Pfitzner fortgesetzt. Zur gleichen Zeit hielten sich auch seine Vettern Paul, dieser als angehender Schriftsteller, Bruno, später Verleger, der sich dem Kunststudium und der Malerei widmete, und Ernst, damals Germanistikstudent, in München auf. Seitdem Fritz und Ernst als Kinder in den Sommerferien zu Ernsts Großvater Siegfried von Breslau nach Ober-Glogau geschickt wurden, waren sie gute Freunde. In München verbrachten sie viel Zeit miteinander.

Vor Antritt seiner ersten Stelle 1898 als Kapellmeister in Lübeck heiratete Fritz in München die 22-jährige Karoline Dispecker, genannt Lilly, die Tochter des Lehrers Jakob Dispecker und seiner Frau Rosa. 1901 wurde das einzige Kind Eva in Berlin geboren. Lilly nahm regen Anteil an der Arbeit ihres Mannes und hat ein Typoskript mit biographischen Aufzeichnungen hinterlassen.[12] Sie und Fritz führten eine glückliche Ehe. Einladungen nahm er nur unter der Bedingung an, dass seine Frau seine Tischdame war. Wenn er zu Hause an seinem Buch über Beethoven arbeitete, musste sich Lilly im Nebenzimmer aufhalten. «Ich muss durch die Wand fühlen, dass du da bist», sagte er.»Sonst höre ich die Stille.»[13]

Nach zwei Jahren in Lübeck wechselte Fritz nach Posen. Es folgten Saarbrücken und Elberfeld, wo Hans Gregor Intendant war. Dort machte der Kapellmeister eine folgenreiche Entdeckung: Während einer Opernprobe fand er hinter den Kulissen eine vergessene und ganz verstaubte Partitur, die Oper *Koanga* von Frederick Delius. Das Libretto von Charles F. Keary folgt zum Teil dem Roman *The Grandissimes* des amerikanischen Autors Washington Cable, den Delius während seines Amerika-Aufenthalts von 1884/1885 gelesen haben kann. Es ist die tragische Geschichte des afrikanischen Prinzen Koanga, der als Sklave auf einer Plantage in Louisiana den Aufseher Perez tötet, weil dieser Koangas Braut Palmyra entführt hat. Koanga wird hingerichtet, Palmyra, gleichsam eine kreolische Aida, nimmt sich das Leben.

Fritz war in Elberfeld zu einer Gruppe von Musikern gestoßen, die als Erste die Kompositionen von Delius aufführten. Weder in seiner englischen Heimat noch in Frankreich, wo er seit 1891 lebte, war er bekannt. Hans Heym, seit 1890 Dirigent der Elberfelder Concertgesellschaft, hatte am 13. November 1897 Delius' *Over the Hills and Far Away* dirigiert, die erste Aufführung einer Komposition von Delius in Deutschland. Auch der Pianist und Dirigent Julius Buths wirkte 1890 in Elberfeld und setzte sich für Delius ein. Er führte dessen Klavierkonzert in c-moll in Elberfeld auf und dirigierte Delius' *Appalachia*, Variationen eines Sklavenlieds für Chor und Orchester, auf dem Niederrheinischen Musikfest 1905.

Fritz hatte wohl besonderes Verständnis für Frederick Delius, der sich sein Musikstudium hart erkämpfen musste. Der Sohn deutscher Eltern, die nach England ausgewandert waren – er sprach und schrieb fließend Deutsch und benutzte bis 1902 den Vornamen Fritz –, sollte ins väterliche Wollgeschäft eintreten und wurde als Vertreter nach Schweden, Deutschland und Frankreich geschickt. Er vernachlässigte jedoch seine Pflichten und besuchte stattdessen Konzerte. Dann sollte er in Florida eine Orangenplantage leiten, wo er unauslöschliche Eindrücke von den Gospelhymnen schwarzer Arbeiter und den Liedern der Schiffer auf dem St. John's River empfing. Aus Florida zurückgekehrt, konnte er sich endlich dem Musikstudium in Leipzig widmen, wo Edvard Grieg seine *Florida*-Suite hörte. Grieg überzeugte schließlich Delius' Vater Julius von der Begabung seines Sohnes.

Es wundert nicht, dass Cassirer von den Kompositionen Delius' angezogen wurde. Es waren völlig neue Töne, die die Gesänge der Sklaven in langen Phrasen chromatischer Harmonien Wagners erklingen ließen. Die Vorliebe Edvard Griegs für die musikalische Wiedergabe von Natureindrücken und Volksweisen, der Einsatz der menschlichen Stimme ohne Worte bei Debussy, all das war in die Musik von Delius eingegangen und vermittelte einen musikalischen Impressionismus. Allein die Titel vieler Kompositionen von Delius kommen einer Galerie impressionistischer Bilder gleich: «Sommernacht am Fluß», «Gang durch den Paradiesgarten», «In einem Sommergarten», «Frühlingsmorgen». Impressionistische Malerei hatte Fritz Cassirer in den Wohnungen und Häusern seiner Familie und im Salon seines Bruders gesehen. Im Jahr 1900 kaufte Vater Julius dort ein impressionistisches Meisterwerk, *Rue Saint-Honoré, après-midi, effet de pluie* von Camille Pissarro, das 1897 entstanden war.[14]

Lilly berichtet, wie ihr Mann die Partitur der Oper *Koanga* durcharbeitete und von der Schönheit, Größe und Originalität der Musik so begeistert war, dass er Gregor geradezu drängte, das Werk aufzuführen. Hans Gregor war ein Neuerer des Musiktheaters. Er «legte bei seinen Inszenierungen den größten Wert darauf, dass Ausstattung, Bühnenbild und Kostüme eine Einheit mit der schauspielerischen Leistung und der musikalischen Darbietung bildeten» und nicht, wie bisher üblich, vor allem auf die Leistung der Sänger geachtet wurde. Frederick Delius und seine Frau Jelka kamen zur Einstudierung von *Koanga* nach Elberfeld. Die Uraufführung der Oper fand am 30. März 1904 unter der Leitung von Fritz Cassirer im Elberfelder Stadttheater statt. Jelka Delius hatte die Kostüme entworfen und zum Gelingen der Uraufführung von *Koanga* das Ihre beigetragen.[15] Der Komponist war Lilly zufolge «viel zu viel in Ekstase». Er konnte sich nicht «um Einzelheiten der Einstudierung kümmern und war von der lebensvollen, blühenden Uraufführung begeistert». Aber Orchester und Sänger hatten große Schwierigkeiten, «die neue Musik» zu verstehen. Auch bei der Kritik und beim Publikum fand die Oper kein «gebührendes Verständnis. Es fanden nur drei Aufführungen statt.»

Eine anonyme Kritik aus dem *Elberfelder Täglichen Anzeiger* vom 31. März 1904 gibt ein anderes Bild von der Uraufführung. Delius wird als «Moderner» charakterisiert, dessen Musik ein «Nachschaffen» Wagners zeige, deren Melodik jedoch «für normal konstruierte Ohren» Ruhe- und Höhepunkte vermissen lasse. Die Uraufführung von *Koanga* war eine Benefizvorstellung «für den anerkannt tüchtigen Opernregisseur Jacques Goldberg», der «an seinem Ehrenabend seine ganze Regiekunst entfaltete». Besonders verdient machte sich «Kapellmeister Fritz Cassirer, der sich sichtlich des Werkes mit großer Liebe angenommen, die Aufführung sehr geschickt leitete und namentlich auch eine ganz vorzügliche Orchesterleistung erzielte». Nachdem der Vorhang gefallen war, gab es «Blumenspenden und Lorbeerkränze in Hülle und Fülle und in allen Dimensionen» für den Komponisten. Der Benefiziant Goldberg und Kapellmeister Cassirer wurden «immer und immer wieder gerufen».

Es entstand eine enge Freundschaft zwischen Frederick Delius und Fritz Cassirer. Im Sommer 1904 planten die beiden eine Fahrt entlang der Loire. Cassirer fragte, ob er dazu sein Rad mitbringen sollte.[16] Ob sie stattfand, ist nicht bekannt. Aber die beiden Paare –

Der Kapellmeister und Schriftsteller Fritz Cassirer (um 1920)

auch die Frauen «verstanden einander sehr gut», wie Lilly schreibt – verbrachten den Sommer 1903 in Loctudy, einem Fischerdorf in der Bretagne. Dort arbeitete Fritz an der Textauswahl für Delius' «Eine Messe des Lebens. Worte aus ‹Also sprach Zarathustra› von Friedrich Nietzsche. Zusammengestellt von Fritz Cassirer». Die monumentale Komposition für Sopran, Alt, Tenor, Bariton, gemischten Chor und großes Orchester ist «meinem Freunde Fritz Cassirer gewidmet». Der Klavierauszug mit deutschem und englischem Text wurde 1908 im Verlag *Harmonie* in Berlin veröffentlicht.

Die frei gestaltete Textauswahl beginnt mit einem hymnischen Gebet: «O du mein Wille, Wende aller Not, Du meine Notwendigkeit, bewahre mich vor allen kleinen Siegen», gesungen von den vier Solisten. Die *Messe des Lebens* führt über alle Höhen und Tiefen der Weisheit Zarathustras mit ebensolcher musikalischer Variationsbreite der Vortrags- und Tempobezeichnungen von *molto tranquillo* über *con dolcezza* zu *con elevazione e vigore* bis zum Finale, das Solisten, Chor und Orchester *maestoso con tutta forza* zum Text von Nietzsches *Trunkenem Lied* – «O Mensch! Gib acht! Was spricht die tiefe Mitternacht?» – vereint. Der Chor singt zumeist Melodien ohne Worte wie in dem *Tanz-*

und Spottlied auf den Geist der Schwere, das die Sänger in mehr als 40 Takten «la la la» wiederholen lässt. Cassirer hatte darauf bestanden, dass die Musik keine Analyse des Textes bieten sollte, sondern allein die Stimmung der Dichtung wiederzugeben habe.[17] Das vollständige Werk wurde zum ersten Mal 1909 unter Thomas Beecham in London aufgeführt. 1925 erlebte die Messe Aufführungen in Koblenz – «mit größtem Erfolg» –, Hagen, Duisburg, Wiesbaden und Frankfurt am Main, letztere unter Carl Schuricht.[18]

1905 ging Hans Gregor als Intendant an die soeben eröffnete Komische Oper in Berlin und nahm Fritz als ersten Kapellmeister mit. Gerade während der Verhandlungen, als auch Fritz in Berlin war, erlitt seine Frau in Elberfeld eine Fehlgeburt, wie er dem Komponisten am 20. November 1905 ganz gebrochen schrieb. In Berlin sah der Dirigent wieder eine Chance, seinem Lieblingskomponisten zu einer Uraufführung – der Oper *Romeo und Julia auf dem Dorfe* – zu verhelfen. Am 26. November 1906 schrieb er aus seiner Wohnung in der Flensburger Straße 1 einen seiner mehr als 40 sehr langen Briefe an Delius über die Berliner Bemühungen:

«Lieber Delius!

Das war ein Hängen und Würgen und Conferieren und Diskutieren – und wollte kein Ende nehmen. Und ich konnte Ihnen nicht schreiben, weil immer wieder der folgende Tag die Entscheidung bringen konnte.

Gregor war sehr unschlüssig geworden, nachdem ich ihn veranlaßt hatte, einmal die Kellersche Novelle zu lesen. Das hatte die unerwartete Wirkung, daß er mir erklärte, Ihr Textbuch sei eine Verballhornung – er könne nicht eine Oper mit solchem Buch aufführen. Dazu traten pekuniäre Bedenken.

Unsere Komische Oper hat sich unter dem Druck der Öffentlichkeit doch wesentlich anders entwickelt, als wir gedacht hatten. Insbesondere sind wir, wie alle Berliner Privatbühnen genötigt, unsere Erfolge durch zahllose Wiederholungen auszunutzen. Dieser amerikanische Zug ist so tief in den allgemeinen Verhältnissen verflochten, daß ein Widerstreben der schönste Don-Quixotismus wäre. –

Dazu die Qualität unseres Repertoires. Unser größter Erfolg war – ‹Lakmé›! Ich mußte Gregor in seinen *praktischen* Einwänden absolut beistimmen. Bin auch überzeugt, daß ‹Rom. u. Julia› keinen Kassenerfolg haben wird.

Seinen künstlerischen Einwänden (die sich immer nur gegen das *Buch* richteten) suchte ich durch eine teilweise ausgeführte *Um*dichtung (zu der ich nicht Zeit hatte, Sie um Rat zu fragen, wollte ich nicht alles verloren geben)

Fritz Cassirer

zu begegnen. – Schließlich wurde beschlossen, daß ich die Oper *Morris*, dem Ober-Regisseur, der die Kellersche Novelle *nicht* kennt, vorspielen sollte. Er sollte entscheiden, ob das Werk bühnenfähig sei. – Zugleich hatte ich mit meinem Bruder und Walser über die dekorative Ausgestaltung gesprochen. Gregor hatte mir nämlich gesagt: da er nunmehr überzeugt sei, daß ein Theatererfolg ausgeschlossen sei, sei er bereit, ‹Romeo und Julia› als *Oratorium* aufzuführen. Ich hatte ihm daraufhin den Vorschlag gemacht, es mit *vereinfachten* Dekorationen (nur Prospekten) zu machen, wodurch eine gewisse Stilisierung möglich wäre. Die Bühnenausstattung drängt ja jetzt entschieden auf künstlerische Vereinfachung hin. Diesen Kompromiß erklärte Gregor – weil weniger kostenspielig – für diskutabel, und Walser meinte, es sei sogar künstlerischer, weil es eben über das Niveau der einfachen Illusion hinaushebt. – Alle diese Fragen zu entscheiden, fand nun am Donnerstag den 15. Nov. (einem also in der Delius-Geschichte höchst merkwürdigen Tage!) in meinem Hause eine Abendgesellschaft statt, die über Leben und Tod Ihres Werkes entscheiden sollte. Nach einem kleinen Souper spielte ich von 11 bis 1 Uhr nachts die ganze Oper folgenden Richtern vor: Gregor, Mertens, Morris, Chop, Walser, Bruno Cassirer mit Frau. – Als ich ausgerungen hatte, verschwand ich und ließ nun die Sache weiter gären. Hierbei passierte nun die Merkwürdigkeit, daß *Mertens* mir nachlief und erklärte, er sei nun nicht mehr dagegen (er hatte am meisten auf Gregor aus finanziellen Gründen gewirkt), sei tief ergriffen. Dem Direktor sagte er am folgenden Tage, er hätte das Ganze gleich noch einmal hören mögen! – Alle waren *ohne* Ausnahme der Meinung:

1) Daß die Musik herrlich sei.
2) Daß das Buch vollständig unmöglich sei.
3) Daß ein Erfolg nur bei reicher, üppiger szenischer Ausgestaltung zu erwarten sei. –

Da stand ich nun mit meinen ‹vereinfachten› Dekorationen, und unsere Aktien, lieber Delius, standen sehr faul. – Eine Entscheidung fiel nicht. Wir saßen bis halb drei Uhr nachts, und dachten und tranken und schwatzten und aßen, Walser und Bruno waren nach erquickendem Schlummer wieder erwacht, den Frauen fielen die Augen zu, ich schwieg beharrlich und holte Flasche um Flasche, Gregor aber saß mit Chop und stellte die Punkte fest, an denen jedenfalls das Textbuch umgebaut werden müßte. Alle gingen nun, Chop begleitete Gregor noch durch den Tiergarten, und redete und redete. Zwischendurch schwärmte er von seinem süßen Engel, seiner Frau, und dann kam wieder Delius dran. – – –

Letzter Akt. Am folgenden Morgen – wie es so geht – merkten alle, daß sie ein herrliches Werk gehört hatten. […]

Diese letzte Sitzung fand am Sonnabend statt. Hier erschienen: Gregor, Walser, Bruno Cassirer, ich, Hartwig (der Dekorationsfabrikant), Theatermeister Schmidt. […] Genug: die Aufführung wurde beschlossen, und da Sali und Vrenli schon ihre Rollen kennen und können, der Chor auch, und Herr Fritz Cassirer auch, so dürfte die Exekution Ende Januar möglich sein. Alles nähere ein ander Mal. Für heute nur: daß an der Musik kein Ton geändert wird, daß aber textliche (*nicht* szenische) Änderungen vorgenommen werden müssen, daß wir vor dem ersten Akt einen *Prolog* sprechen lassen wollen – zur Musik! Viele Einzelfragen habe ich noch mit Ihnen zu verhandeln, und wir werden ja bald mündlich zusammen arbeiten können [...] erwarte Sie dann mit Frau Jelka sehr bald in Berlin. Also, lieber Delius, – noch acht Tage Geduld und dann die Koffer gepackt.

Mit Grüßen an Sie beide von uns beiden
Ihr
Fritz Cassirer»[19]

Der Brief zeigt, welche Anstrengungen Fritz Cassirer unternahm, um Delius in Deutschland bekanntzumachen. Nicht nur zog er alle verfügbaren Register an der Komischen Oper und lud von den Intendanten Hans Gregor und Maximilian Moris bis zum Inspizienten alle wichtigen Mitarbeiter in sein Haus, um ihnen die ganze Oper vorzuspielen. Zu den Gästen zählte auch Otto Mertens, ein ehemaliger Kollege am Elberfelder Stadttheater, und der Kritiker Max Chop, der dann 1907 das erste Buch über Delius veröffentlichte. Ihm hatte Fritz schon vor Wochen *Romeo und Julia* vorgespielt und ihn «völlig berauscht», wie er Delius berichtet. Chop wiederum brachte Fritz den Klavierauszug von *Sea Drift*, eine Komposition, die den Kapellmeister überwältigte. Darauf schickte er Delius am 6. Oktober 1906 eine Postkarte: «Was soll ich Ihnen schreiben! Ich hätte fast geheult vor Entzücken. Ich sage Ihnen weiter nichts. Ich bin ausser mir und wollte Ihnen davon bloß kurz Nachricht geben. Sie sind jetzt so herrlich in Ihrer Reifezeit. Sitzen gemächlich und pflücken sich die Früchte vom Baum! Rund und reif und süß, daß man den Künstler vergißt ist alles.»[20]

Bruder Bruno bot Unterstützung an. Der Künstler Karl Walser – mehr über ihn in dem Kapitel über die Cassirer-Verlage – hatte schon von Anfang an für die Komische Oper gearbeitet. Das Bühnenbild für *Romeo und Julia auf dem Dorfe* war sein letztes für dieses Haus. Die Uraufführung der Oper fand am 21. Februar 1907 unter Leitung von Fritz Cassirer statt. Die Berliner lobten zwar die vollkommene Wiedergabe, schreibt Lilly in ihren Erinnerungen, hatten aber für die Musik von Delius noch weniger Verständnis als die Elberfelder.

Im selben Jahr reiste Fritz mit dem Ensemble der Komischen Oper nach London, wo er *Hoffmanns Erzählungen* dirigierte. Er kehrte jedoch nicht an die Komische Oper zurück, sondern war «von der sonderbaren Vorstellung ergriffen, in England auf angenehmere Weise eine ertragreiche Laufbahn einschlagen zu können als in Deutschland».[21] Diesen Floh hatte ihm der Musikkritiker des *Daily Telegraph* Robbin Legge ins Ohr gesetzt. Einen «Antrag als Wagner-Dirigent vom Manhattan Opera House in New York», das unter der Leitung von Oscar Hammerstein stand, lehnte Cassirer ab, wie er Delius schrieb, weil er «fürchtete, in keine künstlerisch genügend einflussreiche Stellung zu kommen». Im Sommer 1907 dachte er jedoch, vielleicht einen Fehler gemacht zu haben. Er klagte, dass es großer Geduld bedürfe, in London etwas zu erreichen. In England zeige sich eine Wende ins Nationalistische und Patriotische, London stoße ihn ab.

Doch seine Pläne, Werke von Delius aufzuführen, verfolgte Fritz weiter. Im September kehrte er nach Berlin zurück. Dort mobilisierte er die Familie. Binnen Wochen scheint Cassirer genug finanzielle Unterstützung gefunden zu haben, sodass er Delius am 9. Oktober Programmvorschläge schicken konnte. Aber immer noch türmten sich Schwierigkeiten vor ihm auf. Er wäre gezwungen, ein Konzert ohne Chor zu geben, berichtet er Delius, falls er keinen guten Chor fände, denn der aus Leeds komme wegen der Reisekosten zu teuer. Jedenfalls möchte er *Appalachia* und *Sea Drift* von Delius aufführen, beides Werke für Chor und Orchester. Außerdem will er *Ein Heldenleben* von Richard Strauss auf das Programm setzen. Das London Symphony Orchestra wäre das geeignete, da es im vorigen Jahr dieses Werk gespielt hat. «Es ‹sitzt› also und ich hätte eben viel Zeit gewonnen, die ich auf die Novitäten wenden könnte.» Aber wieder erheben sich finanzielle Probleme. «Denken Sie, London Symphony Orchestra verlangt pro Probe *1000 M*! Das Concert würde 7000 M. *ohne* Chor, ohne Bariton kosten. Horrend!»[22] Der Kapellmeister überlegt hin und her, wie er das Konzert zustande bringen könnte. Soll man mittels Annoncen Musikstudenten suchen? Er hält sie für fähig, *Appalachia* in einer Woche einzustudieren.[23]

Ein Chor fand sich, und an die 20 *sandwich men* trugen auf Brust und Rücken Plakate mit der Ankündigung des Konzerts und den Namen DELIUS und CASSIRER in der Queen's Hall am 22. November

Sandwich men in London mit Plakaten für ein Konzert (1907)

durch die Straßen Londons. Fritz dirigierte das New Symphony Orchestra, das der 28-jährige Thomas Beecham gegründet hatte. Beecham hörte bei dieser Gelegenheit zum ersten Mal Musik von Delius und war «augenblicklich bekehrt», wie Lilly berichtet.

Der Erfolg war groß. Die Kritik, nicht frei von patriotischem Enthusiasmus, schrieb, dass nur selten einem britischen Komponisten ein herzlicherer Empfang bereitet worden sei als Delius nach der Aufführung der sinfonischen Dichtung *Appalachia*. Das Publikum habe minutenlang diesem britischen Komponisten von höchster Bedeutung zugejubelt. In der *Birmingham Post* vom 23. November 1907 lobte Ernest Newman, der führende englische Musikkritiker, Komponisten und Dirigenten ebenfalls hoch. «Mr. Fritz Cassirer, ein junger Berliner, der bei dieser Gelegenheit zum ersten Mal (sic!) in England auftritt, ist ein glänzender Dirigent mit einem eigenen Temperament und genauer Kenntnis der schwierigsten Partituren.» Der Kapellmeister hatte sein Ziel erreicht. Frederick Delius wurde von nun an immer bekannter. Er und Jelka haben es dem Berliner Freund nie vergessen.

Aus London zurückgekehrt, zog sich Fritz Cassirer aus dem Opern-

und Konzertbetrieb zurück und widmete sich in Berlin vornehmlich «literarisch wissenschaftlichen Studien», wie seine Frau schreibt. Ein Brief an Delius vom 10. März 1910 gibt jedoch den wahren Grund. Cassirer schreibt ihm von vielen Angeboten, die er ununterbrochen erhält: Er könnte als erster Kapellmeister an die Volksoper, an das Schillertheater, zu den Wagnerspielen, zum Stern'schen Gesangsverein, das er sogar gern annähme, weil es ihm viel Freiheit und Freizeit für seine schriftstellerische Arbeit erlauben würde. Aber immer sind die Angebote mit Geld verbunden, nicht Geld das er bekäme, sondern Geld, das er für die Aufführungen zusammenbringen müsste. Davon hat er nun genug. «Auch meine reichen Verwandten dürfen nichts geben. Das ist *meine* Bedingung [...] Ich werde *nie* mehr den Taktstock ohne fee in die Hand nehmen.»

1915 wurde Fritz Cassirer als Landsturmmann eingezogen und kehrte nach zwei Jahren, wie Lilly schreibt, «mit zerrütteten Nerven» von der russischen Front zurück. «Auf ärztlichen Rat» zog er nach München, wo er seit Oktober 1916 mit seiner Familie in der Georgenstraße 36 wohnte. Laut Münchner Meldebögen beantragte Fritz Cassirer 1918 für sich, seine Frau und seine Tochter die bayerische Staatsangehörigkeit, deren Urschrift ihm am 11. Januar 1919 ausgehändigt wurde. Drei Wochen später erhielt er in München «das Bürgerrecht allhier».

Tochter Eva hatte die musikalische Begabung ihres Vaters geerbt und war eine sehr gute Geigerin. Mit 19 Jahren heiratete sie, wie so viele Cassirer-Töchter, innerhalb der Familie. Der Vetter ihres Vaters, Friedrich Wilhelm Cassirer, ebenfalls Fritz oder Litze genannt, war 13 Jahre älter als sie und der Sohn Isidors. Auch er hatte viele Talente. Er studierte Chemie, übernahm die Leitung der väterlichen Papierfabrik in Schlesien, führte mehrere Jahre die Geschäfte für Max Reinhardts Deutsches Theater und gründete 1922 mit Carl von Ossietzky *Die Welt am Abend*, das Organ der Republikanischen Partei. In den späteren zwanziger Jahren rief er eine Werbeagentur ins Leben, die die Zeitungen Willi Münzenbergs, darunter *Berlin am Morgen* und die *Arbeiter Illustrierte Zeitschrift*, mit Anzeigen versorgte. Sein Herz gehörte jedoch der Mineralogie. Seit frühester Jugend sammelte er Mineralien und bereiste zu diesem Zweck zahlreiche Länder auf verschiedenen Kontinenten. Er legte sich immer wieder neue Sammlungen an, als er nach 1933 wiederholt Haus und Hof verlassen musste.

Lilly Cassirer und ihr Enkel Wolfgang Cassirer (um 1925)

Eva hat die Erfolge ihres Mannes nicht mehr erlebt. Ein Jahr nach der Hochzeit wurde der Sohn Klaus Wolfgang (Claude) geboren, vier Monate später starb sie am 13. August 1921 «im blühenden Alter von 20 Jahren nach nur eintägiger Krankheit» während der Grippeepidemie in einem Lieblingsort ihres Vaters, Zell im Isartal. Sie wurde auf dem Neuen Israelitischen Friedhof in München bestattet. «Evchen Cassirer geb. Cassirer» steht auf dem Grabstein. Ihr Vater hat den Tod des einzigen Kindes nie überwunden.

1919 war die erste Frucht von Fritz Cassirers «literarisch wissenschaftlichen Studien», der Aufsatz *Beethoven in seinen Briefen*[24] erschienen. Es ist eine geistreiche, schwungvolle, elegante Darstellung der Briefe «eines sehr intuitiven Menschen». Man bedauert geradezu, dass der ebenso begabte wie gebildete Autor nicht mehr geschrieben hat. Er nennt Beethovens linearen, kondensierten Stil «napoleonisch» und hört «das Tempo der grande Armée in den Geschwindmärschen der Beethovenschen Symphonie aufgefangen». Die Befehle Napoleons an seine Soldaten hallen in den mit «Der generalissimus» unterzeichneten Briefen des Komponisten an sein Streichquartett wider. Cassirers Auslassungen über Beethovens «Briefhumor» zeigen, dass auch er ein mit Humor gesegneter Mensch war.

Der Essay ist jedoch weit mehr als eine Wiedergabe des in Beethovens Briefen Niedergeschriebenen. Der Autor nennt auch das, worüber der Komponist nicht geschrieben hat, «alles Tiefe und Furchtbare [...] Schweigen auch über die Musik [...] Tiefes Schweigen auch über alle Herzenserlebnisse.» Schließlich findet Cassirer in den Briefen Beethovens wie in seinem Tagebuch und in den im *Konversationsheft* aufgezeichneten Zitaten «die Quintessenz der Kantschen Philosophie, die er aus den Händen Schillers und Goethes für den Bau seiner Weltanschauung erhalten hat [...] das Gesetz des kategorischen Imperativs gibt ihm den Schlüssel zu sich selbst.» Beethoven als der Formende, auch sich selbst Formende, «der Mensch der Selbstkultur», steht in den Augen Cassirers niemandem näher als Goethe. Parallelen zwischen Beethoven und Goethe sieht Cassirer etwa in der «formbewußten» *5. Symphonie* und Goethes *Iphigenie* wie den *Römischen Elegien*. Beethoven bleibt jedoch hier nicht stehen. In den letzten Quartetten und Sonaten gelangt er «an die Grenze aller Form» und «auf das geistige Hochplateau des West-Östlichen Divans».

Auch Fritz blieb hier nicht stehen. 1921 erschien im Verlag seines Bruders Bruno eine Gedichtsammlung, *Helldunkle Welt*. Darin geht er über seinen lyrischen Erstling *Edgar* von 1894 hinaus, versucht sich in einer Vielfalt von Gedichtformen, bevorzugt dialogische Gedichte, lässt sogar expressionistische Anklänge hören. 1925 erschien dann in der Deutschen Verlags-Anstalt sein opus magnum, das sich in dem Brief-Essay bereits angekündigt hatte: *Beethoven und die Gestalt. Ein Kommentar.* Der Titel nimmt Bezug auf den 22. Brief in Schillers *Über die ästhetische Erziehung des Menschen.* «Die Musik in ihrer höchsten Veredlung muß Gestalt werden», heißt es dort.[25] Cassirers Beethoven-Kommentar ist sicher eines der ungewöhnlichsten Bücher, das je über Beethoven, wenn nicht Musik überhaupt, geschrieben wurde. Das Buch sollte eher gespielt als gelesen werden. Einem Minimum an Text – eineinhalb Seiten Einleitung und ebenso viel als Nachwort – stehen über 250 Seiten mit Notenbeispielen und jeweils ein paar Textzeilen gegenüber. Was Cassirer unternimmt, ist ein gigantisches Unterfangen, denn er sieht die beiden Giganten Beethoven und Goethe durch die Metamorphose im Goethe'schen Sinne vermittelt. «Goethe ist Metamorphose. Beethoven findet Metamorphose.»[26]

Der Autor will in seiner Analyse der Bearbeitung des Motivs durch Beethoven beweisen, wie dieser Goethes Lehre, Metamorphose als «Schlüssel zu allen Zeichen der Natur», in Musik überträgt. Jedes musikalische Motiv entspricht nach Cassirers Verständnis einer Stufe in der Entwicklung, beispielsweise einer Pflanze – von der Knospe zur Blüte zur Frucht. Ein Motiv kann sich mit keinem anderen Motiv verbinden, sondern wird von der nächsten (Motiv-)Stufe aufgesogen. Es gibt keine Verbindung von Motiven, nur Genese von Variablen auf ein Motiv. Goethe kommt in den schön ausgewählten Zitaten zu Wort. Das erste leitet zur Einführung Beethovens bereits auf das «geistige Hochplateau» des *Divan*. Cassirer wählt die ersten Verse des Gedichts *Unbegrenzt*[27] aus dem *Buch Hafis*.

«Daß du nicht enden kannst, das macht dich groß,
Und daß du nie beginnst, das ist dein Los.
Dein Lied ist drehend wie das Sterngewölbe,
Anfang und Ende immerfort dasselbe,
Und was die Mitte bringt, ist offenbar
Das, was zu Ende bleibt und anfangs war.»

Am Beispiel von 14 Werken Beethovens von der *Eroica* zum «corpus mysticum» der letzten drei Streichquartette wird das mittels eines komplizierten Zeichensystems für Motivstufen, Motivvariablen und -reihen, Permutationen, Inventionen und oktavierten Reduktionen demonstriert. Dem Leser erscheint Cassirers Werk zunächst als «eine abschreckende Kabbala der Ausdrucksweise», wie Adolf Weissmann in seiner Rezension bemerkt.[28] Er lässt sich davon jedoch nicht abschrecken, sondern dringt in das Denken Cassirers ein. «In der Einsamkeit schreibt er, während die Welt durch Krisen erschüttert wird, sich von der Seele, was hier als Buch vorliegt.» Weissmann sieht nicht nur, dass in dem Werk «der

Meister in engste Beziehung zur Geschichte des deutschen Idealismus gebracht wird», sondern auch eine Widerlegung der durch Wagner – den Cassirer freilich nicht erwähnt – gestützten Beethoven-Deutung «aus dem Lager einer mit dem Rüstzeug der musikalischen Technik gewappneten Philosophie».

«In einem wahrhaft schönen Kunstwerk soll der Inhalt nichts, die Form aber alles tun», schreibt Schiller im 22. Brief der *Ästhetischen Erziehung*. «Darin besteht das eigentliche Kunstgeheimnis des Meisters, daß er den Stoff durch die Form vertilgt.» Mit diesem «Meister» sieht Cassirer Beethoven gemeint. Dass Wagners «Stoff» dem als imposant, anmaßend und verführerisch gegenübersteht, ist selbstverständlich. «Das Gemüt des Zuschauers und Zuhörers muß völlig frei und unverletzt bleiben», heißt es bei Schiller. Beethoven und nicht Wagner hat, nach Cassirer, diese Forderung erfüllt. Er fand kaum andere Leser, die so viel Verständnis für sein Werk zeigten wie Adolf Weissmann. Die Philosophen lehnten es als «musikalisches Teilproblem» ab wie die Musiker, deren «erster Grundsatz die Unübersetzbarkeit der Musik» heißt.

Vorbehalte gegen Wagner kamen bereits in einem Brief an Delius vom 26. Mai 1904 zum Ausdruck. Darin klagt Fritz über einen Bericht in der Zeitschrift *Musik*, die «‹Erklärungen› sämtlicher in Frankfurt aufgeführter Komponisten durch sie selber» brachte. «Die traurige Unbildung, die sich dabei zeigt, die künstlerische Verlotterung, der protzenhafte Dilettantismus ist grenzenlos. Ich glaube mit der deutschen Musik ist es für einige Zeit zu Ende. Die Katastrophe ‹Wagner› war zu vernichtend.» Cassirer war sich durchaus des Einflusses von Wagner auf Delius bewusst. Nach der Uraufführung von *Koanga* setzte er sich weiterhin für die Oper ein, wie dieser Brief zeigt. Er empfiehlt dem Komponisten, nicht nur die Partitur von *Romeo und Julia* an Max von Schillings in München zu schicken, sondern auch *Koanga*, da Delius offenbar keine zweite Oper in Elberfeld aufführen lassen wollte. In seinem Brief vom 13. Mai 1904 an Delius nennt Cassirer sie trotz der keineswegs negativen Besprechung im *Elberfelder Täglichen Anzeiger* «unser Schmerzenskind, unser[en] ‹Lacherfolg›».

Cassirer stand Delius jedoch keineswegs so ganz unkritisch gegenüber. Der Kapellmeister drückt seine Verblüffung über den «ungeheuren Einfluß» von Debussy auf Delius' *Romeo und Julia* im selben Brief noch vergleichsweise vorsichtig aus. Er fügt aber gleich hinzu: «Ich stelle Sie zu hoch als Musiker, als daß ich Ihnen nicht strengste Originalität zumuten müßte.» *Romeo und Julia* stellt er aber ausdrücklich nicht auf das gleiche Niveau wie *Koanga*. Hier muss Cassirer die Einschränkung machen, dass sich Delius' Tonsprache nicht auf der absolut originalen Höhe von *Koanga* gehalten hat. «Ich bin durch ‹Koanga› so verwöhnt, daß ich gerade Ihnen nichts dergleichen gestatten möchte [...].» Allerdings fügt Cassirer dem die wärmsten, lobenden Worte über *Romeo und Julia auf dem Dorfe* hinzu: «Alles in allem, – diese zurückgehaltene Glut, diese tiefe leidenschaftliche Stille – Sie sind der erste, der gewagt hat, auf der Opernbühne so leise zu sprechen, so ‹vornehm› zu sein. Ich sage nichts von Ihrer Musik, denn sie ist von – Delius! Das verbietet mir, sie zu – loben.»

Delius scheint an eine weitere Zusammenarbeit mit Cassirer gedacht zu haben, denn er fragte ihn, ob er ihm «einen Text machen» wolle und interessiert sich offenbar für Wedekind. Cassirer nennt ihn «zweifellos den Besten von allen» und zählt die Titel von vier Stücken auf. «Er ist ein Genie. Solche Kälte des Blick ist in Deutschland geradezu ein Wunder.» Für Delius war diese Kälte jedoch wohl stark.

Vielleicht hatte der Autor *Beethoven und die Gestalt* im Gepäck, als er und seine Frau im Frühjahr 1925 nach vielen Jahren Frederick und Jelka Delius wiedersahen, worüber Lilly berichtet: «Wir fanden Delius als blinden Mann, gelähmt in seinem Rollstuhl; aber geistig war er bei allem Leiden derselbe geniale Künstler geblieben; er ignorierte seine Leiden, komponierte weiter und diktierte seine Einfälle einem jungen englischen Musiker.» Lionel Carley nennt es dennoch «ein glückliches Wiedersehn».[29] Umso erschütterter waren die englischen Freunde, als sie im folgenden Jahr von Fritz Cassirers Tod am 26. November 1926 erfuhren. Er starb nach dreiwöchiger Krankheit an «Gehirnentzündung» in der Berliner Klinik Derfflingerstraße. Der Sarg wurde nach München überführt, wo Fritz am 29. November auf dem Neuen Israelitischen Friedhof neben seiner Tochter Evchen beigesetzt wurde.

Ernst Cassirer eilte aus Hamburg nach München und hielt eine Rede «am Grabe eines unserer Besten und eines unserer Liebsten». Noch am Morgen war er durch die Münchner Straßen gegangen, durch die er während der gemeinsamen Jahre mit seinem Vetter oft unter langen Gesprächen geschritten war. Er beschreibt dessen Leben als eines, das nicht im Zeichen des Glücks, sondern des «schwersten innerlichen Ringens» stand. Vom Schicksal «dort getroffen, wo er am verwundbarsten war – in der Liebe zu seinem Kinde, an dem er mit allen Fasern seines Herzens hing» – blieb er doch der «gleiche, tiefgütige und tiefgeistige Mensch». Seine geistige Kraft «wirkte als Liebeskraft». Geistiges und Menschliches gingen in Fritz Cassirer ganz ineinander auf. «Er konnte nur dort verstehen, wo er ohne Einschränkung und ohne Rückhalt lieben konnte.» Ernst hebt unter allen Fähigkeiten seines Vetters die zum Dialog, zum «geistig-lebendigen Wechselgespräch» hervor und kann sich noch immer vieler solcher Gespräche «fast Wort für Wort» erinnern. Aus der Erinnerung taucht plötzlich die Dichtung *Edgar* auf, die Fritz 1895 in München veröffentlicht hatte. Ernst zitiert die Verse in feierlichen Trochäen, in welchen Edgars Diener und «lieber Trautgesell» Fridolin am Katafalk des einst Gehetzten kniet, der jetzt im «Frieden seines Friedens» schläft. Edgar hatte selbst den Tod zu sich geladen, der ihn küsste und «einen guten Schlaf» bereitete. Dergestalt befreit, wirkt der Verstorbene auch als Befreier, sodass die Seele des trauernden Fridolin lacht «im seligen Triumphe».[30] An «das starke befreiende Lachen» seines Vetters erinnert Ernst die Trauergemeinde in seiner Rede mehrmals.

So wie das Denken des verstorbenen Musikers und Philosophen «durch eine einzige große Grundintuition», Goethes Idee der Metamorphose, bestimmt war, so sollte sein Tod den Trauernden nun «die tiefste und geheimnisvollste aller Metamorphosen» aufdecken können in der Erkenntnis, «dass seine Gestalt nicht starr und leblos in uns steht, sondern dass sie beweglich und wandelbar bleibt, dass sie in uns fortwährend und immer enger mit unserem eigene Sein verwächst».[31]

Auch Jelka Delius verfasste einen Nachruf auf Fritz Cassirer, «den Freund, den Künstler, den lieben großherzigen Menschen». Er war für die *Frankfurter Zeitung* gedacht, deren Mitherausgeber Heinrich Simon sie und ihren Mann in Grez-sur-Loing vor Kurzem besucht hatte. Cassirer, schreibt sie, war «eine jener seltenen reinen Naturen, deren künstlerisches Streben ohne jeglichen Ruhmesdurst oder Ehrgeiz nur dem inneren Drang nach Ausdruck tiefempfundener Schönheit folgt». Als er «die unüberwindlichen Mißstände» der «für ernste Musik absolut ungeeignete[n] Komischen Oper» und «die allgemeinen Kalamitäten der Theaterkapellmeisterei erkannt hatte, zog er sich vornehm und still zurück und versenkte sich in seine literarischen Studien».[32]

Paul Cassirer (1871–1926)

Zwei Vettern der nach 1870 geborenen Generation der Familie Cassirer sind durch die von ihnen 1898 in Berlin begründete Kunst- und Verlagsanstalt Bruno und Paul Cassirer weit über Deutschland hinaus zu Prominenz gelangt. Der vielfach begabte Paul hatte das weitaus bewegtere Leben. Seiner schillernden Persönlichkeit hat sich noch keine Biographie gewidmet, obwohl seine Leistungen von vielen Autoren gewürdigt wurden, beginnend mit dem monumentalen Band *Die Cassirers* des Pioniers der Cassirer-Forschung, Georg Brühl.[33] Eine Ausstellung über den Kunsthändler als Verleger in Berlin und Frankfurt am Main 2006 und ein Film[34], zahlreiche Memoiren, Aufsätze und Nachrufe über Paul Cassirer und die fast schon sagenumwobene Adresse des Salons und Verlags in der Victoriastraße 35 halten die Erinnerung an ihn wach.[35] Ein gewaltiges Projekt, die mehrbändige reich illustrierte Dokumentation sämtlicher Ausstellungen im Salon Cassirer von 1898 bis zur Schließung 1933 ist im Entstehen.[36]

Dennoch bleibt vieles im Leben dieses Mannes verborgen oder harrt noch der Erforschung. Drei Stränge sind jedoch erkennbar, die sich ähnlich auch bei vielen Familienmitgliedern finden: die tiefe Verwurzelung in der deutschen Kultur und mit ihr die Liebe zu Kunst und Literatur sowie ein stark ausgeprägtes soziales Bewusstsein. Paul war kühn und wagemutig, wenn es galt, einen Künstler, eine künstlerische oder politische Bewegung durchzusetzen. An ihm schieden sich die Geister. Es gab Künstler und Kritiker, die ihn liebten, doch insbesondere das konservative Establishment bis an die Spitze des Wilhelminischen Reiches stand ihm distanziert gegenüber oder verachtete ihn gar. Kein anderes Familienmitglied war Attacken ausgesetzt wie er. Seine übersensible, nervöse, jähzornige Natur war dem auf die Dauer nicht gewachsen. So endete sein Leben dramatisch in einem selbstverschuldeten Tod.

Wie bei seinen Brüdern, Vettern und Kusinen – mit Ausnahme der Kinder seines Onkels Max – ist über die Kindheit und Jugend Pauls fast nichts bekannt. Erst spät wurde festgestellt, dass Breslau sein Geburtsort war, wo er am 21. Februar 1871 zur Welt kam, und nicht Görlitz, wohin die Eltern mit dem Einjährigen und den älteren Brüdern Richard und Hugo übersiedelten. 1896 ist die Familie in Berlin nachgewiesen, wohin sie Julius Cassirer folgte, der schon 1876 den Sprung in die Reichshauptstadt gewagt hatte. Es ist anzunehmen, dass Paul wie seine Brüder das Leibniz-Gymnasium in Berlin besucht hat. Da er nicht studierte und keine Dissertation schrieb, fehlen die biographischen Daten, die einer Doktorarbeit beigefügt werden müssen – oft die einzige Quelle für die Frühzeit eines Werdegangs.

Paul absolvierte als einjährig Freiwilliger seinen Militärdienst. Es folgten Wanderjahre, die ihn als Erstes nach München führten, wo er zunächst als Berufsbezeichnung «stud. jur.» und bald darauf «Schriftsteller» auf den städtischen Meldebögen angibt.[37] Seine Wohnungen lagen in Universitätsnähe, in der Schönfeld- und der Adalbertstraße, nicht im damals noch nicht eingemeindeten Schwabing, sondern in der Maxvorstadt nahe der Pinakothek und dem Odeonsplatz. Er verkehrte nicht im Café Stefanie, wo sich die Bohème einfand, sondern im eleganten Café Luitpold, wo er «jeden Abend mit Schriftstellern, Journalisten und Kunstkritikern bis in den Morgen [...] über die Malerei der Japaner, die Präraphaeliten und neuen Franzosen» diskutierte.[38] Auch die Kabarettkneipe Simplizissimus, in der Frank Wedekind seine zynischen Songs vortrug, wird er wohl besucht haben. Wedekind blieb zeitlebens Pauls Wunschautor, ließ sich aber nicht überreden, in dessen Verlag zu wechseln. Überhaupt muss man sich den jungen Herrn aus Berlin eher als einen Dandy und nicht als Bohèmien vorstellen, wenn er mit seinem «ständigen Begleiter», dem Terrier Pitt, durch München spazierte. Der Familienfama nach dressierte er das kleine Tier so, dass es bei dem Namen Sudermann «erbost» bellte, bei Gerhart Hauptmann jedoch «freudig mit dem Schwanz wedelte».[39] In Pauls Roman *Josef Geiger*, den er 1895 unter dem Pseudonym Paul Cahrs veröffentlichte, spielt ein Terrier namens Pitt eine wichtige Rolle. Das Pseudonym nahm er an, weil er fürchtete, mit seinem gleichaltrigen Vetter Fritz verwechselt zu werden, der im Vorjahr sein melancholisches Versepos *Edgar* veröffentlicht hatte.

Paul Cassirers literarische Anfänge zeigen ihn als einen Suchenden.

Seine erste Veröffentlichung *Nachtstück,* 1895 in Stefan Georges elitären *Blättern für die Kunst*[40] erschienen, ist ein kurzes Stück lyrischer Prosa. Als Nächstes versuchte er sich als Dramatiker mit dem Stück *Fritz Reiner.*[41] Außerdem übte sich Paul im Malen. Er nahm Unterricht im Aktzeichen bei Slevogt in München und Gaul in Berlin, worüber nichts weiter bekannt ist außer der Erwähnung in dem Nachruf von Max Liebermann.

Drama und Roman spielen unter erfolglosen intellektuellen Dilettanten und Künstlern. Fritz Reiner ist impressionistischer Maler in Berlin, Josef Geiger lebt in München und schreibt einen Roman, bei dem er nicht über den ersten Satz hinauskommt. Beide sind depressive Naturen und tragen sich mit Selbstmordgedanken. Fritz Reiner versucht sogar, sich das Leben zu nehmen. Josef Geiger, der nicht nur die Münchner Adresse in der Schönfeldstraße mit dem Autor teilt, ist ein Zerrissener, unfähig zu menschlichen Bindungen. Er bricht die Treue zu seiner Verlobten, der unkomplizierten, natürlichen, klugen Martha, und verführt deren Freundin, die naive Else. Täglich trifft er sich mit einer Clique ebenso hoffnungsloser Typen wie er selber im Café Luitpold, obwohl er sie ekelhaft findet. Dabei weiß er, wie ekelhaft er selbst ist, und bricht ständig in hysterische Selbstanklagen aus. Manisch-depressiv kann er «kalt wie nur einer» sein und dann wieder sentimental. Seinen Foxterrier Pitt quält er «in sinnloser, wilder Bestialität» oder überschüttet ihn mit Zärtlichkeit. Er selbst hat «am lautesten vor Schmerz geschrien, als er seine Mutter im Sarge sah».[42]

Viele Charakterzüge, die Paul Cassirer von den verschiedensten Menschen bestätigt wurden – kindisch, ungezogen, egoistisch, grausam –, sind in der Romanfigur grenzenlos gesteigert. Weniger übertrieben sind die Karikaturen der Münchner Stammtischrunden, die Paul in Kategorien von schwarzangezogenen intellektuellen Großstadtdécadents und ebenso erfolglose Künstler einteilt: Maler, die nie ausstellen, Schriftsteller, deren Bücher nie erscheinen.

München brachte Paul die Bekanntschaft mit Künstlern und Autoren, die für seine spätere Tätigkeit als Galerist und Verleger wichtig wurden. Lovis Corinth illustrierte im Gründungsjahr der Zeitschrift Paul Cahrs' einzige Veröffentlichung im *Simplicissimus,* eine Kleinbürger-Satire.[43] Er wurde ein wichtiger Künstler in Cassirers Salon und Ver-

Paul Cassirer und Lucie Oberwarth, Verlobungsfoto (1894)

lag. Der *Simplicissimus*-Redakteur Arthur Holitscher wurde sein erster Verlagslektor und nahezu der Einzige, der, verbittert über seinen Misserfolg als Dramatiker, Cassirer in seinen Erinnerungen ein schlechtes Zeugnis ausstellt.[44] Auch den mit Paul und Bruno in enger Verbindung stehenden Maler Max Slevogt hatten die beiden in München kennengelernt.

Als der Roman *Josef Geiger* erschien, war in Pauls Leben eine grundlegende Änderung eingetreten. Am 17. Juli 1895 hatte er in Berlin die 21-jährige Lucie Oberwarth geheiratet. Sie stammte aus einer den Cassirers ähnlichen Familie. Der Vater Emil Oberwarth war Fabrikant, ihr Bruder Ernst leitete in Berlin eine bekannte Kinderklinik und trat mit medizinischen Veröffentlichungen hervor.

Nun hielt es Paul nicht mehr in München. Das junge Paar zog nach Brüssel, wo am 3. April 1896 die Tochter Suzanne Aimée geboren wurde. Der Sohn Peter kam fünf Jahre später in Berlin zur Welt. Brüssel war im letzten Jahrzehnt des 19. Jahrhunderts ein Zentrum zeitgenössischer Kunst geworden. Hier hatten sich Les Vingt zusammengefunden, eine Gruppe belgischer Künstler, die bis 1893 in Brüssel Ausstellungen veranstalteten, zu welchen sie auch Maler und Bildhauer aus anderen Ländern einluden, etwa Vincent van Gogh. Paul machte dort die Bekanntschaft mit dem Maler, Architekten und Designer Henry van de Velde, den er und Bruno zwei Jahre später beauftragten, den Leseraum des Salons Cassirer in Berlin auszustatten.

Brüssel hatte den weiteren Vorteil der Nähe zu Paris. Paul war schon früher in die an Kunstsalons reiche französische Kapitale gekommen. Von Bruno ist ein Besuch in der Kunsthandlung Paul Durand-Ruel 1894 überliefert,[45] von dem er sicher seinem Vetter erzählt hat. Dieser hatte zwar in München fleißig Ausstellungen besucht wie die der Münchner Künstler-Genossenschaft im Glaspalast und der Secession an der Prinzregentenstraße. Aber dort war kein Bild eines der großen französischen Impressionisten zu sehen.[46] Vor den Bildern von Manet, Monet, Degas und Cézanne gingen den Vettern die Augen auf. Jetzt hatte Paul seine Aufgabe gefunden. Nicht als Künstler und Schriftsteller, sondern als Vermittler von Kunst und Literatur, als Galerist und Verleger, Kunsthändler und Volkserzieher sah er seine zukünftige Rolle, seine Berufung.

Nachdem Paul mit seiner Familie im Sommer 1897 noch einmal nach München gezogen war, wo Corinth und Slevogt, Maler der Münchner Secession, in seiner nahezu luxuriösen Wohnung mit einem allgemeines Aufsehen erregenden Billardtisch[47] in der Adalbertstraße ein- und ausgingen und wo Bilder beider, die Paul früh erworben hatte, an den Wänden hingen, fiel die Entscheidung für Berlin. Denn hier konnten die beiden Jungunternehmer Paul und Bruno mit der Unterstützung ihrer Väter und der weiteren Verwandtschaft rechnen, vor allem aber hatten sie das atemberaubende Wachstum der Hauptstadt des Deutschen Reiches gleichsam am eigenen Leibe erlebt. Als die Kleinkinder an die Spree kamen, zählte Berlin fast eine Million Einwohner und Charlottenburg 26 000. Die Heranwachsenden lebten nur einige Pferdebahnstationen von einer Millionenstadt entfernt. Als sie 1898 ihre Firma gründeten, hatte die Einwohnerzahl von Berlin sich auf über 1,7 Millionen vergrößert, Charlottenburg war mit über 100 000 Einwohnern eine Großstadt, und beide waren nun durch eine elektrische Straßenbahn miteinander verbunden. In der Hauptstadt gab es 25 Bahnhöfe und 60 Theater, es erschienen an die 100 Zeitungen. Die Familie Cassirer war nur ein Beispiel für viele, die in wenigen Jahren zu Reichtum kamen – um den Kurfürstendamm lebten über 100 Millionäre – und ihre Häuser mit Bildern und Büchern füllen wollten.

Die Berliner Kunstszene der Wilhelminischen Ära ist in gründlichen Untersuchungen, auch von Pauls Enkel Peter Paret, dargestellt worden. Sie war zunächst geprägt von der akademischen Kunst, über die der allmächtige Historienmaler Anton von Werner wachte. Er hatte Kronprinz Wilhelm im Zeichnen unterrichtet und war in Berlin zum Direktor und Vorsitzenden wichtiger Institutionen aufgerückt. Ihm galt das ganze Vertrauen seines früheren Schülers, des kunstbegeisterten Kaisers Wilhelm II. Es war ein Unglück, bemerkt Paret, dass der Kaiser, anders als die meisten Staatsoberhäupter seiner Zeit, Kunst ernst nahm.[48] Für ihn hatte die Kunst ihren Höhepunkt in der Antike erreicht. Kunst, erklärte er, «nimmt ihre Vorbilder und schöpft aus den Quellen der großen Mutter Natur, die sich nach den ewigen Gesetzen, die der Schöpfer sich selbst gesetzt hat», bewegt. So auch die Kunst der Antike, «beim Anblick der herrlichen Überreste aus der alten klassischen Zeit» überkomme den Menschen das Gefühl, dass hier «ein ewiges, sich gleichbleibendes Gesetz der Schönheit und der Harmonie, der Ästhetik» herrsche. «Deshalb kann der Betrachter beim Anblick einer besonderen guten Leistung» in der zeitgenössischen Kunst kein größeres Lob spenden als zu sagen, «das ist beinahe so gut wie es vor 1900 Jahren gemacht worden ist.»

Eine Passage dieser Rede wird immer wieder zitiert. Sie steht im Kontext dessen, was Wilhelm II. als Aufgabe der Kunst sah: Kunst «soll mithelfen, erzieherisch auf das Volk einzuwirken, sie soll auch den unteren Ständen nach harter Mühe und Arbeit die Möglichkeit geben, sich an den Idealen wieder aufzurichten. Wenn die Kunst weiter nichts tut, als das Elend noch scheusslicher hinzustellen wie es schon ist, dann versündigt sie sich damit am deutschen Volke. Die Pflege der Ideale ist zugleich die größte Kulturarbeit.» Die Kunst biete dazu die Hand, aber nur, «wenn sie erhebt, statt dass sie in den Rinnstein hinabsteigt».[49]

Der letzte Satz dient bis heute als Beweis für die Ablehnung des Impressionismus durch den Kaiser. Als «Rinnsteinkunst» konnte jedoch selbst er die impressionistische Malerei nicht bezeichnen. Er meinte den Naturalismus, etwa die Graphiken einer Käthe Kollwitz. Die Ablehnung der französischen Impressionisten durch Seine Majestät war eine andere Sache. Hier spielte neben ästhetischen Aspekten Politik eine Rolle. Bilder ohne deutliche Konturen, die am besten aus einer gewissen Entfernung betrachtet werden sollten, missfielen dem Kaiser. Stammten sie noch dazu aus dem Land des Erbfeinds, war seine Abneigung umso größer.

Als die Vettern Cassirer ihren Salon mit der Absicht eröffneten, auch französische Impressionisten in Deutschland einzuführen, musste der Kauf jedes Bildes für die Nationalgalerie, an die der Salon Cassirer schließlich auch Gemälde verkaufen wollte und die deren Direktor Hugo von Tschudi nur zu gern erwarb, vom Kaiser genehmigt werden. Tschudi hatte sogar Schwierigkeiten, die Einwilligung des Kaisers für den Kauf von Werken Delacroix', Courbets und Daumiers zu erlangen. Bei der Inspektion der Bilder geriet er mit Seiner Majestät vor Zeugen in einen Streit. Tschudi nahm schließlich seinen Abschied und das Angebot der bayerischen Regierung an und wurde 1909 Direktor der Staatlichen Galerien in München.[50]

Dennoch war die Lage für die fortschrittlichen jungen Kunsthändler nicht aussichtslos. Künstler gewannen immer mehr Einfluss in staatlichen Kunstausschüssen und Jurys. Bereits 1892 waren in Berlin alle Ausstellungsausschüsse zur Hälfte mit fortschrittlichen Künstlern besetzt, voran Max Liebermann, Walter Leistikow und August Gaul. Sie und andere mehr schlossen sich der Bewegung an, die in vielen Städten von München über Karlsruhe, Dresden bis Düsseldorf zur Trennung von den alten etablierten Akademien und Vereinen führte und die als «Sezessionen» ihre eigenen Ausstellungen veranstalteten. In Berlin geschah das am 2. Mai 1898, als sich 61 Maler und vier Malerinnen[51] zur Berliner Secession zusammenschlossen, Liebermann zum Präsidenten wählten und Leistikow zum Ersten Sekretär.[52]

Ein halbes Jahr später, am 1. November, eröffnete die Kunst- und Verlagsanstalt Bruno und Paul Cassirer in der Parterrewohnung der Victoriastraße 35 ihre erste Ausstellung. Das Haus stand in einem von Adel und konservativen Großbürgern bevorzugten, heute verschwundenen Villenviertel.[53] Die Vettern waren nun auch verschwägert, denn ebenfalls 1898 hatte Bruno Pauls Schwester Else geheiratet. Die «Kunstanstalt» bestand aus den Ausstellungsräumen und einem «Lesesalon», den Henry van de Velde ausgestattet hatte, «ein Musterbeispiel für seine programmatische Auffassung von der Totalität einer Raumgestaltung» – von den grünen Teppichen und Lederflächen der Stühle zum stumpfroten Padoukholz der Täfelung mit eingelassenen verglasten Feldern bis zu den Dolden der elektrischen Deckenbeleuchtung.[54] Van de Veldes innovativer Jugendstil beeindruckte nicht nur Rainer Maria Rilke, der ihn bei seinem Besuch der Eröffnungsausstellung bewunderte und in der *Wiener Rundschau* beschrieb. «In den kleinen Stuben mit seltsam wunderbaren Wänden von van de Velde erdacht, empfindet man wunschlos das Wohltun dieses wohnlichen Orts und nimmt es an, ohne hinzudenken und fast ohne Dank.» Von Degas und seinen «Balleteusenbildern voll Flitterstimmung und Coulissenlicht» war Rilke wenig angetan. «Sie überraschen durch ihre hoffnungslose Hässlichkeit.»[55]

Schon in dieser Ausstellung befolgten die beiden Galeristen das Prinzip, jeweils zwei oder drei Künstler zu zeigen und damit die Betrachter zur vergleichenden Analyse anzuregen. Vor den Werken eines deutschen und eines französischen Malers – Liebermann und Degas – und eines belgischen Bildhauers – Meunier – konnten sie sich in dieser Ausstellung fragen, warum malt der Deutsche «einen Schweinemarkt und der Franzose Balleteusen in der Garderobe»?[56] Andere Ausstellungskombinationen waren Manet, Monet und Segantini oder van Gogh und Kubin oder Cézanne, Corinth, Leistikow, Klimsch.

Im Allgemeinen wechselten die Ausstellungen jeden Monat. Es gab keine Sommerpause, stattdessen wurde für zwei bis drei Monate eine Gesamtausstellung gezeigt, die einen Rückblick über das vergangene Jahr gab. Von 1898 bis 1933 wurden im Salon Cassirer über 200 Ausstellungen veranstaltet mit jeweils 60 bis 80 Exponaten, insgesamt waren es über 20 000 Kunstwerke.[57] Den jungen Kunsthändlern erwies sich der eine Generation ältere Max Liebermann als väterlicher Freund. Zur Eröffnung der Galerie schenkte er ihnen ein kleines Stillleben, *Atelierwinkel*, und schrieb auf die Rückseite: «Aller Anfang ist schwer / besonders der einer Bildergalerie / Viva Sequens / M Liebermann.» Nicht nur führte er sie bei Hugo von Tschudi ein, er schlug sie auch als Sekretäre der Secession vor. Sie übernahmen unentgeltlich die Geschäftsführung und baten sich dafür beratende Stimme bei der Auswahl und Hängung der Secessionsausstellungen aus.

Die Mitarbeit der beiden Cassirers in der Secession erwies sich noch in anderer Beziehung als segensreich. Als die Vereinigung ein neues Ausstellungsgebäude in der Kantstraße errichten wollte, erhob die Stadt Charlottenburg Anspruch auf das Grundstück. Paul und Bruno wandten sich hilfesuchend an Onkel Max, den Stadtrat, der nicht nur den Verzicht der Stadt durchsetzte, sondern auch die Einwände der Baupolizei widerlegte. In zwei Monaten kamen Spenden von 120 000 Mark für den Neubau zusammen, man darf annehmen, auch mit Hilfe verschiedener Cassirers. In Windeseile wurde das Gebäude errichtet und am 19. Mai 1899 die erste Ausstellung mit 330 Gemälden und Graphiken eröffnet. Sie war ein großer Erfolg. Die Öffnungszeiten mussten verlängert werden, ein Viertel der Bilder wurde verkauft.[58]

In seiner Eröffnungsansprache plädierte Max Liebermann ausdrücklich dafür, auch ausländische Künstler in der Berliner Secession zu zeigen. Am 9. Mai 1900 fand die zweite Ausstellung statt, auf der Werke von 44 Ausländern zu sehen waren, darunter Pissarro, Renoir und Segantini. Mit einem jüdischen Präsidenten und zwei jüdischen Sekretären war die Secession manchem rechtsnationalen Kritiker und Kulturpolitiker ein Dorn im Auge. Sticheleien, Karikaturen, Attacken, allerdings ohne Namensnennung, waren die Folge.

Die Vettern ließen sich davon nicht beeindrucken. Das zweite Standbein ihrer Firma neben der Galerie war der ebenfalls in der Victoriastraße ansässige Verlag, den sie am 20. September 1898 im *Börsenblatt des deutschen Buchhandels* anzeigten. Max Liebermann entwarf das Verlagssignet *Schreitender Mann mit Kiepe*. Die ersten Titel sind fünf Werke zu Kunst und Kunsthandwerk: Liebermanns Mappenwerk *XXV Zeichnungen 1898–1901* und seine Studie *Degas* von 1899; Alfred Lichtwarks *Die Seele und das Kunstwerk* von 1899 und *Die Erziehung des Farbensinnes* von 1901 sowie Wilhelm von Bodes *Kunst und Kunstgewerbe* von 1901. Dem folgen die Werke von Maxim Gorki in der Übersetzung von August Scholz. Auch ein belletristisches Programm war in Planung, ehe sich die beiden Partner trennten.[59]

Wiederum im *Börsenblatt des Deutschen Buchhandels* vom 30. August 1901 erschien folgende Meldung: «Wir beehren uns hiermit zur Kenntnis zu bringen, daß wir die bisher unter der Firma Paul & Bruno Cassirer betriebene Kunst- und Verlagsanstalt in der Weise auflösen, daß Herr Bruno Cassirer den gesamten Buchverlag übernimmt, und Herr Paul Cassirer die Kunstanstalt unverändert weiterführt und den Kunstverlag beibehält. Alle Aktiva und Passiva übernimmt Herr Paul Cassirer.» Paul blieb in der Victoriastraße, der Bruno Cassirer Verlag eröffnete in der Derfflingerstraße 15/16. Von der Secession zog sich Bruno zurück.

Gewöhnlich wird diese familiäre «Secession» auf die gegensätzlichen Naturen der beiden Vettern zurückgeführt, die eine weitere Zusammenarbeit unmöglich machten. Paul wird als der Impulsive beschrieben, bekannt für seine Intelligenz und brillante Beredsamkeit, Bruno dagegen als zurückhaltend, schweigsam und grüblerisch. Er scheute das Risiko, war sparsam, galt sogar als geizig. In der «Familienzeitung» zur goldenen Hochzeit von Brunos Eltern Julius und Julchen erschien die Meldung: «Goldquelle erschlossen. Nach langen Versuchen ist es endlich gelungen, aus dem Schweigen des Herrn Bruno Cassirer Gold zu machen. Der Goldbestand der Reichsbank wächst stündlich.»[60] Nach dem Tod von Paul Cassirer, der weltweit Aufsehen erregte, schrieb Frederick Delius' Frau Jelka an ihre Freundin, die britische Pianistin Adine O'Neill, die sich offenbar erkundigt hatte, wer dieser Paul Cassirer gewesen sei, einen Brief mit einer weiteren Erklärung für die Trennung. «Paul Cassirer who killed himself is the cousin of our Fritz Cassirer and was formerly associated with Bruno Cassirer, Fritz Cassirer's brother. Bruno fell in love with Paul's beautiful first wife and a divorce and deadly feud ensued.»[61] Paul und Lucie wurden allerdings erst 1904 geschieden, nach dem Urteil des Königlichen Landgerichts in Berlin «aus Verschulden des Ehemanns».[62]

Dieses Verschulden soll sich allerdings schon sieben Jahre früher zugetragen haben. In den zum Teil unveröffentlichten Erinnerungen von Margarete Mauthner, der Schwester des Malers Fritz Alexander, die sich große Verdienste als Übersetzerin der Briefe Vincent van Goghs für den Bruno Cassirer Verlag erworben hatte,[63] fand der Robert-Musil-Forscher Karl Corino äußerst diskrete Hinweise auf eine kurze Affaire zwischen Martha Heimann, der jungen Witwe des mit 25 Jahren verstorbenen Fritz Alexander, mit Paul Cassirer. Sie soll sich bereits 1897 zugetragen haben und «skandalisierte» die Familie Alexander bzw. Margarete Mauthner in nicht geringem Maße. Robert Musil lernte die Familie Alexander und ihr Haus in der Matthäikirchstraße 1/Ecke Tiergartenstraße 1907/8 kennen – später wohnten Paul Cassirer und Tilla Durieux nebenan –, und die Bewohner gingen in verschiedene seiner Werke ein, so 1908 in die Erzählung *Das verzauberte Haus*, überarbeitet als *Die Versuchung der stillen Veronika*, in das Schauspiel *Die Schwärmer*, in Episoden des *Mann ohne Eigenschaften* und die *Rabe*-Notizen. Aus all dem geht nicht nur die enge Vernetzung des jüdischen Großbürgertums in und um Berlin hervor – Martha Heimann war eine Jugendfreundin von Lucie Oberwarth –, sondern auch das genüssliche Klatschen über solcherlei Ereignisse. So soll die Ehe Lucies mit Paul Cassirer «nicht sonderlich glücklich» gewesen sein. «In vertraulichen Gesprächen stieß Frau Lucie sogar unverhüllte Todeswünsche gegen ihren Gatten aus», der mit der jungen Witwe gemeinsam die Flucht ergriffen habe. Wie Musil zu Beginn der dreißiger Jahre in Berlin gelegentlich erzählte, habe Lucie eines Morgens einen Zettel Pauls vorgefunden mit den «dürren» Worten: «Bin mit Martha davon.»[64] Wie dem auch sei, die Ehe von Paul und Lucie wurde sieben Jahre später geschieden. Seit der Trennung lebte die fünfjährige Suzanne Aimée bei ihrem Vater, der dreijährige Peter bei der Mutter, die nach München zog und in zweiter Ehe Ermanno Ceconi, den ersten Ehemann von Ricarda Huch, heiratete. Von nun an gingen Paul und Bruno strikt getrennte Wege.

Die Trennungsvereinbarung der ehemaligen Partner enthielt eine achtjährige Sperrfrist für einen Paul Cassirer Verlag. In dieser Zeit widmete sich Paul mit allem Elan der Kunsthandlung und der Secession, deren Sekretär und Geschäftsführer er wurde, und erweiterte ihren Kreis. Max Slevogt und Lovis Corinth holte er nach Berlin. Ernst Barlach, der Künstler und Dichter, dessen Genie Cassirer als Erster erkannt hatte, fand das tiefste Verständnis für den komplexen und komplizierten Paul. Dessen Freundschaft mit August Gaul machte beide zu einem brüderlichen Paar, «Paulchen und Gaulchen».

Der 1890 verstorbene Vincent van Gogh war neben Cézanne der

Künstler, dessen Werk Paul Cassirer besonders liebte. Leistikow hatte Bilder van Goghs in Kopenhagen gesehen und davon in Berlin berichtet. Der Nachlass des Malers befand sich auf dem Speicher Johanna van Gogh-Bongers, der Witwe seines Bruders Theo, im holländischen Bussum. Paul muss Anfang 1901 eine Ausstellung mit Bildern van Goghs bei Gaston Bernheim-Jeune in Paris besucht haben, «er reagierte sofort».[65] Kurz darauf, im Mai, wurden zum ersten Mal in Deutschland fünf Werke van Goghs in der Berliner Secession gezeigt, ein «Markstein in der Geschichte der modernen Kunst in Deutschland». Kein Bild wurde verkauft.

Am Beispiel van Goghs, seiner Entdeckung und Rezeption und der Rolle, die Paul Cassirer dabei gespielt hat, bewahrheitet sich das Diktum Liebermanns über den schweren Anfang einer Kunsthandlung. Mit ganzer Leidenschaft wandte Paul Cassirer all sein Können und seine Mittel auf, um den Maler in jahrelangen Bemühungen bekannt zu machen, indem er Sammler und Museumsdirektoren für ihn zu gewinnen suchte. Nach der Secessionsausstellung 1901 schickte Cassirer 18 Bilder des Malers an den Sammler Karl Ernst Osthaus in Hagen, der 1902 als Erster in Deutschland ein Gemälde des Holländers erwarb, *Die Ernte* von 1889 zum Preis von 1500 Mark. In der siebten Ausstellung des Salons Cassirer vom 22. November bis 17. Dezember 1904 waren 43 van Goghs zu sehen, die Bernheim-Jeune geschickt hatte. Die Ausstellung, etwas «epochal Neues», erregte heftige Diskussionen zwischen konservativen und fortschrittlichen Kritikern. Wieder wurde kein Bild verkauft, aber Paul setzte sich nur umso intensiver für van Gogh ein und erwarb selbst zehn Bilder.

Hugo von Tschudi war von van Gogh begeistert, aber der Kaiser konnte dem Maler nichts abgewinnen. Tschudi finanzierte in solchen Fällen Käufe aus eigenen Mitteln und suchte dann Gönner, die die Werke der Nationalgalerie stiften würden. Im Fall van Goghs tat sich Tschudi schwer, denn Mäzene wie Eduard Arnhold, Franz und Robert von Mendelssohn stifteten vorerst nicht. Erst 1912, drei Jahre nachdem Tschudi in Berlin seinen Abschied genommen hatte und Direktor der Staatlichen Galerien in München geworden war, wohin er seine van Goghs mitnahm, fanden sich Gönner für die sogenannte Tschudi-Spende. Die *Sonnenblumen* und die *Pappeln* hängen heute wie Manets

Déjeuner dank Paul Cassirers Einsatz in der Münchner Neuen Pinakothek. Unter den Sammlern, an die Paul herantrat und die Bilder von van Gogh kauften, standen der Dramatiker Carl Sternheim und seine Frau Thea an der Spitze. Max Liebermann, Harry Graf Kessler, der das Porträt des Dr. Gachet erwarb, die Familie von der Heydt in Elberfeld waren andere, aber noch 1909 wurde in einer Ausstellung des Salons Cassirer kein van Gogh verkauft. Erst 1912 trugen Cassirers Mühen Früchte. In der Kölner Ausstellung des Sonderbundes westdeutscher Kunstfreunde und Künstler, dem auch die Berliner Secession beigetreten war, wurden 108 Arbeiten von van Gogh gezeigt. Nun kauften auch Museen Bilder des Malers. Insgesamt veranstaltete der Salon Cassirer zehn van-Gogh-Ausstellungen. 1914, gleichzeitig mit einer großen Schau, für deren Katalog Paul Cassirer das Vorwort schrieb, erschien die zweibändige Ausgabe des Briefwechsels zwischen Vincent und seinem Bruder Theo im Paul Cassirer Verlag. Der Kriegsausbruch 1914 brachte das Ende der Zusammenarbeit Cassirers mit den Pariser Galeristen, die ihn auch nach Kriegsende nicht mehr empfingen.

Paul Cassirer hat viele Sammlungen geprägt, vornehmlich in Berlin. Die Werke «seiner» Künstler – der Maler Renoir, Cézanne und van Gogh, Corinth, Leistikow, Liebermann und Slevogt, auch Purrmann kann genannt werden, sowie der Bildhauer Gaul und Kolbe – gingen natürlich nicht nur in die Kollektionen der Eltern, Onkel, Tanten und Geschwister ein, sondern auch in die Häuser von Sammlern wie Harry Graf Kessler oder Eduard Arnhold, dem sogenannten Kohlenkönig, dessen Aktivitäten den Ausbau moderner Verkehrswege zu Wasser und zu Lande einschlossen. Seine Sammlung war die wertvollste Privatsammlung in Deutschland und wurde 1918 unter «nationalen Schutz» gestellt. Wilhelm II. hatte ihn schon 1913 als einzigen Juden in das Preußische Herrenhaus berufen. Arnhold dankte es dem Kaiser mit unerschütterlicher Loyalität und dem Preußischen Staat mit einzigartigen Stiftungen, darunter dem Kulturinstitut Villa Massimo in Rom. In der Villa Bellagio bei Florenz eröffnete er ein Böcklin-Museum. Arnhold erwarb Werke von Klinger und Menzels *Besuch des Aufsichtsrats im Walzwerk*. Er ließ sich von Paul Mut zu seiner exquisiten Sammlung von Impressionisten machen, für die er einen Oberlichtsaal baute.[66]

Arnhold war Cassirers bester Kunde und hat für etwa eine Million Mark Kunstwerke in dessen Salon erworben.

Nach Pauls Tod wurden seine Juniorpartner Walter Feilchenfeldt und die Kunsthistorikerin Grete Ring, eine Nichte Liebermanns, seine Nachfolger. Als Galeristen und Verleger wirkten sie in seinem Sinne. 1928 veranstaltete Feilchenfeldt eine letzte große van-Gogh-Ausstellung in der Victoriastraße. Zu dem Vermächtnis, das Paul Cassirer der deutschen Kultur hinterließ, gehörten die Werke van Goghs in den Museen und privaten Sammlungen. 1914 befanden sich 120 Gemälde und 35 Zeichnungen des Holländers in Deutschland, in England «vielleicht zwei». Krieg, Inflation und vor allem die Zerschlagung der «nicht arischen» Sammlungen und die Säuberung der Museen von «entarteter Kunst» durch die Nationalsozialisten verringerten dieses Erbe auf heute 14 Werke in deutschem Besitz.

Paul war nicht nur auf Impressionisten und van Gogh eingeschworen. Ungefähr zur selben Zeit, als man in Deutschland den singulären Holländer entdeckte, wurde der Spanier El Greco bekannt und durch Cassirer propagiert. Wahre Pilgerreisen nach Spanien wurden unternommen, Rilke nistete sich im Winter 1912/13 für Wochen in El Grecos Toledo ein, angeregt von Julius Meier-Graefes *Spanischer Reise*.[67]

Auf die Auktionen des Salons Cassirer, die 1916 begannen und bis 1932 von seinen Nachfolgern fortgesetzt wurden, soll hier nicht weiter eingegangen werden. Ein Verzeichnis der überaus erfolgreichen Veranstaltungen findet sich bei Georg Brühl.[68]

Seit Paul Cassirer zum ersten Mal den Salon Durand-Ruel in Paris aufgesucht hatte, wusste er, dass er seine Mission nicht ohne die Zusammenarbeit mit dem Pariser Kunsthandel erfüllen konnte. Sein perfektes Französisch kam ihm bei den jahrelangen, zum Teil unendlich schwierigen Verhandlungen zu Hilfe. Cassirer stellte auch unverkäufliche Bilder aus Paris in seinem Salon aus, um die französischen Maler in Deutschland einzuführen. Als Paul Durand-Ruel 1903 eine große Anzahl von zum Verkauf bestimmten Gemälden nach Berlin schickte, darunter 45 Pissarros, wurde keines verkauft, was den Pariser Händler verstimmte. Aber die Zusammenarbeit wurde fortgesetzt und gelangte 1914 auf ihren Höhepunkt, als Durand-Ruel, Bernheim-Jeune und Cassirer zusammen die Sammlung des Industriellen und sogenannten Margarinekönigs

Auguste Pellerin erwarben. Der Kriegsausbruch bereitete dem Vorhaben, die Bilder, die zum Teil in Berlin ausgestellt wurden, gemeinsam zu verkaufen, ein Ende. Die Nachkriegsforderungen der französischen Geschäftspartner hätten den Salon Cassirer fast vernichtet.[69] Um seine eigenen Bilder zu retten, darunter mehrere von van Gogh, die in Gefahr waren, zur Finanzierung der Zahlungen für die Pellerin-Sammlung veräußert zu werden, ließ Paul sie an Tilla Durieux überschreiben.

Die Erfolge, die Paul Cassirer mit den Ausstellungen französischer Impressionisten in der Secession und seiner Galerie erreichte, trugen ihm nicht nur die Abneigung rechtsgerichteter, nationalistischer und antisemitischer Kritiker und Künstler sowie des Kaisers ein. Auch in der konservativen katholischen Zeitschrift *Hochland* erschien 1903 ein übles antisemitisches Pamphlet, das die «Vertreter des spezifischen Judengeistes von Berlin W» anprangerte, die aus dem «verjudelten» Stadtteil einen «Kunstmarkt ersten Ranges» gemacht hätten. «Der Salon Cassirer, den man ebenso gut Salon Liebermann nennen kann, ist die ‹Secession›, deren Geschäfte in den geschickten ‹Kassierer›-Händen liegen, im kleinen.»[70]

Ausgelöst vom Kauf der *Mohnblumen* von van Gogh durch die Bremer Kunsthalle für 30 000 Mark, rief der Landschaftsmaler Carl Vinnen 1911 zum «Protest deutscher Künstler» auf, den 140 Persönlichkeiten unterschrieben und mit Kommentaren versahen. Käufer ausländischer Kunst, heißt es darin, beraubten deutsche Künstler, riesige materielle Hilfsmittel würden so der deutschen Kunst entzogen. Die Lage Tausender auf den Kunstakademien ausgebildeter Künstlerinnen und Künstler war, wie Paret in einer ausführlichen Diskussion der Vinnen-Affaire nachweist, in der Tat desolat.[71] Jedoch ist schwer vorstellbar, wie dem außer durch Boykott ausländischer Kunst oder einer Planwirtschaft auf dem Kunstmarkt hätte abgeholfen werden können. Das hätten die Befürworter einer Kunst von «Künstlern aus eigenem Fleisch und Blut» am liebsten gesehen.

Das Manifest hatte eine Antwort von Paul Cassirer zur Folge. Sein elegant formulierter Essay *Kunst und Kunsthandel*[72] zeugt von großem Wissen in Kunstgeschichte und Geschichte des Kunstsammelns und -handels. Darüber hinaus enthält er ein Bekenntnis zur Moderne und zu Cassirers persönlichem kulturellen Sozialismus. Er habe, schreibt er, französische Kunst in Deutschland eingeführt, weil er Manet liebe und in Cézanne «den Träger einer Weltanschauung» erblicke. Ihm und seinem Vetter hätte vor zwölf Jahren «niemand viel Dank gewusst, da war es schwer, auch nur das Wenige zu verdienen, um das Unternehmen aufrecht zu erhalten». Er wolle Kunst «öffentlich machen», denn «uns ist der Gedanke unerträglich, dass das Werk Rembrandts nicht jedem zugänglich sein sollte». Deshalb wurde auch der Kunsthandel öffentlich und trug dazu bei, die moderne Kunst zu der «geistigen Bewegung» zu machen, «die über die ganze Welt geht» und «die kein Protest unterdrücken kann». Zum «Öffentlich-Machen» der Kunst gehörten auch Cassirers Ideen, Berlin als Kunsthauptstadt, ein «Fest der Künste»[73] erstehen zu lassen und auf dem Tempelhofer Feld ein Kunstareal, ein «Forum Berolinense» zu errichten.[74]

Paul hatte durchaus Bundesgenossen in seinem Kampf für die Moderne. Dazu gehörte Alfred Lichtwark, Direktor der Hamburger Kunsthalle. Er berichtete regelmäßig an die Kommission zur Verwaltung seines Museums über die Ereignisse auf dem Berliner Kunstmarkt, auch über die Aktivitäten Cassirers, der seit Langem den Wunsch hege, neue Werke, «in das Bett der Sammlung von Bildern aus Hamburg zu leiten». Lichtwark beschrieb, wie in Cassirers Ausstellungen «Liebermann seine Bilder zwischen die von Manet hängt, wo sie in den Worten des Malers, «nicht gut und nicht schlecht aussehen, aber ganz anders». Er zitierte Preise, die Cassirer forderte oder bei Auktionen erzielte: 20 000 Mark für Wilhelm Leibls *Gräfin von Treuberg*, 95 000 Franken für einen Renoir, vor dem Cassirer jeden Tag «andächtig eine Stunde» sitzt.[75]

Lichtwark war ein wackerer Streiter für die moderne Kunst und sparte nicht mit schwerem Geschütz, wenn er das System attackierte, das dem deutschen Publikum den Weg in die Moderne durch den konservativen Kunstbetrieb versperrte, indem es «Lehrlingen und Pfuschern» erlaubte, «auf Staatskosten in dem teuren Ausstellungspalast» ihre Bilder zu zeigen. Lichtwark sah keine Änderung dieser Verhältnisse, «solange es Akademien und ein staatlich anerkanntes, weil vom Staat geschaffenes Kunstproletariat gibt».[76] Paul und Bruno dankten Lichtwark für seinen Einsatz, indem sie ihn als einen der ersten Autoren ihres Verlags veröffentlichten.[77] Die Reihe seiner kunsttheoretischen Werke wurde ab August 1901 vom Bruno Cassirer Verlag fortgesetzt.

*Paul Cassirer,
Porträt von Leopold von Kalckreuth (1911)*

Der temperamentvolle Direktor der Hamburger Kunsthalle war wohl auch ein Grund, warum Paul 1902 seine erste Zweigniederlassung in Hamburg eröffnete. 1923 folgte die in Amsterdam. Lichtwark war indessen über den Berliner Eindringling nicht so erfreut, wie dieser erwartet hatte. Cassirer veranstaltete in seiner Galerie am Neuen Jungfernstieg 16 auch Vorträge von Rednern wie Julius Meier-Graefe und Richard Dehmel und begab sich damit auf das Gebiet der Kunsterziehung, das Lichtwark als sein alleiniges beanspruchte. Das Hamburger Publikum zeigte sich nicht so aufgeschlossen für die zeitgenössische Kunst wie der Direktor der Kunsthalle. Auch wurde als Grund für den mangelnden Erfolg des Unternehmens angegeben, dass der Salon nicht in der Nähe der Börse lag.[78]

In den anderthalb Jahrzehnten, in welchen der Berliner Salon Cassirer zu wachsendem Ansehen gelangte, stiegen auch die Gewinne, die es Paul erlaubten, «seine» Künstler aufs Großzügigste zu unterstützen. Mit Mut zum Risiko schloss er Verträge und setzte Renten aus, auch wenn der betreffende Künstler noch wenig geschaffen hatte oder seinen Arbeiten kein Verkaufserfolg beschieden war.

Als Beispiel sei zunächst Ernst Barlach angeführt. Der 37-jährige Künstler hatte zum ersten Mal 1907 zwei Terrakotten, *Russische Bettlerin mit Schale* und *Blinder Bettler* in der Berliner Secession ausgestellt. «Der über alle Maßen selbstlose August Gaul zeigte mehr Freude über diesen Anfang als ich selbst haben konnte»,[79] schreibt Barlach in seinen Erinnerungen *Ein selbst erzähltes Leben*. Es ist «ein bedeutendes literarisches Werk, das in der autobiographischen Literatur einen Platz für sich einnimmt».[80] Gaul war es auch, der Barlach in seinem Haus mit Paul bekannt machte. 1908 schlossen beide einen Vertrag, der Barlach ein festes Jahresgehalt garantierte.[81] Das war zwei Jahre, bevor der Künstler Cassirer seinen «Gemütszustand eines besessenen Wilden» offenbarte, der seine Arbeit bis dahin gehemmt hatte. «Darauf öffnete er [Paul Cassirer] den Mund und forderte mit natürlich heiterer Feierlichkeit mein Vertrauen […] und wir wurden ein seltsames Freundespaar – nichts von Paulchen und Gaulchen […] und doch immer wieder freie Rückkehr zu unbedenklicher Offenheit […] Er trieb meine Lämmer auf die Weide, meine erbärmlichen frierenden plastischen Erstlinge, und da er einmal die Hände rührte, so klinkte zugleich ein Pförtchen für etwas anderes in mir auf. Als er mich aufforderte, ein lithographisches Werk für die Panpresse beizusteuern, erwähnte ich ein ‹Drama›, das man vielleicht als Gerüst zur Aufreihung von Motiven benutzen könne. Er zuckte weder mit der Wimper, noch zögerte er einen Augenblick mit der Antwort. Na, ja, also zeichnen Sie.»[82] So entstand die «einstweilen unverkäufliche» Mappe einschließlich eines Textbandes zum *Toten Tag*.

Dank seines Vertrags hatte Barlach bereits, ehe auch nur eines seiner Werke verkauft worden war, 5000 Mark von seinem Galeristen erhalten. 1923 wies sein Konto beim Salon Cassirer 417 092 Mark auf.[83]

Selbst Tilla Durieux, die 23 Jahre Pauls Leben teilte, fand keine besseren Worte, um ihren Mann zu charakterisieren, als die Barlachs, den sie in ihren Erinnerungen ausführlich zitiert. «Die menschliche Charakterisierung ist vortrefflich. Von keiner anderen Begegnung ist im selbsterzählten Leben so ausführlich die Rede wie von diesem Mann.»[84] Barlach war nicht der Einzige, der die zwei Naturen Pauls, die miteinander im Widerstreit lagen, erkannte, aber keiner hat sie anschaulicher beschrieben. Er war «der erfolgreichste Perlenfischer und schlaueste Einfädler und Anstifter bei der Heimführung von Überschüssen, der Preisgeber und Bewahrer seines Selbst in großem Format war zugleich der böse Bruder des Künstlers Cassirer und des so leicht zu beglückenden, sich selbst seligpreisenden großen Kindes Cassirer, der den Bösen-Buben-Streichen so arg zugetan war und dionysisch durch die Welt zu brausen begehrte. Sein eigener böser, auftrumpfender und beinstellender Bruder zu sein, war Paul Cassirers tragisches Geschick.»[85]

Mit Gaul schloss Paul keinen Vertrag, sondern setzte ihm eine Rente aus. Das enge Verhältnis zwischen beiden, das auch die Frauen und Kinder einschloss, war das zwischen Familienmitgliedern. Tilla erfüllte die Weihnachtswünsche von Gauls Kindern und fand sogar einen jungen Esel für sie. Als der Bildhauer 1921 starb, saß Paul an seinem Sterbebett.

Um Oskar Kokoschka dagegen musste Cassirer werben. Der Maler war seit Jahren mit dem Pianisten, Komponisten, Schriftsteller und Galeristen Herwarth Walden «eng verbunden», wie er in seiner Autobiographie bekennt. Die Verbindung war zwar nicht vertraglich festgelegt, aber viele gemeinsame Erlebnisse hatten beide vereint. Bereits in seiner ersten Sturm-Ausstellung 1912 hatte Walden, der von 1903 bis 1916 mit Else Lasker-Schüler verheiratet war, Bilder von Kokoschka mit solchen von Ferdinand Hodler, Edvard Munch und Malern des Blauen Reiters gezeigt. Im Impressum von Waldens Zeitschrift *Der Sturm* stand noch 1913: «Verantwortlich für die Schriftleitung in Österreich-Ungarn i. V.: Oskar Kokoschka.» Kokoschka hat mit 30 graphischen Beiträgen «den ersten Jahrgang des *Sturm* 1910 wesentlich bestimmt».[86] Er arbeitete als Reporter für die Zeitschrift und darbte 1910, dem «Sturmjahr», in einer kalten Dachstube des Mietshauses in Berlin-Halensee, einer «Insel der Armut», wo die *Sturm*-Redaktion untergebracht war und wo sich auch die Wohnung der Waldens befand, die damals buchstäblich am Hungertuch nagten. Im selben Jahr nahm Kokoschka an einer Werbeaktion für den *Sturm* im Rheinland teil, bei der er mit Walden und

Lasker-Schüler, wie eine «Zirkusgruppe» kostümiert, durch Bonn und Elberfeld zog und Werbeprospekte in Briefkästen warf.[87] Kokoschkas Bilder waren regelmäßig in den «avantgardistischsten Sturm-Ausstellungen» zu sehen, «zu denen Walden nun die gesamte Elite der Moderne aus Frankreich, Italien, Holland, Belgien, Skandinavien und Rußland zusammengeholt hatte». Damals zeichnete Kokoschka ein Plakat für einen seiner Vorträge, ein Selbstbildnis «mit kahlgeschorenem Schädel wie ein Sträfling und mit dem Finger auf eine Wunde auf meiner Brust deutend, es war als Vorwurf an die Wiener gerichtet [...]».[88] Diesen Künstler wollte Paul haben.

Es mag erstaunen und zeigt doch wie kaum etwas anderes Pauls Kennerschaft und Kunstbegeisterung. Er hatte bereits Liebermanns Weg vom Naturalismus zum Impressionismus – vom *Schweinemarkt in Haarlem* zum *Wannseegarten* – verfolgt. Das war die Entwicklung ein und desselben Künstlers. Jetzt bezog er den Expressionismus in seinen *orbis pictus* ein, in den er bald auch Maler der Brücke aufnahm. Cassirer hatte sein Interesse an Kokoschka schon im Juni 1910 bekundet, als er zum ersten Mal ein Bild von ihm zeigte. Bei dieser Gelegenheit lernte der Maler den Galeristen persönlich kennen und gewann Einblick in eine andere Welt. «Herrenclub und Jokeyklub waren sein Milieu», schreibt er über den Mann, der ihn vertraglich an seinen Salon binden wollte. «Ich sollte einen bedeutenden Jahresbetrag ausbezahlt bekommen, und dafür war mir vollkommen freigestellt, wie viele Bilder ich malte, sie hatten nur, das war die Bedingung, der Qualität der bisherigen zu entsprechen.»[89]

Kokoschka konnte sich nur langsam für Cassirer erwärmen. Zunächst war er «ein dummer Millionär, der einen Holz- und Kunsthandel hatte»[90] oder «der ekelhafte Kunsthändler», und Kokoschka «ohnmächtig», sich «dieser Gesellschaft anzupassen und zu unpraktisch, es zu maskieren», wie er an Alma Mahler schrieb.[91] Dann erschien ein Vertrag doch verführerisch. «Ich könnte einen Kontrakt mit einem Kunsthändler bekommen», heißt es am 12. August 1912 an seine Mutter, «wonach ich Dir monatlich 4000 Kr., und extra Zins, anweisen lassen könnte.»[92] Trotzdem versuchte er, «dem Cassirertrust» auszuweichen, wo er konnte,[93] so an Walden, dem er «gern konstant Bilder schicken möchte, wenn Sie Mark dafür ermöglichen». Das konnte Walden nicht.

So teilt Kokoschka am 22. Oktober 1912 den Eltern mit: «Morgen spreche ich endgültig mit Cassirer, nachdem er mürbe genug ist, über einen Vertrag, der mir mehr Freiheit und Unabhängigkeit und wahrscheinlich mehr Geld bringt.»[94]

Schließlich entlockte Cassirers Großzügigkeit Kokoschka doch Dankesworte. Als sein Bruder Bohuslav 1920 ein kleines Haus außerhalb Wiens für die alten Eltern gefunden hat, schickte Oskar ihm einen Scheck über die Kaufsumme, «die meine Rente, die ich von Cassirer erhielt, weit überstieg. Doch habe ich erst im letzten Moment Cassirer gebeten, den Scheck zu decken oder meinen Vertrag zu sistieren. Dies musste ihm ebenso leichtsinnig erscheinen, als unverschämt und undankbar vorgekommen sein, denn Paul Cassirer war der erste gewesen, der mir finanzielle Sicherheit geboten hatte.» Nach einer «angstvollen Woche» kam Cassirer persönlich zu Kokoschka nach Dresden. Kokoschka beschrieb das Treffen: «‹Als der Ältere komme ich›, sagte er. Er reichte mir die Hand, meinen Scheck hatte er gesichert.» Nicht genug, Cassirer erfüllte auch Kokoschkas Bitte, «‹meine Gläubiger, die im Vorzimmer warten, zu befriedigen, falls Sie genug Bargeld bei sich haben›».[95]

Allerdings tat Cassirer das alles nicht um Gotteslohn, denn für Kokoschkas Bilder fanden sich immer mehr Käufer. «Der Cassirer hat schon alle meine Bilder vom vorigen Jahr verkauft. Jetzt kommt bei ihm eine Ausgabe meiner ‹Gesammelten Dichtungen!!!›», heißt es in einem Brief an die Eltern im März 1918.[96] Das Letzte, was Paul dem Maler Gutes tun konnte, war die Finanzierung einer viele Monate dauernden Reise, zeitweilig mit einem Reisebegleiter, der sich um alles Praktische kümmerte, denn der Maler reiste mit Staffelei, Leinwand und großen Koffern, die er bisweilen falsch adressierte. Von der Schweiz ging es über Venedig und Florenz nach Paris, wo der Maler nach Meinung Cassirers zu lange blieb. Weiter ging es nach Biarritz, Bordeaux und Avignon nach Amsterdam und London. Überall malte Kokoschka seine großen Veduten, oft sind es Blicke aus seinen luxuriösen Hotelzimmern, wie er nicht versäumt, in seinen Briefen hinzuzufügen. Noch im November 1925 zeigte Cassirer Kokoschkas «erste große Reisebilderausstellung, 35 Bilder, davon 34 Landschaften».[97] Dann beendete der Tod des Galeristen die Partnerschaft.

So verschieden die Beziehungen Pauls zu den drei Künstlern Barlach, Gaul und Kokoschka waren, so unterschiedlich gestalteten sich die zu den vielen anderen, mit denen er zusammenarbeitete: darunter Corinth, Slevogt und Max Beckmann, die auch als Illustratoren in die Buchproduktion des Paul Cassirer Verlags eingebunden wurden.

Nachdem 1908 die Sperrfrist abgelaufen war, konnte Paul seinen Verlag eröffnen. Zu dieser Zeit war er bereits fünf Jahre mit der Schauspielerin Tilla Durieux liiert. Diese begnadete Künstlerin war auch eine begabte Schriftstellerin und hat die ersten Treffen mit Paul auf einer Gesellschaft bei Julius Meier-Graefe und auf dem «Ball der Secession» dramatisch beschrieben. Sie war beide Male in Begleitung ihres ersten Mannes, des Malers Eugen Spiro, aber bereits im ersten Augenblick von Cassirers Redekunst gebannt. «Glänzend, heiter, witzig, jeden Augenblick einen anderen Blickpunkt erschließend, Wahrheit – Dichtung – Lüge, die im nächsten Augenblick Wirklichkeit sein konnte, Scharaden– Märchen – Tausendundeinenacht.» Paul war gleichermaßen von Tilla fasziniert. Auf dem Secessionsball spielte sich in ihrer Beschreibung «ein einziges Spiel» ab: «‹Klapperschlange und Kaninchen.› Ich konnte nur mit den Löffeln wackeln und hie und da die Nase lüpfen, meine schillernde Schlange ging mir nicht von der Seite, alle anderen Menschen, inklusive Spiro wurden aus meiner Nähe fortgezischt, und so war ich wehrlos einem Sturm ausgeliefert, der gegen mich anbrauste.» Schließlich wusste sie, dass es keinen Zweck hatte, gegen ihr «Schicksal zu kämpfen», sie war «für alles andere verloren».[98]

So wie Tilla von Paul in «die Welt, von der ich immer schon geträumt hatte», eingeführt wurde, die Welt des Intellekts voll sprühendem Witz und tiefem Wissen, so lernte Paul durch sie die Welt des Theaters kennen. Auch hier erwies er sich als meisterhafter Organisator. Als Tilla während der Saison 1907/8 in Berlin das Russische Ballett sah, in dem die Pawlowa den *Sterbenden Schwan* tanzte und Nijinski im *Geist der Rose* aus dem Fenster sprang, und sich Kritik und Publikum in der halb leeren Komischen Oper reserviert verhielten, «stürmte» sie nach Hause und berichtete Paul so enthusiastisch, dass er mit einer ganzen Künstlerschar, darunter Slevogt, in die nächste Aufführung ging. Unter ihnen herrschte Begeisterung, und Cassirer überredete den russischen Manager, die Aufführungen abzubrechen und in der nächsten Saison wiederzukommen. Diesmal bereitete Paul das Gastspiel vor. Die Presse wurde bearbeitet und, da er gerade Präsident der Secession war, vor der ersten Aufführung eine Vorstellung für Secessionsmitglieder, Kritiker und Schriftsteller gegeben. Danach fand ein Bankett für die Gäste und das gesamte Ballett statt. «Im Publikum saß, von Gerhart Hauptmann und Max Liebermann angefangen, alles was schrieb, malte und in Stein hieb. Bei dem ‹Sterbenden Schwan› rollte Hauptmann eine Träne über die Wange, die nachher in allen Zeitungen erwähnt wurde. Der Applaus war wie ein Orkan [...] das Gastspiel musste verlängert werden.»[99]

Paul kümmerte sich auch um die Weiterbildung Tillas. Eines Tages fragte er, ob sie «schon gehört hätte, dass es so etwas wie eine deutsche Sprache gäbe». Er machte ihr klar, dass sie den Wiener Dialekt noch nicht abgelegt und «von Stimme und Atem keine Ahnung hätte».[100] Er ließ sie Sätze aus ihren Rollen «wieder und wieder sprechen, bis sie tadellos von meinen Lippen perlten». Er hielt ihr einen langen Vortrag, dass sie als Schauspielerin «verpflichtet» sei, die deutsche Literatur zu kennen, und «in die Schönheit der Sprache einzudringen». Sie sollte Hunderte von Gedichten lesen. «Den Franzosen ist es angeboren», rief Paul, «nur unsere eigenen Lyriker können uns den Weg zeigen.» Er las Gedichte von Goethe, George, Rilke, Baudelaire und Verlaine vor, und «aus dem unmusikalischen Krächzen» hörte sie «genau, was zutiefst in den Reimen verborgen war».[101]

Die Schauspielerin gestand, Paul «die schönsten und die bittersten Stunden»[102] ihres Lebens zu verdanken. Zu den schönsten gehörten in den ersten gemeinsamen Jahren die Sommerwochen in Noordwijk an der holländischen Küste, wo Paul 1906 ein Ferienhaus in den Dünen gebaut hatte, in dem seine Künstler – Barlach, Leistikow, Liebermann – Gastrecht besaßen, malten und zeichneten. Es waren die Jahre der morgendlichen Ausritte in den Dünen von Noordwijk und im Berliner Tiergarten, der Ballonflüge mit Pauls Bruder Alfred, all das schon ehe die Verbindung von Tilla und Paul am 24. Juni 1910 in einer Ziviltrauung legalisiert wurde.

Paul bestimmte das Programm für Tillas Vortragsabende, auf denen sie ab 1908 auch aus Werken von Cassirer-Autoren lesen konnte. Was in 25 Jahren unter dem neuen, von Slevogt entworfenen Verlagssignet – ein schwarzer, auf einem Baumstamm ruhender Panther – veröffentlicht wurde, ist in der kommentierten Bibliographie von Rahel Feilchenfeldt und Markus Brandis aufs Genaueste und Anregendste dargestellt. Der Verlag war ein literarischer, ein politischer und ein Kunstverlag, kurz ein «Kulturverlag»,[103] der seine Bücher von Signet über Typographie, Einband und Umschlag bis zu den Illustrationen ästhetisch ebenso anspruchsvoll wie zurückhaltend präsentierte.

Mit der Gründung der Pan-Presse, einer Handpresse, ebenfalls 1908, konnte Cassirer seinen Künstlern große Aufträge erteilen. Der erste Band, der «monumentale *Lederstrumpf* von James Fennimore Cooper mit über 150 Lithographien von Max Slevogt war ein Paukenschlag. Die 60 Exemplare der A-Ausgabe sind in rotes Ganzmaroquin handgebunden, die Tafelmappe in Halbmaroquin beigegeben.»[104]

Auch Paul und sein Freundeskreis waren der Indianer-Leidenschaft verfallen. Der Verleger wählte einen Klassiker, den ersten amerikanischen Autor überhaupt, der noch zu seinen Lebzeiten (1789–1851) in Deutschland übersetzt und gelesen wurde. Cooper hatte unter den Indianern im Norden des Staates New York um die von seinem Vater gegründete Stadt Cooperstown viele Freunde, mit welchen er am Lagerfeuer saß. Slevogt zeichnete eine ähnliche Szene, in der er selbst als «Großer Bär», Tilla als «Prairieblume» und Paul als «Listiger Fuchs» die Friedenspfeife schmauchend um ein Feuer sitzen.[105]

Slevogts Randzeichnungen zu Mozarts *Zauberflöte* «zeigen die deutsche Buchkunst auf einem Höhepunkt».[106] Die Mappenwerke von Barlachs *Totem Tag*, Pechsteins *Reisebildern* oder Liebermanns und Karl Walsers Steinzeichnungen zu Goethe-Gedichten stehen dem nicht nach.

Der Schwerpunkt des literarischen Programms lag auf der zeitgenössischen Literatur. Frank Wedekind, den Paul Cassirer am meisten bewunderte und mit dem er viele Nächte bei vielen Gläsern Wein heiß diskutierte, überließ ihm nur 1909 ein Buch, den *Stein der Weisen*. Von Heinrich Mann wollte der Verleger das Gesamtwerk in zwölf Bänden veröffentlichen. Sein Lektor Wilhelm Herzog konnte die Rechte vom Albert Langen Verlag in München für 12 000 Mark erwerben. Mann erhielt ein jährliches Fixum von 6000 Mark als Vorauszahlung. Trotz heftiger Auseinandersetzungen über die Aufführungsrechte von Manns Einaktern erinnert sich der Schriftsteller in seiner Autobiographie dankbar an den Verleger: «Der Kunsthändler Paul Cassirer war mir gegenüber ein Kenner mehr als ein Kaufmann. Buchverleger wurde er erst an mir – [...] Fünf Jahre, von 1910 bis 14, bezahlte er meine längst vorliegenden Leistungen reichlich, ohne auf Gewinn oder nur Ersatz zu achten. Seine Sicherheit war *Der Untertan*; indessen konnte der fertige Roman aus Gründen des öffentlichen Geschehens noch lange nicht erscheinen.»[107] Das so diskret formulierte «öffentliche Geschehen» war der Kriegsausbruch. Paul eilte zu den Fahnen und Kurt Wolff übernahm das Werk Heinrich Manns und andere Titel des Verlags. Andere wichtige Autoren Cassirers waren die jungen Expressionisten: Kasimir Edschmid, Walter Hasenclever und der Elsässer René Schickele, der als Herausgeber der bei Cassirer erscheinenden *Weißen Blätter* ein enger Mitarbeiter wurde. Auch Edschmid konnte nicht widerstehen, den Verleger zu porträtieren. «Er war ein selbstbewußter, massiver Zeitgenosse, der wie die Schädel vieler römischer Imperatoren etwas Semitisches hatte.»[108] Was das sein soll, erläutert er nicht.

Die einzige literarische Gesamtausgabe, die Paul veröffentlichte, waren die Werke Else Lasker-Schülers. Die zehn Bände, die 1919/20 erschienen, ließ ihr «Hauptverleger», wie die Dichterin Cassirer nannte, sie selbst mit Einbandzeichnungen in fein abgestimmter Farbgebung ausstatten. Jeder Band erschien in Halbpergament, als Pappband und broschiert.

Es ist bezeichnend, dass die politischen Schriften im Paul Cassirer Verlag erst nach 1918 erschienen. Sie sind das Resultat der Wende, die sich, entsprechend der Kriegserfahrung und politischen Umwälzungen, im Denken Cassirers vollzog. Rosa Luxemburg erfuhr Cassirers Unterstützung, als sie im Breslauer Frauengefängnis *Die Geschichte meines Zeitgenossen* von Wladimir Korolenko aus dem Russischen ins Deutsche übertrug und von dem Honorar ihre Gefängniskost aufbessern konnte. Die beiden Bände erschienen 1919 und erlebten sofort eine Neuauflage. Im selben Jahr betraute er den SPD-Veteranen Eduard Bernstein mit der Neuausgabe der Reden und Schriften von Ferdinand Lassalle, einem der Gründerväter der deutschen Sozialdemokratie, in zwölf Bänden. Ebenfalls 1919 ehrte der Verleger zwei Opfer des Münchner Rechtsextremismus und veröffentlichte die «Revolutionsausgabe» von Gustav Landauers *Aufruf zum Sozialismus* (Erstveröffentlichung 1911) und die Erstausgabe von dessen *Rechenschaft* sowie die *Gesam-*

melten Schriften von Kurt Eisner. Im nächsten Jahr erschien Eisners *Götterprüfung. Eine weltpolitische Posse*.

Seinen Autoren kam Paul ebenso entgegen wie seinen Künstlern. Ernst Bloch berichtet, dass er keinen Vertrag erhielt, sondern ein kleines Häuschen in Zehlendorf und 400 Mark monatlich, «obwohl ich nichts schrieb».[109] Es erschienen dann doch drei Bücher von Bloch, beginnend 1923 mit dem *Geist der Utopie*. Der Verleger war ebenso auf die Leser bedacht. Er veröffentlichte keineswegs nur bibliophile Kostbarkeiten, sondern viele Bücher auch in preiswerten sogenannten Volksausgaben zu einem Bruchteil des Preises der Prachtausgabe eines Titels, zum Beispiel die Werke von Else Lasker-Schüler.

Verlagsgeschichte und Lebensgeschichte Paul Cassirers sind aufs Engste miteinander verbunden. Das verdeutlichen auch die Zeitschriften, die in seinem Verlag erschienen. Von 1908 bis 1912 veröffentlichte er den *Pan*, der zeitweise sein Mundstück wurde. Hier erschienen seine wichtigen Beiträge über Kunst und Kunsthandel, in denen er auf die Angriffe wie den Vinnen-Protest und die Artikel im *Hochland* reagierte. Es gab auch Ärger mit den Mitarbeitern, wie er für einen Redakteur üblich ist. Ein Artikel von Hermann Essig wurde angenommen und gesetzt, da musste ihn der Herausgeber des *Pan* am 20. Dezember 1911 in der *BZ am Mittag* lesen. Als Paul daraufhin Essig nahelegte, den Vertrag mit ihm aufzulösen, verlangte dieser 50 000 Mark, was am 20. Juni 1911 einen Brief des Verlegers zur Folge hatte, der einen Satz umfasste. Essigs Forderung liege «so ausserhalb aller Wahrscheinlichkeit» schrieb er, «dass sich eine Antwort auf Ihren Brief erübrigt».

Arnold Schönberg sandte einen interessanten Artikel ein, musste aber überzeugt werden, dass sein Pseudonym «Carl Freigedank» der Veröffentlichung nicht dienlich wäre. In dem gleichen Zeitraum 1911/12 korrespondierte Cassirer mit dem Komponisten, Autor und Maler über die sechs Bilder, die Schönberg bei Cassirer ausstellen wollte und die, sobald sie in Berlin angekommen waren, sofort gehängt wurden, wie der Galerist telegraphisch versicherte.

Für Aufregung sorgte die sogenannte Jagow-Affaire. Man kann sie als Posse bezeichnen, in der der Berliner Polizeipräsident Traugott von Jagow die Rolle der komischen Person übernahm. Jagow hatte soeben die Redaktion des *Pan* wegen Veröffentlichung unzüchtiger Schriften –

Auszüge aus Flauberts Jugendtagebuch – angeklagt.[110] Die *Pan-Gesellschaft*, die sich die Aufführung neuer Dramen zum Ziel gesetzt hatte und der Paul angehörte, wollte Sternheims *Hose* zeigen. Der Polizeipräsident verlangte, einer Probe beizuwohnen, und Tilla Durieux wurde neben ihn gesetzt, um ihn an verfänglichen Stellen mit kommentierenden Bemerkungen abzulenken, damit das von Max Reinhardt inszenierte Stück nicht auch der Zensur verfiel.

Tilla faszinierte Jagow dermaßen, dass er ihr noch am gleichen Tag einen Brief schrieb mit der Bitte, sie zum Zweck weiterer Gespräche besuchen zu dürfen, nicht ahnend, dass sie die Gattin des Verlegers und Herausgebers des *Pan* war, den er soeben vor den Kadi zitiert hatte. Paul war empört und forderte Jagow zu einem Duell auf Pistolen, der daraufhin einen Rittmeister «in einem Gardekavallerieregiment, mit wunderschönem Helm und Pallasch» zu Cassirer schickte, um seine Entschuldigung anzubieten. Paul nahm sie an, aber er hatte Jagows Schreiben dem *Pan*-Redakteur Alfred Kerr gezeigt, der es nicht nur veröffentlichte,[111] sondern auch genüsslich ausschlachtete.[112] Es wurde «ein umfangreicher wie schauerlich missglückter Artikel», wie sich Wilhelm Herzog, damals Lektor bei Cassirer, erinnert, der auch Zeuge des Auftritts des Gardekavalleristen von Marschall geworden war.[113]

Cassirer äußerte sich zu der Jagow-Affaire zweimal im *Pan*, dass ihm kein «Vetorecht» in der Zeitschrift zustehe und die Angelegenheit für ihn erledigt sei. Aber die Wellen schlugen hoch und über Berlin hinaus. Es bildeten sich zwei Parteien pro und contra Kerr. Er wurde in der *Schaubühne* von Siegfried Jacobsohn und besonders scharf in der *Fackel* von Karl Kraus angegriffen,[114] in der *Aktion* hingegen von Kurt Hiller verteidigt.[115] Else Lasker-Schüler fühlte sich genötigt, an einer Umfrage in der *Aktion* mit einem Scherzgedicht zugunsten Kerrs teilzunehmen.[116] Walther Rathenau hatte Cassirer schon am 19. Februar brieflich Rat erteilt: «Lieber Freund, bei wiederholter Erwägung komme ich immer wieder darauf zurück, daß 1. Sie aus dem Brief keinen wie immer gearteten Nutzen ziehen dürfen, 2. Der Humor gewahrt werden muss.» Er riet von einem Duell ab: «Sie vergeben sich und Ihrer Gemahlin etwas, wenn Sie dem Schreiber auf das Gebiet der Beleidigung folgen.»[117] Cassirer antwortete, dass er «unendlich viel Ärger» gehabt habe und sich durch die Veröffentlichung von Jagows Brief «aufs tiefste bedrückt» fühle. «Ich fürchte, dass der *Pan* über die ganze Geschichte zu Grunde gehen wird.»[118] Cassirer hatte die Lust am *Pan* verloren. Im März 1912 erschien die letzte Nummer im Paul Cassirer Verlag. Jagow wurde in die Verbannung nach Breslau geschickt, wo er vor Kriegsausbruch 1914 nur noch nominell als Regierungspräsident fungierte.

Zwei Zeitschriften, die Cassirer während des Ersten Weltkriegs veröffentlichte, verdeutlichen, wie sehr auch er dem Geist der Zeit verfallen war. 1914 wurde Paul fast vom Kriegsausbruch in Paris überrascht, wo er mit Durand-Ruel und Bernheim-Jeune über die Sammlung Pellerin verhandelte, während Renoir Tilla Durieux porträtierte. Doch auch er wurde, wie die Mehrheit der Deutschen, von der allgemeinen Begeisterung oder zumindest einem hohen Pflichtbewusstsein, das Vaterland zu verteidigen, mitgerissen. Vergessen war die Zusammenarbeit mit den Pariser Galeristen, wirkungslos die Liebe zu den französischen Malern. Der 43-jährige Besitzer zweier Automobile, bei dem bereits eine Herzschwäche festgestellt worden war und der bisher einen Chauffeur beschäftigte, lernte selber zu fahren und meldete sich freiwillig als «Automobilführer», als der er bei Ypern zwischen Stab und Front eingesetzt wurde. Er hatte Meldungen vom Hauptquartier in die vordersten Linien zu bringen. Im September 1915 erhielt er das Eiserne Kreuz.[119]

Am 31. August 1914, vier Wochen nach Kriegsbeginn, erschien die erste Nummer der *Kriegszeit. Künstlerflugblätter* bei Paul Cassirer. Als Herausgeber zeichneten der Verleger und Alfred Gold. Der Reinertrag kam dem Kriegsfonds des *Wirtschaftlichen Verbandes bildender Künstler* zugute. Hier wurden, zunächst wöchentlich, auf drei bzw. sieben Seiten Original-Lithographien und kurze Texte, oft Gedichte in der besten Manier der Kriegspropaganda, veröffentlicht, beginnend mit Max Liebermanns Grafik zu dem Ausspruch Wilhelms II. «Ich kenne keine Parteien mehr, ich kenne nur noch Deutsche», den Kaiser bei seiner Ansprache am 31. Juli 1914 zeigend. In der Ausgabe vom 27. September 1914 wird der Kriegsherr wieder zitiert – «Jetzt wolln wir dreschen!» – und wieder von Liebermann, der die meisten Illustrationen lieferte, abgebildet. Von dem Maler Walter Bondy, einem Cassirer-Abkömmling aus der Wiener Linie, der jahrelang in Paris gelebt hatte, wurde am 30. September *Die hohe Kirche zu Reims. Ein Stützpunkt der französischen Armee* reproduziert. Die Kathedrale war vom 13. bis 19. September von deutschen Granaten schwer beschädigt worden. August Gaul bildete am 7. Oktober 1914 *Unsere braven Flieger* ab.

Die Buchproduktion des Verlags kam während des Krieges zum Erliegen. 1915 erschienen *Die Kriegsbilder des XV. Korps*, Gelegenheitsgedichte «im Schützengraben bei Musik der Granaten und Flintenschüsse» entstanden, wie es im Werbetext heißt, mit Illustrationen des Sanitätsfreiwilligen Max Beckmann als Benefizveröffentlichung, deren Erlös der Pflege von Kriegsgräbern überlassen wurde. Die *Feldpostbriefe eines Fahnenjunkers* von Uli Klimsch, Sohn des Bildhauers Fritz Klimsch, ist das einzige andere Buch, das während des Krieges bei Paul Cassirer publiziert wurde. Im Vorwort zu den *Feldpostbriefen*, von deren erster Auflage 100 Exemplare gedruckt wurden und die ein Jahr später die vierte Auflage mit 8000 Exemplaren erreichten, ist keine «Musik von Granaten und Flintenschüssen» mehr zu hören. Es sind Briefe, die, laut der vielleicht von Paul selbst verfassten Ankündigung, «die entsetzliche Kriegsgewalt mit einer Unmittelbarkeit schildern, daß uns das Grauen kommt. Uns, die durch so viel Kriegsberichte bereits stumpf geworden sind.»[120]

Im gleichen Jahr stellte die *Kriegszeit* ihr Erscheinen ein, und die erste Nummer des *Bildermann* wurde veröffentlicht. Wieder enthält die zweimonatlich erscheinende Zeitschrift ganzseitige Original-Lithographien, aber ihre Botschaft ist eine grundlegend andere. «Trotz aller Mühsale und Schicksalsschläge ist die Sehnsucht nach Schönheit und Innerlichkeit in allen gewachsen», heißt es im Vorwort von Paul Cassirer, und «mit dem Glauben an den endgültigen moralischen Sieg auch die Hoffnung auf einen neuen Frühling der Kunst.»[121] Dementsprechend zeigen die Lithographien des *Bildermanns* Landschaften von Heckel und Kirchner, Idyllen wie *Singende Kinder* von Zille. Barlach, der auch elf Lithographien in der *Kriegszeit* veröffentlicht hatte, widmete sich wie Kokoschka im *Bildermann* religiösen Themen. Seine Lithographie in der letzten Ausgabe, Nummer 18 vom 20. Dezember 1916, trägt den Titel *Dona nobis pacem!*.

Die Leitung des *Bildermann* lag in Händen von Leo Kestenberg, der, schwer sehbehindert vom Kriegsdienst befreit, im Winter 1916 in den Verlag eintrat. Ausgebildet als Pianist sah der 1882 im damals ungarischen, später slowakischen Rosenberg (Ružomberok) geborene Kantorssohn und Busoni-Schüler seine Mission in der «Erziehung zur

Menschlichkeit mit und durch Musik».[122] Schon der 18-Jährige wollte die «Einheit von Sozialismus und Musik»[123] beweisen und veröffentlichte 1900 den *Versuch einer materialistischen Darstellung der Entwicklungsgeschichte der Künste* in den *Sozialistischen Monatsheften*. Leo Kestenberg hat nicht nur den *Bildermann* während dessen kurzen Lebens geprägt, sondern war auch von entscheidendem Einfluss auf das gesamte Verlagsprogramm.[124] Kestenberg empfahl neben sozialistischen auch literarische Werke. Der Übersetzungsauftrag an Rosa Luxemburg geht auf ihn zurück. Vielleicht hat er auch die Lasker-Schüler-Ausgabe angeregt.

Paul Cassirer folgte Kestenbergs Vorschlägen, denn er war gemäß der Maxime «nur wer sich ändert, bleibt sich treu» als anderer Mensch von der Front zurückgekehrt. So wie überzeugte Pazifisten sich spätestens 1939 angesichts des Nationalsozialismus für einen Krieg erklären mussten, so mussten viele, die voll Überzeugung 1914 in den Krieg gezogen waren, als Pazifisten zurückkommen. 1915 kam es zur Gründung der *Deutschen Gesellschaft*, die den «Geist der Einigkeit» in die Nachkriegszeit tragen sollte. Zu den Mitgliedern gehörten außer den Gründern Robert Bosch und Karl Gustav Vollmoeller auch Walther Rathenau und vier Cassirers: die Industriellen Max und Hugo, der Neurologe Richard und Paul. Anfang 1916 wurde der 45-Jährige, dessen Herzbeschwerden sich vermehrten, als dienstuntauglich demobilisiert. Über die folgenden drei Jahre informieren die Erinnerungen von Tilla Durieux. Cassirer kehrte nach Berlin zurück und setzte die Vortragsabende in seinem Salon fort, die nun einen «deutlich pazifistischen Charakter trugen».[125] Im Februar 1917 las Tilla vor geladenen Gästen die Erzählung *Der Kellner* von Leonhard Frank, worüber Käthe Kollwitz ihrem Sohn am 18. Februar in einem Brief berichtet. In der Geschichte verliert ein einfacher Kellner den einzigen Sohn im Krieg und versucht in einer Versammlung, «seinem Nichtfassenkönnen des Krieges stammelnde Worte zu geben». In der Erzählung geraten die Menschen in große Erregung, so auch das Publikum Tilla Durieux'. Sie las «mit einer eigenen wachsenden Leidenschaft und Erregtheit. Es war fast nicht zum Aushalten. [...] Als sie geendet hatte, und ihr letzter Ruf ‹Frieden› nachklang, rief einer aus den Zuhörern laut, wie in übermäßiger Sehnsucht immer weiter – Frieden, Frieden – [...]».[126]

Die Folgen waren weitreichend. Obwohl die Lesung nur vor geladenen Gästen stattgefunden hatte, gelangten Berichte in die Presse unter Titeln wie «Pazifistischer Schlupfwinkel» oder «Pazifismus der Intellektuellen».[127] Eine wahre Verfolgungswelle gegen Paul Cassirer setzte ein. In der Victoriastraße fand eine Hausdurchsuchung statt, bei der jedoch kein belastendes Material gefunden wurde. Kurz darauf wurde Paul wieder eingezogen, diesmal als «Ungedienter». Dass der inzwischen 46-Jährige mit dem Eisernen Kreuz ausgezeichnet worden war, gereichte ihm in der rechtsgerichteten Presse nie zur Ehre. Noch am 24. Juni 1919 hielten ihm die *Berliner Neuesten Nachrichten* vor, dass er als «Mitglied des Kaiserlichen Automobilclubs sich nicht in den Schützengraben» gemeldet hätte. Die *Leipziger Neuesten Nachrichten* versicherten ihren Lesern, Cassirer habe sich überhaupt «vom Kriegsdienst gedrückt».[128]

In Rathenow hielt Paul dem Exerzieren nicht stand und landete im Lazarett. Dort konnte ihn seine Frau vor der Einweisung in eine Irrenanstalt bewahren, in die ihn ein Hungerstreik fast gebracht hätte. Stattdessen kam er in ein Nervensanatorium im Grunewald, wo Tilla «vierzehn entsetzliche Tage» mit dem schwer zu Beruhigenden verbrachte. Kaum entlassen, wurde Cassirer wegen Fluchtverdachts verhaftet und wieder «als ungedienter Mann zur Ausbildung in eine Art Strafregiment» in Limmritz bei Küstrin geschickt. Tilla Durieux fand ihren Gatten «in einem elenden Gasthof» unter 60 bis 70 Mann, die auf Pritschen übereinanderlagen. Je zwei hatten das Lager zu teilen. In der Mitte des Raumes stand «ein Faß für die Bedürfnisse der Nacht». Dennoch war «Paule» relativ guter Dinge. Er hatte sich mit einem Maurerpolier angefreundet und bat Tilla, die sogar ein Bild zur Begutachtung nach Limmritz transportierte, mit ihm eine Weihnachtsfeier für seine Kompanie zu arrangieren, obwohl er schon als «marode» hätte entlassen werden können.[129]

In diesem Moment erschien Harry Graf Kessler wie ein *deus ex machina* und bat Paul Cassirer um Mithilfe bei seiner Mission im Auftrag des Auswärtigen Amtes, die Haltung Frankreichs zu einem möglichen Friedensangebot zu erkunden. Das konnte nur in der Schweiz geschehen, wo Kessler von Bern aus offiziell eine emsige Kulturpropaganda betreiben sollte, um dem Bild von den deutschen «Hunnen» entgegenzutreten. Es war der Entente ein Leichtes gewesen, nach dem deutschen

Einfall in Belgien 1914, bei dem in Löwen 1100 Gebäude, darunter die wertvolle Bibliothek, niedergebrannt wurden und 209 Einwohner umkamen, sowie nach dem Beschuss der Kathedrale von Reims die Angreifer als Barbaren zu brandmarken. Nun sollte Kulturpropaganda die Gräuelpropaganda entkräften.

Zu diesem Zweck sollte ein Korrespondenzbüro für Schweizer Zeitungen eingerichtet und eine Zeitung in der Westschweiz subventioniert werden. Gastspiele deutscher Ensembles, Konzerte, Ausstellungen und Filmaufführungen wurden geplant. Kessler erwarb in mehreren Städten Filmtheater. Der Kunstkenner und -sammler, Gründer der *Cranach-Presse* und des Großherzoglichen Museums für Kunst und Kunstgewerbe in Weimar, das er auch leitete, war für diese Aufgabe der richtige Mann und Paul, mit dem er seit Langem befreundet war, als Kunstexperte der richtige Mitarbeiter. Er wurde für drei Monate reklamiert, Tilla konnte ihm nach Beendigung ihres Engagements am Königlichen Schauspielhaus in Berlin nach Zürich folgen. Das Ehepaar nahm im Hotel Schwert Logis. Wie viele Sammler reiste Cassirer mit seinen liebsten Kunstwerken, in diesem Fall Bildern von van Gogh und Manet, die die Wände seiner Zimmer schmückten, dieselben, die Goethe bewohnt hatte.

Cassirers Kulturpropagandaprojekt war die Ausstellung deutscher Kunst des 19. und 20. Jahrhunderts, die in Zürich und Basel gezeigt wurde und auch neueste Werke, darunter solche von Oskar Kokoschka, präsentierte. Dazu kam eine große Zahl von Musikern, Künstlern und Schriftstellern in die Schweiz, teils auf Gastspielen im Rahmen von Kesslers Veranstaltungen. Die Aufführung von Mahlers 2. *Sinfonie* mit dem Berliner Domchor unter Oskar Fried wurde zu einem großen Erfolg. Das Gewandhausorchester spielte unter Arthur Nikisch, Richard Strauss kam als Gastdirigent. Stefan Zweig erlebte die Uraufführung seines pazifistischen Dramas *Jeremias* in Zürich, Franz Werfel sah seine Bearbeitung der *Troerinnen* des Euripides. Kessler zog für seine Vortragsserie namhafte Autoren Cassirers heran.

Deutsche Dissidenten und Pazifisten gelangten mittels ärztlicher Atteste in die Schweiz. Auch Paul konnte seinen Aufenthalt auf diese Weise, wenn auch unter Schwierigkeiten und mit Hangen und Bangen, verlängern. Romain Rolland, der den französischen Chauvinismus ebenso wenig ertrug wie gleichgesinnte Deutsche den im eigenen Land, war gleichfalls in die Schweiz gegangen und sah dem Treiben in Zürich kopfschüttelnd zu. Sollten die dorthin entkommenen Deutschen militärpflichtig sein und zurückbeordert werden, notierte er in seinem Tagebuch, so müssen sie sich nur von einem Schweizer Arzt untersuchen lassen, der Nervosität feststellt und sie für verrückt erklärt. «Leonhard Frank est ‹fou›; Cassirer est ‹fou›; Rubiner va l'être; Schickele s'y prépare!»[130]

Wer immer für kurz oder lang in die Schweiz kam, kam ins Hotel Schwert, wo in Cassirers Räumen die Polizeistunde überschritten werden konnte und wo in nächtelangen Diskussionen die Zukunft Europas beschworen wurde.[131] Das führte zu der letzten Zeitschrift, die im Paul Cassirer Verlag erschien, den *Weißen Blättern*. Sie wurden seit 1913 im Verlag der Weißen Bücher in Leipzig veröffentlicht, seit 1915 war René Schickele alleiniger Herausgeber, der 1916 einen Vertrag mit dem Schweizer Verleger Max Rascher schloss, sodass die Monatsschrift im Verlag der Weißen Blätter Bern-Bümpliz (wahrscheinlich von Paul Cassirer mitfinanziert) erscheinen konnte.[132] Von Februar 1919 bis Dezember 1920 publizierte der Paul Cassirer Verlag die Zeitschrift, dann stellte sie ihr Erscheinen ein.

Die Weißen Blätter hatten ein pazifistisches, auf Völkerverständigung ausgerichtetes Programm. Der Elsässer René Schickele, einer der Hauptautoren Cassirers, hatte die Feindschaft zwischen Deutschland und Frankreich in seinen Romanen und Essays stets als zutiefst unnatürlich empfunden.[133] Nach Kriegsausbruch veröffentlichte er Beiträge gegen Kriegspolitik und den Krieg verherrlichende Literatur, so die Erzählung von Leonhard Frank, die im Salon Cassirer einen Skandal hervorgerufen hatte. Kurt Eisner, Rosa Luxemburg und Heinrich Mann sowie gleichgesinnte Franzosen wie Pierre Jean Jouve, dessen Anthologie *Vous êtes des hommes* (*Ihr seid Menschen*) die Widmung «Aux frères ennemis» (Den feindlichen Brüdern) trug, gehörten zu seinen Autoren. Schickele besprach enthusiastisch *Le feu* (*Das Feuer*) von Henri Barbusse, ein Buch, das die Materialschlachten geißelte. 1916 verfiel das Mai-Heft der *Weißen Blätter* in Deutschland der Zensur. Nach einer Hausdurchsuchung ging Schickele in die Schweiz.

Hier gelang es dem Elsässer, Kesslers Unterstützung für seine Zeitschrift zu gewinnen, der sie dem Auswärtigen Amt gegenüber als «wichtigstes Instrument der Kulturpropaganda» bezeichnete. Ihre Weiterveröffentlichung wurde in Deutschland durch eine «Präventivzensur» ermöglicht, indem Kessler jede Folge in Berlin vorlegte, worauf die Zensurbehörde in Leipzig von dem *Placet* des Ministeriums verständigt wurde.[134] Cassirer und Schickele, dessen Wohnung und Redaktion sich in der Berner Junkerngasse 19 im selben Haus wie Kesslers Büro befanden, waren in ständigem Kontakt. Im Januar 1918 lud der gastfreie Verleger Mitarbeiter der *Weißen Blätter* ins Caspar-Badrutt-Hotel in St. Moritz ein. Schickele dokumentiert den Aufenthalt einschließlich der Skiunfälle von Tilla und Paul minutiös in seinem Tagebuch. Auch Annette Kolb, eine der fleißigsten unter den Mitarbeitern der *Weißen Blätter*, die regelmäßig in ihrem «Berner Tagebuch» Frieden um jeden Preis proklamierte, Kestenberg und der spätere Friedensnobelpreisträger Alfred Fried waren mit von der Partie.

Die Arbeitsgemeinschaft von Cassirer und Schickele wurde im Sommer 1918 zu einer Wohngemeinschaft, als beide mit ihren Angehörigen ein Chalet in Spiez am Thunersee bezogen und eine rege Tätigkeit – schreibend, übersetzend, redigierend – entfalteten. Cassirer verfasste den Aufsatz *Krieg und Kunst*[135] für die *Weißen Blätter* und gewann den Schweizer Verleger Max Rascher für seinen neuen Plan, in Deutschland verbotene Autoren in Zusammenarbeit mit einem Schweizer Verlag zu veröffentlichen. Aber nach den Erfahrungen der letzten Jahre wollte Paul seine Beteiligung an dem neuen Unternehmen nicht publik machen und überschrieb Schickele seine Anteile. So kam die *Europäische Bibliothek* zustande. Der erste Band war *Le feu* von Henri Barbusse.

In Spiez erwies sich Paul wieder als Magnet. Alles was in der deutsch-österreichischen Emigrantengesellschaft Rang und Namen hatte, stellte sich dort ein, von Alfred Fried über Harry Graf Kessler und Annette Kolb bis zur Hofrätin Zuckerkandl aus Wien, die mit ihrer Zofe im Spiezerhof abstieg. Sie war gleichsam die österreichische Parallele zu Kessler, denn die Journalistin und Wiener Salonière wurde für Österreich zur Friedenssondierung mit Frankreich entsandt. Schickele hat die ganze Gesellschaft in Spiez in der Komödie *Am Glockenturm* beschrieben, und Kessler notierte am 2. Juni 1918: «Der Spiezerhof ist eine Kolonie von Intellektuellen um Cassirers. Aus jedem Zimmer tritt auf den Balkon irgendeine Kapazität, wenn im Garten gerufen wird wie bei einer Spieluhr.» Am nächsten Tag bat Cassirer Kessler um Unterstützung, um Schickele davon abzuhalten, Beiträge von solchen Autoren in die *Weißen Blätter* aufzunehmen, «deren Pazifismus darin bestehe, dass sie die Person in den Vordergrund stellen».[136]

Niemand erkannte deutlicher als Schickele das «Emigrantenwohlleben», das Monty Jacobs in seiner Rezension von Schickeles *Genfer Reise* kritisieren würde.[137] «Es war im Vergleich zu dem, was unsere Kameraden in der Feuerlinie an Blut und Kot zu würgen hatten, ein Rentnerleben», schrieb Schickele. «Eine Villegiatura. Ferien.»[138] In diesen «Ferien» wurde Paul jedoch nicht vor weiteren Angriffen verschont. Die *Leipziger Neuesten Nachrichten* berichteten am 31. Juni 1918 über den «Fall Cassirer». Einer der «größten Schädiger der deutschen Kunst» sei vom Auswärtigen Amt damit betraut worden, in der Schweiz für diese zu werben. Der «gerissene Händler» mache jedoch für seinen Privatbesitz Reklame und Geschäfte.

Schon im Vorjahr hatte Karl Storck im rechtsgerichteten *Türmer* gegen die «nach Rasse und Wertauffassung jener Gruppe verwandte Kunstkritik, die uns den Impressionismus gebracht hat», und gegen Ankäufe ausländischer Kunst durch den «jüdischen Kunsthandel» opponiert. «Am besten schlug der Impressionismus dem Juden an», heißt es da. «Es bleibt eine ewige Schande, wie eigentlich die ganze Kunstgeschichte für die Zwecke einer volksfremden Händlergruppe gefälscht wurde.» Es sei ein Irrtum, meint Storck, Gotik und Impressionismus zu vergleichen. Die Gotik sei zwar auf französischem Boden, aber aus germanischem Blut entstanden und stehe heute dort gottverlassen da, vom gallischen Geist erstickt, während sie «bei uns» lebendig sei.[139] Das hatte zu einer Debatte im Reichstag geführt. Jetzt kam die Sache im Preußischen Abgeordnetenhaus zur Sprache, diesmal mit Namensnennung, wobei Sozialdemokraten Cassirer gegen Angriffe aus den Reihen des Zentrums verteidigten.[140]

Paul Cassirer musste sich von der Schweiz nach Freiburg zu einer Untersuchung begeben, bei der er für dienstuntauglich erklärt wurde. Er erstattete Anzeige gegen den *Türmer* und gegen die *Leipziger Neuesten Nachrichten* wegen schwerer Beleidigung und übler Nachrede. Am 26. Oktober 1918 brachte das *Berliner Tageblatt* eine Richtigstellung:

Die von Cassirer veranstaltete Ausstellung sei keine Verkaufsausstellung gewesen, die deutsche Gesandtschaft sei der Veranstalter. Dennoch endete der Prozess mit einem Freispruch, da die Beiträge in beiden Publikationen als Kritiken zu werten seien. Zwei Wochen später endete der Krieg.

Schon eine Woche vor dem Waffenstillstand reiste Cassirer mit Schickele nach Berlin, wo sie mit Kessler Zeugen des Chaos im Reichstag wurden. Davon, wie auch später von den Zuständen im Berlin der Revolutionszeit einschließlich des geplünderten Stadtschlosses, gibt Kessler die eindrücklichsten Schilderungen.[141] Dennoch herrschte hoffnungsvolle Aufbruchsstimmung. Schickele verfasste einen Aufruf an die «Arbeiter! Mitbürger!» zur Teilnahme an einer Versammlung vor dem Reichstag, wo am 10. November die sozialistische Revolution ausgerufen und die Auflösung des Reichstags und die Wahl zu einer Nationalversammlung gefordert werden sollten: «Nur die sozialistische Gesellschaft kann die Völker vor dem Verfall in Barbarei retten.»[142] 100 000 Menschen folgten dem Aufruf, bis sie durch Maschinengewehrfeuer von einem nahen Gebäude vertrieben wurden.

Cassirers Haus in der Victoriastraße wurde jetzt zu einem Treffpunkt führender Mitglieder der MSPD und USPD, darunter die Minister der preußischen Revolutionsregierung Rudolf Breitscheid und Wolfgang Heine sowie die sozialistischen Theoretiker Rudolf Hilferding, Chefredakteur des USPD-Organs *Die Freiheit*, und Karl Kautsky, der 1919 ebenfalls Cassirer-Autor wurde.

1919 wurden zahlreiche weltanschauliche, politische und unpolitische – besonders pazifistische – Vereinigungen in Deutschland gegründet oder erlebten nach jahrelangem erzwungenen Schweigen ihre Neubelebung, mehrere davon in der Victoriastraße. Der Bund Neues Vaterland war seit seiner Gründung am 14. November 1914 zur größten pazifistischen Organisation des Deutschen Reiches geworden. Am 7. Februar 1916 musste er seine Tätigkeit einstellen. Bereits im Oktober 1918 wurde er in Cassirers Kunstsalon zu neuem Leben erweckt. In seinem Grundsatzprogramm verpflichtete sich der Bund, «an dem Aufbau der deutschen sozialistischen Republik auf demokratischer Grundlage und darüber hinaus an dem großen Werk der Völkerverständigung mitzuarbeiten». Paul Cassirer trat selbstverständlich bei.

Nach der Entzweiung durch den Krieg setzten die deutschen Sozialdemokraten ihre Hoffnung wieder auf gemeinsame Arbeit mit den französischen Sozialisten. Es war daher nur konsequent, dass der Bund Neues Vaterland sich mit der Französischen Liga für Menschenrechte verbündete und sich am 20. Januar 1922 als mitbegründendes Mitglied der Fédération internationale des ligues des droits de l'Homme in Deutsche Liga für Menschenrechte umbenannte. Cassirer war ein wichtiges Mitglied dieser Bewegung. Als Schickele in den letzten Wochen des Jahres 1918 nach Frankreich entsandt wurde, um Verbindungen mit französischen Sozialisten aufzunehmen, begleitete er ihn. Nach ihrer Rückkehr berichtet Cassirer, der französische Journalist und sozialistische Politiker Salomon Grumbach sei jetzt «ganz für uns gewonnen aus Abscheu vor dem französischen Imperialismus» und bearbeite die sozialistische Zeitschrift *L'Humanité* «ganz in unserem Sinne».[143]

Am 18. Februar 1919 fand ebenfalls im Salon Cassirer die Gründungsversammlung des Revolutionären Clubs statt. Er verstand sich als «Treffclub und Club der freien Meinungsäußerung» und hatte grundverschiedene Mitglieder, neben Paul unter anderen den Bankier Hugo Simon, der bei der Gründungsversammlung präsidierte, den Dichter Theodor Däubler, der von Paul ständig weitere Honorarvorauszahlungen für seine Dichtung *Nordlicht* verlangte, Leo Kestenberg, inzwischen Referent für musikalische Angelegenheiten im preußischen Kultusministerium, die Politiker Breitscheid und Hilferding sowie Harry Graf Kessler, der ausführlich seine Völkerbund-Ideen vortrug. Er beschrieb auch den Charakter der Mitglieder: «Leute wahrhaft revolutionärer Gesinnung», die bereit seien, «für die Zertrümmerung des Veralteten oder zu Unrecht Geheiligten auf allen Gebieten mit ihrer Person einzutreten».[144]

Der Club traf sich zu lebhaften Debatten, vor allem über eine neue Regierungsbildung in Preußen, nachdem die erste Revolutionsregierung zurückgetreten war. Am 17. März 1919 kam das «Kleine Komitee» des Clubs zusammen, wobei Cassirer Rudolf Hilferding scharf angriff, weil die von diesem redigierte *Freiheit* einseitig über die jüngsten blutigen Unruhen gegen die Regierungstruppen berichtet, also «‹Propaganda› gemacht, kurz gelogen [habe] wie ein Regierungsreptil; gegen das Gebot, Alles jetzt durch Wahrheit zu machen, möglichst objektiv zu sein».[145]

Ein weiterer Höhepunkt der deutsch-französischen Zusammenarbeit war die Gründung der Clarté-Bewegung, die Henri Barbusse und Romain Rolland 1919 als demokratische Friedensbewegung ins Leben gerufen hatten. Sie bezog ihren Namen von dem Titel des Romans von Barbusse, in dem ein einfacher Büroangestellter als Soldat «Klarheit» über den Krieg als imperialistisches Verbrechen gewinnt. Die deutsche Sektion wurde am 21. Dezember 1919 in der Victoriastraße gegründet, wie Kessler selbigen Tages vermerkt, und René Schickele zum Präsidenten ernannt. Clarté hielt alle jene Ideale hoch, die in den Publikationen der Reihe *Sozialistische Schriften* und dem Jahrbuch *Unser Weg* (1919) des Paul Cassirer Verlags verkündet wurden.

Im November 1918 hatte der Verleger erklärt, er sei schon «seit langem überzeugter Kommunist», wie Harry Graf Kessler in seinem Tagebuch festhielt. Er konnte sich jedoch nicht enthalten hinzuzufügen: «Da er mehrere Millionen im letzten Jahr verdient hat, immerhin generös.»[146] Doch nach Ende des Jahres setzte Ernüchterung bei Cassirer ein. Durch die «deutsche Revolution» sei «nichts Wesentliches» geändert, klagte er, «nur einige Vettern hier und dort hineingeschoben».[147] Er wurde in seltsame Ereignisse verwickelt und als Belastungszeuge vor ein «Vehmegericht» geladen, vor dem «die Spartakus-Gruppe» den Journalisten Fritz Drach wegen Spionage für die deutsche Regierung während des Krieges angeklagt hatte. Dort hörte Cassirer, dass Drach gedroht habe, ihn und Kessler «zu beseitigen», falls sie ihm in der Schweiz Schwierigkeiten gemacht hätten.[148] Der Prozess verlief im Sande, weil der Zeuge nicht mehr erschien.

Anfang des Jahres 1919 reiste Cassirer noch zwischen Berlin, der Schweiz und München hin und her. Im Januar verbrannte er mit Kesslers Adjutanten und Schickele in der deutschen Gesandtschaft in Bern Akten, damit «nichts Kompromittierendes übrig blieb».[149] Dann erhielt Tilla Durieux auf Wunsch Kurt Eisners ein Engagement am Münchner Hoftheater. Auch ihr Mann erwog, nach München zu ziehen. Eine Wohnung in der Brienner Straße wurde gemietet, aber nie bezogen. Tillas Unterstützung des flüchtigen Ernst Toller, der Einheiten der Revolutionstruppen befehligt hatte, führte zur Beendigung ihres Engagements. Außerdem machten die Publikationen wichtiger Intellektueller der Münchner Räteregierung und ihrer Unterstützer – Eisner, Landauer,

Toller – bei Cassirer die Stadt nicht zum geeigneten Verlagsort, nachdem die Regierung gescheitert war. Paul Cassirer und seine Frau kehrten nach Berlin zurück.

Im Februar 1919 setzte Peter Cassirer, der 18-jährige Sohn Pauls, im Berliner Tiergarten seinem Leben durch einen Schuss ein Ende. Er hatte seit Jahren an Depressionen gelitten und war noch Soldat gewesen. Tilla hat in ihren Memoiren kaum einen Satz dafür übrig, erwähnt jedoch, dass Paul «sehr verzweifelt» war.[150] Die junge Verlagslektorin Grete Fischer erinnerte sich, wie Cassirer am Morgen nach dem Tod seines Sohnes an ihr vorbeieilte: «[E]r war etwas heiser. ‹Heute Nacht hat sich mein Sohn erschossen.› Kein Wort weiter, nicht was man hätte sagen können [...] Peter war achtzehn. Paul Cassirer hat nur einmal von ihm gesprochen, etwas wegwerfend – ‹unter seiner Mutter Einfluss›. Die Mutter kannte ich später gut, sie arbeitete bei Ullstein, eine aparte, intelligente Frau. Sie war inzwischen zum zweiten mal geschieden, von dem Zahnarzt Ceconi. Peter hatte Ähnlichkeit mit ihr [...]»[151] Wieder wurde Gaul mit dem Grabmal für ein Mitglied der Familie Cassirer beauftragt. Für dieses wurden drei Echsen gegossen, die die Familie mit ins amerikanische Exil nehmen konnte. Das Grab ist heute unbekannt.[152]

Die Gründungen und Treffen der verschiedenen Clubs und Vereine in seinem Salon spornten Paul Cassirer nicht zu neuer politischer Tätigkeit an. Tilla hält in ihrem «Tages-Notiz-Kalender» am 19. Januar 1920 fest, ihr Mann habe aus dem Club austreten und sich auch nicht gegen ein Verbot der von Hilferding herausgegebenen *Freiheit* einsetzen wollen. Sie sei damit einverstanden. «Club ist Quatsch.»[153] Nach 1920 zog er sich ganz von diesem Gebiet zurück. Ein Brief an den Deutschen Pazifistischen Studentenbund vom 21. August 1921 macht jedoch deutlich, dass Cassirer dennoch dem Sozialismus treu blieb. Der Bund hatte um finanzielle Unterstützung gebeten, aber der Verleger konnte nicht mit einer «grösseren Summe» aushelfen:

> «Die Gründe liegen darin, dass wie Sie sich wohl vorstellen können, ausserordentliche Ansprüche an mich berechtigter Weise gestellt werden, denen ich, so lange die Geschäftslage einiger Maassen günstig war, nachkommen konnte, während ich es jetzt nicht kann.
> Im übrigen erlaube ich mir, Sie darauf aufmerksam zu machen, dass ich das pazifistischen Streben, losgelöst von dem sozialistischen Gedanken nicht

übermässig liebe, weil ich nicht glaube, dass die Behandlung eines Symptoms eine richtige und wirksame Behandlung einer Krankheit darstellt. Wenn ich auch Alfred H. Fried und die anderen Pazifisten natürlich immer mit der grössten Hochachtung betrachte, so habe ich niemals das geringste Vertrauen zu deren Tätigkeit gehabt.»[154]

Während des Krieges hatten notgedrungen weniger Ausstellungen im Salon Cassirer stattgefunden, vornehmlich mit deutschen Künstlern. Auch nach dem Krieg war ihre Zahl geringer, obwohl es wieder große Einzelausstellungen gab, die sich Kokoschka, Kirchner, Munch, Slevogt und Cézanne widmeten. Der Schwerpunkt der Tätigkeit des Salons lag nun auf den Auktionen. Auch das Publikum hatte sich geändert. Um für junge Künstler Käufer zu finden, wurden bis zu 200 Gäste in den Salon geladen. In den unteren Räumen stand ein Buffet, im Oberlichtsaal wurde getanzt.[155] Weder Tilla noch Paul hatten Freude an den Veranstaltungen, denn der alte Freundeskreis bestand nicht mehr.

Pauls 50. Geburtstag am 21. Februar 1921 wurde jedoch ein schönes Fest. 150 seiner Künstler und Autoren versammelten sich im Hotel Esplanade. Max Liebermann hielt eine seiner launigen Reden, in der er Cassirer mit Napoleon verglich, dem er nicht nur ähnlich sähe, sondern auch an Kühnheit in der Preisgestaltung von Kunstwerken gleichkäme.[156] Die Presse nahm das Ereignis wahr. So ehrte die *Vossische Zeitung* den Jubilar mit einem Artikel über seine Bedeutung «für das gesamte Berliner Kunstwesen».[157] Im selben Jahr ergriff Cassirer eine neue Initiative. Mit seiner Frau und dem Münchner Kunsthändler Julius Böhler und dessen Frau Regin [sic!] unternahm er die erste seiner zwei Reisen nach New York in der Absicht, dort eine Niederlassung zu gründen. Sie kam nicht zustande, stattdessen wurde 1923 eine Filiale in Amsterdam, Keizersgracht 109, eröffnet. Cassirers Tochter Suzanne, die bei ihrem Onkel Ernst in Hamburg Philosophie studierte, heiratete im gleichen Jahr Hans Paret, der nach seinem Philosophiestudium kurzzeitig im Verlag seines Schwiegervaters arbeitete. Die Geburt des Enkels Peter erlebte Paul Cassirer 1924 in der Victoriastraße.

Während der Nachkriegsjahre hatten sich antisemitische Attacken in der Presse und in Buchpublikationen nicht nur vermehrt, sondern auch verschärft. Es ist bezeichnend, dass nun Namen genannt wurden. Als einer der Ersten tat das Adolf Hitler am 26. Juni 1920 bei einer NSDAP-

Versammlung in Rosenheim. Mit seiner «geradezu phänomenalen Rednergabe», wie es der beeindruckte Reporter bezeichnet, pries er seine Partei als die «in dieser schweren Zeit» einzige, die «weder Proletarier noch Bürger, noch Preußen, Bayern, Sachsen und Württemberger, sondern nur Deutsche kennt, und auch den Erbfeind nach innen und außen erkannt hat, und schon stemmt sich alles vom einfachsten Straßenfeger bis hinauf zum Millionär Paul Cassirer, der, nebenbei bemerkt, auch vorgibt, Proletarier zu sein, entgegen, um das Chaos noch größer zu machen [...] Heute ist nicht das Schlagwort ‹Proletarier aller Länder vereinigt Euch› am Platze; heute heißt die Losung: ‹Antimsemiten schließt euch zusammen, Völker Europas macht Euch frei.›»[158]

Im *Handbuch der Judenfrage* wird Paul Cassirer als Vertreter des «naturentfremdeten, anschauungslosen Judentums» bezeichnet, dessen Losung es sei, «daß es keine deutsche Malerei mehr gibt».[159] Es wäre ein Leichtes gewesen, als Galerist Barlachs, Corinths, Kokoschkas und Slevogts solche absurden Behauptungen zu entkräften. Paul Cassirer war es müde. Im letzten Jahr seines Lebens musste er jedoch von unerwarteter Seite noch einmal eine Attacke erfahren, gegen die er sich verteidigte. Sie kam von seiner «Hauptautorin» Else Lasker-Schüler.

Paul Cassirer hat die ständig in Geldnöten lebende Dichterin mit der Publikation der Gesamtausgabe ihrer Werke in zehn Bänden unterstützt wie kein anderer ihrer Verleger. Er erfuhr dafür keinen Dank. In ihrer Anklageschrift gegen ihre Verleger *Ich räume auf!*,[160] die sie im Namen aller ihrer «Dichterfreunde» 1925 im Selbstverlag herausgab und eigenhändig verpackte und versandte, erscheint der «Hauptverleger», der 1920 noch die Briefe Peter Hilles an Else Lasker-Schüler und 1921 ihre Novelle *Der Wunderrabbiner von Barcelona* veröffentlichte, als Letzter der «Buchtyrannen», die sie ihr Leben lang übervorteilt hatten. Sie nennt Cassirer einen «Fuchs», einen «Hai» und doch auch einen «künstlerischen Menschen», der sich «die Knospe im Blute selbst abtötete aus Liebe zum Geschäft». Lasker-Schüler hat, wie viele, das Ambivalente in Cassirers Persönlichkeit gesehen und es, wie wenige, in Sprachbilder zu fassen gewusst. Sein Redeschwall überwältigte alle, die er vor seinen Schreibtisch zitierte. «Er redet einen Wolkenkratzer. Der Zuhörer springt todesmutig endlich durch eines der offenen Fenster. Entkommend, ermattend, auf die Straße. Aber man verehrt ihn, noch im Sturz

[...] man verstummt aber man verehrt ihn, weint mit ihm für das Unrecht, das einem selbst geschieht.»
Der Feuilletonchef des *Berliner Tageblatts* fragte erwartungsvoll, ob die Angegriffenen sich wehren würden. Cassirer tat es aufs Genaueste in derselben Zeitung. Für jedes Exemplar der Gesamtausgabe habe Lasker-Schüler 20 Prozent Vorschuss erhalten, teilte er den Lesern mit. Als sie wieder in Schwierigkeiten geriet, habe der Verlag von Neuem 30 Prozent gezahlt und nach der Stabilisierung der Mark die bereits zweimal bezahlten Bücher zum dritten Mal honoriert. Die in der relativ hohen Auflage von 3300 Exemplaren gedruckte Ausgabe – sie ist heute eine bibliophile Kostbarkeit – ließ sich in den Nachkriegsjahren nur schwer verkaufen. Trotz der schönen Ausstattung mussten besonders die Prosabände mit Porträts zum Teil längst vergessener Künstler und Freunde der Dichterin mit noch dazu bis heute nicht völlig entschlüsselten Phantasienamen als «unentzifferbare Hieroglyphen» erscheinen.[161] Bis 1924 wurden 180 Bücher abgesetzt, obwohl der Verlag, wie Cassirer versicherte, für Else Lasker-Schüler, «die wir für die größte Dichterin der Jetztzeit halten, getan hat, was ein Verlag tun konnte». Das wiederum bezeichnete die Dichterin, ebenfalls im *Berliner Tageblatt*, als «phantasievollen Verteidigungsreim» und überließ es ihrem Anwalt Dr. Fritz Kalischer, in der gleichen Zeitung dem Verleger und der Öffentlichkeit vorzurechnen, dass sie mit einer Honorarzahlung von 25 Mark im Vierteljahr, also 8,25 pro Monat, nicht «schöpferisch, dichterisch tätig» sein könne. Das Risiko, «die größte Dichterin der Jetztzeit» zu veröffentlichen, müsse ein literarischer Verlag aber auf sich nehmen, schließlich sei er «kein Operettenverlag». Cassirer konterte mit einer genauen Aufstellung der Vorschüsse, die Lasker-Schüler erhalten habe und die 1921 «gewiss das Einkommen hoher Staatsbeamter» erreicht hätten. 1918 waren es 5662,30 Reichsmark, im folgenden Jahr 8531,–.[162] Lasker-Schüler hat ihre ungerechte Anklage bitter bereut. Nach dem Tod ihres «Hauptverlegers» schrieb sie auf ein Exemplar ihrer Broschüre: «Paul Cassirer hörte ich zu spät war schwer krank geworden. Er war ein *Gentleman*.»[163]

Schon unmittelbar nach Kriegsende, als das Dokument verschwunden war, das den Verkauf der Bilder aus der Sammlung Pellerin für rechtens erklärte und Paul ein Prozess drohte, bei dem es um 12 Millionen

Reichsmark ging, hatte er den ersten Herzanfall. Es wurde Angina Pectoris diagnostiziert. Die Anfälle mehrten sich, und das Leben mit Paul wurde immer schwieriger. Tilla schildert die Hass- und Wutausbrüche, die Selbstmorddrohungen und -versuche. Der Mensch, der ihm vielleicht hätte helfen können, sein sehr geliebter Bruder, der Neurologe Richard, war am 20. August 1925 gestorben. Es war der Letzte in einer Kette von Verlusten: der Tod des Sohnes Peter 1919, des Bruders Hugo 1920, des Freundes August Gaul 1921, die Ermordung Walther Rathenaus 1922. Nun drohte der Verlust Tillas.

Die Ehe von Paul und Tilla war eine «offene» Ehe. Sie hatte von Anfang der Beziehung an Grund genug zur Eifersucht und nach langem Ringen einen «feierlichen Pakt» mit sich geschlossen, «blind zu sein».[164] In den zwanziger Jahren war ihre Freundschaft mit dem Unternehmer Ludwig Katzenellenbogen mehr geworden als das. 1925 reichte sie die Scheidung ein. Paul versuchte mit allen Mitteln, mit Bitten und Drohungen, die Scheidung zu verhindern. Sein letzter Versuch führte am 7. Januar 1926 zu seinem Tod. Zwei Tage vorher, vor Unterzeichnung der Scheidungsurkunde in der Berliner Anwaltskanzlei, war er in ein Nebenzimmer gegangen und hatte sich einen Schuss versetzt, der in die Wirbelsäule eindrang. Seiner herbeigestürzten Frau rief er entgegen: «Nun bleibst du aber bei mir!»[165]

Das Presse-Echo auf den Tod Paul Cassirers hallte von Berlin nach New York, von Stockholm nach Venedig. Zunächst wurde über den «Schuss in der Anwaltskanzlei» berichtet; dann erschienen Bulletins über die letzten Tage und Stunden des Sterbenden. Nach Berichten über Trauerfeier und Begräbnis ging es wochenlang um die Frage: «Warum hat sich Paul Cassirer erschossen?». Oft wurde Tilla Durieux beschuldigt: Sie weigere sich, das ihr überschriebene Vermögen herauszugeben, stand beispielsweise am 4. Februar 1926 im *Nordböhmischen Tageblatt*. Das polnisch-jiddische Blatt *Hajnt* spricht von der «dämonischen Habgier der weissen Negerin». Die *Neue Freie Presse* in Wien weiß es am 1. Januar 1926 genau: Cassirer habe seiner Tochter Suse Paret, seiner ersten Frau Lucie Ceconi und seiner zweiten Frau je ein Drittel seines Vermögens vermacht. In Wirklichkeit war Suzanne Aimée Paret als Alleinerbin eingesetzt und Tilla Durieux eine Abfindung gezahlt worden.

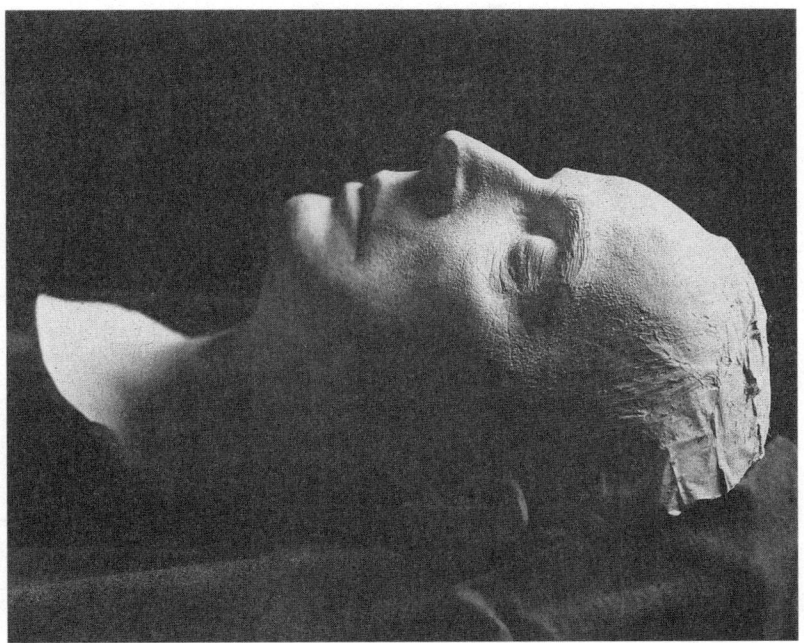

Totenmaske Paul Cassirers von Georg Kolbe (1926)

Die Trauerfeier am 10. Januar versammelte das «ganze künstlerische Berlin. Der Sarg [war] in der Mitte des großen Ausstellungsraumes [in der Victoriastraße] aufgebahrt, unter einem Teppich roter Rosen», notierte Kessler am selben Tag in seinem Tagebuch. Die Totenmaske hatte Georg Kolbe abgenommen. Max Liebermann sprach als Erster. Sein Nachruf war am Abend des 7. Januar im *Berliner Tageblatt* erschienen. Er nannte Cassirer einen Menschen, dessen «faustisches Element» keine Harmonie zuließ. «Das ‹De mortuis nil nisi bene› findet bei Paul Cassirer keine Anwendung. Wir können ruhig seine Schwächen zugeben. Denn gegenüber seinen Vorzügen schwinden seine Mängel völlig.» Dann sprach Harry Graf Kessler. Kurz vor Mitternacht hatte ihn noch Ernst Cassirer angerufen und gebeten, «daß ich die Tilla Durieux in meiner Rede *nicht* erwähne, weil in der Familie und bei den Freunden eine so starke Animosität gegen sie herrsche». Kessler erwähnte sie, wie das Tagebuch vermerkt, «selbstverständlich» doch. «Sie war tief verschleiert anwesend. Auch dies hatten Ernst Cassirer und Freunde zu verhindern gesucht.»[166] Ohne Tilla namentlich zu erwähnen, nannte Kessler in seiner Rede die «große Künstlerin» und «Lebensfreundin», die Pauls «tiefstes Lebensglück» gewesen sei.[167] Er bezeichnete Cassirer als den eigentlichen Revolutionär, der «die Brandfackel in das Vermoderte» geworfen und die Führerrolle bei der Auflehnung gegen das Brüchige des kaiserlichen Systems übernommen habe.[168] Zuletzt widmete der Münchner Kunsthändler Heinrich Thannhauser als Vertreter des Verbandes deutscher Kunst- und Antiquitätenhändler Cassirer einen «innigen Nachruf».[169]

Dann fuhr die Trauergemeinde mit dem Rabbiner der jüdischen Reformgemeinde Dr. Lehmann zu dem wenige Jahre zuvor errichteten ersten nicht-konfessionellen Friedhof an der Heerstraße, auf dem viele nicht-religiöse Juden beigesetzt wurden, darunter Max Cassirers Frau Hedwig, sein Sohn Franz und Alfred Cassirer.[170] Dort ruht Paul Cassirer unter der von Georg Kolbe entworfenen Grabplatte und den Goethe-Worten: «Zum Sehen geboren, zum Schauen bestellt.»

Bruno Cassirer (1872–1941)

Über Paul Cassirer hatte Liebermann in seinem Nachruf geschrieben: «Er fand seinen Halt weder in der Familie, noch in der Religion, noch im Geschäft.» Der ein Jahr jüngere Vetter Bruno war ebenfalls nicht religiös und «der Anlage nach nicht Kaufmann».[171] Aber er fand seinen Halt in der Familie: seiner Frau Else, den beiden Töchtern und den Schwiegersöhnen. Engen Umgang pflegte Bruno auch mit seinem Bruder Fritz, dem Kapellmeister. Bis Dezember 1938 lebte Bruno mit den Seinen in Berlin, ehe alle sechs mit den beiden Enkelkindern nach England flüchteten.

Zunächst verliefen die Lebensläufe der beiden Vettern parallel. Geboren in Breslau, Übersiedlung nach Berlin, Abitur am Leibniz-Gymnasium, von den Vätern zum Jurastudium gedrängt, entschied sich Bruno für das Kunststudium in München, Paul für ein Leben als freischaffender Literat ebenfalls in der damaligen Kunsthauptstadt, ehe ihr Berlin, mit Hilfe der Cassirers, den Rang ablief.

Eine Dissertation über Dürer schloss Bruno nicht ab. Unter dem Einfluss von Erich Hancke, bei dem er Malunterricht nahm, geriet er in den Bann des Impressionismus. 1894 sah er in Paris bei Durand-Ruel zum ersten Mal Bilder von Manet, das wurde für sein Leben entscheidend. Ein Jahr nach dem Tod von Vater Julius 1897 heiratete er seine ein Jahr jüngere Kusine Else, die Schwester von Paul. Im selben Jahr eröffneten Paul und Bruno gemeinsam den Salon und Verlag und wurden Sekretäre der soeben gegründeten Secession. 1901 erfolgte die Trennung. Bruno zog sich von der Secession zurück und eröffnete den Bruno Cassirer Verlag in der Derfflingerstraße 15/Ecke Kurfürstenstraße. Sein Privathaus stand in der Villenkolonie Westend am Branitzer Platz 1. 1902 wurde die Tochter Martha Eva Sofie geboren, 1906 Agnes Olga. Beide Mädchen waren hochmusikalisch. Brunos Frau Else veröffentlichte 1913 *Künstlerbriefe des 19. Jahrhunderts*, ein Buch, das mehrere Auflagen erlebte. Die Villa am Branitzer Platz war ein Haus der Künste und Künstler. Der junge Schriftsteller Max Tau, der dort von seinem Lehrer Ernst Cassirer eingeführt und bald Brunos Lektor wurde, war ganz überwältigt von den Bildern, die dort hingen. Es waren die der Lieblingskünstler Brunos: Cézanne, Degas, Manet, Monet und Slevogt, der, wie viele andere Künstler und Schriftsteller, dort aus und ein ging. Literarische Debatten ergaben sich mit den Autoren, Hauskonzerte wurden veranstaltet.

Bruno Cassirer war ein anderer Verlegertyp als sein Vetter Paul. Nicht impulsiv, lange abwägend, sparsam entschloss er sich doch zu erstaunlichen Projekten: 1905 veröffentlichte er die *Galgenlieder* von Christian Morgenstern, der von 1903 bis zu seinem Tod 1914 Lektor bei Cassirer war. Mit der Einbandzeichnung von Karl Walser – fünf Galgen mit fünf Gehenkten von Raben umflattert – wurde es das erfolgreichste Buch des Verlags, trotz Kommentaren wie «der reiche Bruno Cassirer könne sich sogar erlauben, die Gedichte eines Wahnsinnigen» herauszugeben.[172] 1920 erschien die 55. Auflage. Allerdings gab es erbitterte Kämpfe zwischen Dichter und Verleger, der immer wieder bestimmte Galgenlieder als unverständlich ablehnte, es war, wie Morgenstern klagte, «ein ganzer Salon Zurückgewiesener».[173]

Brunos ganze Liebe war «das bibliophile, das schön gedruckte und ästhetisch gebundene illustrierte Buch». Liebermann, Slevogt und, an der Spitze, Walser waren die meistbeschäftigten Illustratoren Bruno

Cassirers, die gleichzeitig auch für Pauls Verlag arbeiteten. Walser stattete nicht nur Bücher aus, darunter die seines Bruders Robert, sondern «bestimmte sogar die Wandfarben des Privathauses, so dass sie mit den Cézannes und Liebermanns harmonierten, kanariengelb die einen, vergissmeinnichtblau die andern.»[174] Das Verlagsprogramm war auf Kunst, Philosophie und Literatur ausgerichtet. Einen Höhepunkt bildeten die illustrierten Märchen- und Kinderbücher, für die neben Slevogt Alfred Kubin und Olaf Gulbransson die Bilder lieferten. Morgenstern schrieb für die Töchter des Verlegers *Das Hasenbuch*. Bruno Cassirer wandte sich vornehmlich an das kunstliebende Bildungsbürgertum, an Liebhaber und Sammler. Er veröffentlichte Bücher über die Kunst bestimmter Epochen und außereuropäischer Kulturen und zahlreiche Künstlerbiographien, manche von Künstlern verfasst. So schrieb Liebermann über Degas.[175]

Das philosophische Programm wurde weitgehend von Ernst Cassirer bestimmt. Er gab von 1912 bis 1923 zusammen mit seinem Lehrer Hermann Cohen und anderen die große Kant-Ausgabe heraus. Auch die Schriften Cohens erschienen bei Bruno Cassirer, der, wie bei jedem seiner Bücher, «jedes Detail der Schrift, des Satzbildes, der Ausstattung», bedachte, wie Ernst in seinem Beitrag zur Festschrift zu Brunos 60. Geburtstag hervorhob. Dabei habe es der Verleger «der Philosophie niemals ganz verziehen, dass ein bildnerischer Schmuck an ihr so gar nicht anzubringen war».[176] Bruno hatte seinem Lektor Max Tau erklärt, er wolle nicht, dass sein Verlag zu groß würde, er und Tau müssten jedes Manuskript lesen. Das galt allerdings nicht für die philosophischen Werke seines Hauses. Dem Familienfreund Paul Stern hatte er versprochen, alles, was der Student der Philosophie einmal schreiben würde, in seinem Verlag zu veröffentlichen. Nach Jahren vollendete Stern seine Dissertation, *Das Problem der Gegebenheit*, und die Arbeit ging «unter großer Aufregung des Verfassers» in Druck. Danach traf Bruno den Autor im Café und teilte ihm mit, er habe ein großes Unheil verhüten können und auf der Titelseite einen fürchterlichen Druckfehler korrigiert. «Es muss natürlich heissen ‹Das Problem der Begebenheit›.» Darauf sank Stern «bleich und vernichtet» in seinem Stuhl zurück.[177] Die Arbeit erschien dennoch unter ihrem vollen, korrekten Titel *Das Problem der Gegebenheit. Zugleich eine Kritik des Psychologismus in der heutigen Philosophie* 1903 bei Bruno Cassirer.

Schon zu Anfang seines Verlagsunternehmens wollte auch Bruno eine Zeitschrift publizieren. 1903 erschien *Das Theater*, eine sich besonders auf Berlin konzentrierende Publikation, die vor allem Besprechungen von ersten Theaterkritikern wie Efraim Frisch, Alfred Kerr und Julius Bab brachte, aber 1905 eingestellt wurde. Die Zeitschrift, die den Ruhm des Hauses von 1902 bis 1933 mehrte, hieß *Kunst und Künstler* und wurde das wichtigste Organ für moderne Kunst in Europa.[178] Nachdem zunächst Cäsar Flaischlen und Emil Heilbut als Redakteure von *Kunst und Künstler* ihr Glück versucht hatten, wurde 1906 mit Karl Scheffler «der Richtige» gefunden. Er leitete die Zeitschrift, bis sie eingestellt werden musste. In seinen Erinnerungen gibt er nicht nur eine eindrucksvolle und bis heute gültige Charakterisierung der verschiedenen Verlegertypen – Bruno Cassirer gehörte zu den «jungen Verlegern aus Passion»[179] – er beschreibt auch die Zusammenarbeit mit ihm. Sie war nicht problemlos. Bruno zeigte sich auch seinem Redakteur gegenüber als dickköpfig, ja, der «zur Despotie Neigende» lebte mit Scheffler in einer «freundschaftlichen Feindschaft. Gemeinhin herrschte ein bewaffneter Friede.»[180] 31 Jahre lang brachten beide eine Publikation heraus, die, will man von dem Außenseiter Paul Cassirer absehen, Cassirer'schen Geist atmete, den Geist des gebildeten, konservativ liberalen deutschen Bürgertums. Wenn eine zuspitzende Verallgemeinerung erlaubt ist, so stand Paul Cassirer in der Familie zeitweise links außen, Bruno dagegen rechts außen. Er hatte eine Schwäche für das Militär, noch nach 1933 verkehrten hohe Offiziere in seinem Haus.[181]

Kunst und Künstler war eine unpolitische Zeitschrift, sie war auch nicht pazifistisch ausgerichtet. Expressionisten hatten es schwer, dort Aufnahme zu finden, wie das Beispiel Max Beckmann zeigt. Die Namen der Künstler, die mit Reproduktionen und in Beiträgen am häufigsten erscheinen, sind die von Liebermann, Slevogt und van Gogh. Des Weiteren gehörten Corinth, Leibl, Munch und Wilhelm Trübner zu den von Bruno und Scheffler bevorzugten Malern. Unter den französischen Impressionisten waren es Cézanne, Degas und Renoir. Es waren die Maler, die die Cassirers auch sammelten. Unter alten Meistern erschienen Cranach, Dürer und Caspar David Friedrich sowie Rembrandt am häufigsten. Druck und Reproduktion von *Kunst und Künstler* waren, wie nicht anders zu erwarten, vom Feinsten. Die Abbildungen, beginnend mit den erlesenen Titelseiten, sind eine Augenweide. Bedeutende Wissenschaftler und Kunstkritiker schrieben für *Kunst und Künstler*, von Max Friedländer, der von 1924 bis 1937 *Die altniederländische Malerei* in 14 Bänden bei Paul Cassirer veröffentlichte, zu Julius Elias, der zum engsten Kreis um Bruno Cassirer gehörte, und Julius Meier-Graefe. Doch der Löwenanteil der Beiträge entfällt auf Scheffler. Er schrieb Essays über Künstler und Künstlerinnen einschließlich der Tänzerin Ruth St. Denis, er besprach Ausstellungen und Bücher, äußerte sich zu neuer Architektur und verfasst Nachrufe, darunter einen recht lieblosen über Paul Cassirer, dem er erst zwei Jahre vor dessen Tod begegnet sein will. Nach einer Würdigung der Verdienste des Toten möchte er nichts sagen über «die Problematik des Wesens seiner Natur», aber indem er alles Problematische aufzählt, sagt er es doch.[182]

Das literarische Programm des Verlags wurde von dem geradezu literaturbesessenen Max Tau bestimmt. Zu Beginn hatte man die Veröffentlichung russischer Autoren – Gontscharow, Gorki, Tolstoi – fortgesetzt. Dann bestimmten Biographien des aus Breslau stammenden Emil Ludwig das literarische Profil. Auch in der deutschsprachigen Literatur konzentrierte sich Tau zunächst auf schlesische Autoren, denn er war ein glühender schlesischer Patriot. So erklärt sich, dass der später so gut zu der nationalsozialistischen Kulturpropaganda passende Hermann Stehr zuerst bei Bruno Cassirer erschien. Dann begeisterte sich Tau für die norwegische Literatur und führte Sigrid Undset in Deutschland ein. Damit hatte der Verlag 1928 eine Nobelpreisträgerin im Programm. Schließlich entdeckte Tau junge Talente: Marie-Luise Kaschnitz und Wolfgang Koeppen veröffentlichten ihre ersten Romane bei Bruno Cassirer, doch da stand der Verlag schon kurz vor dem Aus.

Als der Verleger am 12. Dezember 1932, sieben Wochen vor der Ernennung Hitlers zum Reichskanzler, seinen 60. Geburtstag beging, wagte die *Berliner Illustrierte* nur ein verstecktes kleines Foto zu veröffentlichen. Früher, schreibt Tau, hätte sie ein Porträt auf der ersten Seite gebracht. Dennoch erschienen viele Würdigungen des Jubilars, die vor allem seine Verdienste um die Zeitschrift *Kunst und Künstler* und die Veröffentlichung mustergültiger Kunstbücher hervorhoben. Kurt Münzer betonte am 11. Dezember in der *Kölnischen Zeitung*, dass Bruno Cassirer den jüngsten Nobelpreisträger John Galsworthy «entdeckte

Bruno Cassirer (1932)

und den heute in seiner Einsamkeit verlorenen Robert Walser zu drucken wagte. Er hat Maxim Gorki aus Rußland für Europa gewonnen, er hat den großen Gontscharow zu uns gebracht.» Eine besonders herzliche Gratulation des jungen Ernst Rowohlt, die auch in die Festschrift aufgenommen wurde, erschien am 13. Dezember in der *Frankfurter Zeitung*. Er erinnert sich, wie er als junger Banklehrling die ersten Bücher aus dem Bruno Cassirer Verlag erwarb, wie er voll Ehrfurcht zum ersten Mal dem Verleger gegenüberstand, und er zitiert Brunos Worte aus einem seiner Almanache, «dass jede vernünftige Förderung des Echten ihren Lohn in sich selber trägt und sich eines Tages durchsetzt», man also nur gelassen warten müsse, «bis der Erfolg gekommen ist». Darüber hinaus erschienen Gratulationsbotschaften in den *Dresdner Neuesten Nachrichten*, der *Neuen Freien Presse* in Wien, der *Vossischen Zeitung* und in vielen Berliner Blättern. Die einmalige Zeitschrift *Kunst und Künstler* befand sich im gleichen Jahr jedoch schon «in einer wirtschaftlich verzweifelte[n] Lage». Zu viele Abonnements waren gekündigt worden. Das Format musste verkleinert werden, die Struktur verändert. Scheffler schrieb vergebens gegen «nationale Engstirnigkeit» an. Am 23. Mai 1933 wurde das Ende der Zeitschrift beschlossen.[183]

1937 wurden die jüdischen Verleger aus der Reichsschrifttumskammer ausgeschlossen und Bruno stand, wie die Nachfolger des Paul Cassirer Verlags, vor den Fragen: Was tun mit dem Bücherlager, was mit den noch ungebundenen oder gerade ausgedruckten Bögen, was mit den Rechten und Lizenzen, die der Verlag erworben hatte? Auch Bruno Cassirer musste die Preise seiner Bücher herabsetzen. Im Druck befindliche oder unverkaufte Exemplare lagerten in Druckereien wie Julius Kittl Nachf. in Mährisch-Ostrau. Die Lizenz für die Werke von Sigrid Undset konnte an den Zürcher Sperber Verlag verkauft werden. Andere Verlage – Henry Goverts, Eugen Claassen, Paul List, der Insel Verlag – übernahmen weitere Bestände.[184] Der Bruno Cassirer Verlag in Berlin existierte nicht mehr. Aber wie Briefe an seinen Verlagsvertreter Fritz Picard und die Abschiedsworte für seinen Lektor Max Tau zeigen, hatte der Verleger die feste Absicht, in England einen neuen Verlag aufzubauen.

Es ist bezeichnend, dass Bruno mit den Vorbereitungen zu seiner Auswanderung bzw. Flucht nicht erst nach dem 9. November 1938, der sogenannten «Kristallnacht» begann, die ihn und seine Familie in ein Versteck zwang, ehe sie Berlin verließen, sondern wohl zwei Jahre früher, als ihm sein anderer Lebensinhalt genommen wurde, die Pferdezucht und der Trabersport. Das Thema «Die Cassirers und der Sport» verdient eine eigene Untersuchung. Schon am Beispiel des Reiters, Radfahrers, Tennisspielers und Bergsteigers Max war die Begeisterung für verschiedene Sportarten zu erkennen. Dem Reitsport huldigten mehrere Cassirers. Ernst, der am wenigsten Sportliche, klagt als Student in einem Brief an die Eltern aus Leipzig, dass er dort nicht reiten könne, weil es keinen Reitstall gebe, der Pferde verleiht. Der Kapellmeister Fritz wollte sein Fahrrad nach Frankreich expedieren und eine Radtour entlang der Loire unternehmen. In den zwanziger und dreißiger Jahren liest man von begeisterten Skifahrern, und ein Nachkomme, Jim Falk, bestand die Prüfung als Skilehrer in Obergurgl in Tirol. Pauls Bruder Alfred war ein passionierter Ballonflieger. Er animierte Paul und Tilla, mit ihm Ballonflüge zu unternehmen, einmal gelangten sie bis nach Mähren. Paul bestand ebenfalls die Flugprüfung. Zu den dramatischsten Schilderungen in Tillas Erinnerungen gehören die der Cassirer'schen Ballonflüge.[185]

Der vorsichtigere Bruno hielt sich von derlei fern. Aber seit seiner Kindheit liebte er Pferde und Pferderennen, besonders Traberrennen, die er in Vincennes und Enghien gesehen hatte. In Deutschland war der Trabersport kaum bekannt. Das änderte sich auch mit Hilfe Brunos. Er erwarb 1910 das Gestüt Damsbrück auf Gut Lindenhof bei Templin in der Uckermark und importierte amerikanische Stuten. Zu deren Nachkommen gehörte der Hengst Morgenwind, den Slevogt oft gemalt hat. Bruno engagierte zwei berühmte Trainer: Robert Großmann und Charlie Mills und kaufte den verletzten Hengst Bacon, den Mills ausheilte und der drei Mal das Matadoren-Rennen gewann. 1930 erwarb er den Hengst Walter Dear für 25 000 Dollar. Das Pferd gewann den Prix d'Amérique in Vincennes, und Cassirer war damit Besitzer des schnellsten Pferdes auf deutschen Rennbahnen.[186] Er war Vorsitzender des *Trabrennvereins Mariendorf*, den er 1914 vor dem Ruin rettete, und saß im Vorstand des Traberbesitzer- und Züchtervereins sowie der Obersten Behörde für Traberzucht und -rennen und gab die *Blätter für Traberzucht* heraus.

Seine Tätigkeit als Verleger und Traberzüchter übte Bruno Cassirer an ein und demselben Schreibtisch im Verlag aus. «Während einer Konferenz mit ihm über Fragen der Kunst und Literatur klingelte beständig das Telefon; er sprach mit Leuten der Sportpresse, mit seinem Trainer und Fahrer, kaufte Heu und Hafer [...] Im Wartezimmer saßen Künstler und Autoren und Pferderennleute und wunderten sich übereinander. Er pflegte zu sagen, daß er diese Passion brauche, daß er ohne sie melancholisch würde.»[187]

Die «Gleichschaltung» des Trabersports bedeutete das Ende für Brunos große Leidenschaft. Im März 1933 trat er als Vorsitzender des Trabrennvereins zurück, was der *Vossischen Zeitung* am 31. März doch eine Meldung wert war, in der Brunos große Verdienste um den Sport hervorgehoben wurden. Er musste Gut Lindenhof verkaufen, das der Trainer Mills übernahm. Das Gestüt durfte er nicht mehr betreten und bei den Rennen seiner Pferde nicht mehr zusehen. Leo, den zu verkaufen Cassirer sich geweigert hatte, gewann 1936 das Buddenbrook-Rennen und 1938 das Derby. Selbstverständlich stand der Name des Besitzers nicht auf der Siegerliste. Heute besteht die einzige Erinnerung an ihn in dem jährlichen Bruno-Cassirer-Rennen in Mariendorf.

Bruno hatte geschworen: «So lange ich lebe, verkaufe ich meinen Verlag nicht.»[188] Wie die meisten Cassirers hielt er den Nationalsozialismus für «eine schwarze Wolke am Himmel», die vorübergeht. «Ich habe Stoecker und andere antisemitische Hetzgesellschaften erlebt, aber ich hielt es immer für meine Pflicht, die deutsche Kultur, mit der ich aufgewachsen bin, zu verteidigen», sagte er zu Max Tau.[189] «Darin sah er seine große Aufgabe, wie es sie nur selten gibt.»[190] Tau stellte eine große Veränderung an Bruno fest, ehe beide 1938 Deutschland verließen. Cassirer wurde aktiv, schrieb Briefe an anti-nationalsozialistische Kritiker und erschien wie ein «übriggebliebener Vorsokratiker».[191] Zu Tau sagte er zum Abschied: «Sie kommen nach England, und dann bauen wir weiter.»[192]

Die Cassirers und andere Berliner Kunstsammler

Die Liebe zur Kunst ist in der Familie Cassirer unübersehbar. Dieselben Söhne, die ihren Vater Moses einst gegen seinen Willen porträtieren ließen, wurden Jahrzehnte später selbst von bekannten Künstlern in Berlin gemalt. Porträts von Eltern, Geschwistern und Kindern wurden in Auftrag gegeben und bilden eine wichtige Gruppe von Kunstwerken, die sich ehemals in Familienbesitz befanden. Dabei ließen es die Cassirers nicht bewenden. Sie begannen zu sammeln und «gehören schon relativ früh zu denen, die mit neuen Augen gesehen und mit neuen Ideen gedacht und schließlich auch anders gekauft haben als das Gros der wilhelminischen Bourgeoisie».[193] Jede dieser Sammlungen ist von den Vorlieben des jeweiligen Sammlers geprägt. Die Vorliebe für den deutschen und französischen Impressionismus und für bestimmte zeitgenössische Künstler dominiert, einschließlich des Bildhauers August Gaul, der auch eine Reihe von Grabmälern für die Familie geschaffen hat. Schließlich wenden einzelne Sammler ihr Interesse besonderen Gebieten wie der asiatischen Kunst oder orientalischen Teppichen zu.

Julius und Julie Cassirer, Porträts von Max Liebermann (1912/1907)

Am Beispiel von Max Cassirer wurde bereits deutlich, welche Rolle das Porträt für die Selbstdarstellung eines Cassirers spielte. Das Bild eines 50-jährigen erfolgreichen, zuversichtlich in die Zukunft blickenden Mannes von Max Slevogt könnte von den Brüdern in Auftrag gegeben worden sein. Auch die beiden großen Porträts von Julius, dem Bruder von Max, und dessen Frau Julie von 1907 und 1912 wurden möglicherweise von ihrem Sohn Bruno bei Liebermann bestellt. Sie zeigen den 72-Jährigen und seine um drei Jahre jüngere Frau als zwei Menschen, die auf ein langes Leben zurückblicken. Er, eine massige Gestalt in dunklem Anzug mit eher melancholischem Ausdruck, wie er auch auf vielen Selbstporträts Liebermanns zu sehen ist. Sie, ebenfalls schwarz und äußerst dezent gekleidet mit einfacher Halskette und der unnachahmlichen Andeutung eines leicht ironischen Lächelns.[194]

Von dem Porträt des Neurologen Richard Cassirer wissen wir, dass es zu dessen 50. Geburtstag 1918 von seinem Bruder Paul bei Liebermann in Auftrag gegeben wurde.[195] Der Künstler schuf auch Porträts der Vettern Paul und Bruno, das Pauls ist verschollen. Bruno ließ sich ebenfalls von Slevogt malen. Das Bild Pauls von Leopold von Kalckreuth aus dem Jahr 1911, als Paul 40 Jahre alt wurde, ist erhalten und ein Gegenstück zu dem Slevogt-Porträt seines Onkels Max. Es entstand im Sommer in Cassirers Haus in Noordwijk und zeigt den Kunsthändler und Verleger in lockerer Haltung, die Rechte in der Hosentasche, die Zigarettenspitze in der Linken, bei blühendem Aussehen, ebenfalls voller Selbstsicherheit, aber gleichzeitig mit einem leicht skeptischen Ausdruck (vgl. Abb. S. 90).

Es existieren viele Skizzen und Zeichnungen, sicher noch viele mehr als bekannt, von Liebermann, Orlik und Slevogt, die Cassirers darstellend. Slevogt zeichnete mehrmals Max' Frau Hedwig am Klavier. Dort saß sie oft und spielte, während sie den Porträtsitzungen ihres Mannes beiwohnte. Olaf Gulbranssons Porträtzeichnung des vierjährigen Thomas, des Enkels von Max, ist verschollen.

«Zeichnungen der Kinder waren ein gern gesehenes Geschenk» der Künstler, während Porträtaufträge «besondere Anerkennung bedeuteten und natürlich bezahlt wurden». Bruno bestellte 1906 ein Porträt seiner dreijährigen Tochter Sofie bei Corinth, das als wichtiges Werk des Malers gilt und heute in Philadelphia hängt. Georg Kolbe schuf für Alfred Cassirer, Pauls jüngsten Bruder, 1922/23 ein Bronzeköpfchen seiner dreijährigen Tochter Eva. Er modellierte 1925 auch Pauls Kopf, der «ausnahmsweise» mit dem Porträt zufrieden war und es in seiner großen Kolbe-Ausstellung im selben Jahr ausstellte.[196] Ein Jahr später nahm Kolbe Paul Cassirers Totenmaske ab.

Die Cassirers schenkten einander Bilder und wurden mit Bildern beschenkt. Sie kauften selbstverständlich im Salon Cassirer und orientierten sich an den Publikationen der Verlage von Paul und Bruno. Die bedeutendsten Sammlungen in der Familie Cassirer waren, außer Pauls und Brunos Privatsammlungen, die der Brüder Hugo und Alfred, die das erfolgreiche Kabelwerk mit Vater Louis aufgebaut hatten. Hugo heiratete Lotte Jacobi, auch sie war eine kunstbegeisterte Berlinerin und maßgeblich an der Sammlung Hugos beteiligt. Sie kaufte beispielsweise das Ölbild *Zwei Mädchen am Klavier* von Renoir, heute im Metropolitan Museum in New York. Im Entrée hingen elf große Ölgemälde mit Szenen aus *1001 Nacht* von Karl Walser. «Die Salons und Privaträume können wie ein Querschnitt durch die Paul Cassirerschen Kunstausstellungen» gesehen werden.[197] Neben den Malern der Berliner Secession sammelte auch Hugo Tierplastiken von Gaul und Werke von Barlach. Seine französischen Impressionisten, Renoir und Cézanne, sowie van Gogh sind Glanzstücke.

Hugos Bruder Alfred besaß 20 Liebermanns und Bilder vieler französischer Impressionisten. Er sammelte darüber hinaus französische Möbel des 18. Jahrhunderts, orientalisches Kunstgewerbe und islamische Teppiche. Diese berühmte Kollektion überließ Alfred dem Museum für Islamische Kunst in Berlin als Leihgabe. Seine Tochter Eva machte daraus nach den Zweiten Weltkrieg eine Schenkung. Im März 1933 wurde eine Ausstellung der Sammlung Alfred Cassirer in dem zum Berliner Stadtmuseum gehörenden Ermelerhaus veranstaltet. Es war eine Ensemble-Ausstellung, in der die Besucher durch die mit Gemälden, Skulpturen und Möbeln eingerichteten Räume wandelten.[198]

Die Kinder dieser Sammler wuchsen umgeben von Kunstwerken auf. In einer Familie wie der der Cassirers, in der sie regelmäßig die Großeltern und häufig Onkel und Tanten besuchten, sahen sie die Bilder, die dort an den Wänden hingen, bei Onkel Paul und Tante Tilla beispielsweise deren van Goghs. Sie hörten Unterhaltungen über Kunst und Künstler, wurden in Ausstellungen wie die des Salons Cassirer geführt und entwickelten ein feines Gespür für künstlerische Qualität und ein überdurchschnittliches kunstgeschichtliches Wissen. Einige von ihnen, die zunächst ganz andere Berufswege einschlugen, gerieten, bedingt durch die Zeitläufe, wieder auf das Gebiet des Kunsthandels. Beispiele dafür sind Hugos Söhne Reinhold und Stefan. Letzterer fand in Dänemark Zuflucht und wurde in Kopenhagen im Kunsthandel tätig. Reinhold, der dazu ausersehen war, das Kabelwerk weiterzuführen, verschlug es nach Südafrika, wo er jahrelang in der elektrotechnischen Industrie arbeitete. 1969 erhielt er, wie er seiner Tante Edith Geheeb schrieb, «auf seine alten Tage» die Gelegenheit, «etwas Neues anzufangen» und eine Vertretung von Sotheby's in Johannesburg zu eröffnen, ein Angebot, das der 61-Jährige nicht ablehnen konnte.[199] 1980 öffnete er seine eigene Galerie, Cassirer's Fine Art, und stellte die bedeutendsten südafrikanischen Künstler aus, lange bevor sie berühmt wurden. Als einer von ihnen, William Kentridge, an seinem Talent zweifelte und nicht mehr malte, ermutigte Cassirer ihn weiterzuarbeiten. Er holte Gerard Seketo aus dem Exil in Paris zurück und machte ihn in seinem Heimatland bekannt und berühmt.[200]

Zu den letzten in Deutschland geborenen Kunstsammlern der Familie Cassirer zählen die Brüder Ulrich und Wolfgang, Enkel des Neurologen Richard Cassirer. Sie gelangten mit ihren Eltern ebenfalls nach England. Der Vater Hans etablierte sich unter großen finanziellen Schwierigkeiten in Harrow als Hersteller elektrischer Haushaltsgeräte. Die Söhne demonstrierten ihre britische Identität bereits in ihrer Namensänderung, wie es jungen jüdischen Emigranten zu ihrem eigenen Schutz empfohlen wurde. Auch wenn sie nur Pionierdienst leisteten, hielt man sie für gefährdet, denn wären sie in deutsche Gefangenschaft gefallen, hätten sie nur geringe Überlebenschancen gehabt. Sie nannten sich fortan Eric und Wilfred Cass.

Eric wurde ein Pionier der Kommunikationstechnologie. Er entwickelte unter vielem anderen einen sehr erfolgreichen Pager. Das erlaubte ihm und seiner Frau Jean, in großem Stil zeitgenössische Kunst zu sammeln. Alte Kunst verstehe er nicht, sagt Cass, nur das, was im Augenblick geschieht.[201] Das erste Kunstwerk, das das Sammlerpaar kaufte, war eine Skulptur von Niki de Saint Phalle, von der sie die größte Kollektion in England besaßen. Die Sammlung von Eric und Jean Cass wuchs auf über 365 Werke, die in ihrem Haus namens Bleep – so genannt nach dem Piepton des Pagers – in Virginia Water in Surrey zu sehen waren, von Picasso und Miró bis zu zeitgenössischen Künstlern. Um das Verständnis für moderne Kunst zu fördern, stifteten Eric und Jean den größten Teil ihrer Sammlung im Wert von vier Millionen Pfund der Contemporary Art Society mit der Auflage, sie in Museen in ganz England zu verteilen.[202]

Wilfred Cass, ebenfalls ein Ingenieur und Technologie-Experte – mehr über ihn am Schluss des Exil-Kapitels – sammelte moderne englische Skulpturen, darunter solche von Henry Moore, mit dem er befreundet war. Dann entwickelte er mit seiner Frau Jeannette ein neues Modell der Kunstförderung. Vom Erlös der Werke Moores erwarb er ein großes Gelände in Sussex und gründete 1992 die Cass Sculpture Foundation. Sie vergibt Aufträge für monumentale Skulpturen, die die Künstler ohne die Hilfe der Stiftung nicht schaffen könnten, bezahlt alle Kosten für Material, Herstellung und Transport und stellt sie in dem parkähnlichen Gelände aus. Wenn ein Kunstwerk verkauft wird, erhält der Künstler ein Honorar von 50 Prozent des Kaufpreises, die andere Hälfte fließt in die Stiftung, die damit weitere Aufträge erteilen, das Areal vergrößern und Wald und Wiesen pflegen kann. In den ersten 25 Jahren entstanden auf diese Weise über 500 Skulpturen. Die bedeutendsten britischen Bildhauer wie Tony Cragg und Sir Anthony Caro gehören zu den von der Stiftung geförderten Künstlern. Aufsehenerregende Installationen in London wie 2012 in der Exhibition Road in Kensington haben den Ruhm der Stiftung aus ihrem ländlichen Idyll in die Stadt getragen. Die Gebrüder Cass setzen somit als Sammler und Mäzene die Tradition der Familie Cassirer bis ins 21. Jahrhundert fort.

Ernst Cassirer (1874–1945)

Wenn heute ein Mitglied der Familie Cassirer nach den berühmten Verwandten gefragt wird, ist es fast immer Ernst Cassirer, der als Erster genannt wird. Er hat den Ruhm der Familie über die Grenzen Europas hinausgetragen. Während sein Wirken innerhalb Deutschlands 1933 zu einem abrupten Ende kam, konnte er seine Arbeit zunächst in England, dann in Schweden und zuletzt in den Vereinigten Staaten in erstaunlicher Gradlinigkeit fortsetzen. In Deutschland galt es, Ernst Cassirer wiederzuentdecken; ein Unternehmen, das mit dem Erscheinen der *Gesammelten Werke* in 26 Bänden, *Hamburger Ausgabe* genannt, und 18 Bänden *Nachgelassene Manuskripte und Texte* geschehen ist. Es folgten Biographien sowie zahlreiche Studien zu Einzelaspekten seines Lebens und Werkes.[203]

Das Fundament zu Cassirers monumentalem Œuvre wurde in Breslau gelegt. Sein Vater Eduard, der dritte Sohn von Marcus Cassirer, heiratete Jenny, eine der beiden Töchter seines Glogauer Onkels Siegfried Cassirer, und reüssierte mit den Brüdern zunächst im Holzhandel. Nach dem Tod seiner Frau zog auch er nach Berlin. Ernst, der älteste Sohn unter sechs Geschwistern – drei Söhnen und drei Töchtern –, hatte einen «ernsten» Vornamen erhalten, weil der erste Sohn von Jenny und Eduard Cassirer früh gestorben war.[204] Beide Brüder von Ernst wurden, wie der Vater, Unternehmer. Ludwig war wohl weniger begabt, denn das *Anekdotenbüchlein* berichtet den Stoßseufzer des Vaters, als ihm Ernst einmal einen praktischen geschäftlichen Ratschlag erteilte: Ludwig hätte studieren sollen, Ernst hätte «ins Geschäft gehört».[205] Ernsts Bruder Martin war der Einzige, der die Familientradition in Breslau aufrechterhielt und ein Sägewerk betrieb, bis auch er um 1930 mit seiner Frau Lisbeth geb. Lasker nach Berlin zog. Die jüngste Tochter, Hedwig gen. Hede, Ernsts Lieblingsschwester, heiratete ebenfalls einen Vetter, den Neurologen Richard Cassirer.

In Breslau besuchte Ernst neun Jahre das fortschrittliche, paritätische Johannesgymnasium. Es war ein kurzer Schulweg von der Vorwerk- in die Paradiesstraße (Ulica Stanisława). Die Sommerferien verbrachte er bei dem Großvater in Glogau, in dessen Bibliothek er Shakespeare entdeckte. Dem Zeugnis der Reife, das Ernst Cassirer am 10. März 1892 erhielt, ist zu entnehmen, dass er die 8. Klasse, Prima, wiederholen musste. Wahrscheinlich hatte es gesundheitliche Gründe, denn vom Turnen war er «dispensiert aus Gesundheitsrücksichten».[206] Die Anforderungen des Johannesgymnasiums waren hoch. Ernst Cassirer erhielt in seinem Abiturzeugnis in keinem Fach die Bestnote, in Latein, Mathematik und Physik nur «genügend». Jedoch «bei dem günstigen Ausfalle der schriftlichen Prüfung konnte ihm das mündliche Examen erlassen werden.» Als Beispiel für die sorgfältige Ausbildung, die die Breslauer Pädagogen ihren Zöglingen angedeihen ließen, kann die Bewertung und Benotung in Ernsts Lieblingsfach, Deutsch, dienen: «Im Deutschen verstand er es, die Aufgaben in methodischer Anordnung des Stoffes, klar, verständig zusammenhängend und ausführlich in fehlerfreier Schreibart und gewandt in Stil und Ausdruck zu behandeln, und da er es nie an Fleiß fehlen ließ, waren seine Klassenleistungen gut. Seine Kenntnisse in der philosophischen Propädeutik waren gut, in der Litteratur sehr gut. *Gut.*»

Dem Wunsch des Vaters entsprechend, immatrikulierte sich Ernst im April 1892 in Berlin an der Friedrich-Wilhelms-Universität. Er belegte, offenbar recht lustlos, deutsche Rechtsgeschichte und Römisches Recht. Ein Brief des 18-Jährigen vom 30. Juni 1892 aus Berlin an einen Breslauer Freund zeigt, dass sein eigentliches Interesse der Literatur galt. Seine Vorbehalte gegen Breslau, das enge Verhältnis zu seiner Familie und Züge, die fast 100 Jahre später Anlass waren, ihn einen Mandarin zu nennen, gehen ebenfalls aus dem Schreiben hervor.[207] Es ist der erste erhaltene Brief von Ernst Cassirer.

«Lieber Freund!

Also vernünftig soll ich Dir schreiben? Na, warum nicht? Ich bin wie [?], ich kann schreiben rechts, ich kann schreiben links, ich kann schreiben nach allen Seiten. Und überhaupt fällt es mir jetzt gar nicht mehr so schwer, vernünftige Briefe zu schreiben, denn seit wir uns das letzte Mal gesehen haben, bin ich viel vernünftiger geworden. Ich lebe wie ein rechter alter Bierphilister, erhebe mich früh, besuche regelmäßig meine Kollegs, esse gut, mache mein Mittagsschläfchen, gehe einige Stunden spazieren und gehe dann so gegen 11 Uhr schlafen. Dazwischen kommt ab und zu noch etwas Lektüre, aber um Gottes willen nichts aufregendes, bloss so gute ältere Schriften, wenn man sich nach dem Essen behaglich in den Lesestuhl setzt und nun so ganz behaglich und selbstzufrieden vor sich hinduselt. Nur in besonderen Stunden gestatte ich mir mal was Feineres wie Hermann Bahr, Jakobsen, Bierbaum, Schlaf; das ist dann wie so ein feiner Liqueur, der die Nerven anregt und den ganzen Menschen in eine erhöhtere Stimmung bringt. Auch französisch lese ich oft – das ist doch immer so etwas Pikantes, Appetitanreizendes, und dann lernt man doch auch viel dabei, daneben für die geistige Fortbildung einige wissenschaftliche Schriften über literarische Fragen – nach dem Abendbrot zu nehmen; kann man sich etwas Vernünftigeres denken als diese Einteilung? Gewiß nicht; ich errege auch das Gefallen aller meiner Verwandten; solltest Du vielleicht etwas vom Gegenteil gehört haben, so muß das auf einem Irrtum beruhen. Ich bin also mit meiner jetzigen Lebensweise ganz zufrieden, aber wie soll die Sache weiter werden, das ist hier die Frage! Was fange ich mit den Ferien an; wo bleibe ich im nächsten Semester? Wohin also? Nach Breslau? Da habe ich wieder den verläßlichen Eindruck wie Hermann Bahr sagt – , daß dort auch nicht das ist, was ich brauche; wie ich so an das letzte Schuljahr in Breslau zurückdenke und an all diese Menschen mit denen ich da verkehren musste, diese Tanzstundenaffen, diese öden Biersäufer, diese philisterhaft moralisch rationalistischen Menschen mit ‹höheren geistigen Interessen›. Einfach furchtbar! Und in Breslau kann man all diesen Leuten, diesen Lissers, Krommers [?], Schweizters, Zahrs [?] nicht ausweichen. Du wirst sagen, ich brauche nicht mit ihnen zu verkehren, aber das nutzt mir gar nichts. Wenn ich nur einmal über die Schweidnitzerstraße gehe und ich sehe diese ganze Bande da ist meine ganze Stimmung gleich auf ein paar Tage verdorben und ich werde ganz stumpfsinnig, wie sie selbst. Die Breslauer Luft drückt mich nieder, anders kann ichs nicht sagen. Im Sommer wäre es ja gegangen, namentlich jetzt; da hätte ich in der Villa gesessen, hätte mich um niemand gekümmert als um meine nächsten Verwandten u. Bekannten und gar nicht gemerkt, daß ich in dem elendsten Philisternest der Welt bin. Aber im Winter ist die Sache doch faul. Ich denke aber ich gehe nächstes Semester wieder fort und komme dafür in den Ferien nachhaus. Das stelle ich mir sehr schön vor, da frage ich nach keinem Menschen fühle mich bei meinen Eltern und Geschwistern sehr wohl (ich bin nämlich doch Familienmensch) wir beide besuchen uns öfter und

damit abgethan. In der Zeit kommt es übrigens auf dasselbe heraus. Die Ferien dauern 3 Monate (1 August – 1ster November) das Semester 4 Monate (1. November – Mitte März) dazwischen liegen noch die Weihnachtsferien, die ich gleichfalls in Breslau zubringen kann. –
Da habe ich mich aber schön hinein geredet – nun muß ich sehen, wie ich zu Ende komme. Also schnell noch einige Nachrichten von hier. Paul und Fritz sind gestern nach München abgereist, um sich beim Militär zu stellen. Gott sei ihren armen Seelen gnädig! Bruno wohnt jetzt bei mir, wir vertragen uns sehr gut. Sonst ist alles beim Alten, nur meine Bücher haben wieder Zuwachs bekommen (Zola, L'Assomoir, Maupassant, Clair de Lune, Hamsun, Hunger, Bierbaum Gedichte, Harden, Apostata. Grebnella, Der Beruf etc. ---)
Ich würde Dir gern Bücher schicken, aber ich weiß erstens nicht, welche Du haben willst, dann habe ich auch keine Schleifen. – «Die Weber» waren aufgeschnitten. So, jetzt wirst Du wohl genug haben, ich schließe also und bitte Dich, diesen Brief meinen Eltern zu zeigen, sonst muß ich ihnen das alles noch einmal schreiben.
Besten Gruß an Deine Anverwandten!
Ernst»

Im Oktober 1893 wechselte der Student Hochschule und Fach und ging nach Leipzig, um Deutsche Literatur zu studieren. Methodisch legte er den Grund für das Germanistikstudium, absolvierte Übungen in gotischer Grammatik und Mittelhochdeutsch; hörte Literaturgeschichte bei Biedermann und, ein Zeichen seiner immerwährenden Wissbegierde, Psychologie bei Wilhelm Wundt. Dieser hatte vor 13 Jahren in Leipzig das erste Institut für experimentelle Psychologie gegründet. Als Wegbereiter der modernen Psychologie betonte er den Willen als psychologische Antriebskraft und suchte Philosophie psychologisch zu erschließen. Zudem entwickelte er eine «Völkerpsychologie», die zu einer wichtigen Anregerin der Ethnologie wurde. Wundts Ideen haben bei dem 19-jährigen Ernst Cassirer bleibende Eindrücke hinterlassen. Von Leipzig fuhr Ernst oft nach Berlin, wo er das Theater besuchte, die Duse sah und Hermann Sudermanns *Heimat,* das ihm einen «anderen theatralischen Genuß» bereitete, wie er an seinen Vetter Paul in München schreibt.[208] Dann wechselte er nach Heidelberg. Über dieses Jahr geben nur Familienbriefe, keine Studienbücher Auskunft. Der «Familienmensch» schreibt an Eltern, Schwestern und Vettern. Der an ein «liebes Kind» in Berlin gerichtete Brief war wohl für die Schwester

Clara bestimmt, die er in einer Krise mit Büchern tröstet. An Hedwig schreibt er von seiner Angst, im Sommer mit Papa in ein Luxusbad an der Nordsee reisen zu müssen, wo er nicht hinpasse. Dem Vetter Bruno berichtet er am 10. Juli 1893 von seiner intensiven Beschäftigung mit Gellert, auch hat er «38 Ritterromane» gelesen und, offenbar zur Erholung, Baudelaire.[209] Gute Esspakete sind immer willkommen und Geburtstagsgeschenke für Eltern und Schwester werden gern in Auftrag gegeben.

Im Oktober 1893 wechselte Cassirer wieder nach Berlin. Der Schwerpunkt seiner Studien lag weiter auf der deutschen Literatur. Er hörte bei Erich Schmidt Vorlesungen über Goethe, Schiller und Poetik und bei Dilthey Philosophiegeschichte. In einer Vorlesung des 45-jährigen Privatdozenten Georg Simmel, der in Berlin nicht nur akademische Hörer faszinierte, sondern in Vortragsreihen ein interessiertes Publikum anzog – auch zahlreiche Frauen, Dichter wie Rilke und Mitglieder des George-Kreises –, wurde Ernst mit dem Werk Hermann Cohens und seiner neuen Kant-Interpretation bekannt. Peter Gay nennt Kants «ungeheure Beliebtheit bei deutschen Juden» leicht verständlich, denn der Philosoph liefere «hochklingende, hervorragend zum Zitieren geeignete Aussagen zur menschlichen Freiheit», seine Philosophie sei «das Denkgebäude für eine Religion der Vernunft».[210]

Cohen lehrte in Marburg zu einer Zeit, als für die spekulative Philosophie «nichts andres mehr als ihre Euthanasie, ihr ruhiges und stilles Verscheiden erwartet zu werden schien» – so Ernst 1918 in seiner Grabrede für Hermann Cohen. Nur die einzelne, «durch Experiment und Rechnung feststellbare ‹Tatsache› sollte eigentlichen Wahrheitswert besitzen».[211] Cohen dagegen verhalf dem «reinen Denken» wieder zu seinem Recht und erneuerte in seinen Werken Kants Philosophie: Die Logik der reinen Erkenntnis, die Ethik des reinen Willens und die Ästhetik des reinen Gefühls. Cohen war ein weiteres Glied in der Kette idealistischer Philosophen von Platon bis Kant, Historiker und Systematiker, dem ein freies Drauflos-Philosophieren unmöglich war, während für Nietzsche beim System die Unwahrheit begann.[212]

Ernst widmete sich nun den Werken Cohens. Es war «kein einfacher und ebener Weg». Cohens Bücher galten als «die schwersten der philosophischen Literatur». Auch fehlten dem Anfänger die methodische

Schulung und Vorbereitung. Aber er war entschlossen, «nicht eher abzulassen, als bis ich diese Bücher ganz bewältigt und ganz durchdrungen hatte». Auch wenn er den Gedanken Cohens noch nicht «bis in die letzte Tiefe» folgen konnte, so waren es «dieser unbedingte Wahrheitssinn, diese Kühnheit und Eigenart der Auffassung, dieser Mut zur letzten systematischen Konsequenz», die ihn festhielten.[213]

Ernst Cassirer hat seine Kant-Cohen-Studien auch in München betrieben, wo er von Mai 1895 bis Oktober 1896 an der Ludwig-Maximilians-Universität als Student der Philosophie eingeschrieben war, aber neben Lehrveranstaltungen in Ethik und Ästhetik weiterhin Germanistik und Psychologie und, immer wieder die Fachgrenzen überschreitend, Experimentalphysik besuchte. Er war ein äußerst gewissenhafter Student. Den Kollegheften ist anzusehen, dass er nach den Vorlesungen seine Notizen sorgfältig ausgearbeitet und druckreif niedergeschrieben hat. Seine Zimmer suchte er sich in Universitätsnähe, am liebsten in der Schellingstraße. Auch den Sommer 1895 verbrachte er in Bayern, allerdings nicht in der Stadt, sondern wenigstens zeitweise am Starnberger See in Feldafing, seinem ländlichen Refugium, so wie Vetter Fritz, der gleichzeitig in München studierte, seines in Zell bei Ebenhausen im Isartal gefunden hatte.

Die Briefe an die Eltern handeln, wie Studentenbriefe zu allen Zeiten, von Geldnöten. Mal ist eine Augenarztrechnung zu begleichen, mal wurde der Mantel gestohlen. Er besucht die Oper und feiert den Geburtstag der Mutter in *Figaros Hochzeit*, hört das Geigen-Wunderkind Bronislaw Huberman, «Mamas besonderen Schützling», und kann sich im Januar 1896 nicht dem Münchner «Carneval» entziehen. Auch Mitglieder des George-Kreises lernt er kennen. Dazwischen ist er bei seinem Vetter Fritz, dem Musikstudenten, «zu Kaffee und Musik» eingeladen.[214] Umgeben von Malern lässt sich Ernst, wohl auf Wunsch der Eltern, in München porträtieren. Am 8. Mai 1895 berichtet er, dass er von Bruck gemalt würde, aus dem Schwarz'schen Porträt sei nichts geworden. Dieses Bild hatte dem Vater nicht gefallen. Sollte ein Bild von ihm ähnlich sein, so müsste es auch «abscheulich werden».

Vater Eduard erinnert den Sohn auch an das «Militärjahr», das abzuleisten war. Dazu war der angehende Philosoph gar nicht aufgelegt. Jetzt teilt er dem Vater mit, er würde sich «vielleicht» zum 1. Oktober stellen und fügt hinzu: «Hoffentlich komme ich frei.»²¹⁵ Das scheint tatsächlich geschehen zu sein, denn vom Militärdienst ist nie wieder die Rede. Die Eltern sorgten sich nicht nur um die Ernährung des Sohnes, wie die Bitte an die Mutter, nicht zu viele und große Nahrungsmittelpakete zu schicken, beweist. Der ernsthafte Sohn erschien ihnen oft geradezu melancholisch. Deshalb waren sie im Frühjahr 1896 überglücklich, als Ernst während der Semesterferien einen anderen Eindruck vermittelte, wie einem Brieffragment des Vaters vom 29. Mai 1896 zu entnehmen ist. «Es ist uns ein Herzensbedürfniß Dir unsere große Freude über Deine Munterkeit und Lebensfreude die du diesmal, wie noch nie zuvor, im vollsten Lichte strahlen ließest, auszusprechen. So mein lieber Kerl, habe ich dich ganz und wünsche ich dich immer zu sehen, lustig und guter Dinge ohne Grübelei und anerkränkelte Kopfhängerei, dazu ist die Welt zu schön und zu gut!»²¹⁶

Das geschah zu der Zeit, als sich Ernst Cassirer entschlossen hatte, sein Studium in Marburg bei Hermann Cohen fortzusetzen. «Ich stand in befangener Zurückhaltung vor dem Manne, der so viel für mich bedeutete», erinnerte sich Cohens berühmtester Schüler 22 Jahre später in seiner Grabrede. Cohen, der einzige jüdische Ordinarius für Philosophie an einer deutschen Universität, war von Cassirer in Herkunft und Ausbildung völlig verschieden. Aus einer religiösen Familie stammend hatte er zunächst Theologie studiert und schätzte konvertierte Juden nicht. Den völlig säkularen Ernst Cassirer hielt er für einen solchen und fragte ihn, ob er etwa übergetreten sei. Er muss hocherfreut gewesen sein, als der Student das verneinte. Das Verhältnis zwischen Cohen und Cassirer wurde trotz der großen Unterschiede zu einem der engsten Freundschaftsverhältnisse zwischen Lehrer und Schüler, wie aus den vielen Briefen hervorgeht, die Cohen und seine Frau Martha mit Ernst Cassirer und dann auch mit dessen Frau Toni wechselten.

In Marburg gab es keinen George-Kreis und keinen «Carneval». Ernst Cassirer lebte ganz seinen Studien. Kommilitonen nannten ihn den «Olympier»,²¹⁷ um den sich eine Gruppe von Studenten verschiedener Fachgebiete einschließlich Mathematik zu Diskussionsrunden zusammenfand. Während der Marburger Jahre widmete sich Ernst nicht nur seiner Dissertation, *Descartes' Kritik der mathematischen und naturwissenschaftlichen Erkenntnis*, sondern auch der von seinen Lehrern

Hermann Cohen und Paul Natorp gestellten Preisaufgabe über Leibniz. Das Buch – *Leibniz' System in seinen wissenschaftlichen Grundlagen* –, das daraus hervorging, gewann 1900 den Ehrenpreis der Königlichen Akademie der Wissenschaften in Berlin, 130 Jahre nachdem Kant diesen Preis gewonnen hatte. Nach der Promotion in Marburg 1899 kehrte Cassirer in sein Elternhaus zurück.

Der nächste Schritt auf der wissenschaftlichen Laufbahn wäre nun die Habilitation gewesen. Aber diese Pläne scheiterten zunächst in Berlin. Er war als Jude und als Marburger «Neukantianer» gleichsam doppelt belastet. In Kiel wird er als zu wenig «nordisch» beurteilt.[218] Wie viele jüdische Wissenschaftler in seiner Lage blieb Ernst vorerst nur, sich als Privatgelehrter seiner Arbeit zu widmen. Das war einerseits keine schlechte Lösung. Er liebte es, unabhängig seinen Forschungen nachzugehen und war vorerst nicht daran interessiert zu lehren. Der Unterstützung seines Vaters war der Lieblingssohn gewiss. Andererseits wäre ihm sicher die Anerkennung, die die Habilitation und mit ihr die Venia Legendi mit sich bringen würde, und schließlich eine Berufung willkommen gewesen.

Im März 1901 wurde Ernst zur Hochzeit einer seiner Kusinen in Berlin eingeladen. Es könnte eine Tochter seines Onkels Salo oder von Onkel Louis gewesen sein. Bei dieser Gelegenheit sah er eine andere Kusine, Antoinelle Bondy gen. Toni, aus Wien wieder. Er hatte die 17-Jährige als Kind gekannt. Nun war sie mit ihrem Bruder Hans zum ersten Mal nach Berlin gekommen und traf auf die versammelte riesige Familie ihrer Mutter. Julie, die seit ihrem elften Jahr nach einer Herzbeutelentzündung an einem Herzfehler litt, hatte dennoch fünf Kinder zur Welt gebracht und war auch im fernen Wien der Liebling ihrer Eltern und neun Geschwister geblieben.

Diese und viele andere «Familiengeschichten» erfahren wir in Tonis Erinnerungen *Mein Leben mit Ernst Cassirer*, die sie nach dem Tod ihres Mannes geschrieben hat. Das Buch ist mehr als die Geschichte einer Ehe. Toni beschreibt ihre und Ernsts Eltern und zeichnet Porträts von Gelehrten und Freunden, darunter Hermann Cohen, Albert Einstein und Albert Schweitzer. Sie ist eine genaue, wenn nicht scharfe Beobachterin ganz verschiedener Gesellschaften, ob in Deutschland, England, Schweden oder Amerika, in denen sie und Ernst sich nach 1933 zurechtfinden mussten. Im Zentrum steht selbstverständlich der neun Jahre ältere Ernst. Ihm gegenüber stellt sie sich geradezu selbstanalytisch als die viel Jüngere und wenig Kenntnisreiche dar, deren Vater der Meinung war, «daß ein Mädchen das, was es im Leben benötigt, nicht in der Schule zu lernen braucht». Sie war intelligent, musikalisch, kannte die klassische Literatur, besuchte mit ihrem Vater die Konzerte der Wiener Philharmoniker, die Gustav Mahler leitete, und liebte, wie die meisten Wiener, das Theater. Zu ihrer Überraschung entdeckte sie bereits während der ersten Unterhaltung mit dem gelehrten Vetter, der so viel mehr gelesen hatte und wusste, dass sie beide immer zum gleichen Urteil kamen, ob sie über den Hamlet des Schauspielers Josef Kainz sprachen oder über die Tagebücher von Gottfried Keller. Das erklärt schließlich, warum Toni Bondy, die nicht wusste, «was Philosophie ist», noch, wer Leibniz war, und in deren Elternhaus es «kein einziges philosophisches Buch» gab, und deren «einzige wirkliche Begabung»[219] ihr selbst zufolge die Schneiderei war, solch ein Buch über ihr Leben mit einem Philosophen schreiben konnte.

Toni Cassirers Autobiographie wird in der Literatur über ihren Mann spärlich zitiert. Wie Memoirenliteratur allgemein enthält sie Fehler wie Falschschreibungen und falsche Daten, die auf Erinnerungslücken zurückgehen. Die Autorin nimmt sich auch Freiheiten heraus. Sie war sich und anderen gegenüber ein strenger Mensch, besonders was Sitte und Anstand betraf, wenn nicht gar prüde. Briefe Ernsts, die sie häufig zitiert, werden zensiert. So wird der Name seiner Schülerin Gertrud Bing, die eine wichtige Mitarbeiterin der Kulturwissenschaftlichen Bibliothek Warburg und später deren Direktorin wurde, wohl ebenfalls aus «moralischen» Gründen gestrichen. Das Buch erlaubt mit seinen Familiengeschichten jedoch Einblick in die Geschichte der Familie Cassirer wie keine andere Quelle.

Dem Treffen zwischen Ernst und Toni in dem prächtigen Hotel Kaiserhof folgte ein zweites, wiederum bei einer Hochzeit, diesmal in Breslau, zu der Ernst zur allgemeinen Verwunderung seine Berliner Gelehrtenklause verließ. Mehreren anderen Hochzeitseinladungen war er nicht gefolgt. Er ließ es nicht bei dem erneuten Wiedersehen mit Toni bewenden und erschien im Dezember in Wien. Dort wurde die junge Kusine «dem so ganz vertrauenswürdigen, weltfremden Verwandten ohne Bedenken anvertraut».²²⁰ Während eines Spaziergangs in der Hauptallee des Praters fragte Ernst die 17-Jährige, ob sie einen Freund habe, den sie liebe, und als sie «laut und wahrheitsgetreu» antwortete, dass sie «vollkommen frei» sei, fragte er, «ob ich ihn wohl lieben könnte, und mit der festesten Überzeugung, daß es das Glück selbst sei, das mich fragte, ob ich es entgegennehmen wolle, reichte ich ihm die Hand».²²¹ An diesem Abend hörten die nun Verlobten in der Oper den *Tristan*, den Ernst sehr bewunderte, obwohl er, wie sein Vetter Fritz, ein «dezidierter Anti-Wagnerianer» war, was Toni erst «viele, viele Jahre später» begriff.²²²

Erschüttert von der großen Entscheidung, die sie getroffen hatte, wollte Toni sie vorerst niemandem mitteilen. Das fiel Ernst in Wien, wo er sie täglich sah, nicht schwer. Aber nach Berlin zurückgekehrt nahm seine Ungeduld überhand. Am 27. Dezember verlangte er von Toni, ihre Eltern von allem zu unterrichten und war am nächsten Tag in Wien. Die Freude der Eltern in Wien wie in Berlin war gleichermaßen groß, und der Wirbel von Gratulationen, Telefonaten und Korrespondenzen nicht so ganz nach Tonis Sinn. Die Trauung fand, nachdem Toni mit ihren Eltern den Sommer im Wiener Wald verbracht hatte, wo sich auch Ernst ein Sommerquartier nahm, am 16. September 1902 im Israelitischen Tempel im 1. Wiener Bezirk (Seitenstettengasse) durch den Oberrabbiner Moritz Güdemann, einen Freund Hermann Cohens, statt.²²³

Toni hatte sich entgegen ihrer ursprünglichen Absichten doch für eine «große Hochzeit» entschieden mit einem Diner im Sachergarten des Praters. Hermann Cohen hielt eine lange Rede, gleichsam eine Laudatio auf den Star unter seinen Schülern. Auch Toni hatte ihren Mentor Dr. Fritz Löhr eingeladen, eine Art Hauslehrer, mit dem sie vor ihrer Hochzeit noch Philosophiegeschichte betrieben hatte und der seine Schülerin als wunderbare Zuhörerin pries. Es wurde «ein gelungenes Fest mit schöner Musik und vielen guten Aufführungen und manchem gutem Witz». Damit sind die Gedichte, Lieder und Sketche gemeint, die mit Vorliebe für Familienfeiern geschrieben werden, so auch bei den Cassirers. Die Mutter der Braut wird sich dabei an ihre eigene Hochzeit vor 23 Jahren erinnert haben, als der vierjährige Ernst im Kostüm eines Schmetterlings ein Gedicht vorgetragen hatte. Jetzt war er ihr Schwiegersohn.

Vor der Hochzeit hatte das Paar noch eine wichtige Entscheidung zu treffen. Wo sollten sie ihren Wohnsitz nehmen? Ernst war an keinen bestimmten Ort gebunden. Wien oder Berlin boten sich an. Ernst und Toni wollten jedoch das erste Ehejahr trotz aller Liebe und Anhänglichkeit nicht in der Nähe von Eltern und Geschwistern verbringen. In Tonis Fall war das besonders bemerkenswert, denn sie liebte ihre Mutter über die Maßen, die die elfjährige Toni aufopferungsvoll in wochenlangen Nachtwachen gepflegt hatte, als sie ebenfalls an einer Herzbeutelentzündung erkrankt war. Nach ihrer Genesung wollte Toni nur noch für die Mutter leben.

Ernst und Toni Cassirer auf der Hochzeitsreise in Montreux (1902)

Nach ihrer Hochzeit dachte Toni auch nicht daran, sich – wenigstens nicht sofort – in Berlin niederzulassen. Die große Familie Cassirer muss ihr fast bedrohlich erschienen sein. Diese Menschen, mit denen sie doch verwandt war, bildeten «eine Art festen Block, der schwer zu durchdringen war. Gemeinsam verbrachte Jugend, künstlerisches und geistiges Streben, Erlebnisse aller Art hatten die junge Generation der Familie Cassirer zusammengefügt [...] Was ich bei meinem ersten Besuch in Berlin geahnt hatte, bewahrheitete sich in hohem Maße. So eng Ernst mit dem Berliner Kreis verwachsen schien, und obwohl er gefühlsmäßig zu ihm gehörte, blieb er in ihm doch merkwürdig anonym, ohne unter dieser Tatsache zu leiden.»[224] Auch Ernst hatte Vorbehalte, «wenn wir gleich von Anfang an hier in das Fachwerk des Verwandtschafts- und Familienverkehrs eingereiht würden.»[225]

Ernsts Reaktion auf den «festen Block» war gemäßigt. Wenn er bei Familiendiskussionen widersprach, dann «in mildester Form». Toni dagegen, temperamentvoll und kritisch, «wollte gehört werden», wurde aber von den Berliner Cassirers «als eine Art Kinderkrankheit» betrachtet. Bei ihrem Mann fand sie keinen Rückhalt, er schwieg bei solchen Debatten, und deswegen von Toni zur Rede gestellt, entgegnete er lediglich: «Merkst du denn nicht, daß sie nicht verstehen, was du sagst?»[226] In die Familie Cassirer zu heiraten, war auch für andere Frauen nicht immer leicht. Lilly Dispecker, die Frau des Kapellmeisters Fritz, ein lebhaftes süddeutsches Temperament, fühlte sich unter ihren Berliner Verwandten nicht heimisch.[227] Vielleicht sprach sie mit einem süddeutschen Akzent und rollte gar das R! Außerdem war sie, obzwar jüdisch, keine Cassirer. Tilla Durieux, die wie Toni in Wien geboren und aufgewachsen war, wurde von den Cassirers zwar nicht als «Kinderkrankheit» abgetan, aber rigoros abgelehnt. Sie war eine geschiedene Schauspielerin und führte mit dem Kunsthändler und Verleger Paul Cassirer eine kinderlose, offene Ehe, die in einer Katastrophe endete. Jüdisch war Tilla auch nicht. Nichts wäre den Brüdern ihres Mannes lieber gewesen als eine baldige Scheidung.

Die Wahl des ersten Wohnsitzes von Ernst und Toni fiel auf München. Nach einer standesgemäßen Hochzeitsreise nach Territet am Genfer See bezog das Paar am 2. Oktober 1902 eine Wohnung in der Franz-Joseph-Straße 34. Wenige Häuser weiter sollten drei Jahre später, ebenfalls nach der Hochzeitsreise in die Schweiz, Thomas und Katia Mann ihre erste Wohnung finden. Der von seiner Frau eher als unpraktisch geschilderte Ernst hatte die Wohnung gewählt und möbliert. Er machte Toni mit der Stadt bekannt, in der sie nun allein einen Haushalt führen musste. Dabei hatte sie noch nicht einmal kochen gelernt. So setzte sie ihm «das furchtbare Essen» vor, das er ohne ein Wort der Kritik aß.[228] Toni beschreibt das Jahr in der Franz-Joseph-Straße als Idyll. Das Paar arbeitete in einem Zimmer, er an seinem Schreibtisch, sie an ihrer Nähmaschine, die den jungen Gelehrten nicht im Geringsten störte. Nur beim Schachspiel verlangte er absolute Ruhe.

Ernst widmete sich während des Münchner Jahres der Leibniz-Ausgabe, deren *Hauptschriften zur Grundlegung der Philosophie* in zwei Bänden 1904 bei Bruno Cassirer erschienen. Die Durchsicht der Übersetzung aus dem Französischen machte Cassirer, laut Toni, unendliche Mühe, aber aus Rücksicht auf den jungen Mitarbeiter übertrug er die Schriften, die er genau kannte, nicht selbst. Die wichtigste Arbeit jedoch war die an dem monumentalen *Erkenntnisproblem in der Philosophie und Wissenschaft der neueren Zeit*. Der erste Band, beginnend mit Nicolaus Cusanus, erschien 1906 bei Bruno Cassirer, der letzte, der mit dem frühen 20. Jahrhundert über 600 Jahre Ideengeschichte abschließt, wurde im schwedischen Exil beendet und erschien postum 1950 zuerst in englischer Sprache.

Schon vor der Heirat hatte begonnen, was Toni den «Kampf um die Dozentur» nennt, als dessen Urheber sie Hermann Cohen bezeichnet. Der Lehrer wünschte, dass Ernst den Ruhm der Marburger Schule als habilitierter Hochschullehrer und Lehrstuhlinhaber in die Welt tragen würde. Dieser aber schwankte zwischen der verlockenden Existenz des in Freiheit arbeitenden Forschers, der der Unterstützung seines Vaters sicher war, und der durch eine feste Anstellung gesicherten akademischen Karriere, die ihm gerade im Hinblick auf seine Heirat ebenfalls erstrebenswert erschien. Ein Gespräch mit seinem Vetter Fritz, der damals in Elberfeld als Kapellmeister wirkte, was Ernst dessen «Zwangsberuf» nannte,[229] der die Entwicklung des Musikers hemme, wies in die eine Richtung, der Gedanke an eine zukünftige Familie in die andere, in die ihn Cohen drängte. 1902 fuhr dieser mit seinem Schüler sogar nach Straßburg, um dort Cassirers Bewerbung voranzutreiben. Ernst schrieb damals an Toni, dass er diese Reise «für die äußere Gestaltung unseres Lebens tue».[230]

Die Geburt des ersten Kindes, das sich Toni «sehnlichst gewünscht hatte, und Ernst wünschte sich alles, was ich mir wünschte»,[231] wurde ein wahres Familienereignis, denn Tonis Eltern und Geschwister, die den Sommer mit dem jungen Paar verbringen wollten, hatten ein Haus in Starnberg gemietet. Dort kam Heinrich Walter Cassirer am 9. August 1903 zur Welt. Nun erschien es auch Ernst und Toni günstiger, in der Nähe der Berliner Großfamilie zu leben. Im Oktober 1903 bezogen sie mit dem kleinen Heinz ein Haus in der Hubertusallee 39 im Berliner Villenvorort Grunewald. Ernst mietete eine Stadtwohnung in der Schöneberger Hohenstaufenstraße 46 als Arbeitsplatz. Dieses Arrangement erwies sich als richtig, als noch vor Ablauf eines Jahres am 26. Juli 1904 der zweite Sohn Georg Eugen geboren wurde.

Die Verbindung Tonis mit ihrer Wiener Familie blieb sehr eng. Sie reiste oft allein zu ihren Eltern. Ihre jüngste Schwester Edith verbrachte schon als Kind jedes Jahr mehrere Wochen bei ihnen in Berlin. «Wir betrachteten sie als vollkommen zu uns gehörig», schreibt Toni. Ernst entwickelte väterliche Gefühle für die kleine Schwägerin – sie war zehn Jahre jünger als seine Frau –, später verband ihn eine tiefe Freundschaft mit ihr. In diesem Zusammenhang erlaubt sich Toni einmal eine Äußerung über die Empfänglichkeit ihres Mannes für weibliche Schönheit, die aber niemals dazu geführt habe, dass er seiner Frau «zu entgleiten drohte». Die Bewunderung seiner Studentinnen konnte in Verehrung, sogar Anbetung übergehen, aber «das Entweder-Oder seiner Natur ließen ihn davon unberührt».[232]

In Berlin betrieb Ernst Cassirer nun intensiv die Bewerbung um die Habilitation an der Friedrich-Wilhelms-Universität. Thomas Meyer gibt eine klare, auf intensivem Aktenstudium beruhende Darstellung der Vorgänge. Er entdeckt «nichts über anti-jüdische Ressentiments» der Gutachter Alois Riehl und Wilhelm Dilthey, hingegen ernste Bedenken des scharfen Cohen-Kritikers Riehl an Cassirers Sicht, Kants Erkenntnisse «in der gesamten frühen Philosophie nachzuweisen». Dennoch votiert er für die Zulassung zur Habilitation. Kritisch wurde es dann doch in dem Colloquium nach Ernsts Probevorlesung über *Substanzbegriff und Funktionsbegriff*, als Riehl zusammen mit dem Psychologen Carl Stumpf Cassirer «an die Wand drückte», sodass dieser glaubte, durchgefallen zu sein. Toni hält fest, dass Dilthey in der anschließenden Bewertung das entscheidende positive Votum abgegeben habe. Beweise dafür gibt es nicht. Jedenfalls besaß Ernst nun die Venia Legendi und hielt am 12. August 1906 seine Antrittsvorlesung über *Vernunftkritik in ihrem Verhältnis zur Wissenschaft des achtzehnten Jahrhunderts*. Unter den Zuhörern saßen mehrere Familienmitglieder und die zunächst nervöse Toni, die aber beruhigt den Ausführungen ihres Mannes folgte, als dieser frei sprach und «wie der routinierteste Redner» pünktlich nach 45 Minuten schloss.[233]

Der erste Band des *Erkenntnisproblems*, den Ernst für das Habilitationsverfahren vorgelegt hatte, stellt nach Meyer «das philosophiegeschichtliche Positionspapier der ‹Marburger Schule› dar», in dem in «ständigem Vor- und Rückgriff» die Entwicklung der Erkenntnistheorien und der Einfluss der Naturwissenschaften auf die Philosophie gezeigt werden. Dafür stehen Namen wie Kepler, Galilei und Descartes als die wichtigsten der beeindruckenden Menge verarbeiteter Primärliteratur. Schließlich gewährleistet die Einheit aller Erkenntnisbereiche das, was Cassirer «Kultur» nennt. In diesem Sinn ist die Bezeichnung «Kulturphilosoph» zu verstehen, die mit seinem Namen bis heute verbunden bleibt.

Der Kulturphilosoph war ein musischer Mensch. Als solchen hat ihn seine Frau vor allem beschrieben. Dass er kein Instrument spielte, war seine eigene Entscheidung gewesen. Alle Cassirer-Kinder erhielten Musikunterricht. Als Ernsts Klavierlehrerin – es war das Kindermädchen – durch eine andere ersetzt werden sollte, weigerte sich der Elfjährige, weiterhin Klavierunterricht zu nehmen. Vater Eduard übte keinen Zwang aus, aber Ernst musste eine Bescheinigung unterschreiben, dass er gegen den Willen des Vaters auf weiteren Unterricht verzichtete.[234] Doch er liebte Musik und behielt sie im Gedächtnis. Wenn er nach Wien kam, «waren seine Taschen angefüllt von Opern- und Konzertkarten für die kommenden Monate». Er sang, was er gehört hatte, ob Opern- oder Operettenarien, Lieder oder Oratoriengesänge. Er sang allein und mit seinen Kindern. *Così fan tutte* lernte er von Schallplatten auswendig. «Die Opern – Figaro an der Spitze – gehörten zur Luft, in der er atmete.»[235] Musikliebe und -talent haben sich auf Kinder und Enkel vererbt. Ernst Cassirers Tochter Anne wurde als Geigerin ausgebildet. Sein Enkel Peter bekennt sich zu seiner Passion für die Oper. Der Linguist an der Universität Göteborg war zunächst Opernsänger und trat als Tenor in Nebenrollen auf. Sein Lieblingspart war der Zirkusdirektor in Smetanas Oper *Die verkaufte Braut*.[236]

Ernsts Kunstliebe ist unbestritten, aber eine Kunstsammlung wie seine Vettern Bruno, Paul, Alfred und Hugo konnte sich der langjährige Privatdozent, der mit 45 Jahren das erste Gehalt bezog, nicht zulegen. Toni und er besaßen Bilder ihres Bruders Walter, eines Spätimpressionisten, über deren Verbleib nichts bekannt ist, nachdem die Fabrik seines Vaters, wo sie gelagert waren, «arisiert» wurde. Die erste und lebenslange Liebe des musischen Philosophen war die deutsche Literatur. Das Werk keines Dichters kannte er genauer, schätzte er höher und zitierte er häufiger als das Goethes. Als Hochzeitsgeschenk erhielt er von seinen Vettern Bruno und Fritz die über 130 Bände umfassende Weimarer Ausgabe. Wenn er ein Zitat überprüfen wollte, trat er «mit traumwandlerischer Sicherheit» an das Bücherregal, zog den richtigen Band heraus und schlug die gesuchte Seite auf.[237]

Eines der bemerkenswertesten Kapitel in Tonis Erinnerungen ist ihre Erzählung des Besuchs in Weimar, den der 31-jährige Ernst mit seiner jungen Frau unternahm. Wie «zwei Berauschte» gingen sie durch die Stadt und die Räume des Hauses am Frauenplan, «voller Glück und doch gehemmt vor dem Wunder menschlicher Größe, das sie gebildet und bewohnt hatte». Der Stuhl, auf dem Goethe gestorben war, das Wasserglas, aus dem er den letzten Schluck tat, all das beeindruckte Ernst «aufs tiefste». Wenn dann auch noch ein livrierter Wächter den Besucher scharf musterte, weil er im ersten Augenblick dachte, «der Alte wäre vielleicht wiedergekommen – er sieht ihm ja so ähnlich», ist der Höhepunkt des Weimarer Aufenthalts erreicht. Die intensive Beschäftigung mit dem gesamten Werk Goethes fand ihren ersten Niederschlag 1919 in dem Buch *Freiheit und Form*, das Ernst seiner Frau gewidmet hat, «obwohl er sehr wohl wissen musste, daß ich dieses schwierige Buch nicht wirklich zu begreifen imstande war».[238] Aber dass auch sie, auf ihre Weise, eine «Synthese von Freiheit und Form» erreichen wollte, wusste er.

Das letzte Buch, das Cassirer 1932 im Bruno Cassirer Verlag veröffentlichen konnte, waren die drei Studien *Goethe und die geschichtliche Welt*.[239] Als er acht Jahre später im schwedischen Exil zum ersten Mal die Chance hatte, Vorlesungen über Literatur zu halten, ergriff er sie sofort und las über den jungen Goethe. Damals entstand auch der lange Essay *Thomas Manns Goethebild. Eine Studie über ‹Lotte in Weimar›*, eine der wenigen Äußerungen Cassirers zur zeitgenössischen Literatur und zugleich eine über Goethe. Eine Goethe-Monographie zu schreiben war ihm nicht mehr vergönnt, aber seine Aufsätze und besonders Vorträge über den Dichter, darunter im englischen, schwedischen und amerikanischen Exil, füllen einen Band. Außer seinen vielen Schriften über Goethe hat Ernst nur über die Dichter Hölderlin und Kleist, über diesen wiederum im Zusammenhang mit Kant, Aufsätze verfasst.

Im zweiten Band des *Erkenntnisproblems*, dessen Gliederung Ernst in dem Habilitationsverfahren ebenfalls vorlegen konnte, ist Kant der

«Ziel- und Angelpunkt». Kants Rezeption Newtons und David Humes', die Wirkung Rousseaus auf den deutschen Philosophen und die Wiederaufnahme der Platon-Interpretationen aus dem ersten Band stellen Kant in den großen Zusammenhang abendländischen Denkens. Aber Cassirers Kritiker waren von seiner Ansicht, die Kants Geist als in allen Epochen als dominierend wahrnahm, nicht überzeugt. Schon während der Habilitation bemerkte der Gutachter Alois Riehl, Cassirer habe die Antike «verkannt».[240]

Ernst war nun berechtigt, Lehrveranstaltungen abzuhalten. Im Sommersemester 1907 hielt er seine erste Vorlesung – es sollte nicht überraschen – über Kant. Im Berliner Adressbuch steht er noch als «Privatgelehrter» und das blieb er vorerst, ein unbesoldeter, jedoch beliebter Privatdozent. «Im Wintersemester 1911/12 besuchten 120–130 Hörer sein Kant Kolleg.»[241] Erst 1914 durfte er den Titel Professor führen und Prüfungen abnehmen. Allerdings war er auch weiterhin nicht beamtet. Am 3. Juni 1908 war er zum dritten Mal Vater geworden, als Anna Elisabeth in Berlin geboren wurde.

Der erste Band des *Erkenntnisproblems* hatte Aufsehen erregt, fast noch mehr als Ernsts folgendes Buch von 1910, *Substanzbegriff und Funktionsbegriff. Untersuchungen über die Grundfragen der Erkenntniskritik*. Es folgt nicht mehr der Aristotelischen Logik, nach der die Naturwissenschaften Dinge nach ihren Eigenschaften (Substanz) definieren. Cassirer sieht die Relation der Dinge zu anderen Dingen (Funktion) als definierend und stieß damit auf Cohens Widerspruch. Das Werk wurde 1912 ins Russische übersetzt. Ernst wurde nun zu Vorträgen eingeladen. Er berichtet Toni aus Jena und Hamburg. In Heidelberg erhielt er 1914 die Kuno-Fischer-Medaille «für elegant geschriebene wissenschaftliche Prosa». Auf den Berufungslisten stand er jedoch immer an zweiter Stelle. Auch aus einem Ruf nach Göttingen, wo die Verhandlungen schon weit fortgeschritten waren, wurde nichts. Für seine Frau bedurfte das «keiner besonderen Erklärung». Ihn ließ es «ganz und gar kalt». Er meinte, «ich kann niemanden zwingen, mich zu lieben, und sie mögen mich wirklich nicht».[242]

Man mochte Ernst jedoch in Cambridge, Massachusetts. Im März 1913 erhielt er eine Einladung, von September bis Juni 1914 als Gast im Department of Philosophy der Harvard-Universität zu unterrichten.

Damals lag noch der Glanz des «goldenen Zeitalters» auf der philosophischen Abteilung, das 50 Jahre lang bis ins erste Jahrzehnt des 20. Jahrhunderts währte. William James, der Vertreter des Pragmatismus und psychologischen Funktionalismus, für den Erkenntnis nicht durch seelische Vorgänge, sondern Vernunft erreicht wird, hatte 34 Jahre lang in Harvard gelehrt. Sein Schüler Ralph Barton Perry leitete die Abteilung, als die Einladung an Cassirer erging.

Die Verbindungen zwischen den Philosophen in Harvard und Europa waren eng. George Santayana, der bis 1912 dort lehrte, hatte in Berlin studiert. William James machte im Lauf seines Lebens vier Europa-Reisen und korrespondierte mit zahlreichen europäischen Gelehrten von Henri Bergson über Sigmund Freud bis Bertrand Russell, der ebenfalls eine Einladung nach Harvard erhielt und annahm. Cassirer wäre auch nicht der erste deutsche Philosoph gewesen, an den ein Ruf nach Harvard erging. James hatte bereits 1892 Hugo Münsterberg aus Freiburg nach Harvard eingeladen. Als dieser, 1895 nach Deutschland zurückgekehrt, die gleichen Schwierigkeiten wie Cassirer vorfand, eine Professur zu erhalten, holte James ihn nach Harvard zurück. 1910 verbrachte Münsterberg ein Jahr als Austauschprofessor in Berlin und hatte dort Cassirer erleben können so wie auch Josiah Royce, der nun nach dem Studium in Berlin in Harvard als «Post-Kantianer» Cassirers Kollege gewesen wäre.

Es war vor allem die Rücksicht auf ihre Familie, die Ernst und Toni einmütig die Einladung ablehnen ließen. Mit drei Kindern zwischen fünf und zehn Jahren auf einen anderen Kontinent zu reisen, erschien ihnen ebenso unmöglich, wie sie zurückzulassen. Harvard gab jedoch die Hoffnung nicht auf, insbesondere nachdem das Schreiben eines Mr. Grew von der amerikanischen Botschaft in Berlin die Möglichkeit in Aussicht stellte, der begehrte Philosoph würde im folgenden Jahr nach Amerika kommen können. Die Einladung wurde also für September 1914 ausgesprochen. «Selbst der Präsident von Harvard, Abott Lawrence Lowell, der sich 1913 in Berlin aufhielt, wollte Cassirer dort persönlich aufsuchen, um ihn zur Annahme des Angebots zu bewegen, aber die Cassirers befanden sich schon in den Sommerferien in Tirol. Von dort kam die endgültige Absage, in der Cassirer auch auf seine mangelnden Sprachkenntnisse hinwies. Präsident Lowell hatte zuversichtlich geschrieben, er sei absolut sicher, Cassirer würde binnen kurzer Zeit die englische Sprache ohne Schwierigkeiten meistern. Aber Cassirer wusste es besser. Er, der in der deutschen Sprache lebte und dem zu jedem Gedanken ein Goethe-Wort einfiel, hätte sich «nur stümperhaft im Englischen ausdrücken können», antwortete er auf die Einladung. «Eine erspriessliche Wirksamkeit als akademischer Lehrer der Philosophie an der Harvard University wäre für mich nur möglich, wenn ich die englische Sprache wenigstens innerhalb des engeren Gebiets, das für mich in Frage käme, vollständig beherrschte [...]» Leider habe er durch vielerlei Aufgaben und Verpflichtungen nicht die Zeit für die «sachliche und sprachliche Vorbereitung» für diese Aufgabe.[243]

Er hatte sich inzwischen zu einem umfangreichen editorischen Projekt verpflichtet, der Kant-Ausgabe, deren elf Bände zwischen 1911 und 1922 im Bruno Cassirer Verlag erschienen und zu deren Mitarbeitern Hermann Cohen und andere «Marburger» zählten. Die Ausgabe gehört zu den Juwelen in der Krone des Verlagsprogramms. Als elften Band veröffentlichte Cassirer 1918 *Kants Leben und Lehre*. Nach dem Tod Hermann Cohens 1918 wurde Cassirer auch nicht dessen Nachfolger. Das Schicksal Ernst Cassirers, der nach seiner Habilitation 13 Jahre auf einen Lehrstuhl warten musste, ist nur ein Glied in der langen Kette ähnlicher Fälle. Zu Beginn des 20. Jahrhunderts, als Ernsts akademische Laufbahn begann, wurden Juden an der Spitze der Universitätshierarchie «massiv diskriminiert».[244] Noch immer war die Taufe für das berufliche Fortkommen empfehlenswert. Ob die 35–50 Prozent jüdischer Hochschullehrer, die mit nicht-jüdischen Frauen verheiratet waren, wie Shulamit Volkov in ihren statistischen Untersuchungen akademischen Personals in den Naturwissenschaften errechnet, dies im Hinblick auf eine eventuelle Berufung getan hatten, ist wohl nicht mit Sicherheit festzustellen.

Bei Kriegsausbruch im August 1914 wurden Ernst und Toni nicht von der allgemeinen Kriegsbegeisterung ergriffen. Zugleich stellte sich bei ihm und seinen Vettern Fritz und Kurt, die finanziell von ihren Eltern und damit der Sulfit-Cellulose-Fabrik in Włocławek abhängig waren, die nun in Feindesland lag, momentan Panik ein. Vom Kriegsdienst wurde Ernst befreit, da er an einer Schuppenflechte litt, die zu einem unerträglichen Juckreiz führen konnte. Da nun akuter Lehrermangel herrschte, unterrichtete er Deutsch am Gymnasium in Grunewald, bis er 1916 in die Zentralstelle für Ausländerdienst verpflichtet wurde. Die Funktion dieser Dienstelle bestand in der Herstellung von Büchern, Broschüren und Wochenberichten für die Presse zum Zweck der Kriegspropaganda. Ernst war mit der Auswertung französischer Presseberichte befasst und spielte in der Dienststelle keine bedeutende Rolle, wiewohl er 1918 das unzählige Male verliehene «Verdienstkreuz für Kriegshilfe» erhielt.[245]

Gleichzeitig verfolgte er «in erstaunlicher Gradlinigkeit» seine philosophischen Interessen. Er las, bis er zum «Kriegseinsatz» verpflichtet wurde, an der Universität über Themen wie «Humanität und Geistesgeschichte». «Weder in seinen Publikationen noch in seiner Korrespondenz findet man präzise Ausführungen zum Krieg.»[246] Man kann jedoch in dem im Zusammenhang mit Goethe bereits erwähnten Buch, das Ernst als nächstes herausbrachte, seine Geistesverfassung erkennen: *Freiheit und Form. Studien zur deutschen Geistesgeschichte* erschien im dritten Kriegsjahr. Er reagierte darin auf die Situation bei Kriegsausbruch, als in rechtsgerichteten Blättern ein vulgärer Chauvinismus verbreitet wurde, während unter Wissenschaftlern und Intellektuellen eine heftige Diskussion über «die Frage nach der geistigen Wesensart» und der «weltgeschichtlichen Bestimmung» des deutschen Volkes entflammte, an der sich Schriftsteller wie Thomas Mann und Gelehrte wie Hermann Cohen beteiligten. In dieser Atmosphäre nahm Ernst Cassirer einen älteren Plan auf und führte ihn innerhalb weniger Jahre aus mit der erklärten Absicht, das vielberufene «Wesen des deutschen Geistes» in seiner Entwicklung und den kulturellen Einflüssen, welchen es über Jahrhunderte ausgesetzt war, darzustellen. Unaufdringlich und besonnen antwortete er mit dem Werk *Freiheit und Form* auf die ringsum brodelnde Hysterie. So schreibt er in der Einleitung: «Die deutsche Bildung wird sich auch in diesen Tagen, sowenig durch die Verkennung und Schmähung, die sie von ihren Gegnern erfährt, wie durch einen beschränkten geistigen Chauvinismus von dieser ihrer ersten ursprünglichen Bahn ablenken lassen.»[247] Auf dieser Bahn verläuft die Entwicklung der Autonomie des Geistes, die stets über Nationales hinausweist. Deshalb waren von je die «Stimmen der Völker» in Deutschland vernehmbar. Die Entwicklung geht einher mit der Persönlichkeit, sprich der Individualität, deren Beginn Cassirer in der Renaissance ansetzt. Dante, Petrarca, Erasmus und Montaigne stehen dafür, ehe Luther und Zwingli den Grund für einen neuen religiösen Individualismus bereiteten.

Für Cassirer zeigt sich die Verwirklichung des Freiheitsprinzips zunächst in Einzelbereichen wie Religion, Philosophie und Literatur und findet in Goethes theoretischer Naturanschauung die Versöhnung mit dem Formprinzip. Er erkannte im Besonderen, Individuellen das Allgemeine. Damit steht Goethe, dem das ausführliche vierte Kapitel von *Freiheit und Form* gewidmet ist, auf dem festen Fundament von Kant. Von hier aus lässt sich die Freiheitsidee mit der Staatsidee Hegels verbinden. Auf dem Weg zu diesem Ziel wendet sich Cassirer Schiller, Wilhelm von Humboldt und Fichte zu, wie denn *Freiheit und Form* ein wahres Monument der Geistesgeschichte darstellt. Mit der Einbeziehung der Antike, italienischer und französischer Staatstheorien, der Gegenüberstellung von Leibniz und Shaftesbury, von Goethe und Rousseau, lässt der Autor den «beschränkten geistigen Chauvinismus» der Zeitgenossen zu Staub zerfallen. Das Werk muss einen Nerv getroffen haben. Es erschien noch 1918 in der zweiten Auflage, 1922 in der dritten. Massimo Ferrari bezeichnet es als das «Scharnier» zwischen dem frühen Marburger Cassirer und dem späteren der Kulturphilosophie.[248]

An seinem ersten großen kulturphilosophischen Werk arbeitete Ernst bereits während seines Dienstes im Kriegspresseamt. Seine Frau schildert ihn auf der eineinhalbstündigen Straßenbahnfahrt zu seiner Dienststelle stehend, ein Buch in der Hand. Auf diese Weise sei der Plan zu der *Philosophie der symbolischen Formen* entstanden.[249] Verwirklicht wurde dieser Plan nicht mehr in Berlin. Im Juni 1919 erhielt Cassirer endlich den lang verdienten Ruf auf einen Lehrstuhl, bezeichnenderweise nicht von einer der traditionsreichen alten deutschen Universitäten, sondern von der soeben gegründeten Hamburgischen Universität.

Der Berliner Privatdozent Cassirer war von dem Hamburger Ordinarius für Experimentalpsychologie William Stern vorgeschlagen worden, der mit seiner Frau Clara bedeutende Studien über die Psychologie des Kindes an der Universität Breslau veröffentlicht hatte und nun in Hamburg lehrte. Stern sah allerdings die Schwierigkeit für die Berufung Cassirers darin, dass er selbst Jude sei und zwei Juden als Vertreter der Philosophie könne man «trotz Revolution der Universität nicht zumuten». Die Hamburgische Kommission erhielt jedoch so gute Empfehlungen für den Kandidaten, «eine jüngere, frische Kraft», dass sie konfessionelle Bedenken aus dem Weg räumte: Nun sei allerdings schon der eine Vertreter der Philosophie in Hamburg jüdischer Konfession. Trotzdem glaubte die Fakultät, dass «etwa daraus herzuleitendes Bedenken angesichts der einstimmig anerkannten Bedeutung Cassirers für die Berufungsfrage nicht ausschlaggebend sein dürfe», und schlug ihn deshalb an erster Stelle vor.[250]

Nach kurzer Bedenkzeit nahm Ernst den Ruf nach Hamburg an und erwarb ein Haus mit Garten an einem Kanal in der Blumenstraße 26 im schönen Stadtteil Winterhude. Dort zog die Familie mit dem 16-jährigen Heinz, dem ein Jahr jüngeren Georg und der siebenjährigen Anne im Sommer 1919 ein. Ernst stürzte sich geradezu in die akademischen und wissenschaftlichen Aktivitäten seiner neuen Wirkungsstätte. Die Hamburgische Universität war im Verband mit der Volkshochschule gegründet worden, und Cassirer trat wenige Monate nach seiner Ankunft in deren Vorstand ein. Im Januar 1920 hielt er seinen ersten Vortrag in der Volkshochschule über *Grundprinzipien der Kantischen Philosophie*. Er gehörte zu den Gründern der Hamburger Sektion der *Kant-Gesellschaft* und rief mit sieben Professoren ebenfalls schon 1919 die *Religionswissenschaftliche Gesellschaft* ins Leben. Am 17. Juni 1920 trat er der Deutsch-Israelitischen Gemeinde in Hamburg bei.

Die Blumenstraße 26 war ein gastfreies Haus. Die Musikliebe der Cassirers ist an den Namen solcher Gäste wie der Sängerin Lotte Leonard und des bald weltberühmten Pianisten Artur Schnabel zu erkennen, der einst von Ernsts Vater in Berlin an die Luft gesetzt worden war und jetzt in der Blumenstraße spielte. Zu dem Haushalt gehörte noch ein weiterer Bewohner, der, wie er in seinen Erinnerungen schreibt, spontan vom Hausherrn eingeladen worden war, in die Blumenstraße einzuziehen. Ganz so war es nicht. Wie Toni am 2. Februar 1949 an Max Tau schreibt, mussten die Cassirers, als ihr ältester Sohn zum Studium nach Heidelberg ging, «ein Zimmer vermieten, da die Geldsituation schon ganz ins Wanken gekommen war». Auf Empfehlung eines Universitätskollegen stellte sich der junge Tau vor, der durch schwere Krankheiten und Behinderungen während seiner Kindheit spät aus Oberschlesien zum Studium nach Berlin und von dort nach Hamburg gekommen war. Er hatte «kein Haar auf dem Kopfe» und eine gelbe

Gesichtsfarbe. Toni, die sich in dem Brief als «entsetzlich oberflächliches Geschöpf» und «in puncto äußere Erscheinung etwas empfindlich» beschreibt, hatte «Todesangst vor leidenden Menschen» und wollte ihn baldmöglichst hinauskomplimentieren. Aber «in zehn Minuten hatten Sie mich um den Finger gewickelt».[251] Tau zeichnet ein Bild von Ernst und Toni wie kein Zweiter. Der an Zurückhaltung und Güte Goethe so verwandt erscheinende Philosoph konnte zuhören und «die Gedanken seines Partners fortsetzen». Dabei wirkte er nie belehrend. Aus «Liebe zu allem Lebendigen» förderte er die Entwicklung anderer. «Er lebte vor, wie ein Mensch sein soll. In seiner Wohnung blühten die Menschen auf.» Wissenschaftler und Studenten sammelten sich um ihn. Toni herrschte als Königin. «Vor ihrer Schönheit, ihrem Stolz und ihrer Unabhängigkeit konnte man sich fast fürchten ...» Sie war jedoch auch die Güte selbst, wenn der eifrige Tau wieder vergaß, nachmittags für zwei Stunden nicht auf seiner Schreibmaschine zu klappern. Als er ihr erzählte, dass er bis zu seinem 13. Jahr nicht richtig sprechen konnte, «sagte sie energisch: ‹Das dürfen Sie keinem verraten. Wer an der Krippe sitzt und das von Ihnen weiß, wird dafür sorgen, daß sie nie Professor werden.›» Tau beschreibt Ernst und Toni als glückliche Menschen, ihr Haus als «Haus eines Künstlers». Sah man beide über die Straße gehen, «hatte man den Eindruck königlicher Menschen».[252] Cassirers Förderung des Studenten bestand nicht nur in vielen Gesprächen, er führte ihn auch bei seinem Vetter Bruno in Berlin ein, für den Tau später als Lektor arbeitete, bis beide Deutschland verlassen mussten.

Vielleicht war Albert Einstein Gast in der Blumenstraße, als er im Sommer 1921 zu einem Vortrag nach Hamburg kam. Der stets auf neue Dinge begierige Ernst hatte «natürlich die von Einstein im Jahr 1905 begonnene Revolution des modernen Weltbildes verfolgt».[253] 1920 wurde er von Oscar Bie, dem Herausgeber der *Neuen Rundschau* gebeten, in einem Aufsatz «den philosophischen Kern der Relativitätstheorie herauszuschälen».[254] So wie der Autor in *Freiheit und Form* nirgends versuche, «um der ‹Popularität› der Darstellung willen von der Strenge der Begriffsentwicklung und von der Schwierigkeit der Probleme etwas abzudingen», so auch hier. Cassirer vermag allgemein gebildeten, interessierten Lesern auch die schwierigsten Probleme zu erklären, weil er sie sich schreibend selbst erklärt. Der Zweck des Aufsatzes war genau der, sich «einmal volle Klarheit über die Problemstellung der Relativitätstheorie zu verschaffen».[255] Cassirer sah trotz aller Veränderungen, die in jüngster Zeit durch Faraday in der Elektrodynamik, Helmholtz in der Optik und Planck in der Physik die Auffassung von der Natur verändert hatten, den «stetigen Gang der Wissenschaft», den Kant in der Physik beobachtet hatte, nicht durchbrochen, sondern «in überraschender Weise bestätigt». Er hatte zu dieser Zeit bereits sein Buch *Zur Einsteinschen Relativitätstheorie. Erkenntnistheoretische Betrachtungen* fertiggestellt und das Manuskript am 10. Januar 1920 an Einstein mit der Bitte um Durchsicht geschickt. Der Physiker las und kommentierte es sorgfältig. In seinem Brief vom 5. Juni 1920 bewunderte er geradezu, «wie Sie die Relativitäts-Theorie dem Geiste nach beherrschen». Wo er «nicht ganz einverstanden»[256] war, hatte Einstein «kurze Randbemerkungen» gemacht, die Cassirer allerdings «weitgehend ignoriert».[257] Mit dem Briefwechsel begann eine Freundschaft bis in die letzten Exiljahre, als Cassirer 1941, kaum in New York angekommen, nach Princeton fuhr, um Einstein zu besuchen.

Für das während des Krieges geplante Projekt der *Symbolischen Formen* war in Hamburg ein Mann von großer Bedeutung, den Ernst bei seiner Ankunft 1919 allerdings nicht vorfand. Der Kunsthistoriker Aby Warburg war acht Jahre älter als Cassirer und entstammte einer den Cassirers ähnlichen, wenn auch deutlich älteren und noch vermögenderen Familie.[258] Der Älteste von fünf Söhnen und zwei Töchtern des Hamburger Bankiers Moritz Warburg – das Bankhaus M. M. Warburg & Co war 1789 gegründet worden – hatte sich, wie viele seiner Generation, nicht den Wünschen der Eltern und Großeltern gefügt. Er war weder in die Firma eingetreten noch hatte er Jura oder Medizin studiert, sondern Kunstgeschichte. Aber wie bei den Cassirers hat auch Abys Familie nicht nur sein Studium, Reisen und langjährige Auslandsaufenthalte vor allem in Florenz sowie seine fünfköpfige Familie finanziert. Sie stellte auch die Mittel für die von ihm zusammengetragene Kulturwissenschaftliche Bibliothek Warburg (K. B. W.) mit dem dazugehörenden Personal, darunter dem Kunsthistoriker Fritz Saxl und der Ernst-Cassirer-Schülerin Gertrud Bing, zur Verfügung und ließ in der Hamburger Heilwigstraße ein Gebäude mit modernster Technik wie Aufzügen und Förderbändern errichten.[259] Die großzügige Unter-

Aby Warburg im Palace Hotel in Rom (1928)

stützung der Familie ist umso bemerkenswerter, als Aby Warburg von früh auf gegen den noch nach strikten Geboten geführten elterlichen Haushalt rebellierte und sogar eine Christin heiratete, die Malerin und Bildhauerin Mary Hertz, deren Vater, der Reeder und Senator Adolph Ferdinand Hertz, Vorstandsmitglied der evangelisch-lutherischen Synode war. Wie bei den Cassirers so auch bei den Warburgs waren die Brüder einander loyal verbunden. Zwei, Paul und Fritz, etablierten sich als Bankiers in New York, wo Paul eine wichtige Rolle im amerikanischen Bankwesen spielte und die amerikanische Zentralbank nach dem Vorbild der Reichsbank reformieren wollte. Nach dem Krieg waren die «amerikanischen» Brüder entscheidend für den Fortbestand und das Wachstum der K. B. W., in deren Genuss Ernst Cassirer kommen sollte.

Warburgs wissenschaftlicher Werdegang hatte mit der Bonner Dissertation über Botticellis *Geburt der Venus* und *Frühling* begonnen, gleichsam der Grundsteinlegung des von ihm begründeten Zweigs der Kulturwissenschaft, der Ikonographie. Diese untersucht die von Kultur zu Kultur weitergereichten oder übernommenen Bilder und Zeichen, in Botticellis Fall Bilder aus der Antike. Zu diesem Zweck sammelte Warburg einen Schatz von Büchern und Illustrationen, die er an den Wänden zu einem «Bilderatlas» zusammenfügte. Er veröffentlichte aufsehenerregende Arbeiten, hielt Vorträge und besuchte Kongresse. Einen Ruf an die Universität Halle lehnte er ab. Am Ende des Kriegs erkrankte er an schweren Depressionen und Wahnvorstellungen, die er selbst als schizophren diagnostizierte. Als Ernst 1920 zum ersten Mal die Bibliothek aufsuchte, befand sich der Hausherr schon seit zwei Jahren in Nervenkliniken, zuletzt in Ludwig Binswangers Sanatorium Bellevue in Kreuzlingen.

Für die Bibliothek war jedoch gesorgt. Fritz Saxl hielt nicht nur in fast täglichen Briefen die Verbindung mit Warburg aufrecht, er machte auch die wissenschaftliche Öffentlichkeit mit der Institution bekannt. Von dem ersten Besuch Ernsts in der K. B. W. erstattete er Warburg einen genauen Bericht. Kaum ein anderer Benutzer der Bestände, die 1926 auf 45 899 Bände angewachsen waren, wird wohl enthusiastischer gewesen sein. Cassirer begann sofort mit Warburg zu korrespondieren. Der Patient in Kreuzlingen wurde von dem Philosophen in Hamburg zur eigenen Weiterarbeit angeregt. Im März 1923 schrieb er, er habe in einem Brief Cassirers «das Klopfen auf der anderen Seite des Tunnels beim Druchbruchs-Versuch» so deutlich gehört, dass er sein «weggelegtes Handwerkszeug wieder anfasse und den Mut zu finden versuche, unter dem alten Geröll aufzuräumen».[260] Am 21. April 1923 hielt Warburg in Binswangers Sanatorium einen Vortrag vor Ärzten und Patienten über das «Schlangenritual» der Hopi-Indianer im amerikanischen Südwesten, die er auf seiner Amerika-Reise studiert und fotografiert hatte. Damals hatte er bereits erkannt, wie der Mensch gegen die ihn umgebenden Gefahren und seine Ängste mit bildlicher Darstellung und sprachlicher Benennung, kurz mit Symbolen reagiert. Warburgs Heilung schritt voran. In der letzten Phase «spielte dann Ernst Cassirer eine entscheidende Rolle [...]». Er besuchte Warburg im April 1924 und wurde nach einem Gespräch mit ihm «zum eifrigen Zeugen für die Genesung Warburgs».[261] Im August 1924 kehrte der Kunsthistoriker nach Hamburg zurück.

Für Cassirers Projekt der *Symbolischen Formen* war die Sammlung Warburgs ein Gottesgeschenk. Saxl beschreibt, wie er Cassirer bei dessen erstem Besuch zunächst an den Schrank «Symbol» führt, wie Cassirer «stutzt» und dann feststellt, dass er die Bücher nur zum kleinen Teil kenne «und die Sichtbarmachung des Symbols in Mimik und Kunst überhaupt nicht».[262] Fortan konnte Cassirer die Bibliothek nicht nur benutzen, er konnte auch Neuerwerbungen empfehlen und dies zu einer Zeit, als «das private Anschaffen von Büchern zur Unmöglichkeit geworden war».[263] Die für ihn erworbenen Bücher wurden ihm ins Haus geschickt. Jeden Sommer ließ Fritz Saxl die angesammelten Bände – es waren immer einige Hundert – aus der Blumenstraße in Waschkörben abholen. Auf diese Weise konnte Ernst zügig an den *Symbolischen Formen* weiterarbeiten. Der erste Band, *Die Sprache*, erschien 1923. Wie in dem Werk über das Erkenntnisproblem greift er auch hier weit in die Geschichte der Philosophie bis zu Platon zurück. Im Licht französischer, englischer, italienischer und deutscher Denker betrachtet er das «Sprachproblem», um das es hier geht. Wie lässt sich ein «Geistiges» durch sinnliche Zeichen und Bilder vermitteln? Wegweisend sind dafür vor allem Leibniz, Wilhelm von Humboldt und Goethe.

1925 konnte Cassirer den zweiten Band der *Symbolischen Formen*, *Das mythische Denken*, abschließen. Er behandelt den Mythos als Denk-, Anschauungs- und Lebensform und untersucht dabei Sonderthemen wie das System der «heiligen Zahlen», den Totemismus und den Opferkult. Dafür konnte er eine Fülle religionsgeschichtlicher und ethnographischer Literatur aus Warburgs Bibliothek benutzen bzw. für sich erwerben lassen. Bereits 1927 war der dritte Band vollendet, der 1929 erschien. Während in den ersten beiden Teilen der Bestand der symbolischen Formen analysiert wurde, werden sie im dritten Teil in ihrer gedanklichen Vermittlung zusammengefasst. Dennoch ist auch dieser Teil kein ausschließlich theoretischer. Cassirer widmet sich zum Beispiel in der Untersuchung von Raum- und Zeitanschauungen der «Pathologie der Dingwahrnehmung» einschließlich genauester Krankheitsberichte pathologischer Störungen bei der Wahrnehmung von Zeit und Raum. Diese rührten von dem ausführlichen wissenschaftlichen Briefwechsel her, den er in diesen Jahren mit seinem Vetter, dem Neurologen Kurt Goldstein führte. Damals schrieb Cassirer an Ludwig Binswanger über einen Diskussionsabend mit Goldstein an der Odenwaldschule: «Ich habe den bestimmten Eindruck, daß nunmehr endlich der Bann zwischen Medizinern und Philosophen gebrochen ist, und daß beide sich künftig zu gemeinsamer Arbeit zusammenschliessen können.»[264]

1926 war der Neubau der K. B. W. neben Warburgs Haus fertiggestellt, das mit den fast 46 000 Büchern aus allen Fugen zu geraten drohte.[265] Cassirer hielt die Eröffnungsrede. Die Institution war inzwischen zu einem Zentrum wissenschaftlicher Arbeit geworden. Ein Kreis Hamburger Professoren fand sich dort zusammen, zu dem William Stern und Erwin Panofsky gehörten. Man sprach bereits von einer «Hamburger Schule». In den beiden Reihen, die die K. B. W. publizierte, den *Studien* und *Vorträgen der Bibliothek Warburg*, stammen acht Bände von Ernst Cassirer. Zu Warburgs 60. Geburtstag veröffentlichte er die Untersuchung *Individuum und Kosmos in der Philosophie der Renaissance* als zehnten Band der *Studien*. Sie gehört zu seinen einflussreichsten Büchern. Aufbauend auf Warburgs Arbeiten einschließlich der Studien zu Astrologie und Magie in der Renaissance wird das Bild der Epoche, das von Carl Jacob Burckhardt ein für alle Mal bestimmt worden zu sein schien, entscheidend revidiert, da Burckhardt die Philosophie der Renaissance völlig vernachlässigt hatte.[266] Der Band ist ein weiterer Beweis für die Bedeutung der Bibliothek Warburgs für Ernst Cassirer.

Als Cassirer Mitte 1928 einen Ruf der Universität in Frankfurt erhielt, wirkte das in Hamburg wie ein Donnerschlag. Er war einem Wechsel nicht von vornherein abgeneigt. Das Angebot, in Frankfurt die Philosophische Fakultät neu zu strukturieren, war reizvoll. Außerdem wirkte dort Kurt Goldstein. Toni beschreibt die Reaktion auf den Ruf in der Hansestadt: «Der Senat der Universität Hamburg, der Rektor, die Freunde, alles vereinigte sich.»[267] Am energischsten setzte sich Aby Warburg ein, Ernst in Hamburg zu halten. Am 23. Juni veröffentlichte er einen Artikel im *Hamburger Fremdenblatt*, «Ernst Cassirer: Warum

Hamburg den Philosophen Cassirer nicht verlieren darf», und versandte ihn als Sonderdruck an mindestens 70 einflussreiche Persönlichkeiten in Deutschland.[268] In Briefen an den Frankfurter Kurator und Schwiegersohn Liebermanns Kurt Riezler, von dem die Initiative, den Philosophen nach Frankfurt zu holen, ausgegangen war, und andere stellte Warburg die Lage, besonders die der K. B. W., so dar: «Aber wir in Hamburg – Laien wie Studierte – wissen zu gut, dass sein Weggang geradezu einen gewaltsamen Eingriff in die mühsam geschaffene Verwurzelung mit dem schwierigen Boden der Nordseeküste bedeutet […] wir in Hamburg hätten im mühsam vorgetriebenen Stollen den Meister verloren.»[269] Mit dem Meister hätte auch der Meisterschüler Cassirers Hamburg verlassen. Walter Solmitz hatte als ein Stern am Himmel der Odenwaldschule geglänzt. Jetzt studierte er bei Cassirer, Saxl, der zum Professor ernannt worden war, Warburg und Panofsky und arbeitete als Assistent Saxls in der K. B. W.[270] Warburg sah in ihm einen Vertreter der nächsten Forschergeneration, durch den «die Fackel deutsch-jüdischer Geistigkeit» weitergetragen und «die idealische Sendung» Cassirers und der K. B. W. «in lebendigem Atem» gehalten würde.[271]

Die Bürgermeister der rivalisierenden Städte Hamburg und Frankfurt griffen ein. Am 4. Juli 1928 schrieb der Frankfurter Oberbürgermeister Ludwig Landmann an Ernst Cassirer:

«Sehr verehrter Herr Professor!

Gestatten Sie mir, Ihnen in diesen Tagen, in denen Sie zwischen Hamburg und Frankfurt entscheiden werden, in aller Kürze und ohne viele Worte, aber von Herzen zu sagen: Kommen Sie nach Frankfurt und helfen Sie uns, der Universität Frankfurt die Stellung und Bedeutung zu geben, die der einzigartigen geographischen Lage der Stadt, ihrer kulturellen Tradition, der geistigen Beweglichkeit und inneren Freiheit der Bevölkerung zukommt. Wir bedürfen Ihrer und ich darf vielleicht sagen, daß eine Ihrer nicht unwerte Aufgabe breitester Wirkung Sie erwartet.

In vorzüglicher Hochachtung
Landmann»[272]

Der Heidelberger Philosoph Ernst Hoffmann schrieb an Cassirer: «vergessen Sie nicht, dass Hamburg die Stadt der Hamburg-Amerika-Linie ist und Frankfurt die Stadt Goethes.»[273] Cassirer, der gleichzeitig auch

Ernst und Toni Cassirers Söhne Heinz (um 1923) und Georg (um 1925)

noch einen Ruf an die Universität Köln erhalten hatte,[274] entschied sich für Hamburg. Der Entschluss war ihm nicht leicht gefallen.

Während der Vater sich zwischen Hamburg und Frankfurt entscheiden musste, heirateten beide Söhne. Heinz hatte sofort nach dem Abitur Philosophie studieren wollen. Davon riet der Vater ab, der überzeugt war, man müsse vor dem Philosophiestudium eine Spezialwissenschaft studiert haben. Heinz, begabt für alte Sprachen, folgte der Empfehlung und studierte zunächst Altphilologie. Sein Bruder Georg, ein schöner junger Mann mit einer «echten Leidenschaft für Literatur», wollte Schauspieler werden. Davon hatten ihn die Eltern «abgebracht».[275] Zum Kummer des Vaters wechselte er von einem humanistischen zu einem Realgymnasium und verließ auch das vor dem Abitur, um einen kaufmännischen Beruf zu ergreifen. Nun heiratete der 24-Jährige die Pianistin Vera Chotzen, dies allerdings zur großen Freude der musikliebenden Eltern. Heinz heiratete Eva Feith, die gleichzeitig mit ihm die Odenwaldschule besucht hatte. Zwei Jahre später wurde die Tochter Irene geboren, ein Kind, das der Großvater «mit einer Intensität und Vorbehaltlosigkeit ganz eigener Art» liebte. Großmutter Toni widmet diesem Thema in ihren Erinnerungen ein ganzes Kapitel.

Tochter Anne hatte die letzten beiden Schuljahre auch in der Odenwaldschule verbracht. Aus der Korrespondenz zwischen den Eltern und

Edith Geheeb geht hervor, dass in dieser Familie das Verhältnis zwischen Mutter und Tochter ebenfalls ein gespanntes war. In ihrer Liebe zu Edith waren sich aber alle einig. Als unermüdliche Briefschreiberin, die Edith war, wirkte sie stets ausgleichend, beruhigend, versöhnend. «Du bist und bleibst in jeder Beziehung Onkel Maxens Tochter», schrieb Ernst ihr 1927, «des ewig Jungen – ewig Junge.» Toni fügt dem ihren Dank an beide Geheebs hinzu, «die ihr schon zwei Jahre meine kleine Giftnudel beeltert habt».[276] Das herzliche Verhältnis zu Anne spiegelt sich noch in den Briefen der 95-jährigen Edith. Auch Anne Cassirer war Musikerin. Sie ließ sich als Geigerin ausbilden und erklärte ihren Eltern energisch, nicht mit ihnen nach Frankfurt zu ziehen, sollte ihr Vater den Ruf dorthin annehmen, da sie ihre Lehrerin in Hamburg nicht verlassen wollte. Für Toni war die Vorstellung, Anne allein in Hamburg zurückzulassen, unerträglich. Noch ein Jahr später – Anne war inzwischen 21 – fragt die Mutter Edith Geheeb, ob sie ihre Tochter mit einem «nicht fest angestellten Dienstmädchen» allein in einer Berliner Wohnung «hausen» lassen könne.[277] Inzwischen hatte sich zwischen Anne und Walter Solmitz eine so enge Freundschaft entwickelt, dass allgemein angenommen wurde, die beiden würden heiraten. Anne scheint jedoch das Verhältnis beendet zu haben. Der zur Schwermut neigende junge Solmitz schüttete sein Herz in langen Briefen an – wen anders als Edith Geheeb aus.[278] Am 2. April 1933 heiratete Anne den Pianisten Kurt Appelbaum, der bei Artur Schnabel studiert hatte.

Von Ernsts und Tonis Eltern war nur noch ihr Vater am Leben. Großvater Bondy wurde in Wien aus Hamburg vornehmlich mit guten Familiennachrichten versorgt, wie ein Brief seines Schwiegersohns aus dem Frühjahr 1928 zeigt:

«Hamburg, 23. IV. 28
Lieber Vater.

Nun ist wieder eine lange, viel zu lange Zeit vergangen – und ich will auch gar keinen Versuch machen, mein über Gebühr ausgedehntes Schweigen vor Dir zu entschuldigen. Der einzige Milderungsgrund, den ich anführen würde, besteht nur darin, daß ich, [?] die ausdrückliche Korrespondenz zwischen uns, des [?] Zusammenhangs zwischen Dir und uns in jeden Augenblicks sicher bin. Durch Tonis Briefe bist Du von allen Einzelheiten, die bei uns vorgehen, unterrichtet und ich freue mich stet aufs neue, aus Deinen Antworten zu ersehen, wie regen Anteil Du an allem, was uns betrifft, nimmst, und wie richtig Du Menschen und Dinge siehst und beurteilst. Ganz deutlich ist mir dies auch wieder aus Deinem letzten Brief an Anne geworden, den ich in jedem Satze unterschreibe. Sie selbst war ganz erstaunt darüber, wie ähnlich sich ihr Grossvater und ihr Vater in ihren Anschauungen sind. Wenn Du, lieber Vater, aber darüber klagst, daß Deine Auffassung veraltet und überholt sei, so gewährt es Dir vielleicht einen gewissen Trost, daß Du damit jedenfalls nicht allein stehst. Ich bin heute ein genauso «alter Herr», wie Du es bist: der Abstand zwischen Deinen 83 und meinen 54 Jahren ist recht geringfügig – verglichen mit dem Abstand zwischen mir und der Generation, die heute jung ist. Wir beide sind nun einmal gründlich unmodern – und haben auch dies gemeinsam, daß wir dieses Schicksal mit Humor und Ergebung tragen. Und wenn die Sache auch nur das eine Gute hätte, daß wir, die Leute von gestern, uns eben darum um so besser verstehen, so wäre auch dies ein nicht gering zu schätzender Gewinn. –

Im Übrigen muss ich freilich sagen, daß der berühmte und berüchtigte ‹Kampf der Generationen› sich bei uns noch immer in der mildesten und menschlich-angenehmsten Form vollzieht. Denn wenn auch unsere Kinder in ihren Anschauungen mit uns keineswegs immer übereinstimmen, so haben sie doch volles Vertrauen zu uns und kommen – oft mehr als uns lieb ist – mit all ihren grossen und kleinen Sorgen zu uns. Daß diese Sorgen im Augenblick nicht gering sind, weißt Du ja aus Tonis ausführlichen Berichten. Im ganzen glaube ich aber doch, daß unsere beiden Jungen, auch was die Wahl ihrer Frauen betrifft, das Rechte gefunden haben. Ich vertraue jedenfalls darauf, daß sie im rein menschlichen Sinne die für sie richtige Entscheidung gefällt haben – wenngleich sie in der äusseren Gestaltung ihres Lebens noch mit mancherlei Schwierigkeiten zu kämpfen haben werden. Aber diese Hindernisse können und wollen wir ihnen ja nicht aus dem Wege räumen – sie müssen selber mit ihnen fertig werden. Was Annchen betrifft, so liegen bei ihr die wirklichen ‹Probleme› glücklicherweise noch in einiger Ferne. Sie ist noch ganz Kind – aber dabei so unbefangen und glücklich, daß man sich wirklich an ihr und mit ihr freuen kann. Ich sehe erst jetzt, wie viel lebendiger es wieder bei uns durch ihre Rückkehr von der Schule geworden ist. Auch in dem Geigenspiel macht sie gute Fortschritte und ist jedenfalls jetzt mit ganzer Seele dabei. –

Von mir selbst kann ich nur berichten, daß es mir in jeder Hinsicht gut geht. Eine Arbeit, die mich seit über zehn Jahren beschäftigt hat, ist in diesen Tagen [?] zum Abschluss gelangt – so sehe ich jetzt wieder freies Feld vor mir und freue mich an künftigen, noch unbestimmten Möglichkeiten. Auch grosse Reisepläne schmiede ich wieder – vor allen steht fest, daß ich im Lauf des Jahres wieder einmal nach Wien kommen will. Ich freue mich schon jetzt auf das Wiedersehen mit Dir. Für heut nur noch die allerherzlichsten Grüsse, auch an Mademoiselle, Dein Ernst»[279]

Zu diesem Zeitpunkt war das große Projekt der *Symbolischen Formen* vollendet und der Ruf aus Frankfurt noch nicht ergangen, der Cassirer aus der Ruhe aufstörte, die er sich gerade gönnen wollte. Die Hamburger Jahre waren die wissenschaftlich ertragreichsten im Leben Ernst Cassirers. In knapp 14 Jahren entstanden der dritte Band des *Erkenntnisproblems*, der die nachkantischen Systeme behandelt, desgleichen *Die Philosophie der symbolischen Formen*, der Band *Individuum und Kosmos in der Philosophie der Renaissance*, zahlreiche ausführliche Beiträge in Sammelbänden, in den *Kant-Studien* und in der Reihe der Bibliothek Warburg.

Seit 1924 verbrachte er mit seiner Frau und oft der Tochter jeweils mehrere Wochen im Engadin. Einmal ist sogar von drei Monaten die Rede, in denen allerdings Bücherpakete von der Warburg Bibliothek nach Pontresina geschickt wurden und die Korrespondenz von emsiger Tätigkeit zeugt. Eigentlich liebte der Philosoph das Meer. Toni, immer bestrebt, ihn als Athleten darzustellen, beschreibt ihn als leidenschaftlichen Schwimmer, «der Sturm und Regen wie ein geborener Seemann überstand».[280] Da sie ihr Leben lang an einem «Kopfleiden» litt – sie benutzt den Begriff «Migräne» erst ganz am Ende ihres Buches – und sie nur im Hochgebirge Linderung fand, verzichtete ihr Mann auf die See.

Durch seine Bücher, die ins Russische, Englische, Französische und Japanische übersetzt wurden, hatte Ernst sich weltweit einen Namen gemacht. Nun wollte man ihn auch hören. Die Einladungen zu Vorträgen mehrten sich. Im Oktober 1927 begab er sich nahezu auf eine Tournee, die in London am King's College begann und zwei Wochen später in Amsterdam endete. Seine Frau konnte ihn nicht begleiten, da sie von einem Auto angefahren worden war. Die lebhaften Briefe, die der Reisende täglich nach Hamburg schickte, beweisen, wie er den Wirbel zwischen Vorträgen, zu welchen manchmal 400 bis 500 Menschen kamen und nach denen er «fast wie eine Primadonna» gefeiert wurde, geradezu genossen hat. Es gab Diners, Empfänge, einschließlich bei dem deutschen Gesandten in London, und Besichtigungen.[281]

Auf dem Johannesgymnasium in Breslau hatte Ernst Lateinisch, Griechisch und Französisch gelernt. Im Französischen war er durch seine

Arbeiten über Leibniz – den dritten Band der Leibniz-Ausgabe hatte er selbst übersetzt –, Descartes und Rousseau besonders firm. Das bezeugt ein Brief an Toni aus Paris 1932, wo Cassirer in der Société française de philosophie einen Vortrag über Rousseau hielt, dessen «Haupterfolg» er seinem Gedächtnis zuschrieb, der aber auch seinem Sprachtalent zu verdanken war. «Die Leute waren sehr überrascht, wenn sie, mit dem Buch in der Hand, bestimmte Stellen aus Rousseau gegen mich anführten und ich ihnen dann aus dem Kopf sogleich die Gegenstelle entgegenhielt.»[282] 1927 bereitete er sich wochenlang durch intensives Sprachstudium auf die England-Reise vor. Dasselbe sollte er acht Jahre später auf der zweiten Exilstation in Schweden wiederholen. Die Hefte mit schwedischen Sprachübungen und Vokabellisten haben sich erhalten und zeugen von immensem Fleiß, der sich lohnte. 1939 legte Cassirer *Eine Studie zur Schwedischen Philosophie der Gegenwart* vor.[283] Er korrespondierte auf Schwedisch und überraschte bei Interviews mit seinen Ausführungen in der Landessprache. Im amerikanischen Exil waren seine Englischkenntnisse so rasch gewachsen, dass er den 1944 bei der Yale University Press erschienenen *Essay on Man. An Introduction to a Philosophy of Human Culture* auf Englisch schrieb, ein Sprung, der nur wenigen Exilanten gelang.

Eine Folge der Entscheidung Cassirers für Hamburg war die Einladung von Bürgermeister und Senat, am 11. August 1928 die Rede zur Feier des Verfassungstags zu halten. Nach anfänglichem Zögern willigte er ein. Eine politische Proklamation war von Cassirer nicht zu erwarten. In der Rede bekannte er sich zur Republik als einer aus der deutschen Geistesgeschichte erwachsenen und «durch die Kräfte der idealistischen Philosophie» von Leibniz und Kant, vornehmlich dessen Friedensschriften, geformten Institution.

Die nächste Einladung war die zu den zweiten Davoser Hochschulkursen vom 17. März bis 6. April 1929 und führte zu dem wohl aufsehenerregendsten öffentlichen Auftritt des Philosophen, der bis heute Wellen schlägt. Die von dem Frankfurter Soziologen und Simmel-Schüler Gottfried Salomon gegründeten Hochschulkurse sollten die akademische Jugend Europas mit den Geistesgrößen vor allem Deutschlands und Frankreichs zusammenführen. Im Vorjahr waren 365 Studenten, zum Teil mit Stipendien, zu 50 Veranstaltungen gekommen. Einstein

Ernst Cassirer und Martin Heidegger in Davos (1929)

hatte die Eröffnungsrede gehalten. 1929 trug die Veranstaltungsreihe den Titel «Mensch und Generation». Neben Vorträgen stand in einer der «Arbeitsgemeinschaften» eine «Disputation» auf dem Programm, in der zwei Disputanten mit je einem selbst gewählten Protokollführer auftraten. Sie fand zwischen dem 53-jährigen Ernst Cassirer und dem 39-jährigen Martin Heidegger statt, die sich in mehr als ihrem Alter unterschieden. Heideggers Weg hatte ihn aus dem kleinen badischen Städtchen Meßkirch nach einem kurzen Aufenthalt in dem theologischen Konvikt in Konstanz zum Philosophiestudium in Freiburg und, verglichen mit Cassirer im Sturmschritt, von der Promotion 1913 über die Habilitation 1915 – alles in Freiburg – 1923 zur Berufung nach Marburg geführt. Als Heidegger nach Davos kam, war sein opus magnum *Sein und Zeit* vor zwei Jahren erschienen. Im Vorjahr war er Nachfolger Husserls auf dessen Lehrstuhl in Freiburg geworden.

Wenige Interpreten der Davoser Disputation können der Versuchung widerstehen, das Streitgespräch im Licht kommender Ereignisse zu sehen. Am 6. Juli 1929 wurde Cassirer zum Rektor der Hamburger Universität gewählt. 1933 wurde Heidegger, neu eingetretenes Mitglied der NSDAP, diese Ehre in Freiburg zuteil. Cassirer war allerdings nicht die erste jüdische Magnifizenz einer deutschen Hochschule, sondern die vierte, wie Thomas Meyer richtigstellt. In Davos fand auch nicht die erste Begegnung der beiden Philosophen statt. Cassirer hatte den jungen Kollegen schon 1923 zu einem Vortrag nach Hamburg eingeladen. 1928 rezensierte Heidegger den zweiten Band der *Symbolischen Formen* in der *Deutschen Literatur Zeitung*. Damals las Cassirer gerade *Sein und Zeit*.

In Davos hielten die beiden Disputanten zunächst mehrere Vorträge, ehe sie sich im Hotel Bellevue gegenüberstanden. Der Zufall wollte es, dass es der Schauplatz der Streitgespräche war, den Thomas Mann für die Kontrahenten Naphta und Settembrini auf dem *Zauberberg* gewählt hatte. In drei Vorträgen Cassirers über Grundprobleme der philosophischen Anthropologie und einem über Max Scheler war bereits der Gegensatz zwischen ihm und Heidegger deutlich geworden. Heideggers Buch *Kant und das Problem der Metaphysik* war schon vollendet und sollte noch im gleichen Jahr erscheinen. Für ihn war die in der Marburger Schule neu gelesene Philosophie Kants auf Erkenntnis- und Wissenschaftstheorie verengt. Was ihr Heideggers Meinung nach fehlte, war die transzendentale Einbildungskraft, die er neben Sinnlichkeit und Verstand als dritte Grundquelle des Gemüts begriff. Erkenntnisfähigkeit sah Heidegger in der menschlichen Endlichkeit begründet. Begriffe wie Freiheit, Zeit, Sein, Angst, Tod sind nur unter dem Aspekt der Endlichkeit zu begreifen, in die der Mensch «geworfen» wird. Fazit: Vernunft ist somit nicht Voraussetzung für Erkenntnis. Im Gegensatz dazu sah der Autor der *Symbolischen Formen* in der Kultur der Menschheit, die er seit Jahrzehnten in all ihren Ausformungen, in Literatur, Kunst, Philosophie, Physik, Medizin und Anthropologie vom Totemismus bis zur Relativitätstheorie studiert hatte, den Beweis für die Überwindung der menschlichen Endlichkeit.

Heidegger hielt seine Vorträge frei. Die Disputation wurde in Transkriptionen überliefert und rekonstruiert.[284] In Heideggers Antworten wurde noch einmal das radikal Neue in der Philosophie des Jüngeren deutlich, der sich auch einer neuartigen Sprache bediente, während Cassirer beispielsweise Schiller zitierte: «Werft die Angst des Endlichen von Euch!»[285] Auf diesen Unterschied spielte das Kabarett an, das Studenten am Ende der Hochschulkurse veranstalteten. Emmanuel Lévinas, der auch den Text geschrieben hatte, verkörperte Ernst Cassirer. Um den Gegensatz zwischen dem von Otto Bollnow dargestellten, scharf attackierenden Heidegger und dem friedlichen Cassirer zu verdeutlichen, ließ Lévinas Letzteren mehrmals versichern: «Ich bin Pazifist.» Auf seinen schwarzen Lockenkopf hatte er eine große Menge weißen Puder gestäubt.[286]

Die Faszination, die von Heidegger auf die junge Generation ausging, war nicht zu übersehen. Er wurde allgemein als Sieger der Disputation betrachtet, die kein eigentliches Streitgespräch war, wie es Heidegger gern geführt hätte, was aber durch Cassirers Konzilianz vereitelt wurde. «Cassirer war in der Diskussion äusserst vornehm u. fast zu verbindlich», berichtete er der Freundin Elisabeth Blochmann. «So fand ich zu wenig Widerstand, was verhinderte, den Problemen die nötige Schärfe der Formulierung zu geben.»[287] Der «eigentliche Streitpunkt», schreibt Jürgen Habermas, wurde nicht berührt. «Der ins Politische hinreichende Konflikt zwischen Cassirer und Heidegger wurde nicht ausgetragen. Der Gegensatz zwischen dem zivilen Geist eines weltbürgerlichen Humanismus und jener fatalen Rhetorik, die den Menschen ‹in die Härte seines Schicksals› zurückwerfen wollte, spiegelte sich nur im Kontrast der Gesten und Mentalitäten.»[288]

Toni, die ihren Mann auf dieser Reise begleitete, beobachtete Heidegger scharf, dessen Äußeres bereits von dem der anderen Gelehrten abstach. Er war mit seiner Skiausrüstung nach Davos gekommen. Braungebrannt erschien er im Sportanzug zur Eröffnung, nachdem er den Anstieg zur Parsenn bewältigt und die grandiose Abfahrt genossen hatte. Ernst kam dagegen in Davos mit einer seiner häufigen Fiebererkrankungen nieder und konnte auch nicht alle Vorträge Heideggers hören, der ihn jedoch regelmäßig über seine Darlegungen informierte.[289] Toni dagegen fand sich zweimal täglich bei den Mahlzeiten neben «dem sonderbaren Kauz» aus Freiburg, dessen «Neigung zum Antisemitismus» ihr nicht unbekannt war und der sich vorgenommen hatte, «Cohens Leistung in den Staub zu ziehen und Ernst wenn möglich zu vernichten».²⁹⁰ Sie unterhielt sich jedoch aufs Liebenswürdigste mit Heidegger, erzählte nur Gutes über Cassirers Verhältnis zu Cohen «und sogar allerhand Wesentliches aus Ernstens Leben». Dabei nahm sie «Heideggers selbstverständliche Anerkennung» vorweg. Bald sah sie mit Vergnügen, «diesen harten Teig wie eine Semmel, die man in warme Milch getaucht hat, sich erweichen […]».²⁹¹

Nach dem Davoser Treffen brach die Verbindung zwischen beiden Philosophen nicht ab. Heidegger schickte Cassirer sein Kant-Buch und Cassirer unterzog es auf 26 Seiten in den *Kant-Studien* einer «harten aber kollegialen Kritik».²⁹² 1929 folgte Cassirer einer Einladung Heideggers nach Freiburg und hielt einen Vortrag über Rousseau, der, ausgearbeitet zu der Studie *Das Problem Jean Jacques Rousseau*, eine seiner bekanntesten Schriften wurde. Der Besuch Cassirers bei Heidegger am nächsten Morgen war das letzte Treffen der beiden «Titanen».

Cassirer hat die Davoser Disputation in den letzten drei Jahren, die er in Deutschland verbrachte – man kann sagen, bis zum Ende seines Lebens –, unter der Losung «Vernunft» weitergeführt. Vernunft war mehr als alles andere in Deutschland vonnöten. In dem an Ereignissen so reichen Jahr 1929 hatte es dafür bereits im Februar ein Beispiel gegeben, als der Wiener Politologe Othmar Spann auf Einladung des Kampfbundes für deutsche Kultur in München einen Vortrag über *Die Kulturkrise der Gegenwart* hielt, den sich auch Alfred Rosenberg und Adolf Hitler anhörten. Darin griff Spann namentlich Hermann Cohen und Ernst Cassirer an, von welchen sich die Deutschen die «kantische Philosophie wie eine fremde Kunst von Fremden abermals erklären lassen» müssten.²⁹³ Cassirer reagierte auf den Skandal nicht öffentlich, sondern widmete sich seinem neuen Projekt, der *Philosophie der Aufklärung*. Ein ganzes akademisches Jahr ging ihm dafür verloren, nachdem er am 6. Juli 1929 zum Rektor der Hamburgischen Universität gewählt worden war. Seine Wahl zum Dekan der Philosophischen Fakultät war noch 1926 und 1927 gescheitert. Doch bei der Rektoratswahl gab es nur wenige «weisse Stimmzettel, wenn auch ein Teil der Kollegen zur Vollversammlung nicht erschienen war».²⁹⁴

Am 3. Oktober 1929, einen Monat vor Beginn des akademischen Jahres, war Gustav Stresemann gestorben, einer der wenigen «Vernunftre-

Ernst Cassirer als Rektor der Hamburger Universität (1929)

publikaner». Am 25. Oktober brach mit dem New Yorker Börsenkrach die Weltwirtschaftskrise aus. Einen Tag später fand Gertrud Bing Aby Warburg tot an seinem Schreibtisch, wo er an Herzversagen gestorben war, eine Stunde nachdem er noch mit Ernst über seine Arbeitspläne gesprochen hatte. Als Rektor sprach Cassirer bei der Trauerfeier nicht nur den Dank der Hamburgischen Universität aus, für deren Gründung Warburg so viel getan hatte. Er zeichnete das Bild des Menschen Warburg, dessen Werk von der Spannung zwischen Freiheit und Notwendigkeit zeugte, die er in den großen Bildern und Motiven des menschlichen Schmerzes gefunden hatte.[295]

An den Universitäten gingen die politischen Turbulenzen nicht spurlos vorüber. In Hamburg war davon bei der feierlichen Einführung des neuen Rektors am 7. November 1929 noch kaum etwas zu spüren. Drei

Bürgermeister und das Konsularische Korps waren zugegen. Lediglich die Chargen einiger Studentenverbindungen erschienen nicht in «voller Wichs» sondern nur mit Band und Mütze. Als sich Professoren im Senat darüber empörten, meinte der stets konziliante Ernst, das sei «keine Disziplinarwidrigkeit, wenn auch vielleicht eine Unhöflichkeit gegen den Rektor». Sein Rektorat stand im Zeichen des Ausgleichs, der Vernunft, der «Achtung vor dem Andersdenkenden» und der «Rationalität des Diskurses, aber auch einer sorgsam gepflegten Festkultur – des Rektors ‹gesellige Abende› waren äusserst beliebt».[296]

Am geselligen Teil von Cassirers Rektoratszeit wollte Toni sich nicht beteiligen, außer an dem großen Fest am 24. Januar 1930 im Uhlenhorster Fährhaus, das er als neugewählte Magnifizenz zu geben hatte. 400 Gäste waren geladen. Vor dem Diner wurde klassische Musik von der Schwiegertochter Vera und der Geigerin Eva Hauptmann vorgetragen. Nach dem Essen trat ein böhmischer Glasbläser auf, den die Cassirers jedes Jahr auf dem Hamburger Weihnachtsmarkt bewunderten. Zum Schluss stand *Die Fünfte Fakultät – ein sehr kritisches aber idealistisches Spiel mit symbolischen Formen in fünf Bildern* auf dem Programm. Die Darsteller waren wahrscheinlich Studenten.

Mitten in den Vorbereitungen erhielt Toni einen Brief von Paul Geheeb, der auf einer seiner Missionsreisen für die Odenwaldschule genau an dem Festtag in Hamburg um Obdach bat. Toni erteilte ihm eine Absage, indem sie ihm klar machte, dass man sich in Ober-Hambach wohl nicht vorstellen konnte, was es hieß, in Hamburg ein Fest für eine Rektoratsübergabe zu organisieren. In ihren Erinnerungen an das Rektoratsjahr zeichnet sie ihren Mann als einen erstaunlich veränderten Menschen. Er entwickelte «ungeahnte gesellige Geschicklichkeit», plauderte vergnügt über Dinge, die ihn nicht im Geringsten interessierten, eröffnete Pferderennen, nahm an Tagungen in Elektrizitätswerken teil und besuchte Bälle, alles ohne seine Frau. Auf das Ende seines Rektorats fielen jedoch tiefe Schatten. Der Verfassungsfeier am 29. Juli 1930 gingen heftige Auseinandersetzungen mit der Studentenvertretung voraus, auf die rechtsextreme Elemente immer größeren Einfluss ausübten. Ernst, der die Feier durchgesetzt hatte, hielt eine ungewohnt kämpferische Rede über *Wandlungen der Staatsgesinnung und der Staatstheorie in der deutschen Geistesgeschichte*. Sie wurde entgegen der Gepflogenheiten nicht gedruckt. Um den «jüdischen Rektor zu demütigen», verlangte ein Senatsmitglied vor der Drucklegung Einsicht in den Verwaltungsbericht.[297] Bei der Übergabe des Rektorats an Cassirers Nachfolger «erwähnte der Vertreter der Studentenschaft, der dem alten Rektor zu danken und den neuen zu begrüßen hatte, ganz gegen hergebrachte Sitte» nur den Namen Cassirers «und kein Begleitwort kam über seine Lippen».[298]

Ernst war schließlich froh, von der Bürde des Rektorats befreit zu sein und sich der *Philosophie der Aufklärung* widmen zu können. Mehrere Aufenthalte in Paris, wo er in der Bibliothèque Nationale arbeitete, und Arbeitsferien in Pontresina brachten das Projekt voran. Es war sein letztes Buch, das in Deutschland erschien, und zwar 1932 in der Reihe *Grundriss der philosophischen Wissenschaften*, zu deren Mitarbeitern auch Kurt Goldstein gehörte. Cassirer wollte darin keinen «bloß-epische[n] Bericht» über die Entwicklung der Aufklärungsphilosophie geben, sondern «die innere Bewegung, die sich in ihr vollzieht und gewissermaßen die dramatische Aktion des Denkens sichtbar werden lassen».[299] Das geschieht in sieben Kapiteln, die von der «Denkform» und Naturerkenntnis im Zeitalter der Aufklärung über Psychologie, Religion und Geschichte zu dem Komplex «Recht, Staat und Gesellschaft» und schließlich der Ästhetik in einer Epoche führen, die das «Zeitalter der Kritik» genannt wurde.

Cassirer erzählt eine spannende Ideengeschichte. Als Beispiel sei eine Passage im vierten Kapitel, «Die Idee der Religion» herausgegriffen. Darin diskutiert er das Dogma der Erbsünde, welches von Nicolaus Cusanus, Erasmus von Rotterdam und Thomas Clarus zu einer «Religion der Humanität» entwickelt wurde. Ihr entstand in der Reformation «ein unversöhnlicher Gegner». Dieser nimmt die «Aufklärung» der Augustinischen Tradition, die das «harte Joch von der radikalen Verderbtheit des Menschen predigte», wieder zurück. Wie der «tiefe Riss zwischen Renaissance und Reformation» schließlich von den Denkern der Aufklärung in Frankreich, Deutschland und England geheilt wurde, indem sie das humanistische Ideal der menschlichen Freiheit vor der Lehre von Unfreiheit und Verderbnis des menschlichen Willens retten, ist nur einer der vielen eindrucksvollen Abschnitte des Werks. *Die Philosophie der Aufklärung* zeigt die geistesgeschichtliche Entwicklung und Wandlung zur «Vernunft», ehe diese in «ihrem», dem 18. Jahrhundert angekommen war. Jetzt wurde nicht mehr von Begriffen auf Erscheinungen geschlossen, wie Descartes das tat, sondern nach der «kopernikanischen Wende» (Kant) wurden aus Beobachtungen Begriffe erworben.

Cassirers Verteidigung der Aufklärung ist zugleich eine Kritik an der zeitgenössischen Philosophie, die, wie Heidegger in *Sein und Zeit*, vergangene ideengeschichtliche Perioden als abgetan betrachtet. Für Ernst dagegen war die Traditionskette der Kultur nicht abgerissen. Der «Schutt der Zeiten» kann und soll abgetragen werden, aber die darunter ruhenden Schätze gilt es zu bewahren.[300] «Mehr als jemals zuvor», schreibt Cassirer in seinem Vorwort, «scheint es mir an der Zeit zu sein, daß unsere Gegenwart solche Selbstkritik vollzieht, – daß sie sich wieder den hellen und klaren Spiegel vorhält, den die Aufklärungsepoche geschaffen hat. Manches von dem, was uns heute als Resultat des ‹Fortschrittes› erscheint, wird freilich, in diesem Spiegel gesehen, seinen Glanz verlieren; und vieles, dessen wir uns rühmen, wird ihm seltsam und verzerrt erscheinen.» Er widmete das Werk seinem Onkel «Max Cassirer zu seinem 75. Geburtstag (18. Oktober 1932) in alter Liebe und Verehrung».

Im Goethe-Jahr 1932 hielt Cassirer Vorträge in Wien und Paris, Zürich und Berlin. Zu Jubiläumsveranstaltungen wurde er von der Sorbonne eingeladen, nicht aber nach Weimar. Eine Sammlung von drei Studien, *Goethe und die geschichtliche Welt*, erschien 1932 und wurde von Max Tau und Gleichgesinnten wie eine Offenbarung gelesen, die sie bei Goethe und Schiller Argumente gegen die späteren Machthaber finden ließ.[301] In der ersten Studie, die dem Band den Titel gab, charakterisiert Cassirer Goethes Verhältnis zur Geschichtswissenschaft als ein der Naturforschung entgegengesetztes. Geschichtsschreibung steht auf keinem sicheren Boden. Sie ist von persönlichen, politischen und religiösen «Vormeinungen» bestimmt. «Wie wenig enthält auch die ausführlichste Geschichte gegen das Leben eines Volkes gehalten? Und von dem Wenigen, wie Weniges ist wahr?», zitiert Cassirer aus den Gesprächen Goethes mit dem Historiker Heinrich Luden. Dann aber findet er in der von Goethe angewandten «historischen Methodik», die er aus Kunst- und Wissenschaftsgeschichte entwickelte, neue Einsichten. Diese verdichten sich zu einem «Gesamtbild». Goethes historische Intuition, die Gabe, «Vergangenheit und Gegenwart in eines zu sehen», erweist sich auch in seiner Anschauung des eigenen Lebens. Sie unterscheidet *Dichtung und Wahrheit* grundsätzlich von anderen Lebensgeschichten wie der des Augustinus und Rousseaus. In der zweiten Studie, *Goethe und das 18. Jahrhundert*, nimmt Cassirer Bezug auf das Goethe-Jahr, während die dritte, *Goethe und Platon*, das letzte Buch Cassirers abrundet, das im Bruno Cassirer Verlag erschien. Cassirer wollte nicht, dass das Jubiläum sich «in den äusseren Formen der Feier erschöpfen» würde. In Goethes *Pandora* ruft Prometheus: «Des echten Mannes Feier ist die That.» Im 20. Jahrhundert gibt es nach Cassirer noch genug zu tun, um Goethes Dichten und Wirken zu begreifen. Das ist wohl auch im Hinblick auf jene völkischen Festredner gesagt, die Goethe für die «Nation» vereinnahmen wollten. An sie gerichtet zitiert Cassirer Goethes Verdikt:

> «Und wer franzet oder britet,
> Italiänert oder teutschet,
> Einer will nur wie der andre,
> Was die Eigenliebe heischet.»[302]

Ernst Cassirer war, wenn auch nicht (partei-)politisch aktiv und obgleich er in Gesprächen politische Themen vermied, ein genauer Beobachter der Ereignisse. Er müsse keine nationalsozialistischen Veröffentlichungen lesen, sagte er, es genüge, das Prinzip zu verstehen.[303] Seit 1911 gehörte er dem Verband für internationale Verständigung an, der der linksliberalen Fortschrittlichen Volkspartei nahestand. Er war Mitglied der Vereinigung freiheitlicher Akademiker, die die Ziele der Deutschen Demokratischen Partei verfolgte.[304] Er engagierte sich 1925 in der Unterschriftensammlung gegen den Paragraphen 175[305] und verteidigte in seinen Vorträgen Republik und Demokratie. Als ihn die Nachricht von der Ermordung Walther Rathenaus erreichte, «brach er seine Vorlesung ab, um mit den Studenten zu sprechen».[306]

Wenn wir Cassirer über Goethe lesen, lesen wir auch Cassirer über Cassirer. Als eine der für ihn «maßgeblichen Persönlichkeiten» war es der Dichter noch in einem anderen Sinn als Kant und Cohen. In Goethe fühlte Cassirer eine Wesensverwandtschaft. Seine musische

Natur ließ ihn in Goethe eine «lyrische Phantasie» spüren, die den Dichter befähigte, Vergangenheit nicht mehr als vergangen zu fühlen, sondern im Hier und Jetzt der Empfindung, des Augenblicks. Auch Goethes Ablehnung der Theorie des Vulkanismus, der zufolge die Erde aus Eruptionen entstand, und seine Verteidigung der «Neptunisten», die sie dem Wasser entstiegen sahen, finden in Cassirers Naturell ihre Entsprechung.[307]

In der Familie war Ernst einer der Ersten, der die bevorstehende Gefahr witterte und der Erste, der 1933 mit seiner Frau Deutschland verließ. Schon 1931 ließ er vor jeder Auslandsreise «für jedes Kind so viel Geld in ausländischen Valuta» zurück, wie es zu einer eventuellen Ausreise nötig war.[308] Als Fritz Saxl und Gertrud Bing ihn 1931 von der schwierigen finanziellen Lage der Bibliothek unterrichteten, wies er sie an, ab jetzt alle Einnahmen in die Schweiz zu überweisen.[309] Die Ernennung Hitlers zum Reichskanzler am 30. Januar 1933 erlebte Ernst in Münster. Noch am 14. Januar hatte er an einer Diskussionsrunde über den Nationalsozialismus an der Hamburgischen Universität teilgenommen.[310] Toni befand sich in Berlin, um für die seit einem Monat verheiratete Tochter Anne und Kurt Appelbaum eine Wohnung einzurichten. Ernst wollte Deutschland sofort verlassen, um auf neutralem Boden klaren Kopfes die nächsten Schritte zu überlegen. Toni wollte die Wahlen am 5. März abwarten. Eine abrupte Trennung von Söhnen und Tochter schien ihr unmöglich. Die Schwiegertochter Vera erwartete das erste Kind, den am 26. Juni in Berlin geborenen Enkel Peter. Am 18. Februar nahm Ernst zum letzten Mal an einer Fakultätssitzung teil. Am 12. März reisten er und Toni an den Comer See.

Es ist nicht leicht, die folgenden Wochen zu rekonstruieren, in denen das Paar in den Strudel Tausender gerissen wurde, die Deutschland seit dem 30. Januar verlassen hatten. Sie sahen sich (noch) nicht als Emigranten, vielleicht als Flüchtlinge auf Zeit. Ihre erste Station war ein kurzer Aufenthalt in Basel bei dem Philosophen Karl Joël. In der Schweiz war Ernst an der Gründung der *Notgemeinschaft deutscher Wissenschaftler im Ausland* beteiligt, die für 300 Stellungslose Positionen finden wollte. Dann fuhren Toni und Ernst in ein kleines Hotel in Bellagio, wo Cassirer sogar zu arbeiten versuchte. Dort erreichte sie die Nachricht des Sohnes Heinz, der ihnen mitteilte, er würde mit seiner Frau und der dreijährigen Irene Hamburg verlassen und zu seinem Schwiegervater in Luzern fahren. Dazu hatte ihn der für den 1. April angekündigte Boykott jüdischer Geschäfte veranlasst. Kurz darauf verließen Anne und Kurt Appelbaum Berlin und fuhren nach Schweden, später nach England. Nur Georg wollte in Deutschland bleiben. Er hatte zwar seine Stellung verloren, konnte aber zu seinen Schwiegereltern ins schlesische Ziegenhals ziehen. Mit einem Neugeborenen im Ausland und unter den Auswirkungen der Weltwirtschaftskrise eine neue Existenz zu gründen erschien ihm begreiflicherweise fraglich. So war die Familie bereits im März 1933 getrennt. Die Klage vieler in die Zerstreuung Getriebener galt nicht in erster Linie dem verlorenen Besitz, sondern der Trennung von den nächsten Angehörigen. Für die ältere Generation war der Verlust der Nähe zu ihren Kindern der schwerste, wie es auch aus Familienbriefen der Cassirers hervorgeht.

Der Boykott am 1. April 1933 wurde zum Signal. Nun musste man erkennen, dass mit einer raschen Verbesserung der Lage nicht zu rechnen war. Wie viele jüdische Familien versuchten auch die Cassirers, bei einer Zusammenkunft Pläne zu fassen. Wer alles nach Basel kommen konnte, ist nicht mehr festzustellen. Heinz mit seiner Frau, Ernst und Toni waren jedenfalls dort, wahrscheinlich auch Max. Der wichtigste Beschluss, der gefasst wurde, war, den von allen geschätzten Onkel Max mit Vollmachten auszustatten, weil der ehemalige Stadtrat gute Verbindungen hatte und für sein Verhandlungstalent berühmt war.

Am 23. April kehrten Ernst und Toni noch einmal «durch die Unvernunft unserer nächsten Freunde gezwungen»[311] nach Hamburg zurück. Viele Studenten, Freunde und Mitarbeiter hatten sie darum gebeten. Toni beschreibt das Treffen des engsten Kreises um Ernst Cassirer. Es war eine jener Zusammenkünfte, wie sie im ganzen Land stattfanden, wo sich Familien und Freunde, bedrückt, ratlos und voll Angst noch einmal sahen, ehe sie, wie Wasser aus einem Eimer geschüttet, in alle Richtungen zerstoben.

In diesen Tagen reagierte Ernst in einem Brief an den Dekan der Philosophischen Fakultät auf die Falschmeldung, er habe aus gesundheitlichen Gründen um Beurlaubung ersucht, und schrieb am 27. April folgenden Brief an den Romanisten Walther Küchler:[312]

«Hochverehrter Herr Dekan.

In der ‹Frankfurter Zeitung› und in der ‹Vossischen Zeitung› von heute morgen finde ich die Notiz, in der davon die Rede ist, daß ich ‹aus privaten Gründen› schon vor längerer Zeit einen Urlaub für das kommende Sommersemester nachgesucht und erhalten hätte; das ‹Hamburger Fremdenblatt› fügt hinzu daß dieser Schritt ‹aus Gesundheitsrücksichten› erfolgt sei. Die Notiz enthält ein Missverständnis das ich sofort berichtigen möchte; denn es ist für mich natürlich von entscheidender Wichtigkeit, Sie hochverehrter Herr Dekan sowie die Fakultät über die Gründe die zu meinem Urlaubsgesuch geführt haben, nicht im Unklaren zu lassen.

Ich habe in den ersten Apriltagen, unmittelbar nach Bekanntwerden der ersten Nachrichten über die Boykottbewegung gegen die deutschen Juden, an die Hochschulbehörde sowie an den Herrn Rektor der Universität ein Schreiben gerichtet, in dem ich ausführlich die Gründe dargelegt habe, aus denen es mir (unter den gegenwärtigen Umständen) leider nicht möglich sei, mein Amt als deutscher Hochschulprofessor länger zu verwalten. Diese Gründe waren keineswegs ‹privater›, sie waren vielmehr rein prinzipieller Natur. Ich denke von der Bedeutung und von der Würde des akademischen Lehramts zu hoch, als daß ich dieses weiter ausüben könnte zu einer Zeit, in der mir, als Juden, die Mitarbeit an der deutschen Kulturarbeit bestritten oder in der sie mir, durch gesetzliche Maßnahmen, in irgend einer Hinsicht geschmälert und verkürzt wird. Die Arbeit, die ich bisher innerhalb der Fakultät leisten durfte, beruhte darauf daß ich als gleichberechtigtes Mitglied anerkannt war: und sie empfing lediglich durch dieser Voraussetzung ihren Sinn und ihren Inhalt. Mit dem Wegfall dieser Voraussetzung entfällt für mich jede Möglichkeit, in sachlich fruchtbarer Weise an den Arbeiten der Fakultät teilzunehmen. Ich habe daher in meinem Gesuch – das übrigens vor dem Bekanntwerden des neuen Beamtengesetzes eingereicht wurde – ausdrücklich nicht nur um Beurlaubung von meinen Vorlesungen und Übungen, sondern um eine Enthebung von allen Amtspflichten gebeten – und dieser Urlaub ist mir bis zur endgültigen, durch das Gesetz vorgeschriebenen Regelung auch gewährt worden. So muss ich, hochverehrter Herr Dekan, fortan das Band als gelöst ansehen das mich bisher mit der Philosophischen Fakultät der Universität Hamburg verknüpft hat. Was diese Lösung für mich bedeutet: darüber wird es keines Wortes bedürfen. Aber das eine darf ich sagen, daß in all der tiefen Trauer über die Ereignisse der letzten Wochen und über das Schicksal der deutschen Juden das Gefühl der inneren Verbundenheit mit den Aufgaben und mit den Geschicken der Hamburgischen Universität mich nicht verlassen hat. Was immer auch kommen und wie mein persönliches Geschick und meine Arbeit sich künftig gestalten mag: die Jahre meiner Wirksamkeit an der Hamburgischen Universität deren höchstes akademisches Amt ich verwalten durfte, werden mir unverloren und unvergessen sein. Ich kann nicht scheiden, ohne Ihnen, hochverehrter Herr Dekan, und all den anderen Kollegen, die mir so lange ihr Vertrauen geschenkt, die meine sachliche Arbeit gefördert und die mir immer wieder Beweise ihrer Sympathie und ihrer persönlichen Freundschaft gegeben haben, ein Wort des herzlichsten Dankes zu sagen. Die Erinnerung an dies alles ist das Beste, was ich aus meinem Amt als akademischer Lehrer mitnehme.

Ich bin mit dem Ausdruck meiner aufrichtigen Verehrung

Ihr ergebener
[Cassirer]»

Am 2. Mai 1933 verließen Ernst und Toni Cassirer die Blumenstraße auf immer.

3. KAPITEL

Sozialarbeit und Pädagogik:
Edith Geheeb-Cassirer (1885–1982)

Max Cassirers Tochter Edith hat dem Familienpanorama eine neue Dimension hinzugefügt. Zu den unternehmerischen Erfolgen Hugos und Alfreds, die die Arbeit der Väter fortführten, zu den wissenschaftlichen Errungenschaften von Richard und Ernst sowie Kurt Goldstein und zu den Initiativen in Kunst und Verlagswesen von Paul und Bruno, allesamt Ediths Vettern, fügte sie ihr sozialpädagogisches Werk hinzu.

Am 5. August 1885 in Danzig geboren, kam Edith als Dreijährige mit ihren beiden Brüdern, dem zweijährigen Kurt und dem neugeborenen Franz nach Berlin. Nach dem Besuch einer Privatschule[1] erwies sich die Höhere Töchterschule von Harry Schmitt in Berlin als Fehlschlag. Edith verließ sie nach einem Jahr und wurde fortan zu Hause in allem unterrichtet, was für ihre Zukunft als wichtig erachtet wurde, vom englischen Sprachunterricht über Kochen zum Tennisspiel. Diese höhere Tochter fühlte sich jedoch in ihrer großbürgerlichen Umgebung seit ihrer Kindheit nicht wohl. Sie sehnte sich nach einem anderen Leben als dem, was in Erziehung und Gesellschaft vorprogrammiert und auf ein einziges Ziel ausgerichtet war – eine standesgemäße Ehe.

Edith hat sich rückblickend wiederholt als schwieriges, eigensinniges, ja trotziges Kind bezeichnet, das gegen die Mutter und Gouvernanten revoltierte und beispielsweise keine modischen, sondern Reformkleider tragen wollte. Als besonders schwierig beschreibt sie das Verhältnis zu ihrer Mutter. Mit dem Vater dagegen hatte sie viel gemeinsam, besonders die Liebe zum Gebirge. Mit ihm unternahm sie «ganz schwere Hochtouren in den Tiroler Bergen, wirkliche Klettereien mit einem Führer».[2]

Wie sehr sie unter diesem Leben mit den vielen Einladungen gelitten hat, berichtete Edith in ihrem 90. Lebensjahr: «Da war man also Tischdame, und dann wurden immer die dämlichsten Reden geführt, die mich nicht interessierten.» Besonders «schrecklich» war für sie, dass es immer Männer gab, die sie heiraten wollten. «Ich wollte ja nicht heiraten, ich wollte doch erst mal den Sinn im Leben finden.»[3] Rettung aus diesem unbefriedigenden Dasein bot das Pestalozzi-Fröbel-Haus. Dort hatte Alice Salomon, die Pionierin der Sozialen und Pädagogischen Frauenarbeit und Mitglied der von Minna Cauer 1893 gegründeten Mädchen- und Frauengruppe für soziale Hilfsarbeit, ein wohldurchdachtes Programm von Kursen für ehrenamtlich sozial tätige Frauen eingerichtet. 1908 gründete sie die Soziale Frauenschule und ließ für sie in Berlin-Schöneberg ein neues Gebäude errichten. Bis 1933 leitete sie die von ihr ins Leben gerufene Deutsche Akademie für Soziale und Pädagogische Frauenarbeit.[4] Für Edith und viele junge Mädchen aus ähnlichen Familien wurde Alice Salomon lebensentscheidend.

Etwa um 1902 begann Edith Cassirer im Pestalozzi-Fröbel-Haus ihre Ausbildung als Kindergärtnerin. Praktische Erfahrung konnte sie im Kindergarten bei Anna von Gierke und bei der Betreuung von Arbeiterkindern in dem bald für die Allgemeinheit erweiterten Werkkindergarten von Hedwig Heyl sammeln, den bereits ihr Vater unterstützt hatte. Da wurde die knapp 17-jährige Edith mit 70 Kindern in den Schlosspark von Charlottenburg geschickt, «ich allein mit diesen kleinen Kindern», erzählte sie «immer gern», wobei ein Schutzmann «an mich rankam und fragte: ‹Fräulein, sind det alle Ihre? Ne janz schöne Leistung für det Alter!›»[5] Im Norden Berlins wurde sie mit verwahrlosten und verwilderten Kindern, die buchstäblich mit dem Messer aufeinander losgingen, in einem Schulhof alleingelassen. Unerschrocken forderte sie die Willigen auf, mit ihr ein «Papiertheater» aufzubauen. Bald hatte sie alle «in der Hand». Auf Anweisung ihres Vaters musste sie mit seiner Kutsche zu dem Arbeitsplatz fahren, die sie in diskreter Entfernung halten ließ. Ebenfalls auf Wunsch der Eltern musste sie gerade dann mit ihnen eine Italien-Reise unternehmen, als die Abschlussprüfung für ihren Kindergärtnerinnenkurs stattfand.

Edith war anfangs «heimlich» zu Alice Salomon gekommen, um sie um irgendeine Tätigkeit zu bitten. Salomon nahm sie in weiser Voraussicht als Sekretärin bei sich auf, da Max Cassirer dagegen nichts ein-

Edith Cassirer, Lotte Guttmann verh. Pariser und Eva Solmitz verh. Cassirer

wenden würde. Als Salomon 1904 bei dem zweiten Internationalen Frauenkongress Jugendveranstaltungen für Mädchen und junge Frauen in der Berliner Philharmonie veranstaltete, wurde Edith als «Botin» eingesetzt. Armut hatte die Unternehmertochter schon in den Arbeitervierteln Berlins und Charlottenburgs kennengelernt. Jetzt hörte sie Vorträge von Rednerinnen – bisher hatten Frauen oft ihre eigenen Vorträge aus männlichem Mund hören müssen – über ihr bisher unbekannte Themen wie Prostitution. Ihr Wissensdurst war groß. Sie besuchte einen Kurs über Nationalökonomie bei Alice Salomon, die auf diesem Gebiet promoviert hatte; sie nahm einen Kurs in Physik und hörte zwei Semester an der Handelshochschule bei Werner Sombart.

Im Pestalozzi-Fröbel-Haus hatte Edith eine Genossin gefunden. Eva Solmitz, die Ediths Schwägerin werden sollte, war im gleichen Alter wie sie und stammte aus einer ähnlichen Familie. Auch sie war unglücklich über ihre eingeengte Existenz. Durch ihren jüngeren Bruder Fritz wurde sie mit einem Problem konfrontiert, das um 1900 zu bedenklichen Folgen geführt hatte. Die autoritäre Erziehung an den preußischen Gymnasien war für viele begabte, kreative, sensible Schüler unerträglich geworden. Erschreckende Statistiken jugendlicher Selbstmorde unter Gymnasiasten wurden bekannt. Gustav Landauer wies auf sie hin und betonte, dass die Jungen sich das Leben nahmen, nicht weil sie den Anforderungen der Schule nicht gewachsen waren, sondern weil sie dort verkümmerten, weil sie «zu begabt, zu persönlich, zu eigen waren».[6]

Eva Solmitz sah sich zur gleichen Zeit nach anderen Schulen für ihren Bruder um, als Edith sich nach einem Wirkungskreis außerhalb der Großstadt sehnte. Da erhielt Eva einen Prospekt der Freien Schulgemeinde Wickersdorf, den sie der Freundin gab, und diese schrieb spontan an das Internat in Thüringen und bat um eine Möglichkeit, sich dort zu betätigen. Nachdem sie eine verständnisvolle Antwort erhalten hatte, richtete Alice Salomon ein Empfehlungsschreiben an den Absender, den sie kannte, Paul Geheeb. «Edith Cassirer, 22 Jahre alt, einzige Tochter *sehr* reicher Eltern, die ein wundervolles Haus bewohnen, ist von klein auf – wohl durch eine eigentümliche Veranlagung – allem Luxus, allem Äusserlichen abgewendet und dadurch dauernd in schweren Konflikten mit den Eltern, die nicht begreifen wollen, dass das Mädel das Leben nicht nach der Eltern Art geniessen will.»[7] In einem weiteren Brief bat Alice Salomon Geheeb geradezu flehentlich: «Sie retten so viele Kinderseelen, helfen Sie mir, dieses Seelchen eines grossen Menschen davor zu retten, dass es zerrieben wird.»[8]

In der Tat, Edith Cassirer drohte zerrieben zu werden zwischen den Ansprüchen ihres Elternhauses und dem leidenschaftlichen Wunsch, aus dieser Welt auszubrechen. Sie fand noch nicht einmal eine passende Gelegenheit, den Plan ihrem Vater mitzuteilen, denn sie war mit ihren Eltern selten allein. Fast jeden Abend kamen Gäste, an anderen waren die Eltern selbst eingeladen oder besuchten Theater oder Konzerte. An den Wochenenden gab es Familienzusammenkünfte mit ausführlichen Mittagessen, zu denen sicher auch Max und die Seinen erschienen. So eröffnete Edith ihrem Vater bei einer Abendgesellschaft in der Kaiserallee, als er sie zum Tanz aufforderte, dass sie in Wickersdorf arbeiten wolle. Die Eltern waren von dem Ansinnen, das prächtige Haus zu verlassen und in eine ihnen völlig fremde Welt zu ziehen, nachgerade entsetzt. Es wird sogar überliefert, dass Max drohte, Edith zu enterben. Aber wie so oft, der Vater ließ sich belehren und wollte sich Wickersdorf einmal selber ansehen.

Alice Salomon, die von nun an ihre schützende Hand über Edith hielt, instruierte Geheeb: «Seien Sie recht nett mit dem Alten und schildern Sie ihm alles recht rosig.» Er solle Max Cassirer sagen, Edith würde sich vor allem um Kinder zu kümmern haben und nicht um Haushalt und Krankenpflege.⁹ Im Winter 1908 fuhr Max mit seiner Tochter nach Wickersdorf, wo er von Paul Geheeb, einem der beiden Institutsleiter, empfangen wurde. Der 38-Jährige trug Kniehosen, keine Strümpfe, aber Sandalen. So stapfte er durch den Schnee. Der Stadtrat meinte, wie man in der Familie erzählt, «Sie tragen praktisches Schuhwerk. Vorne fliesst das Wasser rein und hinten fliesst es wieder raus.» Dennoch muss er von der Schule beeindruckt gewesen sein, denn Edith durfte im März 1908 ihre Tätigkeit als zweite Hausdame in Wickersdorf aufnehmen und sechs Monate bleiben. Damals waren 65 Schüler ab zehn Jahre, darunter neun Mädchen, und 14 Lehrer in dem Internat.

Im Kollegium war Geheeb die Erscheinung, die Edith am meisten beeindruckte. Der Sohn eines Apothekers und international bekannten Moosforschers und einer Mutter, die in ihm früh die Liebe zur Literatur und den Werken Wilhelm von Humboldts erweckte, war 1871 in dem Rhönstädtchen Geisa geboren und in einem kultivierten Elternhaus aufgewachsen. «Hört man von den Musikabenden im elterlichen Hause, bei denen der Vater die Geige, die Mutter Klavier, der katholische Kantor Bratsche und der jüdische Synagogenvorsteher Cello spielte, so mutet einen dies wohlgegründete, dem Schönen und Guten zugewandte, weitherzige deutsche Bürgertum an wie aus der Goetheschen Welt von *Hermann und Dorothea* stammend und man erkennt zugleich, wie dies die freie, Verschiedenartiges umfassende Herzlichkeit Paul Geheebs vorbereitete.»¹⁰

Geheeb wurde in protestantischen und katholischen Schulen in Geisa und Fulda erzogen. Mit 15 Jahren verlor er seine Mutter, was er als die größte Katastrophe seines Lebens bezeichnete. Nach dem Abitur in

Eisenach studierte er in Berlin Religionsphilosophie, in Jena Evangelische Theologie und viele andere Fächer von Psychiatrie bis Anatomie. Das erste Staatsexamen für protestantische Religionslehre und orientalische Sprachen legte er mit 27 Jahren ab, das Oberlehrerexamen ein Jahr später, danach weitere pädagogische Prüfungen. Er arbeitete an der Trüper'schen Anstalt für psychopathische Kinder bei Jena und in der pädagogischen Abteilung des Sanatoriums von Hermann Gmelin auf Föhr. In Berlin engagierte er sich als Mitarbeiter von Minna Cauer, die an der Spitze des radikalen Flügels der bürgerlichen Frauenbewegung stand und mit der ihn eine enge Freundschaft verband. Als Mitglied des Guttemplerordens nahm er den Kampf gegen den Alkoholismus auf, den er in den Berliner Arbeitervierteln kennengelernt hatte. 1902 wurde er von Hermann Lietz, einem Studienfreund aus Jena, eingeladen, an dessen zweiter Schule in Haubinda bei Meiningen zu unterrichten.

Um diese Zeit lernte Geheeb die Konzertsängerin und «Singlehrerin» Helene Merck in Stuttgart kennen, die sich in den «Herzensbrecher und Retter leidender Frauen»[11] verliebte, die Hälfte ihres Vermögens der Schule in Haubinda opferte und den nicht gerade heiratswilligen Geheeb, der nicht nein sagen konnte, 1906 heiratete. Die Ehe dauerte kaum ein Jahr, aber selbst nach der von Geheeb geforderten Trennung versicherte sie ihm, dass er ihr «größtes Lebensglück» gewesen sei und sie ihn immer lieben werde.[12] Mit Lietz kam es zu einem der in den Reformschulkreisen häufigen Zerwürfnisse, was zu immer neuen Schulgründungen führte. So gründete Geheeb mit Gustav Wyneken und anderen Lietz-Mitarbeitern 1906 die Freie Schulgemeinde Wickersdorf, für die ihnen der Herzog von Sachsen-Meiningen eine Domäne zur Verfügung stellte.

Martin Näf gibt einen Überblick über die Entwicklung der internationalen, breitgefächerten Reformpädagogik um 1900. Ausgehend von der 1899 gegründeten englischen New School Abbotsholme in Staffordshire, in der Geheeb 1902 den naturwissenschaftlichen Unterricht hätte aufbauen sollen, aber von der er krankheitshalber vorzeitig nach Deutschland zurückkehren musste, zu der Ecole des Roches, ebenfalls 1899 in der Normandie gegründet, zu Rabindranath Tagores Santiniketan in Westbengalen von 1901 und Maria Montessoris Casa dei Bambini, die sie 1907 in Rom eröffnete, fand die Reformschulbewegung auch in Spanien, Skandinavien und den USA Anhänger, wo es schon seit 1896 die Laboratory School von John Dewey an der Universität Chicago gab. Jede dieser Schulen war anders, die gesamte Bewegung bot «ein oft verwirrendes, nicht unproblematisches Gemisch aus progressiven, ja reaktionären Motiven und Tendenzen, in welchen die unterschiedlichsten politischen und philosophischen Optionen gediehen».[13] Das war auch die Ursache der zahlreichen Auseinandersetzungen an den verschiedenen Schulen. Auch in Wickersdorf kam es 1908 zum «Krach». Dass auch Geheebs Bleiben nicht länger war, hatte einen anderen Grund. Diesmal hatte er sich verliebt, und zwar in Edith Cassirer und sie sich in ihn. Beide hatten sich heimlich verlobt, denn zu diesem Zeitpunkt war Geheeb noch nicht offiziell von Helene Merck geschieden.

Edith kehrte nach den erlaubten sechs Monaten nach Berlin zurück, wo sie nun wieder ihren Eltern in getrennten Gesprächen – ihren Vater suchte sie zu diesem Zweck in seinem Büro auf – ihre Entscheidung mitteilen musste. Beide nahmen die Nachricht mit Fassung auf. Max' Hauptsorge war Geheebs Gesundheit. Nicht nur war er von schwacher Konstitution und oft krank und erholungsbedürftig. Max dagegen war ein kerngesunder, geradezu kraftstrotzender Mann. Außerdem litt Geheebs Vater an Wahnvorstellungen und lebte seit Jahren in Heil- und Pflegeanstalten. Ein Gespräch mit Geheebs Arzt räumte jedoch diesbezügliche Zweifel über Paul aus dem Weg. Der zukünftige Schwiegervater ließ sich außerdem von einem Anwalt eine Art Leumundszeugnis für Paul ausstellen. Geheeb schrieb ihm darauf einen äußerst erregten Brief, dass er Edith nicht gegen den Willen ihres Vaters heiraten könne. Nun wurde ihr Bruder Franz zu dem Verzweifelten entsandt, um ihn zu beruhigen.

Allerdings hatte auch Edith ihre Zweifel an einer ehelichen Verbindung mit Paul, die gleichzeitig eine Arbeitgemeinschaft sein sollte. Einesteils wusste sie, wie viel beiden gemeinsam war von der Liebe zu einem Leben in der Natur bis zu der Bedeutung ihrer sozialen und pädagogischen Aufgaben. Andererseits kam ihr dieser Mann immer noch wie ein Wesen von einem anderen Stern vor. Sie war die Realistin, er der Idealist. Sie war die Praktische im Vergleich zu seiner Unfähigkeit zum Beispiel in finanziellen Dingen. Eine zweite Schwierigkeit sah Edith in

Geheebs Erziehungsphilosophie, die man nicht so sehr antiautoritär als unautoritär nennen könnte.[14] Sie erbat sich Bedenkzeit, er war wieder verzweifelt. Das alles ist nachzulesen in der Korrespondenz des Jahres 1909, in der aber auch Ediths Bitten um Verzeihung für ihre Unsicherheit und das Bekenntnis ihrer Liebe stehen.

Zunächst wurde die Scheidung von Helene Merck vollzogen, wonach Geheeb in aller Form bei Max um Ediths Hand anhalten konnte. In der Familie wird die Szene überliefert, wie der stellenlose Paul, der kein Vermögen besaß, aber einige Schulden hatte, in der Kaiserallee vorsprach. «Wie stellen Sie sich das vor», fragte der Stadtrat. «Meine Tochter lebt in diesem Haus, es fehlt ihr an nichts, jeder Wunsch kann ihr erfüllt werden.» Darauf soll Geheeb geantwortet haben: «Warum soll das anders werden, wenn sie mich heiratet?» Nach dieser entwaffnenden Antwort willigte Max zum Wohl seiner geliebten Tochter in die Ehe ein und Geheeb wurde, wenn auch mit Vorbehalten, in den Schoß der Familie aufgenommen. So schrieb Ediths Onkel Salo, einer der älteren Brüder von Max, am 7. September 1909 an Geheeb: «Ich hänge mit allen Fasern meines Lebens an meinem geliebten Bruder [Max] und an meiner über alles geliebten Schwägerin [Hedwig] und ich werde glücklich sein, wenn alle die Hoffnungen sich erfüllen werden, die sich an Ihre Verlobung mit Edith knüpfen [...] Trotzdem Edith Wege gegangen ist, die ich als alter Mann nicht verstehen konnte [...] möge sie in ihrer Herzenswahl den rechten Mann gefunden haben.» Ediths Vetter Erich Cassirer, ein Sohn Isidors, schrieb in einem undatierten Brief an Max, er sei «über ihre Wahl nicht erfreut», der beste Mann sei für Edith nicht gut genug. Aber nachdem er «die glücklichen Zeilen» von ihr erhalten habe, sei er «im Wesentlichen beruhigt».

Max Cassirer kam nicht nur den finanziellen Verpflichtungen seines Schwiegersohns nach, sondern unterstützte auch Helene Merck fortan «mit regelmässigen Zahlungen».[15] Vor der Hochzeit finanzierte er für den kränkelnden Paul außerdem einen sechswöchigen Aufenthalt in dem Sanatorium Weißer Hirsch von Johann Lahmann bei Dresden. Die Vermählung fand am 18. Okober 1909 in der Kaiserallee statt.

Nachdem Paul Geheeb Wickersdorf verlassen hatte, war ihm klar geworden, dass er nur in eigener Regie eine Schule leiten konnte. Max Cassirer versprach ihm seine Unterstützung. Er studierte die Wirtschaftspläne von Wickersdorf und fuhr mit Geheeb nach Hellerau, weil dieser die Gartenstadt als Standort in Erwägung gezogen hatte. Es galt zunächst, von entsprechenden Behörden die Einwilligung zu erlangen, ein Internat nach dem Reformschulkonzept zu eröffnen, noch dazu auf dem Prinzip der Koedukation, dem A und O von Geheebs pädagogischer «Lebensanschauung», der man entweder mit Misstrauen begegnete oder die man rigoros ablehnte.

Sinn und Zweck der gemeinsamen Erziehung von Jungen und Mädchen, wie sie in den Freien Schulgemeinden geübt wurde, war, wie Geheeb in dem grundlegenden Aufsatz *Koedukation als Lebensanschauung* schrieb, sie aus dem «Kinderkloster» zu befreien, in dem ausschließlich Jungen oder Mädchen erzogen wurden und wo «infolge der naturwidrigen Ausschaltung des andern Geschlechts» sogar im «Erziehungskollegium» entweder nur das eine oder das andere vertreten war. In Reformschulen bzw. Kindergärten sollten Kinder bereits ab dem dritten Lebensjahr zusammenleben können. «[…] beide müssen erst gegenseitig ineinander die gemeinsame Menschheit anerkennen und lieben lernen, Freunde haben und Freundinnen, ehe sich ihre Aufmerksamkeit auf den Geschlechtsunterschied richtet, und sie Gatten und Gattinnen werden.» Mit «Beginn der Entwicklungsjahre» tritt in der Schule eine Trennung ein, so beim Baden und in den Schlafzimmern, sodass sich «ohne die Unbefangenheit zu stören» Sitten entwickeln, «die der zwischen den Geschlechtern entstehenden keuschen Scheu Rechnung tragen».

Die Vertreter der Koedukation hofften, Ehen würden nicht mehr so oft gelöst, «wenn Männer und Frauen gelernt hätten, einander zu verstehen». Sie wollten Jünglinge und junge Mädchen «nicht nur für «Nächstenliebe und Vaterlandsliebe, Mutter- und Kindesliebe» begeistern, sondern auch für hochgespannte Ideale auf erotischem Gebiet: für «strenge Selbstbeherrschung, für treue Gattenliebe und eine ideale Form der monogamen Ehe!».

Selbstverständlich wurden Mädchen und Jungen in denselben Fächern unterrichtet, denn es besteht «nicht die geringste Veranlassung zu glauben, dass Mathematik oder politische Geschichte den Mädchen nicht liegt».[16]

Edith teilte diese «Lebensanschauung» mit ihrem Mann. Aber sie wusste, ohne ihre Mitarbeit würde es eine Schule mit ihren unzähligen praktischen Erfordernissen nicht geben, nicht nur, weil ihr Vater das Kapital zur Verfügung stellte, sondern weil Paul gleichsam als pädagogischer Geist über dem Ganzen schwebte, während sie in den Niederungen des Alltags zwischen Küche, Wäschekammer, Speisesaal und Schlafzimmern das Internat überhaupt funktionsfähig machte.

Nach längerer Suche fand Geheeb im liberalen Großherzogtum Hessen-Darmstadt Verständnis für sein reformerisches Erziehungswerk. Auch der Stadtrat reiste mit Frau und Tochter in den Odenwald, um die Örtlichkeit in Augenschein zu nehmen, an der die «private Lehr- und Erziehungsanstalt» eingerichtet werden sollte. Es war das kurz vorher entstandene Gasthaus Lindenheim, am Ende des Hambachtals, das von Heppenheim über Unter- und Ober-Hambach von der Bergstraße aufwärts in den Odenwald führt. Die Lage sagte den Geheebs aus zwei Gründen zu. Ober-Hambach bot unbegrenzte Möglichkeiten zu Wanderungen zu Fuß und zu Ski, auf die Geheeb großen Wert legte. Andererseits waren Kulturzentren wie Darmstadt und Frankfurt leicht erreichbar, wo die Schüler Museen und Theater besuchen konnten. Nachdem Ediths Eltern in der Darmstädter Hobrechtstraße 12 eine passende Wohnung für das Paar während der Bauphase der Schule gefunden und eingerichtet hatten, verließ Edith Berlin. Ihr Vater versprach eine jährliche Unterstützung von 10 000 Mark.

Am 14. April 1910 öffnete die Odenwaldschule ihre Pforten in dem bisher einzigen Gebäude, dem Goethehaus, ehemals Lindenheim, für 15 Zöglinge, elf Knaben und vier Mädchen. In seiner Eröffnungsrede proklamierte Geheeb sein pädagogisches Programm: Kinder zu *Menschen* sich entwickeln und *arbeiten lernen* zu lassen mit einem Mindestmaß an Zwang. Keine passiv zuhörenden Kinder vor dozierenden Lehrern, sondern *Arbeitsgemeinschaften*, in denen beide gemeinsam den Unterricht gestalten. Geheeb verfasste auch einen Prospekt, der folgendermaßen beginnt: «Die *Familie* ist die natürliche und ideale Erziehungsanstalt; und man möchte jedem Menschen wünschen, Kindheit und Jugend in einem sonnigen Elternhause zu verleben. Erfahrungsgemäß aber sieht sich immer eine beträchtliche Anzahl Eltern gezwungen, ihre Kinder einem *Internate* anzuvertrauen.»[17]

Schon einen Monat nach Eröffnung mussten weitere Interessenten aus Platzgründen abgewiesen werden. Zusätzliche Gebäude waren nötig.

Nun war Max Cassirer in seinem Element. Er hatte zuerst den Einbau einer Zentralheizung und modernen Gasbeleuchtung im Lindenheim verfügt und überhaupt in jeder Hinsicht mitzureden. Über das Koedukationsprinzip scheint er sich erst in der Aufbauphase des Internats klar geworden zu sein. Am 6. April 1910 schreibt er geradezu alarmiert an Edith und Paul: «Warne dringend, die Gefahren des dauernden Zusammenseins beider Geschlechter nicht zu unterschätzen.» Er dachte, Tochter und Schwiegersohn urteilten nach eigenen Anschauungen und Erfahrungen, was ihnen ein Gefühl der Sicherheit gebe. Bei manchen Kindern setze jedoch ein «frühes Erwachen der geschlechtlichen Triebe» ein, man müsse sie «streng überwachen». Durch einen einzigen Fall sei ein «Schiffbruch» möglich. «Vorsicht, Vorsicht, nochmals Vorsicht.»

Außerdem musste Max Cassirer den Plänen zustimmen, zu dem Goethehaus, dem Zentrum der Anlage, acht weitere Häuser hinzuzubauen, in denen die Schüler, in der Odenwaldschule «Kameraden» genannt, mit einer Lehrerfamilie leben sollten. Max fand die Lehrer-Schüler-Relation nicht annehmbar. «Wenn wirklich ein Mensch oder Pädagoge nur im Stande ist, 3 bis 4 Kinder zu erziehen (mir ist der Gedanke neu: meine Eltern haben 12 Kinder, von denen ich das 11. bin, erzogen),[18] dann sehe ich keinen Grund, warum Du zu so einer Vergrößerung drängst. Begnüge Dich mit 16 Kindern. Nach meiner Auffassung stehst Du ja schon jetzt vor einer übermenschlichen Aufgabe.»[19]

Wieder ließ sich Max überzeugen. Der Heppenheimer Architekt Heinrich Metzendorf entwarf vier Villen im Landhausstil, die die Namen von Geheebs Geisteshelden trugen: Fichte, Herder, Humboldt und Schiller. Da Max Cassirer immer nur für wenige Tage nach Ober-Hambach kommen konnte, trat nun die 25-jährige Edith als Bauherrin der «Großbaustelle» auf den Plan, «wie sie zu damaliger Zeit in dieser Gegend ungewohnt war».[20] Neue Wegführungen, neue Wasserleitungen mussten angelegt werden. Sie verstand es, mit den Handwerkern zu verhandeln, und so schritten die Bauarbeiten zügig voran.

Die Namen der Neubauten deuten bereits auf das im Grunde traditionelle Curriculum der Schule hin. Die Geisteswelt Geheebs war die humanistisch geprägte des 19. Jahrhundert und ist am deutlichsten in der Privatbibliothek zu erkennen, die Edith von Ober-Hambach über fünf Exilstationen samt Mobiliar, Bildern und Büsten nach Goldern ins Berner Oberland gerettet hat. Da stehen in Geheebs «Studierstube» im Hasliberghaus die Sophien-Ausgabe von Goethes Werken aus Ediths Besitz und die Werke Wilhelm von Humboldts und dessen Büste, die Geheeb in die Ehe gebracht hatte. Die klassische deutsche Literatur ist vorhanden, aber auch Nietzsche und Romain Rolland. Reproduktionen der Porträts von Beethoven und Schubert und ein riesiges von Tolstoi hängen an den Wänden, dann wieder eine kleine Originalzeichnung, den ganz jungen Felix Mendelssohn am Klavier darstellend. Unzählige kleine gerahmte Fotos der Familie Geheebs und von Reformpädagoginnen und -pädagogen, so von Ellen Key und Adolphe Ferrière, stehen umher. In der Studierstube kann man in Geheebs Geisteswelt förmlich eintauchen. Sie sollte jedoch den Schülern in einer neuen Unterrichtsstruktur vermittelt werden, dem sogenannten Kurssystem. Die einzelnen Fächer standen nicht ein- bis viermal in der Woche mit je einer Stunde auf dem Stundenplan, sondern zwei Fächer wurden einen Monat lang jeden Vormittag für zwei Stunden unterrichtet, was auch vier Wochen lange Studienreisen ermöglichte.

Die akademischen Ansprüche waren hoch, wie aus den schriftlichen Beurteilungen der Schüler hervorgeht. Es gab keine Noten, und Kinder konnten nicht sitzen bleiben. Aber Else Lasker-Schülers Sohn Paul musste wegen mangelnder Vorbildung die Schule verlassen. In den Konferenzen konnte das Kollegium zwei Stunden über ein Kind diskutieren, wobei die Lehrerinnen Strümpfe stopften und die Lehrer Bohnen pulten. Das Abitur musste bis 1930 extern am Gymnasium in Bensheim abgelegt werden. Es ist anzunehmen, dass man dort die Schüler aus der Odenwaldschule besonders genau prüfte.

Mit den Jahren mehrten sich die Möglichkeiten für die Schüler und Schülerinnen, ihren besonderen Interessen nachzugehen, von einer handwerklichen Ausbildung im Tischlern, das Geheeb selbst unterrichtete, bis zum Drucken, zum Musizieren im Orchester und in zwei Chören oder zum Theaterspielen. Es gab vielstündige Aufführungen klassischer oder von Schülern verfasster Dramen, zum Teil auf einer Freilichtbühne. Ganz besonders wichtig war die gesundheitliche Ertüchtigung durch gute Ernährung, Gymnastik, Luft- und Sonnenbäder, worauf der eher schwächliche Geheeb großen Wert legte. Jeder Tag begann mit einem Luftbad, auch bei niederen Temperaturen, wofür zwei, in Max Cassirers

Augen wiederum zu große, Areale für Jungen und Mädchen angelegt wurden.

Edith hat in der Schule nicht unterrichtet. Aber sie war, wie der Mathematiker und Pädagoge Martin Wagenschein ihr am 17. Juli 1975 zu ihrem 90. Geburtstag schrieb, diejenige, die auch den Unterricht erst möglich machte. Sie ersetzte Geheebs fehlendes Autoritätsbewusstsein auf ihre besondere Art und Weise, «mit Heiterkeit in der Bestimmtheit». Das war besonders in den ersten Monaten nötig, als Geheeb den Kindern zu viel Freizeit lassen wollte, seine Frau aber einsah, dass damit nur Unordnung entstehen würde. «Ich glaube auch, es fehlt Dir an Exaktheit und Entschlossenheit im Befehlen», schrieb sie ihm bereits im Juli 1909, «und damit tust Du sicherlich den Kindern ein direktes Unrecht. Denn ich glaube nun einmal, dass es so wichtig und wesentlich ist, dass Kinder eine Autorität über sich fühlen.»

Edith arbeitete oft bis zur Erschöpfung und darüber hinaus, was dann wiederum Erholungsaufenthalte im nahgelegenen Sanatorium von Dr. Rudolf Laudenheimer in Alsbach notwendig machte. Hinter diesen Erschöpfungen stand aber auch ihr schwieriger Mann. Geheeb führte nach der Heirat sein eigenwilliges, ja eigenbrötlerisches Leben weiter und kümmerte sich, in Ediths Worten, schon gleich nach der Hochzeit «verflucht wenig» um sie.[21] Er brauchte täglich lange Ruhepausen und immer wieder «Erholung». Viel Zeit verbrachte er mit «seinen» Tieren, Rehen, die er in einem Gehege hielt und die ihm auf Spaziergängen folgten, wobei ihm Waldvögel auf der Schulter saßen. Natur bedeutete ihm mehr als Erholung, sie war «Ausdruck und Bestätigung der überirdischen Ordnung», in der er «alles menschliche Streben» eingebettet sah.[22] Der Schulleiter unterrichtete wenig, hauptsächlich Religionsgeschichte. Konfessionellen Religionsunterricht gab es an der Odenwaldschule nicht. Geheeb glaubte jedoch, jeder Mensch sei religiös und vermittelte religiöse Inhalte in den Andachten, die er gestaltete, und den Mittagssprüchen, die während der Mahlzeiten verkündet wurden.

Geheebs Hauptbeitrag, den er für die Schule leistete, war die enorme Korrespondenz mit den Eltern der Schüler, später mit ehemaligen Schülern und mit anderen Reformpädagogen. Es war gleichsam ein Wirken hinter den Kulissen. Als Schuldirektor wollte er keinesfalls auftreten. Er war viel auf Reisen, um für seine Schule zu werben und sich in der

3. Edith Geheeb-Cassirer

internationalen Reformschulbewegung, in der er eine immer größere Rolle spielte, zu engagieren. Daher rührt auch die überwältigende Korrespondenz mit seiner Frau. Täglich gingen Briefe zwischen ihr und Paul hin und her, wenn sie in Alsbach weilte und sich etwa um eine kranke Schülerin sorgte. In diesen immer zärtlichen Schreiben versichern beide Eheleute unentwegt einander ihre gegenseitige Liebe. Edith brachte in diesem Verhältnis das größere Opfer, in dem sie sich ganz zurückstellte. «Seit ich Paulus kenne, ist nicht mehr mein Leben das Wichtigste, sondern die Durchführung seiner Lebensaufgabe», schrieb sie nach fast 50 Jahren gemeinsamer Arbeit am 3. März 1958 an Hermann Burchardt.

Ihren Eltern wollte Edith nur die sonnige Seite der im Lauf der Jahre aufblühenden Schule zeigen, aber sie erfuhren doch, wie sie sich geradezu aufrieb. Max schrieb im Dezember 1912 einen strengen Brief an seinen Schwiegersohn, in dem er ihm vorhielt, Ediths Arbeit nicht genug zu würdigen. «Bis zum letzten Bauern» seien die Menschen erstaunt, dass Edith «diese Arbeitslast erträgt». Hedwig Cassirer war, nachdem sie über 17 Jahre die Ehe ihrer Tochter beobachtet hatte, geradezu empört und schickte Geheeb einen Brief, wie er ihn wohl selten bekommen hat. «Stets nehmen sich andere Deiner Frau an! Ist das eine Ehe, die Du führst?» Und sie zählt alle Vergehen Geheebs auf: Ediths Schlafzimmer neben seinem wird zur Bibliothek verwandelt, mit seinen Tieren verbringt er mehr Zeit als mit ihr. «Deine eigene Frau bleibt wie eine Pflanze ohne Sonne und Licht. Du lebst wie ein Pascha. Jeder horcht auf Deine Wünsche und erfüllt sie.» Er lädt so viele Gäste ein, wie er will, ohne an Ediths Mühe zu denken. Andere Damen an der Schule sind ihm immer wichtiger als seine Frau. «Ich glaube nicht, dass etwas Unedles geschieht. Dazu glaube ich viel zu gut von Dir», gibt die Schwiegermutter zwar zu, «aber dass Du unser Kind als quantité négligeable behandelst, das ist eine unerhörte Ungerechtigkeit. Sei mit allen Menschen wie Du willst [...] aber mit Edith, die unser Stolz ist, lassen wir nicht umspringen.»[23]

Viele erkannten, dass Edith und Paul eine ungewöhnliche Ehe führten und dennoch zusammengehörten und zusammenhielten. Von «Ying» (Edith) und «Yang» (Paul) ist die Rede, von «Idee» (Paul) und «Möglichkeit» (Edith). Martin Näf zitiert eine junge holländische Kindergärtnerin, die 1930 ein Jahr an der Odenwaldschule arbeitete und die Schulleiterin bewundernd aus der Ferne beobachtete. Sie sah, dass Edith «in Paul mehr als ein Ideal und mächtig viel Arbeit» hatte, «das ist schon sehr viel, aber ich gönne ihr mehr. Vielleicht hat sie mehr. Gott gebe es! Man soll sich nicht vertiefen ins Privatleben der Königin.»[24]

Die ersten Schüler, die 1910 in die Schule kamen – 1911 bot sie Platz für 60 –, waren «überwiegend Kinder aus Offizierskreisen der in Darmstadt stationierten Garnison.» Edith zufolge waren es «sehr begabte, sehr reizende Kinder», aber mit «Unbehagen» denkt sie daran, wenn die Eltern dieser Kinder erschienen. «Und das Merkwürdige ist ja eben bei Paulus, dass er doch ganz links gerichtet war, wie Sie sagen, ‹avantgardistisch› und nun plötzlich diese Atmosphäre preußischer Aristokraten im Hause hatte.»[25] 1914 waren 49 Schüler und 19 Schülerinnen in der Odenwaldschule. Davon waren 36 evangelisch, fünf katholisch, 13 jüdisch und 14 «sonstige». Dann brach der Krieg aus, der die Geheebs auf Bornholm überraschte, wohin sie zwei Schülerinnen, ein russisches und ein französisches Kind, in die Ferien mitgenommen hatten. Alle waren sie ohne Pässe, und die Grenzen wurden geschlossen. Dennoch gelangten sie auf deutschen Boden zurück. Als sie das Schiff verließen, sagte Paul Geheeb zu den Offizieren, «meine Frau, meine Töchter und dann sagten die: ‹Bitte gehen sie durch.›»[26]

Für Edith und die ganze Schule begann eine schwere Zeit. Lehrer und anderes Personal wurden eingezogen oder «rannten zum Roten Kreuz», wie Edith klagte. Es war zunächst fraglich, ob überhaupt genügend Schüler aus den Sommerferien zurückkehren würden. Die Versorgungslage wurde immer problematischer. Der Garten war nun nicht mehr nur zu Unterrichtszwecken da. Schüler und Schülerinnen wurden zu Mitarbeitern. Für Edith war es «eine Sisyphus-Arbeit, all die Menschen täglich des öfteren satt zu bekommen».[27] Die älteren Schüler drängten hinaus aufs Feld der Ehre und wollten, mit oder ohne Notabitur, am Kampf teilnehmen. Verantwortungsvolle Lehrer versuchten ihr Möglichstes, sie zurückzuhalten. Dann kamen die Todesnachrichten, eine nach der anderen.

Dennoch bezeugen viele, dass man in der Odenwaldschule, abgesehen von Nahrungs- und anderen Mängeln, nichts vom Krieg merkte. Es war eine friedliche Insel, auf der Arbeit und Feste im alt gewohnten Rhythmus wechselten. Diese Feste – Geburtstagfeiern für die von Geheeb verehrten Goethe, Fichte, Herder und Wilhelm von Humboldt – waren in Kriegszeiten selbst den liberalen Beamten im Darmstädter Kultusministerium ein Dorn im Auge, weil man in der Schule weder den Sedanstag noch Kaisers Geburtstag beging. Edith erzählt, wie sich ihr Mann am 18. Januar 1918 im Ministerium zu verteidigen wusste: «Ja wissen Sie, wir befinden uns in Verlegenheit. Wir sind nämlich in der Lage, jedes Jahr von neuem die Geburtstage von Wilhelm von Humboldt, Schiller, Herder, Fichte usw. zu feiern, da fällt einem immer etwas Neues ein, man kann immer etwas Neues gestalten, aber in Bezug auf die Persönlichkeit von Wilhelm II. ist uns das leider nicht möglich.»[28] Der Konflikt endete mit einem Vergleich. Der Geburtstag des Kaisers musste auf Befehl des Ministeriums begangen werden, dafür wurde der Jahrestag der Reichsgründung am 18. Januar, neun Tage vor dem hohen Geburtstag, nicht gefeiert. Allerdings erübrigte sich das alles mit dem Ende des Deutschen Kaiserreichs noch im selben Jahr.

Nach dem Krieg herrschte in der Schule geradezu Hungersnot. Edith beschrieb in einem ihrer zahllosen Bittbriefe diesen Zustand einer amerikanischen Gönnerin. 55 von 80 Kindern bezahlten nur ein Drittel des Schulgelds im Jahr 1916. Die Ernährung war das größte Problem: «Milk, fat, butter, lard we cannot give as we should, eggs are extremely rare hardly once a week can we give a slice of meat.»[29] Die Lehrer verdienten kaum ein Taschengeld. Dennoch blieben sie. Der Schule gelang das Überleben, aber niemand konnte erklären, wie es möglich war.

Natürlich hielt Max Cassirer seine Hand über das defizitäre Unternehmen. In seinem Berliner Büro entstanden die Wirtschaftspläne, auf dem Briefkopf der Odenwaldschule erschienen die Namen von Paul und Edith Geheeb und Max Cassirer als die der «Schulleitung». 1919, als die Zahl der Schüler 90 betrug und die der Mitarbeiter 70, forderte Max, Letztere zu reduzieren. Wie viel an Kapital er in den kritischen Inflationsjahren oder überhaupt beigesteuert hat, ist nie genau festgestellt worden. Einmal versuchte Max, vom Finanzamt eine Steuerentlastung zu bekommen. 1926 betrugen die Steuern, wie seine Schwiegermutter in einem Brief an Geheeb klagt, 20 000 Mark, die «Unterbilanz» 30 000. Als Antwort wurde ihm beschieden, «dass mancher reiche Mann sich einen Rennstall halte, und Sie halten sich die Odenwaldschule».[30] Jedenfalls überstand die Schule auch diese schwierige Zeit. Das war wiederum in erster Linie Edith zu verdanken. So wie sie mit großem Geschick ab 1910 die Bauarbeiten geleitet hatte, so verwaltete sie auch die Finanzen. Natürlich war ihr Vater die letzte Instanz, aber er lebte in Berlin, sie sah täglich in der Schule, wo es fehlte, wo etwas bezahlt werden musste und wo gespart werden konnte. Sie führte die geschäftliche Korrespondenz und suchte nach preisgünstigen Materialien, Nahrungsmitteln und Spenden. Dazu kamen die Briefe an die Eltern der Schüler, wenn es sich um das Schulgeld handelte, um Mahnungen, Ermäßigungen, Stundungen oder Freiplätze.[31] Denn ganz wichtig war den Geheebs, «auch den Kindern weniger begüterter Eltern die Odenwaldschule zu ermöglichen.» Zu Edith sagte ein Mitarbeiter, «durch Mathematik und Anrechnungen von mehr Klopapier, als verbraucht wurde, vermochtest Du das eine oder andere Kind mit dieser Radius-mal-Pi-Berechnung einzuschmuggeln».[32]

Gerade als die Schule 1920 ihr zehnjähriges Bestehen feiern wollte, wurde sie von einem harten Schlag getroffen. Lily Schäfer, eine Schwester des Soziologen Max Weber, die ihren Mann im Krieg verloren hatte, war mit ihren vier Kindern an die Odenwaldschule gekommen und arbeitete als Sekretärin für Paul Geheeb. Dieser verliebte sich in die junge Witwe und sie sich in ihn, und beide verlebten über Weihnachten und Neujahr 1919/20 «einige romantische Tage», wie Martin Näf es nennt. An Ostern fuhr Lily Schäfer nach Heidelberg und nahm sich dort das Leben. Geheeb war «fassungslos», gab sich die Schuld, «nicht weil er sich zu sehr, sondern zu wenig auf diese Frau eingelassen und das volle Ausmaß ihrer Not nicht erkannt hatte»,[33] wie er an seine Frau schrieb. Für mehrere Jahre lebte er sehr zurückgezogen und war in der Schule wesentlich weniger aktiv.

Edith hatte von dieser Liebe gewusst. Erfahrungen wie diese, und es war nicht die einzige, ließen sie 50 Jahre später an die erste Frau ihres Neffen Henry Cassirer einen außerordentlichen Brief schreiben. Marta Cassirer hatte sich in ihrer grenzenlosen Enttäuschung an Edith gewandt, als ihr Mann sich von ihr scheiden ließ. «Wenn man einen Menschen liebt», schrieb Edith am 9. Februar 1971, «so denke ich wenigstens, dann gibt man ihn nicht auf, sondern man liebt ihn weiter aus der Ferne. Glaube mir, dass ich nicht aus blasser Theorie spreche, ich habe manches Schwere erlebt und mir es stets zur Aufgabe gestellt, dem ge-

3. Edith Geheeb-Cassirer

Edith und Paul Geheeb (um 1925)

liebten Menschen zu helfen. Damit hilft man nicht nur ihm, sondern auch sich ... Schwierigkeiten gelöst, keine Verzweiflung.»

Die Bedeutung Ediths für die Schule erweist sich gerade in solchen Zeiten des Unglücks. Während ihr Mann sich zurückzog, blieb sie gleichsam auf Posten. Sie hielt die Schule und die ihr anvertrauten Schüler zusammen. So blieben nicht nur alle vier Kinder Lily Schäfers auf der Odenwaldschule, sie schickten wiederum ihre eigenen Kinder dorthin und waren Edith lebenslang verbunden, wie besonders aus der Korrespondenz von Lilys Tochter Clara mit Edith hervorgeht.[34]

Während der Kriegsjahre und des großen Lehrermangels waren einige außergewöhnliche Lehrer und Lehrerinnen an die Odenwaldschule gekommen, darunter Ediths Schwägerin Eva Cassirer und Alwine von Keller; beide wurden als «Kopfstücke»[35] der Schule bezeichnet und haben das Leben der Schule und Ediths auf besondere Weise bereichert. Alwine von Keller wurde als Kind deutscher Auswanderer 1879 in New York geboren. Der Vater war ein erfolgreicher Unternehmer und kehrte mit seiner Familie nach Deutschland zurück. Alwine wurde in protestantischen Internaten erzogen. Sie verlor ihre beiden Ehemänner, Hans Teichmüller, Sohn des fortschrittlichen Religionsphilosophen Gustav Teichmüller, und Franz Horneffer nach kürzester Zeit durch Krankheit. Danach lebte sie in der Künstlerkolonie Schreiberhau im Kreis des Malers Fidus (eigentlich Hugo Höppener) und betrieb später eine kleine Privatschule in Hellerau, wo sie 1913 einen der Lehrer heiratete. Die Ehe überdauerte den Krieg nicht, den ihr Mann als Marinepfarrer auf See verbrachte.

Nach einer schweren Typhuserkrankung, an der ihr erster Mann gestorben war, litt Alwine von Keller an äußerst schmerzhaften neuralgischen Folgen. Ein Schüler Gustav Teichmüllers empfahl ihr Yogaübungen des indischen Mönchs Vivekananda, und nach anderthalb Jahren gewissenhafter Atemtherapie wurde sie geheilt. Ihr Interesse an Geschichte, Religionen und Kultur auch des zeitgenössischen Indiens war jedoch erwacht. Mit diesem intellektuellen Gepäck, ihren beiden Kindern Ellen Teichmüller und Franz Horneffer und der Pflegetochter Drude Höppener, Kind des verwitweten Fidus, erschien Alwine von Keller 1916 in der Odenwaldschule, die die Kinder besuchen sollten. Geheeb lud sie spontan ein, englische Sprache und Literatur zu unterrichten. Aber auch ihr Wissen über alles Indische stieß auf großes Interesse, das sich zu dieser Zeit in Europa immer mehr verbreitete. Rabindranath Tagore, der «indische Goethe» und erste nicht-europäische Literaturnobelpreisträger, sowie Mahatma Gandhi und der Kalipriester Ramakrishna und sein Schüler Vivekananda waren nicht nur durch die Übersetzungen ihrer Werke bekannt geworden, sondern auch durch Biographien von Romain Rolland. Tagore wurde bei seinen Vortragsreisen in Europa begeistert aufgenommen. Der erste Inder, der 1922 zu einem kurzen Besuch in die Odenwaldschule kam, war Kaushal Bhargava, ein Bahai und Mitstreiter Gandhis. Er beeindruckte beide Geheebs tief. Ihm folgten zahllose andere, die für kurz oder lang in der Odenwaldschule oder, wie Aurobindo Bose, für immer in der Ecole d'Humanité blieben und dort auch unterrichteten.

3. Edith Geheeb-Cassirer

Für Edith war die Bekanntschaft mit dem Hinduismus das entscheidende religiöse Erlebnis. Max Cassirer war der Einzige in der ganzen Familie, der seine Kinder taufen ließ, aber Edith konnte «mit dem Christentum nicht viel anfangen», wie sie bekannte. «Ich hab eigentlich überhaupt erst ein religiöses Bewusstsein bekommen, als ich mit dem Indischen in Berührung gekommen bin. Das war eigentlich als ich die indischen Swamis kennenlernte und deren Lebensauffassung. Da habe ich gefühlt: Da gehöre ich eigentlich hin.»[36] Als sie 1929 wochenlang mit einer Nierenbeckenentzündung in einem Frankfurter Krankenhaus lag, las Edith die Biographie Ramakrishnas von Romain Rolland. Zwei seiner Lehren waren ihr wie auf den Leib geschrieben: Alle Religionen enthalten Wahrheit, und der Dienst am Menschen ist der wahre Gottesdienst. In Rollands bilderreicher Sprache wird die Lebensgeschichte zum Hymnus. So preist er Ramakrishnas Lehre von der «Harmonie der Religionen und ihre ursprüngliche Einheit» als «gewaltige Symphonie», in der jede Religion ihre besondere Klangfarbe und Stimmlage behält, aber alle gemeinsam einen «Lobgesang zu Ehren des göttlichen Vaters und der Menschenbrüder» anstimmen.[37] Auch der Verzicht auf Reichtum, geschweige Luxus, die Betonung von Selbstzucht und Bescheidenheit – gleichermaßen ein franziskanisches Ideal – haben Edith angesprochen.

Eine Figur in der Biographie Ramakrishnas kann Edith besonders berührt haben, seine Frau Sarada Devi, die ihm im Alter von vier Jahren angetraut wurde, bis zu ihrem 14. Lebensjahr bei ihren Eltern lebte und dann die Bedeutung seines Lebenswerks erkannte, das sie in «frommem Anhängen, zärtlicher Selbstlosigkeit» unterstützen konnte. Somit «stellte sie sich ganz in seinen Dienst».[38] Ramakrishnas Jünger Vivekananda besaß im Gegensatz zu dem armen kleinen Bauern und Mystiker, dessen Leben von Ekstasen und Verzückungen erfüllt war, eine hohe Bildung und sah seine Aufgabe und die seiner Anhänger auch darin, «das Elend zu besiegen und die Massen zu heben».[39] Zu diesem Zweck bereiste er nicht nur Indien, sondern auch Europa und die Vereinigten Staaten von Amerika. 1893 begeisterte er seine Zuhörer im «Parlament der Religionen» in Chicago mit seinen Reden über die ältesten heiligen Schriften der Inder, die Veden, indem er die Einheit der Religionen beschwor. In Indien jedoch kam er zu der Erkenntnis, dass es verlorene Mühe war, «den in unbeschreiblichem Elend Lebenden Religion zu predigen, ohne ihre Armut zu lindern».[40] Aufgabe des von ihm gegründeten Ordens war es deshalb auch, bei Katastrophen tatkräftig einzugreifen, wenn, wie 1898 in Kalkutta, die Pest ausbrach. Binnen kürzester Zeit erstellte er riesige Feldlazarette und dämmte die Epidemie ein. Im Kampf gegen das Kastenwesen und das Prinzip der «Unberührbarkeit», das die Kastenlosen zu immerwährendem Elend verdammte, rieb er sich gänzlich auf und starb mit 39 Jahren. Solche Menschen beeindruckten Edith tief.

Sie lernte Sanskrit – auch in der schwierigen Exilzeit betrieb sie diese Studien – und besaß die kanonischen Texte des Hinduismus wie die *Bhagawadgita*. Dieser Teil des Hindu-Epos *Mahabharata* verkündet unter anderen Lehren die vom selbstlosen Handeln. In ihrer Bibliothek standen die *Brahma Sutras*, die *Upanishaden*, die Werke Vivekanandas und Tagores, Biographien von Buddha und Gandhi sowie dessen *Wegweiser zur Gesundheit* und Heinrich Zimmers *Philosophies of India*. Es war durchaus ein gegenseitiges Interesse, das europäische und indische Intellektuelle, besonders Reformpädagogen, verband. Inder bereisten zu Beginn des 20. Jahrhunderts Europa und besuchten die neuen Schulen, wo sie hochwillkommen waren. Der etwa 30-jährige Venkatesha Narayan Sharma wurde von Martin Buber an die Geheebs empfohlen. Nach dem Besuch mehrerer englischer Reformschulen führte ihn der Weg in den Odenwald und nicht weiter. Er blieb vier Jahre, unterrichtete Englisch und für interessierte Schüler und Mitarbeiter indische Philosophie und Kultur sowie Sanskrit. Edith gehörte natürlich dazu. «Wenn er mit sanfter Stimme anfängt, Mantras zu chanten – dann ist's, als wenn ich eingesponnen würde in seine Welt – die Welt der eigentlichen Realität», berichtet sie ihrem Mann.

Martin Näf erklärt, was diese «innere Realität» für Edith bedeutete. Sie stand im Gegensatz zu der «äußeren Realität» in der Odenwaldschule mit ihrem «ausgeprägtem Kult des Individuums», bei dem es immer um das eigene Ich mit seinen Freuden und Leiden ging, während bei diesem jungen Inder alles Erleben von einem «fest gegründeten inneren Punkt» aus aufgenommen wurde, wie Edith selbst an Geheeb schrieb, und Beziehungen zu anderen Menschen «in letzter Linie kommen».[41] Durch Sharma gelangte ein Stück Odenwaldschule auch nach Indien. Er studierte in Heidelberg Philosophie und Pädagogik, promovierte bei Ernst

Hoffmann, einem Schüler Ernst Cassirers, heiratete Alwine von Kellers Tochter Ellen Teichmüller und beide gründeten 1939 in Madras die Childrens Garden School, der sie Schulen zur Ausbildung von Kindergärtnerinnen und Lehrerinnen anschlossen. Auch *Mother's Classes* für Frauen, die keine Schulbildung genossen hatten, wurden eingerichtet.

Der für Edith wichtigste Besucher aus Indien war Aurobindo Bose, der 1892 in Kalkutta geborene Sohn des indischen Freiheitskämpfers Ananda Mahan Bose. Er war Schüler in Tagores Schule in Sanitikan gewesen und studierte in Kalkutta, Cambridge, Berlin und Heidelberg, auch bei Einstein und Planck, Physik, besonders Atomphysik. «Zwischen diesem unerwarteten, stürmischen Besucher und Edith entwickelte sich schnell eine sehr enge, lebenslängliche Freundschaft», schreibt Näf. Amüsanterweise war Paul zur gleichen Zeit von der 24-jährigen indischen Tänzerin Shrimati Hutheesing bezaubert, die beide Geheebs im Sommer 1927 bei dem Kongress der New Education Fellowship in Locarno kennengelernt und nach Ober-Hambach eingeladen hatten. Während Edith in den Weihnachtsferien mit ihrem Adlatus Aurobindo in die Schweizer Berge fuhr, weilte Paul mit Shrimati in Tirol. Wie er seiner Frau berichtete, war auch er von den Offenbarungen, die ihm die junge Inderin von ihrem Land vermittelte, überwältigt. «Ich verstehe, wie glücklich Humboldt war, als er wenige Jahre vor seinem Tode noch die Bhagavad Gita kennenlernte.» Shrimati ihrerseits war unsagbar dankbar «for finding a father like you in this distant land».[42] Zwei Jahre später konnte Alwine von Keller endlich in das Land reisen, von dem sie so viel wusste. Sie lebte längere Zeit in der Ramakrishna-Mission in Behar. Nach ihrer Rückkehr wurde «Ramakrishna in der Odenwaldschule beinahe zum Tagesthema».[43]

Aurobindo Bose war ein vermittelnder Botschafter zwischen Europa und Indien. Er schrieb in den dreißiger Jahren für indische Zeitungen über europäische Politik und den Völkerbund und hielt Vorträge über Indien in Europa. Nach dem Krieg, den er in Indien verbrachte, zog er schließlich zu den Geheebs in die Ecole d'Humanité und widmete sich bis zu seinem Tod 1977 der Übersetzung der Werke von Rabindranath Tagore.

Der Strom der indischen Gäste in der Odenwaldschule war nur ein, wenn auch das stärkste, Kennzeichen des kosmopolitischen Charakters, den das Internat ab Mitte der zwanziger Jahre mehr und mehr gewann. Jetzt begann die Blütezeit der Schule. Die Kinder kamen nicht mehr aus Offiziers-, sondern aus Künstler-, Gelehrten- und bildungsbürgerlichen Familien und aus vielen Ländern. Zeitweise waren bis zu 30 amerikanische Schüler in Ober-Hambach. Ernst Barlachs Sohn Nikolaus, Wedekinds Tochter Pamela, Käthe Kruses Sohn Michel besuchten die Schule zu dieser Zeit. Die drei Kinder Felix, Geno und Michael des Kunsthistorikers Gustav Friedrich Hartlaub waren Odenwaldschüler. Und auch Ernst und Toni Cassirer gaben ihre Kinder in die Obhut Ediths. Ihr Sohn Heinz heiratete später eine ehemalige Mitschülerin.

Den Empfehlungen der Schulleitung folgend besuchten auch die Eltern ihre Kinder in der Schule. Manche Väter hielten Vorträge, sodass die Schüler berühmte Gelehrte, Schriftsteller und Künstler kennenlernen konnten. Ernst Cassirer berichtete 1926 von einem Aufenthalt in dem Internat gleichzeitig mit seinem und Ediths Vetter, dem Neurologen Kurt Goldstein: «wir haben sogar hier oben eine Art Diskussionsabend über ‹Sprache und Denken› gehabt, an dem die Lehrer der Schule und einige auswärtige Gäste eifrig teilnahmen.»[44] Das Gästebuch der Odenwaldschule enthält für den Zeitraum von 1910 bis 1933 «insgesamt 11 500 Einträge».[45] Für die Geheebs war zweifellos Rabindranath Tagore der wichtigste Gast, als er Ende Juli 1930 in die Odenwaldschule kam, leider während der Ferien. Aber da immer Schüler und Mitarbeiter den Sommer über im Odenwald blieben, erlebten doch eine ganze Reihe den 69 Jahre alten Weisen mit langem weißen Haupt- und Barthaar in weißer Kleidung, eine wahre Lichtgestalt neben seinem ebenfalls bärtigen Gastgeber.

Ein Ausnahmeschüler war Klaus Mann. Er kam 1923 als 16-Jähriger für ein Jahr in die Odenwaldschule. Zeitweilig vom regelmäßigen Unterricht befreit, genoss er die Zeit über die Maßen. Das hat ihn jedoch nicht gehindert, eine Skizze, *Der Alte*, zu verfassen, die er 1925 als 19-Jähriger in seinem ersten Buch, der Prosasammlung *Vor dem Leben*, veröffentlichte. Darin wird ein alter Internatsleiter mit langem Bart beschrieben, der junge Schülerinnen zu liebkosen pflegt. Voll Stolz schickte der Autor das Buch an Paul Geheeb, der sofort erkannte, dass naive Leser die Geschichte für bare Münze nehmen und denken würden, hier würde ein Porträt des Leiters der Odenwaldschule gezeichnet. Er beschwerte sich bitter bei Thomas Mann: Am 30. April 1925 schrieb er ihm, dass er fortan das Haus des Schriftstellers meiden würde, weil er auf keinen Fall je wieder mit Klaus zusammentreffen wolle. Dessen kleine Skizze laufe «auf eine große gemeine Verleumdung meiner Persönlichkeit» hinaus. «Also hätte Klaus bedenken sollen, welchen unberechenbaren Schaden er durch die Veröffentlichung jener Skizze der Sache, der ich diene, zugefügt hat.»

Thomas Mann entschuldigte sich «für die Artisten-Naivität» seines Sohnes, eines «unreifen literarischen Anfängers». Darauf schrieb Klaus einen Klagebrief an Geheeb, dass in seiner Geschichte, «die viele für eine der besten meiner Arbeiten halten», ein «Traumsatyr Dinge tut, die Sie nicht tun». Aber müsse er die Geschichte deshalb für gemein halten und das noch dazu an seinen Vater schreiben? Paul Geheeb hat dem jungen Autor die literarische Jugendsünde dann doch verziehen. Dieser hat in seinem Brief an Geheeb die Odenwaldschule als «die beste aller Schulen gepriesen» und in einem Artikel in der *Vossischen Zeitung* schon 1924 die Schule als die einzige bezeichnet, «die Zukunft hat». Paul und Edith Geheeb blieb er sein Leben lang verbunden.[46]

Jetzt vermehrten sich die Möglichkeiten für Schüler, ihren Interessen zu folgen und ihre Talente auszubilden. 1927 begann *Der Neue Waldkauz* zu erscheinen, eine Zeitschrift, in der sie und Mitarbeiter, einschließlich des Schulleiters, veröffentlichten und die die Schüler in der Druckerei setzten und druckten. Felix Hartlaub schrieb Dramen, deren Freilichtaufführungen die Schule wochenlang faszinierten. In Orchester und Kammermusikensembles wurde musiziert, im Chor gesungen. 1927 beging die Odenwaldschule den 70. Geburtstag Max Cassirers. Die Reden, die damals gehalten wurden, erschienen im *Neuen Waldkauz*, darunter eine «in dankbarer, verehrungsvoller Liebe» verfasste von Paul Geheeb. «Du hast Deinen Kindern ein Heim schenken wollen und hast Hunderten von Kindern Heim und Heimat geschaffen.» Eine Schülerin sprach, selbst die Kleinen aus dem Kindergarten kamen zu Wort, Geschenke wurden überreicht. In seiner Erwiderung sagte der Jubilar: «Die Odenwaldschule ist mein Schmerzenskind. Schmerzenskinder stehen aber dem Herzen immer am nächsten, sie liebt man am meisten. Und so geht es einem mit der Odenwaldschule. In früheren Jahren bin ich des öfteren gefragt worden: ‹Sagen Sie doch, wie steht es eigentlich mit der

Edith und ihr Vater Max Cassirer vor dem Goethehaus in der Odenwaldschule (um 1928)

Odenwaldschule? Ist das ein Unternehmen, an dem Geld verdient wird?› (Heiterkeit).» Damals habe er zwei Unternehmungen besessen, eine große Fabrik in Russland und die Odenwaldschule. Die jährlichen Bilanzen wurden zusammen gemacht, deshalb habe er nie gewusst, ob die Fabrik das Geld verdiente oder die Schule. Nun aber habe er das russische Unternehmen verloren, «jetzt weiss ich genau, wo der Schuh mich drückt».[47]

Edith hat diese Jahre ebenso genossen wie die Schüler, von denen sie und ihr Mann immer als interessanten und begabten Kindern sprechen. Sie wohnte im Humboldthaus und sorgte für eine besonders große Familie von 16 bis 18 Kindern, «wir haben auch als Gruppe wunderschön zusammengelebt», erinnert sie sich später. Ihre «nicht-autoritäre Autorität» machte sie «zur gesamt OSO-Mutter».[48] Natürlich gab es Schwierigkeiten. Mitarbeiter verließen die Schule – Geheeb konnte rasch jemanden entlassen – etwa Peter Suhrkamp, weil, wie dieser meinte, sein Tempo für die Kollegen zu schnell war. Differenzen zwischen der Schulleitung und der jungen Schülergeneration entstanden, beispielsweise durch Geheebs Verachtung der Technik oder der neuen Tänze. Schüler und Schülerinnen wollten Radio hören, lange Hosen tragen und Foxtrott tanzen. Geheeb huldigte dem stilisierten Volkstanz in der Art von Loheland. Was Radiohören betraf, war Geheeb sogar recht liberal. «Ich bin der Meinung, daß keine Hindernisse vorliegen, einen Radioapparat in unsrer Schule zu haben», zitiert ihn Henry Cassirer. Seine Tante Edith jedoch erklärte, «Radio in der Oso? Ausgeschlossen.» Sie fand die Apparate noch reichlich schlecht. «Außerdem hat man keine Auswahl. Man kann nur hören, was gerade gegeben wird.»[49] Das alles wurde ausführlich in den Schulgemeinden unter Lehrern und Schülern diskutiert und durch Schülermitbestimmung geregelt. Schließlich stülpte Geheeb die Schule um, als er die altgewohnte Familienstruktur auflöste und «Warte» einsetzte, fünf ältere, verantwortungsbewusste Schüler, die die Hausgemeinschaften regulierten, was erstaunlich gut funktionierte. Zu seinem 60. Geburtstag fand ein mehrtägiges Treffen auch ehemaliger Schüler und Schülerinnen in der Odenwaldschule statt, bei dem gleichsam eine Generalabrechnung veranstaltet, Altes gegen Neues abgewogen, Mängel, besonders die relative Isolation von der Außenwelt, kritisiert wurden.

Das radikal Neue jedoch, das nun auch in die Odenwaldschule einbrach, war die nationalsozialistische Bewegung, die die Schüler bereits vor 1933 kennenlernten, wenn sie in den Ferien nach Hause fuhren. Manche kehrten im «braunen Ehrenkleid» zurück. Auch manche Lehrer ließen sich von der «Bewegung» beeindrucken. Geheebs Reden in den Schulgemeinden und Andachten, seine ausgedehnte Korrespondenz, besonders mit dem Genfer Pädagogen Adolphe Ferrière, seinem engsten, lebenslangen Freund, geben Zeugnis von seiner instinktiven Ablehnung der nationalsozialistischen Ideologie. Als Schüler ihn einmal nach seinen Ansichten über Hitler befragten, nannte er ihn einen Psychopathen und «denkbar schlechtesten Führer für Deutschland».[50]

Kurz nach der Machtübernahme der Nationalsozialisten wurde auch Edith mit der neuen Lage in all ihrer Brutalität konfrontiert. Am 7. März 1933 erschien ein Lastwagen mit einem Trupp von 15 SA-Männern unter der Führung von Werner Goerendt aus Heppenheim mit Stahlhelmen, Gewehre über der Schulter, in der Odenwaldschule, um das «Kommunistennest» auszuheben. Goerendts Vater war bis 1917 Geschäftsführer in Max Cassirers Sulfit-Cellulose-Fabrik in Ziegenhals gewesen, ehe er die Firma «aus freien Stücken» verließ. Einige Jahre später verklagte er Max Cassirer, weil er keine Pension erhielt. Die Klage wurde abgewiesen, aber Cassirer zahlte dennoch bis zu Goerendts Tod monatlich 200 Mark. Das vermeintliche Unrecht an seinem Vater wollte Goerendts Sohn, seit 1928 Mitglied der SA, rächen. Bei diesem ersten Überfall wurden Schüler und Mitarbeiter in der Aula zusammengerufen – Waffen waren auf sie gerichtet – und aufgefordert, kommunistisches Material auszuhändigen. Die Zimmer der Schülerschaft wurden durchsucht und linke Publikationen gefunden. Sechs Tage später erschien Goerendt erneut, diesmal mit 50 SA-Leuten. Eine Warnung scheint kurz vorher in die Schule gedrungen zu sein, denn Eva Cassirer sagte zu ihrem Jüngsten, dem neunjährigen Thomas, er solle heute im Wald spielen. So wurde er nicht Zeuge, wie ein SA-Mann seinem Vater ins Gesicht schlug und ihn die Treppe hinunterwarf. Diesmal versuchten Schüler, Papiere und Bücher zu verstecken. Nur Carl von Ossietzkys Tochter Rosalinda wollte aus Loyalität gegenüber ihrem Vater, der seit dem Reichstagsbrand im Gefängnis saß, die von ihm herausgegebene *Weltbühne* demonstrativ zur Schau stellen, was ihre Kameraden verhindern konnten. Bücher von Karl Marx und Rosa Luxemburg wurden in der «kommunistischen Judenschule» konfisziert, auch ein Sanskrit-Wörterbuch fiel der Razzia zum Opfer, weil die SA-Leute es für ein hebräisches hielten. Der Chemielehrer Erich Steinitz wurde verhaftet und in das Gefängnis in Darmstadt gesteckt.

Jetzt trat Edith auf den Plan und erreichte es durch den in der Nähe lebenden Rechtsanwalt und späteren Bundesaußenminister Heinrich von Brentano, Steinitz «herauszuholen». Beim dritten Besuch der SA am 31. März, als Steinitz wieder «drangsaliert» wurde, konnte Edith dazwischentreten und Schlimmeres verhindern. Sie gab Steinitz Geld, schickte ihn in den Wald und einen Wagen zu einer verabredeten Stelle, der ihn auf Umwegen zum Bahnhof nach Mannheim brachte, von wo er in die Schweiz gelangte. Auch Max Cassirer meldete sich zu Wort. Schon am 13. März 1933 schrieb er einen langen Brief an das Reichsministerium des Inneren und wies die Vorwürfe, die Odenwaldschule sei eine kommunistische Schule, entschieden zurück. Dabei strich er nicht nur seine lebenslangen Verdienste um das Allgemeinwohl heraus, sondern auch die Ehrungen, die er erhalten hatte. «Bei meinem Ausscheiden aus städtischen Diensten wurde mir von den Städtischen Körperschaften die hohe Würde der Ehrenbürgerschaft verliehen. Ich bin königlich preußischer Kommerzienrat, Inhaber des Eisernen Kreuzes, des Roten Adler-Ordens und des Verdienstkreuzes. Die Technische Hochschule von Charlottenburg verlieh mir die Würde des Ehrensenators.»[51]

Trotz der Überfälle wollten weder die Geheebs noch die Cassirers – Max, sein Sohn Kurt und dessen Frau Eva – die Schule schließen. Für

Geheeb galt es, sein Werk, dieses Juwel der Reformpädagogik, das mittlerweile weltweites Ansehen genoss, notfalls mit Zugeständnissen an den Staat zu retten. Er schrieb seitenlange Briefe an die hessischen Behörden und sogar an Goerendt, um ihnen den Wert seiner Schöpfung vor Augen zu führen. Auch den Nationalsozialisten lag nicht daran, die Vorzeigeschule zu verlieren. Gleichgeschaltet würde sie ihren Zwecken dienen, wie es mit allen Reformschulen geschah, die in der «Reichsfachschaft deutscher Landerziehungsheime» vereinigt wurden.

Sieben junge, dem Regime ergebene Lehrer wurden in die Odenwaldschule geschickt. Wehrsport wurde eingeführt. Geheeb berichtete Eduard Spranger bekümmert, dass die Knaben seiner Schule nun als Erstes lernten, Handgranaten zu werfen.[52] Schließlich wurde die Koedukation abgeschafft, das brachte für Geheeb das Fass zum Überlaufen. Jungen und Mädchen wohnten nun in verschiedenen Häusern, sie marschierten unter Absingen des «Horst-Wessel-Lieds» – Alwine von Keller hatte eine Rede gegen das Lied gehalten – in getrennten Formationen unter der Hakenkreuzfahne durch die Gegend. Die Trennung der Geschlechter hatte eine interessante Konsequenz: der Ton unter den Schülern änderte sich, er wurde rüde, schmutzige Witze wurden erzählt.

Von den 150 Schülern, die zu Beginn des Schuljahrs 1934 die Schule noch besuchten, wurden immer mehr abgemeldet. Lehrer, die mit ihren Familien schon jahrelang in der Schule lebten und gedachten, auch ihren Lebensabend dort zu verbringen, verließen das Internat. Nun dachte Geheeb ernstlich an einen Ausweg. Er wollte die Schule gern schließen, zumal ihm ein zweiter Schulleiter beigeordnet wurde, der die eigentliche Entscheidungsgewalt besaß. Das hätte internationales Aufsehen erregt. Aber die Schließung wurde ihm nicht gestattet. Er war, wie Dennis Shirley es nennt, ein Gefangener seiner eigenen Schule. Also dachte er, die Schule in ein anderes Land zu verlegen. Dazu bot sich die Schweiz an, wo die Geheebs durch jahrelange Zusammenarbeit mit Reformpädagogen viele Freunde hatten.

Dagegen wehrte sich nicht nur Max Cassirer, sondern auch sein Sohn Kurt und dessen Frau Eva, die die Schule als ihr Heim in Deutschland ansahen. Auch Edith wollte die Schule nicht Hals über Kopf aufgeben, obwohl sie sah, wie sie ihr und ihrer Familie buchstäblich entglitt. «Was für eine Karikatur unserer Lebensarbeit», schrieb sie ihrem Mann am

9. Januar 1934. Es gab verschiedene Gründe, warum die Familie an der Odenwaldschule festhielt. Max Cassirer wollte seine elf Häuser vor allem für seinen Sohn Kurt und dessen Familie retten. 1925 hatte er noch einmal ein Gebäude errichtet, das Platonhaus, in dem er neben einer großen Aula eine Wohnung für sich hatte einbauen lassen, vielleicht war sie als Alterssitz gedacht.

Die Immobilien der Schule boten die einzige finanzielle Sicherheit für Kurt und dessen Familie, der jetzt kein Einkommen mehr hatte. In Berlin war der Salon Cassirer, für den Kurt seit 1922 in Rom gearbeitet hatte, geschlossen. Ein letzter, wohl der wichtigste, Grund für die Cassirers, die Odenwaldschule nicht aufzugeben, war jedoch ihre Überzeugung, dass der nationalsozialistische Spuk bald vorübergehen müsse. Gerade in der Schule und in dem weiten Kreis von Freunden und ehemaligen Schülern und deren Eltern war man von Menschen umgeben, die der «Bewegung» nicht verfallen waren. SA-Rüpel aus den Odenwald-Dörfern repräsentierten nicht Deutschland. «Abwarten, abwarten», war die Devise Max Cassirers, die er beschwörend in seinen Briefen wiederholte.

Bei einem Besuch bei seinen Eltern in der Odenwaldschule während der Weihnachtsferien 1932 suchte Henry Cassirer auch Alwine von Keller auf, von der er in seinen Erinnerungen berichtet, dass «diese würdige Dame, intime Freundin meiner Mutter, weltoffene geistige Kultiviertheit» verkörperte. Dort wurde dem 21-jährigen Studenten der Geschichte und ehemaligem Odenwaldschüler bewusst, dass ihn Welten von ihr und dem Idealismus der isolierten Schule trennten. «Flehentlich» bat er sie, «doch zu erkennen, was in der Welt draußen vorging». Davon wusste er mehr, denn er verfolgte die Entwicklung in Deutschland mit Leidenschaft. Nun begann er «einen zögernden Gedankenaustausch» mit Frau von Keller. «Aber eine tiefere gegenseitige Verständigung erreichten wir erst, nachdem das Unheil hereingebrochen war und wir beide Deutschland verlassen hatten.»[53]

Die Odenwaldschule, geschweige denn Deutschland zu verlassen, wie das nun auch Menschen aus ihrer nächsten Umgebung taten, kam Max und den Seinen überhaupt nicht in den Sinn. Dennoch hatten sie Angst. Eva Cassirers Bruder, der sozialdemokratische Redakteur des *Lübecker Volksboten* Fritz Solmitz, war bereits im März 1933 verhaftet und am

19. September im KZ Fuhlsbüttel ermordet worden. Im Dezember 1933 beschrieb Geheeb seinem Freund Ferrière die Verfassung der Familie: «Ich hatte in den letzten Monaten große Schwierigkeiten mit Edith und besonders ihrem Bruder und meiner Schwägerin und ihrem Vater. Du verstehst, dass alle deutschen Juden jetzt von Angstpsychose erfüllt sind. Diese Angstpsychose war so groß, dass man *überhaupt nichts* tun wollte, um das Ende meiner Schule herbeizuführen. Vor jedem kleinsten Schritte hatte man Angst [...] Schließlich schrieb ich einen Brief an das Reichsministerium des Inneren. Gelegentlich erwähnte ich dies Edith gegenüber. Nun fiel die ganze Familie über mich her. Mein Schwiegervater (in Berlin) schrie am Telephon, ich sei wohl ganz von Gott verlassen; mein Schwager, der eine Kopie des Briefes gelesen hatte, suchte mir zu beweisen, daß jeder Satz meines Briefs falsch und dumm und gefährlich sei; ich würde noch die ganze Familie ins Unglück stürzen.»[54] In ihrer Angst waren die Cassirers so verblendet – Shirley spricht von Verwirrung –, dass sie sich mit dem «neuen Geist» einverstanden wähnten. Max schrieb am 6. Januar 1934 an Edith, sie habe völlig Recht, «wenn Du sagst, daß Ihr im Prinzip ja eigentlich mit dem neuen Geist einverstanden seid, und daß Ihr viel in gewissem Sinne vorgearbeitet habt.»[55]

Währenddessen reiste Paul Geheeb in der ganzen Schweiz umher, um eine Bleibe für die Schule zu finden, war dabei aber auf höchste Geheimhaltung bedacht, ehe er Erfolg hatte. Er erreichte schließlich zweierlei: die Fusion seiner Schule mit dem Institut Monnier in Pont-Céard bei Versoix, 15 Eisenbahnminuten von Genf entfernt, dem der erfahrene Reformpädagoge Willem Gunning vorstand, und das Einverständnis der Reichsregierung, dass Geheeb seine Arbeit «vorübergehend ins Ausland verlege, um auf diese Weise weiter für Deutschland und die deutsche Kultur tätig sein zu können».[56]

Im August 1933 besichtigte Edith das Institut und war begeistert. Dass sie die Odenwaldschule verlassen mussten, war ihr und auch ihrem Vater inzwischen klar geworden. Zu viele Eltern hatten ihre Kinder abgemeldet. Geheebs Bitte an Edith, «Du lässt mich doch jetzt nicht im Stich»,[57] war nicht mehr nötig, obwohl sich in dieser schwierigen Zeit wieder eine der «romantischen Beziehungen» zwischen Geheeb und einer jungen Frau, Maria Neumann entwickelte, die als Musiklehrerin und Krankenschwester in der Odenwaldschule gearbeitet hatte und mit den Geheebs in die Schweiz gezogen war. Diesmal scheint es eine so «tiefe Liebe» gewesen zu sein, dass Paul eine Scheidung erwog. Martin Näf führt das auch auf die großen Spannungen zwischen Geheeb und der Familie Cassirer und den Zusammenbruch seiner bisherigen Welt zurück. Wieder wusste Edith von der Beziehung. Sie schrieb ihrem Mann, dass sie ihm die Entscheidung anheimstelle und, wie immer sie ausfalle, «immer dankbaren Herzens» an ihn denken werde.[58] Sich nicht gegen das Schicksal zu sträuben, sondern loszulassen und ihren Frieden jenseits aller menschlichen Bindungen zu suchen, das hatte Edith von den indischen Weisen gelernt.

Max Cassirer suchte nun Käufer oder Pächter für die Häuser in Ober-Hambach. Letztere fanden sich in Gestalt zweier langjähriger Mitarbeiter der Geheebs, des Geschichtslehrers Werner Meyer, berühmt für seine Theaterinszenierungen in der Schule, und des Kunst- und Zeichenlehrers Heinrich Sachs, der seit 1925 mit seiner Frau und drei Kindern in der Schule lebte. Sie wollten die «Gemeinschaft Odenwaldschule» im Sinne der Geheebs weiterführen, was allerdings nicht möglich war. Auch dieses Internat wurde im «Reichverband deutscher Landschulheime» gleichgeschaltet. Die Weiterführung der Schule hatte aber zur Folge, dass noch weniger Eltern ihre Kinder mit in die Schweiz ziehen ließen.

Die letzte Aufgabe Geheebs in seiner Schule war, die Entlassungsschreiben für seine Mitarbeiter zu verfassen. Die letzte Schulgemeinde fand am 20. März 1934 statt. Viele Eltern, Freunde, selbst Bauern aus der Umgebung waren gekommen. Ein Beethoven-Quartett erklang. Tränen flossen. Am 30. März verließ Paul Geheeb Deutschland. Edith packte mit treuen Helferinnen, ihrer beider Besitz: Biedermeiertisch und -stühle des Studierzimmers, die Bibliothek, Unmengen von Briefen, die Fotografien und Bilder, all das, womit sie in den nächsten elf Jahren noch fünf Mal in der Schweiz umziehen sollte. Nach 24 Jahren gab es Edith und Paul Geheebs Odenwaldschule, die 1400 Schüler besucht hatten, nicht mehr.

Ein Cassirer jedoch war geblieben. Der 11-jährige Thomas weigerte sich immer noch, die Schule zu verlassen, in der aufgewachsen war, und der dort, wie seine Mutter an Edith Geheeb geschrieben hatte, «von einem leidenschaftlichen Glück» ergriffen war.[59] Als jüdischer Schüler deklariert, war er vom Wehrsport und politischer Indoktrination befreit, worum ihn seine Freunde beneideten. Seine besorgte Mutter, die nicht mehr unterrichten durfte, kam in Abständen aus Berlin, um nach ihm zu sehen. Als ihm aber verboten wurde, sich mit einer Mitschülerin zu unterhalten, sah er ein, dass seines Bleibens nicht länger war. 1936 verließ auch er die Schule. Sie blieb für immer sein Sehnsuchtsort.

4. KAPITEL

Familie und Judentum

Die Cassirers als Familie

Nach dem Tod von Paul Cassirer veröffentlichte das in Hamburg erscheinende *Israelitische Familienblatt* einen Beitrag, der folgendermaßen beginnt:

> «Da, nach länger als einem Monat, die gemeine Zeitungssensation ‹Selbstmord Paul Cassirers› abgeflaut oder ganz vergessen ist, mag es erlaubt sein, die Struktur der Familie Cassirer, die, leider, in Deutschland kaum ihresgleichen hat, einer kleinen soziologischen Betrachtung zu unterziehen. Der Stammvater der Familie saß in einem elenden Neste Oberschlesiens, Schwientochlowitz, als kleiner, frommer Handelsmann und quälte sich redlich, sieben Söhne und eine Tochter anständig zu erziehen.[1] Das war zu Anfang des vorigen Jahrhunderts. Er war ein kluger Mensch, der begriffen hatte, daß der lange zurückgestauten Tatintelligenz des Juden die große Stadt die beste Betätigungsmöglichkeit bot. Sowie sein Sohn Barmitzwoh geworden war, kam er in die Lehre nach Breslau, ausgestattet mit einem Taler und dem besten, was ein Jude geben kann: dem Gefühl des eisernen, unzerbrechlichen Familienzusammenhanges, des Einsseins der Geschwister untereinander und mit den Eltern.»

Der Beschreibung der Söhne – es waren acht –, «große, stattliche Menschen mit geraden, scharfgeschnittenen Gesichtszügen […] von stärkster kaufmännischer Einsicht, eisernem Fleiße und großem Wagemute», folgt die Schilderung ihres Aufstiegs und wachsenden Reichtums. Über die Töchter – es waren zwei – wird kein Wort verloren. Dann heißt es: «Als Menschen blieben sie schlicht und einfach. Zwar bauten sie sich herrliche Wohnungen und kauften gute Bilder, aber jedes Protzentum, alles Parvenuehafte blieb ihnen himmelfern. Neben ihrem Geschäft kannten sie eigentlich nur eines: ihre Familie. Ich kenne wohl alle großen jüdischen Familien Deutschlands, aber keine, in der ein so selbstverständlicher, absoluter Zusammenhang unbedingt herrscht. Im Geiste dieses Zusammenhangs erzogen sie ihre Kinder. Höchste deutsche Kultur sollte sich mit gefühltestem jüdischen Geiste vermählen.»

Der Autor hebt im Folgenden drei berühmte Cassirers hervor, die die Regel beweisen: «Der Hang des Juden zum Geiste ist nicht zu töten.» Es sind Richard Cassirer, «der erste Nervenarzt Deutschlands», Bruno, Schöpfer des bis dahin in Deutschland fast unbekannten schönen graphischen Buches, und der alle überragende Philosophieprofessor Ernst, der einen Bau errichtet hat, «der in Aeonen noch stehen wird [...] Auch er, wie seine Vettern, wie seine ganze Familie ist dem Judentum treu ergeben. Unser Wunsch mag sein, daß auch in dritter Generation diese gesegnete Familie eine Zierde ihres Landes und des Judentums bleibt.»[2]

Der Zusammenhalt der Familie lässt sich bereits an ihren Wohnsitzen ersehen. Sie wohnten gern in der Nähe von Eltern, Geschwistern und Kindern. Das hatte den Vorteil, einander beizustehen bei Geburten, Krankenpflege und der Versorgung betagter Verwandter. Auch die Nähe der Wohnungen zum väterlichen Arbeitsplatz war vorteilhaft. So finden sich 1872 in der Breslauer Vorwerkstraße 7 Vater Marcus und Sohn Julius mit den Seinen, in Nummer 9 dessen Bruder Eduard und in Nummer 5 das Holzlager der Brüder.

Dann zogen die Brüder nach und nach an die Spree, ließen sich mit Vorliebe in Charlottenburg nieder und lebten wieder nah beieinander und in der Nähe ihrer Holz- und Baustofflagerplätze und der neu gegründeten Kabelfabrik. Im Jahr 1900 hatten Hugo und Louis ihr Büro in der Augsburger Straße 53. Max übernahm die Räume und leitete von dort bis in die dreißiger Jahre seine Geschäfte.

Die Familie traf sich zu Festen wie hohen Geburtstagen und goldenen Hochzeiten. Eltern erinnerten ihre Kinder, wichtige Ereignisse nicht zu vergessen. So bat Hedwig ihre Tochter Edith, die in der Odenwaldschule alle Hände voll zu tun hatte, am 2. Juli 1911, ihrem Onkel Moritz in New York zur silbernen Hochzeit «ein paar Zeilen» zu schreiben. «Es macht ihm Freude.»[3] Auch Ediths Bruder Franz, der gerade in Amerika angekommen war, ehe er nach Argentinien weiterreiste, würde an dem Fest teilnehmen und sich freuen, etwas von ihr zu sehen. Sogar der Papierfabrikant Fritz Cassirer, ein Sohn Isidors, der im Unterschied zum Kapellmeister gleichen Namens Litze genannt wurde, wollte kommen.

Max Cassirers Schwester Julie Bondy (um 1890)

Bei den großen Familienfesten lernten die vielen Vettern und Kusinen der zweiten Generation einander kennen. Ob die zahlreichen Ehen, die in der Familie Cassirer zwischen diesen nahen Verwandten geschlossen wurden, «arrangierte» Ehen waren, darüber zu spekulieren ist müßig. Toni Cassirer beschreibt die Verlobung mit ihrem Vetter Ernst wohl auch deshalb so genau, um diesem Verdacht zu entgehen. Wie die Verbindung ihrer Mutter Julie mit Otto Bondy zustande kam, überliefert ein «Festlied zur Vermählungs-Feier», das Max Cassirer für seine «innig geliebte Schwester» wohl nicht nur «herausgegeben», sondern auch selbst verfasst hat. Max und Julie waren die jüngsten der zehn Geschwister und hatten ein besonders enges Verhältnis zueinander. Das Festlied, das nach der Melodie *Blumenfürstin ist die Rose* erklang, fasst die Geschichte des Brautpaars in Verse, die Julies Tochter Toni in ihrer Biographie später ausführlich erzählt. Ihr zufolge hatten die Prager Bondys in Meran die Breslauer Cassirers, nämlich Marcus mit Frau und Tochter Julie und einem kranken Sohn – vermutlich dem früh verstorbenen Ludwig –, kennengelernt. Sie waren von Julie entzückt, und nach Prag zurückgekehrt, schickten sie bei erster Gelegenheit ihren noch immer unverheirateten 33-jährigen Sohn Otto, der sich jede Einmischung seiner Eltern in etwaige Heiratspläne verbat, nach Breslau, um die Familie Cassirer von ihnen zu grüßen. Er kam unangemeldet und fand nur Julie vor. «Was weiter geschah, weiß wohl keiner außer den beiden selbst», schreibt Toni, «nur eines ist an die Außenwelt gedrungen und hat sie genügend in Erstaunen versetzt. Nach zweistündiger Abwesenheit nach Hause zurückgekehrt fanden die Eltern ihr sprödes Töchterchen in den Armen eines ihnen völlig unbekannten Mannes.»[4]

In dem Festlied widmet sich Max zuerst zweien seiner Brüder: Salo, der sein «Talchen» (Natalie Freund), und Isidor, der sein «Goldels» (Else Sommerguth) heimgeführt hat. Dann besingt er das jüngste Paar:

«Otto unser Festeskönig
Bei Julinka sitzet fest,
Und er freuet sich nicht wenig
Weil er bau'n darf eigen Nest;
Heut kann singen Liebeslieder
Unser edler Bondysohn:
Schlesien er vereinigt wieder
Mit uralter Böhmen-Kron'.

Mancher edler Junggeselle
Schwur, er wollte niemals frein,
Bondy hier an Festes Stelle
Muss der Wahrheit Zeuge sein.
Doch als unserem Hagestolzen
Ward Julinka's erster Gruss,
Ist wie Wachs dahingeschmolzen
Der so eiserne Entschluss.

Gern in Schlesiens Capitale
Otto hat capitulirt.
Seinem Lebens-Ideale
Sieht er nahe sich geführt.
Schlug die Sieg'rin auch in Ketten
Des Besiegten edel Herz;
Wusst zu lindern sie mit netten
Scherzen Otto's Liebesschmerz.

Und im süssen Liebesglücke
Tauscht das Paar den ersten Kuss,
Trübe sind des Bräutchen's Blicke,
Als Bondy abreisen muss.
Tröstung doch muss ihr gewähren
Schnell das Prager Telegramm:
Meine Bitte woll' erhören:
Mein Julinkerl' halt dich stramm.

Otto's Wünschen ward erfüllet,
Julia hielt standhaft aus,
Jedes Herzleid ist gestillet,

> Freude herrscht im Hochzeitshaus.
> Bondy von dem theuren Weibchen
> Nimmermehr sich trennen mag,
> Stolz giebt er dem Herzenstäubchen
> Einen Ehrenplatz in Prag.
>
> Dieses Liedchen will beenden
> Ich mit altehrwürd'gem Schluss,
> Alle Gäste mögen spenden
> Unserm Paare Freundschaftgruss.
> Füllt von neuem Eure Gläser
> Rufet hoch dem jungen Paar:
> Jubelnd schmettern drein die Bläser
> Mit helltönender Fanfar.»[5]

Die Familie vereinte sich nicht nur zu hohen Festen. Allsonntäglich versammelten sich bei Julius und Julchen Cassirer Kinder und Enkel zum Mittagessen, das sich nicht wesentlich von dem Essen in einer nicht-jüdischen Familie unterschied. Der von Peter Gay als «schwierig» bezeichnete Begriff «Assimilation» wird hier bewusst nicht benutzt. «Deutsche Juden verwendeten ihn recht unterschiedlich im Sinne von Akkulturation – der problemlosen Integration in das größere gesellschaftliche Ganze, wobei die eigene Identität behalten wird – oder Amalgation – der Übernahme der Sitten und Gebräuche der umgebenden Gesellschaft durch Mischehe, Taufe und Namenswechsel.»[6]

Eine Enkelin von Julius, die 15-jährige Anne-Marie (Mariechen) Loewenberg, verfasste eine parodistische Beschreibung eines dieser Sonntagsessen, die in der zur goldenen Hochzeit der Großeltern am 17. März 1916 publizierten «Familienzeitung» veröffentlicht wurde:

> «Mariechen Loewenberg an ihre Freundin Lotte.
>
> Wie wir unsere Sonntage verbringen.
>
> Liebe Lotte! Sonntags sind wir meist bei den lieben Großeltern. Mein Vater sagt, er bleibt lieber zu Hause, in der Villa kann er nicht richtig schlafen, es sind nicht genug Sofas da, wir müssen aber doch hin. Um ½ 3 Uhr hat sich alles versammelt: gewöhnlich fehlt eines von den Kindern wegen Darmkatarrh und so. Onkel Bruno kommt meist zu spät. Alle schreien ihn an; er bleibt aber ganz ruhig und greift stumm nach der Zeitung. Nun geht's zu Tisch. Tante Else wird ans Telephon gerufen. Mutti teilt die Suppe aus. Vater

will immer zwei Teller essen; Großvater sagt, er soll nicht so gefräßig sein; wir sind hier nicht in Pommern. Dann kommt der Braten. Der Braten ist meist Pute; Vater sagt, die wächst ihm schon zum Hals raus, Großvater kriegt immer zuletzt. Großmutter sagt: er kann warten, erst kommen die Gäste dran. Tante Else wird ans Telephon gerufen. Kompott gibt's auch, immer vier Sorten, das schmeckt fein. Großvater sagt: ‹Ich habe doch schon hundertmal verboten, daß so viel Kompott auf den Tisch kommt, wovon sollten wir dann reichern.› Großmutter sagt, er soll sich um seine Sachen kümmern, das geht ihn gar nichts an. Die anderen reden fast gar nicht. Fritz und Robert stoßen sich unter dem Tisch mit den Füßen. Tante Else flüstert mit Onkel Bruno von Liebermann und so. Jetzt kommt die Speise. Immer warm, früher gabs so schönes Eis, das habe ich viel lieber gegessen, das ist aber jetzt beschlagnahmt. Fritz isst zwei Portionen. Großmutter packt ihm noch eine dritte auf. Großvater sagt: ‹Der Kerl wird ja platzen.› Großmutter sagt: ‹Lass ihn nur essen. Der Junge sieht so elend aus!› Vater wird ans Telephon gerufen, ein Patient will ihn sprechen. Er ist sehr wütend. Nicht einmal am Sonntag läßt einen die Bande in Frieden. Nun steht alles auf. Großvater ist sehr müde. Großmutter sagt: ‹Es schickt sich nicht, wenn man Gäste hat, schlafen zu gehen!› Großvater geht aber doch. Auch die anderen Gäste wackeln schon mit dem Kopfe; einer hockt auf dem andern. Vater zieht sich den Rock aus. Mutter sagt: ‹Das ist sehr hässlich!› Vater bindet sich auch noch den Kragen ab und legt sich. Nur Großmutter bleibt munter und fragt mich: ‹Na, Miekchen, und was machst Du?› Ich sage: ‹Ich gehe mit meiner Anni spazieren, hier ist es mir zu langweilig.›»[7]

Bei den Familientreffen widmen sich die Cassirers bis auf den heutigen Tag einer Leidenschaft, dem Erzählen von Familienanekdoten. Das von Toni Cassirer zusammengestellte *Anekdotenbüchlein* wurde zu einer Quelle für die Familiengeschichte. Julius, der seinen Bruder Louis um 20 Jahre überlebte, und seine Frau Julie – die Juliussens genannt – waren nach dessen Tod 1904 die Ältesten. Sie genossen die ihnen gebührende Verehrung. Julius galt als Original. So erschienen er und seine Frau «hochbetagt» an einem Silvesterabend im Café des Westens, wo eine besondere Silvesterfeier angekündigt war. Der Portier wollte sie abweisen, der Eintritt sei nur Tanzenden gestattet. «Wer sagt Ihnen, daß wir nicht tanzen wollen», fragte Julius und beide verbrachten einen vergnügten Abend.

Die Eltern tauschten sich bei den Familienzusammenkünften über Kindererziehung aus. So unterhielt sich Eduard einmal mit seinem Wiener Schwager Otto Bondy über pädagogische Prinzipien. «Otto ist ein moderner Mensch. Er ist dagegen, Kinder zu etwas zu zwingen, was sie nicht selbst einsehen.» Eduard ist anderer Meinung. Nach 25 Jahren erkundigt er sich, was aus Ottos «pädagogischen Versuchen» geworden ist. «Ich bin gestrandet», antwortet dieser und Eduard gesteht ein Gleiches.[8] Die meisten Cassirers hatten Humor, manchmal einen etwas groben wie Eduard, der bei der Beratung, ob eine seiner Töchter von einem Konzert allein nach Hause gehen darf, ihr den Rat erteilt, «geh unverschleiert, mein Kind».[9] Den kleinen Geschichten kann man die verschiedensten Eigenschaften ablesen: die Wertschätzung der französischen Sprache, die Sparsamkeit – Julius fuhr 3. Klasse –, die Fürsorge für ihre Kinder, auch wenn diese bereits erwachsen sind. Max fährt mit seinem Sohn Kurt nach Freiburg, wenn dieser sich immatrikuliert. Eltern suchen Wohnungen für ihre jung verheirateten Kinder, Mütter richten sie ein. Zur Antrittsvorlesung von Ernst nach seiner Habilitation ist die Familie an der Friedrich-Wilhelms-Universität in Berlin «fast vollständig anwesend». Danach gestehen einige, dass sie kein Wort verstanden haben. Ernsts 60-jähriger Onkel Isidor wundert sich. Er hat «jedes Wort verstanden, nur den Sinn natürlich nicht».[10]

Brauchte man professionelle Hilfe, so fand sich in der Familie der geeignete Mann. Als Max Cassirer das Haus in Wilmersdorf erwarb, beauftragte er den Architekten Max Goldstein, den Sohn seiner Schwester Rosalie, mit dem Umbau. Sein Schwager, der Rechtsanwalt Georg Freund, bei dem seine Frau Hedwig aufgewachsen war, brach seine Zelte in Breslau ab und zog nach Berlin, wo er am Kurfürstendamm eine Kanzlei eröffnete, um sich fast ausschließlich den Rechtsgeschäften der Cassirers zu widmen. Testamente, Vollmachten, Käufe und Verkäufe von Immobilien, alle diese Dokumente im Landesarchiv Berlin tragen die Unterschrift Georg Freunds. In vielen Fällen war Max, der alle seine Brüder überlebte, ihr Testamentsvollstrecker.

1890 demonstrierten die Cassirers den Zusammenhalt ihrer Familie durchaus zeittypisch mit der Errichtung einer Familienstiftung: «Aus Anlass der heute am 28. October 1890 gefeierten Goldenen Hochzeit unserer geliebten Eltern, Schwiegereltern, Onkel und Tante, Herrn Siegfried Cassirer und Frau Henriette Cassirer geborenen Fischer und zum Andenken an unsere in Gott ruhenden geliebten Eltern und Schwiegereltern Herrn Marcus Cassirer und Frau Jeanette Cassirer, geborenen

Marcus Cassirer — Jeanette Cassirer geb. Steinitz — Siegfried Cassirer — Henriette Cassirer geb. Fischer

Marcus und Jeanette, Siegfried und Henriette Cassirer'sche
FAMILIEN-STIFTUNG

Gründung der Stiftung: 28. Oktober 1890

Gründer der Stiftung

Louis Cassirer
Emilie geb. Schiffer

Salo Cassirer
Nathalie geb. Freund

Abraham Goldstein
Rosalie geb. Cassirer

Julius Cassirer
Julie geb. Cassirer

Isidor Cassirer
Else geb. Sommerguth

Eduard Cassirer
Jenny geb. Cassirer

Max Cassirer
Hedwig geb. Freund

Otto Bondy
Julie geb. Cassirer

Immerwährendes Mitglied
(§ 2 der Statuten)

Louis Cassirer
1. 4. 1839   27. 4. 1904

Julius Cassirer
2. 2. 1841   17. 6. 1924

Eduard Cassirer
13. 3. 1844   2. 6. 1916

Salo Cassirer
18. 9. 1847   17. 3. 1917

Abraham Goldstein
12. 4. 1836   25. 6. 1902

Emilie Cassirer
geb. Schiffer
10. 5. 1847   31. 1. 1890

Julie Cassirer
geb. Cassirer
17. 1. 1844   18. 6. 1922

Jenny Cassirer
geb. Siegfried Cassirer
7. 11. 1848   29. 4. 1904

Natalie Cassirer
geb. Freund
25. 8. 1854   19. 12. 1906

Rosalie Goldstein
geb. Cassirer
13. 2. 1845   30. 1. 1911

Käte Herrmann
geb. Cassirer
13. 5. 1879   17. 3. 1909

Franz Cassirer
16. 10. 1886   26. 5. 1912

Clara Metzenberg
geb. Cassirer
5. 6. 1872   5. 11. 1924

Hedwig Cassirer
geb. Freund
6. 10. 1862

Die Cassirer'sche Familienstiftung, erste Seite des Stiftungsberichts von 1924

Steinitz haben wir beschlossen, zum dauernden Andenken für kommende Geschlechter eine Stiftung unter dem Namen Marcus und Jeanette, Siegfried und Henriette Cassirer'schen Familien=Stiftung zu begründen.»[11]

Sie war als Stiftung von der Familie für die Familie gedacht, wie aus der Stiftungsurkunde hervorgeht: «Der Zweck dieser Stiftung soll sein: Pflege und Erhaltung eines lebendigen Familiensinnes in der Stammesgenossenschaft unserer selbst und unserer Nachkommen. / Der Zweck soll erreicht werden durch die Schaffung eines gegen die Wechselfälle des Schicksals sicherstellenden Stiftungsvermögens.» Als Stifter werden aufgeführt: Louis Cassirer zu Berlin; Julius Cassirer zu Berlin; Abraham Goldstein und Frau Rosalie, geborene Cassirer zu Kattowitz; Eduard Cassirer zu Breslau; Salo Cassirer zu Breslau; Isidor Cassirer zu Berlin; Max Cassirer zu Berlin; Otto Bondy und Frau Julie, geborene Cassirer zu Wien. Der in New York lebende Moritz, der siebte Sohn von Marcus Cassirer, fehlt.

Die regelmäßig abgefaßten Rechenschaftsberichte, die neben dem Wirtschaftsbericht immer auch eine Familienchronik enthalten, stellen eine interessante Quelle für die Familiengeschichte dar, aber liegen leider nur unvollständig vor. So erfährt man aus dem kriegsbedingt für die Jahre 1914 bis 1917 zusammengefassten Bericht, dass die Familie schon im ersten Kriegsmonat ein Opfer zu beklagen hatte, den 26-jährigen Erwin Cassirer, den einzigen Sohn Salos, der bereits seine beiden jung verheirateten Töchter Paula und Käthe verloren hatte. Erwin, promovierter Chemiker, war als Kriegsfreiwilliger beim Kaiserlichen Freiwilligen-Automobil-Corps eingetreten und wurde am 25. August 1914 an der Westfront als vermisst gemeldet. Die Anstrengungen der Familie, Näheres über ihn zu erfahren, führten nach zehn Jahren zu einem Ergebnis. Im «Bericht über die Begebenheiten der Familien-Stiftung in den Jahren 1924 und 1925» heißt es:

> «Über das Schicksal unseres seit dem 25. August 1914 vermißten Dr. Erwin Cassirer sind wir bisher vollkommen im unklaren gewesen. Die dauernd angestellten Nachforschungen haben erst jetzt zu der traurigen Gewißheit geführt, daß Erwin Cassirer an diesem Tage den Heldentod erlitten hat. Durch ein Schreiben des französischen Generals Cordonnier an unsern Max Cassirer ist festgestellt, daß Erwin Cassirer bei einer Autofahrt zur Überbringung

einer wichtigen militärischen Meldung in einen Hinterhalt geraten ist und durch die Kugel eines französischen Offiziers auf der Stelle getötet wurde. Er ist mit allen militärischen Ehren auf dem Friedhof des Ortes Avioth beigesetzt worden. General Cordonnier schreibt in seinem Briefe wörtlich wie folgt: ‹Erwin Cassirer n'est pas survécu un instant à sa blessure; nous lui n'avons pas recueilli un mot de sa bouche. Nous n'avons pu que rendre les honneurs qui les braves rendent aux braves.›»[12]

Der Bericht über die Kriegsjahre zählte 13 Kriegsteilnehmer mit ihren Auszeichnungen auf, darunter zwei Stabsärzte und einen Hygieniker. Ein Eisernes Kreuz I. Klasse, drei Eiserne Kreuze II. Klasse wurden verliehen. Der als «Hygieniker» aufgeführte Arzt Arthur Meyer, verheiratet mit Louis' Tochter Margaret, wurde mit dem Eisernen Kreuz II. Klasse, dem bayrischen «Militär-Verdienstkreuz mit Schwertern und Krone» und dem österreichischen «Offiziersehrenkreuz mit Kriegsdekoration» ausgezeichnet.

Geburtstage, Jubiläen und die Geburt eines Kindes waren Anlässe, das Stiftungsvermögen zu Ehren bestimmter Familienangehöriger zu erhöhen. In allen Häusern standen «Heimsparbüchsen», deren Inhalt der Stiftung zugutekam; für die Bilanz zum 31. Dezember 1919 kamen so 1110,74 Mark zusammen. Doch Weltkrieg und Inflation verwüsteten auch die deutsche Stiftungslandschaft. Im Bericht über die Jahre 1924 und 1925 heißt es, die Familienstiftung habe «durch den Zusammenbruch der deutschen Währung [...] dasselbe Schicksal erfahren wie fast alle wohltätigen Stiftungen. Trotzdem haben wir den Mut nicht sinken lassen.» Nicht materielle Gründe, sondern die Erinnerung an «teure Verwandte sollen auch weiterhin die Grundsätze der Stiftung sein». Das Stiftungsvermögen hatte 1917 «die stattliche Höhe von 368 000.–» erreicht. Es ist «durch Kriegs-, Nachkriegszeit und Inflation bis auf wenige Mark verloren gegangen. Am Ende der Inflation, Mitte 1924, konnten wir nur noch einen Bestand von Mk 115,50 feststellen.»

Zur «Wiederaufrichtung der Stiftung» fand am 1. Juni 1924 im Haus von Richard und Hedwig Cassirer ein «Familienschluß» statt, bei dem jedoch nicht die erforderliche Dreiviertelmehrheit der Stimmberechtigten anwesend sein konnte. Erst am 3. Mai 1925 gelang es den wieder im Haus von Max und Hedwig Cassirer versammelten 53 volljährigen und acht minderjährigen Familienmitgliedern, die Statuten zu ändern. Immerhin 3000 Mark kamen durch die Zuwendungen von 11 Familienmitgliedern für die Wiederaufrichtung zusammen, Max und Hedwig sowie Alfred Cassirer gaben 500 Mark, Richard Cassirer und Frau 300 Mark und Paul Geheeb 100 Mark.[13] In den nächsten Jahren müssen die Beiträge beträchtlich gewesen sein, denn der Wirtschaftsbericht vom Januar 1930 weist zum 31. Dezember 1928 wieder ein Vermögen von 24 213 Mark auf. In den folgenden vier Jahren stieg das Stiftungsvermögen dank der Spendenfreude der Familienmitglieder noch einmal an – Anfang Januar 1933 betrug es 32 833,02 Mark –, doch zum Jahresende 1934 war es auf 19 782,82 Mark gesunken.[14] Denn jetzt musste die Familienstiftung einzelnen Mitgliedern kräftig unter die Arme greifen: «Durch die Weltkrise und die politischen Begebenheiten wurden die wirtschaftlichen Verhältnisse von vielen unserer Familienmitglieder arg in Mitleidenschaft gezogen. Unsere Familienstiftung besteht seit fast 5 Dezennien. Während dieses langen Zeitraumes haben unsere Familienmitglieder nur in ganz vereinzelten Fällen die Hilfe der Stiftung in Anspruch genommen, dagegen musste in den letzten zwei Jahren wiederholt und in ernsten Fällen helfend eingegriffen werden», heißt es in dem Wirtschaftsbericht. Aufgrund des Status sei die Stiftung angewiesen, «wegen der Namen der Unterstützten strengste Verschwiegenheit zu beachten. Soviel dürfen wir aber mitteilen, dass insgesamt RM. 16 209,60 für Unterstützungen und Darlehen ausgegeben werden mussten».[15]

Dem Protokoll der Sitzung des Stiftungskuratoriums vom 14. Juli 1933 ist einer dieser ernsten Fälle zu entnehmen: Der in Illiquidität geratenen Kunsthandlung von Dr. Erich Cassirer, einem Sohn Isidors, in der Nettelbeckstraße wurden «leihweise» die Mittel zur Begleichung ihrer Rechnungen, Schulden, Sozialabgaben und Miete zur Verfügung gestellt. Als Sicherheit hatte sie der Stiftung das Warenlager überlassen müssen.[16] Der Bericht spricht für die Jahre 1933/34 von «in jeder Beziehung schwerste[n] Erschütterungen», die fast alle Familienmitglieder betroffen hatten. «Wir müssen uns versagen, auf Einzelheiten einzugehen.» Aber noch immer gingen Beiträge ein, auch wenn die Geber selbst in schwieriger finanzieller Lage waren. So spendete Ernst Cassirers Sohn Georg, der seine Stelle verloren hatte, anlässlich der Geburt seines Sohnes Peter im Juni 1933 den Betrag von 10 Mark.[17]

Nachdem die Cassirer'schen Kabelwerke 1935 an die Elektrische

Licht- und Kraftanlagen AG verkauft worden waren,[18] wurde die Kaufsumme auf ein Sperrkonto der Dresdner Bank überwiesen. Eine Million Mark blieb verfügbar. Auch Aktienverkäufe konnten in begrenztem Maß getätigt werden. Am 28. Juni 1935 fand bei Max Cassirer die vermutlich letzte Sitzung der Erbengemeinschaft statt, an der zehn Familienmitglieder teilnahmen. Auch hier wurde die Bitte um Beiträge an die Familienstiftung ausgesprochen, die jetzt noch dringender nötig waren, um den weniger bemittelten Familienmitgliedern, die nicht zu den Kommanditisten der Kabelwerke gehört hatten, die Emigration zu ermöglichen. Max unternahm energische Sammelaktionen, dank der beispielsweise die Mutter seines Pflegekindes Margrit Bach mit ihrem Mann nach Bolivien gelangte.

Welche «Wechselfälle des Schicksals» nur 43 Jahre nach der Gründung der Familienstiftung eingetreten waren, hatte niemand ahnen können. Aber der «eiserne, unzerbrechliche Familienzusammenhang», der den Cassirers in der anfangs zitierten «kleinen soziologischen Betrachtung» von Victor Goldschmidt nachgerühmt wurde, bewährte sich in der größten Gefahr.

Unabhängig von der Familienstiftung riefen zwei Söhne von Marcus Cassirer mildtätige Stiftungen ins Leben. Zum 70. Geburtstag seiner Frau errichtete Julius 1914 mit 20 000 Mark die Julie Cassirer-Stiftung für über 50 Jahre alte alleinstehende Frauen, die je zur Hälfte jüdische und nicht-jüdische Frauen unterstützte. Ein fünfköpfiges Kuratorium wurde eingesetzt, darunter Bruno Cassirers Frau Else. In letzter Instanz entschied Julie Cassirer. Zur goldenen Hochzeit von Julius und Julie 1918 wurde das Stiftungsvermögen durch den ursprünglichen Stifter um 10 000 Mark erhöht. Weitere 25 000 Mark gingen von seinen Brüdern Isidor und Max, den Söhnen Fritz und Bruno und dem Schwiegersohn Max Loewenberg ein.[19]

Salo Cassirer stiftete ein Drittel seines Vermögens, das auf drei Millionen Mark geschätzt wurde, «zu mildtätigen Zwecken». Er errichtete 1917 gleich zwei Stiftungen: die Salo-und-Natalie-Cassirer-Stiftung und zum Andenken an den gleich zu Beginn des Krieges gefallenen Sohn die Dr.-Erwin-Cassirer-Stiftung. Ein Teil des Stiftungsvermögens war für «verschämte Arme ohne öffentliche Unterstützung» bestimmt. Darunter sollten Kriegshinterbliebene «ohne gesetzlichen Ernährer» besonders berücksichtigt werden. Die Entscheidung blieb dem Kuratorium überlassen, zu dem Max und Dr. Ernst Cassirer gehörten. Da die Salo- und-Natalie-Cassirer-Stiftung nicht «Almosenspenden» verteilen, sondern «großen und nachhaltigen Zwecken» dienen sollte, wurde als weiteres Ziel die «Gründung von Existenzen» genannt. Zu diesem Zweck durfte sogar das Stiftungskapital angegriffen werden, von dem jedoch 500 000 Mark verbleiben mussten.[20]

Die Stiftung unterstützte das jüdische Kindergenesungsheim im schlesischen Solbad Elmen und die Israelitische Verpflegungsanstalt in Breslau mit je 6 000 Mark, der Magistrat von Breslau und der von Charlottenburg erhielten je 50 000 Mark, das Krankenhaus in Ziegenhals 20 000 Mark. Ein Lehrerinnenheim, Blindenanstalten und Altersheime wurden bedacht. Beliebt waren auch die Stiftungen von «Freibetten» in Krankenhäusern und Freistellen in Schulen. So stiftete Salo jährlich einen Freiplatz in der Odenwaldschule.

Auch ohne den institutionellen Rahmen einer Stiftung hatte die Familie junge Existenzen unterstützt. Ein frühes Beispiel für Cassirer'sche Künstlerförderung findet sich in den Erinnerungen des Pianisten Artur Schnabel. Schnabel spielte bereits als Kind in Wiener Häusern, allerdings beuteten ihn seine Eltern nicht als Wunderkind aus. Lehrer und Zuhörer legten ihm nahe, eine andere Stadt kennenzulernen und empfahlen Berlin. In einem der Häuser, wo er oft mit den Kindern musizierte, erzählte man ihm von einem «Bruder», der in Berlin lebte. Julie Bondy geb. Cassirer, die Gattin des Kabelfabrikanten Otto Bondy, hatte gleich mehrere Brüder dort, und zu einem von ihnen, Eduard, reiste der 16-jährige Artur Schnabel in die Hauptstadt des Deutschen Reiches.

«Es war sehr gut für mich», berichtet Schnabel, «in eine solche Familie zu kommen. Es gab da fünf Brüder mit einer Menge Kindern, und ich verbrachte eine herrliche Zeit. Nur selten wurde ich gebeten, etwas vorzuspielen. Ich hatte keinerlei Pflichten, aber anscheinend war mein Gastgeber, Eduard Cassirer, mit meinem Lebenswandel nicht einverstanden. Ich war damals sechzehn und – nach meinem Dafürhalten – erwachsen. Ich blieb lange auf und schlief bis gegen Mittag. Vielleicht fing ich auch an mit seiner Tochter zu flirten. Jedenfalls gab er mir eines Tages zu verstehen, dass mein Zimmer für einen Verwandten benötigt werde, der seinen Besuch in Berlin angesagt habe. Mit anderen Worten, ich wurde hinausgeworfen.»

Die Reaktion Eduards ist verständlich, ein solches Künstlerleben war ihm als fleißigem Wirtschaftsbürger fremd und konnte als verderblicher Einfluss auf die Söhne gesehen werden, die, ob sie wollten oder nicht, das Gymnasium absolvieren und dann dem Studium oder einer geregelten Arbeit nachgehen mussten. «Einer seiner Brüder jedoch», erzählt Artur weiter, «war über diesen Mangel an Verständnis für einen talentierten jungen Mann so entrüstet, dass er beschloss, für Wiedergutmachung zu sorgen. Er sagte zu mir: ‹Nun Schnabel, machen Sie sich keine Sorgen. Suchen Sie sich ein Hotel, das Ihnen gefällt. Ich werde für sämtliche Kosten aufkommen.› Und so wählte ich ein Hotel, in dem gerade eine gute Freundin von mir, eine junge Dame aus Wien, abgestiegen war. Bis heute weiss ich nicht, ob Herr Cassirer jemals den Grund für meine Wahl erriet.»[21]

Dieser Gönner könnte der menschenfreundliche Max Cassirer gewesen sein, dessen Frau Hedwig eine passionierte Pianistin war und der bereits seinem Bruder Julius ins Gewissen geredet hatte, als dessen Sohn Fritz, der Kapellmeister, in finanziellen Nöten war. Artur Schnabel blieb mit seinen Berliner Förderern und Gönnern in Verbindung und erinnerte sich später, dass sie alle freundlich und großzügig waren, auch Herr Cassirer, der ihn einst aufgefordert hatte zu gehen. Das muss sich um 1898 zugetragen haben.

Nach dem Ersten Weltkrieg allerdings hatte auch die Wohltätigkeit in Deutschland einen schweren Stand. Die Salo-und-Natalie-Cassirer-Stiftung konnte noch bis 1922 Unterstützungsbedürftigen helfen, dann waren die Mittel erschöpft. Hedwig Cassirer versuchte vergeblich, die Stiftung mit einer Summe von 50 000 Mark zu retten. Im April 1923 ersuchte der Preußische Minister für Volkswohlfahrt Max Cassirer um eine Erhöhung des Stiftungskapitals für diese Stiftung, das «jetzt in Papiermark ausgedruckt» einen ganz anderen Wert habe. Am 9. Juni bestätigte Cassirer, dass das Vermögen «fast in ein Nichts verwandelt» sei und fragt: «Welchen Weg hätte ich gehen sollen?» Da «der Ankauf von Devisen als vaterlandsfeindlich» galt, habe er das Kapital bei Tillgner & Co. zinstragend angelegt.[22] Um die wohltätigen Stiftungen zu retten, entschied sich die Familie 1926, die Salo-und-Natalie-Cassirer-Stiftung aufzulösen und mit der Julie Cassirer-Stiftung zur Cassirer-Gedächtnis-Stiftung zusammenzulegen. Max Cassirer leistete einen Beitrag von 3000 Mark zur «Rekonstruierung» der neuen Einheit. Er führte auch den Vorsitz im Stiftungskuratorium. Doch die Zeitumstände waren für eine gedeihliche Entwicklung der Stiftung nicht günstig. Auch scheint zumindest in Charlottenburg «die mit dem Stiftungsakt bezeugte Verbundenheit der Stifter mit der Stadt wohl eine recht einseitige Sache» gewesen zu sein. «Eine öffentliche Anerkennung wurde nie ausgesprochen.»[23] Vollkommen ablehnend stand dann das nationalsozialistische Regime Stiftungen gegenüber. Nur «betriebliche» Stiftungen, die nach den «Prinzipien des Führersystems» der «Gefolgschaft» zugutekamen, wurden toleriert. Stiftungen jüdischer Bürger wurden zunächst dazu benutzt, um den Auswanderungsdruck zu verstärken. Andere mildtätige Stiftungen durften nur «deutschen Volksgenossen» zugutekommen. Stiftungen wie die der Cassirers, die einst als paritätisch eingesetzt wurden, konnten nur noch von Juden in Anspruch genommen werden.[24] Schließlich wurden sie aufgelöst und das restliche Vermögen eingezogen.

Toni Cassirer hatte das *Anekdotenbüchlein* mit einer bestimmten Absicht verfasst. In ihrem an Onkel Max gerichteten Vorwort schreibt sie, dass ihr ursprünglich «etwas völlig anderes als es nun vorliegt» vorgeschwebt hatte. «Ich dachte, daß es möglich wäre, an der Hand kleiner Aussprüche und durch Erzählungen wahrer Begebnisse ein skizzenhaftes Bild dessen zu geben, was wir als das ‹Cassirerische› bezeichnen.»[25] Das sei aber schon deshalb nicht gelungen, weil die «Zerstreutheit über die ganze Erdkugel» viele Familienmitglieder an der Mitarbeit gehindert hätte. Diejenigen jedoch, die sich beteiligen konnten, seien «in ihrer Mehrzahl hochprozentige CASSIRERS».[26]

Was aber ist das spezifisch «Cassirerische»? Zumindest eine gewisse Familienähnlichkeit ist bei den sechs in Berlin in enger Zusammenarbeit vereinten Brüdern zweifellos zu erkennen. Sie ähneln sich nicht nur im Aussehen, sondern auch in Bezug auf Begabung, Fleiß und Interessen. In der nächsten Generation treten gewaltige Unterschiede zu Tage. Der Verleger und Kunsthändler Paul und sein Vetter, der Philosoph Ernst, scheinen auf verschiedenen Planeten zu leben. Von Generation zu Generation fächert sich das Familienbild auf. Hinzu kommt, dass sich die

Rolle der Frauen auch in der Familie Cassirer ändert: Im ersten Drittel des 20. Jahrhunderts treten die Töchter nicht mehr ausschließlich als Ehefrauen und Mütter hervor, sondern besuchen höhere Schulen und studieren.

Unter den Cassirers gab es die berühmten und erfolgreichen, aber auch ganz normale bürgerliche Existenzen und einige erfolglose, die auch dank der Familienstiftung Unterstützung erfuhren. Durch die Berühmten entstand der Mythos, den der Name Cassirer als der einer enorm reichen, genialen Familie inzwischen angenommen hat. Die Familie war in Berlin rasch zu Geld und Ansehen gekommen, doch das galt für die Söhne von Marcus zweifellos in unterschiedlichem Grade. Zu den reichsten Deutschen oder auch nur Berlinern gehörten sie bei weitem nicht. In der Statistik der «wirtschaftlichen Elite» dieser Jahre kommen die Cassirers unter den ersten 21 Unternehmern und Bankiers nicht vor. Auf den Kaiser folgt Fritz von Friedländer-Fuld mit einem Vermögen von 46 Millionen, als einundzwanzigster dann Arnold von Siemens mit 18,5 Millionen Mark.[27] Das Vermögen von Julius Cassirer belief sich 1912 auf 3 640 000 Mark, sein Jahreseinkommen auf 375 000 Mark. Die Vermögenslage seiner Brüder wird ähnlich gewesen sein. Sie gehörten zu den neuen Millionären im Deutschen Reich, die in dem wirtschaftlichen Aufschwung am Ende des 19. Jahrhunderts zu ihrem Vermögen gekommen waren, aber sie waren keine «Superreichen».

In der zweiten Generation waren die Unternehmer Hugo und Alfred die Wohlhabendsten. Sie waren auch die Einzigen, die sich neben den von Berufs wegen mit Kunst befassten Vettern Bruno und Paul Kunstsammlungen anlegen konnten. Das Einkommen der Mediziner Richard Cassirer und Kurt Goldstein war mit dem der Fabrikanten nicht zu vergleichen. Der Kunsthistoriker Kurt und der Kapellmeister Fritz wurden lebenslänglich von ihren Vätern bzw. durch deren Erbe unterstützt. Der Philosoph Ernst bezog jahrzehntelang kein Gehalt.

Je näher man die Familie Cassirer betrachtet, desto deutlicher treten die Züge deutscher Bürgerlichkeit hervor, die sie über weite Strecken prägten. Ein Beispiel dafür sind die Töchter. Obwohl inzwischen zahlreiche Studien belegen, dass die Töchter jüdischer Familien überproportional höhere (Töchter-)Schulen und Universitäten besuchten, hat erst 1929 Anne-Marie Loewenberg, eine Enkelin von Julius Cassirer und

Tochter des Arztes Walter Loewenberg, als erste Frau der Familie studiert und an der Berliner Universität in Medizin promoviert. Sie war als Backfisch die Verfasserin des Berichts über das Sonntagsessen bei den Großeltern, das sich nicht nennenswert von einem sonntäglichen Mittagessen in einer bürgerlichen christlichen Familie unterschied. Doch auch den Frauen der älteren Generation mangelte es nicht an Bildung. Brunos Frau Else veröffentlichte die sehr erfolgreichen *Künstlerbriefe aus dem 19. Jahrhundert*. Tonis Autobiographie erhielt nicht nur von Albert Einstein hohes Lob für «eine bemerkenswerte Beherrschung der sprachlichen Nuancen» und «eine Art schelmischer Beobachtungsgabe».[28]

Nimmt man Paul Cassirer und Edith Geheeb als die Ausnahmen, die die Regel bestätigen, dann waren gerade die erfolgreichsten Cassirers zugleich die bürgerlichsten. So redeten Ernst und Toni ihrem Sohn Georg aus, Schauspieler zu werden. Als Susanne, die Tochter seines Bruders Martin, ihrem Onkel Ernst erzählte, dass sie einen Beruf anstrebe, empfahl er ihr, Stenographie zu lernen. Der Fabrikant Hugo, der sich weigerte, den anhaltenden Antisemitismus während des Weltkriegs wahrzunehmen, verbot seinem Sohn Reinhold zu dessen lebenslangem Schmerz, weiterhin Tante Tilla zu besuchen, weil die Schauspielerin an Veranstaltungen für die Arbeiterschaft teilnahm und nach Kriegsende in den Ruch kam, zu den Münchner Revolutionären zu gehören. In der zeitgenössischen Literatur und Kunst hielten die Cassirers Distanz zu den Expressionisten. Sie ließen sich von Slevogt und Liebermann porträtieren und nicht von Kokoschka. Sie unterstützten Rilke und nicht Else Lasker-Schüler. Wieder ist Paul Cassirer die Ausnahme. Die Kinder dieser Väter vollzogen in den zwanziger Jahren eine Kehrtwende und traten sozialistischen Studentenvereinigungen bei. Die 18-jährige Susanne Cassirer wurde sogar Mitglied eines kommunistischen Jugendverbands.[29]

Was also ist der gemeinsame Nenner dieser vielen, oft grundverschiedenen Menschen? Es war das Bewusstsein der Zusammengehörigkeit, wie es nur die Familie bietet, und der Stolz auf sie. Den Namen Cassirer zu tragen galt ihnen gleichsam als ein Adelsprädikat. Wie die meisten waren sie, «obwohl man es konnte», nicht bereit, «den alten, als jüdisch erkennbaren Familiennamen» abzulegen.[30] Das ist ihnen so wenig in den Sinn gekommen, wie sich von ihrem Judentum loszusagen.

Die Cassirers und das Judentum

Victor Goldschmidt bezeichnet die Familie Cassirer als «keine rituellen aber innige und ausgezeichnete Juden», die «mit einer einzigen Ausnahme» dafür sorgten, dass «das Judentum für die nächste und übernächste Generation in ihrer Familie Bestand hat».[31] Diese Ausnahme war Max Cassirer, der seine drei Kinder taufen ließ.

Die Ansprache von Prediger Schmeidler am 3. Oktober 1896 bei der Taufe des 13-jährigen Kurt Cassirer hat sich teilweise erhalten.

> «Nach dem wohl überlegten Plan Euerer lieben Eltern, sollt Ihr, meine lieben Kinder, derjenigen Religion fortan angehören, zu der sich bei weitem der größte Teil der Bewohner Deutschlands bekennt. Wenngleich Ihr Euch der ganzen Bedeutung dieses Schrittes noch nicht völlig bewusst seid, so ist Euch doch schon durch den Religionsunterricht und die Erziehung, die Ihr bisher genossen habt, bekannt, dass durch diesen Schritt nichts geschehen soll, was Euch mit dem, was Ihr bisher lieb gehabt hat, mit Eueren lieben Eltern, irgendwie in Zwiespalt bringen soll. Die Güte des allmächtigen Gottes haben wir alle schon erfahren, aber für diejenigen, die an ihm zweifeln und Beweise von seiner Gnade, die er den Menschen zu teil hat werden lassen, haben möchten, diejenigen brauchen nur an Jesum Christum denken, an Gottes Sohn, dem er seine Gnade in so reichem Maße zugewendet hat. Er, der ein Mensch wie wir gewesen ist, hat durch die Allgüte Gottes vermocht, das zustande zu bringen, was den kommenden Menschen zu so großem Nutzen geworden ist. Nur der unwandelbare Glaube des Gotte[s-]Sohnes an seinen heiligen Vater hat Jesus Christus sein Leid tragen helfen und getrost ging er für ihn in den Tod. Dasjenige aber, was Jesus den Menschen Gutes gebracht hat, und was ihn angespornt hat, sein gestecktes Ziel mit Todesverachtung zu verfolgen, war der heilige Geist Gottes, den Jesus begriffen und in sich aufgenommen hatte, der heilige Geist, mit dem Gott-Vater seinen Sohn ausgestattet hatte, und so sehen wir ein dreifaches und doch gemeinsames Wirken von Vater, Sohn und heiligem Geist. Und nun frage ich die Pathen, ob Sie wünschen, dass die Kinder die heilige Taufe empfangen sollen. Nachdem dieses bejaht ist, mache ich Euch bekannt mit jenem Ausspruch, der zum ersten Mal von der Christenheit ausgesprochen worden ist und lautet:»

Hier bricht das Typoskript ab, jedoch lässt folgender Satz, der sich auf einem anderen Blatt findet, das mit derselben Schreibmaschine geschrieben wurde, vermuten, dass es sich bei dem fehlenden Text um das Glaubensbekenntnis handelt: «Wenn Ihr dem gehörten Glaubensbekenntnis nicht nach dem Buchstaben, sondern dem Geiste zustimmt, so antwortet mir mit ‹Ja›.»

Es ist nicht bekannt, wo die Taufe stattfand und wer die Taufpaten und die Kinder waren, die zusammen mit Kurt getauft wurden.[32] Seine Schwester Edith war damals elf, der Bruder Franz neun Jahre alt.

Prediger Johannes Schmeidler war Mitglied des Vereins zur Abwehr des Antisemitismus, der 1890 in Berlin von liberalen christlichen und jüdischen Wissenschaftlern und Politikern als Reaktion gegen die «Wiederkehr des alten Hasses» gegründet wurde.[33] Diese Wiederkehr war in der Atmosphäre eines wachsenden Antiliberalismus, in der sogar die mittelalterliche Ritualmordlüge wieder aufgebrüht wurde, durch den Zusammenfluss zweier Strömungen ermöglicht worden: des politischen Antisemitismus, wie ihn der Berliner Hof- und Domprediger Adolf Stoecker in der von ihm gegründeten Christlichsozialen Arbeiterpartei und auf Massenveranstaltungen im ganzen Reich verkündete, und des akademischen Antisemitismus, wie er in einem Leitartikel von Heinrich von Treitschke in den *Preußischen Jahrbüchern* 1879 höchste wissenschaftliche Weihen erhalten hatte. Während die antisemitischen Parteien – die Stoeckers war nur eine, aber die einflussreichste – die Aufhebung der bürgerlichen Rechte jüdischer Deutscher verlangten, wollte Treitschke die Gleichberechtigung nicht rückgängig machen, beklagte aber einen «Geist der Überhebung in jüdischen Kreisen» sowie «die Einwirkung des Judentums auf unser nationales Leben» in den Medien und durch Einwanderung «aus dem unzivilisierten Osten». Das alles habe auf der einen Seite zu einem bedauerlichen vulgären Antisemitismus geführt, auf der anderen höre man «bis in die Kreise der höchsten Bildung [...] ‹Die Juden sind unser Unglück.›»[34]

Prominentestes Mitglied des Abwehrvereins war der Historiker Theodor Mommsen. Der Verein hing «jenem unbeugsamen liberalen Credo von der vollständigen Assimilation der deutschen Juden an die deutsche Kultur» an. Es war gegen jeglichen «Separatismus» gerichtet, ob in jüdischen Studentenverbindungen oder in der nun aufkommenden zionistischen Bewegung.[35] Von 1891 bis 1924 veröffentlichte der Verein die *Mitteilungen aus dem Verein zur Abwehr des Antisemitismus*, kurz *Abwehrblätter* genannt, die über die Aktivitäten prominenter Antisemiten berichteten, zu parlamentarischen Protestinterventionen aufriefen und in Wahlkämpfen gegen antisemitische Kandidaten und für deren Gegenkandidaten eintraten.

Inmitten der unübersehbaren Judenfeindlichkeit blieb Max Cassirer wie viele deutsche Juden Optimist. Der vielfach geehrte und beliebte Industrielle und Kommunalpolitiker gehörte wie seine Brüder zu jenen jüdischen Deutschen, die auch «höheren Orts» Anerkennung fanden. Zwischen 1879 und 1900 waren in Preußen 16 Prozent der zum Kommerzienrat und 19 Prozent der zum Geheimen Kommerzienrat ernannten Männer Juden, darunter die Brüder Julius und Max Cassirer.[36] Auch in Berufsverbänden hatten sie leitende Positionen. So war Max 20 Jahre Vorsitzender des Vereins deutscher Zellstoff-Fabrikanten und mit Recht stolz darauf.

Als Angehörige der «assimilierten Intelligenz» und des nicht mehr religiösen liberalen Judentums hätten die Cassirers, die sich als jüdische Deutsche und nicht als deutsche Juden verstanden, in dem 1893 gegründeten Centralverein deutscher Staatsangehöriger jüdischen Glaubens, der «bis dahin ehrgeizigste und erfolgreichste Versuch eines politischen Zusammenschlusses der Juden in Deutschland», ihre Vertretung gefunden. Anders als der Abwehrverein war er eine rein jüdische Gründung zum Schutz ihrer Rechte, «auf dem Boden unbedingter Treue zum Reich der deutschen Nationalität».[37] Bisher haben sich keine Belege für die Mitgliedschaft der Cassirers im Centralverein finden lassen.

Max Cassirer wollte seinen Nachkommen alle Berufs- und Aufstiegsmöglichkeiten in der deutschen Gesellschaft offenhalten. Die Taufe seiner Kinder war dafür das äußere Zeichen. Doch eine religiöse Überzeugung kam mit diesem Schritt nicht zum Ausdruck, weder er noch seine Frau tat diesen Schritt. Die Kinder hatten vor ihrer Taufe evangelischen Religionsunterricht erhalten. Aber wie Edith später erzählt hat, erhielt sie erst dann einen Begriff von Religion, als sie den Hinduismus kennenlernte. Für ihre Brüder bedeutete die Taufe das «Entréebillet» in die deutsche Gesellschaft. Kurt wurde Leutnant der Reserve im Husarenregiment Rathenow, während seine vielen Vettern, die im Ersten Weltkrieg kämpften, es nicht über den Unteroffizier (Bruno), Vizefeldwebel (Alfred) oder Vizewachtmeister (Fritz) hinausbrachten. Paul wurde bei seiner letzten Einberufung unter die «Gemeinen» eingereiht. Max Cas-

Max Cassirers Sohn Kurt als Offizier im Leibhusaren Regiment Nr. 1 in Berlin (um 1908)

sirers jüngster Sohn Franz konnte einer schlagenden Studentenverbindung beitreten, wie aus einem undatierten Brief seines Vaters an Edith hervorgeht, der berichtet, Franz habe «die Mensur hinter sich gebracht».

Kein anderes Mitglied der Familie Cassirer ließ sich oder seine Kinder taufen. Es ist aber auch nicht bekannt, inwieweit sie als Mitglieder einer jüdischen Gemeinde aktiv waren. Eine Verbindung ist noch in den wohltätigen Stiftungen zu erkennen: Die Salo-und-Natalie-Cassirer-Stiftung bedachte ausdrücklich auch jüdische soziale Einrichtungen, darunter die Altersversorgungsanstalt der Jüdischen Gemeinde in Berlin, «in der meine geliebte Frau und ich stets tätig gewesen sind». Das jüdische Kindergenesungsheim im schlesischen Solbad Elmen und die Israelitische Verpflegungsanstalt in Breslau erhielten wie erwähnt je 6000 Mark. Und die von Julius Cassirer 1914 zum 70. Geburtstag seiner Frau mit 20 000 Mark errichtete Julie-Cassirer-Stiftung für über 50 Jahre alte alleinstehende Frauen sollte zur einen Hälfte jüdische, zur anderen nicht-jüdische Frauen unterstützen. Die fünf Kuratoriumsmitglieder mussten laut Satzung der jüdischen Konfession angehören und in Charlottenburg leben. Lediglich in dem 1901 gegründeten Hilfsverein der Deutschen Juden waren außer Max alle Brüder mit bescheidenen Jahresbeiträgen zwischen 5 und 20 Mark vertreten. Eduard engagierte sich ein Jahr im «Bezirkskomité W». Der Verein unter Vorsitz von James Simon wollte durch Ausbildung in Schulen und «Hausindustrie» den «Notzuständen» in Osteuropa und dem Orient entgegenwirken, die durch Pogrome wie dem in Kischinew und die anschließende «Justizkomödie» zur Massenauswanderung geführt hatten, besonders aus Rumänien, wo Juden völlig rechtlos waren. Eduard,

Max Cassirers Sohn Franz als Husar in Danzig-Langfuhr (um 1904)

Julius und Salo unterstützten auch die Hochschule der Wissenschaft des Judentums.[38]

Von Ernst und Toni Cassirer ist die Hochzeit im Tempel des ersten Wiener Bezirks belegt. Tonis Mutter Julie aber hatte bereits nicht mehr in einer Breslauer Synagoge geheiratet, sondern in der Gesellschaft der Freunde. Dazu wurde folgende Einladung verschickt: «Marcus Cassirer und Frau geben sich die Ehre Sie zur Vermählung ihrer Tochter Julie mit Herrn Otto Bondy auf Sonntag den 1. Juni ergebenst einzuladen. Breslau im May 1879. Trauung Nachmittag 4 Uhr im Saale der Gesellschaft der Freunde.»

Dass Vater Marcus die Hochzeit seiner Jüngsten dort ausrichtete, ist bezeichnend. Die Gesellschaft der Freunde war wie geschaffen für die Cassirers als «nicht-rituelle», aber sich dennoch zum Judentum bekennende Familie. Sie wurde 1792 in Berlin von unverheirateten, der Aufklärung zuneigenden jungen Juden gegründet, darunter Joseph Mendelssohn, dem ältesten Sohn Moses Mendelssohns. In der Gründungsurkunde heißt es: «Einige edeldenkende Männer unserer Nation, denen das Wohl ihrer Nebenbrüder obliegt, wünschen eine Gesellschaft zu formieren, deren lediglicher Endzweck sein soll, jedem Mitgliede derselben Gelegenheit zu verschaffen, seine Wohltätigkeit zweckmäßiger zu machen.»[39]

Wohltätige jüdische Gesellschaften gab es allerdings schon seit Langem und in großer Zahl. Sie waren zuständig für die verschiedensten Zwecke, von der Ausstattung armer Bräute bis zum Begräbniswesen. Eine wichtige Aufgabe war die Krankenfürsorge, die in der Gesellschaft der Freunde bis ins kleinste Detail geregelt war, wie etwa die «dem Reconvalscenten so nöthige gesellschaftliche Unterhaltung und Zeitverkürzung». Gänzlich «unthätig gewordenen Menschen» wurde finanzielle Unterstützung zuteil, um sie «stets vor Noth und Beschämung zu bewahren». Eine Unterstützungsanstalt für Witwen und Waisen kam hinzu.[40] Es sind «Zwecke», wie sie 100 Jahre später in den Satzungen der verschiedenen Stiftungen der Cassirers festgelegt wurden.

Als die jüngste Tochter von Marcus Cassirer Hochzeit hielt, war der in Breslau 1821 gegründete Zweig der Gesellschaft der Freunde zu einem exklusiven Club geworden. 1878 war ein neues Gebäude mit einem Garten, wo die Sommerfeste stattfanden, in der Neuen Graupenstraße entstanden. Es enthielt Gesellschaftsräume, einen 360 Quadratmeter großen Bankettsaal, Bibliothek, und Lese- und Billardzimmer. Die Beitrittsgebühr betrug 100 Mark, der jährliche Mitgliedsbeitrag stieg bis auf 56 Mark. 1905 zählte die Gesellschaft 666 Junggesellen als Mitglieder. Das kulturelle Programm war anspruchsvoll. Die Festkantate zum 25. Gründungstag 1846 schrieb Gustav Freytag. Prominente jüdische und nicht-jüdische Autoren wie Berthold Auerbach, Karl Emil Franzos und Felix Dahn waren in der Gesellschaft zu hören, dann auch Kasimir Edschmid, Armin T. Wegner und Thomas Mann.[41]

Belege für die Teilnahme der Cassirers an Gottesdiensten oder religiösen Festen gibt es nicht. Lediglich in der Familie Loewenberg, in die Elise Cassirer, Tochter von Julius, eingeheiratet hat, scheinen jüdische

Gebote befolgt worden zu sein. So verzeichnet das Beisetzungsregister des jüdischen Friedhofs Berlin-Weißensee, dass Fritz Cassirers Neffe Robert Loewenberg nach dem Tod des Kapellmeisters in der Klinik, in der er 1926 gestorben war, eine Tahara (Leichenwaschung) bestellte, ehe der Tote nach München überführt wurde.[42] Im New Yorker Exil wird die Bar Mizwa von Gerhard Loewenberg, Urenkel von Julius und Sohn des Arztehepaars Anne-Marie und Max Loewenberg überliefert. Toni und Ernst Cassirer nahmen an der Feier teil. Als Geschenk erhielt der neue «Gebotspflichtige» eine Ausgabe der *Encyclopedia Britannica*. Im Allgemeinen jedoch waren die Cassirers als jüdische Familie sich selbst genug. Wilfred Cass, ehemals Wolfgang Cassirer, bringt es auf den Punkt: «We followed no religion except that of Family.» (Unsere Religion war die Familie.)[43]

Es gibt auch keine Zeugnisse darüber, wie die verschiedenen Cassirers auf die «Wiederkehr des alten Hasses» im Kaiserreich reagierten, mit der sie zweifellos ihre Erfahrungen gemacht hatten. Walther Rathenau hat diese bittere Erfahrung eindringlich festgehalten: «In den Jugendjahren eines jeden deutschen Juden gibt es einen schmerzlichen Augenblick, an den er sich zeitlebens erinnert: wenn ihm zum ersten Male voll bewußt wird, daß er als Bürger zweiter Klasse in die Welt getreten ist und keine Tüchtigkeit und kein Verdienst ihn aus dieser Lage befreien kann.»[44] In der Familie Cassirer sind auch keine Briefe überliefert, wie sie Aby Warburg an seine Mutter geschrieben hat. Darin berichtet er von dem «widerlichen Volk» in Straßburg, das dem Studenten jeden Tag «ein paar mal» auf der Straße nachrief: «Desch isch e Jud!» Oder der einen «Kreis christlicher Herren» damit beschäftigt hört, sich in seiner Gegenwart «etwas vorzumauscheln».[45] Ernst, der einzige der Cassirer-Söhne, von dem Briefe aus der Studentenzeit an Eltern, Geschwister und den Vetter Bruno erhalten sind, hätte dergleichen nie nach Hause berichtet, schon um der Familie Sorgen zu ersparen.

Auf die «Wiederkehr des alten Hasses» haben die Cassirers wie die meisten jüdischen Bürger mit der «Taktik des Totschweigens» reagiert, wie Charlotte Schoell-Glass im Hinblick auf Aby Warburg formuliert. «Im Schweigen zu den Angriffen war ein allgemeines Schweigen aufgehoben, das über jenes, das üblicherweise als Taktik verstanden wird, hinausgeht, auch wohl über das respektvolle Schweigen gegenüber den

Eltern.»⁴⁶ Von Ernst Cassirer hätte man am ehesten erwarten können, dass er sich zu dem Thema Judenhass äußern würde. Aber er hatte ein anderes Temperament als sein kämpferischer Lehrer Hermann Cohen. Auch dieser suchte nicht die Konfrontation mit dem Radau-Antisemitismus der Straße, sondern wies immer wieder auf die religiösen Quellen des Judentums nicht nur für die gesamte Kultur und Weltpolitik hin. Aber als der Jenaer Philosoph Bruno Bauch 1916 in einem Vortrag den völkischen Charakter der Philosophie proklamierte und in der Zeitschrift *Der Panther* behauptete, in der deutschen Philosophie, in der «Ausländer» wie Cohen vorgäben, Kant zu verstehen, herrsche «jüdischer Terrorismus», trat Cassirer, bezeichnenderweise zusammen mit Cohen, zum Gegenangriff an.⁴⁷ Die deutlichsten Worte gegen die Judenfeindlichkeit sprach Cohen 1915, im zweiten Kriegsjahr, indem er auch die Deutschfeindlichkeit der ausländischen Propaganda geißelte. Wieder wird der prophetische Messianismus des Judentums als Hauptquelle des Christentums und seiner geistigen Errungenschaften zitiert, die ihre Krönung im deutschen Idealismus fand. Von ihm führt der Weg zum politischen Sozialismus, den Cohen «die natürliche Konsequenz des Messianismus» nennt.⁴⁸

Auch Aby Warburg hat sich nicht öffentlich «für jüdische Anliegen oder gegen antisemitische Aktivitäten» exponiert, sieht man von den zwei Verleumdungsprozessen gegen Theodor Fritsch, einen «völkischen Berufsantisemiten» ab, den Warburg von 1923 bis 1926 führte.⁴⁹ Doch in seiner Kulturwissenschaftlichen Bibliothek trug er ein Archiv von Dokumenten des christlichen Judenhasses zusammen, «ein Ur-Meter innerzivilisatorischer Barbarei», das jederzeit wieder aktiviert werden konnte.⁵⁰ Ob Ernst Cassirer und Aby Warburg über diese Dinge gesprochen haben, ist nicht bekannt. In ihrer bisher erschlossenen Korrespondenz ist nur ein Brief Warburgs an Cassirer vom 23. Oktober 1925 mit dem Vermerk «Streng vertraulich!» zu finden, in dem er sich zu der Berufung des Kunsthistorikers Erwin Panofsky an die Hamburgische Universität äußert, die er mit einem Gutachten unterstützt und gegen die es «massive Widerstände» gegeben hatte. Es würde ihn nicht wundern, schrieb er an Cassirer, «wenn das formale Bedenken der beiden Judenfresser» gegen seine Einbeziehung in die Kommission bestünde.⁵¹

Warburgs Sammlung von Meldungen, Artikeln und Illustrationen zum Thema Judenhass, ob kirchlich oder politisch, über Jahrhunderte beweist jedoch auch, dass das «Schweigen» über diese Hetzkampagnen innerhalb der jüdischen Familien und Gesellschaft eine notwenige Schutzmaßnahme sein konnte. Bei Aby Warburg setzte 1918 der «endgültige Ausbruch seiner Psychose» ein, von der mit Recht angenommen wird, «daß die Bedrohung durch den Antisemitismus dabei eine wichtige, vielleicht eine entscheidende Rolle spielte».[52] Das wiederum bewahrheitet Lessings Diktum: «Wer über gewisse Dinge den Verstand nicht verliert, hat keinen zu verlieren.»[53]

«Gewisse Dinge» aus dem Bewusstsein zu verdrängen oder zu negieren war demnach ein Mechanismus, um bei Verstand zu bleiben oder zumindest ein normales Leben zu führen. Dafür gibt Tilla Durieux in ihren Memoiren ein Beispiel. Sie hatte ihrem Schwager, dem Industriellen Hugo Cassirer, ihre betrüblichen Erfahrungen zu Beginn des Ersten Weltkriegs erzählt, als die Damen der Berliner Gesellschaft einschließlich der Aristokratie zu Wohltätigkeitsveranstaltungen auch Damen aus wohlhabenden jüdischen Familien einluden. Sobald aber «die liebe Frau Rosenthal» und die «liebe Frau Stern» ihr Kontingent, beispielsweise an zu verkaufenden Losen für eine Tombola, erfüllt hatten, wurden sie sofort verabschiedet. Die «Nachrede» sei dann «nicht gerade schmeichelhaft» gewesen. «Das Merkwürdige war», fährt Tilla Durieux fort, «daß meine Erzählung darüber bei meinem Schwager Hugo und seiner Frau keinen Glauben fand, ja er bewies mir mit allen möglichen Beispielen, daß der Antisemitismus verschwunden sei. Sagte nicht der Kaiser ‹An meine lieben Juden.›» Als er allerdings später die Fotografie eines Lazaretts in Polen sah, das er hatte errichten lassen, und darauf das Schild «Nur für Christen», war er, wie seine Schwägerin schreibt, «sehr verstimmt».[54]

Hugo bezog sich da wohl auf den Aufruf «An meine lieben Juden in Polen», ein zu Hunderttausenden verteiltes Flugblatt, mit dem die Oberkommandos der deutschen und der österreichisch-ungarischen Armee Anfang September 1914 auf Hebräisch und Jiddisch um die Unterstützung der Juden in Polen warben. Darin wird an das Versprechen des Zaren von 1905 erinnert, den Juden Glaubensfreiheit und Gleichberechtigung zu gewähren. Stattdessen wurden sie grausam verfolgt. «Gedenket der furchtbaren Ausweisungen, die gegen die großen jüdischen

Massen in Anwendung gebracht wurden. Gedenket der Städte Kischinew, Homel, Bialystock, Siedler und der übrigen Hunderte von Pogromen.» Die «mitteleuropäischen Staaten» würden jetzt den Juden das bringen, worum der Zar sie betrogen habe. Die Proklamation verspricht außerdem, «alle Arten von Lieferungen» gut und prompt zu bezahlen.[55]

In der Zeitschrift *Kriegszeit*, die Hugos Bruder Paul herausgab, wurde am 16. September 1914 eine Lithographie von Max Liebermann reproduziert, die ebenfalls an die Pogrome erinnert. Sie trägt den Titel *Kischnev*. In bitterer Ironie fügte Liebermann hinzu: «An meine lieben Juden. (Der Czar)».[56] In Kischinew hatte 1903 eines der vielen Pogrome im Russischen Reich stattgefunden. Es erregte weltweites Entsetzen, da es besonders brutal war und 47 Todesopfer und hunderte Verletzte forderte.

Den Sieg über Russland haben viele ersehnt. Auch Hermann Cohen hoffte «auf den Triumph der deutschen Waffen», damit «der Gott der Gerechtigkeit und Liebe dem Barbarenjoch das Ende bereiten werde, welches auf unseren Glaubensbrüdern im russischen Reiche lastet, deren ganzes politisches Dasein allem Recht, aller Staatsvernunft, aller Religion und aller Sittlichkeit, allem menschlichen Erbarmen und aller Achtung vor edlem Menschenwert Hohn spricht».[57]

Von Ernst Cassirer ist etwas mehr über sein Verhältnis zum Judentum bekannt als von seinen Verwandten. Er war, jedenfalls in Hamburg, Mitglied der jüdischen Gemeinde. Seine Tochter erhielt ein Jahr Religionsunterricht,[58] und es ist anzunehmen, dass das auch bei den Söhnen der Fall war. Cassirer war in Hamburg federführend an der Gründung der Akademie für die Wissenschaft des Judentums beteiligt und Mitglied des Vorstands. 1920 hielt er die Eröffnungsrede über Hermann Cohen. 1931 gehörte er zu den Gründern der Hamburger Sektion der Franz-Rosenzweig-Gedächtnisstiftung, die es sich zur Aufgaben machte, das deutsche Judentum geistig zu erneuern. Der Philosoph hat mehrmals in Gesprächen bedauert, keine gründliche religiöse Unterweisung erhalten zu haben. Diesen Mangel muss er im Lauf der Jahre und besonders nach 1933 immer stärker empfunden haben. Als sein Neffe Henry ihn 1944 zum letzten Mal in New York sah, beschwerte sich Ernst über den fehlenden Religionsunterricht in der Odenwaldschule, in die er seine Kinder geschickt hatte. Er klagte darüber, «daß Paulus seine Schüler über das Judentum in Unwissenheit gelassen hätte. ‹Er erzog jüdische Kinder in protestantischem Geist, aber machte sie nicht ihrer jüdischen Herkunft bewußt, verfehlte es, sie auf das vorzubereiten, was ihnen bevorstand.›» Henry fügt hinzu: «Selten hörte man einen Cassirer davon sprechen, wie wichtig es sei, sich jüdisch zu fühlen.»[59]

Toni Cassirer war, wie sie in ihren Erinnerungen berichtet, mit ihren Geschwistern «ohne Religion erzogen»[60] worden und hatte in Wien «als Tochter eines angesehenen Kaufmannes keinen Kampf gegen den Antisemitismus zu führen gehabt». Auch ihrem Mann sei es ähnlich ergangen. «Daß es Antisemitismus gab, wußten wir alle, auch daß uns viele Berufe aus diesem Grund verschlossen waren. Aber nach diesen Berufen streben wir gar nicht.»[61] Im Rückblick nannte sie diese Haltung naiv. Als Ernst Cassirers «Kampf um die Universitätsdozentur» begann, haben beide sie bald ablegen müssen. Während Ernst Cassirers Familie im Grunewald von antisemitischen Angriffen unbehelligt blieb, änderte sich das in Hamburg. Dort wurden nicht nur die Kinder in der Schule und auf dem Schulweg belästigt, Toni selbst musste im Sommer 1922 von einer Nachbarin «aus einer der vornehmsten Hamburger Familien» hören, dass sie sich durch den «puren Anblick» der Cassirers gestört fühle mit dem Zusatz: «Sie gehören ja alle nach Palästina.»[62] Ernst drehte darauf den antisemitischen Spieß um und schrieb einen scharfen Brief an den Nachbarn, dem er versicherte, er habe sich «bisher immer mit Erfolg bemüht, den Verkehr mit Leuten Ihres Schlages gänzlich zu meiden», und verlangte, «künftig jede Annäherung an Mitglieder meiner Familie zu unterlassen».[63]

Als er 1929 von Bürgermeister und Senat der Stadt Hamburg aufgefordert wurde, die Festrede zur Feier des Verfassungstags zu halten, riet ihm seine Frau ab: «Ich wollte der herrschenden und wachsenden Abwehr gegen die angeblich zu große Einmischung der deutschen Juden in das Schicksal der Nation nicht Vorschub leisten.»[64] Ernst hat die Rede doch gehalten und sich, nachdem er Deutschland verlassen hatte, in Briefen unmissverständlich gegen das nationalsozialistische Regime geäußert. Mehr konnte und wollte er nicht tun, solange noch Familienmitglieder in Deutschland lebten wie sein Onkel Max und sein Vetter und Verleger Bruno. Mit seiner Frau führte er jedoch lebhafte Diskussionen über die Situation, in der sich die Juden befanden, «die keine Zugehörigkeit mehr mit der Tradition ihrer Vorväter zu haben glauben». Ihnen, so dachte sie, sollte man den Übertritt zum Christentum nicht verübeln. Dem trat ihr Mann «aufs schärfste» entgegen und verlangte auch von konvertierten Juden Solidarität mit den Verfolgten.[65] Erst in den letzten Jahren des amerikanischen Exils hat Ernst Cassirer das Schweigen gebrochen.

Beide Cassirers machten in dem ersten amerikanischen Sommer eine befremdliche Entdeckung, die viel über sie als jüdische Deutsche sagt. An Ferienhotels bei New York sahen sie die Aufschrift «Restricted». Man erklärte ihnen, das beziehe sich auf jüdische Gäste, die die Hotelbesitzer nicht aufnehmen wollten, «worunter sie, wie uns immer versichert wurde, nicht etwa Menschen wie uns verstanden». Antisemitismus gab es in Amerika durchaus und seit Kriegsbeginn in verstärktem Maße. Das war den Cassirers wahrscheinlich nicht bekannt. Sie kannten offenbar aber auch nicht jene Juden, «deren Bestreben es war, die Eigenheit ihrer Vergangenheit zu bewahren, und die gar nicht daran dachten, die neue Kultur, in der sie lebten, voll und ganz anzunehmen. Hier in Amerika, ganz anders als in Westeuropa, wurde von den Juden sogar die Landessprache erst an zweite Stelle gerückt. Rein religiöser Natur ist diese Einstellung nicht, und es wurde uns schwer, sie ganz zu erfassen.»[66]

Es scheint, weder in Breslau noch in Wien noch in Berlin waren Ernst und Toni mit Jiddisch sprechenden Juden in Kontakt gekommen, die, wie er in Amerika erkannte, ihre Sitten und Gebräuche, ihre Bücher und ihre Speisen «bewahrten», auch wenn sie nicht unbedingte fromme Juden waren. Dass sie sogar nicht Englisch sprechen konnten oder wollten, war wohl für den Kulturphilosophen der Anlass, in dieser freiwilligen Absonderung ein «wirkliches Problem» zu sehen.

In Deutschland hatte ein Familienmitglied aus Ernsts Generation bereits 1920 seine Stimme gegen den nach dem Weltkrieg erneuten und verstärkten «alten Hass» erhoben. Fritz Cassirer hatte den Taktstock niedergelegt und die Feder ergriffen, um sich seinen Schriften zur Musik und Dichtung zu widmen. 1920 veröffentlichte er einen Beitrag zu dem Buch *An den Wassern von Babylon. Ein fast heiteres Judenbüchlein*, das im Georg Müller Verlag in München erschien. Cassirers Text trägt den Titel

Breviarium Judaicum
das ist:
des Rabbi Moses Süßmilch Fastenpredigt
auf das Jahr 1920,
den guten deutschen Juden allerlei Konfession, so ob des Elends der elenden Zeitläufte betrübet sind, darin sie ausführlich und deutlich aufgeklärt, auch kräftiglich ermahnet werden, sich alsobald aufzuerbauen und zu erheitern.[67]

Kein Herausgeber des Bändchens ist verzeichnet, lediglich vier Autoren: Hermann Sinsheimer, Lion Feuchtwanger, Fritz Cassirer und Paul Schlesinger. Sie lebten in München, Sinsheimer als Theater- und Literaturkritiker der *Münchner Neuesten Nachrichten*, Feuchtwanger wie Cassirer als freier Schriftsteller und Schlesinger als Journalist für den Ullstein Verlag, ehe er nach 1921 in Berlin für die *Vossische Zeitung* schrieb und der bekannteste Gerichtsreporter der Weimarer Republik wurde. Sinsheimer folgte 1924 Paul Geheebs Bruder Reinhold als Chefredakteur des *Simplicissimus*. Es ist anzunehmen, dass die vier einander gut kannten, wenn sie nicht sogar befreundet waren, denn die Zusammenarbeit für das Büchlein konnte nur vier Menschen gelingen, die in Bezug auf das Judentum, genauer das deutsche Judentum, einer Meinung waren und sich zu einem Projekt entschlossen, das gleichsam eine Entgegnung auf Jakob Wassermanns im folgenden Jahr erschienenes, von Verzweiflung und Enttäuschung geprägte Buch *Mein Weg als Deutscher und Jude* vorausnahm, das unter dem Eindruck des wiederauflebenden «alten Hasses» entstanden war und sieben Jahre früher nicht geschrieben worden wäre.[68]

Alle vier Autoren verteidigten ihr Deutschtum und ihr Judentum. Sinsheimer beschreibt mit Hingabe seine Pfälzer Heimat, das kleine Freinsheim, wo er seine Kindheit verbrachte. Feuchtwanger entwirft in der meisterhaften Satire *Gespräche mit dem ewigen Juden* ein Deutschland ohne Antisemitismus, das den eleganten Ewigen Juden, den der Erzähler im Café Odeon kennenlernt, dazu zwingt, eine antisemitische Zeitschrift zu gründen, um sein eigenes Weiterleben zu sichern. In die acht *Anekdoten* Schlesingers über das Zusammenleben von Christen und Juden – kleine, scharf umrissene Skizzen – sind auch seine Erfahrungen als Schweizer Korrespondent der *Vossischen Zeitung* während des Weltkriegs eingegangen.

Es ist bezeichnend, dass das *Fast heitere Judenbüchlein* im Jahr 1920 in München erschien, wo sich früh die Bewegung regte, zu deren Hauptstadt es erkoren wurde. Sie wurde gespeist von Publikationen wie Theodor Fritschs Zeitschrift *Der Hammer* und seinem *Handbuch der Judenfrage*, das ständig neu aufgelegt wurde. In der 29. Auflage von 1923 konnte Paul Cassirer über seinen und die anderen Verlage wie Fischer, Mosse, Kurt Wolff und Ullstein lesen, dass das Verlagswesen jetzt von jüdischen Verlegern und deren «Erwerbs- und Rassen-Interessen» verseucht würde. Jüdische Verlage ließen «tote Dichter und Denker neu bearbeiten, herausgeben und beschneiden».[69] Im Juli 1920 begannen Ludwig Thomas Beiträge im *Miesbacher Anzeiger* zu erscheinen, der sich im ganzen Reich einer hohen Abonnentenzahl erfreute. In solchen und unzähligen anderen Publikationen fanden sich jüdische Bürger beschrieben, karikiert und attackiert, sodass sie sich nur an den Kopf greifen konnten, wenn sie ihn nicht darüber verloren. Sie mussten zusehen, wie ihr Land in eine grenzenlose Verdummung hinabgerissen zu werden drohte. Um nicht gänzlich der Verzweiflung zu verfallen wie Aby Warburg, dessen Gemüt sich zu dieser Zeit verdüsterte, entschied sich eine wachsende Zahl, gerade in Bayern, zur Auswanderung nach Palästina, darunter Arnold Zweig. In diesem Augenblick schrieben die vier Freunde ihr *Fast heiteres Judenbüchlein*.

Fritz Cassirers *Breviarium* ist der Aufschrei einer gequälten deutschjüdischen Seele. Er versucht dennoch, die deutschen Juden aufzurichten. Den ersten Rat, den Cassirer seinen Rabbi allen deutschen Juden erteilen lässt, «Aschkenasim, Sephardim, Zionisten, Alldeutsche, Ungetaufte und Getaufte», ist der, Deutschland nicht den Rücken zu kehren. Davon hatte ihn «der große, herrliche Hermann Cohen» überzeugt, der, nach seiner Meinung über die Zionisten befragt, «fluchte und zugleich jammerte […] Was sollte denn aus Deutschland werden? Wir dürfen sie nicht allein lassen, diese Deutschen.» Dafür nennt Fritz zunächst kulturelle Gründe. «Nicht weit von jedem großen Deutschen findet sich der getreue Jud, der sich zum Ziel gesetzt hat, ihm zu dienen.» Jeder Richard Wagner hat seinen Hermann Levi, jeder Bach seinen Mendelssohn, jeder Kant seinen Hermann Cohen. Die Deutschen brauchen ihre Juden aber auch zur Staatsführung und für das Militär, wovon sie sie zu ihrem eigenen Schaden ausgeschlossen haben. «Könnte es nicht sein – o toller

Gedanke! –, daß ein Generalstab von Juden diesen Krieg weniger – korpsstudentenmäßig geführt hätte? Und daß er besser – Frieden zu schließen verstanden hätte?»

Aus des Rabbis Fastenpredigt spricht demnach nicht nur Verzweiflung, sondern auch Selbstbewusstsein und Stolz. Von dem 25-jährigen Fritz Cassirer wird der Ausspruch überliefert: «Als ihr Germanen noch auf Bärenhäuten lagt, hatten wir Juden bereits das Alte Testament.»[70] Des Rabbi Süßmilch Sprache wird erregter, dann wieder ruhiger; Ellipsen, Gedankenstriche und Ausrufezeichen wechseln ab in diesem Hymnus auf Deutschland und seine Kultur und der Klage über ihren Verfall. Natürlich zitiert Cassirer Goethe, nennt die späten Beethoven-Quartette «das große Testament deutschen Geistes» und Nietzsche den «letzten großen Deutschen». Sie sind die Vergangenheit des jetzt verdummenden Deutschland, dessen Sprache und Kultur von seinen Juden gehütet werden muss.

So erteilt der Rabbi seiner Gemeinde den zweiten Rat, sich nicht über das Rätsel – «eure alte, eure unauslöschliche Liebe zu diesem Deutschland» – zu zergrübeln. Er verlangt von ihnen das schier Unmögliche, die «Offensive des guten Humors» und des «fröhlichen Schweigens». Wenn sie jedoch auf einen Judenfresser treffen, sollen sie das Schweigen brechen und ihm frei heraus entgegnen: «Wir wurzeln tief und fest in dieser unsrer deutschen Erde! […] Wir bleiben hier!»

5. KAPITEL

Die Familie Cassirer im Exil

Den Rat, in dem Land zu bleiben, in dem sie tief verwurzelt waren, den Fritz Cassirer 1920 den deutschen Juden erteilt hatte, hat seine Familie mit wenigen Ausnahmen nicht befolgt. Dass er 13 Jahre nach Erscheinen seines *Breviarium Judaicum* und nach der Machtübernahme der Nationalsozialisten und der wachsenden Entrechtung, nach Verfolgung und Ermordung der jüdischen Bürger sein trotziges «Wir bleiben hier!» wiederholt hätte, ist zu bezweifeln. Nach dem 9. November 1938 verließen als letzte direkte Nachkommen von Marcus Cassirer sein Sohn Max und sein Enkel Bruno Deutschland.[1] Sie gingen nach England und Frankreich, Nord- und Südamerika und nach Südafrika. Keiner ging nach Palästina. Dieser Gedanke war ihnen völlig fremd. Das zeigte sich bei einem Vortrag Martin Bubers Ende 1932 an der Odenwaldschule. Darin warnte er: «Die Sache wird ganz furchtbar werden, und er wolle nach Palästina. Darauf gab es Widerspruch von den assimilierten Juden, besonders von den Cassirers, die die deutsche Kultur völlig verinnerlicht hatten, sie sagten: wir denken gar nicht daran, in ein Land zu gehen, wo nur Juden sind. Gerade die Mischung ist ja das Wesentliche.»[2]

In den Exilländern, in denen die Familie Aufnahme fand, bot sich einigen von ihnen dank ihrer Ausbildung, wissenschaftlichen Leistungen oder persönlichen Verbindungen die Möglichkeit, Fuß zu fassen. Andere begannen etwas Neues, sei es ein Fotoatelier in Südfrankreich wie der Maler Walter Bondy oder einen kleinen Betrieb zur Herstellung elektrischer Haushaltsgeräte wie Hans Cassirer in England. Im Folgenden soll erzählt werden, wie das in Deutschland abrupt abgebrochene Leben einiger Cassirers weiter verlief.

Ernst Cassirer in England, Schweden und den USA (1933–1945)

Ernst und Toni Cassirers erste Durchgangsstation ins Exil war wie die vieler Flüchtlinge im Frühjahr 1933 Österreich. Sie fuhren zu Tonis Schwester Edith, die den Lederfabrikanten Max Waller geheiratet hatte. Beide Familien trafen einander in Kirchberg am Wechsel, dem Feriensitz der Wallers am Fuß des Semmering. Die Nachricht von der Trennung Ernsts von der Universität in Hamburg hatte sich rasch verbreitet, und schnell erreichten ihn verschiedene Angebote, an einer Universität im Ausland zu unterrichten. Sein Name stand oben auf der Liste des britischen Academic Assistance Council, der vertriebenen Hochschullehrern eine Stelle vermitteln wollte. Der Rektor des All Souls College in Oxford machte Ernst das Angebot, ein Jahr als Lecturer an das College zu kommen. Dann meldete sich Emil Lederer, Wirtschaftswissenschaftler aus Heidelberg, jetzt Dekan der University in Exile in New York, die sich der New School for Social Research angeschlossen hatte. Diese war 1919 von fortschrittlichen Professoren der Columbia-Universität und den öffentlichen Colleges der Stadt New York gegründet worden, um Erwachsenen ein kostenfreies Collegestudium zu ermöglichen. Nun sah man dort die Chance, unterstützt von der Rockefeller-Stiftung mit den Exilwissenschaftlern ein Graduiertenprogramm aufzubauen. Ein Schwerpunkt sollte auf europäischer Philosophie liegen. Hannah Arendt, Erich Fromm, Hans Jonas gehörten im Lauf der Jahre zu den Lehrern. Ernst Cassirer erhielt ein unbefristetes Lehrangebot. Ehemalige Schüler, die nun an ausländischen Universitäten lehrten wie Hugo Bergmann an der Hebräischen Universität in Jerusalem und Malte Jacobsson an der Hochschule in Göteborg, meldeten sich und fragten Cassirer, ob er nicht zu ihnen kommen wolle.[3] 1936 erhielt Cassirer ein Telegramm des Rektors der Universität in Istanbul mit der Frage, ob er eine Berufung von dort annehmen würde; der Vorschlag stammte von seinem ehemaligen Schüler Hans Reichenbach.[4]

Keines dieser Angebote war mit der Hamburger Professur zu vergleichen, die Ernst ein hohes Gehalt und nach der Emeritierung die entsprechende Pension zugesichert hatte. Hinzu kam die gänzlich ungesicherte Situation des Sohnes Heinz, dem in Aussicht gestellt worden war, sich in Zürich zu habilitieren. Vorerst war er mit seiner Frau Eva und der kleinen Irene in einem Schweizer Bauernhaus untergebracht. Georg war mit seiner Frau Vera in Erwartung des ersten Kindes in Deutschland geblieben, hatte aber ebenfalls keine Arbeit. Auch die Existenz von Anne und Kurt Appelbaum, die vorderhand bei Freunden in London Unterkunft gefunden hatten, war nicht gesichert. Ernst wurde jedenfalls «bald unruhig, weil mindestens zehn Menschen unmittelbar von ihm abhingen».[5]

Aus Deutschland trafen die ersten Schreckensnachrichten ein. Ernsts Vetter, der Neurologe Kurt Goldstein, war schon im Januar verhaftet worden. Der Redakteur Fritz Solmitz, dessen Schwester Eva mit einem Sohn von Onkel Max verheiratet war, wurde, wie erwähnt, am 18. September 1933 im KZ Fuhlsbüttel ermordet. An eine Rückkehr nach Deutschland war nicht zu denken. Den drei Monate alten Enkel Peter mit seinen Eltern sahen Toni und Ernst im Herbst 1933 im tschechischen Bad Karlsbrunn zum ersten Mal.

Die Entscheidung für eine Hochschule war schnell gefallen. Die New School schied, wie schon 30 Jahre früher Harvard, aus. Wieder wäre die Trennung von den Kindern unvermeidlich gewesen. Jerusalem scheiterte, laut Thomas Meyer, «an Tonis Veto».[6] Sie schreibt allerdings: «wenn ich zu entscheiden gehabt hätte, wären wir – obwohl ich bis dahin dem Zionismus ganz fremd – nach Palästina ausgewandert». Ernst habe jedoch geglaubt, mit 59 Jahren nicht mehr Hebräisch lernen zu können und nicht mehr die Kraft zu haben, dort «seine Arbeit zu Ende zu führen».[7] Nach Schweden sollte zunächst eine Vortragsreise führen. Das erste Lehrangebot, das Cassirer annahm, war also das von All Souls in Oxford. Ein Grund dafür war, dass die Kulturwissenschaftliche Bibliothek Warburg dank englischer Sponsoren eine neue Heimstätte gefunden hatte, wo Fritz Saxl und Gertrud Bing sie neu aufstellten. In Oxford hatte man Cassirer auch zugestanden, seine Lehrveranstaltungen auf Deutsch zu halten.

Bereits im September fuhren beide Cassirers nach England, um den Vertrag mit dem College zu unterschreiben und sich mit dem Land vertraut zu machen, in dem nur Ernst einmal für kurze Zeit gewesen war und dessen Sprache beide nicht beherrschten. Sie waren die Ersten der Familie, die in Oxford, gleichsam einem Exilstützpunkt der Familie, landeten. Fünf Jahre später fand Bruno Cassirer mit Frau, Töchtern und Schwiegersöhnen dort Zuflucht und blieb bis zu seinem Tod. Ernsts Sohn Heinz kam ebenfalls bald nach Oxford, um dort zu lehren; dann erhielt Werner Falk, ein weiteres Familienmitglied, ein Stipendium der Universität Oxford. Auch Max machte kurz bei Bruno Station. Schließlich erreichte Lilly, die Witwe des Kapellmeisters Fritz Cassirer, mit ihrem zweiten Mann Otto Neubauer, außerordentlichem Professor an der Münchner Universität für Stoffwechselforschung und Hämatologie und bis 1933 Chefarzt am Schwabinger Krankenhaus, in letzter Minute England. Sie waren bis 1939 in München geblieben, er, ein hochintelligenter, ja genialer Mann, «unter entwürdigenden Umständen als Krankenpfleger», ehe die Ausreise gelang. Dank seiner Entwicklung der «Neubauer-Zählkammer» und anderer medizinischer Apparate konnte er mit Unterstützung ehemaliger Schüler und amerikanischer und englischer Stiftungen noch 18 Jahre in England als Forscher und Arzt tätig sein.[8]

Lilly Cassirer Neubauer war die Erbin einer kleinen, aber erlesenen Kunstsammlung, deren Glanzstück, Pissarros *Rue Saint-Honoré, après-midi, effet de pluie*, ihr Schwiegervater Julius Cassirer erworben hatte und ihr Enkel Klaus Wolfgang einmal als Andenken an die Verwandten besitzen sollte, die er so früh verloren hatte. Seine Mutter Evchen starb, als er drei Monate alt war, seinen Großvater Fritz verlor er im Alter von fünf Jahren. Seine Großmutter Lilly vertrat Mutterstelle an ihm. Klaus lebte bei dem Vater in Berlin, besuchte sie aber jeden Sommer in München, wo der Pissarro in der Wohnung der Neubauers in der Ludwigstraße hing. Die schier unglaubliche Geschichte des Bildes, das Lilly nach 1933 für 900 Mark einem Kunsthändler überlassen musste, seine Wanderungen von Händlern zu Sammlern in Europa, nach Amerika und zurück nach Europa, wo es heute im Museum Thyssen-Bornemisza in Madrid hängt, hat Melissa Müller detailliert beschrieben.[9] Nicht weniger unglaublich sind die Wanderungen des jungen Klaus, der mit seinem Vater 1933 nach Prag ging, wo der Zwölfjährige ein tschechisches Gymnasium besuchte. Im Sommer fuhr er nach Salzburg, um seine Großmutter Lilly zu treffen. Als die Nürnberger Gesetze erlassen wurden, so erzählte er, war das Zusammentreffen nur noch auf einer Brücke über der Salzach möglich, wo beide bis zu drei Stunden miteinander sprechen konnten, ehe die Grenzpolizisten auch das verboten, weil man sie des Geldschmuggels verdächtigte.

Klaus, der seinen Vornamen um diese Zeit in Claude änderte, besuchte dann mit Unterstützung Lillys ein englisches Internat, wurde aber mit seinem Vater vom Kriegsausbruch in Frankreich überrascht, interniert, auf dem Weg in die USA in Afrika festgehalten, wo er in einem Lager in der Sahara an Typhus erkrankte. Wunderbarerweise überlebte er nicht nur, sondern gelangte mit Hilfe der Hebrew Immigrant Aid Society nach New York, wo er nach Monaten geheilt wurde. Das Bild von Pissarro vergaß Claude Cassirer nie. Er ließ sich in Cleveland, Ohio und später in San Diego in Kalifornien nieder und wurde Fotograf. Zunächst musste er den Pissarro für verloren halten. Als er im Jahr 2000 erfuhr, wo er sich befand und dass der spanische Staat einen Großteil der Sammlung Thyssen-Bornemisza 1993 erworben hatte, begannen seine Anstrengungen, das Gemälde zurückzuerhalten. Es gelang ihm vor seinem Tod 2010 nicht. Ein Prozess in Kalifornien dauert noch im Jahr 2015 an.

Lilly Cassirer Neubauer erhielt 120 000 Mark als Wiedergutmachung für den Verlust des Bildes. Sie verpflichtete sich, die Summe zurückzuzahlen, sollte der Pissarro wieder auftauchen und zurückerstattet werden. Es war ihr jedoch vergönnt, mit ihrem Enkel wieder vereint zu werden. Nach dem Tod von Otto Neubauer zog sie zu Claude nach Cleveland, wo sie 1962 starb. Oxford war für sie wie für andere Familienmitglieder nur eine Exilstation gewesen, für Ernst Cassirer war es die erste von dreien.

Das erste Oxforder Jahr war für Ernst und Toni Cassirer eine schwierige Zeit. Die Einladung von All Souls war nicht auf eine persönliche Verbindung oder auch nur auf gemeinsame wissenschaftliche Interessen mit einem Fakultätsmitglied zurückzuführen. Weder in Tonis Erinnerungen noch in Thomas Meyers Biographie wird ein Philosoph von All Souls erwähnt. Privat verkehrten die Cassirers mit dem österreichischen Physiker Erwin Schrödinger. Es war dennoch die richtige Entscheidung, denn das 1438 von Heinrich VI. und Henry Chichele, dem Erzbischof von Canterbury, gegründete All Souls College ist, anders als sein Name suggeriert, kein typisches College, sondern eine Forschungsinstitution, die nur Bewerber aufnimmt, die bereits einen akademischen Abschluss haben. Diese werden mit der Aufnahme zu Fellows, also Mitgliedern der Fakultät. Alljährlich lädt All Souls die besten Absolventen Oxfords ein, das «schwierigste Examen der Welt» abzulegen, um eines der zwei jährlich vergebenen *Examination Fellowships*, ein siebenjähriges Forschungsstipendium, zu erhalten. Ein Jahr, bevor Ernst Cassirer dort eintraf, hatte der 23-jährige Isaiah Berlin, der einer der großen Denker des 20. Jahrhunderts werden sollte, dieses Fellowship errungen. Möglicherweise hat er Ernst Cassirer gehört, sicher jedenfalls haben sie beide regelmäßig an den feierlichen Samstagsessen teilgenommen, zu denen alle Absolventen von All Souls geladen sind, darunter führende Männer (und seit 1979 auch Frauen) aus Wirtschaft und Politik.

Mit der Unterzeichnung von Cassirers Vertrag hatte das College seine Pflicht getan. Um Unterkunft mussten sich Toni und Ernst selber kümmern und fanden zwei Zimmer in einer Pension.[10] Die englische akademische Welt muss höchst befremdlich auf die Neuankömmlinge gewirkt haben. Die immer propere Toni rügt geradezu «die schwarzen mehr oder minder zerlumpten Umhänge» und verrosteten Fahrräder der Studenten, die ihre Bücher nicht einmal in Aktentaschen trugen, sondern in Tücher eingeschlagen und mit Riemen zusammengehalten. Das freundlich-distanzierte Verhältnis der Kollegen zu den Heimatlosen zeigte, dass sie keine Ahnung davon hatten, wie es in den Entwurzelten aussah, die das auch verstanden. Oxford war für akademische Emigranten ein Magnet. Auch Theodor Adorno hielt sich zu der Zeit dort auf und hoffte wie viele Studenten und stellenlose Wissenschaftler auf ein empfehlendes Wort des berühmten Kulturphilosophen. Das gemeinsame Exil hatte allerdings Adornos Meinung über Ernst Cassirer nicht geändert. Entsetzt wehrte er in einem Brief vom 2. November 1934 an Max Horkheimer die Vermutung ab, er könnte mit Cassirer in engerer Verbindung stehen: «Ihr Hohn über mein Vertrauen zu Cassirer geht ganz daneben, er ist ein konformistischer Trottel, heute wie nur je, und ich habe ihn nie um Rat gefragt, sondern seine Funktion bestand darin, meine Lage dem Council auseinanderzusetzen. In Oxford habe ich ihn einmal […] gesehen und wir haben uns darauf beschränkt, Kriminalromane auszutauschen.»[11]

Die Sorgen um Ernsts und Tonis Kinder nahmen nicht ab. Die Habilitation von Heinz in der Schweiz wurde durch eine neue Verordnung unmöglich. Anne und ihr Mann fanden keine Arbeitsmöglichkeit in England. Georg war weiterhin in Deutschland. Dann gab es wieder einen Lichtblick: Heinz erhielt eine Assistentenstelle an der Universität in Glasgow. Auch Cassirers Vertrag mit All Souls wurde um ein Jahr verlängert, so konnte er mit seiner Frau im Sommer 1934 wieder nach Österreich fahren, was sie bis zum «Anschluss» 1938 jedes Jahr taten. Die dabei unvermeidliche Durchreise durch Deutschland geschah jedes Mal unter Angst und Schrecken, weil sie fürchteten, verhaftet zu werden. Die Schilderung eines Taxiunfalls im nächtlichen Berlin, wo sie in 30 Minuten von einem Bahnhof zum anderen gelangen mussten, gleicht einem Thriller.[12]

Am 24. Juli 1934 wurde Ernst Cassirer 60 Jahre alt. Er verlebte den Tag im Kreis der Familie Waller am Semmering. Hier trug sich der denkwürdige Besuch von Onkel Max mit dem Sohn Georg zu. Dem Jubilar wurden Ehrungen und Würdigungen in wissenschaftlichen Publikationen zuteil. In Deutschland konnten natürlich nur Artikel in den wenigen jüdischen Zeitungen erscheinen.[13] Eine gewichtige Festschrift, *Philosophy and History*, wurde von Raymond Klibansky und dem englischen Kant-Forscher H. J. Paton vorbereitet und erschien 1936 bei der Oxford University Press. Unter den Beiträgern, international bekannten Koryphäen wie Johan Huizinga und José Ortega y Gasset, waren nur zwei Deutsche, der Heidelberger Freund Ernst Hoffmann und Theodor Litt in Leipzig. Zu dem Festtag selbst erhielt der Jubilar eine ebenfalls von Klibansky edierte maschinenschriftliche Festgabe mit Beiträgen seiner Schüler. Klibansky, ein junger Wissenschaftler aus Cassirers engstem Kreis, war wie Walter Solmitz Odenwaldschüler gewesen und in Warburgs Kulturwissenschaftliche Bibliothek eingeführt worden. Cassirer hatte seine ersten Arbeiten veröffentlicht und ihn an der geplanten Cusanus-Ausgabe beteiligt. Klibansky setzte wie kein Zweiter die Arbeit der Bibliothek an Universitäten in England, Kanada und Frankreich fort und wurde mit hohen internationalen Ehren bedacht.

Vor der Rückkehr nach Oxford machten die Cassirers die erste Bekanntschaft mit Schweden. Die Einladung zu einer sechswöchigen Vortragsreise, davon vier Wochen an der Universität Uppsala, im September und Oktober 1934 ging auf den Philosophen und sozialdemokratischen Politiker Malte Jacobsson zurück. In Tonis Erinnerungen ist dieser erste schwedische Aufenthalt von skandinavischem Sonnenlicht überstrahlt. Die moderne Architektur Stockholms, die geschmackvoll eingerichteten Häuser, in die die Cassirers eingeladen wurden, die demokratischen Verhältnisse in einer Monarchie beeindruckten sie tief. Ein Besuch im felsigen Göteborg, wo Jacobsson seine Professur aufzugeben plante, um Landeshauptmann zu werden, eröffnete für Ernst Cassirer die Möglichkeit, Jacobssons Nachfolge anzutreten. Toni Cassirer erwähnt in ihren Erinnerungen allerdings nicht, dass sich in Schweden Opposition gegen Immigranten regte und dass es auch dort Antisemitismus gab. Von dem «Fall Zandek» hatte Ernst Cassirer bei diesem ersten Besuch gehört. Der bekannte Gynäkologe der Berliner Charité Bernhard Zandek war 1934 von der Schwedischen Akademie zu einem Forschungsprojekt eingeladen worden. Als er sich in Schweden niederlassen wollte, erhob sich unter den schwedischen Ärzten starker Protest, sodass Zandek seinen Antrag zurückzog und nach Palästina ging.[14]

Auch gegen die Berufung Cassirers an die Hochschule Göteborg wurde protestiert. Einen Tag nachdem sie bekannt geworden war, veröffentlichte die konservative *Göteborgs Morgenposten* einen Artikel gegen die «unnötige Professur», die dem alten Vertreter einer veralteten Philosophie auf Kosten junger schwedischer Wissenschaftler zugesprochen worden sei. Sie könne zum Präzedenzfall werden, wenn in Zukunft Privatinteressen öffentliche Institutionen beeinflussen würden.[15] Es ist möglich, dass Ernst und Toni Cassirer von dieser Attacke nichts wussten. Sie sprachen immer nur von positiven Erfahrungen in Schweden. In Deutschland hatten sie ganz anderes erlebt und hörten täglich von neuen fürchterlichen Ereignissen. In Göteborg dagegen gab es vor allem Torgny Segerstedt, Chefredakteur des liberalen *Göteborgs Handelstidning*, der jeden Tag eine Kolumne schrieb und in jeder Kolumne das nationalsozialistische Regime angriff. Er galt als das moralische Gewissen Schwedens und ließ sich nicht von Protesten der Kaufmannschaft und Reeder abhalten, die um die Wirtschaft des neutralen Schweden fürchteten. Sogar der König konnte ihn nicht zum Schweigen bringen.[16]

Cassirer wollte seine Professur nicht auf Kosten des akademischen Nachwuchses annehmen, denn die Zahl der offenen Stellen an den Universitäten des kleinen Landes von damals viereinhalb Millionen Einwohnern war gering. Klein war auch die Hochschule in Göteborg mit knapp 400 Studenten. Schließlich wurde eine «persönliche Professur für theoretische Philosophie» mit privaten Mitteln finanziert. Sechs Göteborger Familien, die meisten aus dem jüdischen Großbürgertum, das von je die kulturellen Einrichtungen der Stadt unterstützt hatte, kamen fünf Jahre lang für Cassirers Gehalt von 14 000 Kronen per annum ohne Pensionsansprüche auf.

Beflügelt fuhren die Cassirers nach Oxford zurück, wo sie viel glücklicher ankamen als ein Jahr zuvor. 1935 war Cassirer wesentlich aktiver. Seine Stelle war im Grunde eine Forschungsprofessur. Im ersten Jahr hatte er auf Deutsch über Kant gelesen. Nun hielt er seine Lehrveranstaltungen, die wahrscheinlich eher Colloquien und Seminaren glichen, auf Englisch, was große Anstrengungen kostete. Aber er wurde auch zu Vorträgen nach London eingeladen, wo er in der Kulturbibliothek sprach und vom Bedford College, dem ersten britischen Frauencollege, zum Ehrenmitglied ernannt wurde. Er fuhr zu Vorträgen an die Universität in Glasgow, wo er Heinz mit Frau und Enkelin wiedersah. Dort gab es auch ein Wiedersehen mit Dingen aus der Blumenstraße, die Heinz nach England hatte mitnehmen können. Das bestärkte Ernst und Toni in dem Entschluss, sich in Schweden in einem eigenen Heim niederzulassen.

Bisher hing die Reichsfluchtsteuer drohend über Ernst Cassirer. Die im Jahr 1931 eingeführte Barriere gegen Steuerflucht wurde nach 1933 von der Regierung weidlich und willkürlich als Mittel zur Ausplünderung der Emigranten genutzt. Der Besitz der zur Emigration Entschlossenen wurde weit über seinem Wert besteuert, in Cassirers Fall wären «phantastische» Steuersummen in bar zu zahlen gewesen, die der Philosoph nicht hätte aufbringen können. So begann er eine tatsächlich erfolgreiche Kampagne gegen die Reichsfluchtsteuer mittels einer mühsamen, viele Aktenordner füllenden Korrespondenz. Er schrieb an alle ausländischen Universitäten und akademische Institutionen, an welchen er je gesprochen hatte, und bat um Bestätigungen, dass er dort sehr wohl deutschen Interessen gedient und seinen Hörern deutsche Kultur vermittelt habe. Nach nationalsozialistischen Vorstellungen war das «Nichtariern» nicht möglich. «Nichtarier gibt es gar nicht», hatte der

Kulturphilosoph zu seiner Frau gesagt.[17] Der deutsche Botschafter in London schrieb schließlich an die Hamburger Finanzbehörde, «gleichgültig ob er [Cassirer] Arier ist oder nicht,» er habe «seine englischen Hörer der deutschen Gedankenwelt näher gebracht».[18] Zum 15. Juli 1935 wurde Cassirers Wohnsitz in der Blumenstraße aufgegeben und das Hab und Gut, das dort geblieben war, nach Göteborg verfrachtet.

Am 9. September 1935 bezogen Ernst und Toni Cassirer in der Föreningsgatan 11 ein Haus, wo sie bis zum 20. Mai 1941 zur Miete wohnten. Am 19. Oktober fand die feierliche Inauguration Ernst Cassirers und des Germanisten Axel Lindqvist in der Aula der Göteborger Universität statt. Das Orchester begleitete den Einzug der Studenten, gefolgt vom Kuratorium der Hochschule, Gouverneur Jacobsson, Bischof, Rektor und Professoren. Das königliche Bestätigungsschreiben wurde verlesen, dann hielt Rektor Bernhard Karlgren eine Rede, die keinen Zweifel daran ließ, was die Berufung Cassirers für Göteborg und ganz Schweden bedeutete. In einer Zeit, in der mächtige Gruppen die Gedankenfreiheit unterdrückten und ihre politische und kulturelle Ideologie der Allgemeinheit mit Gewalt aufzwängen, führte Karlgren aus, retteten mutige Bürger in Göteborg die schwedische Tradition der Freiheit. Dann bestieg Ernst Cassirer das Podium und sprach über *Bedeutung und Aufgabe der Philosophie*.[19]

Als Cassirer in der Föreningsgatan seine Bibliothek aufstellen konnte, fühlte er sich wie neugeboren, und es begann eine fast sechsjährige Phase reichster Produktivität. Die Autoren von *Ernst Cassirer: The Swedish Years* bemerken zu Recht, dass die wesentlich kürzere Zeit, die dem Philosophen zwischen 1941 und seinem Tod im April 1945 in Amerika vergönnt war, bisher mehr Aufmerksamkeit erhielt als die schwedischen Jahre, in welchen er in zwölf Semestern jeweils eine Vorlesung und ein Seminar an der Göteborger Hochschule sowie insgesamt 20 öffentliche Vorträge in Uppsala, Stockholm, Lund und Göteborg hielt, drei Bücher und 23 zum Teil umfangreiche Studien, Aufsätze und Rezensionen veröffentlichte und den vierten Band des *Erkenntnisproblems in der Philosophie und Wissenschaft* abschloss, der die Zeit von Hegels Tod bis zur Gegenwart (1832–1932) umfasst. Hinzu kamen Schriften und Vorlesungen, die jetzt in den nachgelassenen Werken zugänglich sind.

In der kleinen Hochschule mit 380 Studenten war natürlich auch die Zahl von Cassirers Studenten klein. Bis zu zwölf besuchten die Vorlesungen, bis zu sieben die Seminare. Im ersten Semester saß die später als Thomas-Mann-Spezialistin hervorgetretene Käte Hamburger, ebenfalls eine Exilantin, unter den Hörern. Zu Hause hielt Cassirer regelmäßig Privatissima, an die er sich «mit ganz besonderer Freude» erinnerte.[20] Zu den Teilnehmern gehörten Studenten, junge Dozenten, Lehrer und der Rabbiner von Göteborg.

Ernst Cassirer hat sich in Schweden nicht nur die Sprache des Landes angeeignet, sondern sich auch aufs Intensivste mit der schwedischen Philosophie befasst. Dazu gab die lebhafte Debatte zwischen den zwei schwedischen «Schulen» Anlass – die in Uppsala logisch-realistische Philosophie gegenüber der subjektiv-idealistischen in Stockholm. Cassirer entdeckte, dass in Schweden solche Kämpfe «mit besonderer Heftigkeit» geführt wurden[21] und konnte sogar einen «Waffenstillstand» erreichen.[22] 1939 veröffentlichte er *Axel Hägerström. Eine Studie zur schwedischen Philosophie der Gegenwart*.[23] In der schwedischen Geschichte hatte ihn Königin Christina schon immer fasziniert. 1649 war der Philosoph und Mathematiker Descartes an ihren Hof berufen worden. Bei dem ersten Besuch der Cassirers in Stockholm 1934 zeigte Ernst seiner Frau die Brücke, die Descartes jeden Morgen um sechs Uhr bei Wind und Wetter überqueren musste, um die Königin in Philosophie zu unterrichten. Cassirer verfasste in Schweden mehrere Aufsätze über Descartes, die zwischen 1937 und 1938 in Frankreich erschienen, sowie das Buch *Descartes. Lehre – Persönlichkeit – Wirkung*, das Gottfried Bermann Fischer 1939 in seinem Exilverlag in Stockholm herausbrachte. 1940 erschien die schwedische Fassung *Drottning Christina och Descartes*.

Als erste Arbeit hatte Cassirer in Schweden ein durch die Exilunruhen unterbrochenes Buchprojekt beenden können, *Determinismus und Indeterminismus in der Physik*, das 1936 als *Göteborgs Högskolas Årsskrift 42,3* erschien und in das Cassirers Gespräche mit Erwin Schrödinger und mit Niels Bohr eingegangen sind, den er 1936 mit Schrödinger in Kopenhagen besuchte.[24] Er befasste sich aber auch mit ganz neuen Themen, so seiner eigenen Phänomenologie, in der er die «Basisphänomene» untersuchte. Schließlich konnte sich Cassirer in Göteborg einem

Dichter widmen, der wie ein Leitstern über seinem Leben stand. In 15 öffentlichen Vorlesungen, zu welchen bis zu 300 Zuhörer kamen, sprach er über den jungen Goethe. In seiner Abschiedsrede vor den Göteborger Studenten nannte er sich an diesen Vorlesungen «innerlich besonders beteiligt, denn Goethe gehört zu den geistigen Mächten, die am stärksten auf meine Bildung gewirkt haben».[25]

Zur selben Zeit entstand *Thomas Manns Goethe-Bild. Eine Studie über ‹Lotte in Weimar›*.[26] Der Roman war soeben bei Bermann Fischer in Stockholm erschienen. Cassirer schickte die Studie über den Roman an seine Tochter in New York, der mit ihrem Mann 1939 die Einreise geglückt war. Er hoffte, dass sie zu Ehren von Thomas Manns 65. Geburtstag am 6. Juni 1940 veröffentlicht würde. Mann lernte eine Auswahl der vielen Schriften Cassirers über Goethe erst nach Vollendung der *Lotte in Weimar* kennen. Der Philosoph hatte ihm zwar, noch während Mann an dem Roman schrieb, drei seiner Bücher geschickt, aber sie kamen nicht in Princeton an. Darauf ließ ihm Cassirer neue Exemplare zukommen, darunter *Idee und Gestalt* von 1921. In diesem Band war Mann besonders von dem Aufsatz über Goethes *Pandora* beeindruckt. «Die Empfindung übrigens, die mich beim Lesen immer wieder durchdrängte», schrieb er an Cassirer am 10. Januar 1940, «war das kopfschüttelnde Erinnern der lachhaft unsinnigen Tatsache, daß ein mit solcher Intensität und fruchtbarer Leidenschaft auf die großen Erscheinungen des deutschen Geistes konzentrierter Denker, Deuter und Lehrer, der zur Bewußtwerdung dieses Geistes so viel beigetragen hat, heute gezwungen ist, außerhalb Deutschlands zu leben und zu wirken.»[27]

Anne und Kurt Appelbaum überreichten Thomas Mann das Manuskript im März 1940 in Princeton, wo sie zum Lunch eingeladen wurden und wo der Pianist nach dem Kaffee Beethoven spielte. Thomas Mann begann sofort, die Arbeit zu lesen, wie sein Tagebuch am 28. März vermerkt. Nachmittags erschienen Appelbaums wieder. «Zum Thee dieselben. Wiederholtes Spiel, Mozart –», berichtet das Tagebuch weiter, «beendete die Lektüre der Lotte-Schrift. Einige gute kritische Einsichten bei einiger Trockenheit. Aber das Buch wird sehr geehrt, und das Erscheinen der Schrift zum 65. Geburtstag, auch in ‹Mass und Wert› würde mich freuen.»[28] Fünf Tage später verpackte Thomas Mann das Manuskript und schickte es an seinen Sohn Golo, der die im Zürcher Oprecht Verlag erscheinende Zeitschrift *Maß und Wert* herausgab.

Dass Golo Mann Cassirers Studie nicht veröffentlichte, könnte mehrere Gründe haben. Erstens war sie sehr umfangreich, und zweitens hatte er keine guten Erinnerungen an den Philosophen. 1932 auf der Suche nach einer Hochschule, wo er sich habilitieren konnte, hatte Golo Mann auch Hamburg aufgesucht und bei Ernst Cassirer vorgesprochen. Unglücklicherweise hatte er bei Karl Jaspers in Heidelberg promoviert, mit dessen Ansichten über Descartes Cassirer überhaupt nicht einverstanden war und den er lange ignorierte,[29] da er Jaspers keiner Kritik für würdig hielt. So verlief die Begegnung unerfreulich. Golo Manns Schilderung ist die einzige weit und breit, in der der sonst stets als hilfreich, freundlich und entgegenkommend charakterisierte Ernst Cassirer in einem schlechten Licht erscheint. «Heute war ich bei Ernst Cassirer», heißt es in seinen Erinnerungen, «der mich nicht kannte oder kennen wollte und von den dreien, die ich gesprochen, entschieden der kühlste war. Besonders meine Beziehungen zu Jaspers behandelte er mit souveräner Verachtung und fragte, ob ich auch bei Ernst Hoffmann gehört hatte, was ich bejahen konnte. Ob ich meine von Herrn Prof. Jaspers akzeptierte philosophische Dissertation einsenden dürfe? ‹Wenn Ihnen daran liegt, warum nicht? Vielleicht werde ich hineinschauen.› Warum ich übrigens das Examen in Hamburg machen wollte, da ich doch in München wohnte? ‹Ich bin durch meinen Vater lübischer Staatsbürger und darum ...› Für einen Moment wurde er stutzig, jedoch stellte er keine weiteren Fragen.»[30]

Thomas Mann hatte sich zwei Tage nach Erhalt des *Goethe-Bild*-Aufsatzes bei Cassirer bedankt, aber, wie das Tagebuch meldet, den Brief am nächsten Tag «vorsichtig umgeschrieben».[31] Dieser Brief ging auf dem Weg nach Schweden verloren, wie aus einem weiteren an den gerade in New York angekommenen Ernst Cassirer am 14. Juni 1941 hervorgeht, in dem Thomas Mann ihn «in diesem Lande herzlich willkommen» heißt und noch einmal seinen Dank ausspricht, «für die grosse Ehre die Sie meinem Buch mit Ihrer gedankenvollen Studie erwiesen haben, die höchst erklärlicher Weise das Bedeutendste, und philosophisch Gewichtigste war, was ich darüber zu lesen bekommen habe.» Er fügt hinzu: «Dass wir in der Zeit unseres Princetoner Aufenthaltes ein so herzliches Verhältnis zu Ihren Kindern gewannen, war uns immer eine Freude. Die genussreichen Privatkonzerte, die Appelbaum in unserem living room gab, gehören zu den Dingen, die wir hier am meisten vermissen.»[32] Es war wohl noch zu weiteren Hauskonzerten gekommen, denn als Thomas und Katia Mann die Zeit zwischen Juli und Oktober 1940 in Kalifornien verbrachten, hüteten Anne und Kurt Appelbaum ihr Haus in Princeton.

Thomas Manns und Ernst Cassirers Wege haben sich auch im Exil nicht gekreuzt. Noch in Schweden hatte Cassirer unter dem Eindruck der Lektüre von *Lotte in Weimar* den bereits erwähnten Aufsatz über Thomas Manns Goethe-Bild geschrieben und den Wunsch nach einem Treffen geäußert. Mann war im August 1939 zum PEN-Kongress nach Stockholm gekommen, der wegen des Kriegsausbruchs nicht mehr stattfand. Zurück in Princeton drückte er am 25. September sein Bedauern über die verfehlte Begegnung aus und fügt die dramatische Schilderung der überstandenen Rückreise auf der George Washington hinzu. «Nun, wir haben den Feind nicht gesehen, in dessen Hände zu fallen schlimmer als der Tod gewesen wäre».[33]

In Schweden war Cassirer buchstäblich bis zum letzten Tag seines sechsjährigen Aufenthalts voll Tatendrang. Er konnte – stets handschriftlich – in vier Wochen 500 Seiten eines komplexen philosophischen Werks mit einem ausführlichen Anmerkungsapparat zu Papier bringen. Aber die Exiljahre forderten ihren Tribut. Im Sommer 1936, als Ernst Cassirer von Österreich aus vor der Rückkehr nach Göteborg zunächst nach Schottland fuhr, wo ihm an der Universität Glasgow die Ehrendoktorwürde verliehen wurde, und er danach zum letzten Mal in London im Warburg Institute sprach, erkrankte Toni. Eine Operation war unvermeidbar. In England wäre sie zu teuer gewesen, in Schweden fürchtete sie Sprachschwierigkeiten. Auf der Reise nach Wien verschlimmerte sich ihr Zustand, und so musste die Operation in dem gefürchteten Deutschland vorgenommen werden. Wieder bewährte sich Onkel Max, der in Berlin zur Stelle war und Ernst bei sich aufnahm. Toni wurde in einem nahen Krankenhaus operiert, Genesung und Rückkehr nach Göteborg gingen gut vonstatten. Aber nun zeigten sich Krankheitssymptome bei Ernst. Noch in Berlin wurde Herzschwäche festgestellt, und bei dem nächsten Aufenthalt, wieder auf dem Weg nach Wien im Dezember 1936, lautete die Diagnose auf Diabetes.

Eine Vortragsverpflichtung in Prag hielt Cassirer schon deshalb ein, weil er auf das Honorar nicht verzichten wollte, da «jeder kleinste Beitrag für uns eine große Rolle spielte», wie Toni gestand.[34] In Wien wollte Cassirer unter allen Umständen seinen neuesten Vortrag über Gruppentheorie vor Psychologen halten, ehe er in Frankreich veröffentlicht wurde.[35] Dann erkrankte er ernstlich, und seine Frau stellte mit wachsender Sorge vermehrte Herzbeschwerden des 64-Jährigen fest, der schließlich «sehr schwer beweglich wurde».[36] Seine Arbeitskraft ließ jedoch nicht nach. Die Vorlesungen und Seminare, die stundenlangen Diskussionen der Privatissima ermüdeten ihn nicht. Er blieb «heiter und seinem Schicksal dankbar, das bis dahin so gut für ihn gesorgt hatte».[37] Die letzte Reise nach Wien unternahm das Ehepaar im Dezember 1937, um es im Januar, drei Monate vor dem «Anschluss», auf immer zu verlassen.

Danach begann eine noch schwerere Zeit für Ernst und Toni Cassirer. «Nach der Katastrophe in Oesterreich», schrieb er am 4. März 1938 an Åke Petzäll, «ist unser Briefwechsel, der ja schon immer einen gewaltigen Umfang hatte, ins Ungemessene gewachsen. Wir werden von allen Seiten, durch Freunde und Verwandte mit Fragen und Bitten um Rat bestürmt – wir wollen uns jedes einzelnen Falles annehmen, und wir sehen immer wieder, wie machtlos man all diesen Dingen gegenübersteht.»[38] Seit 1933 hatten sich Ernst und Toni von der wachsenden Gefahr überzeugen können, die Österreich drohte. Er hielt den «Anschluss» für unvermeidlich und sah die Verfolgung und Vertreibung der österreichischen Juden voraus. Toni beobachtete eine unverantwortliche Sorglosigkeit unter der jüdischen Bevölkerung. Ihre Schwester Martha und ihr Schwager, der Finanzfachmann Oscar Pollack, der im österreichischen Bankwesen eine führende Rolle spielte, hatten sich noch in den dreißiger Jahren ein Alt-Wiener Haus in Döbling gekauft und eine Wohnung für Toni und Ernst eingebaut in der Hoffnung, dass sie zu ihnen ziehen würden. Martha und Oscar konnten sich nicht entschließen, ihr Haus zu verlassen. 1942 berichtet Toni an Edith Geheeb von der letzten Nachricht der beiden, sie seien «aus dem Drittordenskloster weggeschickt» worden. Das bedeutet die Deportation aus der letzten Zufluchtsstätte.

*Ernst Cassirer mit der Enkelin Irene und dem
Enkel Peter in Göteborg (1936)*

Tonis jüngster Schwester Edith Waller mit ihrer Familie und dem jungen Arzt Harry Schreiber, der Ernst in Wien behandelt hatte, samt seinem Bruder gelang mit Hilfe der Cassirers und der Unterstützung schwedischer Freunde die Flucht nach Schweden. Eine Nacht füllten Toni und Ernst «Bogen auf Bogen» für die Einwanderungsbehörde aus. Toni «hatte bis dahin nicht gewußt, daß man in solcher Ermattung noch schreiben konnte». Kein Wunder, dass Ernst Cassirer danach wochenlang an einer sehr schmerzhaften Gürtelrose erkrankte. Von Schweden aus konnten Wallers zwei Jahre später New York erreichen. Die älteste Tochter der Pollacks gelangte ebenfalls nach Göteborg und lebte zwei Jahre in der Föreningsgatan. Das Haus füllte sich, es glich einem kleinen Flüchtlingslager. 1939 machten Anne und Kurt vor der Überfahrt nach New York wie die Wallers dort Station. Im August desselben Jahres kam zur unendlichen Erleichterung der Eltern Sohn Georg mit seiner Frau Vera und dem Enkel Peter in Göteborg an. Sie wohnten bei den Eltern, bis Ernst und Toni im Mai 1941 Göteborg verließen. Georg etablierte sich als Fotograf und wurde besonders als Theaterfotograf geschätzt.[39] Für die Großeltern war der kleine Peter «eine wunderbare Belebung».[40] Das Haus in der Föringensgatan war noch einmal zu einem Familiensitz geworden, allerdings zu einem anderen, als es sich die Cassirers vorgestellt hatten. Dort konnte Ernst Cassirer am 24. Juli 1939 seinen 65. Geburtstag feiern, zu dem ihm Heinz sein erstes Buch, *A Commentary on Kant's Critique of Judgement*, überreichte. Bereits nach dreieinhalb statt der üblichen fünf Jahre, gleichsam ein Geburtstagsgeschenk des schwedischen Staates, erhielten Ernst und Toni 1939 die schwedische Staatsbürgerschaft.

Um ein wenig zum Einkommen beizutragen, besuchte Toni in Göteborg eine Schneiderschule, wie sie am 14. August 1950 in einem Brief an Annemarie Uhde, eine Schulfreundin ihrer Tochter Anne in Hamburg, berichtet.[41] Sie entwarf Kinderkleider und nahm eine ganze Kollektion in die USA mit. Aber dort hatte man «keinen stabilen Geschmack», sie konnte die Kleider nicht verkaufen und hat sie verschenkt. Das Göteborger Haus war auch der Entstehungsort des für die Familiengeschichte unschätzbaren *Anekdotenbüchleins*, das Toni 1937 zu Max Cassirers 80. Geburtstag zusammenstellte und das er noch in seinem Berliner Haus erhielt. In ihrem an Max gerichteten Vorwort schreibt sie: «Die schwierigen Umstände, in denen sich die meisten unter uns befinden, die Losgelöstheit von der gewohnten Umgebung und die Zerstreutheit über die ganze Erdkugel – das alles erschwerte die Beteiligung aufs höchste.»[42] Es gelang ihr dennoch, Anekdoten über mehr als 50 Familienmitglieder aus fünf Generationen zusammenzutragen und in einem maschinenschriftlich vervielfältigten, in Leinen gebundenen Buch in einer unbekannten Zahl von Kopien zu verteilen. Als Motto wählte sie *Impromptu 29* von Jean Paul: «Die Erinnerung ist das einzige Paradies, aus dem wir nicht vertrieben werden können.»

Ernst und Toni wollten ihr schwedisches Exilheim nicht verlassen. Sie waren schwedische Staatsbürger geworden und hatten treue Freunde gefunden. Doch Cassirer wurde am 1. September 1940 emeritiert und erhielt vertragsgemäß keine Pension. Toni berichtet allerdings, der Landeshauptmann und ehemalige Schüler Malte Jacobsson habe für weitere fünf Jahre eine Versorgung zugesichert. Der Emeritus wurde jedenfalls gebeten, an der Hochschule auch der Öffentlichkeit zugängliche Vorlesungen über deutsche Literatur zu halten. Bis zu seiner Abreise im April 1941 hielt er zweimal wöchentlich vor einer großen Zuhörerschaft einen Vortrag. Nach dem ersten dieser insgesamt 15 Vorträge erhielt er «stürmischen Beifall auf offener Szene».[43] Der Unermüdliche hatte soeben das Manuskript *Zur Logik der Kulturwissenschaften* beendet und sofort mit dem vierten Band des *Erkenntnisproblems* begonnen, als die Invasion deutscher Truppen in Norwegen und Dänemark einsetzte, zwei Ländern, die mit dem Deutschen Reich einen Nichtangriffspakt geschlossen hatten, für das neutrale Schweden und Flüchtlinge wie die Cassirers ein enormer Schock. Wann war Schweden an der Reihe, mit dem ein solcher Pakt nicht bestand? Toni berichtet, dass sie und ihr Mann sich mit Veronal versorgten, um deutschen Truppen nicht lebend in die Hände zu fallen. Sie erbat sich sicherheitshalber noch ein stärkeres Mittel von einem verständnisvollen Apotheker. Die schwedischen Biographen bestätigen, das sei unter Göteborgern, die von den Deutschen keine Nachsicht erwarteten, «standard procedure» gewesen.[44]

Noch in Schweden erfuhr Toni vom Tod ihres Bruders Walter Bondy in Frankreich. Er hatte vor dem Ersten Weltkrieg als Mitglied der sich nach ihrem Treffpunkt in Montparnasse Dômiers nennenden Künstlergruppe in Paris gelebt, ehe er in das Familienzentrum nach Berlin zog, wo aus dem Porträt- und Landschaftsmaler auch ein Sammler afrikanischer und asiatischer Kunst, Kunstschriftsteller[45] und Gründer der Zeitschrift *Die Kunstauktion* sowie Kunsthändler geworden war. 1933 auf der Straße als «dreckiger Jude» beleidigt, setzte er sich in seinen Ford mit 19 PS und fuhr nach Ascona und weiter nach Saint-Cyr zu Julius Meier-Graefe. In Sanary, wo viele Exilanten Zuflucht gefunden hatten, lernte er die Malerin Camille Bertran kennen. Sie heirateten und eröffneten ein Fotoatelier, das später nach Toulon umzog, wo Bondy die eindrucksvollsten Aufnahmen von Emigranten machte. Mit dem Auge des Porträtmalers gelangen ihm Fotografien von Ludwig Marcuse, Julius Meier-Graefe, René Schickele, Ernst und Christiane Toller und Arnold Zweig, die das ganze Exilelend spiegeln. Bondys Bilder, 300 an der Zahl, darunter viele in ihrer Eigenart und Schönheit ganz unverwechselbare provenzalische Landschaften, waren in Wien in der Bondy'schen Fabrik gelagert worden. Im Zug der «Arisierung» gingen sie alle verloren. Als Walter den Befehl erhielt, sich für das Lager Les Milles bereit zu machen, erreichte seine Frau eine Zurückstellung des schwer an Diabetes Leidenden. Aber sein Lebenswille war gebrochen. Die drei Insulinspritzen, die er täglich brauchte, kamen zwar von der getreuen Edith Geheeb regelmäßig per Post aus der Schweiz, aber er nutzte sie nicht mehr. Am 17. September 1940 starb er an Blutvergiftung.[46]

In diesen Tagen wurde Paul Geheeb 70 Jahre alt und Ernst Cassirer schrieb ihm aus Göteborg:

«Lieber Paul Geheeb!

Der 10 Oktober 1940 darf und soll von uns nicht vergessen werden. Wie viele werden diesen Tag, im Geist und im Herzen, mit Ihnen feiern – aber wie wenige werden es Ihnen sagen können, was sie für Sie empfinden! So darf ich denn auch nicht nur im eigenen Namen sprechen, sondern ich muss mich als Sprecher für diese Vielen fühlen. Zwischen uns beiden bedarf es nicht vieler Worte. Jeder von uns ist seinen eigenen Weg gegangen. Und oft haben wir Jahre lang nichts von einander gehört. Aber wir wussten stets, wie wir zueinander standen, und wir haben uns immer als Streiter für die gleiche Sache gefühlt. Jetzt wo die Reihen der alten Mitkämpfer sich täglich mehr und mehr lichten, wollen wir uns um so enger und herzlicher an einander anschliessen. Ich halte im Geist oft manches Zwiegespräch mit Ihnen – und ich fühle mich in solchen Gesprächen immer von Ihnen verstanden. Bleiben Sie, was Sie sind – dann wird auch für mich in dieser Zeit, wo ‹Glück auf Glück im Zeitenstrudel scheitert› viel gewonnen und viel bewahrt sein.

Ich sende Ihnen als Geburtstagsgruss eine meiner letzten Arbeiten – und hoffe, daß sie den Weg sicher zu Ihnen findet. Der philosophische Inhalt wird Ihnen vielleicht fern liegen – aber ich bin sicher, daß Sie ihr dasselbe freundliche Interesse wie oft meinen früheren Arbeiten, entgegenbringen werden.

Wie herzlich wir Ihnen und Edith für das warme menschliche Interesse danken, das Sie der armen Camille erwiesen haben, hat Ihnen Toni gesagt. Auch das gibt ein Gefühl der inneren Verbundenheit, das man jetzt mehr als jemals braucht.

In alter Freundschaft und mit allen guten Wünschen Ihr
Ernst Cassirer»

Toni wollte keinesfalls den Eindruck erwecken, dass sie und ihr Mann Schweden aus Sicherheitsgründen verlassen würden, sondern dass Ernst seine Aufgabe gerade jetzt darin sah, als Lehrer Einfluss auf die Jugend zu gewinnen. Dies obwohl ihm das Sprechen in den Goethe-Vorlesungen schwergefallen war, weil ihn «das Leiden, das der Verfall Deutschlands ihm schuf», so erregte.[47] Die Initiative, in einem unbekannten Land mit einem fremden Hochschulsystem noch einmal als Lehrer von vorne zu beginnen, war von Cassirer ausgegangen. Er ließ bekannt werden, dass er Schweden verlassen würde, und es dauerte nicht lange, ehe er die ersten Einladungen erhielt. Wieder meldete sich die New School, aber der ausführliche Brief von Charles Hendel, Leiter der philosophischen Abteilung an der Yale-Universität in New Haven, mit der Einladung zu einer zweijährigen Gastprofessur, war so herzlich, dass Cassirer telegraphisch zusagte. Yale liegt nur anderthalb Zugstunden von New York entfernt, das Anne und Kurt Appelbaum und weitere Familienmitglieder bereits erreicht hatten. Nun galt es noch, den Sohn Georg mit Frau und Kind von Göteborg ebenfalls in die USA zu bringen. Der amerikanische Konsul verschaffte auch ihnen, die keine schwedischen Staatsbürger waren, ein Visum, und so wollten sie zu fünft die Reise antreten.

Aber wie sollte man 1941 von Schweden während der deutschen Seeblockade an die amerikanische Ostküste gelangen? Die Cassirers hätten die Route wählen können, auf der Ernsts Verleger Gottfried Bermann Fischer mit seiner Familie in die USA gelangt war. Er war im Vorjahr von Stockholm nach Moskau geflogen und mit der Transsibirischen Eisenbahn zehn Tage nach Wladiwostok gefahren, von dort brachte ihn ein Schiff in drei Tagen nach Tsuruga in Japan. Weiter ging es mit dem Zug nach Yokohama, von wo sie, wieder in zwölf Tagen, mit dem Schiff San Franzisco erreichten. Dort waren sie von New York genauso weit entfernt, wie sie es in Stockholm gewesen waren.[48] Die andere Möglichkeit, von Lissabon nach New York zu fliegen, scheiterte an den nötigen Visa, die das deutsche Konsulat für Georg und Familie nicht erteilte. So entschieden sich die Cassirers für die kürzeste und gefährlichste Route über den Atlantik.

Beide Cassirers fühlten sich wie zerrissen. Sie versicherten ihren schwedischen Freunden, dass sie nach zwei Jahren zurückkehren würden. Dann wieder meinten sie, durch den Krieg würde eine Rückkehr ein für alle Mal unmöglich werden. Aus Ernst Cassirers bewegender Abschiedsrede vor den Göteborger Studenten spricht tiefe Melancholie. Die «Freude des Lebens» könne und dürfe er nie wieder spüren nach all dem Schweren, das er erlebt habe. Aber er könne sie in anderen finden. Wie immer ist ihm Goethe der Garant, der auch dafür in dem Titel eines Gedichts «ein eigentümliches und prägendes Wort» gefunden habe, *Im Gegenwärtigen Vergangenes*.[49] Ernst Cassirer ließ sich vor der Reise nicht von seiner Arbeit ablenken. Das Manuskript *Zur Logik der Kulturwissenschaften* ging in den Druck. An den vierten Band des *Erkenntnisproblems* wurde letzte Hand angelegt. Am 4. Februar hielt er in Stockholm seine Antrittsvorlesung in der Königlichen Akademie, in die er im Vorjahr gewählt worden war. Er sprach über den schwedischen Dichter Thomas Thorhild (1759–1898) und Herder und am folgenden Tag in der Philosophischen Gesellschaft über Kant und die moderne Biologie. Im März hielt er fünf Vorträge in Lund und Malmö. Währenddessen löste Toni den Haushalt auf. Die Bücher wurden der Göteborger Universitätsbibliothek zur Aufbewahrung gegeben, außer den wichtigsten Werken, ohne die Cassirer nicht leben konnte: Kant, Goethe und Shakespeare. Das Manuskript des *Erkenntnisproblems* (Bd. 4) wurde dem Göteborger Philosophen Åke Petzäll anvertraut.

Am 20. Mai verließen Ernst und Toni Cassirer Schweden auf dem kleinen Frachtdampfer Remmaren mit 16 weiteren Passagieren, darunter der Linguist Roman Jakobson mit seiner Frau, aber «ohne Arzt, ohne Krankenschwester, sogar ohne Stewardeß».[50] Das Schiff fuhr mit Erlaubnis der kriegführenden Mächte beleuchtet, musste aber Minenfelder durchqueren und einen schweren Sturm aushalten. Eine deutsche Passkontrolle wurde an Bord durchgeführt. Am 4. Juni erreichte die Remmaren New York. Es war die letzte Überfahrt von Schweden auf dieser Strecke. Georg, Vera und Peter hatten für die nächste gebucht, aber der Kapitän hielt alle weiteren für zu gefährlich. Die Familie blieb zurück. Ernst Cassirer hat sie nicht wieder gesehen. An der Hochschule in Göteborg trauerten viele Ernst Cassirer nach. Im Herbst 1941 wurde ihm die Ehrendoktorwürde verliehen. Georg nahm an der Stelle seines Vaters den Lorbeerkranz entgegen. Am schmerzlichsten hat wohl Malte Jacobsson seinen ehemaligen Lehrer vermisst.

Als die Remmaren im Hafen von New York einlief, stand am Pier eine Gruppe von Familienmitgliedern und Freunden, 17 insgesamt, die den rettenden Kontinent schon früher erreicht hatten: Tochter Anne und Schwiegersohn Kurt, Tonis Schwester Edith Waller mit ihrem

Mann, Ernsts Neffe, der Arzt Walter Loewenberg mit den Seinen; aus Boston war der Vetter Kurt Goldstein gekommen, dessen Buch über den Aufbau des Organismus ihm in Amerika die Tore geöffnet hatte. Toni berichtet, wie ihr Mann in den ersten Tagen mit großer Neugier, teils belustigt, teils kritisch New York erkundete, das komplizierte System der verschiedenen Untergrundbahnen binnen kürzester Zeit verstand, mit Begeisterung für 35 Cent in Drugstores aß und mit Kummer die uniforme Wirkung von Mode und Make-up auf junge Mädchen und Frauen bemerkte. Bereits in den ersten Tagen fuhr er mit dem Zug nach Princeton, um Albert Einstein und Erwin Panofsky zu besuchen. Zu einem Treffen mit Thomas Mann konnte es wieder nicht kommen, da die Manns inzwischen nach Kalifornien gezogen waren. In Amerika wurden beide Neuankömmlinge eifrige Radiohörer, was nicht nur ihre Sprachkenntnisse förderte. Die neuartige Werbung verfehlte ihre Wirkung nicht, so erwarb Ernst auf Empfehlung der Powergirls ein Haarwasser und benutzte es bis zum Ende seines Lebens.

Auch seiner großen Leidenschaft, dem Schachspiel, konnte er buchstäblich bis zur letzten Stunde in Amerika nachgehen. Er trug «stets ein ledernes Taschenschach bei sich».[51] Der deutsch-amerikanische Ingenieur und Schachmeister Edward Lasker lebte in New York, Cassirer lernte ihn dort kennen, vielleicht hat er auch mit ihm gespielt. Jedenfalls schrieb er für Laskers Buch *Chess for Fun and Chess for Blood*[52] einen Beitrag über seine Faszination durch das Schachspiel. Er spiele nicht wie ein Meister, der mit großer Konzentration Vernunft und Logik folgt und nichts dem Zufall überlässt. Er, «der arme Amateur», ergebe sich dem «Schicksal des Schachspiels und lasse Vernunft gemeinsam mit Fantasie walten».[53]

Im September 1941 begann Cassirers zunächst auf zwei Jahre befristete Lehrtätigkeit in Yale. Sie stand wie schon die Zeit in Göteborg unter einem glücklicheren Stern als die im All Souls College vor acht Jahren. Wieder war die Einladung von Wissenschaftlern ergangen, die seine Bücher kannten.[54] Gerade vor Cassirers Ankunft war Wilbur Marshall Urban in Yale emeritiert worden, dessen *Philosophy of Language and the Principles of Symbolism* (1939) seine Kenntnis der *Symbolischen Formen* verrät. Charles Hendel, der den herzlichen Einladungsbrief von Yale nach Göteborg geschickt hatte, war nach dem Studium in

Princeton, Marburg und am Collège de France im Vorjahr vom französisch-kanadischen Montreal nach Yale gekommen. Er hatte Cassirers Adresse über Anne Appelbaum ausfindig gemacht und sie zu einem Gespräch mit dem Dekan und anderen Philosophie-Professoren eingeladen. Nach ihrer Erzählung glich es weniger einem Interview als einem Verhör, in dem sie Fragen beantworten sollte wie: «Hat Ihr Vater junge Leute gern?», oder: «Hat Ihr Vater sich für seine Kinder interessiert?». Die Amerikaner befürchteten, Cassirer sei «eine Primadonna wie viele europäische Professoren», aber Anne konnte ihnen diese Sorge nehmen. Nach dem Bericht ihrer Mutter rief sie schließlich: «Als ich nach Amerika kam, war ich darauf vorbereitet, Strümpfe zu verkaufen, aber nicht meinen Vater.»[55]

Ernst und Toni Cassirer lebten sich in New Haven gut ein. Im Haus Nummer 145 in der schönen East Rock Road, einer Gegend mit stattlichen Häusern unter hohen Bäumen und in alten Gärten, wurde eine kleine Wohnung gefunden, vielleicht mit Hendels Hilfe, der mit seiner Familie in derselben Straße wohnte. Toni wirtschaftete allein und stellte ihren Mann als Küchenhilfe an, für ihn eine neue Erfahrung. Im ersten Semester hielt Cassirer neben seinen Vorlesungen Seminare für fortgeschrittene Studenten zusammen mit Hendel, Filmer S. C. Northrop und dem Historiker Hajo Holborn. Auch diese interdisziplinären Lehrveranstaltungen waren für Cassirer eine neue Erfahrung, die er sehr schätzte. Dagegen war das wesentlich reglementiertere Unterrichtssystem, das den sehr jungen Studenten bestimmte Bücher in einem bestimmten Zeitraum zu lesen aufgab, worüber sie auch ständig geprüft wurden, für den deutschen Professor zunächst befremdlich. Von der Prüfungsbürde war er allerdings schon in Schweden befreit. Dann aber sah er den Nutzen und auch die Notwendigkeit ein, sich während des Semesters vornehmlich den Studenten zu widmen, die «ein Recht» auf die Zeit ihrer Lehrer hatten, weshalb diese am Semesterende, wie seine Frau beobachtete, «völlig erschöpft und überarbeitet sind».[56]

Göteborg war Cassirers Gesundheit zweifellos zuträglicher gewesen als die amerikanische Ostküste mit ihren starken Temperaturschwankungen, besonders der mörderischen Hitze in New York, zu der die Cassirers im Juni 1941 eingetroffen waren. Die Produktivität Cassirers in den letzten knapp vier amerikanischen Jahren ist umso erstaunlicher, als seine körperlichen Kräfte deutlich abnahmen. Was Thomas Mann auf den großen Vortragsreisen zu leisten imstande war, die ihn mehrmals über den ganzen Kontinent führten, wäre Cassirer nicht möglich gewesen. Dennoch schonte er sich nicht. Von einer Konferenz im Vassar College im Norden des Staates New York kehrte er schwer krank zurück und sank seiner Frau am New Yorker Zentralbahnhof fast ohnmächtig in die Arme.

Der von amerikanischer Seite wiederholt geäußerte Wunsch, die *Philosophie der symbolischen Formen* in Übersetzung zugänglich zu machen, inspirierte ihn zu einer englischen Zusammenfassung, aus der jedoch ein neues Buch, *An Essay on Man. An Introduction to a Philosophy of Human Culture* wurde.[57] Er legte das Manuskript Charles Hendel vor, der es mit Verbesserungsvorschlägen versah und die Verbindung zur Yale University Press herstellte, die Cassirers amerikanischer Verlag wurde und in der das Buch 1944 erschien. Schließlich trieb Hendel finanzielle Mittel auf, sodass Cassirer ein drittes Jahr in Yale bleiben konnte. In der amerikanischen Philosophie hat Cassirer besonders mit den *Symbolischen Formen* auf Susanne Langer gewirkt, die erste Frau, die als Philosophin anerkannt und ausgezeichnet wurde. Ihr erfolgreichstes Buch, *Philosophy in a New Key. A Study in the Symbolism of Reason, Rite, and Art* erschien 1942, ihr Hauptwerk, *Mind: An Essay on Human Feeling* in drei Bänden 1967–1982. Persönlich lernte sie Cassirer 1942 kennen, übersetzte sein Buch *Sprache und Mythos* und blieb ihm bis zu seinem Tod eng verbunden.

Zusammen mit Susanne Langer hatte Charles Hendel der Zeitschrift *Fortune* empfohlen, Cassirer um einen Beitrag zu bitten. Noch nie hatte der Philosoph etwas in einer illustrierten Zeitschrift veröffentlicht. Aber die Empfehlung der Kollegen und das in Aussicht stehende Honorar, «eine Riesensumme»[58] im Verhältnis zu dem Jahresgehalt des Professors von 4500 Dollar, und seine recht leere Kasse bewegten ihn, den Redakteur aus New York zu empfangen. Er schlug vor, über ein Thema zu schreiben, das ihn gerade beschäftigte, den Mythos des Staates. Cassirer begann mit der Niederschrift, sobald Mr. Wood abgefahren war. Er schrieb und schrieb jeden Tag viele Stunden, was sein letztes Buch werden sollte. Nach einigen Wochen schickte er ein Drittel des gesamten Werkes ab, aus dem sich die Redaktion von *Fortune* das Passende aussuchen sollte. Nach weiteren Wochen, während derer Cassirer fleißig weiterschrieb, ergab eine Anfrage bei der Zeitschrift, dass man große Mühe hatte, die historische Einleitung «zu einem lesbaren Aufsatz» umzuarbeiten.[59] Cassirer schlug darauf vor, doch das Kapitel über Hegel zu wählen, was man bei *Fortune* wohlweislich nicht tat. Nach weiteren Wochen meldete man einen Fotografen bei Cassirer an, bald darauf erschien *Fortune* Nr. 6 vom Juni 1944 mit dem Beitrag *The Myth of the State* mit einem ganzseitigen Porträt *Dr. Cassirer in his Study*. Es war die letzte Fotografie, die von ihm aufgenommen wurde. In der seriösen Publikation standen neben Cassirers Beitrag Artikel von Experten über Politik, Wirtschaft und Kultur.

In der Redaktion von *Fortune* hatte man eine Herkulesarbeit geleistet und aus Cassirers Text seine grundlegenden Gedanken über die gegensätzlichen rationalen und mythischen Staatstheorien herauskristallisiert: die der griechischen Rationalisten, die von Augustinus über den Gottesstaat formulierten, die Machiavellis über den Allmacht-Staat und die der Romantiker, die Staat wie Individuum aus dem Geist der Geschichte verstanden. Die Gegenkraft zu den irrationalen, mythischen Vorstellungen sah Cassirer in dem von Emotionen wie Hass und Liebe, Stolz und Demut befreiten Denken Spinozas, als die Voraussetzung für eine rationale Staatstheorie.

Nach dem dritten Jahr musste Cassirer Yale verlassen. Hendel konnte keine weiteren Mittel für ihn auftreiben. Im nahen New York hatte die Columbia-Universität ihm eine einjährige Gastprofessor angeboten. In der Emigrantenstadt und dem nah gelegenen Princeton lebten Verwandte und Freunde. Der Schachfreund Edward Lasker wohnte im gleichen Stadtteil, der Upper West Side, wo Ernst und Toni Cassirer in der West Side Avenue 839 eine Wohnung fanden. Wieder hatte das Schicksal es gut mit den Flüchtlingen gemeint. Das stattliche Apartmenthaus stand nur einen Straßenblock vom Hudson entfernt, dessen Grünanlagen man am Ende der Avenue sehen konnte. Doch nach der idyllischen East Rock Road in New Haven war New York ein Schock. Toni spricht nur von einer lauten, schmutzigen Großstadt, in der sie wieder im Hochsommer ankamen. «Die Gluthitze der Sommermonate war zu viel für uns.»[60]

Hier feierte Ernst Cassirer am 24. Juli 1944 seinen 70. Geburtstag im

Kreis der New Yorker Familienmitglieder. Briefe der Söhne aus Glasgow und Göteborg waren rechtzeitig angekommen, aber es wird kein fröhliches Fest gewesen sein, deren es in der Familiengeschichte so viele gegeben hatte. Kurt Appelbaum hatte sich vergeblich bemüht, Thomas Mann zu einer Gratulation für Ernst Cassirer zu bewegen. Schlechtgelaunt notierte dieser den Erhalt eines «geschwollenen» Briefes von Appelbaum «wegen literarischer Begehung von Cassirers Geburtstag». Appelbaums Brief ist nicht erhalten. «Abgelehnt über Cassirer zu schreiben», heißt es am 27. Juni 1943 in Thomas Manns Tagebuch.[61] Sein Brief an Appelbaum klingt allerdings gar nicht so unfreundlich. Er bedauert außerordentlich, auf die Anregung, über einen großen Philosophen zu schreiben, nicht eingehen zu können. Starke Arbeitsüberlastung sei der Grund. Er habe einen neuen Roman – es war *Doktor Faustus* – begonnen, der viel Zwecklektüre erfordere. Ansprachen, Artikel, ein Vortrag in der Library of Congress und für ein «mass meeting» in San Francisco waren vorzubereiten. «Nun sagen Sie mir, wie ich bei allem die Zeit, die Kräfte, die innere Ruhe finden soll, die der schönen aber anspruchsvollen Aufgabe gehören, die Sie mir vorschlagen.»[62]

Die Verbindung Kurt Appelbaums zu Thomas Mann brach dennoch nicht ab. Am 20. Dezember 1944 gratulierte der Autor dem Musiker zum 40. Geburtstag und tröstete ihn, der glaubte, als Pianist zu wenig Anerkennung gefunden zu haben. Das sei «auf die schlechten Zeiten zurückzuführen», schreibt Thomas Mann. Beim Vorlesen aus seinem neuen Roman habe er «eine kleine Beschreibung der Klaviersonate op. 111 zum Besten gegeben». Sie gefiel den Zuhörern, «und wenn es gut ist, so hat es wahrscheinlich mit einer gewissen Nachmittagsstunde in unserem Princetoner Living Room und einem braunen Flügel, der Ausfallerscheinungen zeigte, kurz mit Ihrem Beethovenspiel zu tun!».[63]

An der Columbia-Universität fand Cassirer einen interessanten Kreis von Kollegen, darunter den Mitemigranten Paul Oskar Kristeller, einen Spezialisten für die Philosophie der italienischen Renaissance, und John Herman Randall, dessen Interesse an der «Gruppenverantwortung» dem Cassirers an der Gruppenpsychologie entgegenkam. Neben seinen Lehrverpflichtungen widmete sich Cassirer der Fertigstellung des Buchs *The Myth of The State*, das 1946 postum mit einer Einleitung von Charles Hendel, jedoch als Fragment, bei der Yale University Press erschien. Hendel hatte den dritten Teil des Manuskripts, «*The Myth of the Twentieth Century*»[64] nicht vollständig aufgenommen, weil er ihn nicht mehr vor Cassirers Tod mit ihm durchsprechen konnte, wie er es mit dessen anderen englischen Veröffentlichungen getan hatte. Das ist höchst bedauerlich, denn in diesem Teil hat Cassirer sein Schweigen über den Nationalsozialismus gebrochen. Schon die Anführungszeichen des Titels spielen ironisch auf das Buch des nationalsozialistischen Chefideologen Alfred Rosenberg an, das den gleichen Titel trägt. Jetzt nennt Cassirer die Namen Hitler und Rosenberg. Er muss sich gleichsam die Hände beschmutzen, um auszurotten, was die deutsche Kultur, für die er gelebt und gewirkt hatte, seit zwölf Jahren besudelt und zerstört hat.

Wie das möglich war, die Frage, die seither die Welt bewegt, konnte auch Ernst Cassirer nicht beantworten. Aber wie es nicht möglich war, wo die Wurzel des Übels nicht lag, das konnte und wollte er nicht nur amerikanischen Lesern klar machen. «Solche vaguen Verallgemeinerungen» wie die Vorstellung, es gebe eine unveränderliche «deutsche Seele», könne die gegenwärtige historische Situation nicht erklären, schreibt er. Man könne nicht dieselbe «kulturelle Seele» in Luther, Kepler, Kant, Bach und Mozart finden. «Geschichte wiederholt sich nie. Der historische Moment ist immer einmalig», stellt er mit Nachdruck fest. Desgleichen räumt Cassirer mit der verbreiteten Meinung auf, bestimmte Werke wie Spenglers *Untergang des Abendlandes* oder Heideggers *Sein und Zeit* seien für die politische Entwicklung der nationalsozialistischen Ideologie verantwortlich gewesen. «Diese Ideen wurden nicht von Philosophen gemacht. Sie wuchsen aus einem anderen Boden.» Aber, so warnt Cassirer und zeigt, dass er die Davoser Debatte mit Heidegger seit 1928 weiterführt, «Philosophie, die sich in düstern Prophezeiungen über die Zerstörung der menschlichen Kultur ergeht oder deren ganze Aufmerksamkeit auf die ‹Geworfenheit› des Menschen gerichtet ist, kann nicht länger ihre Pflicht erfüllen, sie kann nicht die Macht des mythischen Denkens bekämpfen».

Der Artikel *Judaism and the Modern Political Myth*, der 1944 im *Contemporary Jewish Record* erschien, aber auch Manuskripte und hochinteressante Fragmente und Notizen aus dem Nachlass lassen erkennen, dass Cassirer beim Schreiben an amerikanische Leser dachte. Er fuhr gleichsam zweigleisig, auf einer deutschen und einer englischen

Schiene. So beginnt das Fragment *Racen-Mythos* über Houston Stewart Chamberlain folgendermaßen: «Welch ein seltsames Bild von Paulus! Wenn wir Ch[amberlain] glauben, – so erscheint Paulus in einem ganz neuen und wahrhaft erstaunlichen Licht. Sein Tag von Damaskus war etwas ganz anderes als wir bisher annahmen. Paulus bekehrt sich nicht zum Christentum – sondern zum modernen race-thinking and race-feeling. He did by no means believe that the New Evangelium was destined for the whole human race».[65]

Von den vielen deutschen und österreichischen Wissenschaftlern und Intellektuellen, die von den Nationalsozialisten vertrieben in den Vereinigten Staaten Aufnahme gefunden hatten, waren die drei bedeutendsten und einflussreichsten Albert Einstein, Thomas Mann und Ernst Cassirer. Cassirer war der breiten Öffentlichkeit jedoch verborgen geblieben. Das lag nicht nur daran, dass seine Werke bisher kaum ins Englische übersetzt waren, es lag auch an seiner politischen Abstinenz. Weder während der wilhelminischen Ära noch in den letzten Jahren der Weimarer Republik oder im englischen oder schwedischen Exil hatte er sich zu politischen Ereignissen oder über bestimmte Politiker geäußert. Toni glaubte, dass sie niemals «den Namen Hitler aus seinem Mund gehört habe – auch nicht, daß er ihn an irgendeiner Stelle geschrieben hat».[66] Dies sollte sich bei der Publikation seines Nachlasses als Irrtum herausstellen. Während des Exils stand seine Zurückhaltung jedenfalls in scharfem Gegensatz zu Albert Einsteins und Thomas Manns öffentlichen Reden während des Exils – oft vor Hunderten von Zuhörern – und ihren Schriften.

Für Cassirers Verhalten mag seine Ankunft in Göteborg am 23. August 1935 als Beispiel dienen. Er wurde sofort für *Göteborgs Handels- och Sjöfarts-Tidning* interviewt. Der Reporter klagte in seinem Bericht, dass es unmöglich gewesen sei, von jemandem Auskunft zu erhalten, der sich absolut nicht zur politischen Lage äußern wollte. Cassirer wand sich geradezu unter den Fragen. «Ach ja, viel hat sich seither verändert... – Wie meinen Sie das? – Ach Gott, der Professor blickte abwesend aus seinen blauen Augen. – Ich meine, wie haben sich die Dinge geändert? Auf welche Weise? – Gut, ja, bezüglich der Pläne für meine Vorlesungen ist noch nichts entschieden.»[67]

Ernst Cassirers Äußerungen zur Politik waren stets die eines Wissenschaftlers wie etwa in seiner Rede zum Verfassungstag. Direkten Bezug auf politisches Geschehen nahm er nur in Briefen wie dem vom 26. November 1938 an den Kollegen Albert Görland, dessen Vorträge im In- und Ausland seine «Wandlung» bezeugten und Cassirer «die Schamröte ins Gesicht» getrieben hatten. «Sie wussten, was Juden und Judentum sind», ruft er dem ehemaligen Schüler Hermann Cohens ins Gedächtnis, «und Sie wussten von sich selbst, daß ohne sie keine Zeile Ihrer eigenen Bücher geschrieben worden wäre [...] Aber schlimmer als Ihr Verhalten gegen Personen ist für mein Gefühl Ihre *prinzipielle* ‹Umschaltung› – ist die Art, wie Sie plötzlich die ‹Ideen von 1933› für sich entdeckt haben. Denn dies – darüber können Sie sich selbst nicht täuschen – war ein Bruch mit allem und jedem, was Sie je gelehrt hatten.»[68]

Auch Cassirer wurde in Amerika gegen Ende des Krieges, als die deutsche Niederlage längst vorauszusehen war, zu Radiodiskussionen aufgefordert, wo das Thema «Was tun mit Deutschland nach dem Krieg?» diskutiert wurde. Er lehnte stets ab, denn «das heutige Deutschland» kannte er nicht. Dem Council for a Democratic Germany, dessen Vorsitzender Paul Tillich war, trat er, wie Thomas Mann, nicht bei. Er schrieb einen Brief an Tillich, der, wie seine Frau Toni glaubte, verloren war. Sie gibt in ihren Erinnerungen wieder, was sie nicht vergessen hatte. Nicht nur sah sich Cassirer als Jude außerstande, «im jetzigen Augenblick» an einem Wiederaufbauplan für Deutschland mitzuarbeiten, er sah auch schon das Zerwürfnis zwischen der «inneren Emigration» und jenen, die Deutschland verlassen mussten, voraus. Keiner, der nicht im Lande geblieben war, könne sich ein Bild davon machen, in welcher geistigen Verfassung das Volk sich befinde. Nur den Zuhausegebliebenen müsse die Entscheidung überlassen bleiben, in welcher Form der Wiederaufbau vor sich gehen sollte. Seine Frau überliefert auch Cassirers Vorstellungen von einer radikalen «Entnazifizierung» der deutschen Universitäten, die er «für mindestens zehn Jahre» geschlossen hätte. Medizin könnte in der Schweiz studiert werden.[69]

Der Brief, der sich im Warburg Institute befindet, wurde inzwischen veröffentlicht.[70] In dem Schreiben kommt zum Ausdruck, dass Ernst Cassirers «innere Zugehörigkeit» zur deutschen Kultur ebenso stark war wie die zum Judentum. «Ich habe», schreibt er, «auch in den schlimmsten und furchtbarsten Jahren meine Gesinnung gegenüber der deutschen Kultur und der deutschen Geistesgeschichte nie geändert und nie verleugnet. Ich habe innerhalb meines bescheidenen Wirkungskreises an diesen Dingen weiterzuarbeiten gesucht, und damit oft das Missfallen und den Widerspruch meiner jüdischen Freunde erregt, die einen Bruch mit *allem* Deutschen von mir erwarteten und verlangten. Aber diesen Bruch – selbst wenn ich ihn als gerechtfertigt hätte anerkennen können – *konnte* ich einfach nicht vollziehen – ich hätte damit mich selbst und meine bisherige Arbeit aufgeben müssen.»

Im Hinblick auf das gegenwärtige Deutschland jedoch ist Cassirers Pessimismus kaum zu ermessen. «Was aber das *heutige* Deutschland und die jetzt lebende Generation betrifft –», fährt er fort, «so sind für mich alle Brücken abgebrochen. Ich kann kaum *über* dieses Deutschland sprechen – geschweige daß ich öffentlich *für* es sprechen könnte. Ich hege, trotz all dem Furchtbaren, was geschehen ist, noch immer die Zuversicht, daß Deutschland dereinst wieder den Weg finden wird, der es zu sich selber und seinem geistigen Wesen zurückführen wird. Aber es wird ein langer dunkler und schwerer Weg sein, bei dem Niemand helfen kann. Unser Schicksal ist es, daß wir inzwischen die ‹Ausländer› geworden sind, von denen für diesen inneren Gesundungsprozess nichts zu erwarten und nichts zu hoffen ist. An eine wirkliche Entwicklung von innen heraus im Sinne der westlichen Demokratien glaube ich nicht.» Im Gegenteil, Cassirer hegt «die schwere Befürchtung, daß nach diesem Krieg in Deutschland ein England- und Amerikahass bestehen wird, der dem Judenhass nichts nachgeben – vielleicht ihn überbieten wird».

Ernst Cassirer wusste, wie jeder, der es in Amerika wissen wollte, über die systematische Ausrottung der europäischen Juden Bescheid. Seine Tochter Anne arbeitete zunächst im American Jewish Committee, einer 1906 gegründeten Organisation, die jüdischen Einwanderern half, sich in dem fremden Land einzuleben. Dann wechselte sie zum Jewish Agency Rescue Committee, das sich der Holocaust-Flüchtlinge annahm und alles erreichbare Material einschließlich Augenzeugenberichten von Überlebenden sammelte. Wie alle Juden, die aus Europa geflohen waren, hatten die Cassirers Verwandte und Freunde, von deren Deportation und Vernichtung sie erfuhren. Wovon die meisten der in der Welt verstreuten Exilanten, einschließlich der Cassirers, nichts wussten, war der deutsche Widerstand in all seinen Manifestationen, ob in der Arbeiterschaft, den Kirchen, im Militär und auch an den Universitäten. «Ist aus der Antike Tragischeres bekannt als die Opfer des deutschen Widerstandes?» So fragte die aus dem New Yorker Exil heimgekehrte Annette Kolb. Waren sie nicht «im Inland verfemt, und auch vom Ausland verlassen», und so blieben «ihre Vorstellungen unvernommen, ihre Rufe ohne Echo».[71] Es gehört zu dieser Tragik, dass ihre Rufe auch die Geflohenen nicht erreichten.

Ein Vergleich mit einem Brief von Albert Einstein, den er sechs Jahre nach Cassirers Tod an Toni Cassirer schrieb, nachdem er ihr Buch gelesen hatte, zeigt, warum Ernst Cassirers «Leiden an Deutschland» ein so tiefes war. Einstein sah den Unterschied zwischen sich und dem Philosophen in «einer gegensätzlichen inneren Einstellung [...] Im Gegensatz zu Ihnen beiden [bin] ich ja immer ein Zigeuner gewesen, ein allseitiger Nicht-dazu-Gehörer. Darum hat z. B. meine Beziehung zu den Deutschen nie zu einem Konflikt innerer Art führen können, und die Loslösung bedeutet nichts für mich. Dagegen ist die Beziehung zur Judenheit weitgehend parallel: das Fehlen einer historisch religiösen Gebundenheit und das Stehen an einem vom äusseren Schicksal angewiesenen Platz. Die berufliche Bindung hat für mich eigentlich nie mehr bedeutet als eine geschäftliche Beziehung, so z. B. die Beziehung zur preussischen Akademie oder meine spätere Anstellung hier. Gefühlsmässige Bindung an einen Staat hat es für mich erst recht nie gegeben; hierin liegt auch eine Verschiedenheit zwischen uns, die aber das spätere Leben anscheinend ausgeglichen hat. Ihrem Manne hat seine reiche Arbeit wohlverdiente Geltung und erheblichen Einfluss auf das zeitgenössische Denken gebracht, während bei mir eine zeitlang solche Überschätzung der Leistung Mode war, dass ich richtig darunter litt, indem mir die engeren Grenzen meines Verstehens nur zu sehr bewusst waren, ‹ein hochgetriebenes Börsenpapier› war meine Charakteristik der eigenen Situation.»[72]

Für Ernst Cassirer, dem die Wissenschaft das Höchste war, bedeutete die Kapitulation der deutschen Akademiker vor dem Nationalsozialismus, ob an den Hochschulen oder in der Justiz, das Schlimmste, siehe seinen Brief an Albert Görland. Als er den Slogan «Recht ist, was dem Führer dient» hörte, entgegnete er: «Wenn morgen nicht alle Rechtsgelehrten Deutschlands sich wie ein Mann erheben und gegen diesen Paragraphen protestieren, ist Deutschland verloren.»[73] Die Vorstellung, nationalsozialistisches Gedankengut würde nach dem Krieg in Deutschland weiterverbreitet werden, scheint ihn verfolgt zu haben. Aus dem letzten erhaltenen Brief an Ernst Cassirer, den er nicht mehr gelesen hat, geht hervor, dass er von Hauptmann Karl C. Teufel im amerikanischen Hauptquartier der Kriegsgefangenenverwaltung angeschrieben worden war, mit der Bitte um eines seiner Bücher, das ein Major Heyne in einem Kurs für Kriegsgefangene benutzen wollte. Cassirer hatte am 6. April 1945 geantwortet und offenbar gefragt, ob er selber mit dem Major in Kontakt kommen könnte, was nicht erlaubt war. Hauptmann Teufel versicherte jedoch, dass Major Heyne kein Nazi sei, und dass er seine Kurse nach Grundsätzen unterrichte, die «internationalen Beziehungen» förderlich seien.[74]

Wie Thomas Mann sah auch Ernst Cassirer Franklin D. Roosevelt als Hoffnungsträger für die Zukunft nicht nur Amerikas, was sich allerdings für die europäischen Juden nicht erfüllte. Seine Erschütterung beim Tod des amerikanischen Präsidenten gleicht der Thomas Manns voll und ganz.[75] Dass sich Ernst Cassirer nicht wie Thomas Mann und andere Emigranten zur aktuellen Politik äußerte, lag letztlich an seiner Denk- und Arbeitsweise. Er entwickelte seine Gedanken beispielsweise zur Demokratie oder zur republikanischen Verfassung, die er nachdrücklich verteidigte, in großen ideengeschichtlichen Zusammenhängen. So beginnt das Kapitel über «*The Myth of the Twentieth Century*» keineswegs, wie man erwarten könnte, mit dem 20. oder vielleicht 19. Jahrhundert, sondern mit der Taufe des salischen Frankenkönigs Chlodwig und dem Taufspruch des heiligen Remigius: «Bete an, was du verfolgt hast und verfolge, was du angebetet hast.»[76]

Im Februar 1945 kündigte Cassirer an, das letzte Kapitel des *Myth of the Third Reich* «in diesen Tagen» zum Abschreiben zu schicken. Die Arbeit sei durch Krankheit unterbrochen worden.[77] Am 31. Dezember hatte die Diagnose auf Lungenentzündung gelautet, aber bereits am 18. Januar war er trotz Tonis Protest nach Princeton gefahren, um einen Vortrag über Staatsmythos und Gruppentheorie zu halten. Er fühlte wohl, dass er es tun musste, denn das Ende des zweiten und letzten Semesters an der Columbia-Universität näherte sich und noch war keine neue Stelle in Aussicht. Im Gegenteil wurde es für den inzwischen 70-Jährigen immer schwieriger, Lehraufträge zu erhalten, die zudem immer kürzer befristet waren. Von Hans Reichenbach, der inzwischen von Istanbul an die Universität von Kalifornien in Los Angeles gewechselt war, erhielt Cassirer im April 1945 die Mitteilung, die Universität werde ihm die Flint-Professorship anbieten, eine Gastprofessur für ein Semester.[78] In seiner Antwort am 10. April schrieb Cassirer, dass er dem Präsidenten der Universität bereits geantwortet hätte, und «im Prinzip gern bereit» wäre, die Einladung anzunehmen, «nur einige persönliche und sachliche Schwierigkeiten» seien noch zu regeln.[79]

In diesen Tagen kam es zu dem letzten indirekten Kontakt mit Thomas Mann. Ernst und Toni erhielten in New York Besuch von Manns Tochter Monika und von Frank Wedekinds Tochter Kadidja. Beide wollten sich in Cassirers Vortrag über Manns Goethe-Bild «einführen lassen», den er im Germanic Club der Columbia-Universität zum 70. Geburtstag von Thomas Mann halten wollte. Stattdessen ergötzte der Professor die Damen mit Erinnerungen aus seiner Münchner Studentenzeit an das Kabarett «Die elf Scharfrichter» und sang ihnen die Songs von Wedekind vor.[80] Den Vortrag im Germanic Club konnte er nicht mehr halten.

Am 12. April starb Präsident Roosevelt. Ernst Cassirer war gerade zu einer Untersuchung bei seinem Neffen Walter Loewenberg, der ihm empfahl, sich jede Woche einen Ruhetag zu gönnen, als er die Nachricht erfuhr. Erschüttert sagte er zu dem Arzt: «Und ich soll mich in diesen Zeiten schonen.» Toni versuchte ihren Mann zu trösten und sagte, der Präsident sei ohne zu leiden, im Wissen, «eine große Aufgabe erfüllt zu haben», gestorben. Wenn er ihr ein gleiches verspräche, dürfe er «morgen sterben».[81] Am nächsten Tag füllte Ernst Cassirer sieben Seiten mit dem Text für einen Vortrag über die Gruppentheorie, hielt sein Seminar, nahm den Lunch mit Kollegen ein und spielte mit einem von ihnen eine Partie Schach. Es wurde 17 Uhr und er hatte versprochen, um 15 Uhr zu Hause zu sein. Also wollte er ein Taxi nehmen. Als ein Student auf ihn zukam, sank ihm Cassirer tot in die Arme.[82]

Eine Stunde später brachten vier seiner Kollegen Toni die Nachricht seines Ablebens. Die Columbia University ließ ihre Fahne auf Halbmast wehen: «In Memory for Franklin Delano Roosevelt 1882–1945 President of the United States – Ernest Alfred Cassirer 1945 Visiting Professor of Philosophy.»⁸³ Ernst Cassirer wurde unter den Mitgliedern der von Emigranten in New York gegründeten Habonim-Gemeinde auf dem Cedar-Park-Friedhof in Paramus, New Jersey bestattet.⁸⁴ Kein Sohn war zugegen, der das Kaddisch-Gebet hätte sprechen können. Das tat der junge Rabbiner Arthur Herzberg, der bei Cassirer studiert hatte und bald eine führende Rolle im amerikanischen Judentum spielen sollte. Walter Solmitz war vom Bowdoin College in Maine gekommen und hielt eine bewegende Rede über seinen Lehrer.⁸⁵ Die Habonim-Gemeinde – Habonim heißt «die Erbauer» – ist aus dem aus Deutschland stammenden Reformjudentum hervorgegangen und war in ganz New York berühmt für die musikalische Ausgestaltung ihrer Gottesdienste. Bei der Trauerfeier für Ernst Cassirer erklang Musik von Mozart.

«In Hunderten von Zeitungen finden sich in den folgenden Tagen Nachrufe», in Nord- und Südamerika, in der Schweiz und Schweden, «in Palästina hatte man gehofft, Cassirer werde doch noch kommen.»⁸⁶ Im New Yorker *Aufbau,* der einen großen Teil der Ausgabe vom 20. April Franklin D. Roosevelt widmete, schrieb Ludwig Marcuse einen Nachruf.⁸⁷ Am 1. Juni 1945 richtete die philosophische Abteilung der Columbia-Universität für Cassirer eine Gedenkveranstaltung mit Vorträgen von Edward Cox, Hajo Holborn und Charles Hendel aus. Der Student Edward M. Case, der Cassirer vor dessen letztem Seminar, also am Todestag, im Gang auf dem Weg zum Seminarraum noch gesehen hatte, hielt *A Student's Nachruf.* Er hatte seinen Lehrer ansprechen wollen, dann aber gesehen, dass der Professor beim Gehen intensiv in einem Buch las. Also unterließ er es, denn «ein diskreter Mensch stört einen Liebenden nicht».⁸⁸ Die Vorträge erschienen 1949 in dem gewichtigen Band *The Philosophy of Ernst Cassirer* mit 23 Beiträgen namhafter amerikanischer und europäischer Philosophen, darunter Walter Solmitz und Susanne Langer. Am Schluss findet sich der Beitrag *The Philosopher Speaks for Himself.* Damit begann die Rezeption Cassirers in Amerika.

Toni Cassirer widmete die letzten 16 Jahre ihres Lebens Werk und Andenken ihres Mannes. Sie begann bald, ihre Erinnerungen niederzuschreiben, die 1949 abgeschlossen waren, die sie aber für nicht druckfähig hielt. «Oder besser ausgedrückt, dass ich die deutschen Leser nicht für lesefähig halte.» Das schrieb sie am 15. Januar 1950 an Anne-marie Uhde. Das Buch war nur für Freunde gedacht und hatte den alleinigen Zweck, Ernst Cassirers Charakter zu «verdeutlichen». Deshalb fehlen darin auch viele Personen einschießlich solcher aus dem engsten Familienkreis, heißt es am 14. August 1950. Toni Cassirer wollte das Manuskript lediglich in 100 bis 200 Exemplaren vervielfältigen lassen. Es sollte «*unter keinen Umständen*» zum Verkauf gelangen, außerdem sei die Hamburger Universität unbedingt auszuschalten. Toni Cassirer war von der Hamburger Professorenschaft grenzenlos enttäuscht. Am 22. November 1947 hatte sie Annemarie Uhde geklagt: «Mir hat niemand aus Hamburg ein einziges Wort geschrieben.» Erst 1950 erhielt sie zum ersten Mal einen Brief von der Frau Bruno Snells, eines Kollegen von Ernst Cassirer. «Es gibt Unterlassungen, die schlimmer als Taten sind», heißt es am 24. Februar 1950 bitter. Als Annemarie Uhde meint, Tonis «Niederschrift» sei im Vergleich zu ihren Briefen nicht bitter, so entgegnet sie: «Bitterkeit wäre doch ein viel zu schwacher Ausdruck für meine Gefühle.» Diese waren für immer bestimmt von dem Tod ihrer und Ernsts Verwandten – beide verloren eine Schwester mit Mann – und den vielen anderen Opfern. «Alle ermordet. Und wie!!!» Toni Cassirer ist nie mehr nach Deutschland zurückgekehrt.[89]

Das Werk ihres Mannes wusste seine Witwe in Amerika gut aufgehoben. Sie überließ seinen Nachlass der Yale-Universität, wo er in der Beinecke Rare Book and Manuscript Library, einem architektonischen Wunderwerk und einer idealen Forschungsstätte, vorbildlich archiviert wurde. In New York kümmerte sich vor allem ihre Schwester Edith Waller fürsorglich um Toni, die deshalb nicht nach Schweden zurückkehrte. Von ihren Enkeln, die sie in der Nachkriegszeit mit Paketen versorgte, war sie allerdings über zehn Jahre getrennt. Tonis Tochter Anne war ihr ebenfalls eine große Stütze. 1947 arbeitete Anne zeitweilig in dem Kaufhaus Macy's in der Pelzabteilung. Für die Mutter war es eine schreckliche Vorstellung, sich Anne acht Stunden stehend vorzustellen, «bei ihrer schwachen Gesundheit». Für Anne, die viel fröhlicher war, als ihre Mutter sie darstellt, war es aber auch eine amüsante Erfahrung; weil es den Verkauf förderte, legte sie sich einen französischen Akzent zu.[90] Die Ehe von Anne mit Kurt Appelbaum endete kinderlos in einer Scheidung. Sie ließ sich zur Psychotherapeutin ausbilden und eröffnete eine Praxis in bester Lage am Central Park West.

Heinz lehrte von 1934 bis 1936 und 1938 bis 1945 in Oxford am Christ College Philosophie und hatte seit 1945 «ein gesichertes Leben», wie seine Mutter schreibt, an der Universität von Glasgow. Er wandte sich der christlichen Theologie zu, verfasste eine Neuübersetzung des Neuen Testaments ins Englische, konvertierte und trat der englischen Hochkirche bei. Nach dem Tod seiner Frau heiratete er die Tochter eines anglikanischen Pastors. Er sei, schreibt Edith Geheeb, «zu Tonis Kummer» nicht nur «frömmlerisch» geworden, sondern von einem wahren «Paulusfanatismus» besessen.[91] Der jüngste Sohn Georg war in Schweden geblieben und hatte sich, wie sein Bruder Heinz, den Eltern entfremdet. 1957 wurde er von Edith Geheeb – wem sonst? – zu einer Begegnung mit seiner Mutter «genötigt», die gut verlief, wie Edith seiner kranken Frau vermeldete. Toni musste aber im folgenden Jahr erleben, dass ihr jüngster Sohn, nach Veras Tod untröstlich, sich das Leben nahm. Toni Cassirer starb 1961 in New York und ruht mit Ernst Cassirer auf dem Cedar-Park-Friedhof in Paramus.

Edith Geheeb-Cassirer und die Ecole d'Humanité in der Schweiz (1934–1982)

Als Edith am 12. April 1934 im Institut Monnier in Pont-Céard sur Versoix bei Genf eintraf, wohin ihr Mann schon mit Schülern und Mitarbeitern aus dem Odenwald vorausgefahren war, begann auch für sie eine Odyssee. Diese führte in der kleinen Schweiz in zwölf Jahren über fünf Stationen schließlich ins Berner Oberland zu dem endgültigen Sitz des Internats, dem Paul Geheeb einen neuen Namen, Ecole d'Humanité, Schule der Menschheit, gegeben hatte. Ediths Leistung in dieser Zeit war heroisch. Nicht nur packte sie sechs Mal die Habe der Ecole ein und wieder aus: Möbel, Bücher, Bilder, Dokumente, die Korrespondenz von Jahrzehnten, Bettwäsche und Kochgeschirr. Sie war für das Wohl einer wechselnden Zahl von Kindern verantwortlich: ihre Ernährung, Kleidung, das Heizmaterial der oft kalten Behausungen, um nur einiges zu nennen.

Paul Geheeb war mit den pädagogischen und bürokratischen Aspekten beschäftigt. In welcher Sprache sollten die deutschen Kinder, denn das waren die meisten, in der französischen Schweiz unterrichtet werden? Das war noch das geringste Problem. Die finanzielle Not, in der sich die Schule ununterbrochen befand, war das größte. Schulgeld oder Renten durften nur noch an Reichsdeutsche, die nicht geflohen waren, aus Deutschland ins Ausland überwiesen werden. Die Bescheinigung, dass Geheeb «im Interesse und mit Billigung der Regierung» vorübergehend in der Schweiz tätig war, hatte ihm im Reichsinnenministerium kein anderer als Max Cassirer verschafft.[92] Aber der Verband Schweizerischer Privatschulen sträubte sich immer deutlicher gegen die Eröffnung ausländischer Schulen in der Schweiz. Auf der Suche nach neuen Standorten begegneten die Geheebs Gerüchten und Denunziationen ihrer «bolschewistischen» Schule. Geheeb blieb weiterhin in der internationalen New Education Fellowship engagiert, was ihm einen gewissen Rückhalt gab, und hatte in Adolphe Ferrière den unerschütterlich loyalen Schweizer Freund, der ihm mit Rat und Tat zur Seite stand.

Der Neuanfang begann mit einer kleinen Eröffnungsfeier am 17. April. In einem «freien Land», nahe dem Sitz des Völkerbunds, sollte die «Schule der Menschheit» erstehen, in der Ehrfurcht vor der Individualität jedes Menschen herrsche, «die unbedingte Liebe zu jedem Menschenkinde», so proklamierte Geheeb.[93] Seine Vorstellung einer Anlage mit verschiedenen, jeweils einer anderen Kultur gewidmeten Häusern ließ sich allerdings nie verwirklichen. In Versoix entstand jedoch fast wieder eine Odenwaldschule mit freier Kurswahl, Schülermitverwaltung in regelmäßigen Schulgemeinden, Morgengymnastik, Mittagssprüchen, in welchen die Weisheit deutscher Klassiker und griechischer Philosophen verkündet wurde, und Sonntagabendandachten. Es wurde viel musiziert, Theater gespielt, gewandert und in einer Werkstatt handwerkliche Fertigkeit erworben. Beatrice del Bondio-Reventlow, die Enkelin Franziska von Reventlows, die als «heimatloses Flüchtlingskind» vier Jahre bei den Geheebs verbrachte, erinnert sich an eine sonnige Zeit. Die Schüler aus deutsch-jüdischen Familien unterschieden sich jedoch von den anderen, auch jenen aus den USA oder Holland. Sie waren, wie eine Mitschülerin aus Kalifornien sich erinnert, ernster und alt trotz ihrer jungen Jahre. Sie hatten gesehen, wie ihre Eltern verhöhnt, misshandelt und in manchen Fällen verhaftet worden waren. «Sie waren keine Kinder mehr und auf tragische Weise nicht angepasst.»[94]

1936 fand der siebte und letzte Weltkongress der New Education Fellowship im englischen Cheltenham statt, an dem auch Edith teilnahm. In London besuchten die Geheebs die Warburg-Bibliothek und Fritz Saxl, dessen Kinder ihre Schüler gewesen waren. Zurück in Versoix gestaltete sich das Verhältnis zu Willem Gunning, dem Besitzer des Institut Monnier, immer schwieriger. Er hatte sich von der Fusion mit der Ecole vor allem finanzielle Hilfe für seine verschuldete Schule versprochen. Dies schien aber immer unwahrscheinlicher. Die Schülerzahl verringerte sich rapide, von 60 im Jahr 1937 auf 40 im nächsten Jahr. Außerdem hatte Gunning kein Verständnis für manche der Aktivitäten in der Ecole, zum Beispiel das Wandern. Die Schule konnte aber nicht einfach an einen anderen Ort verlegt werden. Die Geheebs mussten mit einem Schweizer oder einer Schweizerin, gleichsam als deren Angestellte, zusammenarbeiten. Diese fand sich in Elisabeth Huguenin, die bereits während des Ersten Weltkriegs Mitarbeiterin in der Odenwaldschule gewesen war und 1926 das erste Buch über das Internat veröffentlicht hatte.[95] Während Edith in der Ecole den Schulbetrieb praktisch eigenhändig aufrechterhielt, fuhr sie bis zum Kriegsbeginn im August 1939 noch jedes Jahr bis zu drei Mal nach Deutschland – dies obwohl in ihren Pass das große J gestempelt war. Ihrer Organisationskunst war es zu verdanken, dass auch während ihrer Abwesenheit alles seinen rechten Gang ging. Sie besuchte ihren Vater in Berlin, wo sie mit ihrem Bruder Kurt 1938 sein Haus in der Kaiserallee ausräumen und seinen Umzug in eine Wohnung bewerkstelligen musste. Sie fuhr in die Odenwaldschule, die ihrem Vater immer noch gehörte, um dort nach dem Rechten zu sehen, und sie fuhr nach München zu Geheebs Bruder Reinhold und seiner Familie und zu der Freundin Lotte Pariser, die sie nicht zur Auswanderung hatte überreden können, weil diese den guten Freund Paul Stern, den über 70-jährigen Kunsthistoriker und Privatgelehrten, dessen Dissertation Bruno Cassirer fast unter falschem Titel veröffentlicht hätte, nicht allein zurücklassen wollte. Lotte Pariser geb. Guttmann, Edith Geheeb und ihre spätere Schwägerin Eva Solmitz-Cassirer waren schon als Jugendfreundinnen unzertrennlich. Sie kamen aus ähnlichen Familien und hatten ähnliche kulturelle und soziale Interessen. Sie besuchten die gleiche höhere Töchterschule und waren am Pestalozzi-Fröbel-Haus als Kindergärtnerinnen ausgebildet worden.

Lotte heiratete 1909 den Privatgelehrten Ernst Pariser, einen Schüler des Kulturphilosophen Rudolf Pannwitz und des Romanisten Karl Vossler. Zu ihrer Hochzeit wurde Edith, die sonst nicht mit literarischen Ergüssen hervorgetreten ist, zu einem sechs Seiten langen Gedicht inspiriert. Lotte und Ernst Pariser zogen nach München, wo der junge Ehemann bereits 1915 an der Grippe starb. Lotte, die sich auf den Meldebögen von jetzt an ebenfalls als Privatgelehrte eintrug, kam oft in die Odenwaldschule. Ihre Korrespondenz mit Edith umfasst mehrere hundert Briefe. Nach Kriegsbeginn setzte sich Edith bei den Schweizer Behörden für Lotte Pariser und Paul Stern ein, denn ohne ihn wäre Lotte nicht gegangen – natürlich ohne Erfolg.

1937 reichten die Geheebs mit Elisabeth Huguenin ein Gesuch im Kanton Neufchâtel ein, um dort eine Schule zu eröffnen. Es wurde abgelehnt. Schließlich schlossen sie einen Vertrag mit Gunning, demzufolge die Ecole unabhängig von ihm in den Gebäuden seines Instituts weitergeführt werden konnte. Anfang 1939 waren die finanziellen Mittel der Geheebs erschöpft. Sie mussten die Miete für das Institut Monnier schuldig bleiben. Eine Sammelaktion, die Walter Solmitz in den USA begonnen hatte, ergab statt der erhofften 5000 Dollar nur 170. Im Januar waren sie mit den Schülern, die in den Ferien nicht nach Hause fahren konnten, weil sie entweder kein Heim mehr hatten oder aus Amerika kamen, auf den Plejaden oberhalb von Montreux zum Skilaufen. Da setzte Willem Gunning die Ecole vor die Tür. Bis März blieben 30 Kinder, zwölf Mitarbeiter und der nach dem 9. November 1938 aus Berlin geflohene Max Cassirer mit seinem Pflegekind im Gebirge. Dann fand sich auf Schloss Greng am Murtensee ein neues Quartier. Dort hatte im Sommer eine «Friedensakademie» getagt, an der Geheeb teilnahm. Der 81-jährige Max Cassirer konnte glücklicherweise im April aus dieser Turbulenz nach England entkommen.

Das schöne Schloss mit Park erwies sich jedoch als unerschwinglich, denn bei Kriegsausbruch holten gerade die Eltern, die noch das volle Schulgeld zahlen konnten, ihre Kinder heim. Zum 30. Oktober 1939 wurde den Geheebs gekündigt. Noch vier Wochen vor diesem Termin wussten sie nicht wohin mit ihrer kleinen Schülerschar. Da hatte Edith eine Idee: «‹Der Paulus wollte doch durchaus in die Höhe›, so erzählte sie 30 Jahre später, ‹und im Kanton Fribourg hatten wir die Konzession.

Da hab' ich gedacht, wenn ich im Hotelführer nachsehe, welches Hotel über 1000 Meter liegt, telefoniere ich dort an und frage, ob wir gleich einziehen können.›»[96]

Wunderbarerweise hatte sie Erfolg. Die Besitzer des leerstehenden Hotels Lac Noir am Schwarzsee bei Fribourg machten ein Angebot, die Ecole für eine unglaublich niedrige Monatsmiete von 300 Franken aufzunehmen. Wieder wurde gepackt, aber die Besitzer von Schloss Greng wollten die sechs Lastwagen mit der Habe der Ecole nicht fahren lassen, ohne die restliche Miete eingenommen zu haben. Jetzt griff Edith ihre letzten Reserven an und verkaufte die Perlenkette ihrer Mutter, «der einzige Schmuck, den ich hatte»,[97] um die Schulden zu bezahlen. Aber immer noch blieben Dokumente und Briefe zurück. Ein zehnjähriger Rechtsstreit schloss sich an.

Die Ecole verbrachte elf Monate in dem im Gegensatz zu dem Schloss wohlig warmen Hotel Lac Noir inmitten der schönsten Landschaft. Dann waren auch die 300 Franken Monatsmiete nicht mehr zu zahlen, und sogar Ferrière schlug den Geheebs vor, die Schule zu schließen. Sie hätten versuchen können, in die USA zu gelangen, das wurde diskutiert. Aber sie wollten ihre Schützlinge nicht im Stich lassen.

Das Problem waren sechs «nicht zahlende» Schüler, die bisher mit durchgefüttert werden konnten. Edith wandte sich für sie an das Schweizer Werk für Emigrantenkinder, das aber nur die Einweisung in ein Schweizer «Arbeitslager» vorschlagen konnte. Das übliche Abschieben der Emigranten von Kanton zu Kanton verschonte auch Kinder nicht. Misstrauisch geworden suchte Edith nach anderen Lösungen. Ein Junge wurde auf einem Bauernhof untergebracht, zwei Geschwister fuhren nach Santo Domingo, das 100 000 Flüchtlinge aufnahm. Die übrigen Schüler zogen mit den Geheebs in das nahegelegene Chalet Aurore, ein leerstehendes Naturfreundehaus, das Heim der Schule von Oktober 1940 bis April 1946.

Leben und Überleben in dem kleinen Chalet war nur möglich, weil die Schüler eigentlich keine Kinder, sondern zwischen 15 und 20 Jahre alt waren. Geld für Hilfskräfte war kaum vorhanden. Die erfahrenen Pädagogen aus der Odenwaldschule, darunter der Mathematiker Martin Wagenschein, erhielten ein Taschengeld von 30 Franken. Also übernahmen Schüler Arbeiten von Holzsägen über Kartoffelschälen zu Putzen und Waschen. Edith sparte das Fahrgeld und fuhr nach Fribourg mit dem Rad. Jetzt erwiesen sich die regelmäßigen Überweisungen von 400 Franken als Rettung, die der Fürsprech Guggenheim aus Baden für den ihm von Max Cassirer als Sicherheit übergebenen Renoir erhalten hatte. Der Bäcker beispielsweise lieferte nur gegen bar.

Trotz ihrer schier überwältigenden Arbeitslast übernahm Edith immer noch mehr. Während einer langen Krankheit Geheebs unterrichtete sie Deutsch und Englisch. Mit den älteren Schülern las sie *Don Carlos* und gab ihnen anspruchsvolle Aufsatzthemen beispielsweise über Schillers Freiheitsbegriff oder dessen Entwicklung anhand seiner Briefe. Zu all dem fand Edith Zeit für ihre ausführliche Korrespondenz. Da waren an erster Stelle die Briefe an den Vater, der sich unendlich nach seiner Tochter sehnte. In einem komplizierten Briefwechsel geht es um die Zahnprothese des alten Herrn, die ersetzt werden musste. Edith schrieb an seinen Zahnarzt in Berlin, konsultierte einen anderen in Genf und brachte es fertig, einen Ersatz nach England zu schicken. Sie versorgte ihren Vetter, den Maler Walter Bondy, in Südfrankreich mit dem lebensrettenden Insulin und ließ von einer privaten Hilfsstelle in Genf Pakete mit Nahrungsmitteln an Lotte Pariser in Theresienstadt senden. Von dort kamen vorgedruckte Bestätigungskarten mit unschuldig klingenden Absendern wie «Dorfstrasse 9».

Wenn Edith eine ruhige Minute hatte, nahm sie ihre Sanskrit-Studien wieder auf. Aber wirkliche Hilfe in dieser schwierigen Zeit kam durch Alwine von Keller. Bei der Schülerin von Carl Gustav Jung machte Edith in den vierziger Jahren eine Analyse, die sie von dem Druck und den Ängsten befreite, die auf ihr lasteten. Manchmal gelang es, zu Alwine nach Ascona zu fahren, manchmal fuhr Alwine zu ihr. Am Schwarzsee erhielt Edith die Nachricht vom Tod ihres Vaters am 15. Januar 1943 in Wales, und dort erlebte sie mit der Ecole das Ende des Krieges. Damit änderte sich alles.

Die Schweiz öffnete ihre Grenzen für die Überlebenden der Lager. Plötzlich strömten nun wirklich Kinder, sogar fünfjährige, aus Theresienstadt, Buchenwald, Bergen-Belsen und anderen Lagern in das Chalet Aurore, das viel zu klein war. Räume und Gebäude mussten dazugemietet werden. Das Schweizerische Hilfswerk für Emigrantenkinder und das Rote Kreuz zahlten für jedes Kind einen Beitrag, dennoch fehlten im

Monat 170 Franken. Es war ein Kommen und Gehen, denn Schüler und Mitarbeiter, die lange nichts von ihren Familien in Deutschland und Österreich gehört hatten, versuchten, zu ihnen zu gelangen. Dennoch wurde wie eh und je morgens unterrichtet, nachmittags gearbeitet, abends musiziert. Eine Schülerin bestand sogar das Schweizerische Abitur in diesen Wochen.

Nun wurde den Menschen das Ausmaß der Verluste, Schrecken und Verbrechen der vergangenen Jahre bewusst. Edith war jahrelang in höchster Sorge um Lotte Pariser gewesen. Dem ehemaligen Odenwaldschullehrer André Golay, jetzt höherer Beamter der Schweizer Fremdenpolizei, hatte sie am 7. Januar 1942 folgenden Brief aus Lac Noir geschickt:

«Lieber Herr Golay,

Ich schreibe Ihnen in meiner Herzensangst um meine Freundin Lotte Pariser, die, evangelisch erzogen, jetzt in Deutschland als Jüdin gerechnet wird und für die, wie für so viele andere, die Gefahr der Deportation immer näher rückt. Meine Freundin ist seit dem 30. September schwer erkrankt und liegt in München im Krankenhaus. Ich könnte mir aber vorstellen, dass selbst diese Erkrankung sie nicht vor der Deportation in den Osten schützt. Gibt es irgend ein Mittel, in die Schweiz herein zu kommen? Vielleicht kennen Sie Frau Dr. Pariser von Ihren früheren häufigen Aufenthalten in der Odenwaldschule? Sie erinnern sich vielleicht einer zarten, schönen, schlanken Frau, mit goldenen Haaren, sehr distinguiert und vornehm. Frau Dr. Lotte Pariser ist seit vielen Jahren Witwe. Seit etwa 20 Jahren ist sie freundschaftlich verbunden mit einem älteren Mann, einem Philosophen, Dr. Paul Stern, der jetzt im 72. Lebensjahr steht. Frau Dr. Pariser hätte wohl schon vor einigen Jahren die Möglichkeit gehabt, nach England auszuwandern, da die Familie ihres verstorbenen Mannes dorthin mit einem ziemlich erheblichen Vermögen auswandern konnte. Diese Familie wollte auch vor Kriegsausbruch für Frau Dr. Pariser eine grössere Summe in der Schweiz deponieren, damit sie sich in der Schweiz aufhalten könne, bis eine Weiterwanderung sich als möglich heraus stellte. Es brach der Krieg aus, sodass das Geld nicht deponiert werden konnte. Frau Dr. Pariser selbst war nicht davon zu überzeugen, dass es für sie notwendig sei, auszuwandern, da sie unbedingt ihren alten Freund nicht allein in Deutschland seinem Schicksal überlassen wollte. Auch jetzt schreibt sie, die so schwer bedroht ist, in erster Linie, ob ich nicht etwas für Freund Stern tun könnte. Mit liegt das Schicksal dieses Freundes auch sehr am Herzen, näher steht mir natürlich noch meine Jugendfreundin, mit der Paulus und mich nahe Freundschaft verbinden. Glücklich wäre ich, wenn ich für beide etwas tun könnte ... trotzdem ich glaube, dass der über 70 Jährige weniger gefährdet ist, als meine Freundin mit ihren 56 Jahren. Ich kann mir denken, wie viele derartige Fälle Ihnen und Ihrem Department vorgetragen werden, ich wage kaum, diesen Brief abzusenden [...] unter den gequälten Menschen, die von der Gefahr der Deportation bedroht sind, gehen immer wieder Gerüchte, dass die Schweiz noch einige aufnimmt, und ich bekomme Anfragen über Anfragen [...]

Wir haben das Haus voll mit Ferienkindern, die uns in der zweiten Januarhälfte wieder verlassen.

Mit den freundlichsten Grüssen von Haus zu Haus
Ihre sehr ergebene Edith Geheeb.»

Dass Lotte Pariser aus dem Krankenhaus in ein Münchner Barackenlager gebracht und von dort nach Theresienstadt deportiert wurde, hat Edith noch erfahren. Paul Stern nahm sich nach der Deportation seiner Freundin im gleichen Münchner Lager das Leben. Noch vor Kriegsende wurden im Winter 1945 Häftlinge aus Theresienstadt in die Schweiz entlassen. Freunde von Lotte Pariser, so der nach London geflohene Anton Heinitz, wiegten sich in der Hoffnung, sie sei darunter. An ihn schrieb Edith am 28. Februar 1945:

«Lieber Anton, was soll ich Ihnen schreiben, wenn ich Ihnen doch das Schmerzlichste schreiben muss, was Sie heute treffen kann: Lotte ist nicht mehr in Theresienstadt; vor etwa einer Woche erreicht mich durch eine der wenigen Glücklichen, die das schöne Ziel der Schweiz erreichten, die furchtbare Nachricht, dass Lotte zu denen gehört, die schon vor längerer Zeit «verreisen» mussten ----- kein Mensch weiss wohin. Ich wage nicht mich irgend einer Hoffnung hinzugeben, trotzdem ja manchmal Wunder geschehen. Ich fürchte, dass wir unsere Lotte für dieses Leben verloren geben müssen. Ich habe den festen Glauben an Unzerstörbares. Lesen Sie die Bhagavad-Gita. Kapitel II dort steht, was ich über Leben und Tod denke. Gewiss es kann mich nicht trösten; Schmerzen bleiben Schmerzen --- und schwerere Schmerzen als um Lotte habe ich wohl noch nie in meinem Leben gespürt. Was wäre auch das Leben, wenn wir das Glück haben, einem solchen Menschen zu begegnen wie unsere Lotte, und wer würde sich ohne Schmerzen von ihr trennen können; wer würde, ohne Schmerzen zu fühlen ahnen, was sie durchgemacht hat. Sie, die Zarte muss Fürchterliches erlebt haben oder noch erleben ----, das muss uns weh tun und tief niederschlagen. Und doch weiss ich, dass das Selbst unzerstörbar ist, keine Flamme vermag es zu verbrennen, kein Sturm vermag es zu verwehen. Was Lotte mir bedeutet, das ist nicht zu verlöschen.

Lieber Anton: Dies soll kein Trostbrief sein. Ich bin ja selbst so untröstlich getroffen. Auch ich habe geträumt, dass ich Lotte noch einmal umhegen könnte [...] vielleicht habe ich etwas realer gedacht als Sie und befürchtet, dass sich mein Traum doch nicht würde verwirklichen lassen, selbst wenn Lotte lebte. Sie, lieber Anton, scheinen sich in lieben Träumen gewiegt zu haben, hoffentlich wird das Erwachen für Sie nicht zu bitter sein.»

Die Verse der *Bhagawadgita*, die Edith Geheeb dem Freund zu lesen empfiehlt, lauten:

«Wer weise ist im Herzen, der trauert
Nicht um den Lebendigen, noch die Toten.
Alles was lebt, ist ewig.
Nur das Gehäuse, das zerbrechliche, vergeht.
Der Geist ist ohne Ende, ewig, ohne Tod.»

Im *Biographischen Gedenkbuch der Münchner Juden 1933–1945* ist über die letzten drei Jahre von Lotte Pariser nachzulesen, ehe sie am 28. Oktober 1944 nach Auschwitz abtransportiert wurde. Ein Gedicht von ihr, *Zum zweiten Weihnachtsabend in Theresienstadt – 1943*, zunächst fälschlich Gertrud Kantorowicz zugeschrieben, fand sich 1945 in Theresienstadt.[98]

Inzwischen waren die Medien auf die kleine außergewöhnliche Schule am Schwarzsee aufmerksam geworden, die jetzt eher einem Flüchtlingslager glich. Schweizer Zeitungen und Zeitschriften berichteten ausführlich über die Ecole.[99] Ein reich illustrierter Beitrag im amerikanischen *Life Magazine* vom 6. Mai 1946 machte sie einem breiten Publikum in den USA bekannt. Dazu trug Geheebs unermüdliche Vortrags- und Publikationstätigkeit bei, mit der er für seine Ideen und seine Schule warb. Sein 75. Geburtstag wurde beispielsweise während einer internationalen «Studienwoche über das kriegsgeschädigte Kind» in Zürich begangen.

Unter den Besuchern, die sich bald einstellten, war Klaus Mann, der als Berichterstatter für die amerikanische Militärzeitung *Stars and Stripes* Anfang 1946 in Uniform bei den Geheebs erschien. Im Jahr nach dem Besuch schrieb er «eine letzte und dankbare Würdigung» Geheebs, den er vor seinem Tod 1949 noch einmal traf.[100]

Die Ecole war aber nicht vor einer neuerlichen Kündigung geschützt. Die Naturfreunde wollten das Chalet Aurore wieder beziehen. Auch diesmal zog sich die Suche nach einem neuen Heim gefährlich lang, bis zwei Wochen vor dem Kündigungstermin, hin. Dann war es gefunden. Im Berner Oberland, hoch über dem Aaretal und dem Städtchen Meiringen in dem Dörfchen Goldern, lag ein evangelisches Erholungsheim, bestehend aus drei stattlichen Gebäuden im Stil der umliegenden Bauernhöfe. Sie waren für 10 000 Franken jährlich zu mieten. Aus Geheebs Studierstube fällt der Blick nach Süden über die Wetterhorngruppe und den Rosenlauigletscher, wie es sich nicht grandioser denken lässt. Dorthin zog die Ecole im Mai 1946 zum sechsten und letzten Mal um. Konnten Edith und Paul Geheeb jetzt sagen: «Wir bleiben»? Waren sie und ihre Schule im Kanton Bern, wo ihnen rasch die Konzession erteilt wurde, zu Hause angekommen? Sie waren es nicht, wie ein weiterer Bittbrief von Edith an André Golay im Eidgenössischen Justiz- und Polizeidepartment vom 14. Dezember 1949 zeigt. Damals wurde die Odenwaldschule Edith und ihrem Bruder Kurt, den Erben von Max Cassirer, zurückerstattet. Ein neuer Vertrag musste mit der Schulleitung abgeschlossen werden und Kurt wollte nicht allein die Verantwortung übernehmen. Er hatte seine Schwester gebeten, wie sie Golay schreibt, «dringend im Januar in die Odenwaldschule zu kommen, damit wir gemeinsam die leider sehr schwierigen Fragen regeln. (Die Rückgabe kommt mir wie ein Danaer-Geschenk vor: ohne Barmittel einen solchen Besitz für eine Schule zu verwalten, ist äusserst schwierig und meinem Bruder und mir liegt natürlich daran, dass die Odenwaldschule als *Schule*, die deutschen Kindern zur Verfügung steht, erhalten bleibt!)»

Die Schwierigkeit bestand darin, dass die «staatenlose» Edith zwar einen Reiseausweis besaß, dieser aber in Gefahr war, bei der Eidgenössischen Fremdenpolizei «unter dem Weihnachtsbaum liegen zu bleiben». Sie bat also Golay, «dass mein Reiseausweis schleunigst in Ordnung gebracht wird». Und einen weiteren Punkt möchte sie berühren: «Wir haben (schändlicherweise oder finden Sie das nicht schändlich?) nach 15 jährigem Aufenthalt in der Schweiz immer nur eine Toleranzbewilligung. Ich habe doch viel in der Zeitung darüber gelesen, dass Emigranten und sogar Flüchtlinge Niederlassungsbewilligungen bekommen. Wieso hat Paul Geheeb und seine Frau noch nicht diese Niederlassungsbewilligung? Können Sie sich nicht dahinter klemmen, dass wir endlich dieses Papier bekommen?»

Edith hat, ebenso wie ihr Mann, die deutsche Staatsbürgerschaft zurückerhalten und nie aufgegeben. Schweizer wurden sie nicht. Ediths Bruder Kurt und seine Frau hatten schon bald nach dem Krieg die englische Staatsbürgerschaft erhalten, was es ihnen ermöglichte, 1947 in Kanada nach acht Jahren ihre Söhne wiederzusehen.

Die Niederlassung der Ecole im Berner Oberland bedeutete gleichzeitig die Absage an den Odenwald. Dort hatte Heinrich Sachs, in der Absicht, den Geist der Odenwaldschule zu retten, aber mit den unvermeidlichen Konzessionen an das nationalsozialistische Regime, die «Gemeinschaft Odenwaldschule» geleitet. Die Trennung von ihm und der Neubeginn der Odenwaldschule unter Leitung von Minna Specht beschreibt Martin Näf detailliert.[101] Minna Specht hatte in den dreißiger Jahren das sozialistische Landschulheim Walkemühle bei Melsungen geleitet und war mit ihm nach Dänemark und England gegangen. Während der Internierung auf der Isle of Man eröffnete sie eine Lagerschule. Nach dem Krieg engagierte sie sich in England für die «German Educational Reconstruction». Von ihrer Schrift *Gesinnungswandel* waren Kurt und Eva Cassirer so begeistert wie die Geheebs. Im März 1946 nahm Minna Specht ihre Tätigkeit in der Odenwaldschule auf.

Wie aber sollte es mit der Schule weitergehen? Kurt Cassirer und seine Frau Eva waren bereits 1948 aus England in den Odenwald zurückgekehrt. Sie wollten zwar unbedingt, dass die Schule weitergeführt würde, denn nichts war in Deutschland nötiger als die Erziehung der Jugend zu unabhängigen, demokratischen Bürgern. Sie sahen jedoch auch, welche Kosten auf die Schule zukamen. Unzerstörte Gebäude wurden hoch besteuert. Der Erhalt des Campus erforderte hohe Summen. Sie schlugen deshalb vor, die Schule zu verkaufen. Davon wollten die Geheebs aber nichts wissen. Es dauerte bis 1969, acht Jahre nach Paul Geheebs Tod, bis die Schule von der Erbengemeinschaft, zu der nun auch Kurt und Evas Söhne Thomas und Henry Cassirer gehörten, an den hessischen Staat verkauft werden konnte. Edith wurde mit 300 000 Mark ausbezahlt. Sie teilte ihren Neffen mit, dass sie nun nicht als Erbtante zu betrachten sei, denn alles, was sie besitze, würde dem Werk von Paulus zugutekommen.

Indessen schlug die Ecole in Goldern Wurzeln. Aber auch hier gab es ein Auf und Ab. 1946 war die Genossenschaft Freunde der Ecole d'Humanité gegründet worden, die die Schule auf ein festeres finanzielles Fundament stellen sollte. Dennoch schwankte vorerst die Schülerzahl und damit auch das Einkommen. Auch sträubten sich die Einwohner des Dörfchens, das 60 Seelen zählte, gegen ein Internat mit ebenso vielen Schülern aus allen Himmelsrichtungen. Dazu nahm die Ecole 1953 eine Anzahl afro-deutscher Kinder amerikanischer Besatzungssoldaten und deutscher Mütter auf.

Edith und Paul setzten ihre Arbeitsteilung fort, er als Botschafter der Schule der Menschheit, sie als diejenige, die den Schulbetrieb überhaupt ermöglichte. 1952 schlug der Philosoph und ehemalige Odenwaldschüler Raymond Klibansky Geheeb für den Friedensnobelpreis vor. Diesmal kam die Kandidatur, die Edith schon 1937 zunächst unterstützt hatte, auch zustande. Damals war ihr klar geworden, dass der Preis, von dem sie sich das bitter nötige Preisgeld versprach, der Schule mehr Schaden als Nutzen bringen würde. Carl von Ossietzky, dessen Tochter ihre Schülerin war, wurde 1934 die Annahme des Preises vom deutschen Regime verweigert. Für die Geheebs hätte er die Ausbürgerung und damit das Ende des Zuflusses der Schulgelder aus Deutschland bedeutet. 1952 betrieb sie eifrig das Einholen von Empfehlungsschreiben aus aller Herren Länder.

Ediths Arbeits-, Schlaf- und Wohnstätte war ein einziger Raum im Hasliberghaus, der auch eine Kochecke enthielt. Mit der tüchtigen Margot Schiller als Sekretärin verwaltete sie bis zu 80 Schüler und mehrere Dutzend Mitarbeiter, war verantwortlich für die Gebäude und das kulturelle Programm. Durch Edith kam das Musikerpaar Ernst und Lori Wallfisch – Bratschist und Pianistin – ins Aaretal, die nicht nur die Meiringer Festwochen gründeten, sondern auch im Sommer, als die Ecole «Ferienkinder» aufnahm, die Donnerstagabendkonzerte gaben. Während des Jahres erteilte Lori Wallfisch in der Schule Klavierunterricht. Zu Ediths organisatorischer Arbeit kam eine schier unermessliche Korrespondenz. Die mit ihrem dauernd umherreisenden Mann umfasst Tausende von Briefen. Außerdem war sie der Knotenpunkt, an dem alle Fäden der Familie Cassirer zusammenliefen.

Nach 1955 ließen die Kräfte Paul Geheebs nach, und es wurde klar, dass man an die Nachfolge in der Schulleitung denken musste. Edith schlug den ehemaligen Mitarbeiter Armin Lüthi und seine Frau Natalie Peterson vor. Der Schweizer und die Amerikanerin, deren vier Kinder in der Ecole aufwuchsen, waren die idealen jungen Pädagogen, die der Ecole neue Energie zufließen ließen. Vorbereitungskurse für das amerikanische Collegestudium und Zusammenarbeit mit dem progressiven Antioch College in den USA ließen die Schülerzahl, darunter zahlreiche Amerikaner, anwachsen. Neubauten vergrößerten die Anlage.

Edith fiel es nicht schwer, die Schulleitung aufzugeben, ihrem Mann dagegen sehr. Sie blieb fest in das Leben der Schule eingebunden und nahm bis in ihr 95. Jahr an vielen der täglichen Konferenzen teil. Am 10. Oktober 1960 jährte sich Paul Geheebs Geburtstag zum 90. Mal. Edith war an den Vorbereitungen der Feierlichkeiten beteiligt, zu denen über hundert Gratulanten kamen, und sie unternahm einen erneuten Versuch, ihn als Kandidaten für den Friedensnobelpreis zu lancieren. Sieben Wochen später stürzte Geheeb. Von dem Oberschenkelhalsbruch erholte er sich nicht mehr und starb am 1. Mai 1961 im Haslibberghaus. Edith bereitete ihrem Paulus eine würdige Trauerfeier. Ihr Bruder Kurt schickte am 1. Juni eine ausführlich Beschreibung an den Papierfabrikanten Franz Dessauer, einen großen Verehrer des Pädagogen:

> «Ich war zur Kremation in Goldern und kann Ihnen sagen, dass meine liebe Schwester auch diese letzte Aufgabe ganz im Sinne ihres Zusammenlebens mit Geheeb erfüllt hat. Geheeb lag, ein wunderbarer Anblick (bei meinem nächsten Besuch werde ich Ihnen davon eine Photographie zeigen können) in seinem kleinen Schlafkaemmerchen aufgebahrt, eingebettet in unzaehlige Bergblumen, die er so geliebt hat. Die Tür zu dem Sterbezimmer war die ganzen drei Tage dauernd offen, und Kinder wie Erwachsene hatten unkontrolliert Zutritt, die Dorfbewohner kamen auch, Besucher stellten sich ein – und meine Schwester war ruhig, fast heiter – wie eben ein Mensch sein kann, der eine grosse, schwere Aufgabe mit Hingabe *erfüllt* hat. Die Schule ging weiter; zum Abschied versammelte sich gross und klein und hörte Musik und die Ansprache eines Schweizer Geistlichen aus dem Kreise der religiösen Sozialisten, der Geheeb nur flüchtig kannte, aber von seinen Lebenszielen und Schicksalen durch den gemeinsamen Freund, Pfarrer Fuchs (der Vater von Klaus Fuchs, dem Atomforscher) viel wusste. Dann setzte sich die Trauerkolonne in Bewegung und fuhr bis Thun.
> Dort wieder schöne Musik eines bekannten Schweizer Geigers, noch eine Ansprache des Geistlichen und schliesslich einige englische Wort meines Ael-

testen, die Sie im naechsten OSO Heft finden werden, wenig, aber ganz persönliche warme und dankende Abschiedsworte an Geheeb und meine Schwester, Worte zugleich des Neffen und Schülers, dessen ganzes Leben unter dem Eindruck dessen stand, was er den Geheebs und der Schule verdankte.»

Edith führte ihr Leben ohne Paulus in Goldern fort. Sie unternahm Reisen nach Italien, Griechenland und zu den vielen Freunden in Deutschland und der Schweiz. Sie besuchte Bruder und Schwägerin in der Odenwaldschule und fuhr zu Kurts 90. Geburtstag in das Augustinum in Dießen am Ammersee. Im Januar 1966 erfüllte sich für sie ein jahrzehntealter Wunsch: eine Reise nach Indien. Sie folgte dabei nicht nur ihrem Interesse an der indischen Religion und Kultur, ihrer Neugier auf die von der Odenwaldschule inspirierte Childrens Garden School in Madras und dem Beispiel Alwine von Kellers, die 65 Jahre früher in Indien gewesen war, sondern vor allem einer Einladung von Indira Gandhi. Die spätere indische Premierministerin hatte Edith bereits 1953 kennengelernt, als sie mit ihrem Vater, dem damaligen Premierminister Jawaharlal Nehru, zu einem mehrmonatigen Europa-Aufenthalt gekommen war, um der Krönung von Elisabeth II. in London beizuwohnen und neben mehreren anderen Staaten auch die Schweiz zu besuchen. Einem Brief Ediths an Indira Gandhi[102] ist zu entnehmen, dass Aurobindo Bose, der damals an der indischen Botschaft in Bern arbeitete, sie mit Indira zusammengeführt hatte. Jedenfalls brachte diese ihre beiden Söhne, den sechsjährigen Sanjay und den zehnjährigen Rajiv, in die Ecole und blieb selbst eine Woche dort. Paul Geheeb schrieb beeindruckt von Indira Gandhi an den Freund Ferrière: «Hochgebildet. Wahre menschliche Aristokratie.» Außerdem klettere sie «wie eine Gämse».[103]

Zwischen Indira Gandhi und Edith Geheeb entstand in der kurzen Zeit eine warme Freundschaft, wie aus ihrem Briefwechsel hervorgeht. Vor ihrer Rückkehr nach Indien holte die Mutter ihre Söhne wieder ab und schrieb am 9. August in das Gästebuch: «Meine Jungen waren hier glücklich, und ihre Persönlichkeiten sind reicher geworden unter Ihrer Führung in dieser schönen Atmosphäre der Freundschaft und Freiheit.» In den folgenden Jahren berichtet sie über die Entwicklung der Söhne, die Rettungsschwimmer werden und Skifahrer und mit ihrem Vater Yoga-Kurse absolvieren. Die Korrespondentinnen tauschen sich auch über Philosophie und Religion aus. Edith bewundert «die wahre Nahrung», die zu uns Menschen im Westen aus dem Osten kommt. Sie sei seit Jahren dem Zen-Buddhismus verbunden.[104] Indira pflichtet ihr bei, sie finde Zen «absolut faszinierend». Das Wort, erklärt sie, stamme aus dem Indischen und bedeute «Gedanke». Die Japaner hätten die Fähigkeit, Einflüsse von außerhalb zu assimilieren und zu etwas völlig Japanischem zu machen.[105] 1960 muss sie sich einer Nierenoperation unterziehen und klagt, dass sie danach zugenommen hat, «was ich nicht gern habe».[106] Sie winkt ab, wenn Edith versucht, ihre und Nehrus Empfehlung für Geheeb als Friedensnobelpreiskandidaten zu erhalten. «Es wäre in der Tat wundervoll», schreibt sie, «wenn Paulus der Friedensnobelpreis verliehen würde. Er hat meine und meines Vaters volle Unterstützung. Wenn aber in der Vergangenheit in solchen Dingen Druck auf meinen Vater ausgeübt wurde, beschloss er, niemals einzugreifen.»[107] Sie gratulierte zu Geheebs 90. Geburtstag und am 4. Dezember 1965 lud Indira Gandhi, damals Kabinettsmitglied unter dem zweiten indischen Premierminister Lal Bahadur Shastri, Edith Geheeb nach Neu-Delhi als ihren persönlichen Gast ein, sie sollte auch bei ihr wohnen. Bereits im nächsten Monat flog die 80-Jährige allein nach Indien, wie die Augenzeugin Irmi Jones berichtet, «mit einem Köfferchen und einem Röllchen Aspirin».

Indira Gandhi empfing die Reisende aufs Herzlichste, kochte selbst ein Abendessen und verbrachte den Abend mit ihr allein unter schönen Gesprächen. Dann schlug wie ein Blitz die Nachricht vom Tod des Premierministers Shastri ein, der am 11. Januar 1966 plötzlich einem Herzanfall erlegen war. Nun richteten sich alle Augen der Kongresspartei auf Indira Gandhi, weil man auf sie als seine Nachfolgerin alle Hoffnungen setzte. Edith erlebte erschüttert diese turbulenten Tage. Sie sah, wie sie ihrer Gastgeberin später schrieb, «welche Last auf Ihren zarten Schultern liegt und unter welcher Anspannung Sie leben».[108] Zu alldem war auch noch Gandhis Arzt plötzlich gestorben, der Edith behandelt hatte, als sie nach ihrer Ankunft an «einer kleinen Erkältung» litt und an dessen Familie sie mitfühlende Worte ausrichten lässt.

Ediths Reise durch Indien ist anhand von zwei ausführlichen Briefen an Indira Gandhi aus Goldern und einem Fotoalbum zu rekonstruieren. Sie verließ deren «liebes kleines Haus», das in diesen Tagen «vor Angst und Verwirrung bebte». Sie konnte spüren, wie die Politikerin in Erinnerung an Mahatma Gandhi und ihren eigenen «großen Vater» in ihrem ganzen Wesen erschüttert war, dennoch die schwere Aufgabe als Premierministerin übernahm. «Ich war Zeuge dessen, was das Leben täglich von Ihnen verlangt und ich bewundere Ihre Selbstlosigkeit und kann nur hoffen, dass Gott Ihnen die Kraft für diese viel zu grosse Aufgabe gibt. Während der Katastrophe wurde mir in Ihrer Nähe bewusst (wenn ich Ihnen das gestehen darf) wie sehr ich Sie bewundere und wie lieb Sie mir sind.»[109]

Die Reise führte Edith durch große Teile Indiens, stets in Begleitung von Alwine von Kellers Tochter Ellen und ihrem Mann Venkatesha Naryan Sharma, deren Childrens Garden School in Madras sie zuerst aufgesucht hatte. Dann übernahmen Freunde der Sharmas die Führung, kleine Flugzeuge wurden wie Taxis zum Weitertransport geschickt. Sie wurde buchstäblich herumgereicht und sah unter anderem Rajasthan, Jaipur, Udaipur und Ahmedabad. Sie besuchte buddhistische und tibetische Klöster in Bodh Gaya, Tempel in Bhubaneswar und in Benaris die Sanskrit-Universität. Edith interessierte sich besonders für Schulen und war «tief beeindruckt von den hingebungsvollen Sozialarbeitern in den Dörfern und Slums; ebenso von der kräftigen Entwicklung des Landes durch die Einführung westlicher Verbesserungen. Sie wissen», schrieb sie an die Premierministerin, «dass ich mich sehr für alte Kulturen und religiöse Bewegungen interessiere, doch ich fühlte, wie ein Teil der Priester und Tempelbelegschaft an Aberglauben festhalten, und dass man manchmal frische Luft und neues Denken hereinlassen sollte. Aber wie? Ich sah auch viele gute Schulen: in Ahmedabad, in Bombay, in Kalkutta und in Delhi und, durch Ihre Güte und Vermittlung, Schulen für behinderte und straffällige Kinder. Das war eine große Freunde für mich.»

Edith verbrachte natürlich auch Zeit in Santiniketan. Von dort hatte Alwine von Keller die Botschaft der indischen Weisheit in die Odenwaldschule gebracht. Gerade als Edith nach Indien fuhr, starb die große Freundin in Ascona. In Santiniketan fand sie noch «Spuren des Dichters» (Rabindranath Tagore) und wurde an Indira Gandhis Vater erinnert.

An den langen Indien-Besuch schloss Edith noch zwei Wochen in Israel an. «Die kluge Organisation der jungen Republik und der Enthusiasmus der Menschen ist bewundernswert», berichtet sie nach Neu-

Delhi.[110] Dort traf sie wiederum viele Freunde und Freundinnen, so Emmi Hirschberg, die die Vierte in dem Kleeblatt ihrer Berliner Jugendzeit mit Eva Cassirer und Lotte Pariser gewesen war, sowie ehemalige Odenwaldschüler und -lehrer. Schließlich wiederholte sie mit Aurobindo Bose eine Reise auf dem Peloponnes, wo es ihr vor einigen Jahren so gut gefallen hatte. Nach drei Monaten traf sie in ihrer «lieben Schule» ein und nahm ihre alte Routine wieder auf.

Edith Geheeb (1975)

Der letzte erhaltene Brief von Indira Gandhi an Edith Geheeb vom 19. Februar 1981, ein kleines kalligraphisches Kunstwerk auf schwerem Papier mit dem Briefkopf «The Primeminister's House», spricht wieder von ihrer Sehnsucht nach Goldern, an das sie oft denkt, «natürlich nicht ohne dabei an Sanjay zu denken». Ihr ältester Sohn, den sie als ihren Nachfolger gewünscht hatte, war am 23. Juni 1980 bei einem Flugzeugunglück ums Leben gekommen. Den Tod ihrer «verehrten Indu» durch ein Attentat am 31. Oktober 1984 musste Edith nicht mehr erleben. Sie stand in ihren letzten Jahren an vielen Gräbern. Aurobindo Bose starb bereits 1977. Den 90. Geburtstag ihres Bruders Kurt konnte sie noch in Dießen mit seiner Familie begehen. Ein Jahr später nahm sie am Begräbnis seiner Frau und 1975 an Kurts Beerdigung teil. Beide ruhen auf dem kleinen Friedhof in Unter-Hambach im Odenwald.

Ediths 90. Geburtstag wurde in der Ecole gefeiert. Eine Festschrift, die Armin Lüthi und Margot Schiller herausgaben, enthält nicht nur Beiträge zu ihren und ihrer Schule Ehren, sondern auch hier bereits zitierte Transkriptionen ihrer auf Tonband aufgenommenen Erinnerungen.[111] Nach dem Verkauf der Odenwaldschule konnten drei neue Gebäude auf dem Hasliberg errichtet werden. Eines weihte Edith mit besonderer Freude ein, es enthält auch den Speisesaal und heißt Max-Cassirer-Haus. In einem kleineren bezog sie nun eine eigene, ebenfalls kleine Wohnung, aber mit dem großartigen Blick auf Berge und Gletscher. Ihr erfülltes Leben endete am 29. April 1982 in ihrem 97. Jahr nach wenigen Tagen im Krankenhaus von Meiringen. Ein unbehauener Stein auf einem Wiesenhang am Rand der Ecole d'Humanité trägt Pauls und Edith Geheeb-Cassirers Namen. Darunter birgt die Erde ihre Asche.

Max Cassirer in der Schweiz und in England (1938–1943)

Für den 82-jährigen Max Cassirer, der mit seinem Pflegekind, der Großnichte Margrit Bach, am 15. November 1938 in Versoix bei Tochter und Schwiegersohn eintraf, war die im Aufbruch begriffene Ecole d'Humanité nicht das geeignete Quartier. Er zog mit ihnen und einer kleinen Schülerschar in den Weihnachtsferien noch auf die Plejaden, aber dann wurde beschlossen, dass er zu Sohn Kurt und Schwiegertochter Eva nach England reisen sollte. Sie hatten ihre Wohnung in der Via Margutta in Rom aufgegeben, wo sie seit ihrer Hochzeit während der Forschungsaufenthalte von Kurt gewohnt hatten. Er verfrachtete nun seine Bilderrahmenkollektion nach England. In London scheint die Adresse 172 Kensington Park Road die erste mehrerer Cassirers gewesen zu sein. Dort wohnte auch Hedwig, die Witwe des Neurologen Richard Cassirer, vielleicht bei ihrem Sohn Hans und dessen Familie, die alle nach London gelangt waren.

Anfang April 1939 unternahm also Max Cassirer seine erste Flugreise «ohne das geringste Unbehagen», wie er am 3. April seiner Tochter schreibt, andere Passagiere «mussten ihr Opfer leisten». Bei Nebel kreiste das Flugzeug eine Stunde über London, ehe es glücklich landen konnte. Im Rückblick auf die Zeit mit Edith und Paul in der Schweiz, mit welchen er noch nie so lange zusammengelebt hatte, bewunderte Max Ediths Optimismus und die Willensstärke seines Schwiegersohns. Auch jetzt konnte sich Max noch nicht von der Odenwaldschule lossagen. Er sorgte sich um einen neuen Prospekt und andere Entscheidungen, die zu treffen waren. Dann begann auch in England eine Wanderschaft. Von der Kensington Park Road ging es im Mai vorübergehend aufs Land nach Uplyme, Lyme Regis in Dorset. Dort erleben die drei

Flüchtlinge, Max, Kurt und Eva den Kriegsausbruch. Seine Reaktion hält Max am 6. September in einem langen Brief an seine Nichte Illi, die Mutter von Margrit, und ihren Mann Rudolf Guttmann fest, denen er die Emigration nach Bolivien ermöglicht hatte:

«Meine geliebte Illi, mein sehr lieber Rudi,

mit bewegtem Herzen und tiefer Aufregung schreibe ich heute diesen Brief an Euch. Das lang Befürchtete ist Tatsache geworden, England, das Land, das mich und meine Verwandten in so großzügiger Weise als Fremdlinge bei sich aufgenommen hat, wird von Deutschland, meiner Geburtsstaette und die meiner Ahnen mit Krieg überzogen. – Aber England fuehrt diesen Kampf nicht gegen die hochentwickelte Bevoelkerung Deutschlands, deren Bedeutung es in der Welt anerkennt, es ist vielmehr ein Kampf Englands gegen einen Fremdling im Deutschen Reich, Hitler, der das deutsche Volk durch Lug und Trug, durch Verlaeumdung und Entstellung beirrt und hierdurch ins Unglück bringt. Der Kampf hat erst vor wenigen Tagen begonnen. Noch wissen wir hier wenig von den Einzelheiten dieses Kampfes. Durch das Radio, das alle Nachrichten in alle Welt traegt, seid ihr fast ebenso und gleich schnell ueber alles unterrichtet als wir.»

Vorerst gedenken die drei auf dem Land zu bleiben. «Unsere persönliche Sicherheit ist durchaus nicht gestört; die Behandlung der Fremden durch die englische Polizei ist geradezu bewunderungswürdig.» Um Margrit brauche sich die Mutter keine Sorge zu machen, sie ist in der Ecole geblieben, in einem neutralen Land. «Wo in der Welt könnte sie besser untergebracht sein als bei Edith? Nach Lage der Verhältnisse weder bei Dir noch bei mir.» Sehr beglückt zeigt sich Max über das, was Rudi über sein Eheleben mit Illi schreibt, mit der er noch nicht lange verheiratet ist. «Illi wird Dir sicherlich erzaehlt haben, wie sie mein Eheleben mit meiner in Gott ruhenden Frau kennengelernt hat und ich wünsche Euch einen gleichen Verlauf Eurer Ehe.» Schließlich muss er beiden sagen, dass «Transfer von Geld und Sachen nach Bolivien» zur Zeit unmöglich ist. «Und noch ein Wort zur Vorsicht: Ich bitte Euch alle vorsichtig zu sein und Euch von jeder politischen Betaetigung fern zu halten. Als Fremdling in einem fremden Lande muss man sich so benehmen und wir machen das in gleicher Weise hier. [...] / Lebt wohl, Gott beschuetze Euch! / M. C.»

Max Cassirers Gedanken wanderten täglich zurück nach Berlin zum

Grab seiner Frau, das er nun nicht mehr besuchen konnte. Da der Postverkehr nach Deutschland nicht mehr möglich war, schrieb er an seine Tochter in die Schweiz, und diese vermittelte seine Nachrichten an seine Sekretärin in Berlin. Am 30. September 1939 heißt es: Hedwigs Grab solle an ihrem Geburtstag «wie üblich geschmückt werden. Frl. Heinrich informieren.» Am 17. Juni 1940 traf die kleine Emigrantenfamilie ein schwerer Schlag. Max' Sohn Kurt wurde auf der Isle of Man interniert. Fast gleichzeitig wurde Kurts Sohn Thomas, der seit 1937 die Bedales School bei Petersfield in Hampshire besuchte, ebenfalls vom Ortsgendarmen abgeholt. Dieser entschuldigte sich immerhin dafür, einen 17-jährigen Internatsschüler abführen zu müssen. Das Lagerleben brachte Vater und Sohn erstaunliche Erfahrungen. Kurt Cassirer, der seine Geige dabeihatte, spielte mit anderen Insassen Kammermusik. Thomas besuchte von internierten Akademikern veranstaltete Kurse über Literatur und Philosophie, einschließlich Kant, und las viel in einer offensichtlich großen Lagerbibliothek, was er alles seinen Eltern in langen Briefen berichtete.

Max Cassirer, der erfahrene Kommunalpolitiker und in vielen Verhandlungsstrategien geübte Industrielle, wusste, dass man sich in solch einem Fall an die höchste Stelle, wenn nicht die allerhöchste überhaupt, wenden muss. Deshalb schrieb er an König Georg VI. Der Brief vom 24. Juli 1940, wieder aus einem anderen Domizil, diesmal Square Cottage, Hazel Lane in Petersham bei Richmond, zeigt, dass der Verfasser über das Protokoll einer solchen Bittschrift informiert war.

> «To the King's Most Excellent Majesty
>
> May it please your Majesty to pardon me for submitting an urgent and fervent request in these troubled and serious times.
> I have had to leave my native country, Germany, in spite of being 83 years of age, because a treatment worthy of human beings of self-respect is no longer practised in Germany. I have served my country in many directions and enjoyed the distinction of having highest honours bestowed upon me, including the freedom of the city of Berlin.»

In dem vier Seiten langen maschinenschriftlichen Schreiben erinnert Max Cassirer daran, dass er nicht nur seinem Vaterland treu gedient hat, sondern auch Großbritannien. Während des Krieges 1914–1918 hat er die *Imperial Continental Gas Association*, den größten englischen Besitz in Deutschland, als Treuhänder verwaltet. In dem Bericht der Hauptversammlung von 1921, der sich in seinem Besitz befände, habe die Gesellschaft bestätigt, dass in diesem Zeitraum der erzielte Gewinn von 641 620 Pfund fast ausschließlich aus Berlin stamme, und dafür sei die Gesellschaft dem Stadtrat Cassirer verpflichtet, der, «was Sie auch immer über die Deutschen denken mögen,» sich dem englischen Unternehmen gegenüber als ein ehrlicher Mann verhalten habe. Der Verfasser des Berichts war, wie seine Kollegen, «überrascht, auf welch faire und korrekte Art und Weise er die Gesellschaft behandelt hat. Er hat uns keine Vorteile verschafft, aber er sorgte dafür, dass wir von niemandem betrogen wurden. Deshalb möchte ich hier meine Dankbarkeit gegenüber Stadtrat Cassirer öffentlich bekennen.» Im Jahr zuvor hatte sich Max der Unterstützung der *Imperial Continental Gas Association* versichert und zitiert in seinem Schreiben an den König aus einem Brief der Gesellschaft vom 12. September 1939: «Sollten Sie eine britische Empfehlung benötigen, so dürfen Sie ohne Weiteres die Dienste erwähnen, die Sie dieser Gesellschaft geleistet haben. Ich werde Ihnen gern die nötigen Referenzen zukommen lassen.»

Dann bringt der Bittsteller dem König sein Anliegen vor. Sein Sohn, Dr. Kurt Cassirer, Kunsthistoriker und Kunsthändler, 56 Jahre alt, bei dem er wohne, sei vor drei Wochen auf der Isle of Man interniert worden. Er sei seit Jahrzehnten in England bekannt und Sir Kenneth Clark von der National Gallery, Sir Eric MacLagan vom Victoria and Albert Museum und sein Anwalt Sir Robert Witt hätten seine Einwanderung nach England unterstützt. An den Ansichten seines Sohnes über die Nazis könne nicht der geringste Zweifel bestehen. Sie hätten ihn beraubt und er hätte unter ihnen gelitten wie er, sein Vater, selbst. Genauso wenig könne die Loyalität seines Sohnes gegenüber Großbritannien bezweifelt werden, dessen humanitäre Anstrengungen und Großherzigkeit er immer bewundert habe:

> «Es ist ein schwerer und fast unerträglicher Schlag für mich, wenn ich für den Rest meines Lebens ohne ihn bleiben müsste. Seine Hilfe, seine ständige Fürsorge für mich waren während der letzten schrecklichen Jahre meine Hauptstütze. Ich fühle seine Abwesenheit um so mehr, als ich, wegen meines hohen Alters, die englische Sprache vergessen habe.

Noch ein anderer schwerer Schlag hat meine Leiden vermehrt. Mein Enkel, Thomas Cassirer, ein 17-jähriger Schüler, wurde interniert, weil sein Internat, das er seit vier Jahren dank eines Begabtenstipendiums besucht, in einem der geschützten Gebiete lag. Einen Tag, ehe der Befehl des Innenministeriums ihn zu entlassen, das Lager erreichte, wurde er ohne Vorwarnung nach Kanada geschickt. Seither sind drei Wochen vergangen, und ich habe keine Nachricht von ihm erhalten.»

Im Hinblick auf seine Dienste für Großbritannien bittet Max Cassirer «aus der Tiefe seines Herzens» um die Gnade und Gunst seiner Majestät, seinen Sohn zu entlassen. Kurt Cassirer verließ die Isle of Man am 14. November 1940. Sein Sohn Thomas erreichte nach der gefährlichen Überfahrt durch Minenfelder auf einem Schiff voller deutscher Kriegsgefangener, darunter Waffen-SS, Kanada. Eines der Schiffe in dem Konvoi war torpediert worden und ging unter. Erst nach Wochen erfuhren die Eltern, dass er nicht auf diesem Schiff gewesen war.

Für Max Cassirer, Sohn und Schwiegertochter trat wieder ein Ortswechsel ein. Die Adresse lautete nun London, 47 Kensington Park Road. Das Quartier scheint zu klein gewesen zu sein, weshalb Max bei seinem Neffen, dem Verleger Bruno Cassirer, in Oxford untergebracht wurde, der ebenfalls erst nach dem 9. November 1938 Berlin verlassen hatte. Bruno lebte mit seiner Frau, den beiden Töchtern, den Schwiegersöhnen und zwei Enkeln in einem kleinen Haus in Oxford. Nun kam noch Max in die vollbesetzte Behausung, aber er war sehr zufrieden und schrieb am 2. Januar 1941 an Edith, dass Brunos Frau Else und ihre Tochter Agnes «rührend gut» zu ihm seien und Bruno «entgegenkommend, wie man es niemals erwarten konnte».

Nun setzen die Klagen des Exilanten ein, die bis zum Ende seines Lebens nicht verstummten. «Aber meine Rolle ist ausgespielt», schreibt er an Edith. «Kannst du, Geliebte, mich als ‹Nehmenden› Dir vorstellen, der ich seit einem halben Jahrhundert dauernd der ‹Gebende› war?» Nach einem neuen Ortswechsel zurück nach Dorset im August 1941 heißt es, es sei der große Schmerz seines Lebens, «dass ich nicht mehr helfen kann, nicht dass ich mein Vermögen verloren habe». Voll Unruhe zieht es ihn von Kurt zu Edith, aber er weiß, bei Edith würde er Kurt vermissen.

Der inzwischen in einem kanadischen Internierungslager gelandete

Eva Cassirer vor ihrem Wohnwagen in Llanelltyd (1941)

Thomas hat seinem Großvater und seinen Eltern dennoch einen großen Dienst erweisen können. Ehe er die Bedales School verlassen musste, hatte ein Mitschüler ihn zu seinen Eltern in Wales eingeladen. Dort hat er sicher von den ständigen Umzügen seiner Familie, immer in den «protected areas», erzählt und wie das besonders seinem alten Großvater zu schaffen machte. Seine Gastgeber kamen daraufhin auf den Gedanken, die Emigrantenfamilie solle doch nach Wales kommen in eine ganz einsame Gegend an der Westküste im Kanton Merioneth nördlich von Abermaw (Barmouth). So zogen sie in den bei dem Städtchen Dolgellau gelegenen Weiler Llanelltyd am Ufer des Mawddach. Dort wurde der 82-jährige Max so bequem wie möglich in einem Privatquartier untergebracht, sein Sohn bezog ein Zimmer auf der Vanner Farm, Eva einen Wohnwagen auf dem Farmgelände neben der Ruine der Zisterzienserabtei Cymer Abbey aus dem 12. Jahrhundert. Das Gefährt war so klein, dass Kurt darin nicht einmal geigen konnte, wenn er aus seinem Zimmer in der kalten Farm herüberkam. Im Lauf der nächsten zwei Jahre fanden sie dann ein Quartier in der Tandalar Cottage, das alle drei gemeinsam beziehen konnten. Zeitweise lebte ihre gute Freun-

Letztes Bild von Max Cassirer (1943)

din Li Zadek, Emigrantin aus Frankfurt am Main, bei ihnen und half bei der Pflege von Max, die er nun immer mehr brauchte.

Max Cassirer hat seiner Tochter die Landschaft im nördlichen Wales als «unbeschreiblich schön» beschrieben – seit 1951 liegt dort der Nationalpark Snowdonia –, aber seine Leiden an Deutschland haben die letzten Jahre verdüstert. Am 8. Januar 1942 schrieb er an Edith über die «neuen Gesetze» in Deutschland: «wie ist das möglich im Lande von Goethe? Man schämt sich, Deutscher zu sein.» Damit konnte die am 1. September 1941 erlassene «Polizeiverordnung über die Kennzeichnung von Juden» gemeint sein, die alle jüdischen Männer, Frauen und Kinder über sechs Jahre den «handtellergroßen» gelben Stern zu tragen zwang.[112] Auch der erste Deportationsbefehl für deutsche Juden war am 18. Oktober 1941 ergangen, demzufolge jüdische Einwohner von Berlin nach Litzmannstadt (Lodz) verbracht wurden.[113] In dem Brief erinnert Max Cassirer daran, was er erreicht hatte «in Anerkennung und Dankbarkeit meiner christlichen, nicht jüdischen Collegen» und was er für die Interessen seines «geliebten Vaterlandes» getan habe. Was gegenwärtig geschehe, sei nur durch eines zu erklären: «Hitler ist ein kranker Mann.» Und er schließt: «Ich vergiesse Thränen nicht für mich, aber für mein geknechtetes Vaterland. Ich habe nur noch einen Wunsch! Mein müdes Haupt zur ewigen Ruhe baldmöglichst niederzulegen.»

Dieser Wunsch wurde ihm ein Jahr später, am 15. Januar 1943, erfüllt. Kurt und Eva, deren beide Söhne sich nun auf dem nordamerikanischen Kontinent befanden, machten noch einen Versuch, mit dem alten Vater nach Amerika zu gelangen. Anfang Januar unternahmen sie die beschwerliche Bahnfahrt nach London, um bei der amerikanischen Botschaft die Einreise zu beantragen. Kurts Brief an seine Schwester Edith berichtet über die Reise, die letzten Tage seines Vaters und dessen Tod in Llanelltyd, wo die Gemeinde den Emigranten eine Grabstätte überließ.

«Tandalar Llanelltyd Dolgelly 19. 1. 43
Meine innig geliebte Schwester,

eben haben wir den geliebten Vater zur letzten Ruhe gebracht, auf dem kleinen wunderbaren Friedhof vor unserer cottage schlaeft er den ewigen Schlaf. Seinem Wunsch entsprechend in der einfachsten Form, nur Eva, Li und ich und unser Nachbar der Pfarrer waren dabei. Ich habe einige wenige Worte gesprochen und der Pfarrer hat den 134. Psalm gelesen und einige kurze Gebetsworte gesagt.

Geliebte Edith, es ist so schoen, Dir sagen zu koennen, dass das Ende so leicht war. Die Rueckreise von London hierher hat er nicht gemerkt, hat die 8 Stunden Fahrt schlafend verbracht. Zum Auto ist er dann noch teilweise gegangen, hat sich unterwegs ausgeruht, dann aber Eva gesagt, dass er wieder gehen wolle. Im Auto sprach er einige wenige, kaum verstaendliche Worte, aber was wir beide, Eva und ich deutlich verstanden, war Dein Name. Wir trugen ihn dann, denn er war doch recht muede geworden, in sein Zimmer hinauf, ich zog ihn mit Hilfe von Eva und Li aus, und waehrend ich ihn ins Bett legte, meine Arme um ihn gelegt und Eva seine Fuesse trug, sah ich sein Aug brechen. Er legte seinen Kopf zur Seite, auf das kleine Kissen, das er immer so gern hatte, und nach zwei Seufzern war alles vorbei. Kein Kampf, kein Schmerz, keine Veraenderung der Zuege. So wenig, dass Eva und ich nicht glauben wollten, dass es das Ende sei und den Arzt kommen liessen, obwohl es abends um 11 Uhr war.

Meine Edith, heut nur diese Worte. Ich schreib Dir bald mehr. Es war doch viel zu tun und es gibt jetzt noch viel zu erledigen. Seinen Wunsch, verbrannt zu werden, konnte ich nicht erfuellen; da das hierzulande unglaublich teuer ist, besonders noch unter Kriegsverhaeltnissen.

Der Friedhof in Llanelltyd, Wales

Zwei Tage vor seinem Tode haben wir in London eine Passphotographie machen lassen koennen, die ich Dir sobald ich nur kann, zusenden werde. Ein ganz entzueckendes Bild nicht zu glauben, dass das ein Sterbender war. Hede, die Vater in London sah, im Bett liegend, kann gar nicht glauben, dass er so lebendig und so lieb und fast heiter aussah.

Ich bin so ruhig und so dankbar, wie alles kam: was gaebe ich darum zu wissen, dass Du ebenso fuehlst.

In Liebe Dich und Paul gruessend
Dein getreuer Bruder
Kurt.»

Auch ein Grabstein für den Flüchtling war zu teuer. So ruht Max Cassirer in einem anonymen, von hohem Gras überwachsenen Grab. Es ist jedoch durch die Lücke zwischen zwei Grabsteinen mit großer Wahrscheinlichkeit zu identifizieren.

Edith Geheeb wird nur wenige Beileidsschreiben erhalten haben, aber das ihres Vetters Ernst aus New Haven in Connecticut vom 15. Februar 1943 hat sie erreicht. Darin heißt es:

«Was mir Dein Vater gewesen ist, lässt sich freilich kaum sagen. Meine Erinnerungen an ihn gehen bis in meine früheste Kindheit zurück. Er war als ganz junger Mensch, noch vor seiner Verheiratung, viel in unserem Haus in Breslau. – Und er hatte schon damals die Gabe, die ihm durch sein ganzes Leben geblieben ist, Kinder im Sturm zu gewinnen. So wurde ‹Onkel Max› eine meiner frühesten und stürmischsten Lieben. Später ist dies Gefühl reifer, reicher und tiefer geworden. – Aber im Grunde hat es sich nicht geändert. Zu der ersten kindlichen und kindischen Liebe gesellte sich eine Verehrung, wie ich sie nur für ganz wenige Menschen empfunden hatte. In den letzten Jahren der schwersten Enttäuschungen auf allen Seiten hat er mich nie, auch nur für einen einzigen Augenblick enttäuscht. Alles Freudige in meinem und Tonis Leben, und alles Leid, begann ich mehr und mehr unter dem Gesichtspunkt zu sehen: ‹Was wird Onkel Max dazu sagen›. Nun ist auch das dahin und die Einsamkeit wird härter und bitterer. Aber verloren ist er mir nicht – und ich werde mich noch oft an dem Gedanken, was er gewesen ist und wie er sein Schicksal getragen hat, aufrichten.»

Bruno Cassirer in Oxford (1938–1941)

Fast gleichzeitig mit seinem Onkel Max verließ der Verleger Bruno Cassirer in den letzten Dezemberwoche 1938 Berlin und ging ohne Umweg über die Schweiz direkt nach London.[114] Dort hatte er seit vielen Jahren Geschäftsverbindungen, denn der Verlag Faber & Faber besorgte die Auslieferung für den Bruno Cassirer Verlag in Großbritannien. Der 66-Jährige, der bereits in England gewesen war, musste auch nicht allein reisen. Seine Frau Else, die Tochter Agnes mit ihrem Mann Günther Hell und den beiden Kindern, dem achtjährigen Thomas und der siebenjährigen Dorothea, reisten mit ihm. Seine Tochter Sofie mit ihrem Mann Richard Walzer stießen aus Rom kommend zu der Familie aus Berlin, sodass sie zusammen einen achtköpfigen Flüchtlingstrupp bildeten. Sie blieben zunächst in London in einer Wohnung in Gerard Court. Noch nicht ausgebürgert konnte Bruno Cassirer Möbel und Kunstwerke mitnehmen. Von einigen Bildern, die in Berlin blieben, hatte er Kopien anfertigen lassen.

Die Verbindung mit Faber & Faber erwies sich als glückliche Voraussetzung für einen Neubeginn des Bruno Cassirer Verlags. Der Dichter und Verlagsdirektor T. S. Eliot hatte bereits früher «eine mündliche Schutzvereinbarung» mit Bruno Cassirer getroffen und seine «Unterstützung für eine eventuell erforderliche Umsiedlung» versprochen. «Vollständige Diskretion über finanzielle Transaktionen und geschäftliche Abmachungen ohne weitere schriftliche Festlegung waren Ehrensache.»[115]

Bruno Cassirer erhielt eine Arbeitserlaubnis, begann zunächst in der Wohnung, Queens Way, 2, Queens Court und eröffnete am 25. Mai 1939 offiziell die Firma Bruno Cassirer Publishers Ltd. in der Harpur Street 16 in Bloomsbury.

Im Mai 1940 veröffentlichte er das erste Buch, *The Devil's Birthday*, einen Kriminalroman des Norwegers Jonas Lie. Auf dem Schutzumschlag war die nächste Publikation angekündigt, die eher in der Tradition des Bruno Cassirer Verlags Berlin stand: *Documents of Impressionism. Letters of Renoir, Manet, Pissarro, Sisley with the Diary of Durand-Ruel*, die jedoch nicht erschien. Cassirer, der seinen Verlag nicht verkauft hatte und so die «Arisierung» vermied, wollte das Copyright seiner Autoren behalten. Aber nur wenige, darunter Sigrid Undset, überließen die Rechte einem Verlag mit so unsicherer Zukunft.

Nach Kriegsbeginn setzte eine große Flucht aus der Stadt ein. Max Cassirer hatte am 6. September in dem bereits zitierten Brief nach Bolivien geschrieben, dass in den letzten zehn Tagen 600 000 Mütter und Kinder evakuiert worden seien. Auch Bruno und die Seinen verließen London und zogen nach Oxford. Die Wahl war auf Oxford gefallen, weil Brunos Schwiegersohn Richard Walzer am Oriel College einen Lehrauftrag für Philosophie erhalten hatte. Nach sechs Jahren als Privatdozent in Berlin war er 1933 an die Universität in Rom gegangen, wo er griechische Philosophie lehrte und sich auf arabische Philosophie spezialisierte. Nun war er der Einzige in der Flüchtlingsfamilie, der ein Gehalt bezog. Davon konnten sie die Miete für ein kleines Haus in der Portland Road 39 bezahlen, in dem Bruno und seine Frau, die beiden Walzers und die vier Hills lebten und wo 1941 für kurze Zeit auch noch der 83-jährige Max Cassirer aufgenommen wurde.

Günther Hell hatte seinen Namen in George Hill geändert. Hell hat im Englischen keinen guten Klang, auch wurde jüdischen Flüchtlingen, die sich zum Kriegseinsatz meldeten, empfohlen, einen anderen Namen zu wählen, denn jüdischen Kriegsgefangenen drohte in Deutschland der Tod. Vorderhand konnten deutsche Emigranten nur als Pioniere dienen, die nicht an die Front geschickt wurden, sondern vornehmlich Bauarbeiten verrichteten. Das tat Günther, denn so hieß er in der Familie weiterhin. In den Pioniereinheiten dienten viele Akademiker. Eine Anekdote überliefert, wie die höflichen Pioniere in einer Reihe stehend sich

Bausteine von Hand zu Hand reichten, bei jedem Stein hieß es: «Bitte Herr Doktor – danke Herr Doktor.»

Als Günther Hell hatte er 1933 noch in Berlin in Altphilologie promoviert und den Lehrberuf angestrebt. Nun wurde er zum Statthalter und dann Nachfolger seines verehrten Schwiegervaters. Beim Licht einer Taschenlampe saß der Pionier Hill nachts in seinem Quartier und arbeitete an Manuskripten und Druckvorlagen, ehe er versetzt und nach der Invasion in Frankreich als Dolmetscher eingesetzt wurde. Bis 1942 konnten unter anderem *Paul Cézanne. Letters* und Max J. Fiedländers *On Art and Conoisseurship* bei Bruno Cassirer Ltd. Oxford erscheinen.

Zu diesem Zeitpunkt war Bruno Cassirers Leben bereits nach drei bitteren Exiljahren zu Ende gegangen. Obwohl er wusste, dass das Schicksal es auch mit ihm gut gemeint hatte, war er sehr unglücklich. Im März 1941, sieben Monate vor seinem Tod, schrieb er einen Brief an seine Frau Else. Er folgte damit einer Familientradition, in der Ehegatten, auch wenn sie im gleichen Haus oder ein und derselben Wohnung lebten, einander zu Geburtstagen und Jubiläen in Briefen ihre Liebe versicherten und auf gemeinsame Jahre zurückblickten. So schrieb Ernst an Toni zu ihrem 60. Geburtstag, damals im New Yorker Exil, und Eva ihrem Mann Kurt, mit dem sie ein Apartment im Augustinum am Ammersee teilte, zu seinem 90. Brunos Brief ist allerdings kein Gratulationsschreiben, sondern eher ein Rechenschaftsbericht, fast eine Selbstanalyse.

In dem in englischer Übersetzung erhaltenen Fragment versucht er den Grund dafür zu erklären, warum er im Oxforder Exil unglücklich ist und es deshalb so schwer sei, mit ihm zu leben. Er habe stets das Gefühl der Freiheit gebraucht, um zu neuen Ideen inspiriert zu werden. Die habe er in Berlin gefunden, wo er schon als Schüler auf dem Heimweg durch die Straßen gegangen sei und von Kunst und Glück geträumt habe. Später habe er nach der Arbeit in seinem Büro oft stundenlang im Café Victoria gesessen und mit fremden Menschen gesprochen, um diese Unabhängigkeit zu spüren. London ließ ihn kalt, von Oxford gar nicht zu reden. Auch der Trabersport habe ihm diese Freiheit gebracht, aber Else habe diese Leidenschaft nicht verstanden. Seine Passion für Kunst konnte sie teilen, denn sie liebte die gleichen Werke wie er. Er habe ihr oft gesagt, dass er ihre vernünftige Art als niederdrückend empfand, dennoch habe er sie gebraucht, denn ohne diese Kontrolle hätte er sich vor sich selbst gefürchtet. Der stets von unermüdlichem Arbeitsdrang erfüllte Bruno schließt diesen Brief mit der Klage so vieler Exilanten, der Klage um das verlorene Land und den verlorenen Lebensinhalt, ganz wie sein Onkel Max. Aber der Jüngere hat immer noch Hoffnung, ein Stück des alten Lebens wieder einzufangen und daraus etwas Neues zu formen.

Wohl zur gleichen Zeit schrieb der Verleger an seinen ehemaligen Lektor Max Tau:

«Sie können sich gewiß von der Vereinsamung, in der ich lebe, keinen Begriff machen. So dankbar ich für vieles sein müßte, so ist mir doch vom Lebensnotwendigen zu viel genommen. Es ist, als ob von den Wurzeln zu viel abgeschlagen ist, so daß der Zustrom an Lebenskraft unterbunden ist. Sähen Sie mich jetzt in einem ruhigen Zimmer eines alten kleinen Hauses am Schreibtisch, mit schönen Lithographien an den Wänden, würde ich Ihnen erzählen, daß ich Neues plane, daß nichts hier mich hindert, daß auch hier viel von dem, was mir gelungen ist, bekannt geworden ist und daß meine Pläne hier warmes Verständnis finden, dann fänden Sie mich undankbar. Und doch bin ich unglücklich. Ich habe noch nicht gelernt, mich zu bescheiden.

Ich habe leidenschaftlich gegeben und genossen, es war mir ein unaufhörliches Strömen von Lebensenergien, ein Taumel des Genießens aller Schönheiten des Lebens und der Umformung des Erlebnisses in den bescheidenen, mir gegebenen Grenzen ... Ich kann leider nicht vergessen. Wie ich immer durch dieselben Straßen ging oder fuhr, dieselbe Kunst liebte, den immer gleichen Blick aus meinem Fenster auf die Kastanien, deren Blüte ich so oft gesehen habe, liebte, die Schritte kannte, die sich meiner Tür näherten, so fühle ich mich auch allen Menschen – oder den wenigen Menschen –, die ich immer um mich gesehen habe und die ich nicht mehr sehe, so nahe, daß dieses Leben der Erinnerung mein jetziges Leben ständig beunruhigt.

Und doch will ich nicht schwach werden, denn ich glaube, daß man mich noch brauchen wird. Ich habe immer an meinen guten Stern geglaubt, und so glaube ich auch jetzt daran, daß es mir noch einmal gelingen wird, das Leben nach meinen Wünschen zu meistern. Ich würde mich freuen, wieder von Ihnen zu hören. Mit vielen Grüßen Ihr Max.»[116]

Max Tau sah ungläubig auf die Unterschrift und fügt hinzu, «er schrieb in Gedanken ‹Ihr Max›». Manches in dem Brief hätte allerdings Wort für Wort von Max Cassirer geschrieben sein können. Auch er hatte «leidenschaftlich gegeben und genossen», aber dem Älteren war auch die

Hoffnung genommen, die sein Neffe Bruno noch in sich spürte. Am 27. Oktober 1941 starb Bruno Cassirer plötzlich in dem kleinen Haus an der Portland Road. Sein Schwiegersohn Günther musste noch dreieinhalb Jahre warten, ehe er das Werk des Verlegers fortsetzen und sein würdiger Nachfolger werden konnte. Hill befand sich bei Kriegsende auf dem Kontinent. Er war als Dolmetscher in der englischen Armee eingesetzt, erwirkte, als er entlassen werden sollte, eine dreimonatige Verlängerung seiner Dienstzeit und fuhr nach Paris. Dort suchte er den «Familienfreund und Bestsellerautor aus dem Bruno Cassirer Verlag auf, Dr. Édouard de Pomiane, einen köstlichen Kochbuchautor und Arzt am Institut Pasteur.» Mit ihm vereinbarte er eine englische Publikation, *Cooking in Ten Minutes, or Adaptation to the Rhythm of our Time*, illustriert mit Holzstichen nach Zeichnungen von Toulouse-Lautrec. Sie wurde ein Bestseller.[117]

Günther und Agnes führten nun den Verlag in einem «Ein-Mann-und-eine-Frau-Betrieb» weiter. Seit 1942 lebten sie mit Brunos Witwe vier Häuser weiter in der Portland Road 31, ein Haus, das sie nach Jahren als Mieter erwerben konnten. Weitere Erfolge waren die Bücher von Nikos Kazantzakis, dank der Verfilmung von *Alexis Sorbas* war es möglich, jetzt auch wissenschaftliche Bücher zu veröffentlichen. Wieder konnte Bruno Cassirer Ltd. Oxford an die Berliner Tradition anknüpfen. So wie bei Bruno die Werke seines Neffen Ernst erschienen – Cassirer bei Cassirer wie einst Fontane bei Fontane, in diesem Fall Vater bei Sohn –, so publizierte Hill nun die Bücher seines Schwagers Richard Walzer und anderer Oxford-Gelehrter. Walzers Bücher umspannten ein weites Feld, wie der Titel der Festschrift bezeugt, die seine Freunde und Schüler zu seinem 70. Geburtstag herausgaben.[118] Das Oriel College schuf für Walzer eine spezielle Dozentur für griechische und arabische Philosophie. Viele arabische Studenten saßen zu seinen Füßen. 1956 wurde er Mitglied der British Academy. Als eine Gruppe akademischer Lehrer 1962 in Oxford das St Catherine's College gründeten, richtete man eine «professorial lectureship» für Walzer ein.

Bruno Cassirers Tochter Agnes starb bereits 1957. Sie und ihr Mann hatten inzwischen eine Assistentin, Elsie Plummer, angestellt, die Einzige in dem winzigen Betrieb, deren Muttersprache Englisch war. Sie hatte auch Kenntnisse in Buchhaltung und übernahm immer mehr Aufgaben. 1966 heirateten Günther und Elsie und arbeiteten weiter zusammen, bis als krönender Abschluss der Geschichte von Bruno Cassirer Ltd. Oxford die dreibändige Ausgabe *French Sculptors of the 17th and 18th Centuries* erschien, der sie sich 15 Jahre als Übersetzer und Herausgeber gewidmet hatten.[119] Hill veröffentlichte insgesamt 116 Titel von erstaunlicher Breite und Aktualität. «Kunst, Geschichte, Kultur und Religionen Indiens, Asiens und des Orients» waren die wissenschaftlichen Schwerpunkte. Über «Handelswege der Muslime in Asien, über die Suche nach neuen Therapieformen in psychiatrischen Einrichtungen oder den Buddhismus im Himalaya fänden sie auch heute ein interessiertes Publikum». Die «Foto-Pockets», Reisetaschenbücher des niederländischen Fotografen Cas Oorthuys, waren neben den Büchern von Pomiane und Kazantzakis die beiden anderen Beispiele von Hills «Verlegerglück». Der 85-Jährige schloss den Verlag, der fast ein Jahrhundert bestanden hatte, 1990. Zwei Weltkriege und die Entwurzelung hat er überlebt und nach der Neugründung noch 50 Jahre existiert.

Die dritte Generation im Exil

Hatte der 81-jährige Max Cassirer nur noch ins Exil gehen können, um zu sterben, war es der zweiten Generation in erstaunlichem Maß gelungen, beruflich noch einmal Fuß zu fassen. Die nächste Generation baute sich ihre Existenzen von vornherein außerhalb Deutschlands auf. Die zwischen dem Ende des 19. Jahrhunderts und 1925 geborenen Cassirer-Töchter und -Söhne hatten in Deutschland die Schule besucht und in manchen Fällen noch das Studium abgeschlossen. Sie mussten aber, wie ihre Mütter und Väter, von einem Tag auf den anderen in einem fremden Land, wo sie oft noch nie gewesen waren und dessen Sprache sie bisher nicht gesprochen hatten, sehen, wie sie weiterkamen. Und genau das taten sie. Sie kamen mit ihrem «intellektuellen Kapital», und mit Fleiß und Ausdauer haben viele Erstaunliches geleistet. Vor allem ließen sie sich nicht entmutigen. Wenn ein deutscher Schulabschluss nicht anerkannt wurde, setzten sie sich mit Anfängern wieder in das Klassenzimmer. Ihre Begabung wurde erkannt, ihr Fleiß mit Stipendien belohnt. Um die Lebenskosten zu bestreiten, arbeiteten sie auf Farmen oder als Tellerwäscher. Sie wollten studieren, und sie schlossen das Studium ab.

Sie waren Optimisten und heirateten, auch wenn ihnen noch keine Dauerstellung sicher war. Verloren sie einen Arbeitsplatz, so suchten sie sich eine neue Stelle. Die Eigenschaften, die ihre Väter und Großväter ausgezeichnet hatten, prägten auch diese jungen Exilanten. Wenn sie zu Vermögen kamen, was keineswegs bei allen der Fall war, sammelten sie wie ihre Vorfahren Kunstwerke. Nur in einer Hinsicht unterschieden sie sich von den Altvorderen. Jetzt gab es Scheidungen in der Familie Cassirer. Keines der Kinder von Marcus wurde geschieden. Von den Ehen seiner Enkel endeten zwei in einer Trennung. Unter den Urenkeln sind Scheidungen nichts Ungewöhnliches.

In der dritten Generation der Nachkommen von Marcus Cassirer finden sich die ersten Akademikerinnen wie die Ärztin Anne-Marie Loewenberg, die Chemikerin Susanne Bano, die Juristin Else Falk und die Astronomin Eva Cassirer. Zwei praktizierten Psychotherapie: Suzanne Bernfeld und Anne Appelbaum. Alle hatten ins Exil gehen müssen. Bedauerlicherweise hat keine dieser Frauen autobiographische Zeugnisse hinterlassen. Nur wenn Kinder oder Enkel für die Angehörigen Erinnerungen aufgezeichnet und diese sich erhalten haben, wissen wir etwas über sie.

Ein Beispiel ist Susanne Bano geb. Cassirer aus Breslau. Den Aufzeichnungen ihres Sohnes Ben ist zu entnehmen, dass sie, wie viele Cassirers ihrer Generation, aus den bürgerlichen Grenzen ausbrechen wollte. Geboren 1910 und aufgewachsen in dem wohlhabenden Haus ihres Vaters Martin, der in Breslau die Tradition der Cassirer'schen Forst- und Holzwirtschaft weiterführte, porträtiert von Max Slevogt und Edvard Munch, hat sie sich nicht nur in politischen Organisationen betätigt, sondern wollte auch einen Beruf ergreifen. Ihr Onkel Ernst, der Philosoph, empfahl ihr deshalb, Stenographie zu lernen. Sie trat mit 18 Jahren den Jungen Kommunisten bei, studierte in Prag Chemie und fand 1935 in Österreich eine Stellung in einem chemischen Betrieb. Dort lernte sie ihren späteren Mann kennen, der nicht jüdisch war, nach dem Anschluss 1938 den Hitlergruß verweigerte und mit ihr nach England floh. Nach schweren Anfangsmonaten und der Internierung Banos auf der Isle of Man wurden beide als Naturwissenschaftler zu «höchst geheimem Kriegsdienst» eingezogen. Susanne Bano konnte sogar ihre Eltern nach England bringen, was den jüngeren Flüchtlingen selten genug gelang. Ihre Mutter Lisbeth war eine geborene Lasker aus der Familie des Schachweltmeisters. Die Laskers, schreibt Ben Bano, fühlten sich den Cassirers weit überlegen.

In England vereinte Susanne Bano linken Aktivismus mit Religiosität. Sie lehnte die «liberale, agnostische Tradition» der Cassirers ab und wurde katholisch. Sobald ihre beiden in England geborenen Söhne größer waren, nahm sie trotz ihres deutlichen deutschen Akzents an einem Sprachwettbewerb teil, gewann ihn und wurde Sprach- und Kommunikationsspezialistin in der Erwachsenenbildung. Noch mit 80 Jahren gab sie Unterricht. Ihr politisches Interesse blieb unvermindert stark. Sie kritisierte die Labour Party als nicht radikal genug und trat ihr dennoch in ihrem 82. Jahr bei, um etwas zu bewirken. Ihr erfülltes Leben endete 1999.[120]

W. David Falk (1906–1991) in England, Australien und den USA

Über das Leben des Philosophen Werner Falk, Enkel von Isidor Cassirer, vor und im Exil wissen wir mehr durch die Aufzeichnungen seines Sohnes Jim, der den Vater erzählen ließ und diese «oral history» aufnahm und transkribierte.[121] Werners Mutter Betty hatte den Arzt Fritz Falk geheiratet, der 1914 seine Berliner Praxis verlassen musste und in ein Lazarett in Fürstenwalde dienstverpflichtet wurde. In Werner Falks Bericht stößt man zum ersten Mal in der Familiengeschichte auf antisemitische Erfahrungen. In Fürstenwalde waren die Schüler «schrecklich antisemitisch» und Werner fand keine Freunde. Zurück in Berlin 1919 ging er nicht «in die richtige Schule». In seinem Gymnasium gab es nur wenige jüdische Schüler. «Ich war ein großer, starker Bursche und die anderen standen in der Pause hinter mir in einer Ecke und wir verteidigten uns, wenn die älteren uns angriffen.» Folglich schwänzte Werner oft und lang, was weniger auffiel, als wenn er nur kurze Zeit nicht in der Schule erschienen wäre, und verbrachte seine Vormittage im Kupferstichkabinett der Staatlichen Museen.

Werner Falk sah sich eher als einen Nachkommen der Cassirers als der Falks, Kaufleute, die aus Dessau nach Berlin gekommen waren. Er bewunderte den Philosophen Ernst und wollte ebenfalls Philosophie studieren. Aber gerade als er das Abitur bestand, war die Inflation auf ihrem Höhepunkt. Großvater Isidor, ein deutscher Patriot, hatte sein Vermögen in Kriegsanleihen und ähnlichen Wertpapieren angelegt, es war geschmolzen. Werner arbeitete zwei Jahre in einer Fabrik für Autozubehör, ehe sein Vater ihm unter der Bedingung, dass er Wirtschaftswissenschaften als Hauptfach wählte, das Studium finanzierte. Die Nebenfächer waren Philosophie und Kunstgeschichte.

Im Rückblick auf seine Studienzeit erzählt der Exilant, der später in England, Australien und den USA Erfahrungen als Student und Dozent gesammelt hat, kopfschüttelnd über die akademischen Gepflogenheiten im Deutschland seiner Jugend. Er sprach einmal bei Werner Sombart vor, der Falks Dissertationsthema akzeptierte, und ein zweites Mal, als er die fertige Arbeit ablieferte. Danach sah er ihn nie wieder. Der konservative Sombart, der seine Wissenschaft als eine wertfreie historische Disziplin sah, hatte inzwischen sein Buch über *Die drei Nationalökonomien* fertiggestellt, dem Cassirers Thesen absolut widersprachen. Sombart empfahl dem Kandidaten in einem Brief, einen anderen Doktorvater zu suchen. Den fand er in Heidelberg. Der Wirtschaftswissenschaftler Emil Lederer, ein Sozialdemokrat, der bald darauf Ernst Cassirer an die New School in New York holen wollte, akzeptierte Falks Dissertation, *Das Werturteil. Eine logische Grundlage der Wirtschaftswissenschaft*, im Jahr 1932, für die der Verfasser ein summa cum laude erhielt.

Werner Falk stand am Beginn einer vielversprechenden Laufbahn. Schon vor der Promotion hatte er an der 1919 gegründeten Deutschen Hochschule für Politik in Berlin Kurse gegeben. Drei Jahre unterrichtete er Wirtschaftstheorie für Gewerkschaftsmitglieder und veröffentlichte seinen ersten Artikel.[122] Die Hochschule war überaus anregend. «Wir hatten einen Kommunisten», erzählte er, «wir hatten einen Nazi, wir hatten viele Leute in der Mitte, einer meiner Kollegen war Theodor Heuß.» Dann wurde der leidenschaftliche Skifahrer am Tag nach dem Reichstagsbrand am 27. Februar 1933 in Obergurgl von einem Telegramm seiner Eltern überrascht. Er solle mehr für seine Gesundheit tun, telegraphierten sie, und länger im Gebirge bleiben. Die Hochschule für Politik war bereits geschlossen. Zufällig hatte er einen Anzug im Gepäck, in dem er zunächst in die Schweiz, dann nach Frankreich und zurück in die Schweiz fuhr, immer für kurze Zeit zu Freunden. Dann erhielt er vom Leiter der Hochschule für Politik, der nach London geflohen war, einen Brief mit dem Vorschlag, nach England zu kommen. «Ich finde was für Sie», versprach er. Werner Falk erhielt von einer jüdischen Hilfsorganisation ein Stipendium. Der promovierte Wirtschaftswissenschaftler begann in Oxford aufs Neue, 1938 erlangte er den Magistergrad in Philosophie (mit *first class honours*) und eine Stelle als Lecturer am New College. Er war damit der dritte Cassirer nach Ernst und dessen Sohn Heinz, der in Oxford lehrte.

Es ist bezeichnend für seine Generation, dass diese jungen Exilanten sich in die Gesellschaft des Landes rasch integrieren wollten. Werner fügte seinem Namen «David» hinzu und als W. David Falk wurde er 1938 englischer Staatsbürger. Eine junge Australierin, Barbara Cohen, war ihm in den ersten Exiljahren eine große Hilfe. Sie heirateten und ihre drei Kinder Anne, John und James (Jim) wurden in Oxford geboren. Falk wollte als britisch-deutscher Wissenschaftler gelten und nicht als deutsch-jüdischer Flüchtling. Auf sein Judentum war er stolz, aber wie alle Cassirers war er nicht religiös.[123] Auch Falks zahlreiche Aufsätze zeigen seine «doppelte geistige Staatsbürgerschaft», denn sie gründen auf Kant und Hume.[124] 1950 erhielt er einen Ruf an die Universität Melbourne in Australien. Dorthin folgten ihm auch seine Eltern, die ebenfalls in England Aufnahme gefunden hatten. Sein Vater starb 1957 in Melbourne. Nach acht Jahren brachte eine Gastprofessur Werner Falk zum ersten Mal an die Universität von Michigan. Amerika hat ihn nicht mehr losgelassen, auch wenn er in den nächsten vier Jahren als Gast an immer andere Universitäten wandern musste, ehe er 1963 an der Universität von North Carolina in Chapel Hill schon nach einem Semester als Chairman mit dem Aufbau einer der führenden Philosophie-Abteilungen des Landes betraut wurde, in der er 28 Jahre lang wirkte.

W. David Falk heiratete in den USA noch zweimal. Mit Dr. Ruth Loewe hatte er zwei Söhne, Adam und Toby. 1972 heiratete er Jeanette Strasser. Falks Mutter Betty war ihm auch nach Amerika gefolgt. Sie hat bis zu ihrem Tod 1972 in New York das Exil ihrer Familie in ausführlichen Briefen an Edith Geheeb dokumentiert, einem der ungehobenen Schätze im Geheeb-Archiv. Ihr Sohn Werner widmete sich in den letzten Jahrzehnten seines Lebens wie viele Cassirers einer Passion: Er sammelte kleine Skulpturen aus vielen Kulturen: chinesische, griechische, ägyptische und afrikanische, ehe er am 11. Oktober 1991 in Chapel Hill starb.

Henry Cassirer (1911–2004) in England, den USA und Frankreich

Die ausführlichste Lebens- und Exilgeschichte in der Familie Cassirer hat Henry Cassirer geschrieben, Sohn des Kunsthistorikers Kurt und der Literatin und Pädagogin Eva Cassirer.[125] Henry ist ein Paradebeispiel der Reformpädagogik. Als seine Mutter 1915 in der Odenwaldschule zu unterrichten begann – sein Vater war vom ersten bis zum letzten Tag Kriegsteilnehmer –, kam der Vierjährige in das Hambachtal, das er erst 1930 nach dem Abitur (als Externer am Gymnasium in Bensheim) verließ. Er betrachtete seine humanistische Erziehung als das Fundament seines Lebens. Darüber hinaus verdankte er der Schule viele praktische Erfahrungen. So erlernte er die Anfangsgründe der Kartographie, als eine Lehrerin das Interesse einer Gruppe von Schülern an einem Phantasieland, das sie erfunden hatten, in praktische Bahnen lenkte. Es wurde für sie ein Geographiekurs eingerichtet, in dem sie auch das Kartenzeichnen lernten. 15 Jahre später schlug Henry Cassirer in New York für die ersten Fernsehnachrichten vor, spezielle Landkarten zeichnen zu lassen. Ein professioneller Kartograph wurde eingestellt und Cassirer wurde 1946 Nachrichtenredakteur bei CBS.

Der Satz: «Alles geht auf die Odenwaldschule zurück»,[126] galt nicht nur für Cassirers Einstieg in den Fernsehjournalismus. Die ersten Schritte als Journalist tat er in der Schülerzeitung *Der neue Waldkauz*. Als öffentlicher Redner trat er zum ersten Mal in der Schulgemeinde auf. Sein Interesse für Landwirtschaft wurde bei den Bauern im Hambachtal geweckt, wo er früh die Notwendigkeit der Flurbereinigung erkannte. Das kam ihm bei der Fernseharbeit für die UNESCO in Entwicklungsländern zugute. Eine «Industriewanderung» mit Schülern der Oberstufe führte in das Ruhrgebiet und hinterließ tiefe Eindrücke. Die Reformpädagogik, die Henrys Charakter geformt hatte, wurde aus zwei Quellen gespeist: Paul Geheebs humanistischem Erziehungsprogramm und den Lehrmethoden des Mathematikers Martin Wagenschein und des

Historikers Walter Brenning. Beide regten ihre Schüler zu kritischem Denken an und hegten gleichzeitig eine Abneigung gegen «Überintellektualisierung».[127] Schließlich führte das Zusammenleben mit anderen Schülern und Schülerinnen zu einem starken Verantwortungsgefühl. In seiner weltweiten Rundfunk- und Fernseharbeit mit Bildungsprogrammen, in seinem Engagement für behinderte Menschen ist der Idealismus zu erkennen, dessen Wurzeln in die Schulzeit zurückreichen.

Um sich nach dem Abitur auf eine Laufbahn in der Industrie oder Wirtschaft vorzubereiten, durchlitt er einige Monate in einer Metallfabrik, wo er erkrankte. Dann wurde er in die Buchhaltung gesteckt, wo er ebenfalls versagte. Darauf schickte ihn seine Mutter, die gerade damals eine rege Korrespondenz mit Lou Andreas-Salomé führte, zu einem Psychoanalytiker, der ihn mit «Schauder» erfüllte. «Mutters Einfluß und Führung hatten ihren Endpunkt erreicht.»[128] Er folgte jedoch dem Rat ihres Bruders Fritz Solmitz, eines überzeugten Sozialdemokraten, und nahm ein Jurastudium auf. Der Student wählte die Universität in Frankfurt nicht nur wegen ihrer Nähe zur Odenwaldschule, sondern weil sich dort ein Mitschüler, Klaus Gysi, eingeschrieben hatte. Mit ihm und seinem Bruder Gert war Henry Cassirer eng befreundet. Die Brüder wurden durch ihre Mutter, deren Wohnung ein Treffpunkt linker Intellektueller war, «politisch geprägt».[129] Von Klaus Gysi in die Rote Studentengruppe eingeführt, lernte er eine Studentin aus der Berliner Arbeiterschaft kennen, der das Studium durch die in der Weimarer Republik eingerichteten «Aufbauschulen» ermöglicht wurde. Bei Marga sah er zum ersten Mal, was ein Identitätskonflikt bedeutet. Sie studierte gleichsam in Opposition zu ihrer Herkunft. Widerstand gegen höhere Bildung war unter Arbeitern verbreitet in der Angst, dass so «Klasseninteressen» verraten würden. Mit Marga studierte Henry eifrig die Werke von Marx und Engels. Das gemeinsame Studium und «die gelegentlichen Besuche im Institut für Sozialforschung unter Leitung von Prof. Horkheimer» waren «das einzige von dauerndem Wert» aus der Frankfurter Studienzeit.[130]

Der zweite Identitätskonflikt, den Cassirer erlebte, betraf ihn selber. Auf einer Fahrt mit anderen Studenten auf dem Neckar wurde gezeltet und am Lagerfeuer gekocht. Es war fast wie in der Odenwaldschule, von der Henry begeistert erzählte, auch von seinem Großvater Max, «der jüdisch und zugleich überzeugt deutsch war». Einige Wochen später, in einer von rechten Studenten organisierten Diskussion, rief plötzlich einer: «Der ist ein Jude. Schmeisst ihn raus!» Henry fand sich auf der Straße wieder, unverletzt, «aber meine Psyche trug seitdem lebenslange Narben». Es war das erste Mal, dass der ehemalige Odenwaldschüler sich fragen musste: «kann ich Jude und doch Deutscher sein? [...] Das Judentum gehörte nicht zu meiner Welt, es blieb anderen überlassen, es in mich hineinzutrommeln. Ein Schlag auf den Kopf lehrte, was in Elternhaus und Schule ausgelassen worden war.»[131]

Wie um Luft zu holen, ging Cassirer im Herbst 1931 als Gaststudent an die London School of Economics. Er wohnte im Mary Ward Settlement House, einem der Sozialzentren in einem Arbeiterviertel, und fand sich in einem Land, das selbstsicher in seinem Nationalgefühl ruhte, während man in Deutschland «laut nach dem Nationalismus schrie, um sich zu überzeugen, dass die Deutschen wirklich eine Nation seien».[132] Das kritische Hinterfragen, das er seit den Schultagen nie aufgab, ließ ihn auch England kritisch sehen. Er bemerkte ein Desinteresse an allem, was jenseits des Ärmelkanals geschah, und Kurzsichtigkeit, die die Engländer Witze machen ließ über Dinge, bei denen es in Deutschland um Leben und Tod ging.

Das anschließende Sommersemester verbrachte Henry in Paris an der Sorbonne. Dann kehrte er noch einmal an eine deutsche Universität zurück, diesmal zum Geschichtsstudium nach Köln, wo die Professoren weniger Verständnis für Vergangenheit wie Gegenwart zeigten als die Studenten. Am 5. März 1933 beteiligte er sich an der Reichstagswahl im Odenwald. Dort wurde er Zeuge des Überfalls auf die Odenwaldschule durch einen SA-Trupp. Danach war seines Bleibens in Deutschland nicht länger. Er nahm sein Studium an der London School of Economics wieder auf, obwohl er dafür nun den britischen Schulabschluss nachholen musste. Bis zum Kriegsausbruch blieb er mit seinen im Untergrund aktiven Freunden in Verbindung, kehrte mehrmals nach Deutschland zurück, musste aber zusehen, wie die Entwicklung auf die Katastrophe hinauslief, die er und seine Genossen vorausgesehen hatten und in der Spaltung der Opposition zum Nationalsozialismus begründet sahen. In England bemerkte er nur Interesse- und Verständnislosigkeit für die deutschen Verhältnisse, nach Kriegsbeginn ging sie in die Ansicht über, alle Deutschen wären Nationalsozialisten. Er kannte aber jene, die unter hohem Risiko Widerstand leisteten. Um zu beweisen, dass es überhaupt Widerstand gab, schmuggelte er eine Untergrundzeitung auf Mikrofilm von Berlin nach London.

An der London School of Economics arbeitete er zielstrebig an seiner Dissertation über den *Irischen Einfluss auf die liberale Bewegung in England 1798–1832* bei H. L. Beales, dem Spezialisten für die englische Arbeiterbewegung, und Harold Laski als Berater. Es war ein Thema, das ihm Schwierigkeiten bereitete, sich aber letztlich als Glücksfall erwies, weil er zu Recherchen einige Wochen in New York verbrachte und sich ein Wiedereinreise-Visum geben ließ. Schwierig wurde es im Herbst 1938 während des Rigorosums, das in einer heißen Diskussion mit den drei Prüfern endete. Der dritte war der einzige Historiker an der LSE, der Arthur Neville Chamberlains Beschwichtigungspolitik gegenüber Deutschland verteidigte und für Cassirer keine Sympathien hegte. Die Dissertation wurde abgelehnt.

Henry Cassirer errang aber eine Position als deutscher Nachrichtensprecher bei der BBC. Nun musste er die von der Politik geprägten Nachrichten übermitteln, die ihm zutiefst zuwider war. Man teilte den Hörern nicht mit, was in den englischen Zeitungen über die Verfolgung politischer Gegner und Juden veröffentlicht wurde. Wäre das geschehen, meint er, hätten vielleicht mehr jüdische Bürger Deutschland rechtzeitig verlassen. Auch wurden keine Immigranten nach ihren Erfahrungen gefragt. Cassirers Bericht über die Anfänge der deutschen Nachrichtensendungen ist besonders wertvoll, weil er ihn nach Einsicht in das Archivmaterial der BBC und nach Gesprächen ehemaliger Redakteure schrieb. Die Geschichte der ersten Sendung über die Rede Chamberlains am 26. September 1938 nach seiner Rückkehr von dem Gespräch mit Hitler in Bad Godesberg ist ein Glanzstück. Der Schluss der Rede wurde noch übersetzt, als der Ansager, der noch nie im Rundfunk gesprochen hatte und aus einer Cocktailparty geholt worden war, die ersten Seiten vorstotterte.

Mit Kriegsbeginn, den Cassirer noch vielen Hörern in Deutschland verkünden konnte – nach diesem Tag stand das Abhören ausländischer Sendungen unter Strafe –, änderte sich auch die Politik der BBC. Neue, originelle Programme wurden entwickelt. Aber 1940 musste Henry

Cassirer England verlassen. Sein Vater war bereits interniert und sein Bruder deportiert, nun suchte die Polizei nach diesem «feindlichen Ausländer» und «Mann der Linken». Das vor vier Jahren auf der amerikanischen Botschaft hinterlegte Visum war die Rettung. Mit der Versicherung «Amerika braucht Menschen wie Sie»,[133] entließ ihn der Konsul. Vorher hatte Cassirer seine überarbeitete Dissertation wieder eingereicht. Die Doktorurkunde wurde ihm vom Dekan der LSE mit der Post in die USA geschickt.

In New York wohnte Cassirer wieder in einem Haus der sozialreformerischen Settlement-Bewegung, die in Deutschland auch als Volksheimbewegung bekannt ist, und verdiente seinen Unterhalt mit Sprach- und Fechtunterricht. Er wandte sich an eine jüdische Hilfsorganisation, wurde aber als «nicht jüdisch genug» abgewiesen.[134] Trotz seiner unsicheren beruflichen Situation heiratete er Marta Reyto, die er in seinem Wohnprojekt kennengelernt hatte, eine promovierte ungarische Psychologin, die sich in New York zur Fürsorgerin ausbilden ließ. Aber der Journalist wollte wieder für den Rundfunk arbeiten und entwarf ein Exposé für die Radioserie *Leben hinter den Auslandsnachrichten*. Wie andere Immigranten mit Musterkoffern von Laden zu Laden zogen, auch wenn sie Rechtsanwälte gewesen waren, so lief Cassirer von einer privaten Rundfunkstation zur anderen. Seine Sendungen sollten amerikanischen Hörern durch die Stimmen von New Yorker Einwohnern aus europäischen Ländern eine Vorstellung von ihren Familien geben, «die drüben lebten und heute bitter leiden und kämpfen mussten».[135] Als er endlich Interesse bei einer Station fand, fehlte der Sponsor für die Finanzierung. Aber Cassirer war nicht entmutigt. Dass er als unbekannter Neuling überhaupt bei den Stationen vorgelassen wurde, war Grund zur Hoffnung.

Dann erinnerte er sich an den Namen eines damals noch nicht sehr bekannten Rundfunkkorrespondenten, den ihm ein Student in London genannt hatte und der der berühmteste amerikanische Fernsehjournalist werden sollte, Edward R. Murrow. Dieser hörte sich Cassirers Vorschlag an und empfahl ihn an den Leiter des Nachrichtenwesens der *Columbia Broadcasting Services*, eine der drei großen kommerziellen Rundfunk- und bald darauf Fernsehanstalten. Der wiederum reichte Cassirer an einen 23-jährigen Redakteur weiter, und dieser Jack Gerber machte aus dem sechs Jahre älteren «Doktor aus Europa» einen amerikanischen Journalisten.

Die London School of Economics und den Sender CBS hat Henry Cassirer als seine Hochschulen bezeichnet. Er arbeitete mit den Großen des amerikanischen Journalismus zusammen, darunter William Shirer, seinem «besten Lehrer». Auf die Demokratie, trotz ihrer Mängel laut Churchill die beste Regierungsform, die wir haben, hatte ihn die demokratisch verfasste Odenwaldschule vorbereitet. Der idealistische Demokrat war bestrebt, das von Lincoln formulierte Prinzip einer Regierung «von dem Volk, für das Volk, durch das Volk», das er in seinen Erinnerungen zweimal zitiert, auf seine Arbeit zu übertragen. Die Fernsehprogramme, die er in verschiedenen Entwicklungsländern für die UNESCO schuf, kamen diesem Ideal am nächsten.

Zunächst war Cassirer bei CBS im Kurzwellenbereich angestellt. Er tippte sozusagen simultan von den kaum verständlichen Radiosendungen aus Europa englische Zusammenfassungen, auf deren Grundlage Redakteure entschieden, welche Berichte vollständig übersetzt und gesendet werden sollten. Die von einem starken Isolationismus geprägte Opposition zur Roosevelt-Regierung verbreitete vor allem in den Zeitungen des Hearst-Konzerns eine Propaganda, die der nationalsozialistischen gefährlich ähnlich war. Sie widersetzte sich dem Kriegseintritt der USA und bezeichnete Roosevelt als Diktator. Dagegen trat die neugegründete Zeitung *PM* auf, die sich unabhängig von Annoncen durch Abonnements und Spenden finanzierte. Cassirer stieß zu diesem Unternehmen und traf dort auf seinen Vetter David Schoenbrun, den Enkel von Moritz Cassirer, der Ende des 19. Jahrhunderts ausgewandert war.

Vom Beginn der Fernseharbeit Cassirers bei CBS war bereits die Rede. Er wurde zum Chefredakteur der Nachrichtensendung befördert, dann wieder von diesem Posten entlassen. Als freier Mitarbeiter bei CBS leitete er eine der ersten «Talkshows» mit dem Titel *The People's Platform*. An seiner letzten Sendung, *Du und die Menschenrechte* – diese waren soeben von den Vereinten Nationen verkündet worden –, nahm Eleanor Roosevelt teil. Dann traf ihn eine Entlassungswelle bei CBS. Als freier Redakteur schlug er sich mit Kursen und Quiz-Sendungen einige Monate durch, ehe er das Angebot erhielt, bei der UNESCO in Paris zu arbeiten. So hatten ihm die Menschenrechte den Weg in den nächsten

Lebensabschnitt geebnet. Damals war er noch immer nicht amerikanischer Staatsbürger. Den Antrag hatte er bereits 1946 gestellt, war jedoch abgelehnt worden. Der unerschütterliche Demokrat musste sechs Jahre auf sein Recht pochen und ist dennoch des Lobes voll für diesen «Prozess». Seine mehrere hundert Seiten umfassende FBI-Akte, die heute eingesehen werden kann, wenn auch die Namen der Agenten und Zeugen eliminiert wurden, enthält groteske Fehlinformationen wie die, Cassirers Vater Kurt sei Vorsitzender der Kommunistischen Partei Englands. Aber der Glaube dieses Emigranten an die «Verfassung und Zivilisation der USA» war nicht zu erschüttern. Der FBI-Beamte, den er jahrelang immer wieder aufsuchen musste, wurde «fast ein Freund».[136] Am 31. Juni 1952 wurde Henry Cassirer Amerikaner. Kurz darauf fuhren er und seine Frau Marta nach Paris. Nach mehreren Fehlgeburten Martas adoptierten sie ein neugeborenes Mädchen, Viviane genannt Vivi. Ganze Stöße von Fotografien wurden an die Großeltern Eva und Kurt, jetzt wieder in der Odenwaldschule, geschickt. Marta unterrichtete Sozialarbeit in Paris und Henry musste sich von einer großen kommerziellen Fernsehgesellschaft auf die relativ kleine Abteilung für Massenkommunikation der UNESCO umstellen. Aber hier hatte er in der Produktion von Bildungsprogrammen seine Aufgabe gefunden. Im Geist der Verfassung der Vereinten Nationen wollte er «für die weite Verbreitung der Kultur und der Erziehung des Menschengeschlechts» wirken und «zur Gerechtigkeit, Freiheit und Friedensliebe» beitragen.[137]

Cassirers erste Sendeserie wurde für einen der damals in Frankreich beliebten Téléclubs produziert, für die ein Volksschullehrer Programme über die wirtschaftliche *Notlage*, so der Titel der Serie, der Bauern forderte. Die Sendungen wurden von Gruppen im «Gemeinschaftsempfang», etwa in einem Schulhaus, mit großem Interesse gesehen und machten die tatsächliche Notlage der Landwirtschaft auch in den Städten bekannt. Dann begannen Cassirers Reisen, um das Bildungsfernsehen auf der Welt zu verbreiten. Große Schwierigkeiten stellten sich ihm in Indien mit seinem Kasten- und Klassenwesen entgegen. Auch arbeitete er mit einem beschränkten Budget. Als er in der Ecole von seinen Erfahrungen berichtete, schrieb Edith Geheeb Anfang Juni 1957 an Indira Gandhi, es sei sein innigster Wunsch, dass Fernsehen überall in der Welt auf sinnvolle Weise genutzt würde. «Paulus und ich lächeln,

Henry Cassirer (um 1960)

wenn wir sehen, wie unser Neffe und Schüler die Ziele der Erziehung ganz in unserem Sinn verfolgt, aber mit ganz neuen Mitteln.»

Das afrikanische Pilotprogramm in Senegal erwies sich mit dem «Landfunk» unter Beteiligung der Bevölkerung, mit Interviews und Diskussionen nach dem «Gemeinschaftsempfang» als segensreich. In Israel fühlte sich Cassirer 1961 «ausschließlich als UNESCO-Beamter». Im Gegensatz zu Edith konnte er sich mit dem Land nicht identifizieren. Er betrachtete es als «Zufluchtsort für Vertriebene, aber nicht als Nation, zu der ich mich zugehörig fühlte».[138] Die Vorbehalte der älteren Generation gegen das Fernsehen waren wie in anderen Ländern auch in Israel stark, allen voran bei dem Ministerpräsidenten David Ben-Gurion. Er sah Fernsehen als unnötige Zeitverschwendung durch triviale, oft aus dem Ausland importierte Sendungen. Cassirer antwortete mit Vorschlägen für ein nicht-kommerzielles, öffentlich kontrolliertes Fernsehen. Dass sich auch in Israel Programme mit den üblichen Unterhaltungsserien entwickelten, sah er als Niederlage an. Cassirers Reisen führten ihn bis 1981 über die ganze Welt von Japan bis Brasilien, Singapur bis Alaska. Auch nach Erreichung der Altersgrenze war er ein begehrter Dozent und Berater, einschließlich der Europäischen Weltraumorganisation ESA. Seine Erfahrungen in der Medienpädagogik hat er in vielen Veröffentlichungen niedergelegt.

Auf seiner ersten Indienreise 1957 hatte sich Henry Cassirer eine Viruserkrankung zugezogen, die zu Lähmungen führte; nach vielen Krankenhausaufenthalten wurde er in einer englischen Spezialklinik bis auf eine geringe Behinderung geheilt. Doch so hatte er die Welt der Behinderten kennengelernt, der er sich nach seiner Pensionierung mit unvermindertem Elan widmete. Von Paris nach Savoyen in die Nähe von Annecy gezogen, gründete er das Collectif Handicap de la Région Annécienne, zu dem auch geistig Behinderte gehörten. Er redigierte die Zeitschrift *Plain Pied* und wurde Vizepräsident des Collectif für ganz Frankreich. Stets stellte er die Leistungen heraus, zu denen Behinderte fähig sind.

Nach seiner Scheidung von Marta Reyto heiratete Henry Cassirer ein zweites Mal. Auch die Ehe mit Arlette Freud Salomon, deren beide Kinder aus ihrer ersten Ehe er adoptierte, endete in einer Scheidung. Von den drei Eigenschaften, die die Familie Cassirer prägen, waren bei Henry Cassirer zwei unübersehbar, seine Verwurzelung in der deutschen Kultur und sein soziales Bewusstsein. Ihm fehlte jedoch der bei den Cassirers so typische Familiensinn. Für ihn war «die Angehörigkeit zu der Cassirer-Sippe eine Last».[139] Er schrieb zwar mit Wärme über seine Eltern und den Großvater Max. Aber er hasste es, wenn man ihn fragte: «Sind Sie vielleicht mit dem berühmten Philosophen Ernst Cassirer verwandt?» Er wollte für seine eigenen Leistungen anerkannt werden. Deshalb empfand er es als Erleichterung, dass beim amerikanischen Fernsehen sein Name niemandem etwas sagte. Er und sein Vetter David Schoenbrun waren Freunde, «trotz der Tatsache, dass wir verwandt waren, wie wir betonten».[140]

Dass ihm durch die Distanz auch etwas entging, war ihm bewusst geworden, nachdem er im Herbst 1944 Ernst und Toni Cassirer, die in der Familie «eine Legende» waren, in New York besucht hatte. Ernst war Henry von früh an als Beispiel vorgehalten worden. «Wer war ich in Gegenwart dieses eindrucksvollen Mannes mit seiner schönen weißen Mähne und hohen Stirn, der Weisheit und Güte ausdrückte? Die Kluft wurde von Toni, dem Zerberus, erweitert, deren beißender Witz und strenge Befehle jeden fernhielten, der dem großen Mann hätte nahe treten können.»[141] Auch bei dem Besuch in New York – «Toni ausnahmsweise angenehm» – kroch Henry nicht aus seinem «Schneckenhaus». Kurz darauf las er Ernst Cassirers soeben erschienenen *Essay on Man* und erkannte, dass der Philosoph in einem «symbolischen Universum» das «soziale Zeichengeben» in der Tierwelt mit der menschlichen Sprache verglich. Ähnliches hatte sein Neffe im Fernsehen entdeckt, wo visuelle Kommunikation objektive Bedeutung hat, aber ebenso weit von vernünftiger Sprache entfernt ist wie in der Tierwelt. Das wollte er so bald wie möglich mit Ernst Cassirer besprechen. Es war zu spät. Er hat ihn nicht wieder gesehen.

Henry Cassirers Rückkehr nach Europa war keine Rückkehr nach Deutschland, geschweige nach Berlin. Er hat gleichsam einen Schlussstrich unter die Geschichte seiner Großeltern und Eltern und dem, was sie für Berlin und Charlottenburg bedeuteten, gezogen, als er in einem Brief vom 16. März 1980 an das Bezirksamt Berlin-Wilmersdorf die Grabstätte auf dem Friedhof an der Heerstraße aufgab, die Max Cassirer 1928 für 60 Jahre erworben hatte. Max Cassirer hatte verbrannt werden wollen, in der Hoffnung, dass seine Asche einmal in dem Grab auf dem Berliner Friedhof an der Heerstraße beigesetzt werden könnte, wo seine Frau ruhte. Nach dem Krieg wurde, wahrscheinlich von seinem Sohn Kurt, eine neue Tafel mit folgenden Inschriften auf dem Grabstein angebracht:[142]

»Max Cassirer
*15. Okt. 1857
†15. Jan. 1943 in Wales
Zum Gedenken

Hedwig Cassirer
Geb. Freund
*6. Okt. 1862
†13. Mai 1928

Franz Cassirer
*16. Okt. 1886
†25. Mai 1912»

Nach dem Tod von Kurt 1976 hat wohl kein Familienmitglied mehr Berlin besucht. Henry lebte in Frankreich und sein Bruder Thomas in Amerika. Das Herz der Familie schlug in der Ecole d'Humanité bei Edith Geheeb, wo sie alle hinfuhren, Thomas mit seiner Frau Sidonie und Tochter Frances jedes Jahr. Edith, die 1982 starb, verwandte alle verfügbaren Mittel für die Ecole, in der sie ihrem Vater mit dem Max Cassirer-Haus ein Denkmal gesetzt hatte. So lag das Grab verlassen und vernachlässigt da. Der Grabstein steht unter Denkmalschutz und muss erhalten bleiben. Als Hedwig Wingler nach dem Tod ihres Mannes, des

Kunsthistorikers Hans Maria Wingler, das Grab angeboten wurde, wusste sie, wer dort begraben war, und wollte mit einer Terracotta-Tafel an die Cassirers erinnern. Sie steht heute neben dem Grabstein von August Gaul. Henry Cassirer teilte seinen Nachlass zwischen dem Archiv der Odenwaldschule, wo seine Familienpapiere wie auch der Nachlass Max Cassirer aufbewahrt werden, und dem Briscoe Center for American History an der Universität von Texas in Austin, dem er seine Veröffentlichungen, Manuskripte, Tonbänder und vieles mehr überließ. Seine Asche wurde in Annecy und im Grab seiner Eltern in Unter-Hambach beigesetzt.

Wilfred Cass (geb. 1924) in England

Als letztes Beispiel der zur Emigration gezwungenen Cassirers sei Wilfred Cass genannt, der als Wolfgang Richard Cassirer 1924 in Berlin geborene Enkel des Neurologen Richard und Sohn des Betriebsleiters der Dr. Cassirer Kabelwerke, Hans Cassirer. Als Hebamme bei Wolfgangs Hausgeburt am Kurfürstendamm assistierte seine Tante Anne-Marie, damals Medizinstudentin, die Schwester seines Vaters. Wolfgang verließ mit seiner Familie Berlin als Zehnjähriger und hat sich in England schon bald nicht mehr als Exilant betrachtet. Dass er und sein zwei Jahre älterer Bruder Eric, ursprünglich Ulrich, ihre Namen offizieller englischer Empfehlung folgend nach Kriegsbeginn ohne Zögern änderten, hatte wohl auch mit ihren Berliner Kindheitserlebnissen zu tun. Wilfred Cass beschreibt in seiner höchst lebendigen Autobiographie, die er mit 89 Jahren vollendet hat,[143] ganz ähnliche Erfahrungen wie sein Vetter Werner Falk. Auch der neunjährige Wolfgang wurde in seiner Schule, die sich über Nacht in eine nationalsozialistische Lehranstalt verwandelt hatte, so drangsaliert, dass er, dem «Cassirerschen Instinkt für erfinderische Lösungen» folgend, überhaupt nicht mehr zur Schule ging, sondern seine Vormittage in der Spielwarenabteilung eines Kaufhauses oder dem Museum im Schloss Charlottenburg verbrachte.[144] England, wohin die Familie 1935 nach dem Verkauf der Kabelwerke zog, war dagegen das Paradies. Plötzlich waren alle Leute «nett» zu ihm.

Das traf besonders für das Internat Frensham Heights in Surrey zu,

Wilfred Cass (um 2010)

auf das Wilfred Cass ein ebensolches Loblied singt wie sein Vetter Henry Cassirer auf die Odenwaldschule. Es war eine Reformschule, in der Mädchen und Jungen je nach Neigung auch handwerkliche Fertigkeiten erlernen konnten. Bei Wilfred war das die in der Familie verbreitete Begabung für das Ingenieurwesen. Mit einem Kameraden eröffnete er eine Fahrradwerkstatt unter Aufsicht eines Lehrers, der als Geschäftsführer diente. Sie nahmen zurückgelassene alte Räder auseinander, setzten sie neu zusammen oder reparierten damit andere Räder. Einen platten Reifen zu flicken kostete einen Penny. Buchhaltung und Werbung, Letztere sogar in Gedichtform, wurden professionell ausgeführt. Frensham Heights vergab Stipendien, sodass die beiden Brüder die Schule sechs Jahre besuchten konnten. Zu Hause las und diskutierte Wilfred mit seiner Mutter Literatur einschließlich der Werke Sigmund Freuds. Auch nahm sie ihn mit nach Oxford zu Onkel Bruno, den er schon in Berlin gern besucht hatte. Bei dessen Tochter Agnes nahm Wilfred Geigenunterricht.

Mit 16 Jahren musste Wilfred Frensham Heights verlassen und verdingte sich als Lehrling in einer Reparaturwerkstatt für elektrische Geräte in Leicestershire, wo er ein Zimmer mietete und auf eigenen Füßen stand. Dann arbeitete er in einer Firma, die Telefonapparate herstellte und kam mit 18 Jahren zur Armee in Schottland. Sein Vater kam zu den Pionieren, sein Bruder wurde nach Australien deportiert. Klein und zart wie Wilfred war, starb er fast an einer doppelten Lungenentzündung. Dann erkannte man seine wahre Begabung und kommandierte ihn zu den Royal Electric and Mechanical Engineers. Dort konnte er selbständig an den ersten computergesteuerten Flakgeschützen arbeiten. Wilfred

Cass' weitere Laufbahn vom intensiven vierjährigen Studium am Regent Street Polytechnic College in London – «no girlfriends, no parties»[145] –, das er 1951 absolvierte, über die erste Stelle in einer Firma, die neue Fernsehapparate entwickelte, ist die eines Cassirers, wie sie im Buche steht. Auch der Rückschlag, als die «Traditionalisten» in dem Betrieb gegen die «Visionäre» gewannen und Cass seine Experimente beenden musste und kündigte, führte nur zu weiteren Schritten, nun als Unternehmensberater.

Die Reihe der Unternehmen, die Wilfred Cass vor dem Ruin gerettet hat, ist lang und bietet eine spannende Geschichte. In einer Firma, die Farben und Kunstmaterial herstellte, engagierte er sich als Teilhaber. Das führte zu Kunsthandlungen, die Sohn und Tochter aus erster Ehe übernahmen, gemäß dem Cassirer'schen Familienmodell. Schließlich ergab sich 1979 die Möglichkeit, in England eine Filiale der New Yorker Image Bank, eines Fotoarchivs mit den Bildern weltberühmter Fotografen, zu eröffnen, aus der auch zahlreiche Publikationen hervorgingen. Mit seinem Sohn Mark als Teilhaber erwies sie sich als eines der wichtigsten Projekte in Cass' Berufsleben. Nun war er nur noch einen Schritt von der idealen Kombination von Kunstliebe, Kunstförderung und Kunsthandel entfernt, die Cass mit seiner zweiten Frau Jeannette in der Cass Sculpture Foundation in Hathill Copse, West Sussex verwirklicht hat. Das englische Königshaus dankte es dem einstigen Emigrantenkind, den Prince Charles 2006 im Buckingham Palast für seine Verdienste um die britische Kunst zum Commander of the Order of the British Empire ernannte.

Am Beispiel von Wilfred Cass zeigt sich noch einmal das «Cassirerische», das sich unter den Nachkommen von Marcus Cassirer über vier Generationen erhalten hat: Talent gepaart mit großem Fleiß, die Fähigkeit, rasche Entscheidungen zu treffen, monetären Gewinn nicht um seiner selbst willen zu suchen, sondern zu wohltätigen Zwecken zu verwenden, oft zur Unterstützung von Kunst und Künstlern. Wilfred Cass bekennt sich voll Stolz zu seinen Vorfahren und bedauert, wie seine Kinder, die Namensänderung. Er entdeckt in sich ihre Eigenschaften wieder wie die, mit zunehmendem Alter neue Energie zu spüren, die zu neuen Ideen inspiriert. Nicht nur an seinem Beispiel erweist sich Exilgeschichte in der Familie Cassirer als Erfolgsgeschichte.

6. KAPITEL

Drei Frauen

Die Nachkommen von Marcus Cassirer, Söhne und Töchter, Enkel und Enkelinnen und deren Kinder und Kindeskinder haben – soweit es sich überblicken lässt – alle geheiratet. Erst in der vierten Generation, den nicht mehr in Deutschland Geborenen, finden sich zwei unverheiratete Nachfahren. Die Cassirers haben fast ausnahmslos jüdische Frauen und Männer aus bürgerlichen und großbürgerlichen Familien geehelicht, oft Kusinen und Vettern. Zu Scheidungen kam es fast nur in Ehen mit nicht-jüdischen Frauen und in späteren Generationen. In keiner Familie gab es so viele Kinder wie in der des Ahnherrn Marcus. Eine kinderlose Ehe, selbst Einzelkinder blieben jedoch die Ausnahme.

Jim Falk, ein Urenkel von Isidor Cassirer, der eine Forschungsprofessur der Universität Melbourne im Bereich Umweltstudien innehat und der verdienstvolle Schöpfer der Webpage der Cassirer-Familie mit ihren Hunderten von Namen, Daten, Bildern und Fakten ist, beklagt zu Recht, dass die Frauen der Familie oft im Schatten stehen. Nur wenn Kinder oder Enkel für die Angehörigen Erinnerungen aufgezeichnet und diese sich erhalten haben, wissen wir etwas über sie. Drei Frauen, die in die Familie Cassirer eingeheiratet haben, sind jedoch öffentlich hervorgetreten, so dass sie in diesem Buch einen eigenen Platz beanspruchen können: die Schauspielerin Tilla Durieux, zweite Frau des Verlegers Paul; die Literatin und Lehrerin Eva Solmitz, die den Kunsthistoriker Kurt, Sohn von Max heiratete; schließlich die südafrikanische Schriftstellerin Nadine Gordimer, die dort die dritte Frau von Reinhold, Sohn des Industriellen Hugo Cassirer, wurde. Den drei Frauen ist gemeinsam, was für viele Cassirers charakteristisch ist: die Liebe zu Kunst und Literatur und ein starkes soziales Bewusstsein. Alle drei haben geschrieben. Alle hatten ein gespanntes Verhältnis zu ihren Müttern.

Allen war ein langes Leben beschieden. Die älteste von ihnen ist jedoch in dreifacher Hinsicht eine Ausnahmeerscheinung in der Familiengeschichte. Tilla Durieux war nicht jüdisch, sie war Künstlerin und sie hatte keine Kinder.

Tilla Durieux (1880–1971)

Tilla Durieux lebte, spielte und schrieb dramatisch. Ihre Erinnerungen, *Eine Tür steht offen* (1954) und, in erweiterter Fassung, *Meine ersten neunzig* Jahre (1971) zeugen davon, dass für die große Schauspielerin auch das Schreibpapier zur Bühne wurde. Für die deutsche Theatergeschichte vom Beginn des 20. Jahrhunderts bis in die siebziger Jahre bieten sie eine interessante Dokumentation. Zu Kunst- und Verlagsgeschichte tragen sie originelle Beobachtungen bei. Die Berichte der Zeitzeugin aus dem Wien der Donaumonarchie, wo sie ihre Kindheit verbrachte, dem Berlin der wilhelminischen Ära und der Weimarer Republik, den abenteuerlichen Flucht- und Exiljahren auf dem Balkan und von der Wiederaufnahme der Schauspieltätigkeit in der Bundesrepublik möchte man nicht missen. Inzwischen ist eine Auswahl ihrer Aufsätze und Reden sowie das Rollenverzeichnis von Tilla Durieux erschienen.[1] Ihre Tagesnotizen, kurze, sachliche Kalendereinträge, sind zum Teil erhalten und wurden in Auswahl veröffentlicht.[2]

Tilla Durieux war eine elegante Frau mit vielen Talenten. Als «große Tragödin» und «nebenbei auch eine ausgezeichnete Hausfrau» charakterisierte sie der Pianist und Busoni-Schüler Leo Kestenberg, bei dem sie Klavierunterricht nahm und «mit dem ihr eigenen Fleiß und ihrer hohen Intelligenz sämtliche Inventionen von Bach» lernte.[3] Sie war eine ebenso gute Schneiderin, sie war Sängerin, Tänzerin, Golfspielerin, Hoteldirektorin und Kaninchenzüchterin. Was immer sie anpackte, ging ihr von der Hand. Für die junge Ottilie war die Laufbahn einer Pianistin vorgesehen, nachdem ihr geliebter Vater Richard Godeffroy, Professor der Chemie in Wien, 1895 mit 48 Jahren nach einem langen Krebsleiden gestorben war. Er stammte aus einer Hugenottenfamilie, den Godeffroy de la Rochelle. Ihre verwitwete Mutter geb. Hrdlicka hatte Richard Godeffroy in zweiter Ehe geheiratet. Sie war die Tochter eines Militärbeamten der k. u. k. Monarchie und im damals ungarischen Temeswar geboren. Seinen letzten

Tilla Durieux (um 1910)

Posten bekleidete ihr Vater als Hofrat im Kriegsministerium in Wien.

Tilla wurde am 18. August 1880 in Wien geboren und wuchs als Einzelkind im Stadtteil Währinger Cottage auf. Die Halbschwestern, Töchter der Mutter aus erster Ehe, waren schon verheiratet und in den Augen der Mutter wesentlich schöner als die Jüngste, die sich selbst gern als hässliches junges Entlein beschreibt. Ihre Mutter bezweifelte, dass Tilla jemals eine gute Partie machen würde, daher wurde sie bereits mit sechs Jahren ans Klavier gesetzt. Sie spielte gern und gut. Im selben Jahr sah sie jedoch das Ballett *Excelsior* in der Wiener Oper, seitdem war ihr Sinn auf die Bühne gerichtet. Die Mutter hatte trotz der mangelnden Schönheit ihrer Tochter andere Pläne, weshalb Tilla zu Tanzabenden gezwungen wurde, um vielleicht doch einen Ehemann zu ergattern. «Doch ich hasste das alles», schreibt Tilla, und fast wörtlich wie Edith Cassirer: «Einen Ehekandidaten brauchte ich nicht.»[4] Die Mutter gab dem willensstarken Mädchen immer nach, und so durfte die 18-Jährige die Theatervorbereitungsschule des Hofschauspielers Karl Arnau in Wien besuchen. Die Elevin spielte dort die unterschiedlichsten Rollen, von Franz von Schönthans Comtesse Guckerl zu Gretchen in *Faust*, sodass sie auf einen eindrucksvollen Rollenfundus zurückgreifen konnte, als sie ihr erstes Engagement am Königlich-Städtischen Theater in Olmütz, der Hauptstadt von Mähren, erhielt. Nun wählte die junge Schauspielerin als Künstlernamen den der Mutter ihres Vaters, Gabrielle Josepha du Rieux, und aus Ottilie Helene Angela Godeffroy wurde Tilla Durieux.[5]

Die Mutter begleitete ihre Tochter auf allen Stationen. Sie suchte die Wohnungen, überwachte Umzüge und Einrichtungen und wohnte mit Tilla zusammen bis zur Verheiratung der Tochter. Sie schnitt auch sorgfältig die Theaterkritiken der Stücke, in denen Tilla auftrat, aus den Zeitungen aus und klebte sie in Alben. Die Anfängerin diente sich nach oben. Die erste stumme Rolle war die eines Tiroler Knaben in Carl Zellers Operette *Der Vogelhändler*. Aber schon am 29. September 1901 gab sie ihr Debüt als Belinde in Molières *Eingebildetem Kranken* und nach einem Jahr konnte die junge Schauspielerin nach Breslau wechseln. Den Sommer 1902 überbrückte sie – wieder in Begleitung der Mutter, die nun, laut Tilla, Anzeichen von Depression zeigte – im Sommertheater von Bad Cannstadt, wo nachmittags, abends und nachts auf verschiedenen Bühnen gespielt wurde. Dazu waren neue Rollen zu lernen, Proben zu absolvieren und die Kostüme zu nähen, denn Schauspieler waren für die eigene Garderobe verantwortlich. Hier zeigte sich neben ihrer robusten Konstitution – die Volksschulzeugnisse aus Währing verzeichnen durchgehend in Turnen eine Eins – eine weitere Begabung Tillas: Sie war eine ausgezeichnete Schneiderin.

Den Beginn ihres Breslauer Engagements beschreibt Tilla als einen tollkühnen Handstreich. So schwindelte sie ihrem «künftigen Sklavenhalter», dem Direktor des Stadttheaters, ein Repertoire vor, das sie gar nicht beherrschte. Karl Löwe bot ihr die Rolle der Ada in Sudermanns *Sodoms Ende* an, das sie weder gesehen noch gelesen hatte. Sie gab vor, davon begeistert zu sein, und versuchte, die Rolle über Nacht zu lernen. Die Probe am nächsten Morgen wurde zum Desaster, dennoch erhielt sie einen Fünfjahresvertrag.

In Breslau lernte Tilla Durieux den sieben Jahre älteren Maler Eugen Spiro kennen. Nach Lehr- und Wanderjahren in Paris und München, dort als Meisterschüler von Franz von Stuck, war er in seine Heimatstadt zurückgekehrt. An seinem Beispiel lässt sich die sprunghafte Integration der Breslauer Juden innerhalb einer Generation ablesen. Der Vater des Malers, Abraham Spiro, war Oberkantor der Synagoge Zum Weißen Storch. Zwei Brüder wurden Opernsänger, eine Schwester wurde unter dem Künstlernamen Baladine Tänzerin und Malerin und ging als Rilkes letzte Geliebte Merline in die Literaturgeschichte ein. Spiro zeichnete und malte Tilla zwischen 1902 und 1906 mehrmals, so die Ölbilder *Tilla Durieux am Frühstückstisch* und *Dame mit Hund*.[6] Nie malte er sie im Theaterkostüm, obwohl er vor den Aufführungen ins Theater kam und Tilla schminkte.

1903 wechselte Tilla Durieux nach Berlin zu Max Reinhardt und hei-

Eugen Spiro (um 1900)

ratete Eugen Spiro. Ihre Mutter war «von ihrem antisemitischen Standpunkt aus» über die Wahl der Tochter empört.[7] Eugen Spiro war ein ehrgeiziger Porträtmaler, dem es darum ging, Aufträge von Berühmtheiten zu erlangen. Schon deshalb nahm er freudig mit seiner Frau die Einladung zu einer Gesellschaft bei Julius Meier-Graefe an, bei der es zu der schicksalsträchtigen Begegnung mit Paul Cassirer kam, die das Ende der kurzen Ehe von Tilla Durieux und Eugen Spiro einleitete.

Peter Spiro erinnert sich, dass «die Liebermann-Cassirer Clique» für seinen Vater der «Feind» schlechthin war.[8] Mit Leo von König schlug er sich vor der Spaltung der Secession auf die Seite der jungen Künstler.[9] Im Salon Cassirer waren Bilder von Eugen Spiro mit einer Ausnahme nicht zu sehen. Oscar Bie, der Kunstkritiker des *Berliner Börsen-Couriers*, fand 1904 für diese Ausnahme lobende Worte: «Auf eine gute

Copie, die der geschickte Spiro im selben Salon von Manet's berühmter Olympia ausstellt, ist aufmerksam zu machen.»[10] Dennoch wurde Spiro 1906 Mitglied der Berliner Secession und war ab 1915 im Vorstand. 1915 bis 1933 war er Mitglied der Ankaufskommission der Nationalgalerie.

Mit dem Engagement an Max Reinhardts Kleinem Theater 1903 begann die Reihe der Glanzrollen Tilla Durieux' auf den Berliner Bühnen, wo sie als Lady Milford in Schillers *Kabale und Liebe*, als Hebbels Judith mit dem idealen Partner Paul Wegener, als Prinzessin von Eboli in *Don Carlos* und als Elisabeth in *Maria Stuart* Theatergeschichte machte. Wer sie die letzten Worte der Judith sprechen hörte – «Ich will dem Holofernes keinen Sohn gebären! Bete zu Gott, daß mein Schoß unfruchtbar sei. Vielleicht ist er mir gnädig!» –, vergaß es nie. Als sie für die erkrankte Gertrud Eysoldt die Rolle von Oscar Wildes Salome übernahm, war ihr Erfolg in Berlin gesichert. Wieder erwies sich die Erfahrung aus der Provinz als segensreich. Sie hatte mit Breslauer Kollegen bei einem Gastspiel in Posen die Salome gegeben. In ihren Erinnerungen macht sie aus der Episode eine meisterhafte kleine Satire auf den «hellen Wahnsinn» des Theaterspielens unter fast unmöglichen Umständen.[11]

Was war nun das Erstaunliche an dieser Schauspielerin? Da war zunächst ihr «Antlitz, das halb slawische Physiognomieeigentümlichkeiten hat – die breite, etwas an der Spitze abplattende Nase mit den runden Nüstern, die sich hervorhebenden Backenknochen, die sich voll aufwölbenden Lippen», die in einer von ethnisch-rassischen Vorstellungen besessenen Epoche immer wieder hervorgehoben wurden. Ihr Aussehen hätte nur eine kurze Zeit früher, als ein glattes Schönheitsideal galt, «diese große Künstlerin für die Stiltragödie unmöglich gemacht».[12] Noch 1924 urteilt Julius Bab in einem Doppelporträt von Tilla Durieux und Paul Wegener ganz ähnlich, wenn er beide einem «östlichen Typ» zuordnet – Wegener stammte aus Westpreußen –, «der vom slawischen fast ins tartarisch mongolische reicht». Wieder sind es die Backenknochen, die breiten Lippen, die etwas gekniffenen Augen und die Nase «mit breitem Rücken und gehobenen Löchern» dieses Typs, der «plötzlich anziehend» geworden ist».[13]

Dazu waren Bewegung, Gestik und Sprache der Durieux ganz außergewöhnlich. «Ihre schlanke, in den Hüften geschmeidige Gestalt mit dem eigentümlich wiegenden Gang im Menuettschritt», den Händen, die Krallenhiebe ausführen, in der «großen Eboliszene», wenn ein «kleiner, atemlos hinterhergeworfener Satz» die Reaktion bringt. «Ein Prestissimo der Worte, ein Wasserfall der Sätze, deren Rhythmik sich immer mehr überstürzt, deren Klangfarbe immer heller, schließlich schmerzhaft hell wird, geißelt die Künstlerin in den Trancezustrand hinein».[14]

Vor allem aber war es die Wandlungsfähigkeit der Durieux, die ihr Bewunderung einbrachte. Heinrich Mann nennt sie «eines der fortgeschrittensten Menschenwesen auf der Bühne». Sie personifizierte für ihn «alles, was modern heisst: Persönlichkeit, nervöse Energie, Talent. So spielt sie das Varietémädchen, die Judith, die Weltdame, die Kaiserin und das Luder mit einer Stimme, die «wütet und schmilzt». «Das Geschlecht, das sie ankündigt, ist ein anderes als das der Duse, die im Leiden stecken bleibt.»[15] Ob er das Drama *Die Schauspielerin,* in dem sie oft auftrat, für sie geschrieben hat, sagen weder Heinrich Mann noch Tilla Durieux in ihren Erinnerungen. Dort heißt es: «Welch ein Weib! Ein Bild reifen, bewußten Lebens. Ah, sie weiß bei jedem Wort, wie sie aussieht, und bei jedem Schritt, wie ihre Figur wirkt. Dabei: Leidenschaft im Zustand der Ruhe, immer auf dem Sprunge, den Salon in eine Bühne zu verwandeln. Man mag sagen, was man will, das vollkommene Weib ist erst die Schauspielerin.»[16] Dieser Satz, der wie auf die Durieux gemünzt scheint, fällt in dem Stück zweimal.

Für Tilla Durieux war es allerdings ein Glück, dass der Kunstschriftsteller Julius Meier-Graefe nicht auch Theaterkritiker war. Ihm missfiel, was gerade den meisten gefiel. Zur Hedda Gabler der Durieux schrieb er am 17. Oktober 1912 in sein Tagebuch: «Entsetzlich! Unmögliche Theaterfigur von gutem Wuchs (und schlimmem Gang; erst müßte sie mal gehen lernen). Sie spielt vielleicht, was sie empfindet, der alte Fehler, der zur unfreiwilligen Komik führen kann und hier verschiedene Male führte: sie macht nicht, daß der Zuschauer empfindet. Ein zusammenhangsloses Wesen, eventuell mit passablen Momenten».[17] Als Judith versagte die Durieux für Meier-Graefe «gänzlich»,[18] und wenn er sie einmal virtuos nennt, dann gleich mit der Einschränkung «nur zu virtuos».[19]

Tilla Durieux verstand die Bühne als einen Spiegel ihrer Zeit. Mit den

Frauenfiguren, besonders in den Dramen von Ibsen, reagierte sie auf ihre Epoche. Über die Kollegin Irene Triesch urteilte sie, dass sie «ganz in der Gedankenwelt der Jahrhundertwende geblieben» war. Damals wusste die Frau nichts von Sport, Wasser, Sonne. Sie saß elegisch und müde in verdunkelten Zimmern. «Ein gebräunter Körper war eine Unmöglichkeit.» Unverstanden vom Mann, gelangweilt von der Umwelt beschäftigte sie sich mit ihren seelischen Qualen. Die Triesch verkörperte solche Frauen ausgezeichnet. Durieux revoltierte dagegen. «Dieses tränenreiche Stammeln» war ihr verhasst. Sie würde «jede dieser Rollen anders anpacken», dachte sie, ehe sie endlich Hedda Gabler spielen durfte. Wie sie das erreichen sollte, war ihr allerdings noch nicht klar. «Das Leben mußte mir erst Gelegenheit geben, einen bitteren Kampf zu kämpfen, und der Mann mußte erst erscheinen, der mir den Weg zeigte, wie man seine Gedanken in Kunst umsetzt.»[20]

Dieser Mann war Paul Cassirer. Bereits bei der ersten Begegnung, als sie «mit offenem Munde» dem Gespräch zwischen ihm und Julius Meier-Graefe zuhörte, das von Witz sprühte und zugleich von tiefem Wissen zeugte, erkannte sie: «Das war, ja das war die Welt, von der ich immer schon geträumt hatte, daß sie irgendwo verborgen sei!»[21] Das Zusammenleben mit Paul begann gleich nach ihrer Scheidung, von der sie berichtet, dass Eugen Spiro sich ungemein verständnisvoll verhalten habe. Von nun an verbrachten Tilla und Paul Sommerwochen in seinem Haus in Noordwijk, in Berlin behielt er seine Wohnung in der Fasanenstraße 94 pro forma bei, lebte aber eigentlich bei Tilla, die in der Margaretenstraße/Ecke Matthäikirchplatz eine Wohnung mietete. Es war ein in der Familie Cassirer höchst ungewöhnliches Arrangement, das über sieben Jahre währte. Die standesamtliche Trauung fand am 24. Juni 1910 statt, mit Pauls Bruder Alfred als Zeugen. Tilla gibt eine niederschmetternde Schilderung ihres Hochzeitstags, an dem Paul besonders schlecht gelaunt war. «Mach dich rasch fertig, damit wir es hinter uns bringen»,[22] soll er gesagt haben und erst am Abend fidel geworden sein.

Tilla Durieux stand nun einem Haushalt vor, übernahm Paul Cassirers «ausgezeichnete Köchin» Martha Hoppe und engagierte als Wirtschafterin und Reisebegleiterin Helene Wachsmuth, die zu ihrer Vertrauten wurde. Beide Frauen waren in allen Stürmen und Kämpfen mit dem Gatten «immer auf meiner Seite».[23] Die Wohnung in der Margaretenstraße wurde wie die von Pauls Bruder Hugo teilweise von Karl Walser ausgemalt. Im Musikzimmer standen Barlachs *Drei singende Frauen*, im Speisezimmer hing Pauls erlesene Sammlung, darunter *Der Reiter und die Reiterin* von Manet, *Die rote Frau und der Mann mit dem schiefen Hut* von Cézanne, *Die Arlésienne* und *Die Bahnunterführung* von van Gogh. Paul eröffnete Tilla die Welt der Kunst und Literatur, und so wie sie die Maler und Bildhauer seines Salons und Autoren seines Verlags bewunderte, so huldigten diese ihr. Tilla Durieux war wohl die meistporträtierte Frau in der deutschen Kunst. Der Erste nach Spiro, der sie schon vor 1903 zu malen begehrte, war Max Liebermann. Tilla sollte ihren Kopf für einen bereits gemalten «üppig rotblonden Frauenkörper» der Dalila «herleihen», die soeben Samson das Haar abgeschnitten hatte. Die Begegnung von Maler und Modell stand unter keinem guten Stern. Liebermann befleißigte sich eines schnodderigen Berliner Tons. Tilla, das Wiener Kind, war das nicht gewohnt. Er wurde ihr «immer unangenehmer».[24] Außerdem riet er ihr, sich von Spiro scheiden zu lassen, was sie empörte.

Von vielen Künstlern, die Tilla Durieux gemalt haben, gibt sie schöne Beschreibungen, voran von diesem «wundervollen Menschen» Ernst Barlach. 1911 war Barlach Gast im Sommerhaus in Noordwijk. Dort kamen sich die zwei grundverschiedenen Naturen Barlach und Durieux, die sich zunächst nur vorsichtig umkreisten, näher. Im Jahr darauf modellierte er Tillas Kopf in 30 Sitzungen in der Margaretenstraße, diesmal ohne ein Wort zu sprechen. Oft beobachtete er die Schauspielerin, während sie auf und ab gehend Rollen lernte. «Ich glaube mich in seiner ‹Schreitenden Frau› wiederzuerkennen.»[25] Das ist keineswegs Phantasie, denn Barlach gab seinen Graphiken und Skulpturen manchmal ganz unbewusst Gesichtszüge eines bestimmten Menschen, an den er während der Arbeit dachte. So trägt eine Zeichnung des Engels, der heute in Bronze im Dom zu Güstrow schwebt, die Züge Paul Cassirers, die Skulptur hingegen die von Käthe Kollwitz. Andererseits konnte ein Werk Barlachs die Schauspielerin inspirieren. Als sie zum ersten Mal eine Bäuerin spielen sollte, konnte sie «den Ton nicht treffen» und wollte schon aufgeben. Da fiel ihr Blick auf eine Skulptur von Barlach, die *Sorgende Frau*. «Eine Stunde saß ich davor; dann wurde die Rolle einer meiner großen Erfolge.»[26]

Zu den anderen Porträtisten Tilla Durieux' gehören Lovis Corinth, der sie 1908 als spanische Tänzerin malte, und Franz von Stuck, der für sie das Kostüm der spanischen Hoftracht wählte, die sie als Prinzessin Eboli trug. Max Oppenheimer malte sie 1912 in einfachem dunklem Kleid. Olaf Gulbransson begann drei Mal mit einer immer neuen Leinwand, ehe er ein Bild vollendete. Slevogt nannte sein Porträt *Circe*, als die Durieux in dem gleichnamigen Stück von Calderon auftrat. Er malte Tilla insgesamt drei Mal, auch als Potiphar, als die sie in der *Josephslegende* von Hofmannsthal und Richard Strauss auftrat, und als Shakespeares Kleopatra. Über die Entstehung seines Porträts von Tilla 1910 berichtet Oskar Kokoschka, wie die erste Begegnung in ihrem Ankleidezimmer stattfand und er ihr helfen musste, «das Mieder, das man damals trug, im Rücken zuzuschnüren; auch er [Paul Cassirer], als Freier übermütig, beteiligte sich daran, den Strohhut auf dem Kopf, eine Nelke im Knopfloch. Das erinnerte mich zu sehr an Manets berühmtes Bild ‹Nana›. So konnte ich sie nicht malen, denn das hatte Manet bereits zu gut gemacht. Ich malte anders. Ihre Verführungskunst war groß, und ich glaube ich habe das Bild nicht vollendet und es samt dem Farbenkasten bei ihr liegen gelassen.»[27] Ein Porträt Tillas von Kokoschka existiert jedoch, vielleicht ist es das hier erwähnte, das dennoch vollendet wurde.

Das berühmteste Durieux-Porträt schuf der 73-jährige Renoir im Sommer 1914 in seinem Atelier in Paris, eine Auftragsarbeit von Paul Cassirer. Das Bild war noch nicht trocken, als Paul und seine Frau wenige Tage vor Kriegsbeginn Frankreich fluchtartig verließen, und blieb zurück. Heute hängt es in seiner ganzen Pracht im Metropolitan Museum in New York. Über seine Entstehung, den greisen Maler im Rollstuhl, dem der Pinsel an der Hand festgebunden werden musste, und über die Gespräche während der Sitzungen schreibt die Schauspielerin ein ganzes Kapitel.[28]

Schreiben war sicherlich nach dem Spielen die andere Leidenschaft von Tilla Durieux. Theater und Schauspielkunst sind ihre wichtigsten Themen. In dem Artikel *Die Schauspielerin. Wandlungen und Perspektiven*, der am 2. August 1928 in der *Neuen Leipziger Zeitung* erschien,[29] fordert sie eine neue Sichtweise auf die Schauspielerin, die gleichsam mit interesselosem Wohlgefallen gesehen werden muss. Das «erotische

Empfinden» der männlichen Zuschauer muss ausgeschaltet, die «Person» der Schauspielerin vom Publikum vergessen und nur ihre Leistung in Betracht gezogen werden. «Nichts kann falscher, nichts unedler sein, als die Beurteilung der Schauspielerin nach ihrem persönlichen Leben.» Tilla Durieux wusste, wovon sie sprach. Die Angriffe, welchen sie in dieser Hinsicht ausgesetzt war, sind Legion. «Nicht auf Moral», proklamiert sie, «auf Fleiß und Talent kommt es an.» Mehr noch, durch «geistige Kräfte» müsse die Schauspielerin dem Kunstwerk die Keuschheit zurückgewinnen. Diese Keuschheit müsse «von einer Stärke sein, daß wir nackt über die Bühne gehen und eine Stunde später wieder als Dame neben unseren Schwestern, die ihren Beruf in der Familie finden, sitzen können». Auch mit dem «intellektuellen Moment» der Bühnenkunst beschäftigt sie sich in ihrem Essay. Der Schauspielerin bringt es keinen Gewinn, meint sie, sieht aber in Zukunft wieder Theaterdirektorinnen und Regisseurinnen wirken, Berufe, die im 17. und 18. Jahrhundert Frauen offenstanden, aus welchen sie aber verdrängt wurden. Über die Neuberin schreibt sie, «sie musste hart kämpfen – beinahe hätte ich gesagt wie ein Mann, aber ich sage stolz – wie eine Frau».[30]

In ihren Erinnerungen schreibt die Durieux ausführlich über ihre Theaterkarriere, beginnend mit ihrem ersten Auftritt. Das Gefühl von damals behielt sie ihr Leben lang. «Der aufrollende Vorhang hakte sich in mein Herz und zog es mit in die Höhe, und diese Sekunde, bis ich den Flüchtling wieder eingefangen hatte, war stets atemberaubend.»[31] Sie beschreibt das Hinübergleiten in eine Rolle, «in einen fremden Körper, der meine Bewegungen, den Klang meiner Stimme, selbst meinen Herzschlag regiert».[32] Sie schreibt über das Altern des Schauspielers und der Schauspielerin, das nicht wie im privaten Leben durch Kinder und mitalternde Freunde «hinüberführt», sondern ein nicht zu mildernder Verlust bleibt.[33] Sie nennt den großen Theaterkünstler, der sich «aus Demut vor der Wahrheit» die Maske abreißt im Gegensatz zu dem, der «sich auf der Schaukel des Pathos schwingt» und ins Publikum schielt, ob er seine Wirkung tut.[34]

An Tilla Durieux war auch eine Journalistin verlorengegangen. Sie veröffentlichte Feuilletons, autobiographische und Reiseskizzen[35] und immer wieder Mahnungen an die Frau, sich von den Zwängen herkömmlicher Fesseln zu befreien. «Verbiete es Deiner Tochter!»[36] ruft sie den Müttern zu, nämlich das Schminktöpfchen. Ein geschminktes Gesicht, noch dazu bei Tageslicht, lässt Falten und andere Makel nur noch deutlicher hervortreten. Als Frau Paul Cassirers, als Partnerin Leo Kestenbergs bei seinen musikalischen und literarischen Sonntagsmatineen in der Freien Volksbühne und bei Benefizveranstaltungen für die Arbeiterschaft zeigte Tilla Durieux ihre politischen Neigungen, die der Sozialdemokratie galten.[37] Paul Cassirer, schreibt sie, war mit den Vorträgen «sehr einverstanden, aber seine Familie war außer sich».[38] Besonders Pauls Bruder Hugo scheint den sozialdemokratischen Aktivitäten abgeneigt gewesen zu sein und sein Sohn Reinhold durfte zu seinem großen Schmerz Tante Tilla nicht mehr besuchen, was er auch ihrer kleinen Menagerie wegen so gern getan hatte. Tilla und Paul liebten Tiere. Sie besaß kleine Hunde, Katzen und einen Papagei, der sie beim Namen rief, was Else Lasker-Schüler tief beeindruckte. Auch nach 1918, als die Auftritte mit Leo Kestenberg, der inzwischen den Posten eines Referenten im Preußischen Staatsministerium für Wissenschaft, Kunst und Volksbildung bekleidete, nicht mehr fortgesetzt wurden, wirkte die Schauspielerin an Wohltätigkeitsveranstaltungen mit. 1921 nahm sie an der Dostojewski-Feier im Staatstheater zugunsten der Künstlerhilfe für die Hungernden in Russland teil. Auch nach 1945 hielt Tilla Durieux der SPD die Treue. Am 19. Mai 1969 dankte ihr Willy Brandt für ihre Unterstützung der Wahlkampagne von Günter Grass in der Zeitschrift *Dafür*.

Tilla Durieux' Ausstrahlung konnte sich kaum jemand, ob Mann oder Frau, entziehen. Während einer Aufführung beobachtete Heinrich Mann sie hinter den Kulissen. «Umgekleidet, in ein völlig anderes Wesen übergegangen, bewegte sie sich hinter dem geschlossenen Vorhang, und welch eine Kraft war das! Das Geschlecht selbst, in all seinem tödlichen Reiz, wurde lächerlich, ein haarsträubender Vorgang, wenn man will; bei ihr von der schrecklichsten Einfachheit, und jeder Schritt, noch ehe die Gardine sich teilte, strahlte vom Erfolg.»[39] Bertolt Brecht wollte für sie 1921/22 das Fragment gebliebene Stück *Die Päpstin Johanna* verfassen.[40] Else Lasker-Schüler widmete ihr 1910 eines ihrer Prosaporträts. Auch die Dichterin bewundert die Verwandlungskunst der Schauspielerin von der Prinzessin Eboli als «verwöhnte Lautenspielerin» in die ältliche Schwester in der «bittern Haut der eigensinnigen Spielverderberin» in Hauptmanns *Friedensfest*. «Krummrückig zum Fußstampfen, hartnäckig widersetzend, den Angehörigen eine giftige Augenweide.» Als «junge Kupplerin des Bordells» in Schalom Aschs *Gott der Rache* spielt sie «mit der Frechheit einer freigewordenen Sklavin». Schließlich summiert Else Lasker-Schüler: «Tilla Durieux spielt skandalös hervorragend.» In ihren Privaträumen ist sie jedoch vollendete Dame, «keineswegs eine Bohèmin» und «zu treu dem Einen außerdem».[41]

Auch im Gedicht hat Else Laker-Schüler Tilla Durieux besungen. *Die Schauspielerin* entstand 1920. Die Dichterin war inzwischen Autorin des Paul Cassirer Verlags geworden und fand es bemerkenswert, dass «die Bühnenherrin» von ihrem Gemahl, ihrer Dienerin, ihrer Magd und Aras, ihrem Papageimandrill, einfach Tilla genannt wird. Das teilt sie in der ersten Strophe mit. Dann ruft sie die großen Rollen der Durieux herauf, als «die Schauspielerin Shaws», als Rhodope und Alkestis. Sie zitiert das Operettenlied, das die «große Clownin» und «Lose» gern sang, *Komm in meine Liebeslaube*. Sogar die Porträts von Barlach und von Slevogt bringt die Dichterin in diesem Porträtgedicht, einem ihrer längsten, unter und schließt in der 15. Strophe:

> «Oft aber schweben die seltsam seltenen,
> Grauen Vögel unter feinen Brauenbogen weit fort,
> Als ob sie nie wiederkehren.»[42]

Geschmeichelt zitierte Tilla Durieux das Gedicht mitunter auf ihren Vortragsabenden.

1925 veröffentlichte Wilhelm Biermann eine rauschhafte Gedichtsammlung, *TDC. Tu Dea Caesarea*, «Frau Tilla Durieux der Genialen Künstlerin in tiefster Verehrung zu Eigen». In Sonetten, Terzinen, Oktaven und freien Versen vergleicht er die Künstlerin mit Vorliebe mit Sternbildern:

> «Plejaden speiend schmetterst Du die Sternensänge
> Hernieder auf die Länder und das weiße Meer.»[43]

1916 war eine Faszination mit tödlichen Folgen von Tilla Durieux auf die Malerin Alice Trübner ausgegangen. Alice Auerbach war 1875 im englischen Bradford geboren und kam mit elf Jahren nach Frankfurt am

Main. Sie studierte Malerei bei Slevogt in München und im Münchner Künstlerinnen-Verein bei Ludwig Schmid-Reutte. 1900 heiratete sie den 24 Jahre älteren Maler Wilhelm Trübner. Zwei Jahre später wurde der gemeinsame Sohn Jörg geboren, dann zog die Familie nach Karlsruhe. Tillas Schilderung zufolge erschien die Malerin zu jeder Tag- und Nachtzeit bei den Cassirers und reiste der Schauspielerin zu einem Gastspiel nach Breslau nach, wo sie im gleichen Hotel abstieg und sich die Pulsadern aufschnitt. Paul Cassirer wünschte jedoch auf keinen Fall «einen Bruch der Beziehungen mit dem Hause Trübner» und befahl seiner Frau, die Malerin ein letztes Mal zu treffen und sich von ihr ein Filmskript vorlesen zu lassen. Tilla Durieux kam der Bitte nach, aber Alice Trübner las ihr nichts mehr vor. Nach den Worten «Liebt man eigentlich mit dem Verstand, mit der Seele oder mit dem Herzen?» erschoss sie sich mit einem Revolver unter den Augen der Schauspielerin.[44]

Zwar wurde in den Zeitungen jede Erwähnung des Ereignisses vermieden, aber der Tod Alice Trübners blieb nicht unbekannt. Julius Elias schrieb einen Nachruf in *Kunst und Künstler*, in dem er den Verlust Wilhelm Trübners beklagt, der durch einen tragischen Tod die Lebenskameradin und Kunstgefährtin verloren habe. Sie war, so zitiert Elias den Maler, «durch ihren großen Kunstverstand zur schützenden Fee gegen den künstlerischen Unverstand geworden, unter dem ich viel zu leiden hatte».[45] Else Lasker-Schüler war vom Tod der Malerin erschüttert. Sie schrieb eines ihrer schönsten Porträtgedichte, *Alice Trübner*, und widmete es «ihrem lieben Jungen», dem 14-jährigen Sohn der Malerin.[46] In diesem Gedicht erfährt man noch das meiste über die Künstlerin, die zwar in der Münchner und Berliner Sezession ausgestellt hatte, aber von deren Bildern sich kaum Reproduktionen finden lassen. In dem Gedicht malt die Dichterin zunächst das Porträt Alice Trübners.

«Ihr Angesicht war aus Mondstein
Darum mußte sie immer träumen.

Durch die Seide ihrer Ebenholzhaare
Schimmerte Tausendundeinenacht.

Ihre Augen weihsagten.
Ein goldenes Bibelblatt war ihr Herz.»

Die letzten Strophen beschreiben Trübners Produktion, die Stillleben, «Gräser und Gläser», das Schelmische in manchen Bildern:

«Oder sie malt huldvoll die Köchin
Als Frau Lucullus gelassen im Lehnstuhl.

Verwandelte strotzende Früchte in Rosen
Auf weißem Damast.

O, sie war eine Zauberin.»

Für Tilla Durieux waren die Nachwirkungen der Katastrophe fatal. Wilhelm Trübner blieb überzeugt, dass sie den Tod seiner Frau durch einen Streit verursacht hätte. Die «politische Polizei» vermutete Spionage für England. Wochenlange Verhöre waren die Folge.

Ein Grund, warum Tilla Durieux Max Reinhardts Theater verlassen hatte, war, dass sie immer noch nicht die Hedda Gabler spielen durfte. An Angeboten für Gastspiele bestand jedoch kein Mangel. Dann schloss sie bei Otto Brahm am Berliner Lessingtheater ab. Dort erhielt sie endlich die langersehnte Rolle. Doch auf dem Höhepunkt von Tilla Durieux' Schauspielkarriere brach der Erste Weltkrieg aus. Paul Cassirer meldete sich freiwillig und legte seiner Frau nahe, sich «ebenfalls in den Dienst des Landes zu stellen».[47] Sie absolvierte also wie zahllose Frauen einen Kurs für Krankenschwestern und meldete sich, wie sie betont, in ein Lazarett für Mannschaften in Buch bei Berlin, nicht in einem Offizierslazarett, das die Damen der Gesellschaft bevorzugten, die der Schauspielerin wohl naserümpfend begegnet wären. In der Victoriastraße wurde ein Mittagstisch für unbemittelte Künstler eingerichtet.

Durieux beschreibt sich zwar als pflichtbewusste Patriotin, aber keineswegs als kriegsbegeistert. Die ersten Verwundetentransporte versetzten ihr einen Schock. Dazu herrschte Mangel an Pflegepersonal. Deshalb wurde sie gebeten, bei Operationen zu assistieren. Sieben Monate hielt sie aus, dann erhielt sie ein Angebot, am Königlichen Schauspielhaus zu spielen. In diese Zeit fiel nicht nur die Trübner-Affäre, sondern auch der sich verschlechternde gesundheitliche Zustand Paul Cassirers, seine wiederholte Einberufung und die Hausdurchsuchung nach «pazifistischen Umtrieben» in der Victoriastraße. Von diesen Schikanen befreite ihn, wie berichtet, Harry Graf Kessler mit dem Angebot, an seiner Kulturpropaganda-Mission in der Schweiz teilzunehmen. Und es gelang Tilla, eine drohende «kriegsgerichtliche Anklage» gegen ihren Mann abzuwenden. Nach Ablauf ihres Engagements am Königlichen Schauspielhaus fuhr auch sie in die Schweiz, wo sie die letzten beiden Kriegsjahre bei ihrem Mann verbrachte.

Während der unmittelbaren Nachkriegszeit fand sich die Schauspielerin ausgerechnet im München der Räterepublik. Wie Kaiser Wilhelm II. sie in seinem Schauspielhaus hatte auftreten lassen wollen, so nun Kurt Eisner, Ministerpräsident des Freistaats Bayern, am Nationaltheater in München. Er hatte ihr einen viermonatigen Gastspielvertrag angeboten. Sie trat in vier Dramen, darunter *Medea* und *Judith*, am Nationaltheater auf. Nach der Ermordung Eisners schickte Paul Cassirer seinen Autor Ernst Toller, der Mitglied der Räteregierung war, zu seiner Frau, die im Hotel Marienbad logierte, um ihr seinen Schutz anzubieten. Das führte wiederum zu großer Aufregung, da Toller als «Abschnittskommandant» der Roten Armee gegen die Freikorps- und Reichstruppen aktiv war und alsbald steckbrieflich gesucht wurde. Einen Koffer mit seiner Uniform und einem Revolver hatte er in Tillas Hotelzimmer abgestellt. Sie war inzwischen in die Klinik von Ferdinand Sauerbruch geflohen, wo sie eine Bauchfelloperation überstand und drei Monate bleiben musste. Paul Cassirers körperliche und geistige Verfassung zu dieser Zeit war besorgniserregend. Auch das Befinden von Tillas Mutter verschlechterte sich immer mehr. Sie verschied in Berlin am 24. März 1920 im Beisein ihrer Tochter, die ihr eine würdige Trauerfeier ausrichtete.

Eine erste Amerika-Reise 1922 des Ehepaars Cassirer mit dem Kunsthändler Julius Böhler und dessen Frau führte zwar nicht zur Gründung einer gemeinsamen Filiale in New York, aber die beiden Frauen, die fortan eine lebenslange Freundschaft verband, genossen die Stadt und wirtschafteten sparsam in dem teuren Hotel Ritz, wo sie in einem Wandschrank kochten. Es kam sogar zu einem Gastspiel Tilla Durieux' mit den «Resten des Deutschen Theaters» in New York, «armen Teufeln», auf einer schadhaften Broadway-Bühne. Sie übernahm die Hauptrolle in dem damals auch in Berlin erfolgreichen italienischen Stück *Der Schatten* von Dario Niccodemi. Weder eine zweite Amerika-Reise noch das Haus in Haarlem, das die Cassirers nach dem Krieg erwarben und das viele Gäste sah – das Haus in den Dünen von Noordwijk hatte im Krieg verkauft werden müssen –, haben den Zustand Pauls und seiner Ehe verbessern können. Sie war zerrüttet, und Tilla Durieux ging immer öfter auf Gastspielreisen, so nach Wien mit einer sensationellen *Franziska* von Wedekind in der Regie von Paul Martin.

Tilla Durieux schrieb ihre Memoiren zu Beginn der fünfziger Jahre. Sie müssen auch als eine Verteidigungsschrift gelesen werden, immerhin wurden ihr zwei Selbstmorde zur Last gelegt. Deshalb beschrieb sie nicht nur die Tode Alice Trübners und Paul Cassirers detailliert, ersteren geradezu wie ein Protokoll. Sie wies von Anfang an auch auf den prekären psychischen und später physischen Zustand ihres Mannes hin. Der wird von vielen bestätigt. So grundverschiedene Menschen wie Else Lasker-Schüler und Karl Scheffler charakterisieren Paul Cassirer ganz ähnlich. Der Begriff «hysterisch» wird von ihnen und anderen benutzt. In den zwanziger Jahren, schreibt Tilla, steigerte sich seine Nervosität ins Unerträgliche und führte zu wahren Hassausbrüchen. Auch deshalb entschloss sie sich zur Trennung.

Was folgte, war wieder hochdramatisch. Paul Cassirer tat «unglücklicherweise das Verkehrteste, was er tun konnte», um die Scheidung zu vermeiden. Er schickte ihr Dinge, die sie liebte, zerbrochen zurück und bezeichnete sie «als eine böse und gewissenlose Heuchlerin».[48] Am 5. Januar 1926 entzog Paul Cassirer in einer letztwilligen Verfügung zu seinem Testament «meiner Frau Ottilie geb. Godeffroy genannt Tilla Durieux» den Pflichtteil. Aus der Verfügung geht allerdings hervor, dass der Ehemann die Scheidung verlangt hatte: «Die Enterbung erfolgt im Hinblick auf die von mir angestrengte Scheidungsklage. Meine Universalerbin ist meine Tochter Suzanne Paret geb. Cassirer.» Dazu setzte Paul Cassirer ein Vermächtnis von 10 000 Goldmark an Frl. Anni Wachsmuth aus, der Schwester und Nachfolgerin von Helene Wachsmuth.[49] Drei Wochen nach Abfassung der letztwilligen Verfügung starb Paul Cassirer am 7. Januar 1926, zwei Tage nachdem er sich einen Schuss versetzt hatte. Ob er sich hatte töten wollen, bleibt ungewiss.

Tilla Durieux beschreibt die Zeit nach Paul Cassirers Tod als so qualvoll – «die Habgier, in der man in meiner verlassenen Wohnung alles an sich riss», die Bekannten, die sie auf der Straße nicht mehr grüßten, die «Kübel mit Schmutzwasser», die die Zeitungen über sie ausgossen –, dass sie sich «in eine Anstalt in Dresden» flüchtete. Die Rente, die ihr Paul Cassirer ausgesetzt hatte, ließ sie in eine Abfindung verwandeln.[50] Am 7. März 1926 schrieb Ernst Barlach aus Güstrow an Tilla Durieux einen außerordentlichen Brief, offensichtlich eine Antwort auf ein verzweifeltes Schreiben von ihr.

«Liebe Frau Durieux,

Die Tiefe Ihres Leidens, in die ich hinunterahne, ist so groß wie das Schicksal und kann und muß nicht anders sein, weil Sie – Sie selbst sind. Wären Sie kleiner, wäre Ihnen Leichteres zu tragen beschieden – – ich ehre – ich ehre Ihren Zustand, aber ich darf Ihnen zurufen: Alles kann versagen und mißlingen, aber der Anspruch eines reinen Gefühls, eines aufrichtigen Herzens auf Ruhe und Gleichgewicht, auf Glück und Frieden ist unverlierbar – und Sie werden ihn gewinnen.

Sehen Sie, Frau Tilla – Pauls Tod! Aus ihm spricht ein Pathos, dem nichts gewachsen ist, man muß hören und wird immer wieder dahingerafft – es verpflichtet und zwingt uns zum Schweigen. Dann kommt etwas anderes: Paul selbst ist nun still geworden, er, der sprechen konnte wie kein anderer, ist für immer verstummt. Es ist eine unerhörte Leere entstanden, und in diese Leere und Lautlosigkeit hinein gibt es für uns nur ein einziges Einstimmen aus Pietät – wiederum ein großes Schweigen.

Keinerlei Überlegung ist am Platze, nichts zu erörtern, es gibt nur ein Geschehen, an dem durch keinerlei Versuch zurechtzulegen und zu begreifen etwas für das Bedürfnis, welches heißen mag, wie es will: Rechtfertigung oder Hinknieen in dem Gefühl Ihrer ‹unschuldigen Schuld›, gewonnen werden kann.

Und nun darf ich Ihnen noch ein letztes zumuten: Alles, was an Unaussprechlichem, Schrecklichem und Schönem zwischen Eheleuten geschah, geschehen mußte in einer Gemeinschaft zweier so heißer Herzen wie Ihr und Pauls Herz war – das alles, weil es unumgänglich und unvermeidbar war, ist unantastbar, unbeschreibbar, kein Geschwätz, nichts Fremdes hat daran zu rühren. Ihnen allein ist das Schwere geblieben als Aufgabe zu verwinden. Denn Sie allein auf der weiten Welt wissen das Ganze, wir andern können nur ahnen. Und so müssen *Sie uns* (denn ich bin es nicht allein, der dies einsieht) den Stolz zeigen, der aus dem Bewußtsein kommt, daß Ihr Leben für Paul eine Wesentlichkeit über alle anderen Leidenschaften hinaus gewesen ist, eine Wesentlichkeit, vor der alle Wirrnis des Ausgangs zu Schanden, zu Nichts, zur Belanglosigkeit wird. Ich glaube dies würde Paul selbst nicht anders sehen. Wenn ich zu Ihnen käme, würde ich Ihnen nichts anderes sagen können als dies. Es sieht aus wie Härte, und ich fürchte, Sie werden es im ersten Augenblick so empfinden. Aber bei der Freundschaft, die Sie mir so lange Jahre bewiesen haben, es ist meines tiefsten Gefühls aufrichtigstes Wort! Niemand kann Ihr Leiden lindern als Sie selbst durch Erhebung über alles Bedenken zum Entschluß, der aus der Bewußtheit Ihres eigensten Ich kommt, und Ihnen ermöglicht zu sehen, daß über Schuld und Unschuld ein Höheres steht. Ich glaube fest, daß aus Ihrem Leiden und Kämpfen Erhebung folgt, daß der Tod Ihre Gemeinschaft mit Paul nur äußerlich aufhebt, daß Ihr mit seinem so lange verbundenes Wesen nicht ihn ausscheidet, sondern wesensverbunden bleibt. Da gibt es denn keine Ursache mehr, die Leiden schaffen kann, und die ganze letzte unselige Zeit wird einbezogen in das nie aufhörende Geschehen Ihres Gestaltetwerdens.

Ich hoffe, zwischen den Zeilen Ihres Briefes gelesen zu haben, und wünsche sehr, daß auch Sie weniger die Worte als das Gefühl sehen, das die Worte gerne entbehren möchte.

Ich sende Ihnen herzlichen Gruß!
Ihr ergebener E. Barlach»[51]

Dass Tilla Durieux nach dem Tod Paul Cassirers wieder spielen würde, war nur natürlich. Sie ging auf Tournee mit Stücken von Shaw und Wedekind und spielte in Ernst Tollers Inszenierung von Tolstois *Rasputin* im Theater am Nollendorfplatz. Aber es gab dazwischen lange Pausen, und die Tagebuchnotizen sprechen viel von Verzweiflung und Qual. Auch die Mitwirkung im «Kabarett der Unbegabten» in der Wohnung des *Querschnitt*-Herausgebers Hans von Wedderkop im Dezember 1927 konnte ihren Zustand nicht verbessern. Am 4. Dezember verzeichnet sie eine Probe für ihren Auftritt als Mary Wigman, die den sterbenden Schwan sowie Kants *Kritik der reinen Vernunft* zu tanzen hatte. Sie war so gut wie je und spielte alle Mitwirkenden, darunter Claire Waldoff, an die Wand.

Aber sie war nicht fähig, Barlachs Rat zu beherzigen. Grund dafür war nicht nur das Entsetzen und die Trauer über Pauls Tod, an dem sie sich «unschuldig Schuld» gab, sondern auch und vor allem das Verhalten der Familie Cassirer, für die Tillas «Schuld» so unschuldig nicht war, zumal man, wie viele in Berlin, von ihrer bereits seit mehreren Jahren bestehenden Liaison mit dem erfolgreichen Unternehmer Ludwig Katzenellenbogen wusste, «eine ebenso intensive wie quälende, lange Zeit heimlich geführte Beziehung».[52] So griff Tilla zur Feder und verfasste einen Roman, der unter dem Titel *Eine Tür fällt ins Schloss* 1928 im Berliner Horen-Verlag erschien. Ihre Überraschung darüber, dass das

Buch als Schlüsselroman angesehen wurde, ist mehr als naiv: «Obwohl die Personen darin reine Erfindung waren und nicht existieren, hielt man es hartnäckig für meine Lebensgeschichte.»[53] Dabei musste jeder, der mit dem zeitgenössischen Theater und besonders dem in Berlin auch nur oberflächlich vertraut war, in der Hauptfigur, der Schauspielerin Carola Peters, deren Glanzrolle Hebbels Judith ist, Tilla Durieux und hinter dem Gatten, dem berühmten Chirurgen Professor Friedrich Karl Wolfsberg, mit dem sie (noch) verheiratet ist, Paul Cassirer erkennen.

Das Buch ist nicht so sehr eine Rechtfertigung nach ihrer gescheiterten Ehe als die Abrechnung Tilla Durieux' mit der Familie Cassirer und besonders deren weiblichen Mitgliedern. In ihren Erinnerungen wird sie später ebenfalls die Frauen aufs Korn nehmen. Darin hat sie wenigstens für einige männliche Cassirers ein freundliches Wort und bezeugt etwa dem Professor Richard «einen sympathischen, trockenen Humor». Ernst Cassirer, «der Philosoph, mit seinem jungen, hübschen Gesicht unter schneeweißem Haar», imponierte ihr «durch seine große Klugheit». Der eine Bruder Pauls, Hugo, war «schweigsam und nicht zu durchschauen», der andere, Alfred, sah immer kränklich aus. «Aber die Frauen! Sie waren weit schwieriger. Hedwig, die Frau des Neurologen Richard, lebte nur für ihren Mann wie auch Toni Cassirer, «die schön genannt werden konnte», aber sie war hochmütig und sah, wie Hedwig, auf Tilla herab. Lotte, die kunstbegeisterte Frau des Schwagers Hugo, «vereinigte den frechen amüsanten Witz eines Lausejungen mit der Taktlosigkeit einer im Reichtum aufgewachsenen Frau!»[54] Es ist bemerkenswert, dass die Abneigung Tilla Durieux' jüdischen Frauen galt. Eine Tagesnotiz vom 10. September 1927, als sie Golf spielte, lautet: «Ekelte mich vor den eleganten Jüdinnen.» Vor eleganten Juden ekelte sie sich nicht, sondern hatte drei geheiratet.

In dem Roman erscheinen die Frauen zum Teil als ins Groteske deformierte Figuren. Alle belauern sie die Schauspielerin Carola, «ihr auf Schritt und Tritt Fußangeln zu legen bemüht, um sie zu demütigen und den Alltag zu verherrlichen, dem sie selbst hörig waren». Zwei Brüder von Carolas Mann haben die ererbten Tuchwebereien ausgebaut, aber selbst ihr Erfolg erhält einen unangenehmen Beigeschmack, da ihre Fabriken mit ihren Erzeugnissen monopolähnlich «das ganze Land überfluten». Das Äußere der Brüder fällt gegen das des Chirurgen ab.

«Die Nase, die bei Friedrich Karl fast spanisch wirkte, mit einem Zug ins Galante, strebte bei Max ein wenig nach der Seite und verlieh dem kleineren Mann einen hämischen Ausdruck. Bei Albert, dem Jüngsten, der ungefähr in Carolas Alter war, wirkte sie besonders hässlich, hing störend über die vollen Lippen herab.»[55]

Bei einer Zusammenkunft der großen Familie Wolfsberg unterhält sich die Schauspielerin mit einem alten Ehepaar, Onkel Emil und Tante Minchen, die Georg Hermanns Familienroman *Jettchen Gebert* entsprungen zu sein scheinen. Sie haben ihr Geld verloren, und Carola verspricht, ihnen zu helfen. «Bist ein gutes Kind!», ruft Onkel Emil, «Aber zur Familie gehörst du nicht, weil keine Kinder da sind, verstehste, und weil du so eine sonderbare Art hast.» Carola hingegen sucht die Erklärung für ihre Zurückweisung durch die Wolfsbergs in der Geschichte. «Ich glaube fast, ihr wollt nur eine Christin, die sich zu euch gesellt, das entgelten lassen, was ihr durch die Grausamkeit der Christen Jahrhunderte lang an Bitternis und Pein erdulden musstet –.»[56] Die Ehe der Schauspielerin und des Chirurgen ist nicht mehr zu retten. Zwar führt ein kurzes Verhältnis Carolas mit einem jungen Mann, das sie offen gesteht, zu einer geradezu rauschhaften Versöhnung, aber dann zeigt sich «eine andere Neigung» des Chirurgen, «die wohl schon lange in ihm geschlummert hatte», und er wendet sich einem hübschen Studenten zu. Bei den Brüdern ihres Mannes finden die vorsichtigen Andeutungen Carolas kein Gehör; «stolz auf ihre Familie» wollen sie keinen Skandal, «auch nicht unter vier Augen».[57] Die Familie will aber auch keine Scheidung.

Alles, was «Familie» für die Wolfsbergs bedeutet, ist der Schauspielerin Carola Peters fremd. Wenn sie sich voll Freude und Bewunderung über ihre Kinder unterhalten, geht ihr das auf die Nerven. Wenn, nachdem die Scheidung bereits eingeleitet ist, eine Abordnung der Familie zu ihr kommt und sie bittet, Karl Friedrich, der auch noch in die Hände eines Erpressers gefallen ist, nicht zu verlassen, bietet die Gruppe einen jämmerlichen Anblick. «Wie traurige Geier hockten sie da mit ihren großen Nasen und müden verhärmten Gesichtern. Trauer! Trauer um ein Familienmitglied, das in Bedrängnis war! Wie sie zusammenhielten und sich eng um den Bedrohten scharten! Der Gang musste ihnen sauer geworden sein.»[58] Spätestens hier erweist sich die Erzählerin als ganz gewöhnliche Antisemitin. Kein Klischee ist ihr zu schade: die «jüdische Nase», Geldsucht und geradezu eine jüdische Verschwörung gegen die Christin sind die Attribute der Familie. In dem anderen Handlungsstrang des Kolportageromans wird mit aller erotischer Freizügigkeit Carolas Verhältnis mit dem Industriellen Bernhard Merzbach geschildert, in dem die Eingeweihten Ludwig Katzenellenbogen erkannten.

Tilla Durieux durchlitt die letzten Jahre ihrer Ehe beim Schreiben noch einmal. Dazu kamen die Schwierigkeiten durch Katzenellenbogens Familienverhältnisse, der immerhin mit seiner Frau Estella noch verheiratet war und drei Kinder hatte. «Habe nichts geschrieben, weil ich leide wie ein armer Hund.» So heißt es am 8. Mai 1928. In dieser Situation las die die Schauspielerin viel, offenbar auch Bücher über theosophische Werke. In den Büchern über «Atlantis» war sie «etwas Sonderbarem» begegnet, denn sie zeigten «alle eine nationalistische, antisemitische Tendenz,»[59] die sie abstieß. Dann suchte sie geistlichen Beistand. Während eines Gastspiels in Wien vertraute sie sich Pater Constantin an, «der schön und gut ist, auch gescheit». Dieser Pater, ein Prinz Hohenlohe (1864–1942), war Mitglied des Benediktinerordens und Professor für Kirchenrecht und Rechtsphilosophie an der Universität Wien. «Werde ich den Frieden und die Stütze finden?», fragt sie am 20. Mai 1928 in den Tagesnotizen.

Sie fand beides durch den Eintritt in die katholische Kirche. Was ein katholisches Kind normalerweise in den ersten zwölf bis 14 Jahren seines Lebens durchläuft, erledigte die 48-jährige Nachkommin von Hugenotten an einem Tag, dem 31. Mai 1928: «Morgens in der Capelle des Marienhauses Taufe, Beichte & Communion. Dann zum Nuntius ins Theresianum. Firmung.» Patin war die Fürstin Fugger, eine Dame der Wiener Gesellschaft. Tilla Durieux' Mitgliedschaft in der katholischen Kirche währte bis zum 31. Dezember 1971. An diesem Tag erklärte sie ihren Austritt im Pfarramt Maria Geburt am Rennweg in Wien.[60]

Der unter Qualen geschriebene Roman *Eine Tür fällt ins Schloss* erschien Ende August 1928. «Dieses Buch ist kein Buch, sondern ein Malheur, ein Malheur, das Frau Durieux passiert ist.» So beginnt Hans von Wedderkops Rezension im *Querschnitt*. Er nennt das Buch «ein Dilettantenprodukt», aber keines «von der liebenswürdigen Sorte», sondern «muffig und hart und schwer und uninteressant». Wedderkop fragt sich, warum dieser großen Schauspielerin, die er außerordentlich kultiviert, sehr belesen, witzig und sozial empfindend nennt, dieses Malheur passieren konnte. In einer Leserzuschrift im *Querschnitt* heißt es: Der Leser «zum Zeugen intimster Vorgänge rücksichtslos aufgerufen», kann nicht anders, als an die wirklichen Personen denken, die in dem Schlüsselroman existieren. Im *Simplicissimus* erschien eine Karikatur von Karl Arnold, Tilla Durieux mit einer großen Büchertasche zeigend, wie sie ihr Werk auf der Straße ausruft und feilbietet mit der Unterschrift: «Eine Tür fällt ins Schloß – aber wer 6 Mark 50 zahlt, darf durch das Schlüsselloch in mein Schafzimmer sehn!»[61] Auch Else Lasker-Schüler war entsetzt. An Paul Cassirers Schwiegersohn Hans Paret schrieb sie am 20. August 1931 ein vernichtendes Urteil über die Durieux: «Aber die Frau ist ein Wolf – immer gewesen; manchmal charmant, aber immer eine Egoistin und Geld bedeutet ihre Seligkeit. Ihr Buch gegen Paul Cassirer eine Blasphemie, da Herr C. immer gentlemanlike zu ihr war und sie betreute. Ich habe Frau D., nachdem ich ihr Buch gelesen hatte, *verboten* im Brief je meine Gedichte wieder vorzutragen.»[62]

Der Sturm der Entrüstung, der der Publikation des Romans folgte, blieb nicht ohne Eindruck auf die Verfasserin, die zunächst äußerst stolz auf ihre Leistung gewesen war. In ihrem Nachlass befindet sich die Fotografie des Schaufensters einer Buchhandlung, in dem 35 Exemplare des Werkes und kein anderes Buch ausgestellt sind. Aber am 18. August 1929, ein Jahr nach Erscheinen des Buchs, gesteht sie, sie habe «alles falsch gemacht». Sie hätte Paul nicht in dem Augenblick, als sie es tat, verlassen und das Buch überhaupt nicht schreiben sollen.[63] Dass es 1989 eine unnötige Neuauflage und dann auch noch eine Taschenbuchausgabe erlebte, wäre wohl auch der Autorin nicht recht gewesen. Was Tilla Durieux jedoch nicht bereute, war ihre verschlüsselte Darstellung der Familie Cassirer in dem Roman. Von keinem Familienmitglied ist eine Reaktion auf das Produkt aus Tillas Feder überliefert, und man möchte wünschen, dass es von keinem gelesen wurde. Wenn es dennoch geschah, muss eines am schmerzlichsten empfunden worden sein: Die Erzählerin, die es vermeidet, ihren Figuren Namen aus der Familie zu geben, macht eine Ausnahme. Den Mittelpunkt von allen, die Stütze aller, der allen half und für alle sprach, nennt sie Max.

Der Schauspielkarriere Tilla Durieux' tat der Skandal keinen Abbruch. Sie war so beliebt und von Theaterdirektoren so begehrt, dass sie am selben Abend in zwei verschiedenen Stücken an zwei verschiedenen Theatern auftrat. Sie hatte inzwischen einen jungen Regisseur bei der Arbeit gesehen, dessen Talent sie sofort erkannte. «Genialer Kerl, dieser Piscator», notierte sie am 26. August 1926, als sie bei einer Probe zu Tollers *Hoppla, wir leben!* gewesen war. Erwin Piscator war der Erste nach Max Reinhardt, der neue Wege ging. Durieux unterstützte ihn mit einer hohen Summe. Sie spielte in Alexej Tolstois *Rasputin* unter Piscator die Kaiserin, ein Stück, das einen Skandal entfachte und sogar den entthronten Kaiser in Doorn zu einem Protest bewegte.

Die Ereignisse der Jahre 1926 bis 1928 überwand die Schauspielerin nicht nur durch ihre Bühnentätigkeit, sondern auch auf einer weiteren Amerika-Reise mit dem Kunsthändler Julius Böhler und dessen Frau Regin, die sie nach Florida zu dem Zirkuskönig John Ringling führte. Dieser hatte sich in Sarasota eine Kopie des venezianischen Dogenpalasts erbaut, der nun mit Kunstwerken gefüllt werden sollte. Vor allem aber war es der «treue Freund» Ludwig Katzenellenbogen, der Tilla Durieux ein neues Leben bescherte. Sein Sohn Konrad Kellen beschreibt den Vater, der aus Krotoschin bei Posen stammte, als «kurzbeinig und gedrungen mit einem großen Kopf und einer breiten und gedrungenen Stirn».[64] Er hatte das Gymnasium besucht und wollte Rechtsanwalt werden, fügte sich aber dem Wunsch seines Vaters, dem Inhaber einer Spiritusraffinerie, deren Leitung Ludwig übernahm. Dann zog er mit Eltern und Brüdern nach Berlin, heiratete Estella Marcuse, die Tochter eines Arztes, und wurde rasch zu einem äußerst erfolgreichen Unternehmer. Er gründete verschiedene Sprit-, Zement-, Glas- und Maschinenfabriken, die er zusammen mit der Schultheiss-Patzenhofer-Brauerei und dem Konsortium Ostwerke vereinigte. Auch an der Mitteldeutschen Bank war er beteiligt, die 1929 mit der Commerzbank fusionierte. Estella Katzenellenbogen, die mehrere Blumenhandlungen besaß, war eine leidenschaftliche Kunstsammlerin. Der Sohn beschreibt das Haus in der Bendlerstraße mit seinen seidenbespannten Wänden, an welchen Bilder von Manet, Monet, van Gogh, Cézanne, Pissarro «und sogar eine Rubens-Madonna» hingen.[65] Zu den Gästen gehörten Albert Einstein, Max Schmeling, Marlene Dietrich und Tilla Durieux, «die nicht nur die größte Schauspielerin Deutschlands war, sondern auch – Gott

Ludwig Katzenellenbogen (um 1930)

sei's geklagt – meines armen Vaters zweite Frau».[66]

Ludwig Katzenellenbogen ließ sich 1928 von Estella scheiden und, um noch weiteres Aufsehen zu vermeiden, heirateten er und Tilla Durieux, über die «das Geschwätz» in Berlin schon Jahre andauerte, 1930 in London.[67] Die Wohnung Tillas in der Rauchstraße wurde modernisiert und mit den ihr verbliebenen Kunstwerken sowie der halben Sammlung Katzenellenbogen geschmückt. Außerdem besaß der Unternehmer ein Gut in Freienhagen und baute einen Bungalow am Wannsee, wo Tilla das Golfspiel erlernte. Auch Katzenellenbogen war ein Kunstliebhaber. Er gab den *Fries der Lauschenden* bei Barlach in Auftrag und war willens, Piscators Theater zu unterstützen, allerdings unter der Bedingung, dass es «kein politisches Tendenztheater» war, was Piscator versprach. Natürlich war das Gegenteil der Fall, und so gab Katzenellenbogen nichts, was das Ende des Theaters bedeutete.[68]

Dass Katzenellenbogen noch nicht einmal ein Viertel des Preises für Barlachs *Fries der Lauschenden* zahlen konnte, lag an der globalen Finanzkrise, die nun auch die Ostwerke eingeholt hatte. Die Brauereiaktien sanken und Katzenellenbogen, optimistischen Glaubens, dass sie wieder steigen würden, nahm Kredite von verschiedenen Banken auf, ohne diese von seinen anderen Aktivitäten zu unterrichten. Er war dem Rat eines anderen Optimisten, Jakob Goldschmidt, gefolgt, weitere «Stützungsaktionen» zu unternehmen. Dieser hatte als Direktor der verschuldeten Darmstädter Nationalbank der Firma Nordwolle einen Kredit von 48 Millionen Mark gewährt, worauf im Juni 1931 alle Banken im Reich für 5 Tage geschlossen wurden, um Devisenabflüsse zu vermeiden. Goldschmidt wurde daraufhin von anderen Bankiers «wie ein Aussätziger behandelt».[69] Katzenellenbogen erging es schlimmer. Er wurde am 28. Oktober 1931 wegen «Bilanzfälschung, Prospektbetrug und Untreue» verhaftet. Auch Barlach erfuhr von der Katastrophe und drückte am 2. November 1931 sein Mitgefühl aus, indem er Tilla und ihrem Mann ein Zeichen seines «von ferne an der Schwere Ihres Erlebens teilnehmenden Gefühls» geben wollte. Er glaubte wohl zu wissen, «welche Bürde Ihnen beiden die vergangen Tage und Nächte zu tragen auferlegen. [...] Ich habe für Herrn Katzenellenbogen, so kurz und flüchtig unsere Begegnungen waren, immer ein gewissermaßen freudiges Zutrauen gefühlt und bitte Sie, ihm heute meinen herzlichsten Gruß zu sagen. Ihnen beiden einen warmen Händedruck und hoffende Wünsche für Ihr Wohl!»[70]

Seit Paul Cassirers Tod hatte sich die Schauspielerin nicht in solch einer dramatischen Weise dargestellt. Sie lief zu Zeitungsredaktionen, saß bis tief in die Nacht bei Besprechungen mit den Anwälten, brachte 100 000 Reichsmark Kaution zusammen, und lieferte ihren Mann nach einem Gallenanfall in Ferdinand Sauerbruchs Klinik ein, während in Wohnung und Bungalow die Einrichtung gepfändet wurde. Tilla konnte durch den Verkauf eigener Bilder, die nicht pfändbar waren, die Anwälte bezahlen, darunter Max Alsberg, der von vielen als der beste Strafverteidiger des Reiches angesehen wurde. Die komplizierten Verhandlungen unter Zuziehung vieler Sachverständiger dauerten vom 9. Februar bis 18. März 1932. Katzenellenbogen wurde zu drei Monaten Gefängnis, die mit der Untersuchungshaft abgegolten waren, und 10 000 Mark Geldstrafe verurteilt – für die Größe der Anklage sehr wenig. Aber der Bestrafte kehrte als gebrochener Mann zurück.

Nun war das Paar auf die Gage der Schauspielerin angewiesen. «Ohrringe noch nicht verkauft», heißt es am 25. März 1932 in den Tagesnotizen. «3000 Mark gepumpt. Entschliesse mich rasch, Elisabeth zu spielen.» Tilla Durieux schloss einen Gastspielvertrag mit dem Lessingtheater für die Rolle in *Maria Stuart* ab. Sie brauchte dringend Geld, denn nun passierte, was sie in ihrem Roman dem Chirurgen zugedacht hatte, sie fiel in die Hände einer Erpresserin. Ola Alsen, eigentlich Henriette Alsberg, drohte, eine Biographie über die Schauspielerin zu schreiben, was Tilla mit letzten Mitteln verhindern wollte. Die Journalistin war ausgerechnet die Schwester von Ludwig Katzenellenbogens Strafverteidiger Max Alsberg und verlangte, wie Tilla am 10. September

1932 notiert, 6000 Mark, wenn sie ihr Vorhaben aufgeben würde. Am 16. September heißt es lakonisch in den Notizen: «Ohrringe verkauft für 3500.– Geld schon nötig.»

Tilla Durieux trat also wieder auf, aber die Tage der Katzenellenbogens in Deutschland waren nach der nationalsozialistischen Machtübernahme gezählt. Die Schauspielerin galt als mit einem, zwar getauften, Juden verheiratet und dies bereits zum dritten Mal. Am 27. Februar 1933, als der Reichstag brannte, stand die Durieux im Theater an der Stresemannstraße in dem Drama *Konflikt* auf der Bühne, dessen Autor kein anderer als Katzenellenbogens Verteidiger Max Alsberg war. Der Intendant riet ihr, Berlin mit ihrem Mann sofort zu verlassen. Was nun folgte, war eine der vielen Exil-Odysseen, auf die Tausende Deutsche gezwungen wurden. Auch Ottilie Katzenellenbogen gen. Tilla Durieux musste sich einen neuen Pass beschaffen, denn ihr deutscher, wie der ihres Mannes, lief ab. Eine Rückkehr nach Deutschland war für ihn unmöglich, für sie gefährlich. So wurden sie für teures Geld Staatsbürger von Honduras. Die Mittel dazu kamen durch Verkäufe von Bildern und der Habe in Berlin zustande. Das Geld wurde zwischen Bücherseiten in Paketen geschickt.

Im Herbst 1934 ging Tilla Durieux mit dem «unvermeidlichen» *Schatten* auf Tournee, die von der Schweiz bis nach Skandinavien führte, danach durch Österreich und Jugoslawien mit dem *Konflikt* von Alsberg, der sich im September 1933 in der Schweiz das Leben genommen hatte. Von Prag waren die Katzenellenbogens mit Hilfe der Böhlers in die Schweiz gelangt, wo sie sich in Ascona einmieteten. Dort konnte Tillas Mann alleine bleiben, während sie monatelang auf Tournee ging. Der größte Teil ihrer Bilder war verkauft. Van Goghs *Bahnübergang* konnte sie in Erich Maria Remarques Haus in Ascona besuchen. Dann aber musste Ludwig Katzenellenbogen die Schweiz verlassen, da seine Aufenthaltsbewilligung nicht verlängert wurde. Tilla hatte auf der letzten Tournee auch in Zagreb gespielt. Dass sie dort auch eine entfernte Verwandte, Gräfin Zlata Lubinski, besaß und mit dem wie ein Volksheld verehrten Bischof Joseph Strossmayer verwandt war, wusste sie damals noch nicht. Vorerst gab der Besitz einiger jugoslawischer Aktien den Ausschlag, nach Zagreb zu ziehen.

Um das schwindende Kapital aufzustocken, beteiligte sich Katzenellenbogen an einem Unternehmen, das Autobusse bauen sollte. Tilla nahm das Angebot an, im Sommer 1936 am Mozarteum in Salzburg zu unterrichten. Bei ihrer Rückkehr nach Zagreb war das Busunternehmen bankrott und wieder der Verkauf eines Bildes nötig. Das bewerkstelligte sie in Paris, um bei der Rückkehr ihren Gatten als Teilhaber eines verwahrlosten Hotels Cristallo, «einer Wanzenburg», in Abbazia, heute Opatija, 90 km nördlich von Triest an der Küste der Adria zu finden. In dem italienischen Abbazia wurde die Schauspielerin zur Hotelière. Sie sanierte das Haus mit 106 Betten und gestaltete es mit bescheidenen Mitteln farbenfroh aus. In Deutschland sprach es sich herum, dass man im Hotel Cristallo bei Tilla Durieux wohnen konnte, und es herrschte kein Mangel an Gästen. «Allerdings sah es der Präfekt mit Mißvergnügen, daß wir viele jüdische Gäste hatten.»[71] Während der Wintermonate spielte die Durieux Theater. Noch konnten deutsche Schauspieler bei Gastspielen in Budapest, Prag, Zürich auftreten. Mit dem Anschluss Österreichs endeten diese Auftritte, die Durchreise durch Österreich war nicht mehr möglich. Im April 1938, während Hitlers Besuch in Italien, wurden auch in Abbazia Juden verhaftet, und die Katzenellenbogens verließen fluchtartig das Hotel Cristallo in Richtung Schweiz.

Jetzt legte Tilla Durieux ihrem Mann den Versuch nahe, in die USA zu entkommen. Aber davon wollte er nichts wissen. Für viele seiner Familienangehörigen war es unvorstellbar, Deutschland zu verlassen. Als Tilla nach 1933 von dieser Möglichkeit sprach, hörte sie immer wieder, «ich habe mir nichts zu schulden kommen lassen, ich bin Deutscher und bleibe im Land».[72] Viele bezahlten es mit dem Leben. Nicht so Estella, die für sich und ihre drei erwachsenen Kinder Visa für Kuba erhielt. Von dort gelangten sie an die amerikanische Westküste, wo der Sohn Konrad, der sich später Kellen nannte, von 1941 bis 1943 Sekretär Thomas Manns wurde. Estella Katzenellenbogen bemühte sich auch mit Erfolg um Visa und Affidavits für Ludwig und Tilla, die wieder in Zagreb gelandet waren und nur noch ihre Pässe «in Ordnung» bringen, das heißt Durchreisevisa für Griechenland und die Türkei erhalten mussten. Nun begann wie für zahllose andere die Jagd nach Papieren. Zwischen amerikanischen, türkischen und griechischen Konsulaten wurden Tilla und Ludwig Katzenellenbogen «wie Billardbälle» hin- und hergestoßen.[73]

Konrad Kellen erwähnt seinen Vater nie, ohne ihn «meinen armen Vater» zu nennen – nicht nur, weil Ludwig Katzenellenbogen Tilla Durieux geheiratet hatte, sondern auch wegen seines traurigen Endes: Tilla und ihr Mann sahen einander zum letzten Mal auf der Fahrt nach Belgrad, wo sie mit ihrem Auswanderungsgepäck in Skopje stecken blieben. Es war bereits der zweite Versuch, die nötigen Visa zu erhalten. Beim ersten erlebten sie den Putsch und Regierungssturz am 29. Mai 1941, als sich Jugoslawien geweigert hatte, den Durchzug deutscher Truppen zu gestatten. Tilla machte sich allein mit den Pässen auf den Weg nach Belgrad, wo sie rechtzeitig zu dem deutschen Bombenangriff eintraf. Sie konnte weder die bereitliegenden Visa erhalten noch nach Skopje zurückfahren. Währenddessen muss der 64-jährige Ludwig Katzenellenbogen versucht haben, ohne Pass in die Türkei und von dort nach Griechenland zu gelangen. In Saloniki wurde er von deutschen Truppen aufgegriffen und verhaftet. Man brachte ihn nach Berlin in die Polizeiabteilung des Jüdischen Krankenhauses an der Iranischen Straße, wo er als Gestapohäftling gefangen gehalten wurde und am 30. Mai 1944 starb. Er wurde auf dem Jüdischen Friedhof in Weißensee am 4. Juni begraben.[74]

Katzenellenbogen scheint für eine gewisse Zeit Privilegien erhalten zu haben, wie aus einem Brief von Hilmar Stork vom 16. November 1952 an Tilla Durieux hervorgeht, der sich in ihrem Nachlass befindet. Er berichtet über die ersten Monate, die sie zusammen verbrachten, die relativ humane Behandlung, die Katzenellenbogen erlaubte, sich seinen englischen Sprachstudien zu widmen. Eine ehemalige Hausangestellte brachte regelmäßig frische Wäsche und Zigaretten. Danach erging es ihm weniger gut. Sein Sohn schreibt, der Vater habe mehr oder minder barfuß Schnee schaufeln müssen.

Tilla Durieux' abenteuerlicher Fußmarsch von Belgrad nach Zagreb, immer auf der Suche nach Quartier oder Zügen, wird von ihr aufs Spannendste geschildert. Nach Ostern kam sie wieder bei Zlata an, wo sie die Kriegsjahre in dem von den verschiedensten Menschen – deutschen Offizieren, serbischen Widerstandkämpfern – gefüllten Haus überlebte. Sie legte eine Kaninchenzucht an und trug das Ihre dazu bei, in den Wäldern versteckten Partisanen zu helfen. Beim Kaninchenfüttern vergrub sie Nachrichten und Dokumente im Garten, wofür sie nach Kriegsende mit einem Orden geehrt wurde. Zagreb war der Umschlagplatz eines Landes, in dem Kroaten sich bei Kriegsbeginn dem deutschen Heer ergeben hatten oder als rechtsextreme Ustaschen ihre Schreckensherrschaft ausübten, während die Serben sich als Widerstandskämpfer in die Wälder zurückzogen. Tilla Durieux erweist sich als kluge Beobachterin der ebenso verworrenen wie entsetzlichen Zustände. Sie wusste, wie gut es das Schicksal mit ihr gemeint hatte. Mit anderen Worten, sie hatte wieder Glück. Zunächst hatte sie, im Gegensatz zu vielen Exilschauspielern, noch jahrelang auftreten können. Ein weiterer Glücksfall war die Rettung von Bildern und Büchern, zuerst in die Schweiz, dann bis nach Zagreb. Der letzte Glückfall in Zagreb war das Puppentheater, das ein Französischlehrer gegründet hatte und für das Tilla noch in den Nachkriegsjahren Kostüme nähte und Tiere und Fabelwesen für die Märchenstücke bastelte. Es war eine Vollzeittätigkeit und dem früheren Theaterleben am nächsten. Ihre Bilder und Bücher machte Tilla Durieux der Öffentlichkeit in ihren Räumen als einem Privatmuseum zugänglich. Sie hatte eine neue Heimat gefunden, aber die Sehnsucht nach der alten blieb, vor allem nach dem Theater. «[D]as alte Cirkuspferd sehnt sich wieder nach der Manége», schrieb sie 1947 an Gustaf Gründgens.[75] Statt Rollen lernte sie jetzt, um im Training zu bleiben, Zeitungsartikel und Gedichte auswendig.

In Zagreb begann Durieux ihre Memoiren zu schreiben, es entstand ihr Theaterstück *Zagreb 1945* über eine betagte Reiseschriftstellerin, die die letzten Kriegsmonate dort erlebt.[76] Die Uraufführung fand 1946 in Luzern statt, lange ehe die Autorin selbst wieder in die Schweiz reisen konnte. Die Schweizer Presse nahm es beifällig auf, es wurde jedoch nie wieder gespielt. Erst 1951 erhielt Tilla Durieux einen Pass und fuhr zu ihrer Freundin Regin Böhler nach Luzern. Dort traf sie auch ihren alten Münchner Theateragenten, und als er sah, dass sie «kein altes verschrumpeltes Weiblein» geworden war,[77] vermittelte er ihr das erste Engagement nach dem Krieg. Sie spielte 1952 im Berliner Schlosspark Theater in der Regie von Boleslaw Barlog die Anath in Christopher Frys *Der Erstgeborene*. Damit begann ihr neues, wenn man will, drittes Leben. Im folgenden Jahr waren es bereits drei Inszenierungen, in denen die Durieux auftrat. «Mit 53 ging ich, mit 72 fing ich wieder an», pflegte sie zu sagen.[78] Sie lebte nun wieder in Berlin, allerdings ohne eigene

Wohnung. Nach Zagreb kehrte sie oft zurück, aber ihre Bilder und Bücher blieben dort in «Staatsbesitz».

Tilla Durieux' Rückkehr auf die Bühne nach 19 Jahren ist in der Theatergeschichte wohl einmalig. Sie spielte nun in Shaws *Pygmalion* nicht mehr Eliza Doolittle, sondern Mutter Higgins und viele andere alte Frauen: die Großmutter in Büchners *Woyzeck*, die Pförtnerin in Lorcas *Bernarda Albas Haus*. Ihr Gesicht war nun nicht mehr ein von «Runzeln, sondern von Runen gezeichnetes Urmüttergesicht».[79] Doch ihr Spiel hatte sich nicht geändert. «Das intellektuelle, das erklärende Moment statt des erlebenden verdirbt unsere Kunst und ist zu Scheitern verurteilt.» So hatte sie 1928 über *Die Schauspielerin* geschrieben.[80] Jetzt betont sie wieder, keine «intellektuelle» Schauspielerin zu sein. «Wissen Sie, ich bin eine Tänzerin [...] Der Mensch, den ich darstelle, kriecht beim Lesen des Textes in mich hinein. Ich gestalte ihn aus mir heraus, nicht vom Kopf her.»[81] Das war Tilla Durieux' Version der «Methode» von Stanislawski.

Deshalb konnte sie sich auch nicht dem Regietheater unterwerfen, wie Joachim Werner Preuß in seiner Analyse ihrer Kunst erklärt. Die Proben mit der Durieux müssen Ereignisse gewesen sein. Da stand eine Schauspielerin, doppelt, dreimal so alt wie die Jüngeren neben ihr, die in so vielen Rollen mit so vielen der großen Bühnenkünstler gespielt hatte, und die sich an alle erinnerte und von allen erzählte. Sie nahm Anteil an der Arbeit anderer, half, belehrte, lobte, kritisierte. 1967 stiftete sie den «Tilla-Durieux-Schmuck», ein Kollier mit 34 in Platin gefassten grünen Zirkonen, das eine «hervorragende Vertreterin der deutschen Schauspielkunst» jeweils zehn Jahre tragen sollte. Die Erste war Maria Wimmer.

1953 wirkte Tilla Durieux in ihrem ersten Nachkriegsfilm, *Die letzte Brücke*, von Helmut Käutner mit, dem einschließlich Fernsehfilmen noch 27 weitere folgten. Nicht vergessen, sondern sich zusammen mit anderen, die sie «Weißt-du-noch-Menschen» nannte, erinnern, war nun Tillas größte Freude. Je älter sie wurde, desto weniger solcher Menschen gab es. Am 11. Oktober 1963 schrieb sie an Edith Geheeb, die ihr im Zug einer Spendenaktion für die Ecole d'Humanité ein Heft über Paul Geheeb geschickt hatte: «Warum sind wir uns eigentlich nie begegnet? Vielleicht war ich, als ich mit Paul lebte, zu sehr mit ihm und meinem Beruf beschäftigt. Ich wusste zwar von Ihnen, aber ich hatte noch nicht genug vom Leben gelernt.» Jetzt sei sie nur mit Hanna Sotschek «hie und da und mit ihrer Tochter Eva Cassirer zusammen». Hanna war bis zu ihrer Scheidung die Frau des Kabelfabrikanten Alfred Cassirer gewesen. Aber Hanna, schreibt Tilla weiter, lebe auf Mallorca und «so ganz passen wir nicht zusammen». Sie habe sich nach ihrer Rückkehr «sehr mühsam» ihren Ruhm «aufpoliert» und habe es nun «mit Gagen und allem Drumm und Drann» (sic) geschafft, so, dass ich es manchmal gar nicht fasse, was mir mit 83 Jahren wieder alles gelungen ist». Es war ihr auch gelungen, nach jahrelangem Hotelleben in der Bleibtreustraße 24 eine Wohnung zu finden. Je mehr die vielen Reisen zu Gastspielen von Tilla Durieux verlangten, desto mehr wuchsen ihre Kräfte. Auf eine schmerzhafte Arthrose im Knie nahm sie keine Rücksicht. Mit der Landesbühne Hannover trat die 76-Jährige auf einer 44-Tage-Tournee fast jeden Tag an einem anderen Ort auf. Die acht spielfreien Tage benutzte sie zu einem Gastspiel in Bremen.

Die Sehnsucht nach Weißt-du-noch-Menschen veranlasste Tilla Durieux auch, an Peter Spiro, den Sohn von Eugen Spiro zu schreiben, und um Fotografien der Bilder, die Eugen Spiro von ihr gemalt hatte, besonders um *Dame mit Hund* zu bitten. Die Bitte gelangte zu dem Maler nach New York. Er nahm sie zum Anlass, Tilla am 20. August 1965 zu ihrem 85. Geburtstag zu gratulieren und ihr «ein glückliches und gesundes Leben voll begeisternder Tatkraft» zu wünschen. Die Bitte um Fotografien habe ihn überrascht und erfreut, «um so mehr als ich nie unter den Malern erwähnt war, die Dich porträtiert hatten. Und doch sind mehr als ein Dutzend durch mich entstanden.» Zwei Monate später dankte Spiro für das Geschenk «des großartigen Buches über Dich und die freundliche Widmung»[82] und schickt zwei Aufsätze und ein Selbstporträt als 90-Jähriger. Er bewundert Tillas «gloriose ungebrochene künstlerische Tätigkeit» und meint, er übertreffe ihr Leben «nur an Jahren». 1966 kam es zu einem Wiedersehen mit Eugen Spiro in Tillas Garderobe der Berliner Volksbühne. Anlässlich der Ausstellung von Spiros Bildern im Berlin Museum 1969, in der seine Zeichnung *Tilla Durieux als junge Frau am Flügel* zu sehen war, erschien in der *Welt* ein Interview mit der Schauspielerin. Darin leistete sie gleichsam öffentlich Abbitte, dass sie Spiro wegen Paul Cassirer verlassen hatte. Nie kann sie Spiros «noble Art» vergessen, in der er der Scheidung zugestimmt hatte.

Sie schickte Spiro das Interview, der sich am 3. Oktober 1969 dafür bedankte, dass sie sich in so «reizender Weise» über ihn geäußert habe.

Der «aufpolierte Ruhm» der Durieux ist auch an den Ehrungen und Auszeichnungen zu erkennen, die nun auf die Doyenne der deutschen Bühnenkunst herabregneten. Die erste Auszeichnung kurz nach Kriegsende war noch das Ehrenzeichen der jugoslawischen Partisanen gewesen. Jetzt erhielt sie Ehrenmitgliedschaften in Akademien und Theatern, eine Titular-Professur von Nordrhein-Westfalen, Filmpreise, Plaketten und Medaillen einschließlich der Palmes académiques der Französischen Republik und des Art Council von Kalkutta.[83] Am glücklichsten war sie über die Ehrenmitgliedschaft des Deutschen Theaters, die ihr 1970, wenige Monate vor ihrem Tod, verliehen wurde. Doch in ein Ensemble wurde sie nicht mehr aufgenommen. Das war allenthalben für die aus dem Exil Zurückgekehrten schwer. Nach Bertolt Brechts Tod bekundete Tilla Durieux ihr Interesse, im Berliner Ensemble zu spielen, und erhielt prompt einen «paraphierten Vertrag».[84] Aber sie hätte nach Ost-Berlin ziehen müssen und wollte in Charlottenburg bleiben.

Die *pièce de résistance* ihrer letzten Jahre war das Einpersonen-Stück *Langusten* von Fred Denger, in dem die alte Putzfrau Marie Bornemann an ihrem Geburtstag auf Gäste wartet, denen sie eine Languste vorsetzen möchte, aber keiner kommt. Mit 87 Jahren ging sie damit auf Tournee durch 36 Städte und gab in drei Monaten 86 Vorstellungen. Sie machte Hörspiele und Fernsehfilme – ihre Filmographie zählt 36 Titel –, sie produzierte Schallplatten, sie beteiligte sich an Quizsendungen. Als sie 1971 in ihrer Wohnung stürzte, und den Oberschenkel brach, hatte sie einen Vertrag mit der DEFA für die Verfilmung des Romans *Die Bilder des Zeugen Schattmann* abgeschlossen. Auch in Wiesbaden sollte sie wieder auftreten. Sie telegraphiert nach der Operation, dass sie beiden Verpflichtungen nachkommen würde. Am 21. Februar 1971 starb sie. Es war der 100. Geburtstag von Paul Cassirer. Ihre letzte Ruhestätte fand sie neben seiner – beides Ehrengräber – auf dem Friedhof an der Heerstraße.

Tilla Durieux und Paul Cassirer waren einander ebenbürtige Partner gewesen. So wie der Kunsthändler und Verleger niemals Kitsch für Kunst hielt, so hat die Schauspielerin nie mit Effekthascherei Erfolg gesucht. Beide waren politisch gleich gesinnt und unterstützten die Sozialdemokratie. Freunde des einen waren Freunde der anderen. Voll gegenseitiger Anziehungskraft mussten sie einander abstoßen, als sie sich getäuscht und betrogen sahen. Die beiden Partner haben einander in geradezu idealer Weise ergänzt. Der Nervenmensch Paul Cassirer brauchte die disziplinierte Tilla Durieux. Sie fand in ihm den geistigen und künstlerischen Förderer. «Ich verdanke Paul Cassirer die schönsten und die bittersten Stunden», schreibt sie in ihren Erinnerungen *Eine Tür steht offen*, «meine geistige Entwicklung, meine wachsenden Erfolge auf der Bühne, eine unendliche innere Bereicherung, aber auch den tiefsten Kummer».[85] Als die Verbindung zusammenbrach, war es auch mit ihrer Disziplin zu Ende. Was sie auf der Bühne immer vermied, hat sie in ihrem Roman *Eine Tür fällt ins Schloss*, einem wahren Racheakt, nicht mehr kontrollieren können. Weil ihr ein langes Leben vergönnt war, konnte sie im Rückblick auf die Zeit mit Paul Cassirer in ihren Erinnerungen versuchen, nach 26 Jahren die Tür wieder zu öffnen, die sie 1928 mit einem Knall hatte ins Schloss fallen lassen.

Eva Cassirer-Solmitz (1885–1974)[86]

Anders als Paul Cassirer und seine zweite Frau Tilla Durieux, die sich in Herkunft, Begabung und Temperament gründlich unterschieden, hätten Pauls Vetter Kurt und Eva Solmitz, die 1909 heirateten, geradezu Geschwister sein können. Der 1883 geborene älteste Sohn des Industriellen und Charlottenburger Stadtrats Max Cassirer und die zwei Jahre jüngere Tochter des Bankiers Selmar Solmitz wuchsen in und um Berlin im jüdischen Großbürgertums auf. Beide hatten jüngere Geschwister. Von Evas drei Brüdern wurde Werner, geb. 1890, ein bekannter Kinderarzt, Fritz, geb. 1893, war promovierter Nationalökonom und engagierter Sozialdemokrat. Der jüngste, Hans, geb. 1899, wurde Geschäftsmann.

Kurt Cassirer absolvierte wie Evas Brüder das Gymnasium, sie besuchte wie Kurts Schwester Edith ebenso lustlos eine höhere Töchterschule und fand zum ersten Mal einen Lebensinhalt im Pestalozzi-Fröbel-Haus. Dass Kurt getauft war und Eva Solmitz nicht, spielte keine Rolle. Im Leben beider hatte Religion keine Bedeutung. Beide waren sie musische Menschen. Eva Solmitz hatte ein außerordentlich tiefes Verständnis für Literatur, man möchte sie eine poetische Natur nennen.

Kurts Interesse galt der Kunstgeschichte, aber seine große Liebe war die Musik. Er spielte Geige, musizierte von früh auf mit seiner Mutter Hedwig und war ein begeisterter Kammermusiker. Im Gegensatz zu seinem Vater Max hatte er weder Begabung noch Interesse für geschäftliche Dinge, eine Tatsache, die sein Schwiegervater sofort erkannte, als die Wahl seiner Tochter auf den Sohn des Stadtrats fiel.

Kindheit und Jugend von Eva Solmitz verliefen ähnlich der ihrer späteren Schwägerin Edith. Sie war, in ihren eigenen Worten, «jünger als meine Jahre»[87] und wuchs in einem «behüteten und behütenden Hause des Berliner Westens» auf. Sie las früh und viel. «Mit 17 Jahren las ich Nietzsches Zarathustra; von da an hatte mein Leben Masstab und Richtung.»[88] Tief beeindruckt von den Büchern der schwedischen Reformpädagogin und Schriftstellerin Ellen Key, besonders dem Welterfolg *Das Jahrhundert des Kindes*, hatte sie an die «liebe Frau und Mutter» geschrieben, das Buch sei «das Größte, was ich je empfangen habe, was mir hilft und mich wachsen läßt wie nichts anderes.»[89] Aber Eva Solmitz schüttete Ellen Key auch ihr Herz aus in Klagen über die Einschränkungen ihres Lebens, die ihr von den trotz allem geliebten Eltern auferlegt wurden. Über das Verbot, allein spazieren zu gehen, setzte sie sich hinweg. Darüber waren die Eltern so betrübt, dass es wiederum der Tochter leid tat. Hier manifestierte sich zum ersten Mal der «eiserne Wille», den ihr ältester Sohn Henry in seinen Lebenserinnerungen der Mutter bescheinigt.[90] Die junge Eva fühlte sich, wie sie Ellen Key gesteht, «in einem wunderschönen Gefängnis, dessen Fenster mit goldenen Stäben vergittert sind und da draussen ist das dunkele, mächtige, große Leben und ich *kann* nicht hinaus». Draußen wollte sie aber vor allem allein sein, um sich selbst zu finden. Hinter den goldenen Gittern war die Teilnahme am gesellschaftlichen Leben Pflicht und ebenso langweilig wie draußen das Tennisspiel.

Wie Edith hatte auch Eva Solmitz einen fleißigen, erfolgreichen und vielseitig interessierten Vater. Selmar Solmitz war 1850 in Braunschweig geboren und dazu bestimmt, das väterliche Geschäft, englisch-deutsche Manufakturwaren en gros, zu übernehmen. Er hinterließ ein Manuskript mit köstlichen Jugenderinnerungen an seine Heimatstadt, an die Handelsmessen und Jahrmärkte, Schulen und Tanzstunden und den Militärdienst – er nahm am Krieg gegen Frankreich 1870/71 teil –, an seine Lehrzeit in Hamburg, und, nachdem er ins Bankfach übergewechselt war, seine Stellung als «2. Correspondent» bei der Bank Julius Bleichröder & Co. in Berlin, bis er für sieben Jahre nach London zur Russian Bank for Foreign Trade ging.

Selmar Solmitz hätte gern Geschichte studiert, musste aber das Herzogliche Realgymnasium in Braunschweig nach zwei Jahren verlassen. Wie schon sein Vater sich als Lehrling «mit unermüdlichem Fleiße in den Abendstunden weiter wissenschaftlich ausbildete», so auch der Sohn. Während seiner Lehrzeit nahm er Unterricht in englischer und französischer Sprache und versuchte, sich selber Latein beizubringen. Er besuchte mit anderen «strebsamen jungen Leuten» Abendkurse. Eine Nacht arbeitete er durch, um ein Referat über Oliver Cromwell und Robespierre zu schreiben. Er hörte Vorträge über «die junge Disziplin der National-Ökonomie» und «mit enormem Interesse» über Darwins Lehren. Nach Abschluss seiner Ausbildung nahm er entweder nach der Arbeit von 10 bis 11 Uhr abends oder morgens von 6 bis 7 Uhr Sprachunterricht und lernte reiten. In Berlin trat er dem Verein junger Kaufleute bei, in dem er wieder wissenschaftliche Vorträge hörte.

Dazu las Selmar Solmitz von Jugend an viel, besonders historische Werke wie Rankes *Geschichte der Päpste* und Bulwer Lyttons *Night and Morning*, Letzteres «langsam und mit Nachdenken». Später las er seiner Tochter Gedichte von Chamisso und Rückert vor, obwohl sie ihn in ihren Erinnerungen als amusisch bezeichnet und «nur im Politischen» von ihm lernen konnte. «Er las täglich die *Times*, las *Statesman* und *Nation*.» Seine konservative Einstellung hielt ihn nicht davon ab, seine Tochter mit «in den Reichstag [zu nehmen], als Bebel sprach». Er war «der Typ eines preussischen, von Kantischer Ethik geprägten jüdischen Bankiers».[91]

Ein weiteres Beispiel für die Freude am Lernen und Wissensdrang in der Familie gab Evas Mutter. Sie war neun Jahre jünger als ihr Mann und hinterließ ebenfalls Erinnerungen. Auch in ihrem Leben spielte Bildung eine große Rolle. Gertrud Solmitz geb. Wolff erzählte von dem «einfachen Leben» in ihrer Kindheit – eine Orange wurde mit den vier Geschwistern geteilt –, aber «sobald ich nur wünschte, etwas zu lernen, so war immer Geld für den Unterricht da». Ihr Vater leitete mit seinen Brüdern die Wolffsche Kattunfabrik in Niederschöneweide und war

14 Jahre Stadtrat von Berlin. «Wohl aus kleinen jüdischen Verhältnissen hervorgegangen», hatte er nur «eine sogenannte Klippschule» besucht, starb jedoch als «tiefgebildeter Mann», der eine große Bibliothek besaß, bis in die Nacht Geschichtswerke las, Klavier spielte, regelmäßig Kammermusikabende in seinem Haus veranstaltete und perfekt Französisch sprach. Das beherrschte auch Gertrud Solmitz, die viele französische Ausdrücke und Phrasen in ihre Erinnerungen einstreute.

In der Familie ihrer Mutter, berichtet Gertrud Solmitz weiter, gab es die «kleine jüdische, in meinen Augen sehr hässliche Großmutter Aschenheim», die neun Kinder geboren hatte, gänzlich ungebildet, aber ungemein klug war und ihren Kindern die beste Erziehung gab, die zu haben war. In einem Zimmer saßen die Jungen unter einem Hauslehrer, im anderen die Mädchen. Mit dem später berühmten Literaturhistoriker Friedrich Kreissig studierten sie den *Faust*. Evas Mutter hat den in der Familie offenbar erblichen Lerneifer auch in ihrer Ehe behalten. Sie lernte Italienisch, besuchte im Berliner Victoria-Lyceum Vorlesungen des Kunsthistorikers Heinrich Wölfflin und des klassischen Philologen Ulrich von Wilamowitz-Moellendorff, die sie als Frau in der Universität nicht hören durfte.

Beide Eltern Solmitz betonen in ihren Erinnerungen, dass sie und ihre eigenen Eltern und Großeltern Antisemitismus nicht kannten. Selmar Solmitz räumt zwar ein, im liberalen Braunschweig habe es genügend Vorurteile gegen Juden gegeben, aber auch viele «geachtete Männer, die darauf hinwirkten, dass die jüdischen Mitbürger nicht schlechter behandelt wurden als die christlichen». Antisemitismus war damals noch «ein unbekannter Begriff». Weder in der Schule noch beim Militär sei er ihm begegnet. Im Gymnasium wurde auf die jüdischen Schüler «entgegenkommend Rücksicht» genommen. In den unteren Klassen waren sie samstags vom Unterricht befreit, später brauchten sie am Samstag nicht zu schreiben, und der Unterricht wurde so gelegt, dass sie an jüdischen Feiertagen nicht viel Stoff versäumten. Wäre 1870 nicht der Krieg ausgebrochen, habe ihm sein Hauptmann versichert, so hätte er zweifellos seine Offiziersausbildung abgeschlossen. Die Familie von Evas Mutter stammte aus Elbing in Westpreußen. «Antisemitismus gab es in Elbing nicht, denn es gab dort keine Juden», erklärt sie in ihren Erinnerungen. Friedrich Wilhelm IV. und seine Gemahlin sowie Kaiser Wilhelm I. hatten zweimal auf ihren Reisen nach Königsberg in dem offenbar einzigen jüdischen Haus des wohlhabenden monarchistischen Holzhändlers Aschenheim, Evas Urgroßvater, in Elbing übernachtet.

In den Aufzeichnungen von Evas Eltern ist von Religion kaum die Rede. Die Großeltern jedoch hatten noch Wert auf religiöse Erziehung gelegt. Selmar Solmitz nahm in der Volksschule zunächst am Religionsunterricht seiner christlichen Mitschüler teil, bis er seine «durch und durch religiöse und ebenso tolerant gesinnte Mutter» durch das Aufsagen eines schwärmerischen Kirchenlieds überraschte. Nun besuchte er den Religionsunterricht der jüdischen Gemeinde, lernte Hebräisch und wurde auf Wunsch seines frommen Großvaters «tunlichst und gründlich und nach altem Herkommen» auf die Bar Mizwa vorbereitet. Auch Evas Großvater Wolff «hing treu am Judentum». Er war allerdings nicht strenggläubig und respektierte jede aufrichtige Überzeugung. Die Gleichachtung der Juden in Staat und Gesellschaft war für ihn sehr wichtig. Der ungemein beliebte Mann wurde einmal eingeladen, einem Berliner Honoratiorenkränzchen beizutreten, dem nur ausgewählte Familien, auf keinen Fall jüdische, angehören durften. Bei ihm wollte man eine Ausnahme machen. Er aber stellte die Bedingung, dass mindestens eine weitere jüdische Familie aufgenommen wurde und setzte dies auch durch.

In Evas Kindheit ging man nur noch an den Hohen Feiertagen in die Synagoge. Es war dem Kind «tief zuwider, fein angezogen mit anderen, die ich nicht kannte, durch die Straßen zu gehen, während rings um mich Alltag war». «Nur in Braunschweig war alles anders.» Dort verbrachte Eva oft und gern das Pessachfest bei der Großmutter Solmitz, die am Freitagabend die Kerzen anzündete und betete und die Feste vorbereitete, dies erschien der Enkelin «ebenso natürlich und unschuldig wie ihre Beziehungen zu den Nachbarn und allen anderen. Selbst die Straßenbahnschaffner hielten für sie an und fragten, ob sie mitfahren wollte.»

In Berlin war der Unterschied zur christlichen Umwelt nicht nur an den Feiertagen spürbar. Als «stärkste frühe Erinnerung» erzählt Eva Cassirer, dass sie oft im Tiergarten mit einem gleichaltrigen katholischen Mädchen spielte, das «nur die Bibel gelesen hatte und *Ben Hur*» und das zu ihr gesagt hatte, «du kannst nicht in den Himmel kommen, denn du bist Jüdin». Am Abend fragte sie ihren Vater, was das zu bedeuten habe. Darauf las er ihr die Ring-Parabel aus Lessings *Nathan der Weise* vor. «Ich verstand und behielt sie.» Wenn aber der Vater manchmal samstags aus der Bibel vorlas, waren das für sie nur «merkwürdige Geschichten. Das war alles.» Die Elfjährige erhielt mit einem anderen jüdischen Mädchen privaten Religionsunterricht, von dem sie nichts im Gedächtnis behielt: «Judentum bedeutete für mich Anderssein, und das im negativen Sinn.»

Ihr Verhältnis zur Mutter war nicht besonders innig. In den Augen ihrer Tochter konnte Gertrud Solmitz «die Grenzen des Standes und der Zeit» nicht überwinden. Als sie 1932 starb, hielt Eva jedoch eine von Ehrfurcht und Liebe geprägte Trauerrede, in der sie sagt, ihre Mutter sei weder innerlich noch äußerlich vom Judentum geprägt gewesen, aber sie habe es mit Stolz betont und sei dafür eingetreten. Die junge Eva Solmitz beschäftigte dieses Thema sehr. In einem Vortrag, den Ellen Key im Februar 1905 in Berlin hielt, fiel ihr etwas auf, das sie in einem Brief an die Freundin aus demselben Monat wiederholt: «Du sagtest, in Schweden gäbe es keine Judenfrage mehr, ich finde, ob sie nun äußerlich da ist oder nicht, innerlich ist sie tiefer wie je.» Im folgenden Sommer las sie *Die Grundlagen des 19. Jahrhunderts* von Houston Stewart Chamberlain. «Leider weiss ich lange, lange nicht genug, um es zu beurteilen», schrieb sie an Ellen Key, «ich kann es nur mit dem Gefühl kontrollieren.» Vieles bei Chamberlain wirke sympathisch. Er scheine wie ein Künstler aus sich zu schaffen, aber «er liebt das Trennende» und will «die Abgründe zwischen den Rassen (Germanen und Juden)» aufdecken. «Ich liebe mehr das Zusammenfühlen über die Abgründe hinweg.»

Selmar Solmitz erwarb ein stattliches Haus im Tiergartenviertel in der Friedrich-Wilhelmstraße (heute Klingelhöferstraße) und schickte seine Kinder auf gute Schulen. Welche Schule Eva Solmitz besucht hat, ist nicht bekannt. Im Sommer verbrachte sie wochenlange Ferien im Schwarzwald oder in der Schweiz, im Winter in Italien oder an der französischen Riviera. Ihr Vater widmete sich, ähnlich wie ihr späterer Schwiegervater, als Stadtverordneter über 15 Jahre in zahlreichen Ausschüssen dem Wohlergehen seiner Mitbürger. Als er 1917 starb, hörte die Stadtverordnetenversammlung den Nachruf auf einen Mann «von weit umfassender und tiefer Bildung», der «über wirtschaftliche und finanzielle Fragen hinaus an allen Fragen kulturellen, geistigen und sozialen Fortschritts innigsten Anteil genommen. Beseelt in dem Gefühl, den Leidenden und Mühseligen zu helfen», hatte er «mit freigebiger Hand» eine Stiftung errichtet, die Preise für medizinische Forschung an Berliner Krankenhäuser vergab. Er war der Inbegriff «eines für Menschenwohl und Volkswohl beseelten Mannes».[92]

Eva Cassirer beendet ihre Erinnerungen an das Elternhaus mit dem «Glück meiner Kinderzeit», ihrer Tante Grete, der Schwester ihrer Mutter. Margarete hatte das Lehrerinnenexamen abgelegt und unterrichtete junge Mädchen, ehe sie den Arzt Siegfried Marasse heiratete. Er war nierenkrank und sie reiste oft mit ihm in südliche Länder, bis nach Ägypten. Die Wohnung von Tante Grete hatte für das Kind einen exotischen Reiz. Nach dem frühen Tod ihres Mannes setzte Margarete Marasse ihre Reisen fort, vor allem nach Italien. Sie schrieb Reiseberichte und politische Aufsätze, die etwa in der *Allgemeinen Zeitung des Judentums* erschienen. Aus langen Romaufenthalten gingen Artikel über die rechtliche Lage der Frau in Italien und das Buch *Römische Sonntage* hervor.[93]

Ohne zu ahnen, dass Ellen Key seit zwei Jahren mit Rilke korrespondierte, an einem großen Essay über ihn arbeitete und Vorträge über ihn hielt, schickte Eva Solmitz ihr Rilkes Gedichtband *Mir zur Feier*. Der Dichter und seine Frau Clara hatten *Das Jahrhundert des Kindes* mit Begeisterung gelesen, und er hatte es entsprechend im *Bremer Tageblatt* rezensiert. Als er im Sommer 1894 Ellen Keys Einladung nach Schweden folgte und die Reformschule Samskola besuchte, schrieb er auch darüber einen enthusiastischen Aufsatz.[94] Um ihr eine Freude zu machen, gab Ellen Key Eva den Auftrag, «die Weihnachtsgeschenke zu besorgen», die sie Rilke, seiner Frau und seiner kleinen Tochter zugedacht hatte. «Ich sandte sie in Tannenzweige und weisse Narzissen verpackt mit begleitenden Worten. Hierauf antwortete Rilkes erster Brief, und zum Neuen Jahr kamen 3 weisse Rosen mit einem Gruß. Ich war damals 19 Jahre alt.»[95]

Dass der zehn Jahre ältere Dichter nun in das Leben von Eva Solmitz trat, war für sie überwältigend. Aus seinen Briefen kann man sich die in ihren verlorenen Briefen enthaltenen – unter ständigen Entschuldigungen vorgebrachten – Bitten um Rat und Unterweisung vorstellen. Sie bat ihn um sein Urteil über andere Dichter, ohne jedoch ihre eigene Meinung zurückzuhalten. Ein Urteil über seine Dichtungen hat sie sich nie erlaubt, nur Lob. Die junge Frau wandte sich auch mit Bedrängnissen an Rilke, die man nur ahnen kann, die aber wohl aus ihrem immer noch unerfüllten Leben und ihrer Sehnsucht nach eigener Kreativität herrührten. Erst nach Rilkes Tod wird sie, über ihn schreibend, sich gleichsam freischreiben können. 1905 muss sie ihn um eine persönliche Begegnung gebeten haben; vorerst schien Rilke die Begegnung in Briefen genug, den Wunsch nach brieflichem Kontakt äußerte er jedoch bereits in seinem ersten Schreiben. Aus seinen Briefen scheint manchmal ein Seufzer hörbar zu sein, wenn er wieder eine Bitte um Antwort auf eine drängende Frage erhält. Eine solche kann der passionierte Briefschreiber nicht abschlagen. Auch wenn er sich eigentlich kurz fassen will, schreibt er vier Seiten. Und so antwortet er geduldig, verständnisvoll, als Mentor und Lehrer, Begleiter durch Literatur und Leben. Er tat dies schon lange, ehe seine Gönnerin ihn finanziell so großherzig unterstützte und er sich ihr verpflichtet fühlen musste.

Auf weite Strecken ist der Briefwechsel zwischen Rilke und Eva Cassirer ein literarischer. Überblickt man die Werke der deutschen, italienischen, französischen und russischen Literatur, die sie einander empfahlen, so ergibt das eine Bibliothek, in der Goethe und Bettina von Arnim, Tolstoi und Dostojewski, Émile Verhaeren, und, neben heute vielen Unbekannten, die mit beiden befreundete Regina Ullmann vertreten sind – ebenso wie der von beiden bewunderte Franz Werfel mit seinen Gedichten. Das trug Früchte, wie die Aufsätze Rilkes und Eva Cassirers über Werfel zeigen.[96] Sie empfahl Rilke Thomas Manns *Tod in Venedig*, womit er jedoch «nichts anzufangen wusste».[97] Im Briefwechsel zwischen Rilke und Eva Cassirer werden wiederholt jüdische Themen angeschlagen. Sie wies ihn auf Bücher von Martin Buber hin, er schickte ihr eine Abschrift seines Gedichts *Der Tod Moses*. Seine Ehrfurcht vor dem jüdischen Glauben lässt sich in eindrucksvollen Briefpassagen nachlesen. Zu einer Diskussion der sogenannten jüdischen Frage, mit der die junge Eva rang, kam es jedoch nicht.

Die «Mädchenbriefe» von Eva Solmitz hat der Dichter gewünscht, ja gebraucht. «Sie glauben nicht, welche Nahrung mein Leben aus solchen

Nachrichten nimmt», schrieb er ihr am 11. Januar 1913. Er hat ihre Briefe aufmerksam gelesen und sorgfältig aufbewahrt, jeden im dazugehörigen Umschlag. Sie zeigen, in welchem Maß Dichtung in das Leben von Menschen eingreifen, welche Macht sie ausüben kann. Im Oktober 1906 kam es zur ersten Begegnung zwischen Eva Solmitz und Rilke. Darüber schrieb sie in dem sehr aufschlussreichen *Erläuternden Text zu Rilkes Briefen an mich*: «Nach einem kleinen Zwischenspiel – er hatte mich zu sich in's Hospiz des Westens gebeten, – meine Eltern fanden das untunlich – kam er, sich wegen seiner Zumutung entschuldigend, zu mir in mein Mädchenzimmer. Seine Zartheit erstaunte. Sie kontrastierte seltsam mit der fast männlichen Erscheinung seiner Frau (hochgewachsen, starke Züge, eine dunkle gerade geschnittene Jacke, ein schwarzer Stock). Sie trat für einen Augenblick mit ihm ins Zimmer und kam später noch einmal, um Rilkes Taschenbuch zu holen, das er vergessen hatte und das ihm unentbehrlich war. – Das Gespräch mit Rilke war mühelos natürlich. Deutlich sich von ‹Mir zur Feier› entfernend, sprach er davon, dass ‹Dinge› zu machen seien, nicht nur Gefühle auszudrücken –.»[98]

Um Gefühle ging es jedoch im Leben der jungen Eva. An Ellen Key hatte sie am 20. Oktober 1904 geschrieben, dass sie zwar mit vielen jungen Menschen zusammenkomme, viele Mädchen und Frauen gern habe, sich mit ihnen verstehe und eine Gemeinschaft mit ihnen bilde: «Bei keinem Manne habe ich die gleiche Empfindung [...] dieses gewisse Gefühl des Verstehens. Ein Leben, das man nur mit seinem eigenen Geschlecht lebt, ist naturgemäß ein sehr einseitiges, Mann und Mädchen gehören zusammen», und sie spekuliert, «ob in ausgesprochenen Künstlerkreisen die Männer vielleicht anders sind oder ob der weite Weg, den die Frauen in jüngster Zeit zurückgelegt haben, sich unwillkürlich von der Straße der Männer entfernt hat.»

Eva Solmitz fand schließlich den Mann, bei dem sie das «gewisse Gefühl des Verstehens» spürte. Kurt Cassirer war zwei Jahre älter als seine Schwester Edith und als Eva Solmitz und hatte das Studium der Kunstgeschichte mit der Promotion abgeschlossen. Nach der Hochzeit am 19. August 1909 führte eine monatelange Hochzeitsreise durch Italien, zum Teil zu Pferd über den Apennin. Rilke hatte sie weder von ihrer Verlobung noch von ihrer Hochzeit zwei Jahre später geschrieben. Sie sah jedoch «keine tiefere Bereitung für den Eingang einer Ehe»,[99] als sie Rilke in seinem Brief vom 6. August 1909 gab. «Sie sagen», schrieb Rilke, «es gehöre so viel Kraft dazu ‹im Alltag das Große und Schlichte lebendig zu halten›: aber wir haben ja auch alle unsere Kraft nur daran zu wenden: steigt sie da, so steigt sie in allen Dingen und Geschäften. Und ich müßte mich sehr täuschen, wenn Sie nicht längst mit diesen unbewußten Einsichten handelten: wie könnten Sie sonst so gut und gerade im Einfachen fortschreiten zum Einfacheren hin? Ich seh Ihnen zu und es scheint mir, als thäten Sie das so ernst und großwillig wie ein junger Mensch es thun kann: um es noch besser zu leisten, muß man vielleicht alt sein oder man muß den Dingen die Gewalt des Heldenthums anthun dürfen.»[100]

Selmar Solmitz hatte seiner Tochter einmal gesagt, dass er nichts gegen Ehen reicher christlicher Männer mit armen jüdischen Mädchen einzuwenden habe. Ihm wäre es jedoch lieb gewesen, wenn sie einen der jungen Ärzte am Jüdischen Krankenhaus geheiratet hätte, dessen Vorstand er angehörte. «Dass ich Kurt wählte, der kein Jude war – ein convertierter Jude – war gegen seine Charakter-Grundsätze.» Außerdem stand der junge Kunsthistoriker in den Augen seines Schwiegervaters «nicht fest im Leben». Ihre Wahl, schreibt die Tochter, habe der Vater ihr «nie vergeben». Dennoch hat er im Jüdischen Krankenhaus eine Stiftung im Namen von «Dr. Eva Cassirer» errichtet. Eva und Kurt wohnten nach ihrer Heirat zunächst im Berliner Vorort Nikolassee, wenn sie nicht in Rom weilten, ehe sie während der Berlin-Aufenthalte zu Kurts Eltern in die Kaiserallee zogen. In Rom ging Kurt seinen Forschungen nach, wovon eine ganze Reihe wissenschaftlicher Aufsätze zeugt.[101] In Berlin arbeitete er am Kupferstichkabinett der Staatlichen Museen zu Berlin. Unter seinen Kollegen waren die Kunsthistoriker Curt Glaser und Victor Wallerstein. Beide Familien wurden gute Freunde von Kurt und Eva Cassirer.

Eine noch engere Freundschaft verband Eva und Kurt Cassirer mit Lotte und Ernst Pariser, die ebenfalls 1909 geheiratet hatten. Ernst Pariser stammte auch aus vermögendem Hause, das ihm nach dem Studium der Philosophie und der Promotion über Clemens Brentanos Religionsphilosophie ein Leben als Privatgelehrter erlaubte. In dem *Buch für seine Freunde*, das 1919, noch im Todesjahr des Frühverstorbenen, als Privatdruck erschien, sind eine Reihe von Briefen an Eva und Kurt abgedruckt sowie ein Eingangsgedicht in der Sprache Hölderlins mit dem Verfassernamen «Eva». Aus den Briefen sieht man deutlich, mit welch literatur- und naturbegeisterten Menschen sich die jungen Cassirers umgaben. Ein wahrer Freundschaftskult spricht aus den Zeilen von Ernst Pariser an Kurt Cassirer: «Ach Kinder, ich möchte am liebsten Euch alle drei immer bei Namen rufen: Eva, Lotte, Curt.»[102] Sie wanderten zusammen im Engadin und in den österreichischen Alpen. Eva schickte Ernst ihren ersten Aufsatz über Rilke, den er ausführlich kommentiert. Wenn die Parisers den Sommer in einem Chalet in Tirol verbringen, reisen sie mit einer Kiste voller Bücher. Die Liste, die Pariser für Eva Cassirer aufschreibt, enthält 46 Titel, von Kant über Theresa von Ávila zu Helene Lange. Dazu muss ihm Eva noch sechs weitere, «sehr wichtige» Bände von Ernst Cassirer, Rilke und Hegel mitbringen. Bücher von Hofmannsthal, Björnstjerne Björnson und August Strindberg sind die einzigen der zeitgenössischen Literatur.[103] Dem Expressionismus stand dieser Freundeskreis fern. Ein einziges Mal erwähnt Eva einen expressionistischen Dichter, Georg Heym, in einem Brief an Rilke. «Mit grosser Kraft gestaltet er Grausiges, Entsetzliches [...]. Und ich dachte an den Malte Laurids – [...] um wieviel tiefer, dauernder erschüttert es, ergreift es.»[104]

Nach ihrer Hochzeit widmete sich Eva Cassirer weiterhin ihren literarischen Interessen. 1911 veröffentlichte sie einen Aufsatz über Rilkes Bearbeitung seiner frühen Gedichte. Sie zeigt sich als genaue, kluge Leserin mit feinem sprachlichen Gespür, die auch in der kleinsten Änderung Charakteristisches in der Entwicklung des Dichters beobachtet.[105] Bei Rilkes zahlreichen Besuchen zeigte ihm Eva «ihr» Berlin wie das Pestalozzi-Fröbel-Haus und führte ihn in die Wohnung des Kunsthistorikers Curt Glaser, einer der ersten Sammler der Bilder von Edvard Munch, der damals in Berlin Furore machte.

Am 2. September 1911 wurde Eva und Kurt Cassirers erstes Kind geboren. Noch vor seiner Geburt hieß ihn seine Mutter in einem Gedicht willkommen. «Ich trage dich in die Welt hinein [...] ins athmende Leben – athmendes Kind.» Damit beginnt das erste von zwei Tagebüchern, die sie bis zum 16. Lebensjahr des Sohnes führte.[106] «Du hast Deinen Namen Reinhart erhalten», schreibt sie nach seiner Geburt, «weil der tiefste Wunsch, den wir beide für Dich haben, der ist, dass Du reinen Herzens sein sollst. – Und dann trägt Dein Name eingeschlossen den Gedanken an den Menschen, den ich in Ehrfurcht verehre.» Der Name war für das Kind schwer auszusprechen. Es wandelte ihn in Heiner um, was sich im englischen und amerikanischen Exil in «Henry» und in Frankreich in «Henri» ändern ließ. Das Tagebuch, dessen Einträge mit den Jahren in größeren Abständen erfolgen, zeigt, wie intensiv sich die junge Mutter mit ihrem Kind beschäftigt hat. Sie notiert die Entwicklung des Sprachvermögens, die richtigen Wortbeugungen, die ersten vollständigen Sätze und auswendig gelernten Verse. Der Krieg verstört den Dreijährigen: Er vermisst den Vater, der sofort eingezogen wird, sieht erschrocken den ersten «Kriegskrüppel» und will eine Frau werden, damit er später nicht in den Krieg ziehen muss. Sie betrachtet Bildbände italienischer Malerei mit ihm und erklärt dem Fünfjährigen, der wissen möchte, woher die Kinder kommen, den menschlichen Körper mit Hilfe eines Lehrskeletts. Mit dem 15-Jährigen liest sie Kleist. Auch will sie ihn für ökonomische Zusammenhänge mit Sombarts *Deutscher Volkswirtschaft des 19. Jahrhunderts* interessieren, muss aber zugeben: «Daraus wurde nichts.»

Seit Jahren wusste Eva Cassirer von den dauernden Sorgen Rilkes um die Erziehung seiner Tochter Ruth. Im März 1908 hatte er ihr zum ersten Mal von seiner und Claras vergeblicher Suche nach einer geeigneten Schule oder Erzieherin geschrieben. «Dass Rilke mir von seinen Sorgen sprach, war mir eine Ehre und Beglückung. Da es sich um seine kleine Tochter handelte, ergriff es mich dort, wo meine Fähigkeit lag, wo ich mich zuständig fühlen durfte.»[107] Damals, 1908, konnte sie ihm nur ihre praktische Hilfe anbieten: nach Oberneuland bei Bremen zu kommen, wo Ruth bei ihrer Großmutter lebte, um sich um sie zu kümmern. Rilke wehrte entsetzt unter Hinweis auf die primitiven Wohnverhältnisse ab. Jetzt, ein halbes Jahr nach der Geburt ihres eigenen Kindes, überlässt sie ihm die 10 000 Mark, die sie bei ihrer Heirat von ihrem Vater «zum persönlichen Gebrauch» erhalten hatte. «Die menschliche Einfachheit, mit der er dies entgegen nahm, ist verehrungswürdig. Er sagte mir einmal, er habe früher angenommen, dass es ebenso einfach sei, um Geld zu bitten wie um ein Stück Brot, und habe erst langsam lernen müssen, dass die meisten Menschen es anders ansähen.»[108]

Seine Gönnerin empfahl Rilke für die nun elfjährige Tochter die zwei Jahre zuvor eröffnete Odenwaldschule, deren Bau ihr Schwiegervater finanziert hatte und die von ihrer Schwägerin und deren Mann geleitet wurde. Eva Cassirer schickte Rilke den von Geheeb verfassten Prospekt und Fotografien der Schulhäuser im idyllischen Odenwaldtal. Aber der Vorschlag stieß auf Clara Rilkes entschiedenen Widerstand. Ihr Mann versuchte offenbar nicht, sie umzustimmen. Dabei hätten alle Aspekte der Reformpädagogik Rilkes Zustimmung finden müssen, so das Kurssystem statt der Jahrgangsklassen und die ausführlichen Bewertungen der Schüler und ihrer Leistungen in «Berichten» statt Zensuren. Koedukation hatte er schon in Ellen Keys Samskola gepriesen. Religion wurde weder konfessionell noch in «interkonfessionellem Mischmasch» (Paul Geheeb), sondern in überkonfessionellen Andachten und den moralisch-ethischen Mittagssprüchen vermittelt. Jeder Mensch, glaubte Geheeb, sei religiös veranlagt. Auch das entsprach ganz Rilkes Vorstellungen, der sich 1905 in einer Umfrage gegen den Religionsunterricht an Schulen ausgesprochen hatte.[109] Auch mussten Rilke, dem leidenschaftlichen Barfußgeher, die Licht- und Luftbäder im Odenwald zusagen. Unter dem rigiden Kasernenton, der in vielen Gymnasien herrschte, hatte er selbst bereits als Militärschüler gelitten. Die Atmosphäre an der Odenwaldschule war frei von Nationalismus und Germanenschwärmerei, die dem Europäer Rilke zuwider waren. Dafür ruhte der Lehrplan auf dem festen Bildungsfundament der Werke Goethes, Fichtes, Schillers, Herders und Wilhelm von Humboldts. Kurz, alles war auf die freie Entfaltung des Kindes angelegt und alles, was Rilke selbst in seiner Kindheit vermisst hatte, hätte seine Tochter in der Odenwaldschule gefunden.

Im Oktober 1912 muss Eva Cassirer, wie sie später meinte, «aus einem Gefühl der inneren Stagnation» an Rilke geschrieben haben. Ein Brief an ihre Schwägerin Edith vom 4. November nennt den Grund: «Wenn ich nur eine richtige gute Arbeit thun könnte, so würde es mir sicher am besten weiterhelfen.» Das Zusammensein mit dem einjährigen Heiner, «so entzückend er ist», und das «bisschen Thun im Haus und das Fahren in die Stadt sind so schrecklich unbefriedigend». Sie habe zwar gerade ein Referat für einen Kurs bei Gertrud Bäumer ausgearbeitet, aber danach sei doch «nichts geleistet». Die Schriftstellerin Gertrud Bäumer war führend in der Frauenbewegung und gab zusammen mit Helene Lange die Zeitschrift *Die Frau* heraus, in der auch Eva Cassirer veröffentlichte. Edith, die alle organisatorischen Arbeiten der sich ständig vergrößernden Odenwaldschule übernommen hatte, leistete dagegen unendlich viel – oft bis zur physischen Erschöpfung. 1912 traf Eva Cassirer auch Rilkes von ihm als ihren «Schützling» bezeichnete Tochter Ruth in München. «Ist es nicht wunderschön, dass es solche selbstverständlichen, kraftvollen, frischen, guten und einfachen Mädchen giebt», schreibt sie am 8. März 1913 an ihre Schwägerin Edith, «und gar noch als Kind von diesem Vater?»

Im September 1913 fand das erste Treffen zwischen Eva Cassirer und Regina Ullmann statt. Aus dem engeren Freundeskreis Rilkes war sie die Einzige, deren Verbindung mit seiner Gönnerin er herbeigeführt hatte. Er wusste, dass die in vieler Hinsicht hilfsbedürftige Frau auch auf die Hilfe seiner Wohltäterin rechnen konnte. Regina Ullmann wurde 1884 in eine wohlhabende jüdische Fabrikantenfamilie in St. Gallen geboren. Sie schielte und stotterte und litt zeitlebens an Sprachhemmungen. Mit vier Jahren verlor sie den Vater und lebte seither mit ihrer Mutter in München. 1906 brachte sie in Wien – auf Wunsch der Mutter unter strengster Geheimhaltung – ihre Tochter Gerda zur Welt. Gerdas Vater war der Wirtschaftswissenschaftler Hanns Dorn. Das Kind blieb bei Pflegeeltern auf einem Hof in der Steiermark. Zwei Jahre später bekam Regina Ullmann eine zweite Tochter, deren Vater der Neuropathologe Otto Gross war. Sowohl Gerda als auch Camilla Ullmann erhielten einen Vormund und wuchsen bei Pflegeeltern in Feldkirchen bei München auf.

1908 hatte Regina Ullmann ihre *Feldpredigt. Dramatische Dichtung in einem Akt* an Rilke geschickt. Der Dichter antwortete der Unbekannten in herzlicher Bewunderung und wurde ihr großer Förderer. Er verfasste ein Geleitwort zu ihrer ersten Gedichtsammlung *Von der Erde des Lebens* und empfahl sie dem Insel Verlag. 1921 bewog er den Verleger zu monatlichen Zahlungen von 500 Mark an die Dichterin. Als sie 1911 zum katholischen Glauben übertrat und eine begeisterte Wallfahrerin wurde, störte ihn dies nicht annähernd so wie die demonstrative Frömmigkeit seiner Mutter. Rilke war Regina Ullmann durch ein gemeinsames Problem verbunden: beide hatten Töchter, für die zu sorgen sie sich außerstande fühlten. «Unser Unrecht, Regina liegt, glaub mir, nicht so sehr darin, den Kindern nicht mehr als ‹das pure Leben› geschenkt zu haben», schrieb er ihr 1920, «als vielmehr darin, daß wir überhaupt Kinder hatten, während doch unsere Verantwortung schon vorher anders belegt und vergeben war und ihnen also nicht mehr zugewendet werden konnte.»[110] Niemand verstand das besser als Eva Cassirer, gerade weil in ihrem Leben das Gegenteil der Fall war. Sie sah den Sinn ihres Lebens darin, Kinder zu bekommen und zu erziehen.

Eva nahm die Dichterin unter ihre Fittiche. Sie besuchte sie an ihren ländlichen Wohnsitzen und lud sie in die Odenwaldschule ein, wo sie ihr ein Praktikum vermitteln und die Tochter Camilla unterbringen wollte. Letzteres scheiterte an der Finanzierung, aber auch an Camillas Wunsch, lieber Klosterschulen der Salesianerinnen und der Englischen Fräulein zu besuchen. Da der Postverkehr in die Schweiz, wo Ullmann bis zu ihrem Tod lebte, auch während des Krieges ungehindert funktionierte, haben sich Evas aufschlussreiche Briefe aus dem Exil an Regina Ullmann erhalten.

Ende Oktober 1913 erhielt Eva Cassirer einen bemerkenswerten Brief Rilkes, in dem er ihr auf sieben engbeschriebenen Seiten erklärt, warum es, besonders für seine Frau, besser wäre, wenn sich das Ehepaar scheiden ließe.[111] Natürlich warf das wieder finanzielle Probleme auf, da die Scheidung, um Aufsehen zu vermeiden, in Wien stattfinden sollte. Aber ehe es im nächsten Jahr so weit war, brach der Krieg aus und die Scheidung fand nicht statt. Unter dem Schock der Mobilmachung geriet Evas Bereitwilligkeit zu helfen für einige Tage ins Wanken. Ihrem Brief an den Dichter vom 18. August 1914 ist zum ersten Mal zu entnehmen, dass ihre und Kurts Finanzen nicht durch eigene Einkünfte, sondern durch Max Cassirer gesichert waren. Durch den Verlust der Fabrik in Włocławek und den Kriegsdienst ihres Mannes sah sie einer ungesicherten Zukunft entgegen. Kurt war vom ersten bis zu letzten Kriegstag eingezogen. Das Geld, das sie Rilke für seine Tochter zur Verfügung gestellt hatte, schwand dahin, auch weil er mehrmals, stets mit ihrer Einwilligung, für sich davon Gebrauch gemacht hatte. 1917 wandte er sich wieder mit der Bitte um einen Beitrag zu Ruths Privatunterricht an sie. Damals machte Eva Cassirer ihm allerdings klar, dass die von ihm genannte Summe unverhältnismäßig hoch sei und dass sie und ihr Mann auch andere Menschen unterstützten. Aber im Juni 1920 ist erneut von einer Überweisung die Rede. Es war vielleicht nicht die letzte.

Obwohl es Frauen nicht erlaubt war, ihren Männern ins Kriegsgebiet zu folgen, setzte Eva Cassirer mit ihrem «eisernen Willen» eine Ausnahme durch und zog mit ihrem Sohn und dem getreuen «Mädchen» Anna Schilk nach Straßburg, da Kurt Cassirers Regiment an der Westfront eingesetzt war. Selbstverständlich verfolgte sie die durch den Krieg veränderte literarische Szene und las aufmerksam die zum großen Teil erbärmlichen Produkte der deutschen Kriegslyriker. So ist ihre Begeisterung über die *Fünf Gesänge* Rilkes zu verstehen, die er unter dem Eindruck der Kriegseuphorie und seiner Hölderlin-Lektüre am 2. August 1914 zu schreiben begonnen hatte und die er, bald ernüchtert, später nicht mehr veröffentlichen wollte. Dass sie gerade den zweiten Gesang hervorhebt, den Aufruf an die Mütter – «Seid diesen treibenden Tagen / eine reiche Natur. Segnet die Söhne hinaus» –, und dies in einem Brief, in dem sie von dem Glück spricht, ihren Sohn «als blühenden Menschen» aufwachsen zu sehen –, ist nur aus ihrer absoluten Hingabe an den Dichter zu verstehen. Lou Andreas-Salomé, der Rilke die *Fünf Gesänge* geschickt hatte, hatte von sich gesagt, dass sie ebenfalls «gekämpft hätte und Söhne in den Kampf entlassen».[112]

Die gleiche Hingabe spricht aus Eva Cassirers Reaktion auf die drohende Einberufung Rilkes im November 1915. Ihr Mann und ihre drei Brüder taten als «treue Kämpfer» ihre Pflicht fürs Vaterland, wie in der Trauerrede auf Selmar Solmitz hervorgehoben wurde. Sie hat darüber nicht geklagt, geschweige denn Versuche unternommen, Mann und Brüder vom Kriegsdienst freistellen zu lassen. Den Dichter aber und sein zukünftiges Werk galt es zu retten. «Und Sie müssen doch denken», schrieb sie ihm am 27. November 1915, «dass es sich hier nicht um Sie allein handelt. Dass es nicht allein Ihr Schicksal ist, dass uns alle angeht, uns alle, die wir jetzt leben und die Ungezählten, die nach uns leben werden.»

In der Odenwaldschule waren inzwischen viele Lehrer eingezogen worden. Für Eva Cassirer ergab sich durch diesen Umstand die Gelegenheit, auch ohne eine Prüfung für das Lehramt abgelegt zu haben, dort zu unterrichten. Von 1917 bis 1933 übernahm sie Kurse in Deutsch, mit «Hauptakzent» auf Goethe, und Geschichte. Dank des Kurssystems, in dem Fächer für einen Monat täglich zwei Stunden unterrichtet wurden, war es ihr möglich, zwischen den Kursen immer wieder nach Straßburg und später nach Rom zu fahren. Die Jahrzehnte an der Odenwaldschule waren sicher Eva Cassirers glücklichste Zeit. Jetzt hatte sie die «richtige gute Arbeit» gefunden und konnte etwas «leisten». Sie verlangte viel von ihren Schülern und fürchtete später, sie überfordert zu haben.[113] Sie gestaltete Feste zu Goethes, Humboldts und Fichtes Geburtstagen, hielt zahlreiche, leider nicht erhaltene Vorträge, 1917 einen über die politische Lage im Feld und in Deutschland, und war in den 14-tägigen Schulgemeinden oft mit Vorschlägen und Kommentaren zu hören. 1921 heißt es im Protokoll der Schulgemeinde Nr. 349 vom 23. Februar: «Frau Dr. Cassirer regte an, dass alle 1–2 Wochen ein kurzer, sachlicher Vortrag über Politik, über das, was in der Welt vorgeht, stattfindet. Wir leben hier *zu* abgeschlossen.» Der Einwand, man könne doch nicht jedem Interesse an Politik zumuten, fruchtete nicht. Das Protokoll vermerkt: «Wird angenommen.»[114]

Im Deutschunterricht kam es Eva Cassirer darauf an, da Schüler nicht über Gefühle reden wollten und «Ästhetizismus» ablehnten, zu unabhängigem Denken anzuregen. Ohne viele literaturgeschichtliche und biographische Details zu kennen, konnten sie «zum Kern eines Kunstwerks» vordringen. Die beste Methode dazu war der Vergleich. Sie ließ Naturbeschreibungen Goethes in *Wilhelm Meister* und der *Italienischen Reise* oder Schillers *Räuber* und Hauptmanns *Weber* vergleichen, einschließlich Satzbau und sprachlichem Rhythmus. Je nach Veranlagung des Lernenden legte die Pädagogin das Schwergewicht auf kultur- und geistesgeschichtliche oder philosophische Fragestellungen. Nur der Kursplan zu «Der junge Goethe» ist erhalten. Er zeigt, dass Eva Cassirer durch vergleichende Lektüre, etwa von Herders und Goethes Äußerungen über Shakespeare, ein Bild der «Geisteshaltung der Zeit» vermitteln wollte.[115] Ob sie jemals mit ihren Schülern Rilke gelesen hat, ist nicht bekannt.

Auf das zweite Jahr Eva Cassirers in der Odenwaldschule fiel ein tiefer Schatten. Am 1. August 1917 erlitt sie eine für sie fast tödliche Fehlgeburt. Sie hatte den sechsjährigen Heiner liebevoll auf «das Kindchen» vorbereitet, nun lag sie wochenlang in einer Heidelberger Klinik. Ihr Schwiegervater Max eilte aus Berlin herbei, noch ehe ihr Mann Urlaub bekam, der Rilke von dem Unglück unterrichtete. Nach ihrer Genesung schrieb sie Rilke am 5. September 1917: «Ich habe doch sonst oft an den Tod gedacht und doch immer wie an das grösste und schwerste Schicksal des Menschen, manchmal voll Entsetzen und manchmal wie an die letzte Verheissung, so dass das Leben nie ganz schal werden kann, weil *das* noch bevorsteht. Und nun wär ich beinah gestorben und hab so gar nichts davon gefühlt, hab keine Furcht gehabt, hab nicht einmal gelitten – ich war die ganze Zeit über bewusstlos – hab beim Erwachen nichts empfunden, keinen Schrecken, kein Glück, nur das ganz gleichgültige Gefühl, dass ich ja ebenso gut hätte sterben können und dass das, wenn es so leicht geht, doch gar keine Sache ist und dass ich gar nicht verstehe, warum die Andern nun so viel Wesens davon machen, dass ich noch da bin. – Erst jetzt fühle ich, was es bedeutet, dass ich noch mit meinem Mann zusammen leben kann. Das Leben fühl ich wieder aber nicht den Tod.»

Rilke, dem es im Lauf des Kriegs immer schwerer fiel, seine vielfältige Korrespondenz aufrechtzuerhalten, schrieb ihr schließlich doch einen trostreichen, wenn auch gewundenen Brief. «Liebe vertrauende Freundin, früher, als ich meinte sie erhoffen zu dürfen, ist mir Ihre Schrift wieder vorgekommen, und ich habe die beiden Blätter oft und mit dem aufrichtigen Wunsche gelesen, alles daraus aufzunehmen, was Sie mir darin zu erkennen geben. Ich bin voller Freude über die Ruhe, mit der Sie ein Unbegreifliches zugeben, über die stille Ordnung, in der es Ihnen schon erscheint, mag es auch in seinen Inhalten unerfasslich sein, Sie haben die wunderbare Langmuth dazu, mit der allein man gerecht wird gegen das immer inkommensurable Leben, das ja auch dort, wo wir es zu begleiten meinen, nicht nur neben uns geht, sondern weit vor uns und über uns –. Nun thut eines noth: daß Sie dieses nächstliegendste Leben, dem Sie sanft wiedergegeben sind, wieder für das Natürliche und Gute halten, – dabei sind Sie, daß Sie sichs im gewährendsten Anschaun wieder nahe kommen lassen aus seinen inneren und äußeren Horizonten, und was den Tod angeht, so ist er wieder nur in dem Gewichte dieses Lebens; sehen Sie immer mehr darüber fort, daß er doppelt Ihnen bedrohlich war und ein so sinnlos Schmerzliches bei Ihnen erreicht hat, gegen Ihre bestimmte und gesteigerte Hoffnung.»[116] Dann versickerten seine Briefe gleichsam. Mit Ausnahme des ausführlichen, unter dem Eindruck der Lektüre von Regina Ullmanns Erzählung *Von einem alten Wirtshausschild* entstandenen Briefs vom 6. Dezember 1920 gibt es kein einziges bedeutendes Schreiben Rilkes an Eva Cassirer mehr. Wie Marie von Thurn und Taxis erhält nun auch Eva Cassirer am 24. März 1921 eine herzliche Einladung des Dichters nach Schloss Berg am Irchel mit gleichzeitiger Androhung einer Ausladung.

Währenddessen setzte Eva Cassirer ihr Leben in der Odenwaldschule und in Rom fort. Im Dezember 1922 berichtete sie Edith Geheeb von dem täglichen Beisammensein mit dem Maler Hans Purrmann.

Eva Cassirer (um 1925)

Der Rom-Aufenthalt wurde im kommenden Jahr verlängert, weil sie erneut ein Kind erwartete. Die Ärzte hatten von einer weiteren Schwangerschaft abgeraten und ihr die damit verbundene Gefahr klargemacht. Dass sie trotz ihrer Angst entschlossen war, das Kind zu bekommen, erfährt man aus dem Brief an Rilke vom 4. Juni 1923. «Ich fühlte die ganze Zeit [die] Nähe des Todes, trotzdem es mir gut ging. Und zuletzt wurde es dann plötzlich gefährlich und eine sehr liebliche Nonne in der Klinik, in der das Kindchen geboren wurde, sagte, es wäre doch im mese della misericordia di Dio (April) proprio dalla misericordia di Dio geboren. Und nun ist es da und es ist mir so wunderbar, dass es da ist.» Die Geburt war wieder sehr schwierig. Die Ärzte meinten, dass das Kind seine eigene Geburt überlebt habe, zeige, wie gesund es sei. Die Nonnen vollzogen eine Nottaufe. Eva Cassirer hatte die Schwangerschaft vor den besorgten Verwandten in Berlin verheimlicht und war wie immer mit ihrem Mann nach Rom gefahren. Dort wurde am 28. April 1923 Thomas Selmar Cassirer geboren. Im Mai kehrten die Eltern mit dem Neugeborenen zu den sprachlosen Verwandten zurück.

Von Rilkes Befinden während seiner letzen Lebensjahre erfuhr Eva

Cassirer wenig. Vier Monate vor seinem Tod, während einer trügerischen Phase der Besserung im Sommer 1926, fand ihre letzte Begegnung in Bad Ragaz statt. Eva Cassirer hat dieses Treffen ausführlich beschrieben.[117] Es war ein schönes Zusammensein bei einem Abendessen und einem Spaziergang am nächsten Tag mit Gesprächen über Rilkes französische Gedichte, die Eva Cassirer genau gelesen hatte, über moderne Dichtung, sogar über Bolschewismus, «der ihm ein ebensolcher Schrecken und Irrtum zu sein schien, ‹wie auf der anderen Seite der Welt sein umgekehrtes, groteskes Spiegelbild, Amerika›».[118] Wann und von wem sie die Todesnachricht erfuhr, ist nicht bekannt. An Rilkes Begräbnis in Raron am 2. Januar 1927 nahm sie nicht teil. Aber schon fünf Tage später schrieb ihr Nanny Wunderly-Volkart von Rilkes Sterben.

Wie aus Eva Cassirers *Erläuterndem Text zu Rilkes Briefen an mich* hervorgeht, glaubte sie, alle ihre Briefe an den Dichter nach seinem Tod zurückerhalten zu haben. Weitere Briefe waren wohl übersehen worden und gelangten schließlich ins Rilke-Archiv in Gernsbach. So gibt es keine Kommentare von ihr zu ihren Briefen an Rilke in seinen letzten Lebensjahren, die von zunehmender Verunsicherung wenn nicht Verzweiflung zeugen. «Mir ist im Grunde alles so, wie es damals war», hatte sie am 6. November 1921 an ihn geschrieben. «Damals» hatte er gebeten, ihn an ihrem Leben teilnehmen zu lassen und ihr seine langen, verständnisvollen, liebenswürdigen Briefe geschrieben. Sie hatte auch an seinem Leben teilgenommen. Allein Rilkes sieben Seiten langer Brief vom 29. Oktober 1913 über die Pläne zur Scheidung, die er und seine Frau gefasst hatten, ist ein in dieser Hinsicht erstaunliches Dokument.

Eva Cassirer teilte Rilke über Jahre hin alles mit, von dem sie meinte, dass es ihn interessieren und erfreuen würde: die Geburt des zweiten Sohnes, literarische Entdeckungen, Empfehlungen für Sanatorien, Reiseziele, -routen und -quartiere einschließlich Proviant. Als sie auf all das kaum ein Echo hörte, musste sie annehmen, dass ein schreckliches Missverständnis vorlag und sich der Freund, der Mensch, wie sie ihn schließlich nennt, von ihr abgewandt hatte. Daher die inständigen, ja flehentlichen Bitten im Sommer 1926 um eine Begegnung und sei es nur für eine Stunde. Hätte sie nach 30 Jahren diese Briefe wieder gelesen, so hätte sie darin die Bestätigung des Eindrucks gefunden, den sie während des letzten Treffens mit Rilke hatte, «dass ich nur in seinem Bewusstsein war, solange er mich sah». In Rilkes Gesichtskreis waren unzählige Menschen getreten, aus Aristokratie, Kunst und Literatur. Seine vielen «Beziehungen», die teilweise zu ausgedehnten Briefwechseln führten, blieben Eva Cassirer unbekannt. In der «stattlichen Reihe von Geliebten», wie die Herausgeber der *Kommentierten Ausgabe* sie nennen, war sie vor seinem Tod nur Lou Albert-Lasard begegnet, die sie als Künstlerin schätzte. Sonst stimmte sie wohl mit der Charakterisierung von Regina Ullmann überein: «dieser exotische Vogel: Lulu! Der Blüten und Unrat auf andere herabstreut.»

Eva Cassirer war weder Aristokratin noch Künstlerin noch Geliebte. Als junges Mädchen und junge Frau hat sie Rilke interessiert. Aber er schrieb kein Gedicht auf sie, noch hat er ihr je eines gewidmet. Sie hat jedoch dazu beigetragen, sein Werk zu ermöglichen und es nach seinem Tod Lesern nahezubringen. Ihre Verbindung zu Rilke ist nicht nur ein besonderes Beispiel privaten Mäzenatentums, sondern gehört auch in die Geschichte der Rilke-Rezeption. Sofort nach Rilkes Tod setzte eine lebhafte Korrespondenz innerhalb seines Freundeskreises ein. Briefe Rilkes zirkulierten in Abschriften. Eva Cassirer erhielt die Kopie seines Briefes an Richard Weininger – wenige Tage vor Rilkes Tod verfasst –, in dem er in schonungsloser Offenheit den Zerfall seines Körpers beschreibt, sowie die Kopie von Rilkes *Vermächtnis* vom Oktober 1925. Am 26. Januar 1927 schreibt ihr Nanny Wunderly-Volkart, Rilkes Verleger Anton Kippenberg meine, alle Briefe an Rilke, die sich in Muzot befänden, sollten «in das Rilke-Archiv einverleibt» werden. «Aber wer könnte sich jetzt so leicht von seinen u. den eigenen Briefen trennen?»[119] Eva Cassirer konnte es nicht. Sie hatte den festen Entschluss gefasst, über Rilke zu schreiben. Sie sammelte deutsche und französische Nachrufe und Rezensionen, Aufsätze und die ersten Bücher von Lou Andreas-Salomé und Marie von Thurn und Taxis. Seit Anfang des Jahres arbeitete sie über Rilkes Werk – so schreibt sie am 5. Mai 1927 aus Rom an Regina Ullmann – «oft leidenschaftlich und ich weiß, dass ich einiges wirklich erfassen und sagen kann». Es ist, als hätte ihr Rilkes Tod die Zunge gelöst. Während sie an ihn schrieb, konnte sie kaum über ihn schreiben. Jetzt aber formt sich ihr Buch über vier Werke Rilkes.

Sie besuchte Regina Ullmann auf Muzot und Clara Rilke in Fischerhude, was «ganz unerwartet gut» verlief, wie sie der Dichterin berichtete, obwohl sie zu Claras Bedauern die Sitzungsberichte des Freundeskreises, der sich 1927 zusammengeschlossen hatte, nicht einsehen durfte. Die erste, spannungsreiche Sitzung dieses Kreises hat Regina Ullmann Nanny Wunderly-Volkart beschrieben. Sie könne sich zwar Eva Cassirer als Leiterin eines Rilke-Archivs vorstellen – was dort zur Sprache gekommen zu sein scheint –, «aber gerade, obwohl ich sie ehre und schätze, sprechen viele Punkte gegen die Wahl».[120] In einem Brief vom 28. Januar 1928 bat Eva Cassirer Regina Ullmann, in den Sitzungen des Freundeskreises «*nicht* vorgeschlagen zu werden».

Im Januar 1932 war sie dann so weit, Lou Andreas-Salomé zu bitten, sie besuchen zu dürfen. Durch Krankheit und Tod von Eva Cassirers Mutter wurde dies erst im November möglich. «Jemand, der Rainer so verbunden ist, kommt zu mir gar nicht als wär's zum ersten Mal», so Lou am 3. November. Der Besuch verlief so harmonisch, dass Lou bald darauf vorschlug: «machen Sie ein Paket aus sich selber und kommen Sie her.» Sie bat um Einsicht in die Briefe Rilkes und Eva Cassirers, las sie und musste «viel darüber sinnen». Ihrer Ansicht nach sollten nur Evas Briefe veröffentlicht werden, seine seien «irgendwie nicht Rainer selbst. Er springt nicht daraus hervor.» Aber es sei ihr «drängend und dringend», Eva Cassirers Arbeit kennenzulernen. «Mir ist, als wüssten Sie weit mehr von ihm als er selber Ihnen zu sagen verstanden hat», schrieb sie am 14. Februar 1933. Am 5. März hat sie einen Teil des Manuskripts gelesen. Es ist für Lou «ein ungeheures Ereignis. Jemandes Gedanken über Rainer zu lesen, der ihm so innerlich in die Seele geschlüpft ist wie Sie […]. Ich bin natürlich wild darauf, noch mehr zu lesen!» Lous langer Brief analysiert die von ihren eigenen gänzlich verschiedenen Eindrücke von Rilke, andererseits findet sie darin die gleichen Empfindungen im Hinblick auf bestimmte Themen wie dem «vom zweierlei Gott», der im Begriff ist, zum Teufel zu werden, oder vom «eigenen Tod», den Lou als «Unsterblichkeitshoffnung» Rilkes interpretiert. Sie geizt nicht mit Lob: «prachtvoll zergliedern Sie das Geschlechtsmoment mehrmals!» Die Analyse des *Stundenbuchs* gelinge «ausgezeichnet».

Inzwischen waren die Nationalsozialisten an die Macht gelangt, und damit brach über Evas Familie eine Katastrophe herein. Ihr Bruder Fritz Solmitz, bis 1932 SPD-Stadtverordneter in Lübeck, Redakteur des von

Julius Leber herausgegebenen *Lübecker Volksboten* und dort Mentor des jungen Willy Brandt, war am 11. März 1933 verhaftet worden und kam am 18. September im Konzentrationslager Fuhlsbüttel um, das für die barbarische Behandlung der Gefangenen berüchtigt war. Aus dem wahrscheinlich letzten Brief von Fritz Solmitz an seine Schwester am 3. März 1933, eine Woche vor seiner Verhaftung, spricht tiefe Hoffnungslosigkeit. Julius Leber war bereits verhaftet, der *Lübecker Volksbote* verboten. «Aber das Allerschwerste ist das Gefühl: Das ist Deutschland. Ich habe ehrlich in der Arbeiterbewegung und für sie gekämpft», schreibt er, «mit meinem Gefühl für Deutschland bricht das ¾ meines bisherigen Lebens zusammen. Dafür im Krieg gewesen zu sein!!! Du hast's ja leichter. Dir strahlt das Geistige, und wenn es niemand kennt. Mir nicht.» Auch das Vertrauen der Arbeiter, die Fritz Solmitz schätzten, bot ihm keinen Trost. Das Einzige, «was noch steht von meinem Leben, das ist das Jüdische. Ich versenke mich sehr darin, aber nur im Denken und Gefühl [...] den Krückstock der leeren Form hat das 19. Jahrhundert mit Recht zertrümmert.» So weiß er nicht, wie er «das einzig Wirkliche», das er besitzt, seinen Kindern vermitteln soll. «Und wenn ich bald sterbe, dann wissen sie noch nicht einmal davon.» Er aber weiß, «dass Gott der Sinn meines Lebens ist», das, «von vieler Schwäche und Eitelkeit abgesehen, ein gerechtes Leben gewesen ist».[121] Schließlich bittet er die Schwester, in Livorno nach einem Vorfahren, einem Rabbiner Wolf, zu forschen. «Denn Schicksal der Ahnen ist wirklich wichtig.»

Eva Cassirer beantwortet den Brief zwei Tage später und versucht, ihrem Bruder Trost zuzusprechen. Sie fühlt «die reine Wahrheit» in seinem Brief und empfindet wie er «den Irr-sinn, den Schrecken, die Lüge und Gemeinheit, das Allem, wofür wir leben Widersprechende des Geschehens so, dass ich auch den Schlaf-Traum, nicht davon frei halten kann. Aber doch denke ich nicht: das ist Deutschland [...] das Deutschland das ich meine, lebt doch weiter und ist ebenso wirklich und wirklicher wie das andre, nur dass es im gegenwärtigen Moment nicht sichtbar ist.» Die Bitte des Bruders, nach dem Vorfahren in Livorno zu suchen, schlägt sie ab: «ich kann gar nicht verstehn, was das für eine Bedeutung für uns oder gar unsere Kinder haben könnte, ob es da mal einen mit uns zusammenhängenden Reb Wolf gegeben haben könnte. – Ich glaube, Überlieferung kann nur Bedeutung haben, wenn sie sich *lebendig* erhalten hat. Wenn das gleiche Geschlecht seit Jahren auf dem gleichen Hofe und den gleichen Feldern lebt und von den Ahnen unmittelbar *weiss*, ja, das ist etwas» – alles andere erscheint ihr «künstlich, fraglich und gleichgültig».

Willi Bredel, der ebenfalls Gefangener in Fuhlsbüttel war, schreibt in seinem zum ersten Mal 1934 im Londoner Malik-Verlag erschienenen Roman *Die Prüfung*, wie der Sozialdemokrat Dr. Fritz Kottwitz, hinter dem sich Fritz Solmitz verbirgt, physisch und psychisch gequält wurde. So musste er sich immer als «Judenschwein» melden. Einen Strick hatte man ihm vorsorglich in die Zelle gelegt. In der Neuauflage des Romans gibt Bredel seine Zeugenaussage im Prozess gegen den ehemaligen Kommandanten des Konzentrationslagers Fuhlsbüttel wieder, «unter anderem ausführlich den qualvollen Leidensweg des sozialdemokratischen Redakteurs des ‹Lübecker Volksboten›, Dr. Fritz Solmitz. [...] Er war den sadistischen Quälereien der SA-Wachmeister besonders ausgeliefert, denn er war Jude. Abend für Abend drangen die SA-Bestien mit Tauenden und Stuhlbeinen bewaffnet in seine Zelle und misshandelten ihn. Als seine Schmerzensschreie das ganze Zuchthaus in Unruhe und Aufregung versetzten, steckten die SA-Folterknechte ihrem wehrlosen Opfer Knebel in den Mund.» Solmitz wurde eines Morgens erhängt in seiner Zelle aufgefunden. «Erst hieß es, er habe selbst Hand an sich gelegt [...] (auch ich habe es in meinem Roman ›Die Prüfung‹ so dargelegt), es stellte sich jedoch später heraus, daß die SA-Mörder ihn totgeprügelt und – um Selbstmord vorzutäuschen – den Leichnam aufgehängt hatten.»[122]

Nach dem Tod von Fritz Solmitz hat Eva Cassirer ihre Rilke-Arbeit für einige Zeit unterbrochen. In einem undatierten Brief wünschte ihr Lou Andreas-Salomé, dass sie sich ihr bald wieder widmen möge. Schon am 17. Dezember 1933 dankte sie für ein weiteres Manuskript: «So wie Sie eingehend wird sich wohl niemand mehr Rainer zu eigen gemacht haben.» Lou hat Ruth Sieber-Rilke von der «Arbeit über Väterchen und welchen Eindruck sie mir gemacht» berichtet und ein Empfehlungsschreiben verfasst: «Mich macht es glücklich, dass eine solche Arbeit über Rainer Maria Rilke zu erwarten ist, wie ich sie mir eindringender, tiefer und zugleich sachlicher nicht vorstellen könnte.» Lou hatte gehofft, dass Eva Cassirer auf den Reisen zwischen Berlin und dem Odenwald immer wieder nach Göttingen käme. «Mir geschieht es selten, dass ich mich Ansprachen ganz hingebe am seltensten kam es dazu gegenüber einer Frau. Und da Sie Ihr festes Heim sowieso ganz gern in Rom haben, so fürchte ich nun, ich bekomme nicht genug von Ihnen ab!» Und sie schließt: «Ich küsse Sie herzhaft!»

Eva Cassirers Briefe an Lou Andreas-Salomé haben sich nicht erhalten. Lediglich ein Briefentwurf vom 24. Januar 1934 geriet unter die Briefe Lous. Ihm ist zu entnehmen, dass ihr plötzlich der Zugang zum Rilke-Archiv verwehrt wurde. Sie hatte die Absage an Lou weitergeschickt, die ihr «als alter Analytiker» antwortete, eine wiederholte Bitte würde die Sache nur «verschlimmbessern». Vermutlich habe Eva eine «Anlage», im Menschen «Verfolgerisches vorauszusetzen», worauf Ruth zu einem «Gegengefühl» gekommen sein könnte. Auch wäre es möglich, dass Ruth sich «irgendwas gar nicht bewusst gemacht hat». Eva Cassirer versucht zwar, dem «alten Analytiker» bewusst zu machen, was die Absage bedeutet: «Liebe – vergegenwärtigen Sie sich doch, was es heißt, dass *Rilke's* Tochter einem Menschen, weil er jüdischer Abkunft ist, verweigert, in und für *Rilke's* Werk zu arbeiten», und sie fragt sich, «ob man nicht will, dass über Rilke ein Buch mit dem Namen Cassirer, einem jüdischen Namen, erscheint.» Bis zum Vorjahr sei die Haltung von Rilkes Familie ihr gegenüber durchaus freundschaftlich gewesen, sie hätte Geschenke erhalten und sei «zum Publicieren» aufgefordert worden. «Mit dem politischen Umschwung habe sie sich in dieser Weise gewendet. – Das haben viele Menschen gethan, das würde mich an sich nicht berühren, – aber es ist doch *Rilke*, um den es sich handelt, sie thun es doch sozusagen in seinem Namen. Ach gut, so gut, dass er das nicht zu sehen braucht.» Und sie schließt: «Liebe Lou, ich habe gedacht, Sie würden Alles thun, dass das nicht sein dürfte. – Aber, Liebe, auch so ganz in dankbarer Verehrung Eva C.» Doch die 73-jährige Lou fand nicht mehr aus ihren analytischen Vorstellungen heraus. Sie nahm zwar das Wort «verfolgerisch» zurück – Eva Cassirer hatte gesagt, das Gegenteil treffe auf sie zu –, aber sie meinte: «Es ist nicht nur Rainer, der *Freund* um den es sich handelt, es ist Rainer *als Sie selber*, den dies jetzt trifft und das regt Mächte des Unbewussten in Ihnen auf, von denen Sie nicht wissen, sondern die Sie nur mit bewussten Erläuterungen vergeblich abzureagieren versuchen.» Im August 1935 lud Lou Eva und Kurt Cassirer nach Göttingen ein, «nicht recht wären mir nur unsere Gespräche über das Rilke-Thema, weil ich nicht mehr ganz sachlich unbefangen in Ihre Arbeit hineinreden kann». Es ist nicht bekannt, ob die Cassirers der Einladung nachkommen konnten.

Eva Cassirer konnte nicht mehr in der Odenwaldschule unterrichten. Die getreue Anna Schilk, Evas Helferin, Schlesierin katholischen Glaubens, war immer voller Begeisterung mit der Familie nach Rom gefahren. Nach mehr als 20 Jahren musste sie die Familie verlassen. Für Kurt Cassirers Kunsthandel in Rom war die Zusammenarbeit mit der Paul Cassirer Galerie in Berlin zu Ende, weil sie schließen musste. 1935 wurde Eva Cassirer aus dem «Reichsverband Deutscher Schriftsteller» und damit aus der Reichsschrifttumskammer ausgeschlossen. Ein ausführliches Schreiben erläutert, dass nur *«die* Persönlichkeiten» für eine kulturschöpferische Arbeit» geeignet seien, «die dem deutschen Volke nicht nur als Staatsbürger sondern auch durch die tiefe Verbundenheit der Art und des Blutes angehören».[123] Noch in den letzten Tagen der Odenwaldschule korrespondierte Eva Cassirer ausführlich mit Regina Ullmanns Tochter Gerda, um ihr von dort eine Gartenfräse zukommen zu lassen. 1927 hatte sie ihr und ihrem Mann Hans Kahl einen Teil des Anfangskapitals für einen Gärtnereibetrieb vorgestreckt. Am 15. Dezember 1938 schrieb sie Regina aus Rom, der Antrag, Gerda und Hans 2200 Mark zu überweisen, sei angenommen und Regina könne von ihrer Tochter Zahlungen empfangen. Später würde dies nicht mehr gelingen, da jetzt «alles Sühneopfer» sei. Als die Odenwaldschule gleichgeschaltet worden war, befand Regina Ullmann allerdings, trotz ihres Mitleids mit den «Betroffenen», das Landerziehungsheim treffe das Verhängnis mit Recht, «es war keine gesunde Schule». Hingegen sah sie «viel Gesundes in der ganzen Bewegung & für die Kunst wohl ein Glück, dass eine Umschau gehalten werden musste».[124] Eva Cassirer hat ihr auch das nicht verübelt, sondern bemühte sich noch in England um Regina Ullmann, wo sie ihr Lesungen verschaffen wollte.

Bis zu ihrer Emigration 1938 pendelten Eva und Kurt Cassirer zwischen Italien und Deutschland, wo sie sich um Kurts Vater Max kümmerten, bis auch er Berlin verließ. Dann teilten sie sein Leben in London und an verschiedenen Orten in Südengland und Wales, wo Max Cassirer am 15. Januar 1943 starb. Im September 1943 fanden Kurt und Eva Cassirer Arbeit in der von der Religiösen Gesellschaft der Freunde, also den Quäkern, gegründeten Wennington School in Wetherby, Yorkshire, denn ihre Mittel waren nun endgültig erschöpft. Als Hausvater unterrichtete Kurt Musik und Französisch, Eva erteilte Deutsch- und Literaturunterricht. Sie trat später der Religiösen Gesellschaft der Freunde bei und hielt oft auch Vorträge in anderen englischen Gemeinden.

In ihren Briefen an Regina Ullmann hat Eva Cassirer nie über das Exil geklagt, außer über den Verlust so vieler Bücher. Nur die Rilkes, und nicht einmal Widmungsexemplare, hat sie nach England mitnehmen können. Sie wusste, dass ein gnädiges Schicksal sie in die Einsamkeit von Wales geführt hatte. «Ich leide nicht», schrieb sie am 12. April 1941 aus ihrem Wohnwagen von der Vaneer Farm, wo sie sich um einen vernachlässigten Waisenjungen kümmerte und in ihm die Liebe zur Dichtung weckte. Bald nach dem Krieg bemühten sich Kurt und Eva Cassirer wieder um ein Visum für die USA, wo nun beide Söhne lebten, Henry als Fernsehjournalist, Thomas studierte Romanistik an der Yale-Universität. Erneut wurde Evas und Kurts Antrag abgelehnt. «Liegt eine Verwechslung vor?», fragt sich Eva Cassirer in einem Brief an Regina Ullmann. Das war wohl der Fall. Auf Grund der FBI-Akte von Henry Cassirer war die Fehlinformation über eine führende Rolle seines Vaters in der Kommunistischen Partei in England verbreitet worden. 1948 legt Kenneth C. Barnes, der Schulleiter der Wennington School, in einem «Testimonial to the Character and Associations of Dr. and Mrs. Curt Cassirer» Zeugnis dafür ab, dass Kurt keineswegs «chairman of the Communist Party of Great Britain» sei, er aber einen Musiker in seinem Streichquartett kenne, der der Partei angehöre. Barnes nennt beide Cassirers «highly cultured people of deep philosophical and religious interest, whose whole life has been spent in the service of music, art and education. [...] These gentle old people came to my school five years ago. They suffered deeply through the political disturbances in Germany but I have never heard them speak with bitterness and hatred and their faith has always been in education rather than politics as the fundamental way to assure the health of society.»[125]

Eva und Kurt Cassirer zogen 1946 wieder in die Odenwaldschule. Sie wussten, dass Deutschland jetzt nichts nötiger hatte als progressive

Schulen, wie es die Odenwaldschule gewesen war und wieder sein sollte. Die erfahrene Pädagogin Minna Specht, die aus dem britischen Exil zurückgekehrt war, erweckte im Auftrag von Eva und Kurt Cassirer die Odenwaldschule zu neuem Leben und leitete sie bis 1951. Dort fanden die beiden Cassirers «nach unvorstellbaren Schwierigkeiten» – so Eva an Regina Ullmann am 14. April 1946 – im Platonhaus wieder ein Heim. Nach der Rückkehr waren die Nachrichten vom Tod so vieler geliebter Menschen zu bewältigen. So war Margarete Marasse, weit über achtzigjährig, nach Theresienstadt deportiert worden, wo sie nicht überlebte. Nur einmal, eben in diesem Brief vom 14. April 1946 ist eine Spur von solchen traumatischen Erfahrungen in den Briefen an Regina Ullmann zu finden. Sie habe von ihrer alten, müden Mutter «in einem Kopftuch auf einem Lager» geträumt, schreibt Eva: «Im Traum noch denkend, Regina, Deutschland.»

In der Odenwaldschule kümmerte sich Kurt Cassirer um die wirtschaftlichen Belange und musizierte. Dankbar erinnern sich Schüler an die Kammermusik, die er mit ihnen und Gästen vortrug. Eva Cassirer unterrichtete nicht mehr, sondern arbeitete weiter an ihrem Buch über vier Werke Rilkes. Es muss zu diesem Zeitpunkt schon weit fortgeschritten gewesen sein, wie aus der Korrespondenz mit Regina Ullmann hervorgeht. Im Vergleich zu ihren Briefen an Rilke, in denen sich Eva dem Dichter gleichsam auf Knien nähert, ist es ein souveränes Werk. Es erfasst die vier Dichtungen, *Das Stundenbuch*, *Die Aufzeichnungen des Malte Laurids Brigge*, *Die Duineser Elegien* und *Die Sonette an Orpheus*, jeweils als Höhepunkte einer Phase seiner künstlerischen Entwicklung: Jugend, Reife und Vollendung, «Vorhergegangenes einschließend, Künftiges Vorbereitend».[126] Ihre Kenntnis seiner Dichtungen ist so umfassend wie ihre Kenntnis der bereits veröffentlichten Briefe und Briefwechsel. Von unveröffentlichten Briefen hatte sie sich vor 1933 im Rilke-Archiv Abschriften machen können, «das mir damals freundlich geöffnet wurde», wie es in der Vorbemerkung heißt, «zur Zeit ist es nicht zugänglich».

In ihrem Buch verbirgt die Autorin jede persönliche Verbindung mit dem Dichter. Sie schreibt weder eine Biographie noch eine Autobiographie. Aus seinen Briefen an sie selbst zitiert sie nicht. Aber an einer Stelle charakterisiert sie ihn, wie sie das offenkundig nur dank des persönlichen Umgangs mit ihm hat tun können. Rilke hatte ein «doppeltes Antlitz», schreibt Eva Cassirer. Er war zugleich der «‹fromme› Mensch», «kindlich gläubig oft Menschen gegenüber –, und der differenzierte, complicierte Mensch einer späten Kultur, in vielen Sprachen sprechend, empfindend, dichtend, ‹sophisticated›, ironisch, manchmal fast pretiös». Seine Leser und Interpreten, meint sie, «antworten meist nur auf *eine* dieser beiden Seiten und nennen sie zum Beweis ihrer eigenen Haltung.»[127]

Bei der Herstellung des Typoskripts hatte Eva Cassirer keinerlei Unterstützung: Hätte sie nur eine Schreibkraft gehabt, die Tippfehler ausgemerzt und die Paginierung vereinheitlicht hätte. In diesem Zustand wollte jedoch niemand das Buch drucken. Schon 1934 hatte sich die Autorin vergeblich bemüht, einen Beitrag in der Schweizer Zeitschrift *Corona* zu veröffentlichen. Aber dort waren kurz zuvor Erinnerungen an Rilke von Marie von Thurn und Taxis erschienen sowie ein Essay über den Dichter von Rudolf Alexander Schröder. Außerdem hatte diese Zeitschrift, wie Eva Cassirer mitgeteilt wurde, ihre meisten Leser «im Reich», was der Veröffentlichung im Weg stand. Hätte sie ihre eigenen Erinnerungen an Rilke geschrieben, so hätte sich wohl leichter ein Verlag finden lassen. Aber für das ernsthafte Buch einer unbekannten Autodidaktin ohne akademische Titel mit dennoch wissenschaftlichem Anspruch bestand kein Interesse.

An den Insel Verlag konnte und wollte sich Eva Cassirer nicht wenden, nicht nur weil Katharina Kippenberg dort 1946 ihr Buch *Rainer Maria Rilkes Duineser Elegien und Sonette an Orpheus* veröffentlicht hatte. Die Gönnerin des Dichters hatte Anton Kippenberg die «Reinigung» von Rilkes Briefwechsel nicht verziehen, wie sie Regina Ullmann am 14. April 1946 schrieb: Die Reinigung sei «Ausdruck einer Gesamthaltung», auf die Rilke bereits 1922 geantwortet habe. Von der Ablehnung, auf die Rilkes französische Gedichte bei seinem Verleger gestoßen waren, hatte er ihr noch selber erzählt. Kippenbergs Äußerung – die sie in diesem Brief wiedergibt –, dass die Juden «zu wenig für Deutschland geleistet haben», weil sie sich «von ihm zurückzogen», bezeichnet sie als töricht: «– Wer, der jüdischer Abstammung war, konnte denn etwas für Deutschland leisten? Es blieb doch nur übrig, von sich aus fortzugehn – oder sich hinausweisen oder vernichten zu lassen.»

So schickte sie das Manuskript durch Regina Ullmanns Vermittlung im April 1946 an den Schweizer katholischen Theologen Hans Urs von Balthasar und erfuhr kurz darauf eine «freundliche Ablehnung». Darauf schlug die Freundin den Arche Verlag vor – auch hier blieb der Versuch erfolglos. Im Oktober dankte Eva Cassirer Regina Ullmann für das Angebot, «mein Rilke Buch zu besprechen», das Erscheinungsdatum beim Niehans Verlag, der ihr wohl die Chance zur Publikation ihres Buches eröffnet hatte, sei jedoch noch ungewiss. Im Oktober 1948 ist von Geldknappheit die Rede: «keine Arbeit in Aussicht». Im selben Jahr erkundigte sich Eva Cassirer bei Regina Ullmann, ob Clara Rilke noch am Leben sei. Vom 17. Mai 1949 hat sich eine Postkarte aus Fischerhude von Clara an Eva Cassirer erhalten. «Ihr liebes Gedenken hat mich ganz besonders erfreut», schreibt sie, vielleicht ein Dank für (verspätete) Wünsche zum 70. Geburtstag Clara Rilkes am 21. November 1948. Im Mai 1951 beklagte sich Eva wieder bei Regina Ullmann über die Schwierigkeiten, das Buch über Rilke unterzubringen. «Es ist zu viel und zu viel nicht gutes erschienen.» Der Verleger Jakob Hegner wolle versuchen, es zum Herbst auf der Buchmesse zu vermitteln. Es dauerte noch sechs Jahre, bis sie Regina Ullmann am 25. Juni 1957 melden konnte: «Endlich ist mein Buch erschienen.» Ihr «eiserner Wille» hatte sich noch einmal bewährt. So, wie sie es in die Maschine geschrieben hatte, mit allen Schönheitsfehlern, wurde das Buch ‹als Manuskript› von dem Rilke-Sammler und Verlagsbuchhändler Paul Obermüller im Heidelberger Koester Verlag gedruckt.

Eva und Kurt Cassirer lebten bis 1970 in der Odenwaldschule, die ihnen als den rechtmäßigen Erben Max Cassirers 1950 zurückerstattet wurde. Als die beiden nicht mehr reisen konnten «kam die Welt zu ihnen» durch ihre Söhne.[128] Als Sachverständiger für Erziehungsrundfunk und -fernsehen hatte Henry Diplomatenstatus bei der UNO. Thomas Cassirer und seine Frau Sidonie, die als Studenten in Yale gute Freunde von Hermann Broch geworden waren, unterrichteten französische und deutsche Literatur in Amerika und besuchten jeden Sommer mit ihrer Tochter Frances die Odenwaldschule. Als das Wohnen im Platonhaus zu beschwerlich geworden war, zogen die nun über 85-jährigen Cassirers in das Augustinum nach Dießen am Ammersee. Dort starb Eva Cassirer am 8. Juni 1974 in ihrem 89. Jahr. Ihr Mann folgte ihr am

9. Juli 1975 nach. Auf dem kleinen Friedhof in Unter-Hambach im Odenwald wurden die beiden begraben.

Rilkes verborgene Gönnerin überlebte den Dichter um fast ein halbes Jahrhundert. Sie überlebte seine Frau und auch seine Tochter. Sie überlebte ein deutsches Regime, unter dem ihr Überleben nicht vorgesehen war. Dennoch kehrte sie nach Deutschland zurück, obwohl viele der ihr Nahestehenden und Nächsten nicht überlebt hatten und obwohl sie wusste, dass die aus dem Exil Zurückgekehrten nicht überall willkommen waren. «Die Menschheit hat ihre Würde verloren, aber die Kunst hat sie gerettet», zitiert sie Schiller[129] mit den Zeilen, die er unter dem Eindruck der Schrecken während der Französischen Revolution schrieb. Daran hat auch Eva Cassirer bis zum Ende ihres Lebens geglaubt.

Nadine Gordimer (1923–2014)

Die 2010 erschienene Essaysammlung *Telling Times. Writing and Living 1954–2008* (*Bewegte Zeiten. Leben und Schreiben 1954–2008*) von Nadine Gordimer trägt die Widmung:

«Reinhold Cassirer 12 March 1908 – 17 October 2001
1 March 1953 – 17 October 2001»

Der Band der zwischen 1952 und 2007 erschienenen Erzählungen *Life Times. Stories 1952–2007* (*Erlebte Zeiten. Erzählungen 1952–2007*) ist mit der gleichen Widmung versehen.[130] Diese Bücher sind nicht die einzigen, die Gordimer ihrem Ehemann gewidmet hat. Sie liebte es, ihrer Familie, der Tochter Oriane, dem Sohn Hugo und den Enkeln ihre Werke zuzueignen, keinem jedoch häufiger als Reinhold Cassirer, jedes Mal mit gleichsam zwei Geburtsdaten. In autobiographischen Essays und in Interviews versäumte sie keine Gelegenheit, auf ihren Mann hinzuweisen.[131] Das erste dieser Daten hält den Tag fest, an dem Reinhold Cassirer als Sohn des Mitinhabers und -direktors der Dr. Cassirer Kabelwerke Hugo und seiner Frau Lotte geb. Jacobi in Berlin geboren wurde. Das zweite klingt wie ein Echo auf Dantes «incipit vita nova» und bezeichnet einen neuen Lebensbeginn, als Reinhold Cassirer und Nadine Gordimer einander zum ersten Mal im südafrikanischen Johannesburg

Nadine Gordimer und
Reinhold Cassirer (1961)

begegnet sind. 1954 heiratete die 31-jährige Schriftstellerin den 16 Jahre Älteren. Es war ihre zweite und seine dritte Ehe.

Reinholds Vater Hugo Cassirer entstammte einem der wohlhabenden, konservativen und kunstliebenden Elternhäuser in der Cassirer-Dynastie.[132] Von seinem Großvater Leopold Jacobi konnte sich der Enkel nicht vorstellen, wie er mit dem Verkauf von Knöpfen, Mantelfutter und Nähfaden en gros in seinem Geschäft am Molkenmarkt mitten in Berlin ein reicher Mann geworden war. Leopold baute sich eine große Villa in der Matthäikirchstraße (heute Herbert-von-Karajan-Straße) nahe dem Tiergarten, einem feinen Viertel, das in der Familie Cassirer und ihrem Umkreis immer wieder begegnet. Dort versammelten sich drei Generationen der Familie Jacobi sonntags zum Mittagessen wie bei Großvater Julius drei Generationen der Cassirers. Großmutter Cäcilie wachte «mit großer Liebe, Strenge und Würde» über die Tafel, aber wehe dem, der nicht erschien. Dann spielten die Männer Skat oder Bridge. Wie bei Julius Cassirer langweilten sich die Kinder und versuchten zwischen Mittagessen und «Kaffeetafel» zu einem Stummfilm zu entkommen.

Reinhold Cassirer betont das Außergewöhnliche der Cassirer-Familie. Er fand sie stolz und «kompromisslos in Familienangelegenheiten». Ihre Unterhaltungen bestanden aus einem «lebhaften Gedankenaustausch», der «nicht immer freundlich» verlief. Sie konnten entweder täglich miteinander telefonieren oder monatelang nicht miteinander sprechen. Frauen, die keine Cassirers waren, wie seine Mutter, hatten es schwer. Kurz vor seinem frühen Tod 1920 erwarb Hugo das Landgut Drei-Eichen in Saarow, seit 1923 Bad Saarow, 70 Kilometer südlich von Berlin. Dort verbrachte «Mutter Lottchen» zehn Jahre jeweils mehrere Sommermonate mit Reinhold und seinem sechs Jahre älteren Bruder Stefan, die dort auch zur Schule gingen. Reinhold führt seine Naturliebe auf das Landleben in Brandenburg zurück. Auch wurde er in Bad Saarow zu einem leidenschaftlichen Jäger. Seine Mutter hingegen vermisste ihr mit Kunstwerken geschmücktes Haus in Berlin, in dem sie eine beliebte Gastgeberin war, ihre Künstlerfreunde und das kulturelle Leben der Stadt.

Als Lotte 1927 den Arzt Alfred Fürstenberg heiratete, studierte Reinhold bereits, zunächst Jura in Hamburg, wo er bei Ernst und Toni Cassirer wohnte. Auch er war für den Familienbetrieb bestimmt, zeigte aber kein Interesse am Ingenieurwesen. Onkel Ernst drückte ein Auge zu, als er merkte, dass sein Neffe Vorlesungen über Kunstgeschichte statt Jura besuchte. Schließlich wählte Reinhold Soziologie als sein Hauptfach und promovierte 1932 bei Alfred Weber in Heidelberg. Wie seine Vettern Werner Falk und Henry Cassirer interessierte sich Reinhold für linke Studentenvereinigungen und trat der Sozialistischen Studentengruppe bei. Dorthin nahm er einen Kommilitonen mit, den er in Karl Jaspers' Seminar kennengelernt hatte. Golo Mann verband angenehmere Erinnerungen mit Reinhold Cassirer als mit dessen Onkel in Hamburg: Mit «Reinie, klug, liebenswürdig und witzig», traf sich eine kleine Gruppe regelmäßig, um die Lektüre für die nächste Seminarsitzung zu besprechen. Golo Mann verdankte dem Kommilitonen aber auch eine andere Erfahrung: «Reinie Cassirer führte mich im Herbst 1930 in die Heidelberger Sozialistische Studentengruppe ein. Ein ganz neues Erlebnis. Vorher hatte ich ziemlich einsam gelebt [...] Nun gab es plötzlich an die hundert ‹Genossen›, ein Wort, das ich nicht mochte, aber gebrauchen musste, zumal ich nun selber Genosse M. wurde. Ein Kern von vielleicht zwanzig Jungen und Mädchen – ‹Männer und Frauen›, ‹Damen und Herren› würde hier nicht passen –, um sie herum ein weiterer Kreis von Mitgliedern [...] Die ‹Gruppe› hatte einen stattlichen Raum gemietet, zu bezahlen durch gestufte Beiträge; wer, wie ich, mehr als 200 Mark von seinen Eltern erhielt, zahlte 10 % davon. Dort traf man sich, um Referate anzuhören und zu diskutieren. Auch gab die Gruppe eine Monatsschrift heraus, *Der Sozialistische Student*, als Gegenstück zu dem offiziellen, von der Universität finanzierten *Heidelberger Studenten*, der sich nun stark und schnell nach rechts hin entwickelte. Es wurden gemeinsame Ausflüge unternommen, bei denen die Klampfe nicht fehlte.»[133]

In Heidelberg hatte Reinhold Cassirer ein Erlebnis wie sein Vetter Henry, das ihm die Augen öffnete. Er trat in einem Prozess als Zeuge auf, um die Korpsstudenten zu identifizieren, die einen jüdischen Studenten zusammengeschlagen hatten. Der Richter hielt Cassirers Zeugenaussage jedoch nicht für glaubwürdig, «weil ein Jude nicht die Wahrheit sagen kann», und entschied auf Freispruch. Die Bemerkung eines mit dem goldenen Parteiabzeichen geschmückten Volksgenossen in Bad Saarow, der Reinhold Cassirer mit einem soeben erlegten Hasen sah und sagte, es würde Zeit, dass Juden nicht mehr jagen dürften, hatte weittragende Folgen. Cassirer entgegnete, er sei vielleicht ein besserer Jude als der andere ein Christ. Das zog ihm eine Denunziation wegen Beleidigung des Christentums, ein sechsstündiges Gestapo-Verhör und den Einzug seines Passes zu.

Nach der Promotion hatte Reinhold Cassirer seine Heidelberger Kommilitonin Marianne Skaller geheiratet und war ohne große Begeisterung in den Familienbetrieb eingetreten, der 1935, wie erwähnt, verkauft wurde. Gerade dann schlug ihm der Vertreter einer Firma, die in Südafrika mit Cassirerschen Kabeln beliefert wurde, vor, nach Südafrika zu kommen. Zu dem Verkauf der Kabelwerke bemerkt Reinhold, die Familie sei nun plötzlich «sehr reich» geworden, zumindest in sogenannten Sperrmark, mit denen sie jedoch nichts anderes anfangen konnte, als sie «in Amsterdam zu 5 % ihres Wertes» abzustoßen. Die Kunstsammlung seines Vaters konnte Reinhold noch zum großen Teil außer Landes bringen, zunächst nach Holland. Er gab sie als Leihgaben für eine Ausstellung aus. Die Werke gelangten schließlich nach Südafrika. Der Stiefvater Alfred Fürstenberg hatte sich bereits 1933 das Leben genommen, als er seine nicht-jüdischen Patienten nicht mehr behandeln durfte. Aus den letzten Wochen seines Lebens berichtet Reinhold folgendes Ereignis: Als General von Falkenhausen, ein Patient Fürstenbergs im Ersten Weltkrieg – Reinhold Cassirer macht ihn zu einem «etwa 90jährigen», Alexander von Falkenhausen war jedoch 61 Jahre alt – von den neuen Vorschriften hörte, kaufte er einen Blumenstrauß und ging zu Fürstenbergs Praxis. SA-Männer wollten ihm den Zutritt verwehren. Er herrschte sie an: «Ich bin General von Falkenhausen. Lassen Sie mich in Ruhe!», stieg die Treppe hinauf, überreichte dem Arzt die Blumen, umarmte ihn und ging.

Reinhold verließ mit seiner Frau noch im Dezember 1935 Deutschland und arbeitete bis 1940, als er zum Wehrdienst in der südafrikanischen Armee eingezogen wurde, in der elektrotechnischen Industrie. Aber er musste feststellen, dass er eine Diktatur mit rassischer Verfolgung gegen ein System rassischer Unterdrückung eingetauscht hatte. Inzwischen hatte sich auch Lotte Fürstenberg auf den Weg nach Südafrika gemacht. Viele Jahre später beschrieb sie in einem Brief vom 22. März 1950 an Edith Geheeb ihren Abschied von Ediths Vater Max: «Ich habe ihn geliebt und geehrt wie kaum einen anderen Menschen.» Beide standen sie in Spandau vor dem Poelzig-Bau der Dr. Cassirer Kabelwerke, die ihr Mann mit seinem Bruder Alfred aufgebaut hatte, und «weinten bitterlich».

Wie der junge Claude Cassirer wurde Lotte Fürstenberg von der französischen Polizei in einem afrikanischen Lager festgehalten, in ihrem Fall in Dakar. Ihren Erzählungen nach überstand sie die sechs Wochen mit unerschütterlichem Optimismus. Ihr Sohn Stefan war nach Dänemark entkommen, wo er anderen Flüchtlingen half, nach Schweden zu fliehen, und den Krieg im Untergrund überlebte. Reinhold wurde bald dem britischen Militär überstellt, das ihn nach Kairo versetzte, wo er bis 1946 der gleichen Tätigkeit nachging wie sein Vetter Henry bei der CBS in New York. Er musste ausländische Nachrichtensendungen abhören und übersetzen. Als «interessantesten Augenblick» seiner militärischen Karriere bezeichnet er den Morgen des 6. Juni 1944, als um sechs Uhr der *Hohenfriedberger Marsch* ertönte, Zeichen einer wichtigen Meldung aus dem Führerhauptquartier. Es war die Nachricht vom Beginn der Invasion der Alliierten in der Normandie. «Sie war kurz», erzählt Cassirer, «ich übersetzte sie in Minuten und wir verbreiteten sie von Kairo über Europa bis Amerika eine halbe Stunde vor der BBC.» Cassirer wurde vom einfachen Soldaten bis zum Hauptmann befördert, was die stolze Mutter am 22. März 1950 in einem Brief an Edith als «für einen jüdischen Immigranten ungewöhnlich» bezeichnet.

Nach der Rückkehr nach Südafrika wurde Reinhold Cassirers Ehe, aus der die Tochter Pippa hervorgegangen war, geschieden. Auch die zweite Ehe mit der Schottin Joan, aus der die Zwillinge Roger und Vicky stammen, hielt nicht lange. Am 1. März 1953 begegnete Reinhold dann Nadine Gordimer. Für die Nobelpreisträgerin war nicht die Überreichung der höchsten literarischen Auszeichnung durch den schwedischen König der «schönste Moment ihres Lebens», sondern eine andere Begebenheit: «Reinhold Cassirer und ich waren als Jungverheiratete zu Gast auf einer Party in London. Er ging in einen anderen Raum, um einen Freund zu begrüßen. Ich stand neben einer Frau, die ich nicht kannte, beide hielten wir lächelnd ein Getränk in der Hand. Da erschien er in der Tür. Sie drehte sich zu mir um und fragte sehr angetan: ‹Wer ist dieser göttliche Mann?› Ich sagte, ‹Mein Mann.›»[134]

Es gibt manche Spuren in Gordimers Werk, die vermuten lassen, dass ihr zweiter Mann ihr ebenso lebendig von seinem Leben in Berlin, seinem Studium in Heidelberg und den Ereignissen erzählt hat, die ihn und seine Familie gezwungen hatten, Deutschland zu verlassen, wie er das 1985 im Südwestfunk Baden-Baden tat. Er hat ihr den Blick in eine unbekannte Welt eröffnet, die sie über Jahrzehnte faszinierte und über die sie immer mehr erfahren wollte: nicht nur das Berlin der Cassirers, das es nicht mehr gab, sondern auch das zeitgenössische Deutschland mit Berlin als Zentrum, dem Gordimer überraschende Einsichten verdankt. Die Schriftstellerin hatte bis 1954 den afrikanischen Kontinent nicht verlassen, wo sie am 20. November 1923 in Spring, heute Gauteng, einer Bergwerkstadt bei Johannesburg, geboren wurde. Ihr Vater Isidore Gordimer hatte sich dort kurz vor der Jahrhundertwende, gerade als im Transvaal die größten Goldvorkommen der Welt entdeckt wurden, als Uhrmacher aus Litauen niedergelassen, woher in dieser Zeit besonders viele jüdische Einwanderer kamen.[135] Ihre Mutter Hannah Myers stammte aus einer säkularen jüdischen Familie aus London. Drei Jahre vor Nadine war ihre Schwester Betty geboren worden.

In ihrer autobiographischen Erzählung von 1954, *A South African Childhood (Eine südafrikanische Kindheit)*,[136] beschreibt Gordimer ihre Eltern: Der Vater, «ein winziger, fesch gekleideter junger Mann mit fein geschnittenem Gesicht», lebte zunächst in einer Behausung aus Holz und Eisen mit einem Retriever, zwei deutschen Kanarienvögeln und seiner Werkbank, erarbeitete sich binnen Kurzem mit seinem Uhren- und Schmuckgeschäft Wagen und Pferd und konnte bald einen Bungalow im älteren Stadtteil von Spring erwerben. Während der Vater «eine lose Verbindung zu der jüdischen Gemeinde aufrechterhielt und sich an dem Unterhalt der hässlichen kleinen Synagoge beteiligte und sogar einmal im Jahr, am Versöhnungsfest Jom Kippur, dort betete», war seine Frau «bei den Damen der Gemeinde nicht sehr gut gelitten». Mrs. Gordimer engagierte sich dagegen ehrenamtlich «in unzähligen Komitees» für die verschiedensten Wohltätigkeitsveranstaltungen bis hin zu dem «jährlichen Kuchenverkauf der presbyterianischen Kirche». Gordimer selbst hat sich stets als atheistisch und jüdisch bezeichnet.

Die Gordimer-Töchter gingen in die von Dominikanerinnen geleitete Klosterschule *Our Lady of Mercy* in Spring, Gordimer betont in der 1988 aufgenommenen Rundfunksendung des Südwestfunks Baden-Baden jedoch, dass sie «weder christlich noch jüdisch erzogen wurde. Sie erzählt auch, dass sie nur einmal und schon im Kindergartenalter Judenfeindlichkeit erlebt hat. Damals sagte ein Mädchen zu ihr, «du hast Jesus getötet» und zerschnitt ihren Hut. Die Schule lag mitten in der Bergwerklandschaft von Witwatersrand, «einem der hässlichsten Gebiete eines ansonsten so schönen Kontinents.» Gelblichweiße Zyankalipyramiden aus dem Abfall von zertrümmertem goldhaltigen Erz und schwarze, von dünnem Graswuchs überzogene Halden aus Kohlestaub, in deren Tiefe es ununterbrochen brannte, ragen aus dem kahlen «Veld», das seit dem früheren Kohlebergbau von Tunnels unterhöhlt ist, die mitunter die Erde erzittern lassen.

Als Nadine zehn Jahre alt war, nahm ihre überbesorgte Mutter sie aus der Schule, weil man eine beschleunigte Herzrate bei ihr festgestellt hatte. Dabei wollte sie doch Tänzerin werden. Sie «war verrückt aufs Tanzen,» erzählt sie in dem Rundfunkgespräch und veranstaltete Aufführungen mit ihrer Schwester, die Mutter am Klavier. Ihr Talent für Komik zeigte sich in Imitationen von Freunden und Lehrern vor privatem Publikum zu Hause. Ihre eigentliche Bildungsstätte war die öffentliche Bibliothek, die sie mit ihrer Mutter jede Woche besuchte und Stöße von Kinder- und Jugendliteratur mit nach Hause nahm. Mit 13 Jahren gewann sie einen Büchergutschein und erwarb dafür Margaret Mitchells *Vom Winde verweht*. Später las sie englische, amerikanische, französische, deutsche und russische Autoren.[137] Sie las Romane, Erzählungen und Gedichte. Obschon in Übersetzung, verfiel auch sie der Sprachmagie Rilkes. Besonders ihre Essays sind mit Zitaten aus der Weltliteratur angereichert. Will man einen Autor ausmachen, der von überragender Bedeutung für die junge Leserin war, so ist es Marcel Proust. Dass sie ihrer Tochter den Namen der schönen Oriane de Guermantes aus Prousts *Auf der Suche nach der verlorenen Zeit* gegeben hat, bestätigt sie in dem Rundfunkgespräch.

Vom Lesen kam bereits das Kind zum Schreiben. Nadine verfasste zunächst Kindergeschichten. Die erste Erzählung der 15-Jährigen erschien in der südafrikanischen Zeitschrift *The Forum*. Mit 22 Jahren besuchte Gordimer Vorlesungen über englische Literatur an der Universität von Witwatersrand in Johannesburg und schrieb Kurzgeschichten, mit denen sie sich zunächst einen Namen machte. Während des Krieges, als südafrikanische Truppen in Ägypten und Nordafrika kämpften, blieb Nadine zu Hause in Spring. Ihre Mutter war schon vor dem Krieg im Roten Kreuz aktiv gewesen, Nadine leistete Freiwilligendienst in den Krankenstationen der Minen. In dieser Zeit erwachte ihr soziales Gewissen nicht nur durch die Lektüre von Büchern wie Upton Sinclairs *Der Dschungel*. Jetzt sah sie verletzte schwarze Bergarbeiter, die ohne Betäubungsmittel wieder zusammengeflickt wurden und deren Fleisch unter der schwarzen Haut genauso rot war wie das der Weißen. Als sie mit 18 Jahren zum ersten Mal wählen konnte, wählte sie den Methodistenpfarrer Thompson, einen Kandidaten der damals noch legalen Kommunistischen Partei.

1949 erschien der erste Sammelband mit Gordimers Erzählungen, *Face to Face*, in Südafrika. In diesem Jahr heiratete sie den jungen Zahnarzt Gerald Gavron, der aus einer ähnlichen Familie litauisch-jüdischer Einwanderer stammte wie sie selbst. Nach einem Jahr wurde die Tochter Oriane geboren aber die Ehe währte nur kurze Zeit. Auf sich gestellt und für ein Kind von 15 Monaten verantwortlich, suchte sie Arbeit, denn von der Unterstützung ihres geschiedenen Mannes für Oriane konnten Mutter und Kind nicht leben. Freunde empfahlen ihr, es bei einer Werbeagentur zu versuchen. «Gott sei Dank», sagt sie, «fiel ich bei der Prüfung durch.» Einen Halbjahresvertrag der Filmgesellschaft Metro-Goldwyn-Mayer lehnte sie ab, weil sie von dem elenden Leben der Drehbuchautoren in Hollywood gehört hatte. Ihr Agent schlug ihr vor, es doch einmal mit einem Roman zu versuchen. Der New Yorker Verlag Simon and Schuster bot ihr einen Vorschuss von 400 Dollar, ein Gottesgeschenk. In einem Jahr entstand der Roman *The Lying Days (Entzauberung)*, der zuerst in New York, dann in London bei Victor Gollancz erschien. Sie widmete das Buch der dreijährigen Oriane. Die erste Übersetzung war die ins Deutsche, die der S. Fischer Verlag veröffentlichte.

Mit dem hermetischen Titel des Romans gibt Gordimer ein weiteres Beispiel ihrer Belesenheit. Er ist dem Gedicht *The Coming of Wisdom with Time* des irischen Dichters William Butler Yeats entnommen. Er bedient sich der Stimme eines Baumes, der in den «lügnerischen Tagen der Jugend» aus einer Wurzel viele Blätter und Blüten getrieben hat und nun gleichsam in die Wahrheit verwittert und altert.[138] Der Entwicklungsroman fasst in der Geschichte der jungen Helen Shaw die Erfahrungen Gordimers in den ersten 30 Jahren ihres Lebens in einer von Klassen- und Rassengrenzen bestimmten Gesellschaft zusammen, in der jedem und jeder der durch Hautfarbe und Herkunft vorbestimmte Wohnort, Arbeitsplatz und Bildungsstatus zugewiesen wird. Durch ihren Vater, einem Angestellten in der hierarchisch gegliederten Bergwerksverwaltung, gehört Helen zu den oberen Rängen der weißen Mittelschicht im fiktiven Asherton bei Johannesburg. Schon das Kind erweist sich als wissbegierige Beobachterin, wenn es allein durch die Viertel der Goldminenarbeiter mit den Läden indischer Einwanderer, im Gegensatz zu den schwarzen Afrikanern «coloureds», Farbige, genannt, voller Seltsamkeiten streift, während die Eltern die Zeit mit ihresgleichen im Tennisklub verbringen. Gordimers Familie gehörte in diese weiße Welt, wenn auch weder zum britischen Establishment noch dem der Afrikaaner, der Nachkommen holländischer Siedler. Sie selbst zählte zur ersten Generation der «uitlander», jener Einwanderer aus Irland, Deutschland oder Litauen, die wiederum eine Klasse für sich mit unterschiedlichen Kulturen bildeten.

Bei Mrs. Koch, einer Freundin ihrer Mutter, lernt Helen an der Küste ein Leben auf dem Land außerhalb des «Kokons» der weißen Welt mit

Schwimmbädern, Tee-Einladungen und Tanzabenden kennen, in dem sie bisher gelebt hat. Mrs. Kochs Sohn Ludi, auch er ein Freigeist, der die Minenindustrie verachtet und das Meer liebt, lässt sie das erste sexuelle Verlangen spüren, ohne dass sie eigentlich weiß, was es ist. Wenn Helen in Johannesburg die Universität besucht, lernt sie durch den Studenten Joel Aaron seine aus Osteuropa eingewanderte jüdische Familie kennen und begegnet Schwarzen, die sich aus der erniedrigenden Diskriminierung und zum Wohl ihres Volkes heraufarbeiten wollen wie die scheue Mary Seswayo, die erste solcher Frauenfiguren Gordimers. Als Elfjährige hat Helen einen «Streik» von Bergarbeitern von wenigen Stunden erlebt, die gegen ihre schlechte Ernährung protestieren. Am Ende des Romans gewinnt sie durch den Sozialarbeiter Paul Clark, ihre erste Liebe, Zugang zu den Weißen verbotenen schwarzen Wohnvierteln und wird Zeugin einer gewalttätigen Demonstration, in der vor ihren Augen ein Demonstrant getötet wird. Danach ist auch Helen versucht, das Land zu verlassen. Aber sie entschließt sich zu bleiben.

Während Gordimer ihren ersten Roman schrieb, waren in Südafrika entscheidende Ereignisse eingetreten. Nachdem die National und die Afrikaaner Partei 1948 eine Koalition gebildet hatten, wurde ein striktes Apartheidsystem eingeführt und von Jahr zu Jahr bis 1986 in über 1000 Gesetzen verschärft. Seit 1949 waren Heiraten zwischen Weißen und Schwarzen verboten, 1950 wurden mit dem *Immorality Act Amendment* sexuelle Beziehungen zwischen Weißen und Angehörigen anderer Rassen strafbar. Der *Population Registration Act* klassifzierte jeden Südafrikaner nach Hautfarbe, «äußerem Erscheinungsbild» und «Umgang» als weiß, schwarz, «coloured», Inder oder Asiaten. Durch den *Group Areas Act* wurden ethnische Wohngebiete eingerichtet, nichtweiße Wohnviertel zerstört und «Homelands» in den Reservaten geschaffen. Dieses Gesetz verursachte «wohl das größte Ausmaß an Leid unter den Nichtweißen Südafrikas während der Apartheid». Der *Suppression of Communism Act* wurde gegen jegliche politische Opposition angewandt. Der *Bantu Education Act* erschwerte höhere Bildung für Schwarze und ein «Reference Book», ein Nachweis des Aufenthalts in «weißen Städten», das alle Schwarzen mit sich führen mussten, beschränkte ihre Bewegungsfreiheit enorm.[139]

Das alles spielte sich unter den Augen Nadine Gordimers ab, die in diesen Jahren zu einer Schriftstellerin wurde, die von nun an in ihrem erzählerischen und essayistischen Werk die politische Entwicklung ihres Landes nicht nur beschrieb, sondern das inhumane System, das sie hervorgebracht hatte, ohne Rücksicht auf die Folgen, die es für sie haben konnte, geißelte. Zu Beginn dieses «historischen Bewusstwerdungsprozesses»,[140] wie es Stephen Clingman nennt, stehen Gordimers freundschaftliche Beziehungen zu dem Engländer Anthony Sampson, dem Redakteur der Zeitschrift *Drum Magazine* in Johannesburg, die ausschließlich schwarze Mitarbeiter beschäftigte. *Drum* gab während der fünfziger Jahre ein Zeichen der Hoffnung für die Möglichkeit einer multikulturellen Koexistenz. In den folgenden Dekaden ging diese Utopie unter. 1960 wurden bei einer Demonstration gegen die neuen Passgesetze in Sharpeville 69 Menschen getötet. 1976 demonstrierten Schüler in Soweto gegen ein neues Gesetz, das nur Afrikaans als Unterrichtssprache erlaubte. 23 Demonstranten, darunter Kinder, wurden erschossen.

In den siebziger Jahren erwachte die Black-Consciousness-Bewegung, in der junge Schwarze unabhängig von weißer Unterstützung ein neues politisches und kulturelles System schaffen wollten. Sabotage wurde als letztes Mittel gesehen. In den Achtzigern fürchtete auch Gordimer, dass eine Welle revolutionärer Zerstörung das Land unter sich begraben würde, um dann in ihren Post-Apartheid-Werken vorsichtige Annäherung und schließlich Beziehungen zwischen Menschen aus den seit je getrennten Kulturen darzustellen, ehe 2013 in ihrem zuletzt erschienenen erzählerischen Werk Kritik an den Zuständen in Südafrika in Desillusion mündet.

Als Nadine Gordimer Reinhold Cassirer kennenlernte, traf sie in ihm auch einen politischen Gesinnungsgenossen. Seine Mutter Lotte war glücklich über ihre vierte Schwiegertochter (Stefan hatte in Dänemark geheiratet). 1954 lud sie ihre beiden Söhne mit ihren Frauen nach Baden-Baden ein. Am 25. Mai berichtete sie Edith Geheeb, es sei «der Höhepunkt» ihres Lebens gewesen. Die Brüder hätten einander nach 20 Jahren zum ersten Mal wieder gesehen. Am 11. November heißt es, Nadine sei «wirklich entzückend und endlich hat mein Sohn das Glück gefunden, das er schon längst verdient hätte». Nadines Roman *The Lying Days* sei bereits in der 7. Auflage, die Geschichten, die in der Zeitschrift *The New Yorker* seit 1951 erschienen und nun in der Sammlung *The*

Soft Voice of the Serpent vorlägen, seien ebenfalls ein großer Erfolg und «der Prinzgemahl sehr stolz».

Nadine hatte auf dieser Reise, die als Hochzeitsreise zählte, den afrikanischen Kontinent zum ersten Mal verlassen. Die Neuvermählten nahmen ihre beiden Töchter mit, Nadine die dreieinhalbjährige Oriane, Reinhold die viereinhalbjährige Pippa. Jedes der kleinen Mädchen hatte zu seiner Überraschung plötzlich eine Schwester. Der Vater berichtete diese Episode in dem Südwestfunk-Interview: «Wir nahmen sie nach England mit, brachten sie in ein Kinderheim in Devonshire und flogen davon nach Amerika. So grausam können die Menschen sein, wenn sie verliebt sind. Als wir sie nach einem Monat abholten, standen sie Hand in Hand da und sind seither die besten Schwestern und Freundinnen. Vielleicht waren wir doch eher intelligent als grausam.»

Die Amerika-Reise inspirierte Nadine Gordimer zu einer Erzählung, *The Face from Atlantis* (*Gesicht aus einer versunkenen Welt*)[141], in der die junge Südafrikanerin Eileen mit ihrem Mann, einem deutschen Emigranten, 1957 zum ersten Mal nach Europa und weiter nach Amerika reist. Überall wo sie Station machen, sucht Waldeck Brand, so sein romantisch phantasievoller Name, Freunde aus seiner Studentenzeit auf, die er 20 Jahre nicht gesehen hat. «Es wollte Waldeck wie ein Wunder vorkommen, dass alle diese Leute, die Deutschland hatten verlassen müssen, weil sie, wie er selbst, zu den politisch Gefährdeten oder auch zu den Juden oder zu beiden gehörten, ihre Entwurzelung nicht nur überlebt, sondern es draußen zu etwas gebracht hatten, und das noch obendrein im Rahmen und Stil des Landes, das ihnen Zuflucht gewährt hatte.»

Eileen hatte Waldeck von diesen Freuden, mit denen er im sozialistischen Studentenbund gewesen und in den Schweizer Alpen Ski gelaufen war, nicht nur erzählen hören, sie hatte auch ihre Bilder in drei «in grünes Leder gebundenen Fotoalben» gesehen, die für sie «die Chronik einer versunkenen Welt, eines anderen Atlantis» enthielten und die sie immer wieder durchblätterte. Sie selbst hatte zwar in Südafrika die Universität besucht, aber «niemals war sie Studenten begegnet wie diesen: so gut aussehenden, so glückstrahlenden kühnäugigen jungen Männern und so reizvollen jungen Mädchen, die lange Zigarettenspitzen in der Hand hielten.» Bei ihrem Anblick hatte jedes Mal «eine wilde Empfindung des Neides ihren ganzen Körper durchfurcht». In Waldecks Freunden war noch immer «etwas von der merkwürdigen inneren Kraft» zu spüren, die sie auf den Fotos ausstrahlen, jedoch «mit ihrem Haar hatten sie auch ihre frühere politische Überzeugung verloren». Die ehemaligen Mitglieder des sozialistischen Studentenbunds waren nun Redakteur einer rechtsliberalen Zeitung und Präsident eines Versorgungsbetriebs in New York, der außerdem «erfolgreich mit ein paar Fingern in Öl plätscherte».

Im März 1955 wurde Nadines und Reinholds Sohn Hugo geboren. Nun zogen sie in ein größeres, wenn auch reparaturbedürftiges Haus in der Frere Road in Parktown West, wo es Platz für die Kunstwerke gab, die Reinhold und seine Mutter nicht auf Auktionen in Johannesburg gegeben hatten. Der Verkauf hatte es Lotte Fürstenberg ermöglicht, im Johannesburger Hotel Stephanie wohnen zu bleiben. An Edith schreibt sie am 8. Dezember 1949, sie habe ihre «soziale Arbeit», die sie «jahrzehntelang international durchgeführt» habe, in der Emigration «aufs private» umstellen müssen. Wie bei Toni Cassirer in New York bestand sie aus dem «ewigen Paketepacken» für die hungernden Angehörigen und Freunde in Europa. Außerdem konnte sich Lotte Besuche bei ihren Geschwistern in England leisten. «Es ist eine wirklich weite Tour, aber ich bin nun mal ein Familienmensch und scheue nicht die Kosten, die Zeit und die Anstrengung.»

Nadine war jetzt Schriftstellerin, Hausfrau und Mutter, was nur durch eine strikte Zeiteinteilung ermöglicht wurde. Die Vormittage hatten absolut störungsfrei zu bleiben, als Ausnahme galt allein der «Notfall, dass im Haus Feuer ausgebrochen ist. Als meine Kinder noch zu klein waren, um ins Internat zu gehen, waren meine Arbeitsstunden die, in denen die Kinder in der Schule waren, und das Monster der Schriftstellerin in mir verlangte, dass die Kinder während der Ferien in denselben Stunden wie in der Schulzeit weder zu sehen noch zu hören seien. Eines Tages jedoch bekam ich die zweifellos verdiente Quittung, als nämlich mein kleiner Sohn das Gebot durchbrach und vor meinem Fenster spielte, und so hörte ich, wie er auf die Frage seines Freundes: ‹Was ist deine Mutter von Beruf?› antwortete: ‹Sie ist Sekretärin.›»

Zwischen 1955 und 1960 entstanden der zweite Roman, *A World of Strangers* (1958; deutsch: *Fremdling unter Fremden*), zahlreiche Erzählungen und die ersten Reise-Essays über Afrika, so 1960 der eindrucksvolle Text *The Congo River (Der Kongo)*. Nadine Gordimers wichtigstes Thema war die Apartheid, deren psychologische Auswirkungen auf sie selbst sie in ihren Essays bis auf die Wurzel nachging und die sie in ihren Erzählungen und Romanen beschrieb. Sich von den ersten Eindrücken im erwachenden kindlichen Bewusstsein zu befreien, war ein jahrelanger Prozess, wie es in *Eine südafrikanische Kindheit* heißt.[142] Schwarze waren anders, aber waren sie anders, weil sie schwarz waren, oder waren sie schwarz, weil sie anders waren? Sie waren jedenfalls nicht reinlich. Sie hatten keine Nachnamen (oder man machte sich nicht die Mühe, sie danach zu fragen). Sie waren nicht fähig, etwas zu lernen und mussten in jeder Beziehung ferngehalten werden. So lebte das Dienstmädchen Letty in einer Hütte im Garten, konnte niemals ins Kino gehen und «aus dem gleichen Glas wie sie zu trinken, war undenkbar». Dass sie keine der afrikanischen Sprachen gelernt hat, hat Gordimer ihr Leben lang bereut.

Die junge Nadine befreite sich von diesen Vorstellungen, indem sie erkannte, dass sie nicht auf gott- oder naturgegebenen Gesetzen beruhten, sondern auf menschlichem Irrtum, «und jedes Stadium größerer Einsicht war von Schuldgefühlen begleitet, begründet in meiner Ignoranz bis dahin». Dazu gehörte die Erkenntnis, dass die Schwarzen keine Badezimmer hatten und ihre Schulbücher bezahlen mussten, während weiße Kinder sie umsonst bekamen. Nadine Gordimer ist es gegeben, «das Leiden der anderen zu sehen», wie Susan Sontag, mit der Gordimer in einer großen Freundschaft verbunden war, ihren Essay über Kriegsfotografie benannt hat.[143] In Gordimers Erzählungen und Romanen gibt es immer wieder Momente, in denen das Leiden einer Kreatur – sie kann auch ein Tier sein – nicht Mitleid erregt, das nur betäubt, sondern die Ursache des Leidens bloßgelegt wird.

Gordimer und die ihr Gleichgesinnten mussten sich nun entscheiden, ob sie weiterhin unter dem Regime der Apartheid leben konnten, in dem eine Minderheit von drei Millionen einer Mehrheit von acht Millionen die grundlegenden Menschenrechte vorenthielt. Viele Dissidenten gingen ins Exil, sofern sie nicht in die Verbannung geschickt wurden. Gordimer blieb und schrieb. Was sie schrieb, basierte auf genauen Beobachtungen, Recherchen und ihren Bekanntschaften, wenn nicht

Freundschaften mit schwarzen Schriftstellern, Intellektuellen und Akademikern in Südafrika. Ehe Nelson Mandela 1964 zu lebenslanger Haft verurteilt wurde, war Gordimer oft bei den Gerichtsverhandlungen zugegen.

Diese Jahrzehnte nannte Gordimer das «Interregnum», wobei sie einen Begriff des französischen Philosophen Roland Barthes aufnahm, den auch Sontag sehr schätzte.[144] Er bedeutet eine Epoche, während der eine alte Ordnung zusammenbricht und keiner weiß, ob und wann je eine neue entstehen wird. Während des «Interregnums» veröffentlichte Gordimer zahlreiche Essays, darunter 1982 *Living in the Interregnum* (*Leben im Interregnum*),[145] sechs Romane, von welchen drei in Südafrika für mehr oder minder lange Zeit – einer für zehn Jahre – dem «Bann» der Zensurbehörde verfielen, im Ausland jedoch großes Aufsehen erregten. Die vielen Kurzgeschichten Gordimers aus dieser Epoche zeigen das ganze Panorama Südafrikas. Sie spielen unter Schwarzen und Weißen, in der Großstadt und dem «Veld», unter der schwarzen Elite und Arbeitern, schwarzen und weißen Aktivisten sowie Verteidigern der Apartheid. Gordimer ist eine der großen Erzählerinnen des 20. Jahrhunderts. Ihre Phantasie kennt keine Grenzen. Sie beschwört immer wieder ein neues Milieu herauf, besonders dann, wenn sie die weißen und schwarzen Randgruppen etwa in einer keineswegs respektablen Bar einander begegnen lässt.

Gordimer bewies ihre Opposition nicht nur mit der *unerlässlichen Geste*[146] ihres Werkes. Sie und ihr Mann traten dem African National Congress, Nelson Mandelas Partei, bei, der 1960 dem «Bann» verfiel. Sie versteckten «hochrangige Dissidenten» in ihrem Haus, Nadine «fuhr andere heimlich an die Grenze».[147] Reinhold unterstützte wieder andere finanziell im Exil. Gordimers Sympathie galt auch der Kommunistischen Partei, die natürlich in Südafrika nur im Untergrund aktiv sein konnte, schon weil diese als erste Partei in Südafrika schwarze Mitglieder aufgenommen hatte. Diese Sympathie verleitete die lebenslange Kritikerin der südafrikanischen Zensur[148] dazu, höchst «duldsam» über Fidel Castros Kuba zu schreiben, wo «mehr Journalisten im Gefängnis saßen als in irgendeinem anderen Land außer China».[149] Gordimer ist klug genug, dieses Dilemma zu erkennen: «Kreatives Handeln ist nicht rein», schreibt sie in *Die unerlässliche Geste*. «Die Geschichte beweist es, die Ideologie fordert es. Die Gesellschaft erzwingt es. Der Schriftsteller verliert das Paradies. [...] sein Werk ist ‹seine unerlässliche Geste als gesellschaftliches Wesen›.»[150]

Obwohl Nadine und Reinhold Cassirer sich entschieden, in Südafrika zu bleiben, wollten sie ihre Kinder nicht in segregierte Schulen schicken. Hugo wurde Schüler eines 400 km entfernten Internats in der autonomen Provinz Swasiland. Zu den Feiertagen am Jahresende verschickten die Eltern Glückwünsche auf einer Karte mit der Fotografie Hugos, der den Arm um die Schultern eines schwarzen Mitschülers legt. Reinhold war, wie Edith Geheeb am 29. Dezember 1963 berichtet, ein treusorgender Vater, «kümmert sich um die Kinder, schleppt sie überall hin». Im selben Jahr hatte Edith den «süßen kleinen Sohn» kennengelernt, als Reinhold und Nadine sie in der Ecole besuchten.[151]

Den immer gewalttätigeren Protesten der sechziger Jahre schlossen sich auch Weiße an. In dem Roman *The Late Bourgeois World* (1966; deutsch: *Die spätbürgerliche Welt*) ist das der junge Max Van Den Sandt, der, wie fast alle fortschrittlichen weißen Protagonisten Gordimers, der «spätbürgerlichen» Klasse in Südafrika angehört und an Sabotageakten beteiligt war. Vor Gericht tritt er jedoch als Zeuge der Anklage auf und nimmt sich schließlich das Leben. Hauptfigur des Romans, der zehn Jahre «gebannt» war, ist seine geschiedene Frau Elizabeth, eine der für Gordimers Werk charakteristischen klugen, unabhängigen Frauenfiguren. Die Juristin entscheidet sich schließlich dafür, den Widerstand gegen die Apartheid zu unterstützen.

Kein südafrikanischer Dissident außer Nelson Mandela beeindruckte Nadine Gordimer mehr als der weiße Rechtsanwalt Bram Fischer. Sein Haus wie sein Schwimmbecken standen Schwarzen offen. Ein schwarzer Junge wuchs mit seinen Kindern auf. Er verteidigte Schwarze, ohne Honorar zu verlangen, und als dem überzeugten Kommunisten, der eine Zeit lang untergetaucht war, der Prozess gemacht wurde, den Gordimer im Gerichtssaal verfolgte, bereute er nichts und nahm die lebenslange Haft auf sich mit den Worten: «Ich fühlte mich nicht jenen verpflichtet, denen die Leiden anderer gleichgültig sind, sondern jenen, denen sie nahegehen.»[152]

Bram Fischers Geschichte inspirierte Gordimer zu dem Roman *Burger's Daughter* (1976; deutsch: *Burgers Tochter*), in dem sie den Blick auf die Kinder weißer Dissidenten richtet. Diese Generation machte die Erfahrung des «Schwarzen Bewusstseins» ihrer Zeitgenossen, die sich von ihren weißen Mitkämpfern lossagten. In dem Roman trifft Lionel Burgers Tochter Rosa nach dem Tod ihres Vaters, der wie Bram Fischer zu lebenslänglich verurteilt worden war, in Paris auf Baasie. Er war im Haus ihres Vater aufgewachsen und hatte als Kind mit ihr in einem Bett geschlafen. Jetzt weist er in einer sprachmächtigen Passage sie und alle Weißen, ihre vergeblichen Mühen und ihre Opfer zurück. Er nennt sich nun Zwelinzima Vubindlela, «Leidendes Land», und speit ihr die ganze Verachtung seines Volkes in einem nächtlichen Telefonanruf vor die Füße. Er kennt keine Helden, weder Weiße wie Lionel Burger, der im Gefängnis starb, noch Schwarze wie seinen Vater, der sich in seiner Zelle erhängte oder erhängt wurde. Nichts hat sich geändert. Schwarze werden noch immer täglich umgebracht. Schwarzes Blut soll weißen Dreck abwaschen. Gordimer sah Südafrika auf eine Apokalypse zutreiben, die 1981 in dem Roman *July's People* (*Julys Leute*) ausbricht. Während das Land im Chaos versinkt, nimmt eine weiße Familie Zuflucht in dem Dorf Julys, eines Schwarzen, der jahrelang bei ihr, fern von seiner eigenen Familie, gearbeitet hat.

Als Reinhold Cassirer 1986 im Südwestfunk von seinem Leben erzählte, war das Ende des Ringens noch nicht abzusehen. Hoffnungslos fragt der 78-Jährige und trifft damit sicher die Meinung seiner Frau: «Wie kann die weiße Diktatur über die schwarze Mehrheit abgeschafft werden? Sicher nicht durch das parlamentarische Dreikammersystem, das die Regierung 80 Prozent der Bevölkerung anbietet. Für einen alten Mann wie mich ist das schlimm. Ich gehöre zu der sehr kleinen Gruppe von Weißen, die die Lösung nur darin sieht, politische Macht aufzugeben und freie Wahlen abzuhalten.»

Während die Zensurbehörde Publikation und Verkauf von Gordimers Romanen und Erzählungen in Südafrika verbieten konnte, veröffentlichte sie Essays in amerikanischen und englischen Zeitschriften wie der *New York Review of Books* und dem *Observer*. Dazu gehören ihre Porträts der Freiheitskämpfer Häuptling Luthuli,[153] Bram Fischer und Nelson Mandela.[154] Sein Geschick als Verhandlungsführer, sein Mut als Staatsmann und seine Weisheit, als er nach 27-jähriger Gefangenschaft ohne Rache zu fordern in die Freiheit gelangte, erfüllten sie nachgerade mit Ehrfurcht. Erst nach Mandelas Tod ließ Gordimer in einem Nachruf ihre Leser wissen, wie nah sie ihm gestanden hatte. Es war ihr unerklärlich gewesen, wie ihr Roman *Burgers Tochter* zu ihm ins Gefängnis auf Robben Island geschmuggelt werden konnte. Von dort schrieb ihr «der anspruchsvollste Leser, den ich mir erhoffen konnte, seine tiefempfundene, verständnisvolle Zustimmung». Dass er sie 1993 zur Verleihung des Friedensnobelpreises nach Oslo einlud, war natürlich bekannt, aber dass er sie kurz nach seiner Befreiung hatte sehen wollen, hat sie erst an dieser Stelle veröffentlicht. Sie glaubte «mit der Eitelkeit der Schriftstellerin», dass «der große Mann» mit ihr über *Burgers Tochter* sprechen wollte. Aber er eröffnete ihr, wie er am Tag nach seiner Freilassung erfahren hatte, dass seine Frau Winnie Mandela einen Liebhaber hatte. Es wurde erst sechs Jahre später nach der Scheidung der Mandelas bekannt, und Gordimer hat nie darüber gesprochen, weil sie glaubte, dass Mandela sein Leben mit all seinen Opfern nicht nur «um seines politischen Ethos» willen gelebt hat, sondern «für die Freiheit der anderen».

1994, als die *Convention for a Democratic South Africa* zusammentrat, suchten Mandelas African National Congress und dessen Verbündete für ihre Besprechungen einen sicheren Ort, um nicht von Apartheidanhängern bespitzelt zu werden. Sie wählten Reinhold und Nadine Cassirers Haus. «Wir waren natürlich nicht an den Gesprächen beteiligt. Ich brachte Tee auf die Veranda, wo die Gruppe sich mehrmals traf. Mandela war nur einmal dabei.» Als Gordimer Mandela einmal besuchte, kam seine Tochter Zindzi dazu. Sie wollte nicht bleiben, weil Winnie im Wagen wartete. «Geh und bring sie herein», sagte Mandela. Das freundschaftliche Treffen der Geschiedenen war für Gordimer ein weiterer Beweis für Mandelas tiefe Menschlichkeit.[155]

Seit den sechziger Jahren wurde Nadine Gordimer immer häufiger zu Vorträgen und Lehraufträgen, besonders in den USA, eingeladen. Am 23. September 1977 schrieb sie an Edith Geheeb, dass sie sich zu Seminaren über die Gattung der Kurzgeschichte an der Columbia-Universität in New York verpflichtet habe, weil Hugo dort studiere. «Ich denke, die Nabelschnur ist endlich durchschnitten, nicht für ihn, sondern für mich. Ein wenig schmerzhaft aber notwendig. Sein Überleben steht nicht in Frage, aber was mein eigenes betrifft... Söhne sind Liebhaber, wissen Sie. Aber Sie wissen ja alles.» Anlass zu diesem Brief war Aurobindo Boses Tod. Nadine schrieb Edith, wie froh sie sei, dass er noch sicher wusste, der letzte Band seiner Tagore-Übersetzungen würde veröffentlicht werden. Traurig aber sei sie, dass Edith einen weiteren Gefährten verloren habe. Das Schreiben zeigt, dass auch Nadine Gordimer sich nicht der Ausstrahlung Edith Geheebs entziehen konnte. «Ich umarme Sie zärtlich», schreibt sie, «und sage Ihnen, wenn Ihre Zeitgenossen Sie verlassen haben, brauchen die Menschen der nächsten Generation wie ich Ihre Gegenwart in dieser Welt umso mehr. Ich kenne Sie erst eine kurze Zeit und ich darf nicht sagen, dass ich Sie gut kenne, aber Sie sind mir wichtig.»

Reinhold Cassirer setzte die Tradition der Familienkorrespondenz fort und berichtete Edith weiterhin über die Ereignisse in Südafrika. Seine Mutter hatte 1963 in Zürich einen Herzanfall erlitten. Sie kehrte nach Johannesburg in ihr Hotel Stephanie zurück, wo Reinhold, «ein echter Cassirer», wie sie Edith am 29. Dezember 1963 schrieb, sie jeden Tag besuchte. Sechs Jahre später, am 24. Januar 1969, teilte er Edith Geheeb mit, dass «Mutter Lottchen im 90. Jahr sanft entschlafen» ist. Auch über Nadine und die Kinder hielt er Edith auf dem Laufenden. Seine Frau war nun immer häufiger und länger auf Reisen. 1969 verbrachte sie drei Monate in den USA und trat an vier Universitäten auf. Außerdem besuchte sie Schweden, England und Frankreich. 1974 hat «die energische Nadine einen neuen Roman abgeschickt»[156] – es muss *The Conservationist (Der Besitzer)* gewesen sein –, hat Australien besucht und den Rückweg über Hongkong genommen.

Reinhold berichtet von dem Refugium auf dem Land, einer umgebauten Scheune 35 Minuten von Johannesburg entfernt, wo er mit zwei prächtigen Hunden seiner Jagdleidenschaft frönen kann und wo Nadine, wenn sie ihn begleitet, sich auch am Lagerfeuer im Busch als ausgezeichnete Köchin erweist. Ihre silberne Hochzeit, teilt er Edith am 31. Juli 1980 mit, möchten sie auf den Seychellen verbringen. 1973 war Ediths Hilfe für Nadines Tochter Oriane nötig. Sie hatte in USA Anthropologie studiert, aber, laut Reinhold, «nicht durchgehalten». Nun wartete sie auf Arbeitserlaubnis in England. Könne sie in die Ecole kommen als «paying guest»?[157] Oriane verbrachte mehrere Wochen in der Ecole, wo ihre dankbare Mutter sie besuchte.[158]

Reinhold Cassirer hat die Ecole d'Humanité über Jahre großzügig unterstützt. Auf einer Überweisung von 2500 Franken am 26. Januar 1976 notiert Edith, dass ihr Neffe schon vor Jahren «2000 oder 3000 Franken» gespendet habe. Zu Ediths «Ehrentag», ihrem 85. Geburtstag, schickte er 5000 Franken. Am 29. Dezember 1982 schlug er der Schulleitung vor, eine Edith-Geheeb-Cassirer-Stiftung zu errichten, er wolle 10 000 Franken für «bedürftige Kandidaten» spenden. Bereits ein Jahr später konnte ihm Armin Lüthi mitteilen, dass eine Gemeinnützige Genossenschaft gegründet wurde und damit das Erbe Edith Geheebs gesichert sei. Wie sehr Reinhold Cassirer Edith Geheeb verehrt hat, geht aus einem Brief Nadine Gordimers vom 26. November 1973 hervor, in dem sie Edith schreibt, er habe seinem Sohn Hugo versichert, «that you are indeed the crowning achievement of the line» (die krönende Vollendung der Nachkommenschaft). Die Zuneigung war gegenseitig. 1974 fuhr Edith zu Orianes Hochzeit nach Cannes. Danach schrieb sie Reinhold am 13. Dezember 1974, er habe sich «eine großartige Frau ausgesucht, eine so reine und warme Persönlichkeit».

Auf ihren Reisen sammelte Nadine Gordimer seit den sechziger Jahren Trophäen. Ein Preis führte zum nächsten. 1974 deutete der Booker Prize voraus auf eine große Zukunft. Sie erhielt unter vielen anderen 1984 den Rome Prize, 1985 den Premio Malaparte und den Nelly-Sachs-Preis und 1991 den Literaturnobelpreis. Sie wurde Mitglied amerikanischer und englischer Akademien, Trägerin französischer und mexikanischer Orden und erhielt mindestens 15 Ehrendoktorwürden. Reinhold Cassirer hat den Triumphzug seiner Frau noch erlebt und genossen. Von der Nachricht des Nobelpreises wurden sie in den USA (mehr oder weniger) überrascht, wo die Laureatin selbigen Tags an der Universität von Massachusetts sprach und Reinhold bei seinem Vetter, dem Romanisten Thomas Cassirer, der enthusiastischen Menge von Zuhörern entkommen konnte.

Zu diesem Zeitpunkt hatten in Südafrika unter Premierminister Frederik Willem de Klerk Aufstände auf der einen Seite und wirtschaftliche Sanktionen auf der anderen, die auch Gordimer als wirksamstes Mitteln angesehen hatte, endlich zu Verhandlungen der Regierung mit den Mitgliedern des ANC, ob im Exil oder in Haft, zur Rückkehr der Verbannten und Befreiung der Gefangenen, zum Ende der Apartheid und zu einer demokratischen Verfassung geführt. Aber damit war es nicht getan. In Artikeln und Interviews der folgenden Jahre gesteht Gordimer, dass die Gegner der Apartheid nicht weiter gedacht hatten, als sie zu beenden. Jetzt türmten sich die Probleme auf: Arbeitslosigkeit, die seit je vernachlässigte Erziehung und Ausbildung der schwarzen Mehrheit und die aus all dem resultierende Kriminalität.

1996, während eines ihrer zahlreichen Aufenthalte in Berlin, wurde Nadine Gordimer bewusst, dass sich dort etwas Ähnliches wie in Johannesburg ereignet hatte. In beiden Städten wurde fast gleichzeitig eine Mauer durchbrochen, und hier wie dort waren die Menschen einander in die Arme gefallen und hatten das Ende einer Trennung gefeiert. Auch ihrem Sohn Hugo, der in New York als Dokumentarfilmer ausgebildet worden war und gerade in Berlin mit einem Filmteam arbeitete, fielen diese Parallelen auf. Am 15. Oktober 1989 waren die Vorsitzenden des ANC befreit worden, am 9. November fiel die Mauer in Berlin. Am 3. Oktober 1990 wurde die deutsche Wiedervereinigung vollzogen und am 11. Februar 1990 wurde Nelson Mandela aus der Gefangenschaft entlassen. Aber in beiden Ländern kam «der Morgen danach» mit seinen Problemen. Mutter und Sohn beschlossen, einen Film über die Wiedervereinigung in Berlin und Johannesburg zu drehen. Gordimer sollte die Sprecherin sein, sie wollten nicht die Technik der «vox pop» anwenden, die Menschen auf der Straße mit banalen Fragen Antworten entlockt, sondern Schriftsteller in beiden Teilen der Stadt besuchen und junge Familien filmen.

Das Projekt erforderte mehrere Reisen nach Berlin und gründliche Recherchen. Dann verbrachte das Team «einen wunderbar faszinierenden Tag mit Günter Grass», sie besuchten Christa Wolf und filmten ein Interview mit Thomas Brussig. Gordimer beschrieb die Stasi-Zentrale vor Ort in der Normannenstraße, «in Mielkes Stuhl». Die Filmemacher hörten die abfälligen Bemerkungen einiger West-Berliner über ihre Zeitgenossen im Osten, so wie sie in Johannesburg einige Weiße über Schwarze und Schwarze über Weiße reden gehört hatten. Sie zeigten eine schwarze Familie, die zu achtzehn in einem Raum gelebt hatte und nun ein kleines Haus bezog, und filmten das Fort in Johannesburg, das als Gefängnis für politische Gefangene gedient hatte, sowie die Räume am John Vorster Square, wo die Verhöre stattgefunden hatten, deren Protokolle man jetzt vernichtete.

Der Film sollte am 29. Mai 1998 am Goethe-Institut in Johannesburg zu Beginn einer Veranstaltungsreihe über Berlin zum ersten Mal gezeigt werden, aber er war nicht fertig geworden. Stattdessen hielt Nadine Gordimer einen Vortrag, der Entstehung und Inhalt des Projekts und ihre Verbindung mit Berlin zusammenfasst. Sie war von ihrem Mann mit der Stadt bekanntgemacht worden. Angesichts des unkrautüberwucherten Grundstücks der Sigismundstraße 1, wo sein Elternhaus gestanden hatte, war sein Berlin für sie ein versunkenes Atlantis. Der Fall der Mauer jedoch machte Berlin für sie zu einer Stadt der Gegenwart. Ob der Film jemals fertiggestellt wurde, ist nicht bekannt. Aber Gordimers Vortrag kann im Internet gelesen werden.[159]

In dem Roman *The Pickup* (*Ein Mann von der Straße*) von 2002 ließ Gordimer noch etwas von der Hoffnung spüren, die sie und ihre Mitkämpfer beseelt hatte. Eine junge weiße Frau, wieder eine jener bürgerlichen Vermittlerfiguren zwischen Rassen und Klassen, geht darin eine Beziehung mit einem schwarzen Asylanten ein, dem der Aufenthalt in Südafrika verweigert wird. Sie folgt ihm in sein Heimatland, und in seiner muslimischen Großfamilie fasst sie eine tiefe Zuneigung zu seiner frommen Mutter. Als er schließlich ein Visum für die Vereinigten Staaten erhält, lässt sie ihn alleine ziehen. Nadine Gordimer schrieb dieses Buch während der letzten Jahre Reinhold Cassirers, der am 13. Oktober 2007 in dem gemeinsamen Haus starb. Sie hat diese Erfahrung nicht direkt in ein literarisches Werk eingehen lassen, obwohl der Roman *Get a Life* (2005; deutsch: *Fang an zu leben*) vom Sterben eines Umweltforschers handelt, der gegen die Errichtung eines Atomkraftwerks kämpft, aber dessen Krankheit mit Strahlentherapie behandelt wird. Das eigentliche literarische Denkmal hat Gordimer ihrem Mann in der Erzählung *Dreaming of the Dead* (*Von den Toten träumen*)[160] gesetzt, in der er nicht erscheint.

Nadine Gordimer hat zwischen 2001 und 2004 nicht nur ihren Mann, sondern drei Menschen verloren, die sie wohl außer Nelson Mandela am meisten bewunderte: den palästinensisch-amerikanischen Kulturphilosophen Edward Said (1935–2003), den britischen Journalisten Anthony Sampson (1926–2004), der in Johannesburg die Zeitschrift *Drum* herausgegeben hatte, und die amerikanische Schriftstellerin Susan Sontag (1933–2014), die zehn Tage nach Sampson starb. In einem Traum versammelt die Erzählerin alle drei in Sontags chinesischem Lieblingslokal in New York um sich, wobei sie vergeblich auf einen weiteren Gast wartet: «Ich versuche dich in eine Verkörperung zu träumen. Aber du erscheinst nicht.»

Allen, die erschienen sind, ist gemeinsam, dass sie nicht «auf eine bestimmte Identität und eine damit einhergehende fraglose Loyalität» festgelegt werden können. «Edward ist Palästinenser, in seiner menschlichen Ethik ist er aber auch Jude, wir wissen das aus seinen Büchern, in denen er den ‹Orientalismus› in uns bloßlegte, die Erfindung des ‹Anderen›, der das Ende des alten Kolonialismus bis in die Globalisierung hinein überlebt hat.» Sontag ist jüdisch, identifiziert sich aber auch mit Vietnamesen, Menschen in Sarajewo und vielen anderen, «und daraus ist die Summe ihres Selbst entstanden». Sampson ist sogar in einem fließenden afrikanischen Gewand erschienen, um zu zeigen, dass er «über jedem Rassismus steht».

Susan Sontag ist die Hauptfigur der Gruppe. «Überlebensgroß» erscheint sie als «mythische Göttin», eine «Athena-Medea-Statue». Sie inspiriert und beschleunigt die von Beginn lebhafte Diskussion über den «von Konflikten zerstampften Boden» Israels und Palästinas, über Feminismus und die Rolle der muslimischen Frau. «Ich bin Susan nicht gewachsen», gesteht die träumende Erzählerin. Sontag und Gordimer, diese vielbelesenen, unerschrockenen *femmes de lettres*, waren gleichsam ein intellektuelles Schwesternpaar. Die Bewunderung Gordimers für die zehn Jahre Jüngere kommt in den Essays immer wieder zum Ausdruck. So zitiert sie Sontags Ausspruch mehrmals, Kommunismus sei Faschismus mit einem menschlichen Gesicht, der ihr bei der Linken, noch dazu zur Zeit des Vietnamkriegs, bittere Feindschaft eintrug.

Die drei Freunde verlassen schließlich das Lokal, und die Erzählerin bleibt allein zurück. «Ich saß am Tisch, du kamst nicht, zu spät. Du wirst nicht kommen. Niemals.» – Nadine Gordimer blieb auch in ihrem Johannesburger Haus zurück, das sie fast ein halbes Jahrhundert mit Reinhold Cassirer geteilt hatte. Dort wurde sie 2006 das Opfer eines Raubüberfalls. Die Täter nahmen ihr einen Ring trotz ihrer Bitte, ihn ihr zu lassen, er sei ein Andenken an ihren Mann. Danach musste sie sich, wie viele andere, widerwillig von einem Sicherheitsdienst bewachen lassen.

Als moralischer Kompass wies sie weiterhin die Richtung, die Südafrika einschlagen muss, und erhob ihre Stimme, sobald sie es vom richtigen Kurs abweichen sah. Neue Gesetze, die Presse- und Meinungsfreiheit einschränkten, riefen sofort ihren Protest hervor.[161] Eine unautorisierte Biographie von Ronald S. Roberts über Gordimer wurde in England und Amerika nicht veröffentlicht.[162] Der Verfasser, von Hause aus Jurist und nicht vertraut mit der Verschränkung von Dichtung und Wahrheit in einem literarischen Text, fand die Erfindung von zwei kleinen Vettern und einen fiktiven Ausflug in den Kruger Nationalpark in Gordimers Essay *Eine südafrikanische Kindheit*, was die Autorin «lachend» zugab, skandalös. Nadine Gordimer protestierte heftig gegen seine Schilderung der langjährigen Erkrankung ihres Mannes an einem Lungenemphysem. Auch dass sie die südafrikanische Apartheid nicht mit der Situation in den von Israel besetzten palästinensischen Gebieten gleichsetzen wollte, erregte Roberts' Protest. Gordimer erklärte allerdings, als sie 2006 nach Israel reiste, dass sie nicht auf Einladung der israelischen Regierung, sondern israelischer Schriftsteller wie des Friedensaktivisten Amos Oz in das Land kam.[163] Schließlich machte sich Roberts jene südafrikanische «populistische Rhetorik» zu eigen, die beispielsweise in der westlichen Medizin eine neue Form des Imperialismus sieht und Kritik an den Ansichten des Präsidenten Mbeki, der die allgemein anerkannten Ursachen der AIDS-Epidemie bezweifelte, zurückweist.[164]

18 Jahre nach dem Ende der Apartheid zog Gordimer in dem Roman *No Time like the Present*[165] (*Keine Zeit wie diese*) eine «bittere Bilanz».[166] Am Beispiel eines südafrikanischen Paares – die schwarze Jubalile stammt aus einem Dorf, der weiße Steve hat eine jüdische Mutter und einen christlichen Vater –, das nach Aufhebung der Rassengesetze heiraten konnte, gibt Gordimer den Blick frei auf die südafrikanische Gesellschaft in ihrer ganzen Mannigfaltigkeit und allen hier als unüberwindbar dargestellten Problemen. Obwohl Jubalile und Steve erreicht haben, wovon sie einst geträumt hatten – Steve, der ehemalige Aktivist, ist Chemieprofessor geworden, Jubalile war Lehrerin und hat nun auch ein Jurastudium absolviert –, ist ihr Land nicht das erträumte geworden. Gordimer prangert alle Missstände in Südafrika an: die seiner nicht würdigen Nachfolger des ehemaligen Präsidenten Nelson Man-

dela, die Korruption an höchsten Stellen, die misslungenen Versuche, Bildungsdefizite zu beheben und ungenügend vorbereitete Schwarze zum Studium zuzulassen, die unverantwortlichen Äußerungen des Präsidenten Jacob Zuma über AIDS, den Gordimer in ihrem Roman auftreten lässt, wobei sie seine Vergehen unerschrocken beim Namen nennt. Angesichts all dessen lässt die Autorin Steve und Jubalile desillusioniert die Segel streichen und nach Australien auswandern.

Von Nadine Gordimer war nicht zu erwarten, dass sie es ihren Figuren gleichtun würde. Wie sie in einem Interview mit Nachdruck erklärte – sie schrieb zu diesem Zeitpunkt den Roman *Keine Zeit wie diese* –, dachte sie «nicht im Traum daran», ihr Land zu verlassen.[167] Das konnte sie schon deshalb nicht, weil sie ihre Werke, ob Romane oder Essays, als «Zeugnis-Literatur»[168] verstand. So zitierte Nadine Gordimer in Essays, Vorträgen und Interviews das Bekenntnis von Albert Camus: «In dem Moment, in dem ich nicht mehr als ein Schriftsteller bin, werde ich aufhören zu schreiben.» Sie schrieb bis ans Ende ihres Lebens am 13. Juli 2014 in ihrem Haus in Johannesburg.

NACHWORT

Von den Cassirers sind in Deutschland kaum mehr Spuren zu finden. Ihre Häuser sind zerstört, ihre Sammlungen zerstreut, ihre Unternehmen tragen andere Namen. In dem 1960 erschienenen Porträt Max Cassirers *Der Stadtrat* konnte seine Schwiegertochter Eva noch schreiben: «Ich wünschte, er könnte heute wissen, dass von dem Vielen, was er mit seiner Arbeit geschaffen hat, das als einziges erhalten geblieben ist, was um der Liebe und der Idee willen entstanden ist; die Odenwaldschule.» Es ist der Nachwelt gelungen, auch das zu zerstören. So bleibt nur, an diese Familie und ihre vielfältigen Errungenschaften zu erinnern. Das ist die Absicht dieses Buches.

Für meine Arbeit habe ich von vielen Seiten Hilfe erfahren. Mein größter Dank gilt Irmi Jones, die über Jahrzehnte das Leben von Mitgliedern der Familie Cassirer begleitet und Tausende von Briefen archiviert hat, sowie Rahel E. Feilchenfeldt. Sie hat im Zusammenhang mit ihren bahnbrechenden Publikationen über die Verlage von Paul und Bruno Cassirer einen Wissens-, Bücher- und Dokumentenschatz sondergleichen gesammelt und mich aufs Großzügigste daran teilhaben lassen. Professor Konrad Feilchenfeldt hat mir den Weg zu wichtigen Archiven und Quellen gewiesen und für jede meiner vielen Fragen die Antwort gefunden.

Professor Jim Falk hat die Genealogie der Familie Cassirer im Internet zugänglich gemacht und entlegene Veröffentlichungen sowie seltenes Bildmaterial vor dem Vergessen gerettet. Irene Sychrava hat mir erlaubt, Bilder aus dem Familienalbum ihrer Großeltern Ernst und Toni Cassirer zu reproduzieren. Ebenso haben Professor Peter Cassirer, Professor Thomas Cassirer, Dr. Frances Cassirer und David Highland Cassirer die Reproduktion von Fotografien gestattet. Wilfred Cass hat mir seine Autobiographie noch vor ihrer Veröffentlichung zugänglich gemacht. Professor Peter Paret überließ mir seine Aufzeichnungen über die Familien Paret und Cassirer. Elsie Hill und Dr. Michael Kauffmann haben mir wichtige Informationen über die Familie Bruno Cassirer im englischen Exil gegeben.

Im Geheeb-Archiv der Ecole d'Humanité, Hasliberg-Goldern, Schweiz waren mir Jürg Jucker und Armin Lüthi † von unermesslicher Hilfe, desgleichen Dr. Alexander Priebe im Archiv der Odenwaldschule. Lionel Carley, Direktor des Delius Trust, hat mir die Briefe von Fritz Cassirer an Frederick Delius zugänglich gemacht.

An der W. E. B. Du Bois Library der Universität von Massachusetts danke ich Jim Kelly für viele für mich unverzichtbare Neuerwerbungen, desgleichen der Fernleiheabteilung, die keine Mühe scheute, Bücher, selbst aus Übersee, zu beschaffen. Arkadiusz Cencora an der Universitätsbibliothek Wrocław hat meine Spurensuche nach den Cassirers in Breslau mit Geduld und Geschick unterstützt. Am Zentralinstitut für Kunstgeschichte in München hat mir Dr. Stephan Klingen oft und in selbstloser Weise geholfen. Am Institut für Zeitgeschichte in München war mir Michael Volk von großer Hilfe, desgleichen Dr. Andreas Heusler am Stadtarchiv München und Dr. Frank Mecklenburg am Leo Baeck Institute, New York. An der Beinecke Rare Book and Manuscript Library war mir Karen Nangle bei der Suche in den Ernst Cassirer Papers sehr behilflich.

Dr. Karolina Fell hat es ermöglicht, verschollen geglaubte Fernseh- und Rundfunksendungen des SWR zu finden, für deren Übermittlung ich Dr. Uwe Rosenbaum und Dr. Wolfgang Dehn zu großem Dank verpflichtet bin.

Helmut Krauß von der Verwaltung des Friedhofs an der Heerstraße in Berlin hat durch geduldige Nachforschungen seltene Dokumente und Zeichnungen gefunden. Lia Rowlands hat es durch ihre gründlichen Forschungen ermöglicht, das anonyme Grab von Max Cassirer in Llanelltyd, Wales ausfindig zu machen. Ursula Uhde und Maria Dessauer haben mir Familienbriefe überlassen. Dr. Dagny Wasmund und Dr. Hedwig Wingler haben meine Berliner Recherchen tatkräftig unterstützt.

Brigitte Alexander, Professor Stephen Clingman und Professor Robert Rothstein haben mich auf wichtige Publikationen aufmerksam gemacht. Margot Tubach hat vergriffene Bücher aufgespürt und für mich erworben.

Dass die aus vielen Quellen gespeiste Familiengeschichte in einem sorgfältigen Vorlektorat überprüft wurde, habe ich Frauke Pahlke zu danken. Mein großer Dank gilt Teresa Löwe-Bahners, die sich mit viel Erfahrung und feinem Spürsinn als ideale Lektorin für das Buch erwiesen hat. Alexander Goller verdient meinen Dank für das große Personenregister. Schließlich wurden alle diese Aufgaben unter dem wachsamen Auge von Dr. Stefanie Hölscher und vor allem der unermüdlichen und geduldigen Hilfsbereitschaft von Beate Sander erfüllt.

Amherst, Massachusetts im Juli 2015

SIGLEN

AB	Anekdotenbüchlein. Zum 18. Oktober 1937, zusammengestellt von Toni Cassirer. Privatdruck, Familienbesitz.
Brühl	Georg Brühl, Die Cassirers. Streiter für den Impressionismus, Leipzig 1991.
ECW	Ernst Cassirer, Gesammelte Werke. Hamburger Ausgabe, hg. von Birgit Recki, Hamburg 1998–2009.
ECN	Ernst Cassirer, Nachgelassene Manuskripte und Texte, hg. von Klaus Christian Köhnke, John Michael Krois, Oswald Schwemmer, Hamburg 1995 ff.
E-F I	Bernhard Echte, Walter Feilchenfeldt, «Das Beste aus aller Welt zeigen.» Kunstsalon Bruno und Paul Cassirer. Die Ausstellungen 1898–1901, Wädenswil 2011.
E-F II	Bernhard Echte, Walter Feilchenfeldt, «Man steht da und staunt.» Der Kunstsalon Cassirer 1901–1905, Wädenswil 2011.
F-B	Rahel E. Feilchenfeldt, Markus Brandis, Paul Cassirer Verlag Berlin 1898–1933. Eine kommentierte Bibliographie, München 2002.
F-R	Rahel E. Feilchenfeldt, Thomas Raff (Hg.), Ein Fest der Künste. Paul Cassirer: Der Kunsthändler als Verleger, München 2006.
HN	Jonas Hansson und Svante Nordin, Ernst Cassirer: The Swedish Years, Bern et. al. 2006.
HRC	Henry R. Cassirer, Und alles kam anders... Ein Journalist erinnert sich, Konstanz 1992.
KA IV	Rainer Maria Rilke, Werke. Kommentierte Ausgabe in vier Bänden, hg. von Manfred Engel, Ulrich Fülleborn, Horst Nalewski und August Stahl, Frankfurt a. M. 1996.
Kennert	Christian Kennert, Paul Cassirer und sein Kreis. Ein Berliner Wegbereiter der Moderne, Frankfurt a. M. 1996.
Kessler 6	Harry Kessler, Das Tagebuch, 6. Band, 1916–1918, hg. von Roland S. Kamzelak, Stuttgart 2006.
Kessler 7	Harry Kessler, Das Tagebuch, 7. Band, 1919–1923, hg. von Günter Riederer unter Mitwirkung von Christoph Hilser, Stuttgart 2007.
Meyer	Thomas Meyer, Ernst Cassirer, Hamburg ²2007.

Näf I	Martin Näf, Paul Geheeb. Seine Entwicklung bis zur Gründung der Odenwaldschule, Weinheim 1998.
Näf II	Martin Näf, Paul und Edith Geheeb-Cassirer. Gründer der Odenwaldschule und der Ecole d'Humanité. Deutsch-Schweizerische und Internationale Reformpädagogik 1910–1961, Weinheim/Basel 2006.
NG	Nadine Gordimer, Bewegte Zeiten. Leben und Schreiben 1954–2008, Berlin 2013.
Nutt	Harry Nutt, Bruno Cassirer, Berlin 1989.
Paret	Peter Paret, Die Berliner Secession. Moderne Kunst und ihre Feinde im Kaiserlichen Deutschland, Berlin 1981.
RCBW	Rainer Maria Rilke – Eva Cassirer. Briefwechsel, hg. und kommentiert von Sigrid Bauschinger, Göttingen 2009.
Scheffler	Karl Scheffler, Die fetten und die mageren Jahre. Ein Arbeits- und Lebensbericht, München 1948.
TC	Toni Cassirer, Mein Leben mit Ernst Cassirer, Hildesheim 1981.
TD	Tilla Durieux, Meine ersten neunzig Jahre. Erinnerungen. Die Jahre 1952–1971 nacherzählt von Joachim Werner Preuß, München 1971.
T-P	Helga Thieme, Volker Probst (Hg.), Berlin SW – Victoriastraße 35. Ernst Barlach und die Klassische Moderne im Kunstsalon und Verlag Paul Cassirer, Güstrow 2003.
Tau	Max Tau, Das Land das ich verlassen mußte, Hamburg 1961.

ANMERKUNGEN

In allen Kapiteln befinden sich die nur mit Datum gekennzeichneten Briefe im Geheeb-Archiv der Ecole d'Humanité, Hasliberg-Goldern, Schweiz.

Einleitung: Schlesische Ursprünge

1 Vgl. das Kapitel Jews Settle in Breslau, in: Abraham Ascher, A Communitiy under Siege. The Jews of Breslau under Nazism, Redwood City, CA 2007, S. 27–68.
2 Günter Elze, Breslau. Biographie einer Stadt, Leer 1993, S. 9.
3 Brief an Johann Gottfried Herder vom 11. September 1790, in: Robert Steiger, Goethes Leben von Tag zu Tag, Bd. 3, Zürich/München 1984, S. 103. Die Fundstelle verdanke ich Konrad Feilchenfeldt.
4 Für eine knappe Darstellung der Reformen in Preußen und ihrer Auswirkungen auf die jüdischen Bürger siehe Margret Heitmann, Anbruch «einer neuen und glücklichen Ära»? 200 Jahre Emanzipationsedikt in Preußen, in: Kalonymos 15 (2012), S. 1–5.
5 Vgl. das Kapitel Familie und Judentum.
6 Maciej Lagiewski, Breslauer Juden 1850–1944, Muzeum Historyczny Wroclawa 1996, Abb. 98.
7 2. Buch Mose, 20,4.
8 AB, S. 3.
9 Till van Rahden, Jews and Other Germans. Civil Society, Religious Diversity, and Urban Politics in Breslau 1860–1925, Madison 2008, S. 122–134.
10 Margret Heitmann, S. 3.
11 Benzion C. Kaganoff, A Dictionary of Jewish Names and Their History, New York 1977, S. 141.
12 Wilfred Cass, Here Comes Mr. Cass, London 2014, S. 9.
13 Online verfügbar unter: http://metastudies.net/pmg/ (Stand: Juli 2014).
14 Till van Rahden, S. 38.
15 Maciej Lagiewski, Abb. 104–115.
16 Edith Stein, Aus meinem Leben, Freiburg 1987.

1. Die erste Generation: Handel und Industrie

1 Leo Baeck Institute, New York, Cassirer-Tietz Family Collection, AR 7237; box 1, folder 11.
2 Ebd; box 1, folder 10.
3 Kurt Cassirer, Der Stadtrat. Typoskript, Archiv der Odenwaldschule, Nachlass Max Cassirer.
4 Landesarchiv Berlin Rep. 30. NZ. 9522.
5 Tano Bojankin, Kabel, Kupfer, Kunst. Walter Bondy und sein familiäres Um-

feld, in: Andrea Winklbauer (Hg.), Moderne auf der Flucht. Österreichische KünstlerInnen in Frankreich 1938–1945, Wien 2008, S. 31–50.
6 Online verfügbar unter: http://metastudies.net/genealogy/PS03/PS03_218.htm (Stand: Juli 2014).
7 Kurt Cassirer, Der Stadtrat, S. 1.
8 AB, S. 19.
9 Georg Freund, Rede zu Max Cassirers 70. Geburtstag. Typoskript, in: Max Cassirer. In dankbarer Erinnerung an den 18. Oktober 1927 seinen Verwandten und Freunden gewidmet. Archiv der Odenwaldschule, Nachlass Max Cassirer.
10 Ernst Cassirer, Rede zu Max Cassirers 70. Geburtstag. Archiv der Odenwaldschule, Nachlass Max Cassirer.
11 Kurt Cassirer, Der Stadtrat, S. 4.
12 Andreas Ludwig, Max Cassirer. Fabrikant, Bürger, Jude. Eine biographische Skizze. Unveröffentlicht, ca. 1992. Kopie im Geheeb-Archiv der Ecole d'Humanité, Hasliberg-Goldern, Schweiz, Archiv-Signatur VI/D, zit. nach Näf, S. 97. Einer späteren Untersuchung zufolge war Max Cassirer «zuletzt Stadtverordneter in Berlin für die Deutsche Demokratische Partei». Caroline Flick, Enteignung, Vertreibung und Verwertung: Das Beispiel Max Cassirer, in: Aktives Museum Faschismus und Widerstand (Hg.), Gute Geschäfte. Kunsthandel in Berlin 1933–1945, Berlin 2011, S. 166.
13 Eva Cassirer, Der Stadtrat, in: Erziehung zur Humanität. Paul Geheeb zum 90. Geburtstag, hg. von Mitarbeitern der Odenwaldschule, Heidelberg 1960. Wieder abgedruckt in: RCBW, S. 306–309.
14 Vgl. Andreas Ludwig, Der Fall Charlottenburg. Soziale Stiftungen im städtischen Kontext (1800–1950), Köln 2005, S. 283–285.
15 Ebd., S. 279 f.
16 AB, S. 18.
17 Kurt Cassirer, Der Stadtrat, S. 11.
18 Auskunft von Helmut Krauß, Verwaltung des Friedhofs an der Heerstraße, Berlin Charlottenburg.
19 Rahel E. Feilchenfeldt, Interaktionen: Verleger, Kunsthändler und Sammler in der Familie Cassirer, in: Annette Weber, Jihan Radjai-Ordoubadi (Hg.), Jüdische Sammler und ihr Beitrag zur Kultur der Moderne, Heidelberg 2011, S. 133–147.
20 Ebd., S. 41.
21 Josephine Gabler, August Gaul. Das Werkverzeichnis der Skulpturen, Berlin 2007, S. 125.
22 Andreas Ludwig, 2005, S. 309.
23 Eva Cassirer, Der Stadtrat, zit. nach RCBW, S. 306–309. Vgl. auch Sigrid Bauschinger und Rahel E. Feilchenfeldt, «Er kannte jede Wasserleitung und den Namen jedes Kindes.» Max Cassirer und die Odenwaldschule, in: Margarita Kaufmann, Axel Priebe (Hg.), 100 Jahre Odenwaldschule. Der wechselvolle Weg einer Reformschule, Berlin 2010, S. 32–43.
24 RCBW, S. 104–107.
25 Online verfügbar unter: http://metastudies.net/pmg/index.php?n=Main.CassirersFoundingYears (Stand: Juli 2014).
26 RCBW, S. 200.
27 AB, S. 17 f.
28 Archiv der Odenwaldschule, Nachlass Max Cassirer.
29 Archiv der Odenwaldschule, Nachlass Max Cassirer. Da Charlottenburg im

gleichen Jahr in Berlin eingemeindet wurde, nahm man an, Max Cassirer sei nun auch Ehrenbürger von Berlin. Das stimmt nicht: Er war und blieb Ehrenbürger von Charlottenburg.
30 Brief vom 16. September 1928.
31 Josephine Gabler, S. 174 f. S. auch Birgit Hoches, Herbert May, Die Friedhöfe in Charlottenburg, Berlin 1994, S. 220.
32 Nicht genau datierter Brief an Edith Geheeb aus dem Mai 1929.
33 Caroline Flick, S. 164.
34 Archiv der Odenwaldschule, Nachlass Max Cassirer.
35 AB, S. 20.
36 AB, S. 21.
37 TC, S. 220.
38 Eva Cassirer, Der Stadtrat, zit. nach RCBW, S. 306.
39 Brief vom 26. April 1932.
40 TC, S. 221.
41 Vgl. das Kapitel *Arisierung: Ausplünderung im Namen des Gesetzes. Max Cassirers letzte Jahre*, in: Näf II, S. 531–539.
42 S. Emily D. Bilski, Nichts als Kultur. Die Pringsheims, Wolfratshausen 2007.
43 Caroline Flick, S. 153–204.
44 Eine Fotokopie der Akte, Aktenzeichen II A 5 b–K. 15916, befindet sich im Archiv der Odenwaldschule.
45 Rahel E. Feilchenfeldt, 2011, S. 133–147.
46 Rolf Kornemann, Etappen der Enteignung des jüdischen Vermögens, in: Shoah Project. Daten, Fakten, Hintergründe. Online verfügbar unter: http://www.shoahproject.org/daten/doppelmord/juden102.htm (Stand: Juli 2014). Hier zit. nach Näf II, S. 534.
47 Brief vom 14. Mai 1939.
48 Der Brief befindet sich im Entschädigungsamt in Berlin.
49 Näf II, S. 536.

2. Die zweite Generation: Kunst und Wissenschaft

1 Ruth Dinesen, Nelly Sachs. Eine Biographie, Frankfurt a. M. 1992, S. 51 f.
2 Heinrich Heine, Der Asra, in: ders., Historisch-kritische Gesamtausgabe, hg. von Manfred Windfuhr, Bd. 3.1, Hamburg 1992, S. 41 f.
3 Gabriele Fritsch-Vivien, Nelly Sachs in Selbstzeugnissen und Bilddokumenten, Reinbek 1993, S. 37–39.
4 Zitiert nach Gabriele Fritsch-Vivien.
5 Deutsche medizinische Wochenschrift 1925, Nr. 38.
6 Der Prozess Talaat. Stenografischer Bericht. Mit einem Vorwort von Armin T. Wegner und einem Anhang, Berlin 1921. Vgl. auch Armin T. Wegner, Ein gerechtes Urteil. Die Verbrechen der Stunde – die Verbrechen der Ewigkeit, Hamburg 2000, S. 77–81.
7 Kurt Goldstein, Der Aufbau des Organismus. Einführung in die Biologie unter besonderer Berücksichtigung der Erfahrungen am kranken Menschen, Den Haag 1934, S. 1; hrsg. und mit einer Einführung von Thomas Hoffmann und Frank W. Stahnisch, Paderborn 2014.
8 Ebd., S. 1–6.
9 Kurt Goldstein, Der Aufbau des Organismus. Einführung in die Biologie unter besonderer Berücksichtigung der Erfahrungeen am kranken Menschen.

10 AB, S. 22.
11 Ebd.
12 Das Typoskript befindet sich im Geheeb-Archiv der Ecole d'Humanité, Hasliberg-Goldern, Schweiz.
13 AB, S. 23.
14 Melissa Müller, Lilly und Claude Cassirer, in: Melissa Müller, Monika Tatzkow (Hg.), Verlorene Bilder, verlorene Leben. Jüdische Sammler und was aus ihren Kunstwerken wurde. Unter Mitarbeit von Thomas Blubacher und Gunnar Schnabel, München 2009, S. 10–27.
15 Agnes Weiske, From Ignaz Moscheles to Jelka Delius: A Background to the Rosen Family, in: Lionel Carley (Hg.), Frederick Delius. Music, Art and Literature, Aldershot 1997, S. 186–209.
16 Brief von Fritz Cassirer an Frederick Delius vom 26. Mai 1904. Delius Trust, London.
17 Sir Thomas Beecham, Frederick Delius, London 1975, S. 133.
18 Jelka Delius an Odine O'Neill, in: Frederick Delius, Delius. A Life in Letters 1862–1908, hg. von Lionel Carley, Bd. 2, London 1988, S. 312.
19 Die englische Übersetzung in: Frederick Delius. A Life in Letters 1862–1908, hg. von Lionel Carley, Bd. 1, London 1983, S. 274–277. Hier zit. nach der Transkription des deutschen Originals mit freundlicher Erlaubnis des Delius Trust, London.
20 Ebd., S. 272.
21 Sir Thomas Beecham, Frederick Delius, London 1975, S. 144.
22 Brief vom 9. Oktober 1907, in: Delius. A Life in Letters, Bd. 1, S. 301.
23 Ebd., S. 302.
24 Fritz Cassirer, Beethoven in seinen Briefen, in: Die Musik (1919), Heft 13, S. 3–18; sowie ebd., Heft 14, S. 75–89.
25 Friedrich Schiller, Werke, Bd. 4, Schriften. Kleinere theoretische Schriften. Die großen Abhandlungen. Rezensionen, eingeleitet von Hans Mayer, Frankfurt a. M. 1966, S. 256–260.
26 Fritz Cassirer, Beethoven und die Gestalt. Ein Kommentar, Berlin 1925, S. IX.
27 Johann Wolfgang von Goethe, Werke. Hamburger Ausgabe, hg. von Erich Trunz, Bd. 2, Hamburg 1956, S. 23.
28 Adolf Weissmann, Beethoven als Musiker des Unbegrenzten, in: Die Musik 18 (1925), S. 1–5.
29 Delius. A Life in Letters, Bd. 2, S. 312.
30 Fritz Cassirer, Edgar. Eine Dichtung, München 1895, S. 81–83.
31 Ernst Cassirer, Grabrede. Privatdruck, Geheeb-Archiv der Ecole d'Humanité, Hasliberg-Goldern, Schweiz.
32 Delius Trust, London
33 Georg Brühl, Die Cassirers. Streiter für den Impressionismus, Leipzig 1991. Peter Paret, Die Berliner Secession. Moderne Kunst und ihre Feinde im Kaiserlichen Deutschland, Berlin 1981. Rahel E. Feilchenfeldt, Markus Brandis, Paul Cassirer Verlag Berlin 1898–1933. Eine kommentierte Bibliographie, München 2002. Rahel E. Feilchenfeldt, Thomas Raff (Hg.), Ein Fest der Künste. Paul Cassirer – Der Kunsthändler als Verleger, München 2006.
34 Die Ausstellung *Ein Fest der Künste. Paul Cassirer – Der Kunsthändler als Verleger* war vom 17. 2. bis 21. 5. 2006 im Max Liebermann Haus am Pariser Platz in Berlin zu sehen. Jacqueline Kaess-Farquet, Rahel E. Feilchenfeldt, Ein Fest der Künste. Dokumentarfilm, 2006.

2. Die zweite Generation: Kunst und Wissenschaft 423

35 Christian Kennert, Paul Cassirer und sein Kreis. Ein Berliner Wegbereiter der Moderne, Frankfurt a. M. 1996. Helga Thieme, Volker Probst (Hg.), Berlin SW – Victoriastraße 35. Ernst Barlach und die Klassische Moderne im Kunstsalon und Verlag Paul Cassirer, Güstrow 2003. Tilla Durieux, Meine ersten neunzig Jahre. Erinnerungen, München 1971. Leo Kestenberg, Bewegte Zeiten. Musisch-musikantische Lebenserinnerungen, Wolfenbüttel/Zürich 1961. Grete Fischer, Dienstboten, Brecht und andere Zeitgenossen in Prag, Berlin, London, Olten 1966.
36 Bernhard Echte, Walter Feilchenfeldt, «Das Beste aus aller Welt zeigen.» Kunstsalon Bruno und Paul Cassirer. Die Ausstellungen 1898–1901, Wädenswil 2011; dies., «Man steht da und staunt». Der Kunstsalon Cassirer 1901–1905, Wädenswil 2011.
37 Thomas Raff, «Er hatte Begabungen nach vielen Seiten hin.» Paul Cassirers Münchner Jahre, in: F-R, S. 43–57.
38 Ebd.
39 AB, S. 24.
40 Blätter für die Kunst, 2. Folge, Bd. III, August 1894, S. 95.
41 Paul Cahrs, Fritz Reiner, München 1894.
42 Paul Cahrs, Josef Geiger. Roman. Paris/Leipzig 1895, S. 6–9.
43 Simplicissimus 1, Titelblatt vom 23. 8. 1896.
44 Arthur Holitscher, Mein Leben in dieser Zeit (1907–1925). Lebensgeschichte eines Rebellen, Bd. 2, Potsdam 1928, S. 76–78.
45 Brühl, S. 212.
46 F-R, S. 46 f.
47 F-R, S. 51.
48 Peter Paret, German Encounters with Modernism 1840–1945, Cambridge, MA 2002, S. 94.
49 Der vollständige Text der Rede findet sich im Kapitel *Der Kaiser und die Kunst* in: John C. G. Röhl, Wilhelm II. Der Aufbau der persönlichen Monarchie 1888–1900, München 2011, S. 984–1026.
50 Ebd., S. 161 f.
51 Bettina Best, Secession und Secessionen. Idee und Organisation einer Kunstbewegung um die Jahrhundertwende, München 2000, S. 124.
52 Ebd., S. 93 ff.
53 Kennert, S. 39.
54 Jan T. Köhler, Jan Maruhn, Nina Senger, Utopische Plauderei. Paul Cassirer und die Architektur, in: F-R, S. 347–362.
55 Rainer Maria Rilke, Der Salon der Drei, in: Wiener Rundschau 3 (1898), S. 76–78.
56 E-F I, S. 27.
57 E-F I, S. 6.
58 Kennert, S. 53.
59 F-B, S. 14 f.
60 AB, S. 25.
61 Delius. A Life in Letters, Bd. 2, S. 312.
62 F-R, S. 395.
63 Anna-Carolin Augustin, «Apostel des unbekannten Heiligen». Die Van-Gogh-Übersetzerin und -Sammlerin Margarete Mauthner, in: Anna-Dorothea Ludewig, Julius H. Schoeps, Ines Sonder (Hg.), Aufbruch in die Moderne. Sammler, Mäzene und Kunsthändler in Berlin 1880–1933, Köln 2012, S. 136–159.

64 Karl Corino, Nachwort, in: Margarete Mauthner, Das verzauberte Haus, Berlin 2004, S. 259 f.
65 Zur Geschichte der Bilder van Goghs in Deutschland siehe Walter Feilchenfeldt, Van Gogh und Paul Cassirer Berlin. Die Rezeption Van Goghs in Deutschland von 1901 bis 1914, Zwolle 1988, S. 44–79, und ders. «By Appointment Only.» Schriften zu Kunst und Kunsthandel. Cézanne und Van Gogh. Wädenswil 2005. S. 45–80.
66 Kennert, S. 95 f.
67 Julius Meier-Graefe, Spanische Reise, Berlin 1910.
68 Brühl, S. 170–196.
69 Eine Darstellung dieser komplexen Zusammenhänge bei Christina Feilchenfeldt, Walter Feilchenfeldt: Verleger und Kunsthändler, in: Anna-Dorothea Ludewig, Julius H. Schoeps, Ines Sonder (Hg.), Aufbruch in die Moderne. Sammler, Mäzene und Kunsthändler in Berlin 1880–1933, Köln 2012, S. 272–291.
70 Paret, S. 162.
71 Paret, S. 266–273.
72 Paul Cassirer, Kunst und Kunsthandel, in: Pan I Mai 1911, S. 457–469; sowie ebd., Juli 1911, S. 186–193.
73 F-R, S. 385–387.
74 Catherine Krahmer, Ein multikulturelles Forum als Gegenstück zur Museumsinsel. Paul Cassirers Plan für Berlin, in: Neue Zürcher Zeitung, 17./18. 6. 2000, S. 90.
75 Brühl, S. 114, 121.
76 Paret, S. 20.
77 F-B, S. 312.
78 Carsten Meyer-Tönnesmann, Paul Cassirers Hamburger Kunstsalon, in: T-P, S. 34–46.
79 Ernst Barlach, Ein selbsterzähltes Leben, in: ders., Prosa aus vier Jahrzehnten, Berlin 1966, S. 59. Zu dem zuerst 1928 im Paul Cassirer Verlag erschienenen Buch siehe Konrad Feilchenfeldt, Ernst Barlach im Paul Cassirer Verlag nach Paul Cassirers Tod 1926, in: T-P, S. 239–245.
80 Catherine Krahmer, Ernst Barlach, Reinbek 1984, S. 10.
81 Eva Caspers, Kunst in «guten Häusern». Ernst Barlachs Sammler im Kaiserreich und in der Weimarer Republik, in: T-P, S. 95–130.
82 Ernst Barlach, Ein selbsterzähltes Leben, S. 59 f.
83 Kennert, S. 118.
84 Catherine Krahmer, 1984, S. 33.
85 TD, S. 76. S. auch Peter Paret, Bemerkungen zu einem «seltsamen Freundespaar», in: T-P, S. 63–67.
86 Remigius Netzer, Vorwort, in: Oskar Kokoschka, Mein Leben, München 1971, S. 14.
87 Oskar Kokoschka, Mein Leben, München 1971, S. 110.
88 Ebd., S. 114 f.
89 Ebd., S. 115.
90 Oskar Kokoschka, Briefe I, 1905–1919, hg. von Olda Kokoschka und Heinz Spielmann, Düsseldorf 1984, S. 28.
91 Ebd., S. 19.
92 Ebd., S. 255.
93 Ebd., S. 151.
94 Ebd., S. 255.

2. Die zweite Generation: Kunst und Wissenschaft 425

95 Oskar Kokoschka, Mein Leben, S. 187 f.
96 Oskar Kokoschka, Briefe I, S. 287.
97 Ebd., S. 204.
98 TD, S. 78 f.; 82 f.
99 TD, S. 116.
100 TD, S. 88.
101 TD, S. 92.
102 TD, S. 74.
103 Markus Brandis, «Ich bitte um besonders lebhafte Verwendung.» Selbstverständnis und Präsentation des Paul Cassirer Verlags als einer der großen Kulturverlage seiner Zeit, in: F-B, S. 381–396.
104 F-B, S. 16.
105 Johann Guttmann, Scherz und Laune, Berlin 1920, S. 114.
106 F-B, S. 16.
107 Heinrich Mann, Ein Zeitalter wird besichtigt. Erinnerungen, Frankfurt a. M. 2007, S. 228.
108 Kasimir Edschmid, Lebendiger Expressionismus. Auseinandersetzungen, Gestalten, Erinnerungen, Wien 1961, S. 217 f.
109 F-B, S. 87.
110 Tagebuch des jungen Flaubert, Teil I in: Pan I, Heft 6, Januar 1911, S. 181–188; Teil II in: Pan I, Heft 7, Februar 1911, S. 226–234.
111 Alfred Kerr, Vorletzter Brief an Jagow, in: Pan I (1911), S. 287–290.
112 Alfred Kerr, Jagow, Flaubert, in: Pan I (1911), S. 217–223.
113 Wilhelm Herzog, Menschen, denen ich begegnete, Bern 1959, S. 470.
114 Karl Kraus schrieb drei Beiträge zur Jagow-Affaire: Der kleine Pan ist tot, in: Die Fackel 12 (1911), S. 1–6; Der kleine Pan röchelt noch, in: Die Fackel 13 (1911), S. 57–64; Der kleine Pan stinkt schon, in: Die Fackel 13 (1911), S. 50–60.
115 Kurt Hiller, in Sachen Paul Cassirer, in: Die Aktion 12 (1911), Sp. 138.
116 Else Lasker-Schüler, ‹Alfred Kerr›, in: dies., Werke und Briefe. Kritische Ausgabe, hg. von Norbert Oellers, Heinz Rölleke und Itta Shedletzky, Bd. 1.1, bearbeitet von Karl Jürgen Skrodzki, Frankfurt a. M. 1996, S. 132.
117 Handschriftlicher Entwurf in: Walther-Rathenau-Gesamtausgabe, Briefe, Teilbd. 1, 1871–1913, hg. von Alexander Jaser, Clemens Picht und Ernst Schulein, Düsseldorf 2006, S. 982.
118 Ebd., S. 382 f.
119 Kennert, S. 127.
120 F-B, S. 268.
121 F-B, S. 511.
122 Leo Kestenberg, Bewegte Zeiten, S. 26.
123 Ebd., S. 9.
124 Über die Bedeutung Kestenbergs für Verlag und Salon Cassirer siehe Rahel E. Feilchenfeldt, Leo Kestenberg im Kreis von Paul Cassirer und seinen Künstlern, in: T-P, S. 69–79.
125 Leo Kestenberg, Bewegte Zeiten, S. 38.
126 Käthe Kollwitz, Aus meinem Leben, München 1961, S. 163.
127 TD I, S. 209.
128 Zit. nach Berliner Tageblatt, 26. 10. 1918, Abendausgabe.
129 TD I, S. 214–217.
130 «Leonhard Frank ist ‹verrückt›; Cassirer ist ‹verrückt›; Rubiner wird es; Schi-

ckele bereitet sich darauf vor!» Romain Rolland, Journals des années de guerre 1914–1919, Paris 1952, S. 1376.
131 Albert M. Debrunner, Freunde, es war eine elende Zeit! René Schickele in der Schweiz 1915–1919, Frauenfeld 2004, S. 211.
132 F-B, S. 522.
133 Sigrid Bauschinger, Paul Cassirer und René Schickele. Der Verleger und sein Autor, in: F-B, S. 228–239.
134 Kessler 6, S. 351.
135 In: F-R, S. 388–391.
136 Kessler 6, S. 402.
137 Monty Jacobs, Die Genfer Reise, in: Das Literarische Echo 21 (1919), Sp. 1196 f.
138 René Schickele, Werke in 3 Bänden, hg. von Hermann Kesten unter Mitarbeit von Anna Schickele, Bd. 2, Köln 1959, S. 1018–1022.
139 Karl Storck, Kommende Kunst, in: Der Türmer 19 (1917), S. 194–199.
140 Kennert, S. 143.
141 Kessler 6, S. 622–651 und S. 694–716.
142 Der vollständige Text bei Albert M. Debrunner, S. 240 f.
143 Kessler 6, S. 761.
144 Kessler 7, S. 146.
145 Kessler 7, S. 191.
146 Kessler 6, S. 613.
147 Kessler 6, S. 701.
148 Kessler 7, S. 109.
149 TD, S. 278.
150 TD, S. 292.
151 Grete Fischer, Dienstboten, Brecht und andere Zeitgenossen in Prag, Berlin, London, Olten 1966, S. 173 f.
152 Josephine Gabler, August Gaul. Das Werkverzeichnis der Skultpuren, Berlin 2007, S. 255.
153 Tilla Durieux, Über den Tag hinaus. Notizen von Tilla Durieux 1920–1933, mit einer Einführung hg. von Dagmar Walach, Berlin 2009, S. 29 f.
154 Der volle Wortlaut bei Konrad Feilchenfeldt, Briefe von Paul Cassirer und seinem Team, in: F-R, S. 372.
155 TD, S. 273.
156 Kennert, S. 169 f.
157 Vossische Zeitung, 21. 2. 1921, Abendausgabe.
158 Bericht, Rosenheimer Tagblatt, 29. 6. 1920, in: Adolf Hitler, Sämtliche Aufzeichnungen 1905–1924, hg. von Eberhard Jäckel und Axel Kuhn, Stuttgart 1980, S. 153.
159 Kennert, S. 168.
160 Else Lasker-Schüler, Ich räume auf! Meine Anklage gegen meine Verleger, in: dies., Werke und Briefe. Kritische Ausgabe, hg. von Norbert Oellers, Heinz Rölleke und Itta Shedletzky, Bd. 4, bearbeitet von Karl Jürgen Skrodzki und Itta Shedletzky, Frankfurt a. M. 2001, S. 47–85.
161 Angaben über die von Else Lasker-Schüler entfachte Debatte mit Paul Cassirer im *Berliner Tageblatt* in: Sigrid Bauschinger, Else Lasker-Schüler. Biographie, Göttingen 2004, S. 290 f.
162 Paul Raabe, Der geschmähte Verleger. Paul Cassirer und Else Lasker-Schüler, in: T-P, S. 199–216.

163 Das Exemplar befindet sich im Nachlass Else Lasker-Schülers in der Jewish National Library in Jerusalem.
164 TD, S. 78.
165 TD, S. 313.
166 Kessler 7, S. 416.
167 Brühl, S. 104.
168 Harry Graf Kessler, Tagebuch eines Weltmannes. Ausstellungskatalog des Deutschen Literaturarchivs, hg. von Ulrich Ott, Marbach 1988, S. 415.
169 F-B, S. 36.
170 Freundliche Auskunft von Dr. Hedwig Wingler.
171 Scheffler, S. 188.
172 Tau, S. 165.
173 Brühl, S. 294.
174 Zitiert nach Rahel E. Feilchenfeldt, «Alles ist umständlich, schon wegen der Sprache, geht langsam ...» Zwei Briefe und eine Postkarte des Berliner Verlegers Bruno Cassirer aus London, in: Münchner Beiträge zur jüdischen Geschichte und Kultur 3 (2009), S. 63.
175 Eine vorläufige Übersicht über das Verlagsprogramm bei Brühl, S. 229 f.
176 Lieber Bruno (1932), ECW 18, S. 451 f.; zuerst veröffentlicht in: Vom Beruf des Verlegers. Eine Festschrift zum sechzigsten Geburtstag von Bruno Cassirer, 12. Dezember 1932. Privatdruck, S. 26 ff.
177 AB, S. 15.
178 Nutt, S. 30 f.
179 Scheffler, S. 189.
180 Scheffler, S. 193.
181 Nutt, S. 59.
182 Karl Scheffler, Paul Cassirer, in: Kunst und Künstler XXIV (1926), S. 175–177.
183 Michael Krejsa, «Kronos verschlingt seine Kinder, die Kunst ist aber ein Kind der Ewigkeit.» Karl Scheffler und Bruno Cassirer in der Zeit des Nationalsozialismus, in: «... das Wort dem alle Mühe galt: Die Kunst.» Karl Scheffler 1869–1951, Akademie der Künste, Archiv-Blätter 15, Berlin 2006, S. 30–36.
184 Nutt, S. 109.
185 TD I, S. 143–148.
186 Alle Informationen über Bruno Cassirer und den Trabersport bei Nutt, S. 83–94.
187 Scheffler, S. 192.
188 Tau, S. 259.
189 Tau, S. 248.
190 Tau, S. 223.
191 Tau, S. 270.
192 Tau, S. 273.
193 Rahel E. Feilchenfeldt, Interaktionen: Verleger, Kunsthändler und Sammler in der Familie Cassirer, in: Annette Weber, Jihan Radjai-Ordoubadi (Hg.), Jüdische Sammler und ihr Beitrag zur Kultur der Moderne, Heidelberg 2011, S. 145.
194 Brühl, S. 48 f.
195 Brühl, S. 59.
196 Rahel E. Feilchenfeldt 2011, S. 140. S. Matthias Eberle, Max Liebermann 1847–1935. Werkverzeichnis der Gemälde und Ölstudien, Bd. 2, München 1996, Nr. 1918/10.
197 Ebd.

198 Sabine Beneke, Ausstellung einer Epoche. Die Sammlung Alfred Cassirer, in: Andrea Pophanken, Felix Billeter (Hg.), Die Moderne und ihre Sammler. Französische Kunst in deutschem Privatbesitz, Berlin 2001, S. 327–345.
199 Brief vom 5. August 1969.
200 Chris Barron, Eccentric art dealer in a class of his own. Sunday Times Obituary. Der Nachruf ist online verfügbar unter: http://genealogy.metastudies.net/PS04/PS04_203.HTM (Stand: Juli 2014).
201 Online verfügbar unter: www.bmw-art-guide.com/eric-and-jean-cass-collection/ (Stand: Juli 2014).
202 Eine Beschreibung der Sammlung in: Annual Report of the Contemporary Art Society (2011/12), S. 40–48.
203 Die Ausgaben der Gesammelten Werke, hg. von Birgit Recki, und der Nachgelassenen Manuskripte und Texte, hg. von Klaus Christian Köhnke, John Michael Krois und Oswald Schwemmer, beide im Meiner Verlag, Hamburg, wurden 2009 abgeschlossen. Biographien erschienen von Heinz Paetzold, Ernst Cassirer. Von Marburg nach New York. Eine philosophische Biographie, Darmstadt 1995; Thomas Meyer, Ernst Cassirer, Hamburg 2006; Massimo Ferrari, Ernst Cassirer. Stationen einer philosophischen Biographie. Von der Marburger Schule zur Kulturtheorie, aus dem Italienischen übersetzt von Marion Lauschke, Hamburger Cassirer-Forschungen, Bd. 2, Hamburg 2003; Jonas Hansson und Svante Nordin, Ernst Cassirer: The Swedish Years, Bern et. al. 2006; Peter E. Gordon, Continental Divide. Heidegger, Cassirer, Davos, Cambridge, MA 2010.
204 Dimitri Gawronsky, Ernst Cassirer. His Life and his Work. A Biography, in: The Philosophy of Ernst Cassirer, hg. von Paul A. Schilpp, Evanston 1949, S. 3–37.
205 AB, S. 15
206 Ernst Cassirer Papers, Addition, Series III, Personal Papers, Beinecke Rare Book and Manuscript Library, GEN MSS 355, box 6, folder 139.
207 Steven S. Schwarzschild, Judaism in the Life and Work of Ernst Cassirer, in: Il Cannocchiale 1–2 (Gennaio-agosto 1991), S. 327–344.
208 ECN 18, DVD 5.
209 ECN 18, DVD 12.
210 Peter Gay, Begegnung mit der Moderne, in: Werner E. Mosse (Hg.), Juden im Wilhelminischen Deutschland 1890–1914, Tübingen 1976, S. 261.
211 Zur Lehre Hermann Cohens, † 4. April 1918, in: ECW 9, S. 494–497.
212 Hermann Cohen und die Erneuerung der Kantischen Philosophie, in: ECW 9, S. 119–138.
213 Hermann Cohen. Worte gesprochen an seinem Grabe am 7. April 1918, in: ECW 9, S. 487–493.
214 ECN 18, DVD 16–19.
215 ECN 18, DVD 21.
216 ECN 18, DVD 23.
217 Dimitri Gawronsky, S. 9.
218 Meyer, S. 35.
219 TC, S. 20–26.
220 TC, S. 28.
221 TC, S. 28.
222 TC, S. 35.
223 Meyer, S. 40.
224 TC, S. 79.

225 TC, S. 42.
226 TC, S. 78 f.
227 Melissa Müller, Lilly und Claude Cassirer, in: Verlorene Bilder, verlorene Leben. Jüdische Sammler und was aus ihren Kunstwerken wurde. Unter Mitarbeit von Thomas Blubacher und Gunnar Schnabel, München 2009, S. 10–27.
228 TC, S. 75.
229 TC, S. 52.
230 TC, S. 43.
231 TC, S. 77.
232 TC, S. 141–143.
233 TC, S. 101.
234 TC, S. 33.
235 TC, S. 33 f.
236 Online verfügbar unter: http://genealogy.metastudies.net/PS02/PS02_480.HTM (Stand: Juli 2014).
237 TC, S. 85.
238 TC, S. 84.
239 ECW 18, S. 355–441.
240 Meyer, S. 46–57.
241 John Michael Krois, Ernst Cassirer 1874–1945. Eine Kurzbiographie, in: ECW 18, S. XXI–XLIV.
242 TC, S. 107.
243 ECN 18, S. 20 f.
244 Shulamit Volkov, Jüdische Assimilation und Eigenart im Kaiserreich, in: dies., Jüdisches Leben und Antisemitismus im 19. und 20. Jahrhundert, München 1990, S. 131–145.
245 Meyer, S. 63 f.
246 Meyer, S. 62.
247 Vorwort zur 1. Auflage, ECW 7, S. 393.
248 Massimo Ferrari, Ernst Cassirer. Stationen einer philosophischen Biographie. Von der Marburger Schule zur Kulturtheorie, Hamburg 2003, S. 31.
249 TC, S. 119.
250 Meyer, S. 84–86.
251 Das Leben lieben. Max Tau in Briefen und Dokumenten 1945–1976, hg. von Hans Däumling, Würzburg 1988, S. 10.
252 Tau, S. 127–129.
253 Meyer, S. 92.
254 Ernst Cassirer, Philosophische Probleme der Relativitäts-Theorie, in: Die Neue Rundschau 32 (1921), S. 1337–1354. ECW 9 , S. 231–235.
255 Meyer, S. 93.
256 ECN 18, S. 45 f.
257 Meyer, S. 93.
258 Zur Familie Warburg siehe Karin Michels, Aby Warburg. Im Bannkreis der Ideen, München 2007, S. 11–53; Ron Chernow, Die Warburgs. Odyssee einer Familie, Berlin 1994. Beispiele für das Bildungsniveau der Warburgs aus der Familienkorrespondenz in: Ernst H. Gombrich, Aby Warburg. Eine intellektuelle Biographie, Hamburg 1992.
259 Karin Michels, S. 11–14.
260 ECN 18, S. 57.

261 Karin Michels, S. 92.
262 Meyer, S. 92.
263 TC, S. 127.
264 ECN 18, S. 93.
265 Eine bebilderte Beschreibung bei Karin Michels, S. 95–104.
266 Massimo Ferrari, S. 224–226.
267 TC, S. 168.
268 Meyer, S. 109.
269 Meyer, S. 111.
270 Die prominent gewordenen Schüler von Cassirer bei John Michael Krois, Ernst Cassirer 1874–1945. Eine Kurzbiographie, in: ECN 18, S. XXVII.
271 Meyer, S. 112.
272 ECN 18, DVD 539.
273 TC, S. 169.
274 John Michael Krois, Ernst Cassirer 1874–1945. Eine Kurzbiographie, in: ECN 18, S. XXI–XLII.
275 TC, S. 140.
276 Brief vom 2. August 1927.
277 Undatierter Brief von 1929.
278 Joist Grolle, Bericht von einem schwierigen Leben. Walter Solmitz (1905 bis 1962), Berlin 1994, S. 21 f.
279 ECN 18, DVD 524. Der Brief wird dort fälschlich als an Ernst Cassirers Vater Eduard gerichtet identifiziert.
280 TC, S. 153.
281 Auszüge aus den Briefen in: TC, S. 155–164.
282 TC, S. 188.
283 Ernst Cassirer, Axel Hägerström, eine Studie zur schwedischen Philosophie der Gegenwart. Göteborg 1939: Göteborgs Högskolas Årsskrift 45. ECW 21.
284 Peter E. Gordon, S. 137–214.
285 Dieter Sturma, Die Davoser Disputation zwischen Ernst Cassirer und Martin Heidegger. Kontroverse Transzendenz, in: Dieter Thomä (Hg.), Heidegger-Handbuch, Stuttgart 2003, S. 110–115.
286 Peter E. Gordon, S. 325–329.
287 Meyer, S. 172.
288 Jürgen Habermas, Die befreiende Kraft der symbolischen Formgebung. Ernst Cassirers humanistisches Erbe und die Bibliothek Warburg, in: Dorothea Frede, Reinold Schmücker (Hg.), Ernst Cassirers Werk und Wirkung, Darmstadt 1997, S. 79–104.
289 Meyer, S. 165–168.
290 TC, S. 182 f.
291 TC, S. 183.
292 Meyer, S. 173.
293 Meyer, S. 159.
294 Barbara Vogel, Philosoph und liberaler Demokrat. Ernst Cassirer und die Hamburger Universität von 1919 bis 1933, in: Dorothea Frede, Reinold Schmücker (Hg.), Ernst Cassirers Werk und Wirkung, Darmstadt 1997, S. 185–214.
295 Nachruf auf Aby Warburg, ECN 17, S. 368–374.
296 Barbara Vogel, S. 211.
297 Ebd., S. 212.
298 TC, S. 180.

299 Ernst Cassirer, Die Philosophie der Aufklärung, Tübingen 1932, S. VII.
300 Meyer, S. 179–189.
301 Tau, S. 235.
302 Johann Wolfgang von Goethe, Werke. Hamburger Ausgabe, hg. von Erich Trunz, 1. Abt., Bd. 6, Hamburg 1955, S. 110.
303 TC, S. 186.
304 Barbara Vogel, S. 194.
305 Meyer, S. 95.
306 John Michael Krois, Ernst Cassirer 1874–1945. Eine Kurzbiographie, in: ECN 18, S. XXXIII.
307 Meyer, S. 189–203; Barbara Naumann, Birgit Recki (Hg.), Cassirer und Goethe. Neue Aspekte einer philosophisch-literarischen Wahlverwandtschaft, Berlin 2002.
308 TC, S. 188.
309 Meyer, S. 203.
310 Meyer, S. 205.
311 TC, S. 199.
312 ECN 18, S. 128 f.

3. Sozialarbeit und Pädagogik: Edith Geheeb-Cassirer (1885–1982)

1 Judith Büschel, Edith Geheeb. Eine Reformpädagogin zwischen pädagogischem Ideal und praktischem Schulmanagement, Berlin 2004, S. 14 f.
2 Zit. nach Näf I, S. 270. Martin Näf wertet in den beiden Bänden seiner Darstellung von Paul und Edith Cassirer-Geheebs Leben und Werk die schier unerschöpflichen Korrespondenzen des Geheeb-Archivs der Ecole d'Humanité aus. Nicht nach Näf zitierte Briefe aus diesem Archiv werden hier mit Angabe des Datums zitiert.
3 Aus meinem Leben. Interview, in: Edith Geheeb-Cassirer zum 90. Geburtstag, veröffentlicht von Margot Schiller und Armin Lüthi, Ecole d'Humanité, Goldern 1985, S. 13.
4 Vgl. Alice Salomon, Charakter ist Schicksal. Lebenserinnerungen, Weinheim 1983.
5 Edith Geheeb-Cassirer, Aus meinem Leben, S. 14.
6 Gustav Landauer, Selbstmord der Jugend, zit. nach Jürgen Schutte, Peter Sprengel (Hg.), Berliner Moderne 1885–1915, Stuttgart 1987, S. 158–161.
7 Zit. nach Näf I, S. 375.
8 Zit. nach Näf I, S. 376.
9 Ebd.
10 Eva Cassirer, Paul Geheeb. Biographie, in: RCBW, S. 312.
11 Näf I, S. 235.
12 Näf I, S. 321.
13 Näf II, S. 60.
14 Näf II, S. 67 f.
15 Näf II, S. 96.
16 Paul Geheeb, Koedukation als Lebensanschauung, in: Die Tat (1914) S. 1–11. Sonderdruck, Archiv der Odenwaldschule.
17 Der vollständige Prospekt findet sich in: RCBW, S. 325–334.
18 Die Eltern hatten zehn (überlebende) Kinder, er war das neunte.
19 Näf II, S. 87.

20 Judith Büschel, Edith Geheeb – das «Herdfeuer» der Odenwaldschule und der Ecole d'Humanité, in: OSO-Hefte, Neue Folge 19 (2008), S. 193–205.
21 Näf II, S. 108.
22 Näf II, S. 113.
23 Näf II, S. 110.
24 Näf II, S. 112.
25 Edith Geheeb-Cassirer, Aus meinem Leben, S. 20.
26 Ebd., S. 33.
27 Näf II, S. 212.
28 Edith Geheeb-Cassirer, Aus meinem Leben, S. 23 f.
29 Näf II, S. 230.
30 RCBW, S. 309.
31 Judith Büschel, 2008, S. 193–205.
32 Zu Edith Geheebs organisatorischem Talent siehe Judith Büschel, 2004, S. 43–57.
33 Näf II, S. 240 f.
34 Die Verdächtigung «sexuellen Missbrauchs» an Clara in der Odenwaldschule, wie sie Bärbel Meurer in ihrer Biographie von Max Webers Frau, *Marianne Weber. Leben und Werk* (1911), erhebt, und die Friedrich Wilhelm Graf in seiner Rezension des Buchs (vgl. Frankfurter Allgemeine Zeitung, 13. 1. 2012), noch vervielfacht, entbehren jeglicher Quellenkenntnis und schöpfen aus Presseberichten über Geschehnisse, die sich Jahrzehnte später ereignet haben.
35 Näf II, S. 205.
36 Edith Geheeb-Cassirer, Aus meinem Leben, S. 7 ff.
37 Romain Rolland, Das Leben des Ramakrishna, Erlenbach-Zürich 1928, S. 136.
38 Ebd., S. 80.
39 Romain Rolland, Das Leben des Vivekananda, Erlenbach-Zürich 1930, S. 11.
40 Ebd., S. 28.
41 Näf II, S. 278.
42 Näf II, S. 275.
43 Näf II, S. 276–279.
44 ECN 18, S. 93.
45 Franz Josef Schäfer, Der Besuch von Käthe Kollwitz bei Arthur und Beate Bonus in der Odenwaldschule im Mai 1921, in: OSO-Hefte, Neue Folge 19 (2008), S. 33.
46 Martin d'Idler, Klaus Mann und der Alte. Der Altschüler Klaus Mann und seine Skandalgeschichte «Der Alte» als Unterrichtsthema an der Odenwaldschule, in: OSO-Hefte, Neue Folge 19 (2008), S. 51–55. Der Text der Erzählung befindet sich auf S. 56–58. 86 Jahre später trat ein, was Paul Geheeb befürchtet hatte. Siehe Kap. 3. Sozialarbeit und Pädagogik, Anm. 34.
47 Typoskript, Archiv der Odenwaldschule.
48 Judith Büschel, 2008, S. 193–205.
49 HRC, S. 32.
50 Siehe das Kapitel *Die Rache eines SA-Mannes*, in: Dennis Shirley, Reformpädagogik im Nationalsozialismus. Die Odenwaldschule 1933–1945, Weinheim 2010, S. 105–119.
51 Näf II, S. 390.
52 Näf II, S. 411.
53 HRC, S. 73–75.
54 Dennis Shirley, S. 175.

55 Ebd., S. 193.
56 Näf II, S. 422.
57 Näf II, S. 409.
58 Näf II, S. 510.
59 RCBW, S. 375.

4. Familie und Judentum

1 Marcus Cassirer hatte acht Söhne und zwei Töchter.
2 Dr. Victor Goldschmidt, Die Familie Cassirer. Eine soziologische Studie, in: Israelitisches Familienblatt, 11. 2. 1926.
3 Geheeb-Archiv der Ecole d'Humanité, Hasliberg-Goldern, Schweiz.
4 TC, S. 15.
5 Leo Baeck Institute, New York, AR 7237; box 1, folder 11.
6 Peter Gay, Begegnung mit der Moderne, in: Werner E. Mosse (Hg.), Juden im Wilhelminischen Deutschland 1890–1914, Tübingen 1976, S. 243.
7 AB, S. 44 f.
8 AB, S. 14 f.
9 AB, S. 15.
10 AB, S. 17.
11 Kopien der Gründungsurkunde im Geheeb-Archiv der Ecole d'Humanité, Hasliberg-Goldern, Schweiz, und im Archiv des Leo Baeck Insitute, New York, Cassirer Family of Berlin, AR 7237.
12 «Erwin Cassirer hat seine Verwundung keinen Augenblick überlebt; wir haben kein Wort aus seinem Mund vernommen. Wir konnten ihm nur die Ehre geben, die die Tapferen den Tapferen erweisen.»
13 Archiv des Leo Baeck Institute, New York, Cassirer-Tietz Family Collection, AR 4122; box 1, folder 10.
14 Ebd.
15 Ebd.
16 Landesarchiv Berlin, E Rep 300-48, Nachlass Max Cassirer.
17 Archiv des Leo Baeck Institute, New York, Cassirer-Tietz Family Collection, AR 7237; box 1, folder 11.
18 Landesarchiv Berlin, E Rep 030-08, Nr. 187, Nachlass Max Cassirer. Da Siemens & Halske die Mehrheit der Aktien besaß, wird gewöhnlich die Firma Siemens als Käufer genannt.
19 Andreas Ludwig, S. 298.
20 Landesarchiv Berlin, A Rep 037-08 Nr. 187, Cassirer-Gedächtnisstiftung.
21 Artur Schnabel, Aus dir wird nie ein Pianist. Die Autobiographie von Artur Schnabel, hg. von Werner Grünzweig und Lynn Matheson, Hofheim 2009, S. 61.
22 Landesarchiv Berlin, E Rep 300-48, Nachlass Max Cassirer.
23 Andreas Ludwig, S. 343–345.
24 Andreas Ludwig, S. 348–353.
25 AB, S. 3.
26 AB, S. 4.
27 Werner E. Mosse, Jews in the German Economy. The German-Jewish Economic Elite 1820–1935, Oxford 1987, S. 208.
28 Brief vom 1. August 1951, Ernst Cassirer Papers, Beinecke Rare Book and Manuscript Library, GEN MSS 98, box 55, folder 1086.

29 Online abrufbar unter: http://metastudies.net/genealogy/ZDocs/Webp/Susanne_C.htm (Stand: Juli 2014).
30 Werner E. Mosse, Zum Selbstverständnis des deutsch-jüdischen Großbürgertums, in: Jüdische Selbstwahrnehmung. La prise de conscience de l'identité juive, hg. von Hans Otto Horch und Charlotte Wadi, Tübingen 1997, S. 129–135.
31 Siehe Anmerkung 2.
32 Fotokopie des Typoskripts im Archiv der Odenwaldschule, Nachlass Max Cassirer, mit dem handschriftlichen Zusatz: «Prediger Schmeidler bei der Taufe von Kurt, 9.X.96.»
33 Peter Pulzer, Die Wiederkehr des alten Hasses, in: Michael A. Meyer, Michael Brenner (Hg.), Deutsch-Jüdische Geschichte in der Neuzeit, Bd. 3, München 1997, S. 193–248.
34 Ebd., S. 201 f.
35 Peter Pulzer, Die Reaktion auf den Antisemitismus, in: Michael A. Meyer, Michael Brenner (Hg.), Deutsch-Jüdische Geschichte in der Neuzeit, Bd. 3, München 1997, S. 251.
36 Ebd., S. 269.
37 Ebd., S. 254.
38 S. den aufschlussreichen Jahresbericht von 1904. Online verfügbar unter https://books.google.com/books?id=tmIpAAAAYAAJ&printsec=frontcover& (Stand Juni 2015)
39 Sebastian Panwitz, Die Gesellschaft der Freunde 1792–1935. Berliner Juden zwischen Aufklärung und Hochfinanz, Hildesheim 2007, S. 22.
40 Ebd., S. 33–35.
41 Till van Rahden, Jews and other Germans. Civil Society, Religious Diversity, and Urban Politics in Breslau 1860–1925, Madison 2008, S. 67.
42 Freundliche Mitteilung des Archivs Centrum Judaicum, Berlin.
43 Wilfred Cass, Here Comes Mr. Cass, London 2014, S. 7.
44 Zit. nach Shulamit Volkov, Walther Rathenau. Ein jüdisches Leben in Deutschland 1867–1922, München 2012, S. 33.
45 Charlotte Schoell-Glass, Aby Warburg und der Antisemitismus. Kulturwissenschaft als Geistespolitik, Frankfurt a. M. 1998, S. 255.
46 Charlotte Schoell-Glass, S. 74.
47 Meyer, S. 77 f.
48 Hermann Cohen, Deutschtum und Judentum, in: Christoph Schulte (Hg.), Deutschtum und Judentum. Ein Disput unter Juden in Deutschland, Stuttgart 1993, S. 40–69.
49 Charlotte Schoell-Glass, S. 178–185.
50 Charlotte Schoell-Glass, S. 22.
51 ECN 18, S. 89.
52 Charlotte Schoell-Glass, S. 153.
53 Gotthold Ephraim Lessing, Emilia Galotti, in: ders., Werke und Briefe, hg. von Klaus Bohnen, Bd. 7, Frankfurt a. M. 2000, S. 354.
54 TD, S. 237.
55 Eine Proklamation des deutschen Armee-Oberkommandos, in: Der Israelit, 10.9.1914.
56 Kriegszeitung, 16.9.1914.
57 Hermann Cohen, S. 58.
58 Steven S. Schwarzschild, Judaism in the Life and Work of Ernst Cassirer, in: Il Cannocchiale 1,2 (Gennaio-agosto 1991), S. 327–344.

59 HRC, S. 216.
60 TC, S. 17.
61 TC, S. 40.
62 TC, S. 131.
63 TC, S. 132.
64 TC, S. 173.
65 TC, S. 234 f.
66 TC, S. 298.
67 An den Wassern von Babylon. Ein fast heiteres Judenbüchlein, München 1920, S. 95–118.
68 Peter Gay, S. 303.
69 Theodor Fritsch, Handbuch der Judenfrage. Eine Zusammenstellung der wichtigsten Tatsachen zur Beurteilung des jüdischen Volkes, Leipzig 1923, S. 315.
70 Oscar A. H. Schmitz, Das wilde Leben der Boheme. Tagebücher, Bd. 1, 1896–1906, hg. von Wolfgang Martynkewicz, Berlin 2006, S. 19.

5. Die Familie Cassirer im Exil

1 Toni Cassirer erwähnt eine Schwester ihres Mannes, es müsste Klara sein, die Deutschland mit ihrem Mann nicht verlassen hatte und nicht überlebte. Sie erwähnt ebenfalls einen Bruder, der mit einer Christin verheiratet war und in Berlin überlebte. Es müsste Eduards Sohn Ludwig gewesen sein. Tonis Schwester Martha verh. Pollack konnte sich mit ihrem Mann nicht von Wien trennen. Beide kamen um.
2 Geno Hartlaub, Es wehte im Nu ein ganz anderer Wind, zit. nach OSO-Hefte, Neue Folge 19 (2008), S. 184.
3 Meyer, S. 211–213.
4 ECN 18, S. 149 f.
5 TC, S. 204.
6 Meyer, S. 214.
7 TC, S. 210.
8 Online verfügbar unter: http://genealogy.metastudies.net/PS05/PS05_328.HTM (Stand: Juli 2014).
9 Melissa Müller, Lilly und Claude Cassirer, in: Melissa Müller, Monika Tatzkow (Hg.), Verlorene Bilder, verlorene Leben. Jüdische Sammler und was aus ihren Kunstwerken wurde. Unter Mitarbeit von Thomas Blubacher und Gunnar Schnabel, München 2009, S. 10–27.
10 TC, S. 209.
11 Zit. nach Stefan Müller-Dohm, Adorno. Eine Biographie, Frankfurt a. M. 2002, S. 298.
12 TC, S. 244.
13 Meyer, S. 215.
14 HN, S. 48.
15 HN, S. 54–57.
16 HN, S. 49 f.
17 TC, S. 241.
18 Meyer, S. 216.
19 HN, S. 61–63.
20 Tal till studenterna, in: ECW 22, S. 322 f.
21 Ebd., S. 323.

22 John Michael Krois, Ernst Cassirer's Philosophical Development in Sweden, in: HN, S. 16.
23 Ernst Cassirer, Axel Hägerström, eine Studie zur schwedischen Philosophie der Gegenwart. Göteborg 1939. Göteborgs Högskolas Årsskrift 45,1. ECW 21, S. 3–116.
24 Meyer, S. 219.
25 Tal till studenterna, in: ECW 22, S. 322–326.
26 ECW 24, S. 267–298.
27 ECN 18, S. 208.
28 Thomas Mann, Tagebücher 1940–1943, hg. von Peter de Mendelssohn, Frankfurt a. M. 1982, S. 50 f.
29 Meyer, S. 228.
30 Golo Mann, Erinnerungen und Gedanken. Eine Jugend in Deutschland. Frankfurt a. M. 1986, S. 473.
31 Thomas Mann, Tagebücher 1940–1943, S. 52.
32 ECN 18, S. 220.
33 ECN 18, S. 205.
34 TC, S. 254.
35 Le concept de groupe et la théorie de la perception, in: Journal de Psychologie (35) Juli–Dezember 1938, S. 368–414.
36 TC, S. 256 f.
37 TC, S. 257.
38 ECN 18, S. 181.
39 HN, S. 83.
40 TC, S. 266.
41 Vier Briefe an Annemarie Uhde befinden sich in Privatbesitz.
42 AB, S. 4.
43 TC, S. 273.
44 HN, S. 93.
45 Siehe William Cohn, Sammlung Walter Bondy Berlin – ostasiatische Kunst. Versteigerung 18. und 19. Mai 1927 bei Paul Cassirer. Auktionskatalog Berlin 1927; Walter Bondy, Kang-Hsi: eine Blüte-Epoche der chinesischen Porzellankunst, München 1923; Hôtel Drouot, Paris – Arts primitifs de la collection Walter Bondy et à divers amateurs, Paris 2008.
46 Camille Bertron Bondy, Erinnerungen an Walter Bondy, in: Andrea Winklbauer (Hg.), Moderne auf der Flucht. Österreichische KünstlerInnen in Frankreich 1938–1945, Wien 2008, S. 66–79.
47 TC, S. 274.
48 TC, S. 277.
49 ECW 22, S. 124.
50 TC, S. 281.
51 Meyer, S. 254.
52 Edward Lasker, Chess for Fun and Chess for Blood, Philadelphia 1942.
53 ECW 24, S. 598–600.
54 Über die weite Rezeption Cassirers in den USA s. Meyer, S. 234–238.
55 TC, S. 292 f.
56 TC, S. 301.
57 Meyer, S. 240–244.
58 TC, S. 314.
59 TC, S. 316.

60 TC, S. 325.
61 Thomas Mann, Tagebücher 1940–1943, S. 593.
62 Thomas Mann, Die Briefe. Regesten und Register, Bd. 2, bearbeitet und hg. von Hans Bürgin und Hans-Otto Mayer, Frankfurt a. M. 1980, S. 732.
63 Thomas Mann, Die Briefe. Regesten und Register, Bd. 3, bearbeitet und hg. von Hans Bürgin und Hans-Otto Mayer, Frankfurt a. M. 1982, S. 100 f.
64 ECN 9, S. 193–224, zur Entstehung vgl. S. 343–347.
65 ECN 9, S. 225.
66 TC, S. 264.
67 HN, S. 59.
68 ECN 18, S. 195 f.
69 TC, S. 325.
70 Friedrich Wilhelm Graf, «meine innere Zugehörigkeit zum Judentum.» Ernst Cassirer erläutert Paul Tillich seine komplexe deutsch-jüdische Identität, in: Münchner Beiträge zur jüdischen Geschichte und Kultur 7 (2013), S. 53–68.
71 Annette Kolb, Memento, in: Spitzbögen, Frankfurt a. M. 1984, S. 202.
72 Ernst Cassirer Papers, Beinecke Rare Book and Manuscript Library, GEN MSS 98, box 55, folder 1086.
73 TC, S. 189 f.
74 ECN 18, DVD 1431.
75 Hans Vaget, Thomas Mann, der Amerikaner, Frankfurt a. M. 2012, S. 141–145.
76 ECN 18, S. 193.
77 ECW 9, S. 345.
78 ECN 18, S. 237 f.
79 ECN 18, S. 238 f.
80 TC, S. 329 f.
81 TC, S. 331.
82 TC, S. 332.
83 Abbildung der Bekanntmachung bei Meyer, S. 255.
84 Zur Geschichte von Habonim vgl. online unter: http://www.habonim.net/about-us/history-habonim (Stand: Juli 2014).
85 Joist Grolle, Bericht von einem schwierigen Leben. Walter Solmitz (1905 bis 1962), Berlin 1994, S. 127–130.
86 Meyer, S. 255.
87 Aufbau, 20. 4. 1945.
88 Edward Murray Case, A Student's Nachruf, in: The Philosophy of Ernst Cassirer, hg. von Paul A. Schilpp, Evanston 1949, S. 52–54.
89 Die vier Briefe an Annemarie Uhde befinden sich in Privatbesitz.
90 Gespräch mit Irene Sychrava am 27. Januar 2014.
91 Brief vom 12. Januar 1961 an Anne Appelbaum. Kopie im Paul-Geheeb-Archiv.
92 Näf II, S. 436 f.
93 Näf II, S. 432.
94 Näf II, S. 440.
95 Elisabeth Huguenin, Die Odenwaldschule. Mit einer Einleitung von Peter Petersen, Weimar 1926.
96 Näf II, S. 562.
97 Näf II, S. 572.
98 Biographisches Gedenkbuch der Münchner Juden 1933–1945, hg. vom Stadtarchiv München, Bd. 2, München 2007, S. 239 f. und S. 587. Gertrud Kanto-

rowicz, Lyrik. Kritische Ausgabe, hg. von Philipp Ridel, Heidelberg 2010, S. 212.
99 S. Näf II, S. 658.
100 Klaus Mann, Portrait of a Pedagogue, in: Tomorrow (7), Nr. 1 September 1947, S. 36–40.
101 Näf II, S. 634–641.
102 Brief vom 11. Juni 1966.
103 Näf II, S. 719.
104 Brief vom 3. Januar 1958.
105 Brief vom 3. Dezember 1957.
106 Brief vom 12. April 1960. Der Briefwechsel befindet sich im Paul-Geheeb-Archiv.
107 Brief vom 17. Januar 1960.
108 Brief vom 11. Juni 1966.
109 Brief vom 8. März 1966.
110 Brief vom 11. Juni 1966.
111 Margot Schiller, Arnim Lüthi, Edith Geheeb zum 90. Geburtstag, Ecole d'Humanité 1975.
112 Uwe Brodersen, Gesetze des NS-Staates, Bad Homburg 1968, Bd. 2, S. 140 f.
113 Uwe Dietrich Adam, Judenpolitik im Dritten Reich, Düsseldorf 1972, S. 310 f.
114 Bruno Cassirers Exiljahre und die Fortführung seines Verlags stützen sich auf die genauen Recherchen von Rahel E. Feilchenfeldt, in: Bruno Cassirer Publishers Ltd. Oxford 1940–1990 / Der Berliner Bruno Cassirer Verlag in Oxford 1940–1990: Flight and New Start / Flucht und Neuanfang. An Annotated Bibliography and Essays on the History of Bruno Cassirer Publishers in Berlin during National Socialism 1933–1936 and in Oxford 1940–1990 / Eine kommentierte Bibliographie und Beiträge zur Geschichte des Verlags in Berlin während des Nationalsozialismus 1933–1936 und in Oxford 1940–1990. On behalf of the / Im Auftrag der Staatsbibliothek zu Berlin edited/herausgegeben von Rahel. E. Feilchenfeldt und Jutta Weber, Göttingen 2016.
115 Ebd.
116 Tau, S. 175 f.
117 Rahel E. Feichenfeldt 2016.
118 S. M. Stern, Albert Hourani and Vivian Brown, Islamic Philosophy and the Classical Tradition. Essays Presented by His Friends and Pupils to Richard Walzer on his Seventieth Birthday, Columbia, SC 1972.
119 François Souchal, French Sculptors of the 17th and 18th Centuries, edited in collaboration with Françoise de la Moureyre, Oxford 1977–1989. Der 4. Band erschien 1993 bei Faber & Faber in London.
120 Ben Bano, Susanne Bano – a brief account, online verfügbar unter: http://genealogy.metastudies.net/ZDocs/Webp/Susanne_C.htm (Stand: Juli 2014).
121 Online verfügbar unter: http://metastudies.net/pmg/index.php?n=Main.DavidWernerFalk (Stand: Juli 2014).
122 Werner Falk, Hegels Freiheitsidee in der Marxschen Dialektik, in: Archiv für Sozialwissenschaft und Sozialpolitik 68 (1932/33), S. 165–193.
123 Jeanette L. Falk, «Carolina» Vignettes: W. David Falk, Philosopher, online verfügbar unter: http://metastudies.net/genealogy/ZDocs/WDFALK/FALKCH.html (Stand: Juli 2014).
124 W. David Falk, Thought, Reason, and Morality. The Collected Papers of W. F D. Falk, with a Foreword by Kurt Baier, Ithaca, NY 1986.
125 Henry R. Cassirer, Seeds in the Wind of Change. Through Education and Com-

munication, Dereham 1989; deutsch: Und alles kam anders ... Ein Journalist erinnert sich, Konstanz 1992 (im Folgenden als HRC).
126 HRC, S. 191.
127 HRC, S. 23.
128 HRC, S. 53.
129 HRC, S. 54.
130 HRC, S. 56.
131 HRC, S. 58–60.
132 HRC, S. 66.
133 HRC, S. 147.
134 Brian Groombridge, Henry Cassirer. Broadcasting as a Medium of Social Change, in: The Guardian, 18. 2. 2005.
135 HRC, S. 154.
136 HRC, S. 187.
137 HRC, S. 244.
138 HRC, S. 313.
139 HRC, S. 8.
140 HRC, S. 179.
141 HRC, S. 215.
142 Eine Fotografie befindet sich im Archiv des Leo Baeck Institute, New York, Cassirer-Tietz Family Collection, AR 7237; box 1, folder 14.
143 Wilfred Cass, Here Comes Mr. Cass, London 2014.
144 Ebd., S. 20.
145 Ebd., S. 68.

6. Drei Frauen

1 Tilla Durieux, Der Beruf der Schauspielerin, Stiftung Archiv der Akademie der Künste, Archivblätter 11, Berlin 2004.
2 Tilla Durieux, Über den Tag hinaus. Notizen von Tilla Durieux 1920–1933, mit einer Einführung hg. von Dagmar Walach, Berlin 2009.
3 Leo Kestenberg, Bewegte Zeiten. Musisch-musikantische Lebenserinnerungen, Wolfenbüttel/Zürich 1962, S. 37.
4 TD I, S. 10.
5 TD, S. 21.
6 Das Werkverzeichnis in: Wilco von Abercron (Hg.), Eugen Spiro 1874 Breslau – 1972 New York. Spiegel eines Jahrhunderts, Alsbach 1990, listet vier Porträts auf.
7 TD, S. 67.
8 Peter Spiro, Nur uns gibt es nicht wieder. Erinnerungen an meinen Vater Eugen Spiro, Köln 2010, S. 54 f.
9 Ebd., S. 37.
10 E-F I, S. 495.
11 TD, S. 61–64.
12 Walter Turszynsky, Tilla Durieux, in: Bühne und Welt 2, (1909/10), S. 604–610.
13 Julius Bab, Tilla Durieux und Paul Wegener, in: Die Rampe 1 (1924), S. 7–13.
14 Walter Turszynsky, Tilla Durieux, S. 609.
15 Heinrich Mann, Tilla Durieux, in: Zeit im Bild 11 (1914), S. 917.
16 Heinrich Mann, Die Schauspielerin, in: ders., Ausgewählte Werke in Einzelausgaben, hg. im Auftrag der Deutschen Akademie der Künste zu Berlin von Alfred

Kantorowicz, Bd. 10, Berlin 1956, S. 91. Siehe auch Renate Möhrmann, Tilla Durieux und Paul Cassirer. Bühnenglück und Liebestod, Berlin 1997, S. 110 f.
17 Julius Meier-Graefe, Tagebuch 1903–1917 und weitere Dokumente, hg. und kommentiert von Catherine Krahmer, Göttingen 2009, S. 207. Siehe dazu Catherine Krahmer, Gefühl und Technik. Tilla Durieux und das Paradox des Schauspielers, in: Claudia Christophersen und Ursula Hudson-Wiedemann in Zusammenarbeit mit Brigitte Schillbach (Hg.), Romantik und Exil. Festschrift für Konrad Feilchenfeldt, Würzburg 2004, S. 359–365.
18 Julius Meier-Graefe, Tagebuch 1903–1917, S. 99.
19 Ebd., S. 247.
20 TD, S. 70.
21 TD, S. 78.
22 TD, S. 134.
23 TD, S. 127.
24 TD, S. 72.
25 TD, S. 298.
26 Tilla Durieux, Gespräche mit einem liebenswerten Gast. Aus einem Vortrag, in: Ernst Barlach. Werk und Wirkung. Berichte, Gespräche, Erinnerungen, hg. von Elmar Jensen, Frankfurt a. M. 1971, S. 217–227.
27 Oskar Kokoschka, Mein Leben, München 1971, S. 115 f.
28 TD, S. 205–211.
29 Wieder abgedruckt in: Der Beruf der Schauspielerin, Stiftung Archiv der Akademie der Künste, Archivblätter 11, Berlin 2004, S. 32–34.
30 BZ am Mittag, 11. 8. 1928.
31 TD, S. 23.
32 TD, S. 276.
33 TD, S. 202.
34 TD, S. 87.
35 Nie wieder Opernball, in: Berliner Tageblatt, 18. 2. 1928; Ein Tag in New York, in: Vossische Zeitung, 25. 1. 1924.
36 Berliner Tageblatt, 16. 10. 1927.
37 Leo Kestenberg, Bewegte Zeiten, S. 27.
38 TD, S. 113.
39 Heinrich Mann, Ein Zeitalter wird besichtigt. Erinnerungen, Frankfurt a. M. 2007, S. 253.
40 Heinz Ludwig Arnold, Bertolt Brecht, in: Text + Kritik Sonderbände (1972/73), Bd. 1, S. 122, Bd. 2, S. 219.
41 Else Lasker-Schüler, Frau Durieux, in: dies., Werke und Briefe. Kritische Ausgabe, hg. von Norbert Oellers, Heinz Rölleke und Itta Shedletzky, Bd. 3.1, Frankfurt a. M. 1998, S. 126–128.
42 Else Lasker-Schüler, Die Schauspielerin, in: dies., Werke und Briefe. Kritische Ausgabe, hg. von Norbert Oellers, Heinz Rölleke und Itta Shedletzky, Bd. 1.1, Frankfurt a. M. 1996, S. 212 f.
43 Wilhelm Biermann, Tilla Durieux. Gedichte, Berlin 1925.
44 TD, S. 23 f.; 225–227; 240–248.
45 Julius Elias, Alice Trübner, in: Kunst und Künstler 14 (1916), S. 367.
46 Else Lasker-Schüler, Alice Trübner. (Ihrem lieben Jungen), in: dies., Werke und Briefe, Bd. 1.1, Frankfurt a. M. 1996, S. 201 f.
47 TD, S. 213.
48 TD, S. 313.

49 Fotokopie des Dokuments in Privatbesitz. Mit herzlichem Dank an Frau Sabine Lutt-Freund, die Großnichte von Anni Wachsmuth, die mir freundlicherweise Einblick in die Kopie ihres Testaments gewährte.
50 TD, S. 314.
51 Ernst Barlach, Die Briefe II. 1925–1938, hg. von Friedrich Dross, München 1969, S. 75 f.
52 Tilla Durieux, Über den Tag hinaus, S. 18.
53 TD, S. 318.
54 TD, S. 133 f.
55 Tilla Durieux, Eine Tür fällt ins Schloss. Roman, München 1992, S. 17.
56 Ebd., S. 19–21.
57 Ebd., S. 30.
58 Ebd., S. 105 f.
59 Tilla Durieux, Eine Tür steht offen, Berlin 1954, S. 280.
60 Tilla Durieux, Über den Tag hinaus, S. 40.
61 Zit. nach Tilla Durieux, Über den Tag hinaus, S. 91–94.
62 Else Lasker-Schüler, Werke und Briefe. Kritische Ausgabe, hg. von Norbert Oellers, Heinz Rölleke und Itta Shedletzky, Bd. 8, Frankfurt a. M. 2005, S. 280.
63 Tilla Durieux, Über den Tag hinaus, S. 97.
64 Konrad Kellen, Katzenellenbogen. Erinnerungen an Deutschland, Wien 2003, S. 49.
65 Ebd., S. 51.
66 Ebd., S. 150.
67 TD, S. 324.
68 Brief des Notars Ernst Asch an Tilla Durieux vom 30. März 1933, Akademie der Künste, Berlin, Tilla-Durieux-Archiv, Nr. 96.1–2.
69 Gerald Feldman, Die Deutsche Bank vom Ersten Weltkrieg bis zur Weltwirtschaftskrise 1919–1932, in: Lothar Gall (Hg.), Die Deutsche Bank 1870–1995, München 1995, S. 301.
70 Ernst Barlach, Die Briefe II, S. 279 f.
71 TD, S. 343.
72 TD, S. 353.
73 TD, S. 349.
74 Abt. H VI, Reihe 3, Grab Nr. III 447.
75 Tilla Durieux, Über den Tag hinaus, S. 18.
76 TD, S. 397.
77 TD, S. 308.
78 TD, S. 438.
79 TD, S. 429.
80 Tilla Durieux, Die Schauspielerin. Wandlungen und Perspektiven, in: dies., Der Beruf der Schauspielerin, Stiftung Archiv der Akademie der Künste. Archivblätter 11, Berlin 2004, S. 32–34.
81 TD, S. 423 f.
82 Joachim Werner Preuß, Tilla Durieux – Porträt der Schauspielerin. Deutung und Dokumentation, Berlin 1965.
83 TD, S. 471.
84 TD, S. 430
85 wieder abgedruckt in TD, S. 74.
86 Mit freundlicher Genehmigung des Wallstein Verlags erscheint hier die gekürzte und überarbeitete Fassung des Nachworts *Die verborgene Gönnerin* zu: Rainer

Maria Rilke – Eva Cassirer. Briefwechsel, hg. und kommentiert von Sigrid Bauschinger, Göttingen 2009, S. 339–385 (im Folgenden als RCBW).
87 Eva Cassirer, Erinnerungen an die Eltern. Typoskript, Archiv der Odenwaldschule, Nachlass Henry Cassirer.
88 Eva Cassirer, Erläuternder Text zu Rilkes Briefen an mich, zit. nach RCBW, S. 277.
89 Die Briefe von Eva Solmitz an Ellen Key befinden sich in der Schwedischen Nationalbibliothek Stockholm (L:41:63:2).
90 HRC, S. 10.
91 Eva Cassirer, Erinnerungen an die Eltern. Typoskript, Archiv der Odenwaldschule, Nachlass Henry Cassirer.
92 Amtlicher stenographischer Bericht über die Berliner Stadtverordnetenversammlung am 21. Juni 1917, Kopie im Archiv der Odenwaldschule, Nachlass Henry Cassirer.
93 Margarete Marasse, Römische Sonntage. Leipzig 1906. In Übersetzung von Cristina Comodi liegt das Kapitel über die Stadt Viterbo vor: Novecento Viterbese. Domeniche viterbesi di Margarete Marasse, online verfügbar unter: http://m.bibliotecaviterbo.it/biblioteca-e-societa/1984_1-4/Comodi.pdf (Stand: Juli 2014).
94 Rilkes Rezension des *Jahrhunderts des Kindes* in: KA IV, S. 262–208. Über die Samskola veröffentlichte er einen Aufsatz in der *Zukunft*, vgl. KA IV, S. 567–582.
95 RCBW, S. 278.
96 RCBW, S. 351 f.
97 RCBW, S. 61.
98 RCBW, S. 278 f.
99 RCBW, S. 280.
100 RCBW, S. 34.
101 Unter den Veröffentlichungen Kurt Cassirers finden sich: Zeichnungen Polidoro Da Caravaggios in den Berliner Museen, in: Jahrbuch der Preußischen Kunstsammlungen, Bd. 41, Berlin 1920, S. 344–358; Zu Borrominis Umbau der Lateranbasilika, in: Jahrbuch der Preußischen Kunstsammlungen, Bd. 42, Berlin 1921, S. 53–67; Die Handzeichnungssammlung Pacetti, in: Jahrbuch der Preußischen Kunstsammlungen, Bd. 43, Berlin 1922, S. 63–96.
102 Ernst Pariser, Ein Buch für seine Freunde. Privatdruck, Leipzig 1919, S. 187 f.
103 Ebd., S. 204–206.
104 RCBW, S. 123.
105 Eva Cassirer, Rainer Maria Rilke: Mir zur Feier. – Die frühen Gedichte. Ein Vergleich, in: Die Frau. Monatsschrift für das gesamte Frauenleben unserer Zeit 18 (1911), S. 621–625.
106 Archiv der Odenwaldschule, Nachlass Max Cassirer.
107 RCBW, S. 280.
108 RCBW, S. 282.
109 Rainer Maria Rilke, Religionsunterricht? An die Vereinigung für Schulreform, Bremen, in: KA IV, S. 585–587.
110 Rainer Maria Rilke, Briefwechsel mit Regina Ullmann und Ellen Delp, hg. von Walter Simon, Frankfurt a. M. 1987, S. 189.
111 RCBW, S. 70–77.
112 Rainer Maria Rilke – Lou Andreas-Salomé. Briefwechsel, hg. von Ernst Pfeiffer, Zürich/Wiesbaden 1952, S. 379.

113 Interview mit Frau Cassirer, in: Berichte aus der Odenwaldschule 11 (1965), S. 216–217.
114 Typoskript, Archiv der Odenwaldschule.
115 Eva Cassirer, Einige Gesichtspunkte für den Deutschunterricht der Oberstufe, in: Aufsätze aus dem Mitarbeiterkreis der Odenwaldschule zu ihrem 20jährigen Bestehen. Paul Geheeb zum 60. Geburtstag am 10. Oktober 1930. Gedruckt in der Waldkauzdruckerei der Odenwaldschule, S. 17–21.
116 RCBW, S. 163 f.
117 RCBW, S. 293–302.
118 RCBW, S. 298.
119 Nachlass Eva Cassirer, Schweizerisches Literaturarchiv (SLA), Bern.
120 Rainer Maria Rilke, Briefwechsel mit Regina Ullmann und Ellen Delp, S. 425.
121 Nachlass Eva Cassirer, Schweizerisches Literaturarchiv (SLA), Bern.
122 Willi Bredel, *Die Prüfung*. Roman, Berlin 1968, S. 345.
123 Der gesamte Text in: RCBW, S. 336 f.
124 Regina Ullmann, Ich bin den Umweg statt den Weg gegangen. Ein Lesebuch, zusammengestellt und mit einem biographischen Nachwort hg. von Charles Linsmayer, Frauenfeld 2000, S. 390.
125 Archiv der Odenwaldschule, Nachlass Henry Cassirer.
126 Eva Cassirer-Solmitz, Vier Werke Rilkes. Das Stunden-Buch. Die Aufzeichnungen des Malte Laurids Brigge, Die Duineser Elegien, Die Sonette an Orpheus – Die Götter bei Rilke (Nebentitel: Rainer Maria Rilke), Heidelberg 1957, Seite a.
127 Vgl. ebd. das Kapitel *Die Duineser Elegien*, S. 60.
128 Interview mit Frau Cassirer, in: Berichte aus der Odenwaldschule (11), 1965, S. 216 f.
129 Friedrich Schiller, Über die ästhetische Erziehung des Menschen in einer Reihe von Briefen, in: ders., Werke. Nationalausgabe, Bd. 20, Philosophische Schriften, 1. Teil, unter Mitwirkung von Helmut Koopmann hg. von Benno von Wiese, Weimar 1962, S. 334. Das Zitat findet sich in: Eva Cassirer-Solmitz, Vier Werke Rilkes, im Kapitel *Die Duineser Elegien*, S. 30.
130 Nadine Gordimer, Telling Times. Writing and Living 1952–2007, New York 2010; Life Times. Stories 1952–2007, New York 2010.
131 Nadine Gordimer, Mit einer Schriftstellerin leben, in: NG, S. 320–329; Ich über mich, in: Frankfurter Allgemeine Zeitung, 31.12.2011. Ich nutze meine Stimme, in: Die Zeit, 29.11.2012.
132 Die folgenden Auskünfte stammen aus dem Fernsehfim *Der Clan und ich. Die «Cassirers» aus Berlin* des SWR (Erstsendung 16.1.1990) sowie der Rundfunksendung *Zeitgenossen. Gespräch mit Nadine Gordimer und Reinhold Cassirer*, das am 17.7.1988 vom Südwestfunk Baden-Baden aufgenommen wurde. Eine erweiterte Fassung der Erinnerungen Reinhold Cassirers in englischer Übersetzung ist online verfügbar unter: http://metastudies.net/genealogy/ZDocs/Cassirer/RndC/index.html (Stand: Juli 2014).
133 Golo Mann, Erinnerungen und Gedanken. Eine Jugend in Deutschland, Frankfurt a. M. 1986, S. 368–370.
134 Nadine Gordimer, Fragen, die Journalisten nicht stellen, in: NG, S. 326.
135 Albrecht Hagemann, Kleine Geschichte Südafrikas, München ³2007, S. 50.
136 NG, S. 7–41.
137 Siehe die Liste von Autoren und Titeln in dem Essay *A Bolter and the Invincible Summer*, in: Nadine Gordimer, The Essential Gesture: Writing, Politics and Places, edited and introduced by Stephen Clingman, London 1988, S. 19–28.

138 Ich danke der Yeats-Übersetzerin Susanne Schaup für diese Auskunft.
139 Hagemann, S. 73–76.
140 Stephen Clingman, The Novels of Nadine Gordimer. History from the Inside, Amherst, MA 1986, S. 35–37.
141 Nadine Gordimer, Erlebte Zeiten. Erzählungen 1952–2007, Berlin 2013, S. 51–78.
142 NG, S. 7–41.
143 Susan Sontag, Regarding the Pain of Others, New York 2003 (Das Leiden anderer betrachten, München 2003).
144 Die unerlässliche Geste, in: NG, S. 226–248.
145 NG, S. 191–225.
146 Die unerlässliche Geste, in: NG, S. 226–248.
147 Helen T. Verongos, Nadine Gordimer 1923–2014. She Fought Apartheid with Words, in: The New York Times, 15. 7. 2014.
148 Vgl. z. B. *Zensiert, verboten, geknebelt*, in: NG, S. 117–130.
149 Adam Kirsch, Letters from Johannesburg. Fifty years' worth of essays from the Nobel Prize winner Nadine Gordimer, in: The New York Times Book Review, 1. 8. 2010, S. 19.
150 NG, S. 226 f.
151 Brief von Edith Geheeb an Lotte Fürstenberg, 6. November 1963.
152 Warum entschied Bram Fischer sich für das Gefängnis?, in: NG, S. 139–154.
153 NG, S. 42–60.
154 NG, S. 254–263.
155 Nelson Mandela, in: The New Yorker, 16. 12. 2013, S. 24–26.
156 Reinhold Cassirer an Edith Geheeb, 28. März 1974.
157 Reinhold Cassirer an Edith Geheeb, 31. März 1973.
158 Nadine Gordimer an Edith Geheeb, 30. April 1973.
159 Online verfügbar unter: http://genealogy.metastudies.net/ZDocs/Webp/Gordimer1.html (Stand: Juli 2014).
160 Nadine Gordimer, Erlebte Zeiten, S. 677–692.
161 Nadine Gordimer, The New Threat to Freedom, in: The New York Review of Books, 24. 5. 2012, S. 43 f.
162 Ronald Suresh Roberts, No Cold Kitchen. A Biography of Nadine Gordimer, Johannesburg 2005.
163 Die Erfahrung zweier Absolutheitsansprüche, in: NG, S. 360–365.
164 Rachel Donadio, Nadine Gordimer and the Hazards of Biography, in: The New York Times Book Review , 31. 12. 2006, S. 31 f.
165 Nadine Gordimer, Keine Zeit wie diese, Berlin 2012.
166 Angela Schade, Das falsche Ende des Regenbogens, in: Neue Zürcher Zeitung, 29. 9. 2012, S. 62.
167 Claudia Bröll, Mandelas liebste Literatin, in: Frankfurter Allgemeine Zeitung, 31. 12. 2011.
168 Zeugnis ablegen: Das innere Miterleben, in: NG, S. 344–359.

GENERATIONENVERZEICHNIS

STAMMVATER

MOSES BEN LOEBEL (1771 Bujakow – 7. September 1852 Gleiwitz). Heiratet Pesel Bat Solomon Friedländer (1771 Gleiwitz – 22. September 1852 Gleiwitz). Der zweite seiner sieben Söhne ist Marcus Cassirer, der jüngste Siegfried Cassirer (1812–1897 Oberglogau).

MARCUS CASSIRER UND SEINE NACHKOMMEN

MARCUS (1809 Bujakow – 20. Oktober 1879 Breslau). Webstuhl- und Tuchproduzent in Schwientochlowitz. Heiratet 1835 Jeanette Steinitz (1813 Gleiwitz – 1889 Breslau).

ERSTE GENERATION

Kinder von Marcus

LEOPOLD GEN. LOUIS (1. April 1839 Gleiwitz – 27. April 1904 Charlottenburg). Textil- und Webstuhlmanufaktur Breslau. Teilhaber der Kabelwerke Dr. Cassirer & Co. Heiratet Emilie Schiffer (10. Mai 1847 – 31. Januar 1890 Berlin).

JULIUS (2. Februar 1841 Schwientochlowitz – 18. Juni 1924 Berlin). Hauptteilhaber der Kabelwerke Dr. Cassirer & Co. Heiratet Julie (Julchen), Tochter von Siegfried Cassirer (1844 Oberglogau – 1924 Berlin).

EDUARD (13. März 1843 Schwientochlowitz – 2. Juni 1916 Charlottenburg). Holzhändler. Heiratet Eugenie (Jenny) Cassirer, Tochter von Siegfried Cassirer (1848 Oberglogau – 29. April 1904 Charlottenburg).

ROSALIE (13. Februar 1845 Schwientochlowitz – 30. Januar 1911 Berlin). Heiratet Abraham Goldstein, Holzhändler in Kattowitz (12. April 1836 Kattowitz – 25. Juni 1902 Berlin).

SIMON GEN. SALO (18. September 1847 Schwientochlowitz – 17. März 1917 Charlottenburg). Unternehmer. Heiratet Natalie Freund (25. August 1854 Breslau – 19. Dezember 1906 Berlin).

LUDWIG (ca. 1849 Schwientochlowitz – Dezember 1878 Breslau).

ISIDOR (25. Mai 1851 Schwientochlowitz – 4. April 1929 Berlin). Unternehmer, Teilhaber der Kabelwerke Dr. Cassirer & Co. Heiratet Else Sommerguth (28. Juli 1857 – 27. Juli 1891 Berlin). Zweite Ehe mit Lydia Kopelansky (17. November 1865 Kovno, Russland – 18. November 1933 Berlin).

MORITZ (5. Mai 1856 Schwientochlowitz – 1906 New York). Kaufmann. Heiratet Henriette Rehfeld (4. Januar 1860 – 1. Oktober 1926 New York).

MAX (18. Oktober 1857 Schwientochlowitz – 15. Januar 1943 Llanelltyd, Wales). Industrieller, Kommunalpolitiker, Stadtrat von Charlottenburg. Heiratet Hedwig Freund, Schwester von Natalie Freund (6. Oktober 1862 Breslau – 13. Mai 1928 Berlin).

JULIE (1. März 1860 Breslau – 2. Mai 1914 Wien). Heiratet den Kabelfabrikanten Otto Bondy (3. Oktober 1844 Prag – 22. Oktober 1928 Wien).

ZWEITE GENERATION

Kinder von Louis

RICHARD (23. April 1868 Breslau – 20. August 1925 Berlin). Neurologe. Heiratet Hedwig (Hede) Cassirer, Tochter von Eduard.

HUGO (25. Dezember 1869 Breslau – 9. Juli 1920 Berlin), Dr. phil. Chemiker, Mitinhaber und -direktor der Kabelwerke Dr. Cassirer & Co. Heiratet Charlotte (Lotte) Jacobi (1878 Berlin – 6. Januar 1969 Johannesburg, Südafrika).

PAUL (21. Februar 1871 Breslau – 7. Januar 1926 Berlin). Kunsthändler und Verleger. Heiratet Lucie Oberwarth (9. Juli 1874 Berlin – 27. Januar 1950 Rom). Zweite Ehe 1910 mit der Schauspielerin Ottilie Godeffroy (Tilla Durieux) (18. August 1880 Wien – 21. Februar 1971 Berlin).

ELSE (1873 Berlin – 1942 Oxford). Heiratet Bruno Cassirer.

MARGARET (GRETE) (ca. 1876 – ?). Heiratet den Ingenieur Bruno Rosenbaum.

ALFRED (14. September 1882 Breslau – 11. Juli 1932 Berlin), Dr. jur. Unternehmer, Ingenieur; mit seinem Bruder Hugo Direktor der Kabelwerke Dr. Cassirer & Co. Heiratet Hanna Sotscheck, Scheidung ca. 1923.

Kinder von Julius

FRIEDRICH LEOPOLD (FRITZ) (29. März 1871 Breslau – 26. November 1926 Berlin). Kapellmeister, Musikologe, Schriftsteller. Heiratet Karoline (Lilly) Dispecker (19. Januar 1876 Ober-Elsbach a. d. Saale – 1962 Cleveland, Ohio).

BRUNO (12. September 1872 Breslau – 26. Oktober 1941 Oxford). Verleger, Pferdezüchter. Heiratet 1897 Else Cassirer, Tochter von Louis (1873 Berlin – 1942 Oxford).

ELISE (LIESE) (1886– ?). Heiratet den Arzt Max Loewenberg.

Kinder von Eduard

CLARA (5. Juni 1872 Breslau – 5. November 1924). Heiratet Hermann Metzenberg.

HEDWIG (HEDE) (6. Oktober 1873 Breslau – 13. Mai 1948 London). Heiratet den Neurologen Richard Cassirer, Sohn von Louis.

ERNST ALFRED (24. Juli 1874 Breslau – 13. April 1945 New York). Professor der Philosophie. Heiratet Antoinelle (Toni) Bondy, Tochter von Julie Bondy geb. Cassirer. (1893 Wien – 5. Januar 1961 New York).

MARGARETE (?–1939). Heiratet den Arzt Arthur Mayer.

LUDWIG (17. Dezember 1878 Breslau – ?). Geschäftsmann. Heiratet Gerda Stenzel.

TONI (10. Februar 1885 Breslau – Theresienstadt). Heiratet den Arzt David Königsberger (4. November 1866 – 10. Oktober 1942 Theresienstadt).

MARTIN (6. Juni 1886 Breslau – 1958 London). Sägewerksbesitzer. Heiratet Lisbeth Lasker (1886 Breslau – 1974 London).

Kinder von Rosalie Goldstein

EUGEN (18. April 1866 Kattowitz – 1917 Breslau). Holzhändler. Heiratet Margarete Fischer (27. Oktober 1877 – 15. Juli 1942 Auschwitz).

GERTRUD (1870 Kattowitz – ?).

FRITZ (1. April 1874 Kattowitz – England), Dr. med. Apotheker. Heiratet Anneliese Schwarz (?–1924). Zweite Ehe mit Miriam Muriel Mitchell.

PAUL (1. April Kattowitz 1874 – ?).

MAX (1875 Kattowitz – 26. Februar 1952 Buenos Aires). Architekt.

KURT (1878 Kattowitz – 19. September 1965 New York). Neurologe. Heiratet Eva Rothmann, Neuropsychiaterin.

IDA

MARGARETHE (?–1914). Heiratet Sanitätsrat Dr. Georg Schiffer, Breslau.

Kinder von Salo
PAULA (1876–1907). Heiratet Carl Gotthelf.
KÄTHE (13. Mai 1879 Breslau – 18. März 1909 Berlin). Heiratet den Chemiker Dr. Paul Herrmann (1867 Berlin – 1946 Berlin).
ERWIN (15. Februar 1882 Breslau – 25. August 1914 gefallen bei Avioth, Frankreich), Dr. phil. Chemiker bei Dr. Cassirer & Co.

Kinder von Moritz
LUCY (26. Februar 1891 New York – 5. Februar 1945 New York). Heiratet Samuel Schoenbrun Juwelier.
JEANETTE (ca. 1892 New York – ?). Heiratet Achill Jerome Weill.

Kinder von Max
KURT HANS (26. Oktober 1883 Danzig – 9. Juli 1975 Dießen/Ammersee). Kunsthistoriker, Kunsthändler. Heiratet Eva Solmitz (19. Juli 1885 Berlin – 8. Juni 1974 Dießen/Ammersee), Schriftstellerin, Lehrerin.
EDITH JOHANNA (5. August 1885 Danzig – 29. April 1982 Meiringen, Schweiz). Heiratete Paul Geheeb (10. Oktober 1870 Geisa, Rhön – 1. Mai 1961 Hasliberg-Goldern, Schweiz). Mitbegründerin und Leiterin der Odenwaldschule und der Ecole d'Humanité.
FRANZ OTTO KONRAD (16. Oktober 1886 Danzig – 26. Mai 1912 Buenos Aires). Geschäfts- und Bankkaufmann.

Kinder von Isidor
ERICH (27. Januar 1881 Berlin – 1963), Dr. phil. Kunsthändler. Heiratet Erika Michael. Scheidung nach 1933.
CHARLOTTE (BETTY) (7. September 1886 Berlin – 7. September 1972 New York). Heiratet 1905 den Arzt Fritz Falk.
FRIEDRICH WILHELM (FRITZ, FRED W., gen. LITZE) (15. September 1888 Berlin – 15. Februar 1979 New York). Papierfabrikant, Mineralogist, Zeitungsgründer. Heiratet Eva Cassirer, Tochter von Fritz. Zweite Ehe mit Ina Westermann (Scheidung 1972).
RUDOLF WALTER (18. März 1895 Charlottenburg – 15. Mai 1955 Seattle), Dr. jur. Versicherungskaufmann.

Kinder von Julie Bondy
WALTER BONDY (28. Dezember 1880 Prag – 17. September 1940 bei Toulon, Südfrankreich). Kunstmaler, Fotograf. Heiratet die Malerin Camille Bertran.
HANS BONDY (1881 Wien – 1917, Freitod als Soldat).
ANTOINELLE (TONI) (1883 Wien – 5. Januar 1961 New York). Heiratet Ernst Cassirer.
MARTHA MARIA (1888 Wien – 1942 deportiert). Heiratet Oscar Pollack, Neffe von Otto Bondy (1878 Wien – 26. März 1942 Mali Trostinek bei Minsk), Bankbeamter, mit seiner Frau deportiert.
EDITH LILLI (1893 Wien – 1977 New York). Heiratet den Lederfabrikanten Maximilian Waller.

DRITTE GENERATION

Kinder von Hugo
STEFAN WALTER (1902 Berlin – 1973 Dänemark). Kunsthändler.
REINHOLD (12. März 1908 Berlin – 17. Oktober 2001 Johannesburg, Südafrika), Dr. phil. Nationalökonom, Angestellter in der südafrikanischen Kabelindustrie, Kunsthändler. Heiratet Marianne Skaller, Scheidung in Südafrika. Nach Scheidung der zweiten Ehe heiratet er 1954 die Schriftstellerin Nadine Gordimer (11. November 1923 Spring, Südafrika – 13. Juli 2014 Johannesburg).

Kinder von Richard
THOMAS WERNER C. (1896 Berlin – 31. Mai 1936 Berlin, Freitod). Heiratet 1930 Henny Woythaler.
HANS (1897 Berlin – 1982 Virginia Water, Surrey). Betriebsleiter bei Dr. Cassirer & Co.; Hersteller elektrischer Haushaltgeräte in England. Heiratet Edith Biber (1900 Potsdam – 1988 Virginia Water, Surrey).
ANNE-MARIE (1902 Berlin – 2001 New York). Ärztin. Heiratet den Arzt Walter Loewenberg.

Kinder von Ernst
HEINRICH WALTER (9. August 1903 Starnberg – 20. Februar 1979 Glasgow). Professor der Philosophie. Heiratet Eva Dorothea Feith (1904–1958 Glasgow). Zweite Ehe mit Olive Carhey (1910 Belfast – ?).
GEORG EUGEN (26. Juli 1904 Berlin – 14. September 1958 Göteborg, Freitod). Angestellter, Fotograf. Heiratet die Pianistin Vera Chotzen (30. Januar 1905 Ziegenhals – 21. April 1954 Göteborg).
ANNA ELISABETH (ANNE) (3. Juni 1908 Berlin – 28. Mai 1998 New York). Geigerin, Psychologin. Heiratet den Pianisten Kurt Appelbaum (1905 Berlin – 31. Januar 1990 New York), Scheidung.

Kinder von Paula Gotthelf
ILSE LOTTE (ILLI). Heiratet in erster Ehe den Anwalt ? Bach, in zweiter Ehe den Ingenieur Rudolf Guttmann. Emigriert nach Bolivien, später nach Brasilien.
MARTHA LUISE (?-1907).
HILDEGARD IDA
HERBERT

Kinder von Martin
SUSANNE (6. Juni 1913 Breslau – 20. Juni 2009 London). Promovierte Chemikerin. Heiratet den Chemiker Emerich Bano (9. März 1911 Seebach, Österreich – 22. Dezember 1993 London).
ERICH EDUARD (ERIC EDWARD) (26. März 1917 Breslau – 26. Dezember 2004 Santa Fe, New Mexico). Geschäftsmann, im Esalen Institute, Big Sur, California ausgebildet als Lebensberater, Dichter, Gründer des Beratungszentrums Shanon in Santa Fe. Heiratet Ilse Weinberg. Zweite Ehe mit Jessica ?.
FRANZ

Kinder von Paul
SUZANNE AIMÉE (3. April 1896 Brüssel – 26. November 1963 San Francisco). Psychiaterin. Heiratet Hans Paret (1896 Sigmaringen – 1973), nach dem Philosophiestudium Unternehmensberater. Zweite Ehe mit dem Psychiater Siegfried Bernfeld (7. Mai 1892 Lemberg – 2. April 1953 San Francisco).
PETER (1901 Berlin – März 1919 Berlin, Freitod).

Kinder von Bruno
MARTHA EVA SOFIE (16. August 1902 Charlottenburg – 23. Februar 1979 Oxford). Heiratet den Altphilologen Richard Walzer.
AGNES OLGA (27. Mai 1906 Charlottenburg – 26. Oktober 1957 Oxford). Heiratet den Altphilologen und Verleger Günther Hell (George Hill).

Kind von Alfred
EVA (28. 1. 1920 Berlin – 19. 9. 2009 Calvia, Mallorca). Dr. phil. Astronomin.

Kind von Friedrich (Fritz) Leopold
EVA CHARLOTTE (21. Juli 1901 Schöneberg – 13. August 1921 Zell bei Ebenhausen). Heiratet 1920 Friedrich Wilhelm (Fritz, Litze), Sohn von Isidor.

Kinder von Elise Loewenberg
ROBERT THEODOR
FRITZ SIEGFRIED (19. August 1901 – 1942 Auschwitz). Heiratet Marion Blumenthal (18. September 1902 Kowno (Kaunas) Litauen – 7. September 1942 Auschwitz).
MARIE CHARLOTTE (1904–?).

Kind von Ilse Lotte Bach
MARGRIT (19. Mai 1928 Berlin – 1984 Zürich). Besucht die Ecole d'Humanité. Heiratet den Ingenieur Charlie Sauter, lebt bis 1961 in Brasilien, später in Villach.

Kinder von Kurt
REINHART (HEINER, HENRY) (2. September 1911 Nikolassee – 29. Dezember 2004 Annecy, Frankreich), Dr. rer. pol. Journalist. Heiratet die Psychiaterin Marta Reyto (6. Januar 1912 Ungarn – 2. Juni 2006 Israel).
THOMAS SELMAR (geb. 23. April 1923 Rom). Professor der Romanistik. Heiratet Sidonie (Sidi) Charlotte Lederer (22. Januar 1920 Nürnberg – 14. März 2001 Agawam, Massachusetts), Professorin der Germanistik.

Kinder von Charlotte Falk
WERNER (W. DAVID) (25. April 1906 Berlin – 11. Oktober 1991 Chapel Hill, North Carolina). Professor der Philosophie.
ELSE (1908 Berlin – 2003 Paris), Dr. jur. Heiratet Helmut Schlesinger.

Kind von Erich
MANFRED (12. Juli 1920 Berlin-Wilmersdorf – 18./19. Dezember 2003 London), Dr. phil. Ägyptologe. Schriftsteller, Verfasser mehrerer Bücher über Parapsychologie.

VIERTE GENERATION

Kinder von Suzanne Aimée Paret
PETER (geb. 13. April 1924 Berlin). Professor für Geschichte. Heiratet Isabel Harris (18. Dezember 1928 Scranton, PA), Professorin für Psychiatrie.
RENATE MARIE SUZANNE (1926 Berlin – 2005 Kalifornien). Heiratet Ray Morrsion (18. September 1915 Los Angeles – 17. Oktober 2005), Professor der Romanistik.

Kinder von Hans
ULRICH (ERIC CASS) (geb. Juli 1922 Berlin). Ingenieur, Erfinder, Kunstsammler.
WOLFGANG (WILFRED CASS) (geb. 11. November 1924 Berlin). Ingenieur, Erfinder, Kunstsammler.

Kinder von Anne-Marie Loewenberg
GERHARD (geb. 2. Oktober 1928 Berlin), Dr. phil. Politologe an der Universität von Iowa.
MARIANNE (1930 Berlin – ?).

Kind von Friedrich Wilhelm
KLAUS WOLFGANG (CLAUDE) (27. April 1921 Berlin – 25. September 2011 San Diego, Kalifornien). Photograph. Heiratet Beverly Bellin (geb. 19. Februar 1920).

Kind von Heinrich Walter
IRENE (geb. 10. März 1930 Hamburg). Englischlehrerin in London; Magister der Kunstgeschichte, Courtauld Institute. Heiratet Lev Sychrava (4. Januar 1928 Prag – 3. Januar 1995 London), Nationalökonom und Spezialist für Verkehrswirtschaft.

Kind von Georg
PETER (geb. 23. Juni 1933 Berlin). Professor der Linguistik, Universität Göteborg.

BILDNACHWEIS

S. 23, 24, 180, 195, 202, 230, 231, 293, 299, 300, 302, 320, 377: © Geheeb-Archiv der Ecole d'Humanité, Hasliberg-Goldern, Schweiz
S. 32: zit. nach Rainer Maria Rilke – Eva Cassirer. Briefwechsel, hg. und kommentiert von Sigrid Bauschinger, Göttingen 2009 (© Irmi Jones)
S. 33: Archiv der Odenwaldschule, Nachlass Max Cassirer
S. 35: © Museum Pfalzgalerie Kaiserslautern
S. 52: zit. nach Georg Brühl, Die Cassirers. Streiter für den Impressionismus, Leipzig 1991 (© Archiv Bergmann Kabelwerke AG, Berlin und Wipperfürth)
S. 53, 141, 160, 212: Sychrava Album, Privatbesitz
S. 61, 68: zit. nach Melissa Müller, Monika Tatzkow (Hg.), Verlorene Bilder, verlorene Leben. Jüdische Sammler und was aus ihren Kunstwerken wurde, München 2009 (Privatarchiv Claude Cassirer, San Diego/Mit freundlicher Genehmigung von David Cassirer)
S. 66: Delius Trust, London
S. 77: © Prof. Dr. Dr. Peter Paret, Princeton
S. 90: © Stiftung Stadtmuseum Berlin
S. 117: © Georg-Kolbe-Museum Berlin
S. 123: Bundesarchiv/Gz. B6-2004/S-242/Bild 183-1986-0718-500
S. 127: zit. nach Georg Brühl, Die Cassirers. Streiter für den Impressionismus, Leipzig 1991 (Michael Kauffmann, London/John R. Freeman, London)
S. 155: © The Warburg Institute Archive, London
S. 165: zit. nach Peter E. Gordon, Continental Divide. Heidegger, Cassirer, Davos, Cambridge MA 2010 (Foto: Privatarchiv Dr. Henning Ritter/Dokumentationsbibliothek Davos)
S. 169: © Bildarchiv Pisarek/akg-images, Berlin
S. 217: © Leo Baeck Institute, New York
S. 257: zit. nach Toni Cassirer, Mein Leben mit Ernst Cassirer, Hildesheim 1981
S. 324: zit. nach Wilfred Cass, Here Comes Mr. Cass, London 2014
S. 328: Akademie der Künste, Berlin, Nachlass Tilla Durieux
S. 330: zit. nach Wilco von Abercron (Hg.), Eugen Spiro 1864 Breslau – 1972 New York. Spiegel eines Jahrhunderts, Alsbach 1990
S. 350: zit. nach Georg Brühl, Die Cassirers. Streiter für den Impressionismus, Leipzig 1991
S. 390: zit. nach Christian Science Monitor, 1.3.1961, Exemplar des Geheeb-Archivs der Ecole d'Humanité, Hasliberg-Goldern, Schweiz

Umschlagabbildungen vorne:
oben: Nadine Gordimer, © akg-images / Africa Media Online / David Goldblatt / South Photos; Bruno Cassirer, © Bildarchiv Pisarek / akg-images; Max Cassirer, © Museum Pfalzgalerie Kaiserslautern
Mitte: Ernst Cassirer, © Bildarchiv Pisarek/akg-images; Edith und Paul Geheeb, © Geheeb-Archiv der Ecole d'Humanité, Hasliberg-Goldern, Schweiz
unten: Tilla Durieux, © Akademie der Künste, Berlin, Nachlass Tilla Durieux; Paul Cassirer, Privatbesitz, München
Umschlagabbildungen hinten:
Eva Cassirer, © Geheeb-Archiv der Ecole d'Humanité, Hasliberg-Goldern, Schweiz; Henry Cassirer, © Geheeb-Archiv der Ecole d'Humanité, Hasliberg-Goldern, Schweiz

PERSONENREGISTER

Adorno, Theodor W. 247
Albert-Lasard, Lou 379
Alexander, Fritz 83 f.
Alsberg, Max 351 f.
Alsen, Ola/Alsberg, Henriette 351 f.
Anderssen, Adolf 22
Andreas-Salomé, Lou 314, 374, 379 f., 382–384
Appelbaum, Anna Elisabeth «Anne» 145, 147, 152, 160–163, 174 f., 200, 236, 244, 248, 253, 255, 257 f., 261 f., 264, 271, 276, 309
Appelbaum, Kurt 161, 174 f., 244, 248, 253, 255, 257, 261 f., 267, 276
Arendt, Hannah 243
Aristoteles 147
Arnau, Karl 328
Arnhold, Eduard 85–87
Arnim, Bettina von 366
Arnold, Karl 348
Asch, Schalom 338
Aschenheim, Samuel 363
Auerbach, Berthold 232
Augustinus von Hippo 171, 173, 266

Bab, Julius 121, 331
Bach, Johann Sebastian 57, 240, 268, 327
Bach, Margrit 45, 50, 221, 294 f.
Bäumer, Gertrud 371 f.
Bahr, Hermann 133
Balthasar, Hans Urs von 388
Bano, Ben 309 f.
Bano, Emerich 309
Bano, Susanne, geb. Cassirer 226, 309 f.
Barbusse, Henri 106 f., 111
Barlach, Ernst 84, 91 f., 95–97, 102, 114, 129, 200, 334, 338, 343 f., 350 f.
Barlach, Nikolaus 200
Barlog, Boleslaw 355
Barnes, Kenneth C. 385

Barthes, Roland 403
Bauch, Bruno 234
Baudelaire, Charles 96, 135
Beales, Hugh Lancelot 316
Bebel, August 361
Beckmann, Max 95, 102, 121
Beecham, Thomas 62, 66
Beethoven, Ludwig van 58, 68–72, 189, 208, 241, 253, 267
Ben-Gurion, David 320
Bergmann, Hugo 243
Bergson, Henri 148
Berlin, Isaiah 247
Bermann Fischer, Gottfried 252 f., 261
Bernfeld, Suzanne *siehe* Paret, Suzanne Aimée
Bernheim-Jeune, Gaston 85, 87, 101
Bernstein, Eduard 98
Bertran, Camille 259 f.
Bhargava, Kaushal 196
Bie, Oscar 153, 330 f.
Biedermann, Woldemar von 134
Bierbaum, Otto Julius 133 f.
Biermann, Wilhelm 338
Bing, Gertrud 139, 154, 169, 174, 244
Binswanger, Ludwig 156, 158
Björnson, Björnstjerne 369
Bloch, Ernst 99
Blochmann, Elisabeth 167
Bode, Wilhelm von 82
Böhler, Julius 113, 341, 349, 352
Böhler, Regin 113, 341, 349, 352, 355
Bohr, Niels 252
Bollnow, Otto 167
Bondio-Reventlow, Beatrice del 278
Bondy, Antoinelle «Toni» *siehe* Cassirer, Antoinelle «Toni»
Bondy, Edith *siehe* Waller, Edith
Bondy, Hans 37, 138
Bondy, Julie, geb. Cassirer 13, 15, 18, 20–23, 36 f., 43, 138, 140 f., 144, 212–214, 217 f., 222, 231 f.

Personenregister

Bondy, Otto 20f., 139f., 144f., 161, 212–218, 222, 231
Bondy, Walter 57, 101, 145, 242, 259f., 282
Born, Max 10
Bosch, August 17
Bosch, Robert 103
Bose, Ananda Mahan 199
Bose, Aurobindo 196, 199, 290, 293, 406f.
Botticelli, Sandro 156
Bracht, Direktor des Zellstoffvereins 42
Brahm, Otto 340
Brandis, Markus 97
Brandt, Willy 337, 381
Brecht, Bertolt 337, 358
Bredel, Willi 382
Breitscheid, Rudolf 109f.
Brenning, Walter 314
Brentano, Clemens 368
Brentano, Heinrich von 204
Broch, Hermann 388
Bruck, Albrecht 136
Brühl, Georg 74, 87
Brüning, Heinrich 44
Brussig, Thomas 409
Buber, Martin 198, 242, 366
Buddha, Siddhartha Gautama 198
Büchner, Georg 356
Burchardt, Hermann 191
Burckhardt, Carl Jacob 158
Busoni, Ferruccio 102, 327
Buths, Julius 59

Camus, Albert 413
Capestrano, Johann 9
Carley, Lionel 72
Caro, Anthony 131
Case, Edward M. 275
Cass, Eric 130f., 323f.
Cass, Jean 130
Cass, Jeannette 130f., 325
Cass, Mark 325
Cass, Wilfred 130f., 233, 323–325
Cassirer, Abraham (Sohn von Moses ben Loebel) 13
Cassirer, Agnes Olga (Tochter von Bruno) *siehe* Hill, Agnes Olga
Cassirer, Alfred (Sohn von «Louis») 19f., 51, 55, 57, 96, 118, 125, 128f., 142, 145, 178, 220, 225, 229, 333, 345, 357, 393

Cassirer, Anna Elisabeth «Anne» (Tochter von Ernst Alfred) *siehe* Appelbaum, Anna Elisabeth «Anne»
Cassirer, Antoinelle «Toni», geb. Bondy 12, 22f., 43–45, 48, 137–149, 151–153, 158, 160–164, 167f., 170, 174f., 177, 200, 212, 215, 224, 226, 231, 233, 237f., 243f., 246–252, 255–266, 269–277, 303, 305, 321, 345, 391, 401
Cassirer, Arlette, geb. Freud Salomon 321
Cassirer, Bertha 16
Cassirer, Bruno (Sohn von Julius) 34, 37, 44f., 51, 57f., 60, 63f., 69, 74, 77f., 80–84, 89, 118–128, 134f., 142f., 145f., 149, 153, 173, 178, 211, 214f., 221, 225f., 229, 233, 237, 242, 245, 279, 298, 303–308, 324
Cassirer, Charlotte «Betty» (Tochter von Isidor) *siehe* Falk, Charlotte «Betty»
Cassirer, Charlotte «Lotte», geb. Jacobi 128, 235, 345, 389, 391, 393f., 399–401, 407
Cassirer, Clara (Tochter von Eduard) *siehe* Metzenberg, Clara
Cassirer, Edith, geb. Biber 324
Cassirer, Edith Johanna (Tochter von Max) *siehe* Geheeb, Edith Johanna
Cassirer, Eduard (Sohn von Marcus) 13, 15, 18, 21, 26, 131–138, 143, 145, 152, 162, 211, 215–218, 222f., 231
Cassirer, Elise *siehe* Loewenberg, Elise
Cassirer, Else, geb. Sommerguth 213, 217
Cassirer, Else (Tochter von «Louis») 51, 63, 81, 118f., 214f., 221, 226, 245, 298, 303–305, 307
Cassirer, Emilie, geb. Schiffer 75, 217
Cassirer, Erich (Sohn von Isidor) 55, 185, 220
Cassirer, Ernestine 16
Cassirer, Ernst Alfred (Sohn von Eduard) 15, 17, 23, 28, 43–45, 48, 54, 56, 58, 72f., 113, 117–120, 124, 131–154, 156–178, 199f., 211f., 216, 220, 222, 224–226, 231, 233f., 236–238, 243–277, 302f., 305, 307, 309–312, 321f., 345, 369, 391
Cassirer, Erwin (Sohn von «Salo») 37, 218f., 221
Cassirer, Eugenie «Jenny» (Tochter von Siegfried) 16, 18, 131, 136–138, 217

454 Personenregister

Cassirer, Eva, geb. Solmitz 28, 37–39, 43 f., 48, 180 f., 195, 204–209, 244, 279, 287, 289, 293–295, 298 f., 301, 305, 313 f., 319, 321, 323, 326, 359–389
Cassirer, Eva (Tochter von Alfred) 55, 128 f., 309, 357
Cassirer, Eva Charlotte (Tochter von «Fritz») 58, 67 f., 72, 245
Cassirer, Eva Dorothea, geb. Feith 160, 162, 174 f., 244, 250, 277
Cassirer, Frances 322, 388
Cassirer, Franz Otto Konrad (Sohn von Max) 26, 31 f., 36, 38, 40, 118, 178, 211, 217, 228–231, 322
Cassirer, Friedrich Leopold «Fritz» (Sohn von Julius) 17, 56–75, 83, 118, 124, 134, 136, 140, 142 f., 146, 149, 211, 215, 221, 223, 225, 229, 233, 238–242, 245
Cassirer, Friedrich Wilhelm «Fritz», «Litze» (Sohn von Isidor) 67 f., 211, 245 f.
Cassirer, Georg Eugen (Sohn von Ernst Alfred) 44, 143, 152, 160, 162, 175, 200, 220, 226, 236, 244, 248, 258, 261 f., 267, 277
Cassirer, Hanna, geb. Sotschek 357
Cassirer, Hans (Sohn von Richard) 130, 242, 294, 323 f.
Cassirer, Hedwig, geb. Freund 23–26, 30–34, 38, 40, 43, 48, 118, 128, 178, 181 f., 185, 187, 191, 211, 216 f., 219 f., 223, 227, 281, 295 f., 322, 360, 368
Cassirer, Hedwig «Hede» (Tochter von Eduard) 53, 132, 135, 219 f., 294, 302, 345
Cassirer, Heinrich Walter «Heinz» (Sohn von Ernst) 143, 152, 160, 162, 174 f., 200, 236, 243–245, 247, 250, 258, 267, 277, 312
Cassirer, Henriette, geb. Fischer 18, 216–218
Cassirer, Henriette, geb. Retfeld 21
Cassirer, Hugo (Sohn von «Louis») 17, 19 f., 51 f., 54, 57, 75, 103, 116, 128 f., 142, 145, 178, 211, 225 f., 235 f., 326, 334, 337, 345, 389–393
Cassirer, Hugo (Sohn von Reinhold) 401, 404, 406, 408 f.
Cassirer, Irene (Tochter von «Heinz») 160, 175, 244, 250, 257

Cassirer, Isidor (Sohn von Marcus) 13, 17–19, 26, 34, 38, 40, 54, 67, 185, 211, 213, 216–218, 220 f., 310 f., 326
Cassirer, Jacob (Sohn von Moses ben Loebel) 13
Cassirer, Jeanette, geb. Steinitz 13, 18, 212, 216–218, 231
Cassirer, Jeanette (Tochter von Moritz) 21
Cassirer, Joan 394
Cassirer, Jochem (Sohn von Moses ben Loebel) 13
Cassirer, Joel 14
Cassirer, Joseph (Sohn von Moses ben Loebel) 13
Cassirer, Julie (Tochter von Marcus) siehe Bondy, Julie
Cassirer, Julie «Julchen» (Tochter von Siegfried) 17 f., 83, 127, 214 f., 217, 221, 224, 230
Cassirer, Julius (Sohn von Marcus) 13–15, 17–20, 26, 35, 38, 41, 55, 57 f., 60, 75, 83, 119, 127, 211, 214–218, 221, 223, 225, 229 f., 231 f., 245, 390
Cassirer, Käthe (Tochter von «Salo») siehe Herrmann, Käthe
Cassirer, Karoline «Lilly», geb. Dispecker 58, 60–62, 64, 66–68, 72, 142, 245 f.
Cassirer, Klaus Wolfgang «Claude» (Sohn von Eva Charlotte) 68, 245 f., 393
Cassirer, Kurt Hans (Sohn von Max) 22, 26, 29–40, 45–49, 54 f., 57, 149, 178, 184, 204–207, 216, 225, 227–230, 244, 279, 286 f., 289, 293–299, 301 f., 305, 313, 317, 319, 321–323, 326, 359 f., 367–370, 373–377, 384–386, 388 f.
Cassirer, Leopold «Louis» (Sohn von Marcus) 13–15, 17 f., 20, 26, 38, 51, 57, 75, 128, 138, 211, 215, 217–219
Cassirer, Lisbeth, geb. Lasker 11, 132, 309 f.
Cassirer, Loebel (Sohn von Moses ben Loebel) 13
Cassirer, Loebel Moses 13
Cassirer, Lucie, geb. Oberwarth 77, 83 f., 112, 116
Cassirer, Lucy (Tochter von Moritz) 21
Cassirer, Ludwig (Sohn von Eduard) 15, 131 f.
Cassirer, Ludwig (Sohn von Marcus) 13, 212

Cassirer, Marcus (Sohn von Moses ben Loebel) 9, 12–15, 17 f., 20–22, 55, 126, 131 f., 210–212, 216–218, 221, 225, 231 f., 242, 309, 325 f.
Cassirer, Margaret (Tochter von «Louis») siehe Meyer, Margaret
Cassirer, Marta, geb. Reyto 194, 317, 319, 321
Cassirer, Martha Eva Sofie (Tochter von Bruno) siehe Walzer, Martha Eva Sofie
Cassirer, Martin (Sohn von Eduard) 11, 15, 38, 132, 226, 309
Cassirer, Max (Sohn von Marcus) 11, 17 f., 21–50, 57 f., 74, 82, 103, 118, 124, 127 f., 161, 172, 175, 178–182, 184–191, 193 f., 197, 201–208, 211–213, 216–225, 227, 229–231, 237, 242, 244 f., 248, 255, 258, 278–280, 282, 286, 290, 293–304, 306, 308, 315, 321–323, 326, 348, 359 f., 364 f., 368, 371, 373, 375, 384 f., 388, 393
Cassirer, Moritz (Sohn von Marcus) 13, 21, 31, 211, 218, 318
Cassirer, Moses ben Loebel 12 f.
Cassirer, Natalie «Talchen», geb. Freund 16, 23, 213, 217, 221–223, 230
Cassirer, Olive, geb. Carhey 277
Cassirer, Paul (Sohn von «Louis») 10, 17, 34 f., 37 f., 51, 54, 57 f., 74–122, 124 f., 127–129, 134, 142, 145, 178, 210, 224 f., 226, 229, 236, 240, 326, 330, 333–335, 337–345, 348, 351, 356–359, 384
Cassirer, Paula (Tochter von «Salo») siehe Gotthelf, Paula
Cassirer, Pesel bat Salomon 13
Cassirer, Peter (Sohn von Georg Eugen) 145, 174, 220, 244, 257 f., 261 f.
Cassirer, Peter (Sohn von Paul) 77, 84, 112, 116
Cassirer, Pippa (Tochter von Reinhold) 394, 400
Cassirer, Reinhart, «Heiner», «Henry» (Sohn von Kurt Hans) 38, 48, 178, 202, 206, 236 f., 287, 289 f., 301, 313–324, 360, 369 f., 374 f., 385, 388, 391–393
Cassirer, Reinhold (Sohn von Hugo) 54, 129 f., 226, 326, 337, 389–394, 399–401, 403–408, 410–412
Cassirer, Richard (Sohn von «Louis») 17, 51–55, 57 f., 75, 103, 116, 127, 129, 132, 142, 178, 211, 219 f., 225, 294, 323, 345
Cassirer, Roger (Sohn von Reinhold) 394
Cassirer, Rosalie (Tochter von Marcus) siehe Goldstein, Rosalie
Cassirer, Sara «Zerchen», geb. Ruben 13
Cassirer, Sidonie «Sidi» Charlotte, geb. Lederer 322, 388
Cassirer, Siegfried (Sohn von Moses ben Loebel) 12 f., 17 f., 22–25, 36, 58, 131, 216–218
Cassirer, Simon «Salo» (Sohn von Marcus) 13, 15, 18, 21, 23, 26, 37 f., 45, 138, 185, 213, 217 f., 221–223, 230 f.
Cassirer, Stefan Walter (Sohn von Hugo) 129, 391, 393, 399
Cassirer, Susanne (Tochter von Martin) siehe Bano, Susanne
Cassirer, Suzanne Aimée (Tochter von Paul) siehe Paret, Suzanne Aimée
Cassirer, Thomas Selmar (Sohn von Kurt Hans) 34, 40, 48, 128, 204, 208 f., 287, 296, 298 f., 301, 317, 322, 377, 385, 388, 408
Cassirer, Ulrich (Sohn von Hans) siehe Cass, Eric
Cassirer, Vera, geb. Chotzen 160, 162, 170, 174, 244, 258, 261 f., 277
Cassirer, Vicky (Tochter von Reinhold) 394
Cassirer, Viviane «Vivi» (Tochter von «Henry») 319
Cassirer, Wolfgang Richard (Sohn von Hans) siehe Cass, Wilfred
Castro, Fidel 403
Cauer, Minna 179, 183
Ceconi, Ermanno 84, 112
Cézanne, Paul 78, 81, 84, 86, 89, 113, 119–121, 129, 305, 334, 349
Chamberlain, Arthur Neville 316
Chamberlain, Houston Stewart 269, 364
Chamisso, Adelbert von 361
Charles, Prince of Wales 325
Chichele, Henry 246
Chlodwig I., fränk. König 273
Chop, Max 63 f.
Chop (Frau von Max) 63
Christina, Königin von Schweden 252

Churchill, Winston 318
Claassen, Eugen 124
Clark, Kenneth 297
Clarus, Thomas 171
Clingman, Stephen 399
Cohen, Barbara 312
Cohen, Hermann 120, 135–138, 140, 143 f., 147, 149 f., 167 f., 173, 234, 236, 240, 270
Cohen, Martha 137
Cohn, Ferdinand Julius 10
Cohn, Hermann 10
Cooper, James Fennimore 97
Cordonnier, Émilien Victor 218 f.
Corino, Karl 83 f.
Corinth, Lovis 76, 78, 81, 84, 86, 95, 114, 121, 128, 335
Courbet, Gustave 80
Cox, Edward 275
Cragg, Tony 131
Cranach, Lucas 121
Cromwell, Oliver 361
Cusanus, Nicolaus 143, 171, 248

Däubler, Theodor 110
Dahn, Felix 232
Dante Alighieri 150, 389
Darwin, Charles 361
Daumier, Honoré 80
De Gaulle, Charles 21
De Klerk, Frederik Willem 408
Debussy, Claude 59, 71
Degas, Edgar 78, 81 f., 119–121
Dehmel, Richard 90
Delacroix, Eugène 80
Delius, Elise Pauline 59
Delius, Frederick 58–67, 71–73, 83
Delius, Jelka, geb. Rosen 60, 64, 66, 72–74, 83
Delius, Julius 59
Denger, Fred 358
Descartes, René 54, 137, 145, 164, 172, 252, 254
Dessauer, Franz 289
Dewey, John 184
Dietrich, Marlene 349
Dilthey, Wilhelm 10, 135, 144
Dispecker, Jakob 58
Dispecker, Rosa 58
Dollfuß, Engelbert 43
Dorn, Hanns 372
Dostojewski, Fjodor 337, 366
Drach, Fritz 111

Du Rieux, Gabriella Josepha 328
Dürer, Albrecht 118, 121
Durand-Ruel, Paul 78, 87, 101, 119, 304
Durieux, Tilla/Godeffroy, Ottilie Helene Angela 10, 84, 88, 91 f., 95–97, 100 f., 103–105, 107, 111–113, 116–118, 125, 129, 142, 226, 235, 326–359
Duse, Eleonora 134, 332

Edinger, Ludwig 55
Edschmid, Kasimir 98, 232
Einstein, Albert 138, 153 f., 164 f., 199, 226, 263, 269, 272, 349
Eisner, Kurt 98 f., 106, 111, 341
El Greco, Domínikos Theotokópoulos 87
Elias, Julius 122, 339
Eliot, Thomas Stearns 303
Elisabeth II., Königin von Großbritannien 290
Elisabeth Ludovika von Bayern, Königin von Preußen 362 f.
Engels, Friedrich 314
Erasmus von Rotterdam 150 f., 171
Essig, Hermann 99
Euripides 105
Eysoldt, Gertrud 331

Falk, Adam 312
Falk, Anne 312
Falk, Charlotte «Betty», geb. Cassirer 310–312
Falk, Else 309
Falk, Fritz 310–312
Falk, James «Jim» 310, 312, 326
Falk, Jeanette, geb. Strasser 312
Falk, John 312
Falk, Ruth, geb. Loewe 312
Falk, Toby 312
Falk, Werner David 54, 124 f., 245, 310–313, 323, 391
Falkenhausen, Alexander von 392 f.
Faraday, Michael 154
Feilchenfeldt, Rahel 97
Feilchenfeldt, Walter 87
Ferrari, Massimo 151
Ferrière, Adolphe 45, 189, 203, 207, 278, 281, 290
Feuchtwanger, Lion 239
Fichte, Johann Gottlieb 151, 188, 193, 371, 375
Fidus, Hugo Höppener 196

Personenregister

Fischer, Bram 404 f.
Fischer, Grete 112
Fischer, Kuno 147
Fischer, Samuel 239
Flaischlen, Cäsar 121
Flaubert, Gustave 100
Fontane, Friedrich 307
Fontane, Theodor 307
Fraenkel, Zacharias 11
Frank, Leonhard 103, 106
Franzos, Karl Emil 232
Freud, Sigmund 148, 324
Freund, Georg 23, 216
Freytag, Gustav 232
Fried, Alfred Hermann 107, 113
Fried, Oskar 105
Friedländer, Max J. 122, 305
Friedländer-Fuld, Fritz von 225
Friedrich II., König von Preußen 10
Friedrich, Caspar David 121
Friedrich Wilhelm IV., König von Preußen 362 f.
Frisch, Efraim 121
Fritsch, Theodor 234, 240
Fröbel, Friedrich Wilhelm 29
Fromm, Erich 243
Fry, Christopher 355
Fuchs, Emil 289
Fuchs, Klaus 289
Fürstenberg, Alfred 391–393
Fürstenberg, Charlotte «Lotte» siehe Cassirer, Charlotte «Lotte»
Fugger von Babenhausen, Eleonora 347

Galilei, Galileo 145
Galsworthy, John 122
Gandhi, Indira 290–293, 319
Gandhi, Mahatma 196, 198, 292
Gandhi, Rajiv 290
Gandhi, Sanjay 290, 293
Gaul, August 19 f., 32, 35 f., 40 f., 76, 80, 84, 86, 91 f., 95, 102, 112, 116, 126, 129, 323
Gavron, Gerald 396
Gay, Peter 135, 214
Geheeb, Adalbert 182, 184
Geheeb, Adolphine 182
Geheeb, Edith Johanna, geb. Cassirer 26, 30–32, 36–38, 40, 43–48, 129, 161, 178–182, 184–208, 211, 226, 228–230, 256, 260, 277–296, 298, 300–302, 312, 319 f., 322, 328, 356, 359 f., 367, 371 f., 377, 393 f., 399, 401, 404, 406–408
Geheeb, Paul 31 f., 36 f., 44–47, 161, 170, 181–196, 198–208, 220, 236 f., 239, 260, 277–283, 285–291, 294, 313 f., 320, 356, 371
Geheeb, Reinhold 46, 239, 279
Geiger, Abraham 11
Gellert, Christian Fürchtegott 135
Georg II., Herzog von Sachsen-Meiningen 183
Georg VI., König von Großbritannien 296 f.
George, Stefan 76, 96, 135–137
Gerber, Jack 317
Gierke, Anna von 179
Glaser, Curt 368 f.
Gmelin, Hermann 183
Godeffroy, Adelheid Ottilie Augustine, geb. Hrdlicka 327–330, 341
Godeffroy, Richard 327 f.
Goerendt, Werner 203–205
Goerendt (Vater von Werner) 203
Görland, Albert 270, 272
Goethe, Johann Wolfgang von 10, 56 f., 69 f., 73, 96 f., 105, 118, 135, 145 f., 149–151, 153, 157, 159, 172–174, 182, 187–189, 193, 196, 202, 241, 253–255, 261 f., 274, 300, 366, 371, 374 f., 410
Golay, André 283, 286
Gold, Alfred 101
Goldberg, Jacques 60 f.
Goldschmidt, Jakob 350
Goldschmidt, Victor 221, 227
Goldstein, Abraham 21, 55, 217 f.
Goldstein, Fritz 55
Goldstein, Kurt 55–57, 158, 171, 178, 200, 225, 244, 263
Goldstein, Max 32 f., 55, 216
Goldstein, Rosalie, geb. Cassirer 13, 15, 21, 33, 55, 216–218
Gollancz, Victor 397
Gontscharow, Iwan A. 122 f.
Gordimer, Betty 394 f.
Gordimer, Hannah, geb. Myers 394–396
Gordimer, Isidore 394 f.
Gordimer, Nadine 326, 389 f., 394–413
Gordimer, Oriane 389, 396 f., 400, 407 f.
Gorki, Maxim 82, 122 f.
Gotthelf, Paula, geb. Cassirer 218

Goverts, Henry 124
Graetz, Heinrich 11
Grass, Günter 337, 409
Grebnella, W. 134
Gregor, Hans 58, 60, 62–64
Grew, Mr. 148
Grieg, Edvard 59
Gross, Otto 372
Großmann, Robert 125
Gründgens, Gustaf 355
Grumbach, Salomon 110
Güdemann, Moritz 140
Guggenheim, F. 47, 282
Gulbransson, Olaf 34, 120, 128, 335
Gunning, Willem 207, 279 f.
Gustav V., König von Schweden 249
Guttmann, Illi 45, 295
Guttmann, Rudolf 45, 295
Gysi, Gert 314
Gysi, Klaus 314
Gysi (Mutter von Klaus) 314

Haber, Fritz 10
Habermas, Jürgen 167
Hägerström, Axel 252
Hamburger, Käte 252
Hammerstein, Oscar 65
Hamsun, Knut 134
Hancke, Erich 119
Harden, Maximilian 134
Hartlaub, Felix 200 f.
Hartlaub, Geno 200
Hartlaub, Gustav Friedrich 200
Hartlaub, Michael 200
Hartwig, Dekorationsfabrikant 63
Hasenclever, Walter 98
Hauptmann, Eva 170
Hauptmann, Gerhart 75, 96, 338, 375
Hearst, William Randolph 318
Hebbel, Friedrich 331, 345
Heckel, Erich 102
Hegel, Georg Wilhelm Friedrich 151, 251, 266, 369
Hegner, Jakob 388
Heidegger, Martin 165–168, 172, 268
Heilbut, Emil 121
Heimann, Martha 84
Heine, Heinrich 52
Heine, Wolfgang 109
Heinitz, Anton 284 f.
Heinrich VI., König von England 246
Heinrich, Martha 46, 296

Helldorff, Wolf-Heinrich von 48 f.
Helmholtz, Hermann von 154
Hendel, Charles 261, 263–268, 275
Henneberg, Richard 52
Herder, Johann Gottfried 188, 193, 262, 371, 375
Hermann, Georg 346
Herrmann, Käthe, geb. Cassirer 217 f.
Hertz, Adolph Ferdinand 155
Hertz, Mary 155
Herzberg, Arthur 275
Herzog, Wilhelm 97, 100
Heuß, Theodor 311
Heyl, Georg 29
Heyl, Hedwig 29, 179
Heym, Georg 369
Heym, Hans 59
Heyne, Major 273
Hilferding, Rudolf 109 f., 112
Hill, Agnes Olga, geb. Cassirer 118 f., 245, 298, 303 f., 307, 324
Hill, Elsie 307 f.
Hill, Dorothea 298, 303 f.
Hill, George/Hell, Günther 118, 245, 298, 303–305, 307 f.
Hill, Thomas 298, 303 f.
Hille, Peter 114
Hiller, Kurt 100
Hindenburg, Paul von 37
Hirschberg, Emmi 293
Hirschfeld, Robert 51
Hitler, Adolf 43, 113 f., 122, 168, 174, 203, 268 f., 295, 301, 309, 316, 353
Hodler, Ferdinand 92
Hölderlin, Friedrich 146, 369, 374
Höppener, Trude 196
Hoffmann, Ernst 159, 198 f., 248, 254
Hofmannsthal, Hugo von 335, 369
Hohenlohe, Constantin zu 347
Holborn, Hajo 264, 275
Holitscher, Arthur 77
Hoppe, Martha 333
Horkheimer, Max 247, 314
Horneffer, Franz 196
Huberman, Bronislaw 136
Huch, Ricarda 84
Huguenin, Elisabeth 279 f.
Huizinga, Johan 248
Humboldt, Wilhelm von 151, 157, 182, 188 f., 193, 199, 371, 375
Hume, David 147, 312
Husserl, Edmund 165
Hutheesing, Shrimati 199

Ibsen, Henrik 332 f., 340

Jacobi, Cäcilie 390
Jacobi, Leopold 390
Jacobs, Monty 108
Jacobsohn, Siegfried 100
Jacobsson, Malte 243, 248 f., 251, 259, 262
Jagow, Traugott von 99-101
Jakobsen, Jens Peter 133
Jakobson, Roman 262
James, William 148
Jaspers, Karl 254, 391
Jean Paul/Friedrich Richter, Johann Paul 258
Jesus Christus 227
Joël, Karl 174
Jonas, Hans 243
Jones, Irmi 291
Jouve, Pierre Jean 106
Jung, Carl Gustav 282

Käutner, Helmut 356
Kahl, Gerda, geb. Ullmann 372, 384
Kahl, Hans 384
Kainz, Josef 139
Kalckreuth, Leopold von 90, 128
Kalischer, Fritz 115
Kant, Immanuel 69, 120, 135 f., 138, 144, 146-149, 151 f., 154, 163 f., 166, 168, 172 f., 234, 240, 248, 250, 258, 262, 268, 296, 312, 344, 361, 369
Kantorowicz, Gertrud 285
Karlgren, Bernhard 251
Kaschnitz, Marie-Luise 122
Katzenellenbogen, Adolph 349
Katzenellenbogen, Estella, geb. Marcuse 347, 349 f., 353
Katzenellenbogen, Estella (Tochter von Ludwig) 353
Katzenellenbogen, Leonie (Tochter von Ludwig) 353
Katzenellenbogen, Ludwig 116, 344, 347, 349-354
Kautsky, Karl 109
Kazantzakis, Nikos 307 f.
Keary, Charles F. 58
Kellen, Konrad, geb. Katzenellenbogen 349 f., 353 f.
Keller, Alwine von 195 f., 199, 205 f., 282, 290, 292
Keller, Ellen von 292
Keller, Gottfried 62 f., 139

Kentridge, William 129
Kepler, Johannes 145, 268
Kerr, Alfred 100, 121
Kessler, Harry Graf 86, 104-111, 117 f., 341
Kestenberg, Leo 102 f., 107, 110, 327, 337
Key, Ellen 189, 360, 364 f., 367, 371
Kippenberg, Anton 379, 387
Kippenberg, Katharina 387
Kirchner, Ernst Ludwig 102, 113
Kittl, Julius 124
Kleist, Heinrich von 146, 370
Klibansky, Raymond 248, 288
Klimsch, Fritz 81, 102
Klimsch, Uli 102
Klinger, Max 86
Klossowska, Baladine, geb. Spiro 329
König, Leo von 330
Koeppen, Wolfgang 122
Kokoschka, Bohuslav 94
Kokoschka, Gustav Josef 94
Kokoschka, Maria Romana 93 f.
Kokoschka, Oskar 92-95, 102, 105, 113 f., 226, 335
Kolb, Annette 107, 272
Kolbe, Georg 86, 117 f., 128
Kollwitz, Hans 103
Kollwitz, Käthe 34, 80, 103, 334
Kopernikus, Nikolaus 172
Korolenko, Wladimir 98
Krafft-Ebing, Richard von 51
Kraus, Karl 100
Kreissig, Friedrich 362
Kristeller, Paul Oskar 267
Kruse, Käthe 200
Kruse, Michel 200
Kubin, Alfred 81, 120
Küchler, Walther 175-177

Lach, Edgar 47
Lahmann, Johann 185
Landauer, Gustav 98, 111, 181
Landmann, Ludwig 159
Lange, Helene 369, 372
Langen, Albert 46
Langer, Susanne 265, 275
Lasker, Edward 263, 266
Lasker-Schüler, Else 92 f., 98-100, 103, 114 f., 189, 226, 337-339, 342, 348
Lasker-Schüler, Paul 189
Laski, Harold 316
Lassalle, Ferdinand 98

460 Personenregister

Laudenheimer, Rudolf 190
Leber, Julius 381
Lederer, Emil 243, 311
Legge, Robbin 65
Lehmann, Rabbiner 118
Leibl, Wilhelm 89, 121
Leibniz, Gottfried Wilhelm 138 f., 142, 151, 157, 164
Leistikow, Walter 34, 80 f., 85 f., 96
Lejeune-Jung (Mitglied im Zellstoffverein) 42
Leonard, Lotte 152
Lessing, Gotthold Ephraim 235, 364
Levi, Hermann 240
Lévinas, Emmanuel 167
Lichtwark, Alfred 82, 89 f.
Lie, Jonas 304
Liebermann, Max 34, 41, 47, 54, 76, 80–82, 85–89, 93, 96 f., 101, 113, 117–121, 127–129, 159, 215, 226, 236, 330, 334
Lietz, Hermann 183
Lincoln, Abraham 318
Lindqvist, Axel 251
List, Paul 124
Litt, Theodor 248
Löhr, Fritz 140
Löwe, Karl 329
Loewenberg, Anne-Marie, geb. Cassirer 55, 214, 225, 233, 309, 323
Loewenberg, Elise, geb. Cassirer 57, 232
Loewenberg, Gerhard 233
Loewenberg, Julius 233
Loewenberg, Max 57, 221, 233
Loewenberg, Robert 233
Loewenberg, Walter 226, 263, 274
Lorca, Federico García 356
Lowell, Abott Lawrence 148 f.
Lubinski, Zlata 352
Luden, Heinrich 172
Ludwig, Emil, geb. Cohn 10, 122
Lüthi, Armin 289, 293, 408
Luther, Martin 151, 268
Luthuli, Albert John 405
Luxemburg, Rosa 98, 103, 106, 204
Lytton, Bulwer 361

Machiavelli, Niccolò 266
MacLagan, Eric 297
Mahler, Alma 93
Mahler, Gustav 105, 139
Mandela, Nelson 403–406, 409 f., 412 f.
Mandela, Winnie 406

Mandela, Zindzi 406
Manet, Édouard 78, 81, 85 f., 89, 105, 119, 304, 331, 334 f., 349
Mann, Golo 253 f., 391 f.
Mann, Heinrich 97 f., 106, 332, 337
Mann, Katia 142, 255, 263
Mann, Klaus 200 f., 285
Mann, Monika 274
Mann, Thomas 46, 142, 146, 150, 166, 201, 232, 252–255, 263, 265, 267, 269 f., 273 f., 353, 366
Marasse, Margarete «Grete», geb. Wolff 365, 386
Marasse, Siegfried 365
Marcuse, Ludwig 259, 275
Martin, Paul 342
Marx, Karl 204, 314
Maupassant, Guy de 134
Mauthner, Margarete 83 f.
Mbeki, Thabo 412
Meier-Graefe, Julius 87, 90, 95, 122, 259, 330, 332 f.
Mendelssohn, Franz von 85
Mendelssohn, Joseph 232
Mendelssohn, Moses 232, 240
Mendelssohn, Robert von 85
Mendelssohn Bartholdy, Felix 189
Menzel, Adolph von 17, 41, 86
Merck, Helene 183–185
Mertens, Otto 63 f.
Metzenberg, Clara, geb. Cassirer 134 f., 217
Metzendorf, Heinrich 188
Meunier, Constantin 34, 81
Meyer, Arthur 51, 219
Meyer, Margaret, geb. Cassirer 51, 219
Meyer, Thomas 144 f., 166, 244, 246
Meyer, Werner 208
Mielke, Erich 409
Mills, Charlie 125 f.
Miró, Joan 130
Mitchell, Margaret 396
Molière, Jean-Baptiste Poquelin 329
Mommsen, Theodor 10, 17, 228
Monet, Claude 78, 81, 119, 349
Montaigne, Michel de 151
Montessori, Maria 183
Moore, Henry 130
Morgenstern, Christian 119 f.
Moris, Maximilian 63 f.
Mosse, Rudolf 239
Mozart, Wolfgang Amadeus 97, 253, 268, 275

Müller, Georg 238
Müller, Melissa 245
Münsterberg, Hugo 148
Münzenberg, Willi 67
Münzer, Kurt 122
Munch, Edvard 92, 113, 121, 309, 369
Murrow, Edward R. 317
Musil, Robert 83 f.

Näf, Martin 183, 191 f., 194, 198 f., 208, 287
Napoleon I. Bonaparte, Kaiser der Franzosen 10, 69, 113
Natorp, Paul 138
Nehru, Jawaharlal 290–292
Neubauer, Otto 245 f.
Neuber, Friederike Caroline 336
Neumann, Maria 207
Newman, Ernest 66
Newton, Isaac 147
Niccodemi, Dario 341
Nietzsche, Friedrich 61, 135, 189, 241, 360
Nijhoff, Martinus 56
Nijinski, Vaslav 95
Nikisch, Arthur 105
Nikolaus II., Zar 235 f.
Northrop, Filmer S. C. 264

Obermüller, Paul 388
Oberwarth, Emil 77
Oberwarth, Ernst 77
O'Neill, Adine 83
Oorthuys, Cas 308
Oppenheim, Hermann 51
Oppenheimer, Max 335
Oppersdorff, Hans von 17
Orlik, Emil 128
Ortega y Gasset, José 248
Ossietzky, Carl von 67, 204, 288
Ossietzky, Rosalinda von 204, 288
Osthaus, Karl Ernst 85
Oz, Amos 412

Pannwitz, Rudolf 280
Panofsky, Erwin 158 f., 234, 263
Paret, Hans 113, 348
Paret, Peter 79, 88, 113
Paret, Suzanne Aimée, geb. Cassirer 77, 84, 113, 116, 342
Pariser, Ernst 280, 368 f.
Pariser, Lotte, geb. Guttmann 180, 279 f., 282–285, 293, 368 f.

Paton, Herbert James 248
Paulus 269, 277, 280
Pawlowa, Anna 95
Pechstein, Max 97
Pellerin, Auguste 87 f., 101, 115
Perry, Ralph Barton 148
Peterson, Natalie 289
Petrarca, Francesco 150
Petzäll, Åke 256, 262
Pfitzner, Hans 57 f.
Picard, Fritz 124
Picasso, Pablo 130
Piscator, Erwin 349 f.
Pissarro, Camille 60, 82, 87, 245 f., 304, 349
Planck, Max 154, 199
Platon 135, 147, 157, 173
Plummer, Elsie *siehe* Hill, Elsie
Poelzig, Hans 20 f.
Pollack, Hanna 257
Pollack, Martha 256 f.
Pollack, Oscar 256 f.
Pomiane, Édouard de 307
Pomorska, Krystyna 262
Preuß, Werner 356
Pringsheim, Alfred 46
Pringsheim, Hedwig 46
Proust, Marcel 396
Purrmann, Hans 34, 86, 377

Raape, Leo 176
Ramakrishna 196 f., 199
Randall, John Herman 267
Ranke, Leopold von 361
Rascher, Max 106 f.
Rathenau, Walther 100, 103, 116, 173, 233
Reichenbach, Hans 243, 274
Reinhardt, Max 67, 100, 329, 331, 340, 349
Remarque, Erich Maria 352
Rembrandt van Rijn 89, 121
Remigius von Reims 273
Renoir, Pierre-Auguste 34, 47, 82, 86, 89, 101, 121, 128 f., 282, 304, 335
Reventlow, Franziska von 278
Riehl, Alois 144, 147
Riezler, Kurt 159
Rilke, Clara, geb. Westhoff 365, 367, 370 f., 373, 378–380, 388 f.
Rilke, Rainer Maria 38, 81, 87, 96, 135, 226, 329, 365–380, 382–389, 396
Rilke, Ruth 365, 370–373, 382 f., 389

Rilke, Sophie, geb. Entz 372
Ring, Grete 87
Ringling, John 349
Roberts, Ronald S. 412
Robespierre, Maximilien de 361
Rolland, Romain 105 f., 111, 189, 196 f.
Ronge, Johannes 11
Roosevelt, Eleanor 318
Roosevelt, Franklin D. 273–275, 318
Rosenberg, Alfred 168, 268
Rosenzweig, Franz 236
Rousseau, Jean-Jacques 147, 151, 164, 168, 173
Rowohlt, Ernst 123
Royce, Josiah 148
Rubens, Peter Paul 349
Rubiner, Ludwig 106
Rückert, Friedrich 361
Russell, Bertrand 148

Sachs, Georg William 51
Sachs, Heinrich 208, 287
Sachs, Margarete 51
Sachs, Nelly 51, 408
Said, Edward 410 f.
Saint Denis, Ruth 122
Saint Phalle, Niki de 130
Salomon, Alice 179–182
Salomon, Gottfried 164
Sampson, Anthony 399, 410 f.
Santayana, George 148
Sarada Devi, Saradamani Mukhopadhyaya 197
Sauerbruch, Ernst Ferdinand 10, 341, 351
Saxl, Fritz 154, 156 f., 159, 174, 244, 279
Schäfer, Clara 195
Schäfer, Lily 194 f.
Scheffler, Karl 121 f., 124, 342
Scheler, Max 166
Schickele, René 98, 106–111, 259
Schilk, Anna 374, 384
Schiller, Friedrich 69, 71, 135, 151, 167, 172, 188, 193, 282, 331, 371, 375, 389
Schiller, Margot 288, 293
Schilling, Max von 71
Schlaf, Johannes 133
Schlesinger, Paul 239
Schmeidler, Johannes 227 f.
Schmeling, Max 349
Schmid-Reutte, Ludwig 339
Schmidt, Erich 135

Schmitt, Harry 178
Schnabel, Artur 152, 161, 222 f.
Schoell-Glass, Charlotte 233
Schönberg, Arnold 99
Schoenbrun, David Franz 21, 318, 321
Schoenbrun, Max 21
Schönthan, Franz von 328
Scholz, August 82
Scholz, Ernst 49
Schottländer, Julius 15
Schreiber, Harry 257
Schreiber (Bruder Harrys) 257
Schröder, Rudolf Alexander 387
Schrödinger, Erwin 246, 252
Schubert, Franz 33, 189
Schuricht, Carl 62
Schwarz, Alfred 136
Schweitzer, Albert 138
Segantini, Giovanni 81 f.
Segerstedt, Torgny 249
Seketo, Gerard 129 f.
Shaftesbury, Anthony Ashley-Cooper, Lord 151
Shakespeare, William 132, 262, 335, 375
Sharma, Venkatesha Narayan 198, 292
Shastri, Lal Bahadur 291
Shaw, George Bernard 338, 344, 356
Shirer, William 318
Shirley, Dennis 205, 207
Siemens, Arnold von 225
Simmel, Georg 135, 164
Simon, Heinrich 73
Simon, Hugo 110
Simon, James 231
Sinsheimer, Hermann 239
Sisley, Alfred 304
Skaller, Marianne 392
Slevogt, Max 34 f., 47, 76–78, 84, 86, 95–97, 113 f., 119–121, 125, 127 f., 226, 309, 335, 338 f.
Smetana, Bedrich 145
Snell, Bruno 276
Solmitz, Fritz 181, 206 f., 244, 314, 359, 380–382
Solmitz, Gertrud, geb. Wolff 360–365, 367, 380, 386
Solmitz, Hans 359
Solmitz, Moritz Moses 361
Solmitz, Selmar 360–364, 367 f., 374
Solmitz, Walter 159, 161, 248, 275, 280
Solmitz, Werner 359
Sombart, Werner 180, 311, 370
Sontag, Susan 402 f., 410 f.

Spann, Othmar 168
Specht, Minna 287, 386
Spengler, Oswald 268
Spinoza, Baruch de 266
Spiro, Abraham 329
Spiro, Eugen 95, 329–331, 333 f., 357 f.
Spiro, Hermann 329
Spiro, Peter 330, 357
Spiro, Samuel 329
Spranger, Eduard 205
Stanislawski, Konstantin S. 356
Stehr, Hermann 122
Stein, Edith 15
Stein, Heinrich Friedrich Karl vom und zum 10
Steinitz, Erich 204
Stern, Clara 151
Stern, Fritz 56
Stern, Lotte, geb. Posner 56
Stern, Paul 120, 279 f., 283 f.
Stern, William 151, 158
Sternheim, Carl 86, 100
Sternheim, Thea 86
Stoecker, Adolf 126, 228
Storck, Karl 108
Stork, Hilmar 354
Strauss, Richard 65, 105, 335
Stresemann, Gustav 168 f.
Strindberg, August 369
Strossmayer, Joseph 352
Stuck, Franz von 329, 335
Stumpf, Carl 144
Sudermann, Hermann 75, 134, 329
Suhrkamp, Peter 202

Tagore, Rabindranath 183, 196, 198–200, 292, 407
Talaat Pascha 52, 54
Tau, Max 119 f., 122, 124, 126, 152 f., 172, 306
Teichmüller, Ellen 196, 199
Teichmüller, Gustav 196
Teichmüller, Hans 196
Teilirian, Salomon 52–54
Teufel, Karl C. 273
Thannhauser, Heinrich 118
Theresa von Ávila 369
Thoma, Ludwig 240
Thorhild, Thomas 262
Thurn und Taxis, Marie von 377, 379, 387
Tiktin, Salomon 11
Tillich, Paul 270

Toller, Christiane 259
Toller, Ernst 111 f., 259, 341, 344, 349
Tolstoi, Alexej N. 349
Tolstoi, Lew N. 122, 189, 344, 366
Toulouse-Lautrec, Henri de 307
Treitschke, Heinrich von 228
Triesch, Irene 333
Trübner, Alice, geb. Auerbach 338–340, 342
Trübner, Jörg 339
Trübner, Wilhelm 121, 339 f.
Trüper, Johannes 183
Tschudi, Hugo von 80, 82, 85

Uhde, Annemarie 258, 275 f.
Ullmann, Camilla 372 f.
Ullmann, Hedwig 372
Ullmann, Regina 366, 372 f., 377, 379 f., 384–388
Ullmann, Richard 372
Ullstein, Leopold 112, 239
Undset, Sigrid 122, 124, 304
Urban, Wilbur Marshall 263

Van de Velde, Henry 78, 81
Van Gogh, Theo 85 f.
Van Gogh, Vincent 78, 81, 83–88, 105, 121, 129, 334, 349, 352
Van Gogh-Bonger, Johanna 85
Verhaeren, Émile 366
Verlaine, Paul 96
Vinnen, Carl 88, 99
Vivekananda, Narendranath Datta 196–198
Volkov, Shulamit 149
Vollmoeller, Karl Gustav 103
Voltaire, François-Marie Arouet 36
Vom Rath, Ernst Eduard 46
Vossler, Karl 280

Wachsmuth, Anni 342
Wachsmuth, Helene 333
Wagenschein, Martin 190, 281, 313
Wagner, Richard 10, 59 f., 65, 67, 71, 140, 240
Walden, Herwarth 92 f.
Waldoff, Claire 344
Waller, Edith, geb. Bondy 144, 243, 248, 257, 262 f., 276
Waller, Max 243, 248, 257, 263
Wallerstein, Victor 368
Wallfisch, Ernst 288
Wallfisch, Lori 288

Walser, Karl 63 f., 97, 119 f., 128, 334
Walser, Robert 120, 123
Walzer, Martha Eva Sofie, geb. Cassirer 118 f., 128, 245, 298, 303 f.
Walzer, Richard 118, 245, 298, 303 f., 307
Warburg, Aby 154–159, 169, 233–235, 240, 248
Warburg, Charlotte 233
Warburg, Fritz 155
Warburg, Moritz 154
Warburg, Paul 155
Wassermann, Jakob 239
Weber, Alfred 391
Weber, Max 194
Wedderkop, Hans von 344, 347 f.
Wedekind, Frank 72, 75, 97, 200, 274, 342, 344
Wedekind, Kadidja 274
Wedekind, Pamela 200
Wegener, Paul 331
Wegner, Armin T. 52 f., 232
Weininger, Richard 379
Weissmann, Adolf 70 f.
Werfel, Franz 105, 366
Werner, Anton von 79
Wernicke, Carl 55
Wigman, Mary 344
Wilamowitz-Moellendorff, Ulrich von 362

Wilde, Oscar 331
Wilhelm I., Deutscher Kaiser 362 f.
Wilhelm II., Deutscher Kaiser 28, 39, 74, 79 f., 85 f., 88, 101, 126, 193, 225, 235, 269, 327, 341, 349
Wimmer, Maria 356
Wingler, Hans Maria 322 f.
Wingler, Hedwig 322
Witt, Robert 297
Wölfflin, Heinrich 362
Wolf, Christa 409
Wolff, Kurt 98, 239
Wood, Mr. 265
Wunderly-Volkart, Nanny 378–380
Wundt, Wilhelm 134
Wyneken, Gustav 183

Yeats, William Butler 397

Zadek, Li 300 f.
Zandek, Bernhard 249
Zeller, Carl 329
Zille, Heinrich 102
Zimmer, Heinrich 198
Zola, Émile 134
Zuckerkandl, Berta 107
Zuma, Jacob 413
Zweig, Arnold 240, 259
Zweig, Stefan 105
Zwingli, Huldrych 151